KB233977

생명윤리와 윤리교육

생명윤리와 윤리교육

배영기·진교훈 외 공저

한국학술정보(주)

이 책을 내면서

전통문화와 전통적인 도덕이 존중받고 사회가 안정되어 있었던 시대에는 옳고 그름을 판별하는 가치문제에 있어서 분명한 기준이 있었다. 대부분의 사람들은 흔쾌히 그러한 가치판단의 기준에 동의했다. 따라서 사람들은 도덕규범의 당위성이나 가치관 교육의 목표에 대해서도 다 같이 확신할 수 있었다.

그러나 오늘날 급격한 사회변화와 더불어 상대주의적이고 유물론적인 사고방식이 만연하게 되자, 기존의 가치기준에 대해 의문이 제기되고 가치교육은 상대주의에 젖어 버렸다. 그 결과 사회적으로는 아노미현상이 일어나고, 현대인은 전반적으로 도덕적 무관심 내지 불감증에 빠지게 되었다. 오늘날 우리나라에서 가치관 교육은 학교에서도 가정에서도 무시되고 있다. 특히, 학교교육은 기능교육에 치중한 나머지 반사회적·비도덕적 인간을 길러 내는 기관으로 전락하고 말았다.

인생의 의의는 참된 가치를 실현하는 데 있다. 사람답게 산다는 것은 참된 가치를 실현하는 것이다. 그러므로 교육의 근본은 사람으로 하여금 사람답게 사는 길을 안내하고 참된 가치를 가르치는 데 있다. 이것이야말로 교육의 근본정신일 것이다.

그런데 이것을 제대로 실현시키려면 윤리교육이 바로 서야 한다. 다시 말해서, 확고한 기준에 입각하여 실질적인 교육이 이루어져야 하는 것이다. 이를 위해 우리는 우선 몇 가지 과제를 수행해야 한다. 첫째는 '윤리'의 기본성격을 분명히 하고 '윤리학'의 학적 근거를 정당화하는 것이다. 둘째는 그것을 토대로 삶의 제반 영역에 윤리의 원리를 적용하는 것이다. 다시 말해서, 윤리교육을 위한 구체적인 내용을 구성하는 일이다. 마지막으로 실제 윤리교육의 장(場)에서 그것이 제대로 가르쳐질 수 있는 조건을 생각해 보고 그것을 성찰하는 일이다. 이러한 과제를 수

행하는 데 조금이라도 도움이 되었으면 하는 바람으로 윤리학과 윤리교육에 관심을 가지고 있는 일군의 학자들이 각자의 연구성과를 모아 조그만 책으로 꾸미게 되었다.

본래 이 책을 계획하게 된 동기는 서울대학교 사범대학 국민윤리교육과 교수이신 진교훈(秦敎勳) 박사의 화갑을 기념하기 위해서였다. 그러나 선생님은 그러한 의례적인 형식을 차리기보다 학문과 교육에 실질적으로 도움이 되는 일을 원하셨다. 그리하여 이 책은 처음부터 일관된 목표 아래 기획되고 꾸며졌다. 선생님의 뜻대로 이 책이 윤리학과 윤리교육의 발전에 조금이라도 기여할 수 있게 되기를 바란다. 아울러 선생님의 만수무강을 기원한다.

끝으로 여러 가지 어려움을 무릅쓰고 이 책의 출판을 기꺼이 맡아 주신 한국학술정보(주)의 사장님과 임직원 여러분께 깊이 감사드린다.

1997년 6월

진교훈 교수 화갑기념논문집 간행위원회

:: 목 차

제2부
한국 사회와 현대윤리학의 과제

제5장 한국의 근대화 과정과 윤리의식의 변천 _ 진교훈 / 111

제6장 롤즈 정의의 원리에 관한 비판적 고찰 _ 박효종 / 137
－차등의 원리를 중심으로－

제7장 한스 요나스의 책임 개념에 대한 연구 _ 변순용 / 161

제1부

윤리학의 본질과 성격

제1장 윤리학의 학문적 성격과 과제

박찬구

1. 윤리학이 처한 딜레마

　‘도덕’, ‘윤리’라는 말은 일상생활뿐만 아니라 학교교육 현장에서도 누구에게나
친숙한 말이다. 우리는 매스컴을 통해 ‘윤리의 위기’, ‘도덕성 회복’ 등의 표현을
수시로 접할 뿐만 아니라, 초·중·고교에서 ‘도덕’ 또는 ‘윤리’ 과목은 필수과목
으로 되어 있기 때문이다. 그런데 학교의 필수교과목으로서, 그리고 하나의 학문
으로서의 윤리학은 그간 정체성의 문제를 놓고 몸살을 앓아 왔던 것이 사실이다.
윤리학이 직면하고 있는 딜레마를 들자면, 우선 한편으로는 그것이 학문의 차원
이 아니라 단지 상식적으로 다루어져도 족하다는 세간의 선입견이 있는 반면에,
다른 한편으로는 막상 그것을 교육적으로 조리 있게 가르치려고 하다 보면 그 근
거를 밝히고 체계를 세우는 일이 그리 쉽지 않다는 것을 발견하게 된다는 것이다.
　사람들은 ‘윤리’, ‘도덕’ 하면 누구나 ‘나도 한마디쯤 할 수 있다’고 느끼며, 실
제 일선학교에서도 교사 수급의 문제가 생길 때면 ‘도덕’과목은 임시로 ‘아무에게
나’ 맡겨지는 것이 보통이다. 그런가 하면 우리는, ‘윤리·도덕의 문제’가 화제로
떠오를 때마다 전통적 효(孝) 사상의 부활을 역설한다든지 때로는 보수 이데올로
기의 옹호에 열을 올리는 일부 기성세대들의 모습을 접하게 될 때도 있다. 윤리학

에 대한 이와 같은 세간의 선입견에 대해서는 이미 칸트(Kant, I.)도 다음과 같이 지적한 바 있다.

> "도덕철학은 특별한 형편에 놓여 있다. 그것은 전혀 학문적 엄밀성을 지니고 있지 않으면서도, 형이상학보다도 더 학문적인 외관과 교묘함으로 위장하고 있는 것이다. 그 이유는 다음과 같은 데에서 드러난다. 즉 행위에 있어서의 선·악의 구분 또는 도덕적 정당성에 대한 판단 등은 이른바 감정(Sentiment)을 통해 직접적으로 쉽게, 그리고 올바르게 파악될 수 있고, 따라서 문제 대부분이―형이상학과는 달리―이성적 근거에 앞서서 이미 결정되어 버리기 때문에, 단지 하찮은 도덕적 외양만을 갖춘 근거들에 대해서도 우리는 쉽게 그 타당성을 인정해 버리는 경향을 갖고 있는 것이다. 그래서 '도덕철학자'라는 호칭만큼 세상에 흔한 것도 없는 반면, 진정으로 그렇게 불릴 만한 '그 이름에 걸맞은' 대상만큼 귀한 것도 없다."[1]

이와 같은 칸트의 지적처럼 막상 윤리에 체계적으로 접근하려 하는 순간 우리는 그것이 겉보기와는 달리 그리 쉬운 일이 아님을 깨닫게 된다. 만약 도덕의 문제를 저마다 가지고 있는 선입견, 감정 또는 직관에 호소하여 다루려고 한다면, 거기에서 우리는 단지 의사소통상의 혼란만을 보게 될 것이다. 이처럼 윤리문제는 우리에게 가장 익숙한 것이면서도, 바로 그렇기 때문에 오히려 우리는 거기에 내포되어 있는 문제를 분명히 인식하기가 어려운 것이다.

하나의 학문으로서의 윤리학이 직면하고 있는 딜레마를 보다 구체적으로 표현해 보자면 다음과 같다. 즉 윤리학은 과학적·경험적 타당성의 요구와 규범적·초월적 당위성의 요구 사이에서 줄타기를 할 수밖에 없는 운명을 지니고 있다는 것이다.

'윤리', '도덕'이라는 말의 일상적인 쓰임새를 놓고 볼 때 우리가 이 말로써 무엇을 말하려고 하는가를 논리적으로 따져 본다면, 거기에는 자연과학적이라거나 실증적이라 할 수 없는 언어의 용법이 숨어 있음을 알게 된다. 경험적이거나 또는 논리적으로 그 진위(眞僞)를 가릴 수 없는 모든 명제는 단지 무의미할(meaningless) 뿐이라는 20세기의 논리실증주의와 그 영향의 산물인 '메타윤리학'(meta−ethics)

---

1) I. Kant, "Nachrichtung von der Einrichtung seiner Vorlesungen in dem Winterhalbenjahre, von 1765~1766", in: *Kants Werke* in zehn Bänden, Bd. 2, Darmstadt: Wissenschaftliche Buchgesellschaft 1983, S. 914.

을 통해 우리는 규범윤리학이 하나의 학으로서 인정될 수 없다는 견해를 이미 접한 바 있다. 그러므로 한편으로 볼 때, 과학적 지성이 아직도 위세를 떨치고 있는 이 계몽의 시대에 윤리학이 진정한 설득력을 갖고자 한다면, 그것은 사실(事實)의 세계를 벗어난-과학적 합리성과 실증적 검증성을 결여한-당위(當爲)에만 매달려 있어서는 안 될 것이다. 그러나 당위성, 즉 규범적 속성을 지니지 않은 윤리가 과연 윤리일 수 있을까? 주로 기호화된 언어를 논리적으로 분석하는 일을 수행하는 메타윤리학과 언어분석철학의 작업들 속에서 우리는 이미 우리의 삶과는 유리된, 그리하여 생명력을 상실한 윤리학의 모습을 보지 않았던가?

이러한 문제와 관련하여, 윤리학의 운명을 규정하는 비트겐슈타인(L. Wittgenstein)의 다음과 같은 말은 우리에게 시사하는 바가 크다.

> "세계의 뜻은 세계 밖에 놓여 있지 않으면 안 된다. 세계 속에서 모든 것은 있는 그대로이며, 모든 것은 일어나는 그대로 일어난다. 세계 속에는 가치(價値)가 존재하지 않는다.[2] …… 그렇기 때문에 윤리학의 명제들도 역시 존재할 수 없다.[3] …… 윤리학이 말로 표현될 수 없다는 점은 분명하다. 윤리학은 초월적(transzendental)이다."[4]
>
> "사람들은 윤리나 종교에 대해 말하거나 글을 쓰고 싶어 하는 경향이 있는데, 내 생각에 이런 모든 시도는 언어의 한계를 넘어서는 것이다. 그러나 우리가 갇혀 있는 울타리를 뛰어넘는 것은 완전이 절대적으로 불가능하다. 윤리학이 삶의 궁극적 의미, 절대적 선, 절대적 가치에 대해 말하고자 하는 소망에서 비롯된 것이라면, 윤리학은 학문(Wissenschaft)이 될 수 없다.
>
> 윤리학의 설명을 통해서는 어떠한 의미로도 우리의 지식에 보탬이 될 수 없는 것이다. 그러나 그것은 인간의 의식 속에 있는 어쩔 수 없는 한 경향을 증거하는 것으로서, 나는 이에 대해 개인적으로 마음 깊이 존경하지 않을 수 없으며 또한 이를 결코 웃음거리로 삼을 수가 없다."[5]

결국 우리가 과학적·경험적 타당성이라는 조건을 만족시키고자 한다면, 윤리학은 규범적(normative) 학문이 아니라 하나의 기술적(descriptive) 학문(예컨대, 심리

---

2) L. Wittgenstein(이영철 역), 『논리·철학 논고』, 天池 1994, § 6.42.

3) 같은 책, § 6.42.

4) 같은 책, § 6.421.

5) L. Wittgenstein, "Vortrag über Ethik", in: Wittgenstein Vortrag über Ethik und andere kleine Schriften, Frankfurt a. M.: Suhrkamp 1991, S. 18f.

학 같은)이 되어야 한다.[6] 그러나 "비록 모든 가능한 과학적 물음들이 대답된다 하더라도, 우리는 우리 삶의 문제들이 여전히 조금도 건드려지지 않은 채로 있다고 느낀다."[7] 우리가 잘 알고 있다시피, 과학은 주로 사물이나 현상이 '어떻게' 있는지, '어떻게' 일어나는지를 물으며, 항상 조심스러운 설명과 분석을 한다. 그는 어떤 것이 '왜' 있는지, '왜' 일어나는지에 대한 최초의 원인이나 총체적인 원인에 대해서는 묻지 않는다. 또 그는 어떤 것이 왜 '일어나야' 하는지에 대해서도 묻지 않는다. 왜냐하면 이런 것은 '과학적으로' 대답될 수 없는 물음이기 때문이다. 아마 이러한 물음에 대해 누군가가 과학적인 답변을 시도한다고 해도 그것은 '무의미한' 말이 되고 말 것이다. 그러나 인간은 결국 이 모든 현상들의 의미와 원인을 묻게 된다. 그리고 이 모든 것들이 어떻게 있어야 할 것인지에 대해서도 묻게 된다. 과학의 눈으로 볼 때 이것이 무의미한 물음이라 하더라도 우리가 이것을 그만둘 수 없다면, 그것은 인간에게 있어 참으로 중요한 어떤 것이라 하지 않을 수 없다. 즉 그것은 비트겐슈타인이 말한 바와 같이 우리들의 '삶의 양식(Lebensform)'[8]의 하나가 아닐 수 없다. 오늘날과 같은 과학시대에도 여전히 그칠 수 없는 이 운명적인 물음은 왜 오늘날에도 '윤리학'이 여전히 존재하고 있는지, 그리고 그것에 대한 기대와 요구가 왜 아직도 식지 않고 있는지의 이유를 암시해 주고 있다.

2. 윤리적 논의의 대상이 될 수 있는 조건

본고(本考)는 윤리학의 핵심적 근거라고 할 수 있는 도덕성(morality)의 본질에 접근하는 데 있어 우선 지나야 할 두 가지의 단계부터 검토하고자 한다. 그 첫 번째는 윤리적 논의의 대상이 될 수 있는 최소한의 조건이라 할 수 있는 것으로서,

---

6) "우리는 윤리적인 것의 주체로서의 의지에 관해서는 말할 수 없다. 그리고 현상(Phänomen)으로서의 의지는 단지 심리학의 관심사일 뿐이다."(『논리 · 철학 논고』, § 6.423).

7) 같은 책, § . 6.52.

8) L. Wittgenstein(transl. by G.E.M. Anscombe), *Philosophische Untersuchungen/Philosophical Investigations*, N.Y.: Macmillan, 1961, p.226.

인간의 행위들 중 단순한 생물학적 욕구에 의해 이루어지거나 즉흥적 감정에 의해 이루어진 행위는 제외한다는 것이다. 다시 말해서, 인간이 이성적 분별력을 가지고 선택한 행위, 그리하여 스스로의 판단으로 정당화할 수 있는 행위들만을 윤리적 논의의 대상으로 삼는다는 것이다. 이 첫 번째 조건을 통과한 행위의 노선(혹은 원리)들 중 우선적 검토의 대상은 자기애(self-love)에 입각한 행위원리, 즉 넓은 의미의 이기주의에 속하는 주장들이다. 그리고 이러한 논의는 자연스럽게 계약론에 대한 검토로 연결될 것이다. 두 번째 단계는 자기중심적 관점에서 보편적 관점으로 이행하는 것이다. 예를 들자면, 칸트(I. Kant)의 보편적 도덕법칙이나 공리주의의 원리 등의 정당화 근거가 무엇인지를 검토하는 것으로서, 이 부분에서 도덕성을 구성하는 본질적 속성(the nature of morality, Das Wesen der Moral)을 규정하는 문제가 논의될 것이다.

그럼 다음에서 먼저 우리가 윤리적 논의를 시작함에 있어 제외시켜야 할 유형의 행위들을 살펴보기로 한다.

(1) 단순한 욕구를 따르는 행위들

인간은 다양한 욕구(desire), 열정(passion), 충동(impulse)들을 가지고 있다. 욕구를 넓은 의미로 해석한다면, 여기에는 허기, 갈증, 성욕뿐만 아니라 분노, 시기, 동정 등과 같은 감정까지 포함시켜 생각해 볼 수 있다. 욕구들은 각각 직접적으로 지향하는 대상들을 가지고 있다. 예를 들어, 허기의 목적은 음식을 먹는 것이며, 성욕의 목적은 이성(異姓)과의 육체적 결합이고, 복수심이 지향하는 바는 우리에게 해를 입혔다고 생각하는 사람에게 고통을 주는 것이며, 동정심의 목적은 다른 사람에게 즐거움을 주는 것이다.[9] 욕구들은 때때로 개인이나 사회의 보존과 행복에 도움이 되기도 한다. 예를 들어, 식욕은 결과적으로 우리의 건강을 지탱하는 데

---

9) 홉스(T. Hobbes)는 우리 자신의 이기심과 무관한 순수한 감정의 존재를 의심했기 때문에 동정 또는 연민(pity)의 감정조차 "타인의 곤경을 보고 우리 자신이 느끼는 공포"라고 규정한 바 있다. 그러나 버틀러(J. Butler)에 따르면, 우리가 곤경에 처한 사람을 볼 때 느끼는 마음의 상태는 다음 세 가지 상태의 혼합이다. 첫째는 참된 동정으로서, 단순히 남의 고통을 덜어 주고 싶은 충동이고, 둘째는 타인의 불행과 나의 행운을 비교하는 데에서 오는 감사의 감정이며, 셋째는 홉스의 생각처럼 우리 자신의 장래에 대한 걱정이다. 경우에 따라 이 세 가지 감정은 어느 정도 섞여 있을 수도 있겠지만, 보통 동정이라 하면 첫 번째 것을 의미한다고 보아도 무방할 것이다(C. D. Broad, Five Types of Ethical Theory, N. J., 1959, p.63f.).

기여하고, 성욕은 종족(사회구성원)의 보존에 기여하며, 동정심은 타인의 행복에 기여한다.

그러나 분명한 것은, 욕구들이란 우리의 의도나 의지의 결단과 상관없이 그때그때 우리의 본능적 성향을 따른다는 것이다. 그러므로 단순한 욕구의 수준에서 이루어진 행위들, 즉 우리의 분별력과 의지가 개입하기 이전 단계의 행위들은 윤리적 논의의 대상이 아니다. 그것은 자기 자신이나 타인의 행복을 증진시키겠다는 분명한 목적을 가지고 의도적으로 행해진 행위가 아니기 때문이다. 따라서 거기에는 일관된 행위의 원리도 있을 수 없다.

(2) 이기적 쾌락주의

물론 처음에는 단순한 욕구로 시작된 행위가 나중에 의도적인 행위로 변하는 경우도 있을 수 있다. 예를 들어, 어떤 사람이 처음에는 배가 고파서 음식을 먹지만, 차차 허기의 충족이 쾌감을 가져온다는 것을 알게 되고 또 맛있는 음식은 특별히 미각의 즐거움을 수반한다는 것도 알게 된다. 그리하여 그는 이제 고급 음식점에 가서 맛있는 요리를 '의도적으로' 즐기게 될 수도 있다. 또, 처음에는 단순히 성욕이 이끄는 데 따라 이성과 동침했던 사람이 나중에는 거기에서 수반되는 쾌감 자체를 즐기기 위해 행위를 하게 될 수도 있다. 동정심의 경우도 마찬가지이다. 처음에 순간적으로 일어나는 동정심을 따라 자선행위를 했던 사람이, 자선행위에는 독특한 자기 만족감이 따른다는 것을 알게 됨으로써 나중에는 그 만족감을 얻기 위해 자선행위를 하게 될 수도 있다. 이와 같이 쾌락을 얻겠다는 분명한 목표의식을 가지고 일관되게 행위를 하는 노선을 가리켜 우리는 쾌락주의(hedonism)라 한다.

확실히 우리는 자기의 욕구가 충족되었을 때 또는 자기가 추구하는 것을 이루었을 때 쾌감 또는 만족감을 느끼는 것이 사실이다. 쾌락주의에 의하면, 인간이 의도적으로 행하는 모든 행위의 목적은 실은 자기 자신의 쾌락에 놓여 있다. 그렇다면 의도적으로 타인의 행복을 지향하는 행위는 없는 것일까? 이러한 물음에 대해 그들은 아마도 다음과 같이 대답할 것이다. "그렇다. 우리는 타인을 위하여 행위를 하기도 한다. 그러나 그렇게 행위를 함으로써 우리는 만족을 얻게 되며, 그러한 만족감이 우리 행위의 숨겨진 동기였던 것이다. 그러므로 그런 행위를 하는 것은 실은 이러한 만족감을 얻기 위한 수단에 불과하다고 보아야 할 것이다." 이와 같은 논변은 과연 타당한가?

물론 우리의 행위들 가운데에는 의식적 혹은 무의식적으로 자신의 만족감을 겨냥한 행위들이 있을 것이다. 그러나 '모든' 행위가 그렇지는 않을 것이다. 우리의 행위들 중 어떤 것은 그러한 행위를 통해 얻으리라고 기대되는 만족감 때문에 그러한 행위를 하는 것이 아니라, 그 행위를 통해 예상되는 쾌감을 전혀 고려하지 않는 상태에서 단순히 그 행위를 원했기 때문에 행해지는 것이다. 그리고 쾌감이란 우리가 추구했던 것을 이루었을 때에 자연스레 뒤따르는 부산물일 뿐이다. 예를 들어, 우리가 타인의 행복을 위한 행위를 통해 쾌락을 얻고자 한다면 우리는 쾌락을 목적으로 할 것이 아니라 먼저 타인의 행복을 원해야 하는 것이다.[10)]

이상은 이른바 '쾌락주의의 역설'(hedonistic paradox)을 지적하는 논변과 연결된다.[11)] 즉 우리가 어떤 행위를 통해 만족을 얻는 것은 사실이지만, 우리는 행위를 통해 얻으리라고 기대되는 '만족감 때문에' 그 행위를 하는 것은 아니다. 우리가 그러한 행위를 '먼저 원했기 때문에' 그 행위를 함으로써 만족을 얻게 된 것이다. 쾌락은 직접적 추구의 대상으로 얻어질 수 있는 것이 아니라, 그 자체로서는 반드시 쾌락과 관련되어 있다고 볼 수 없는 어떤 행위의 부산물로 얻어진다. 그러므로 우리가 참으로 쾌락을 얻는 가장 바람직한 방법은 오히려 쾌락을 의식하지 않은 중립적 목표를 추구하는 것이다. 따라서 쾌락 그 자체만을 위하여 행해지는 행위는 정상적인 인간의 행위라고 볼 수 없을 뿐만 아니라, 흔히 원래의 목표였던 쾌락조차도 놓치고 마는 결과를 초래한다. 예를 들어, 지나치게 미식(美食)을 즐기는 사람은 건강을 해치기 쉽고, 지나치게 성적(性的) 쾌락에 탐닉하는 사람은 점점 자극적인 쾌락을 좇아 변태적인 행위를 하다가 결국 자기 파멸에 이르게 되며, 오직

---

10) W. K. Frankena(황경식 역), 『윤리학』, 종로서적, 1984, 39쪽 이하 참조.
11) W. S. Sahakian(송휘칠/황경식 역), 『윤리학의 이론과 역사』, 박영사, 1986, 151쪽 참조.

자기만족을 느끼기 위해 자선행위를 하는 사람은 점차 그 행위를 통해 만족감을 얻기 어려워질 것이다. 결국 이기적 쾌락주의는 주객(主客)이 전도된, 다시 말해서 행위의 목적과 그 부산물을 혼동한 결과의 산물이라 할 수 있을 것이다.

물론 이기적 쾌락주의는 즉흥적 충동이나 욕구에 의한 행위와 달리 행위의 일정한 주관적 원리(Maxime)를 가지고 있다는 점에서 윤리적 논의의 대상이 될 수 있다. 그러나 그것은 위에서 살펴본 바와 같이, 이성적 분별력에 입각해서 세워진 노선이라 보기는 어렵다. 그리고 그 정당성을 주장하는 논변은 대개 다소 무리하거나 허구적인 모습을 띠는 경우가 많다. 그러므로 여기에서는 진지하게 검토될 만한 윤리이론의 대상에서 일단 제외하기로 한다.

3. 윤리적 이기주의와 계약론

윤리적 이기주의(ethical egoism)는 사람은 누구나 자기 자신의 최대의 선(안전한 생존, 쾌락, 행복, 이익 등)을 추구한다는 자연적 사실을 근거로 하여 나오게 된 이론으로서, 이러한 자연적·경험적 근거를 토대로 인간의 모든 행위를 설명할 수 있을 뿐만 아니라 윤리의 원리도 도출할 수 있다는 입장을 취한다. 윤리적 이기주의의 가장 전형적인 모습을 우리는 홉스의 이론에서 찾아볼 수 있다.[12]

(1) 홉스의 윤리설

영국 경험론의 선구자 베이컨(F. Bacon)으로부터 큰 영향을 받았던 홉스는 전형적인 유물론자(唯物論者)이다. 유물론에 의하면 세상 만물은 모두 물질(혹은 물질의 기본입자인 원자)로 구성되어 있다. 따라서 인간의 본성에 대한 홉스의 해석

---

12) 홉스의 사상은 자신이 살았던 당대 영국 사회의 분위기를 잘 반영하고 있다. 당시 영국은 기독교가 몹시 침체되어 있었고, 정치적 혼란은 극에 달해 있었다. 이런 상황에서 사람들은 인간의 본성에 대해서도 냉소적인 태도를 보이는 경우가 많았다. 그들은 인간이 본성적으로 이기적인 존재라고 생각했으며, 따라서 사리사욕(私利私慾)이 없는 행위란 사실상 있을 수 없다고 보았다. 이런 견해는 뜻밖에도 많은 호응을 받았는데, 그것은 자기 자신의 이기적 속성에 대해 어떤 철학적 변명을 바라는 속된 사람들이나 자기 자신의 덕성에 대해 부끄러움을 느껴 차라리 속된 사람으로 취급받기를 바라는 선량한 사람들 모두에게 상당히 편리한 논거가 될 수 있기 때문이었다(C. D. Broad, 앞의 책, p.54 참조).

역시 대단히 유물론적이고 기계론적이다. 그의 인간관을 요약하면 다음과 같다. '인간은 생물이다. 생물은 하나의 물체이다. 그러므로 인간도 하나의 물체이다. 물체인 이상 그는 (물리적 법칙을 통해) 인식할 수 있는 세계(자연)의 한 부분이다. 이제 인간의 욕구, 감정이나 의지의 움직임도 물리적으로, 즉 역학법칙에 따라 설명될 수 있다. 그런데 인간의 모든 욕구와 행동은 하나의 목적을 갖는다. 그것은 자기보존(self−preservation)이다.'

이러한 인간의 자기보존 본능에 대한 착안과 더불어 홉스는, 인간을 사회적 본능을 지닌 존재로서가 아니라 모든 것을 전적으로 자기중심적으로 바라보는 원자화된 개인으로 파악한다. 이러한 인간관에 따르면, 인간은 저마다 일차적으로 자기의 이익을 추구하는 존재이기 때문에 개인에게 있어 타인은 늘 얼마간 경계의 대상일 수밖에 없다. 그러므로 인간은 결코 사회적 존재로 여겨질 수 없다. 흔히 이야기되는 인간의 사회적 경향이라는 것도 실은 전도(顚倒)된 이기주의−최종적인 자기의 이익을 사회라는 주어진 조건하에서 추구하다가 생겨난 타협의 산물−에 불과한 것이다.

따라서 그가 생각한 자연의 상태(state of nature)란 각 개인들이 남들을 돌아보지 않고 오직 자기의 생존과 이익만을 추구하는 상황이며, 그 불가피한 결과는 '만인의 만인에 대한 투쟁'(a war of all against all)이다. 즉 홉스에게 있어 국가 성립 이전 혹은 국가권력이 존재하지 않는 자연상태란 곧 전쟁상태이다. 거기에는 원자화된 개인들만 있을 뿐 그 외에 어떠한 상위의 권력도 존재하지 않기 때문에 무규범적이고 무법적인 상태만이 지배할 뿐이다. 이러한 자연상태를 좋아할 사람은 물론 아무도 없을 것이다. 왜냐하면 그것은 사람들로 하여금 행복한 삶은커녕 결국 자기의 생존조차 불가능하게 하기 때문이다. 이러한 결과는 그들의 자기보존 본능과도 모순된다. 그러므로 이성적으로 판단해 볼 때, 이러한 자연상태는 종식되어야 마땅하다. 이것은 모든 사람들이 하나의 사회계약(social contract)을 맺어 그들의 자연권(right of nature, 각 개인이 자기보존을 위해 자기가 지닌 힘을 마음대로 사용할 수 있는 자유)을 한 권력체에 양도하고, 그들 자신의 자유와 보전을 위해 거기에 자발적으로 복종함으로써 가능하다. 이리하여 그 권력체는 정치적 주권이 된다. 일단 이러한 계약이 받아들여지면 여기에 하나의 도덕(즉, 법)이 생겨난다. 이제 옳고 그른 것의 최종 결정 또는 행위의 최고 규범은 주권의 권위에 의해 주어진다. 따라서 주권에 의해 제정된 법 이외에 어떠한 규범도 있을 수 없다. 그리고 그 법 혹은 규범을 따라야 할 근원적인 이유가 있다면 그것은 결국 각자의 생존과 이익에 놓여 있다고 할 수 있다.

이상과 같은 홉스의 견해 속에서 우리는 윤리적으로 중요한 의미를 가지는 몇 가지 노선을 찾아낼 수 있다. 첫째는 윤리적 자연주의(ethical naturalism)로서 '과학적·경험적으로 파악되는 세계만이 유일한 실제 세계이고, 인간도 이러한 세계의 한 부분에 불과하다'는 생각이다. 둘째는 '모든 인간은 자기 이익을 추구한다'는 것이다. 셋째는 '인간은 자기의 이익을 계산할 수 있는 능력, 즉 이성(ratio)을 가지고 있다'는 것이다. 이제 이러한 생각들이 지니고 있는 함축 및 그 문제점을 검토해 보기로 한다.

(2) 홉스 이론의 함축에 대한 검토

① 홉스와 같은 윤리적 자연주의자들은 도덕적 원리도 현재 우리가 살고 있는 가시적(可視的) 세계 안에서 경험적으로 느끼고 있는 사실 ― 인간이 언제나 자기의 생존과 이익을 추구한다는 것 ― 으로부터 찾아질 수밖에 없다고 생각한다. 그들은 도덕을 인간 육체의 물리적·심리적 상태로 환원함으로써, 진정한 도덕적 가치판단의 가능성을 부인하고 단지 도덕이라고 부르는 자연적 현상의 기술(記述)만을 인정할 뿐이다. 그래서 그들은 비자연적 성질들이나 윤리적 직관주의(ethical intuitionism)의 결론들(예컨대, 칸트의 도덕형이상학에서 전제되고 있는 '도덕법칙'이나 '자유'의 존재 등)은 다만 허구적인 것에 불과한 것으로 거부한다. 즉 형이상학적·도덕적 가치란 존재하지 않으며, 감각적으로 한다는 것이다.13) 윤리에 대한 이러한 자연과학적 접근은 자연히 규범 윤리학의 가능성을 허용하지 않는다. 왜냐하면 자연과학은 오직 사실들의 세계, 즉 어떠한 규범과 가치도 없는 세계를 다루기 때문

이다. 사실의 세계는 인과론적 결정론이 지배하는 세계이다. 이러한 세계에서는 모든 자연적 사건이 자연법칙과 선행조건들에 의해 완전히 결정되듯이, 인간의 행위 역시 미리 결정된다. 그러니까 그것은 언제나 앞선 어떤 원인의 결과로서 설명될 수 있다. 일단 우리가 이러한 결정론적 세계관을 받아들이게 되면, 우리는 자연히, 인간의 자유의지를 전제하고 따라서 자기 자신의 행위에 대한 인간적 책임을 강조하는 전통적 도덕관념을 거부하게 된다.

윤리적 자연주의는 자연과학적 세계관이 위세를 떨치고 있는 세상에서 윤리문제가 자칫 어떻게 다루어질 수 있는지를 보여 주는 전형적인 예일 뿐만 아니라, 홉스 이래 도덕원리를 정당화하려는 시도에 있어서 거듭해서 등장했던 것이기도 하다. 특히 20세기에 접어들어서는 심리학에서의 행동주의(behaviorism), 사회학에서의 체계이론(system theory), 행태학에서의 자연과학적 환원주의, 사회생물학에서의 진화이론, 프랑스의 구조주의 등에서 그것을 엿볼 수 있다. 그러나 윤리적 자연주의는, 그 입장의 밑바탕에 깔려 있는 과학지상주의(scientism)라는 독단적인 태도 때문에 도덕성의 본질이라 할 수 있는 '의무' 개념을 제대로 다룰 수 없다는 심각한 결함을 지니고 있다. 다시 말해서, 범(汎)자연주의의 틀 안에서는 이른바 '자연주의적 오류(naturalistic fallacy)'[14]를 범하지 않는 한 도덕적 당위나 무조건적인 의무 등이 논의될 길이 없는 것이다.

② 홉스 이론에서 찾아볼 수 있는 또 하나의 특징은 윤리적 이기주의이다. 윤리적 이기주의는 자기보존과 자기 이익을 확보하려는 인간의 자연스러운 욕구를 일단 인정한 다음, 그것을 어떻게 효과적으로 달성할 것인지를 냉철하게 생각해 본 결과 나오게 된 것이다. 그것은 근시안적인 안목에서 자기 이익을 추구하는 것이 아니라, 장기적 안목에서의 자기 이익, 즉 자기애(自己愛)에 입각한 행위를 지향하는 것이다. 이를 위해서는 인간의 이성적인 판단능력이 필요한데, 이는 곧 '자기의 이익을 계산할 줄 아는' 타산적인(prudential) 능력을 의미한다.

자기애는 앞서 살펴보았던 욕구나 충동과는 구분되는 개념이다. 그것은 제대로

---

14) 김태길, 『윤리학』, 박영사, 제7장 제1절 "G. E. Moore" 참조.

발휘되기만 한다면 적어도 이성적이고 조리가 선 것이라고 말할 수 있다. 실제로 사람들이 항상 이성적인 자기애에 따라 행위를 할 수만 있다면, 즉 맹목적인 자존심, 분노, 욕망 등에 대하여 냉철한 자기애에 입각하여 행동할 수만 있다면, 적어도 겉으로 나타나는 그들의 행동은 이타심(利他心)에 입각한 행동과 크게 다르지 않을 것이다. 만약 우리가 참으로 자기의 이익과 행복에 관심을 가지고 일관되게 그것을 추구한다면, 다시 말해서 우리가 경쟁자에 대해서 맹목적인 공포나 적의(敵意)를 가지고 행동하는 대신 분명한 자기 이익에 입각하여 단순하게 행동한다면, 우리는 지금보다 훨씬 평화로운 세상에서 살 수 있을 것이다. 이런 관점에서 본다면, 이기주의는 오히려 솔직하고도 현명한 노선이라 할 수 있다. 왜냐하면 우리는 흔히 비합리적이고 충동적인 욕구와 감정에 휩쓸림으로써 불행을 초래하는 경우가 많고, 그렇지 않으면 지나치게 이상적인 힘든 도덕·규범의 굴레 속에서 정신적으로 괴로워하거나 또는 아예 위선적으로 행동함으로써 더 나쁜 결과를 낳는 수가 많기 때문이다.

만약 우리가 일관되게 자기애의 노선을 따를 경우 우리는 홉스의 이론에서 보는 바와 같이 사회계약을 맺게 될 것이다. 계약을 통해 우리는 자발적으로 자기의 자연적 권리를 주권에 양도함으로써 우리가 필요로 하는 법의 보호를 받을 수 있게 된다. 동시에 다른 한편으로는 그 법에 복종할 의무를 또한 갖게 된다. 이리하여 하나의 인위적 도덕이 탄생된다. 이때 그 도덕의 구속력의 근거는 우리 자신의 동의(agreement)이다. 그리고 우리가 동의했던 이유는, 그것이 자신의 생존과 이익에 도움이 되기 때문이다. 그런데 만약 그 의무를 따르는 것이 우리의 이익에 위배된다는 판단이 나올 경우에는 어떻게 할 것인가? 의무의 근거가 자기 이익에서 출발한 도덕(법)은 그것을 지키는 것이 자기 이익에 오히려 반대되는 결과를 초래할 경우에는 그 구속력을 상실하고 말 것이 아닌가? 이러한 문제점에 대하여 홉스는 주권에 절대권을 부여해야 한다는 처방을 내놓았지만, 그것 역시 그리 훌륭한 해결책은 될 수 없을 것 같다. 왜냐하면 그것은 도덕의 자율성을 침해할 뿐만 아니라, 최초의 계약 당시 구성원들의 자발적이고도 평등한 계약정신에도 위배되는 것처럼 보이기 때문이다.

여기에서 우리는 하나의 근본적인 물음을 던져 볼 필요가 있다. 도대체 타산주의(prudentialism) 또는 분별 있는 자기애에 입각한 원리를 '도덕'이라 말할 수 있을까? 도덕이란 단순히 자기의 이익 또는 행복을 얻기 위한 현명한 지혜나 효과적인 전략의 차원에 머무는 것은 아니지 않을까? 도덕이란, 흄도 지적하듯이[15] 우리 자신을 위한 유용(usefulness)만을 추구하는 것이 아니라 사회의 행복에 기여하는 어떤 것이 되어야 하지 않겠는가?

이러한 물음에 대한 대답의 하나로 우리는 단지 자기애의 차원을 넘어서는 인간의 사회적 본성을 가정해 볼 수 있다. 즉 인간은 누구나 타고난 이타심(benevolence)의 감정과 공감능력(sympathy)을 가지고 있다는 것이 그것이다. 그렇다면 우리는, 마치 자기애의 경우가 그렇듯이, 이러한 경향을 또한 '이성적으로' 추구함으로써 보다 보편성을 띤 규범체계를 세울 수 있지 않을까?

이제 우리는 공리주의를 검토해 볼 차례다.

4. 공리주의

경험론적 윤리이론의 논지를 일관되게 이끌어 감으로써 그것을 공리주의에로 연결한 사람은 흄이다. 흄은, 우리가 자기 자신에게 좋고 유익한 것뿐만 아니라 오로지 남에게만 유익한 것에 대해서도 호감을 갖게 되는 것은 공감 때문이라고 보았다. 공감이란 타인의 행·불행을 우리가 마음속으로 '함께 느끼는' 능력이다. 그것은 사람들 사이에 존재하는 어떤 원초적 연대의식 비슷한 것으로서, 인류애(humanity) 또는 동료의식(fellow feeling)이라 표현되기도 한다. 흄은, 이러한 능력이 '허영심이나 야망처럼 그렇게 강한 것은 아니지만, 모든 인간이 공유한 것으로서 유일하게 도덕의 기초가 될 수 있는 것'이라고 보았다.[16] 이제 이러한 능력에 힘

---

15) D. Hume, *Enquiries concerning Human Understanding and concerning the Principles of Morals*(ed. by L. A. Selby-Bigge, rev. by P. H. Nidditch), Oxford, 1975, p.218f 참조.

16) D. Hume, 앞의 책, p.273.

입어 도덕은 단지 자기애에 뿌리를 둔 전략의 차원이 아니라, 이웃의 선을 향한 보편성에 근거를 두게 되었다.

그러나 문제는, 이러한 공감이 때와 장소에 따라, 사람에 따라 그 정도의 차이가 클 뿐만 아니라, 그 힘 또한 애초에 우리가 기대하는 정도보다 훨씬 약해 보인다는 것이다. 만약 도덕의 기준이 때와 장소에 따라 달라지고, 또 단지 주관적이라면 그러한 도덕판단은 설득력을 상실할 것이다. 이에 대해 흄은, 우리의 경험이 누적되고, 성찰이 거듭됨에 따라 우리는 보다 일관된 도덕판단에 이를 수 있으리라고 주장한다. 그는, 우리가 공감능력에 힘입어 시행착오 비슷한 어떤 과정을 거쳐 보다 보편적이고 객관적인 입장을 취할 수 있고, 또 그로부터 도덕판단을 위한 '보편적 규칙'(general rules)을 얻을 수 있다고[17] 믿는다. 공리주의는 이와 같은 흄의 생각, 즉 공감에 기초한 연상작용 내지는 추리의 과정을 통해 이제 개인적 차원의 행복주의를 공중적 차원의 행복주의로 연결시키게 된다.

공리주의는 원래 윤리적 쾌락주의에서 출발했다. 쾌락주의는, 사람은 될 수 있으면 고통을 피하고 쾌락을 추구하는 경향을 가지고 있다는 자연적 현상을 근거로 하여 나오게 된 윤리설이다. 이에 따르면 도덕적인(선한) 행위란 행복을 증진시키는 행위이고, 악한 행위란 행복을 감소시키거나 고통을 가져다주는 행위이다. 여기서 공리주의자 벤담(J. Bentham)은 개인적 차원의 쾌락주의를 공중적 차원의 쾌락주의로 확대시켰다. 그는 다소 소박하게, 사회는 개인의 집합체이므로 개개인의 행복은 사회 전체의 행복과 연결되며, 보다 많은 사람이 행복을 누리게 되는 것은 보다 좋은 일이라고 생각했다. 그러나 이러한 생각에 대해 우리는, 본래 이기적인 속성을 지니고 있는 인간이 각자 자기 자신의 행복을 추구하지 않고 사회 전체의 행복을 추구해야 할 이유가 무엇인지 물어볼 수 있다. 제임스 밀(James Mill)은 연상심리설(聯想心理說)을 통해 이러한 물음에 대답하고자 하였다. 즉 인간은 원래는 자기의 행복을 추구하지만, 더불어 살아가는 경험이 거듭되는 사이에

---

17) D. Hume, *A Treatise of Human Nature*(ed. by L. A. Selby-Bigge), Oxford, 1896, p.583/585. 우리로 하여금 상대적 · 주관적 입장을 넘어 이러한 '보편적 규칙'에 이를 수 있게 하는 능력이 있다면, 그것은 다름 아니라 '이성'이 아닐까? 그러나 흄은 이를 단연코 부정한다. 왜냐하면 그에게 있어 이성은 '도구적 이성'으로서 언제나 보조적인 역할에 그치기 때문이다. 그러므로 도덕적 판단이나 행위에 있어서 주도권을 가지고 있는 것은 인간의 타고난 본성으로서의 감정(moral sentiment)이고, 그것이 보다 객관성을 가지도록 교정해 주는 것은 공감(sympathy)이다.

연상작용을 통해 다른 사람의 행복도 자기의 것처럼 느끼게 되고, 마침내는 타인의 행복까지도 진심으로 바라게 된다는 것이다.[18]

여기에서 우리는 공리주의를 포함한 자연주의적 윤리설 일반의 문제점을 다시금 확인하게 된다. 그것은 이러한 윤리이론이 도덕적 의무의 개념을 제대로 다루지 못하고 있다는 것이다. 즉 이러한 윤리이론은 도덕적 판단이 '어떻게' 일어나는지를 심리적으로 설명해 주기는 하지만, 우리가 '왜' 도덕적으로 판단하고 행위해야 하는지를 분명히 밝혀 주지 못한다. 흄은, 단지 우리가 자기 자신뿐만 아니라 이웃이나 사회에 유익한 것도(타고난 도덕감과 공감 능력에 힘입어) 선호하도록 되어 있다고 전제할 뿐이며, 제임스 밀은 우리가 '이웃과 함께 살아가다 보니' 그렇게(도덕적으로) 되었다고 설명해 줄 뿐이다.

존 스튜어트 밀(J. S. Mill)은 이러한 난점을 잘 인식하고 있었다. 그래서 그는 우리가 느끼는 쾌락에는 질적인 차이가 있다고 선언한 후, '왜 나 개인만의 행복이 아니라 최대 다수의 행복을 추구해야 하는가'라는 물음에 대해 '질적으로 보다 높은' 쾌락 가운데에는 타인들의 행복에 대해서도 쾌락을 느끼는 것이 포함된다고 대답했던 것이다.[19] 그러나 그가 벤담의 주장인 '쾌락은 질적으로 모두 동일하기 때문에 우리는 그것을 계량화하여 측정할 수 있다'는 것을 부인했을 때, 그는 한 윤리이론으로서의 공리주의에 어려운 문제를 부가한 셈이 되었다. 왜냐하면 쾌락의 질적 차이를 인정하고 그 쾌락을 측정함에 있어 쾌락 이외의 성질을 도입하게 될 때, 쾌락은 더 이상 가치의 표준으로서의 역할을 멈추기 때문이다. 이는 곧 공리주의의 출발점이었던 쾌락주의 자체를 부인한 결과가 되어 버렸다고 할 수 있다. 그런데 우리가 여기서 주목할 점은, 밀의 공리주의에서 볼 수 있는 '쾌락에 질적인 차이를 가져오는 바로 그 요소', 즉 '우리가 타인들의 복지에 공감하고 따라야 하는 이유가 되는 바로 그것'이야말로 도덕성(morality)의 본질에 해당하는 부분이다.

---

18) 김태길, 앞의 책, 제4장 제2절 "2. Bentham과 James Mill" 참조.

19) 김태길, 앞의 책, 제4장 제2절 "3. John Stuart Mill" 참조. 물론 밀은 이러한 심리적 설명 이외에 흄과 비슷하게, 사회적 동물로서의 인간이 지니고 있는 감정인 '인간애' 또는 '양심'을 이야기한다. '동료들과의 합일을 희구하는 사회적 감정'을 바탕으로 발달한 양심은 우리에게 나의 행복과 남의 행복을 똑같이 존중하라고 명령한다는 것이다. 그리고 이 명령을 어겼을 때, 우리는 마음속으로 고통을 느끼게 된다는 것이다(김태길, 같은 책, 같은 곳 참조).

여기에서 우리는, 경험론 계열에 속하는 윤리이론 일반의 전체들을 다시 한 번 비판적으로 검토해 볼 필요를 느낀다. 위의 계열에 속하는 이론가들은 대체로 그 출발점에 있어서 인간을 원자화된 개인으로 간주하며, 또 각자 자기 이익을 추구하는 존재로 가정함으로써, 언제나 상호 간에 얼마간의 불신을 전제한 후 결국은 계약을 통해 인위적 도덕을 만들어 내려는 시도를 하고 있다. 그리고 그러한 과정은 인간의 이성적 능력에 의하여 인도되는데, 그 이성이란 자기의 이익을 분별 있게 추구할 수 있는(계산할 줄 아는) 능력인 '도구적 이성'을 의미한다. 그러나 문제는, 과연 도덕이라는 것이 '나' 또는 '행복'이라는 목적적 가치를 중심에 놓고 그것을 추구하기 위한 수단적 가치로 이해될 수 있느냐 하는 것이다. 즉 도덕적 선이란, 어떤 물건이 보다 상위의 어떤 목적에 대해서 가지는 것과 같은 실용적 · 수단적 · 상대적 가치를 갖는 것이 아니라, 무조건적이고 절대적인 가치를 갖는 것이 아니냐 하는 것이다. 만약 이러한 의문이 타당하다면, 도덕적 가치를 도덕의 본질에 속하지 않는 어떤 다른 목적과 관련시켜 규정하는 태도는 모두 잘못된 것일 수 있다. 이제 우리는 칸트에게서, '도덕의 정당화가 어떻게 그 자체로 가능한가'에 대한 하나의 답을 그의 '실천적 이성'의 개념을 통해 보게 된다.

5. 의무의 윤리학 – 칸트

윤리학에 있어서 차지하는 칸트(I. Kant)의 비중은 그의 인식론에 있어서의 업적 못지않게 크다. 칸드에 의해 도덕의 본질은 다시금 명확히 규정되었고, 윤리학은 오직 이성적 주체의 자율성에 근거하여 새로이 정초되었기 때문이다. 칸트는, 도덕의 본질이 그 절대적인 의무 의식 속에서 찾아져야 한다고 생각했으며, 동시에 그것은 어떤 외적인 것, 즉(인간 본성에 관한 것을 포함한) 경험적 사실에서가 아니라, 선험적인 데에서, 즉 이성 자체 안에서 찾아져야 한다고 주장했다. 그리고 그렇게 함으로써 도덕판단의 자율성과 보편타당성을 확보하고자 하였다. 그래서 그는 윤리학(다양한 도덕현상을 다루는 경험적 인간학의 일종)을 하기에 앞서

‘도덕의 형이상학’이 필요하다고 하였던 것이다.

칸트가 도덕의 형이상학을 정초함에 있어 염두에 두었던 과제는 크게 두 가지가 있는데, 첫째는 ‘도덕판단의 정당화(Begründung des Moralischen Urteils)’ㅡ도덕적 판단이 단지 주관적이고 상대적인 것이 아니라 보편적이고 객관적인 것이 될 수 있는 근거를 제시하는 것ㅡ이고, 둘째는 ‘도덕의 정당화(Begründung der Moral)’ㅡ도덕적 의무 의식의 근거를 제시하는 것ㅡ이다.

칸트에게 있어서 참된 지식은 보편적(allgemein)이고 필연적(notwendig)인 것이어야 한다. 그리고 그는 뉴턴 물리학에서 이러한 지식의 가능성을 발견하였다. 칸트의 ‘순수이성비판’은 실상 뉴턴 패러다임을 철학적으로 정리해 놓은 것이라고 할 수 있다. 과학적 지식이 보편성과 필연성을 지닐 수 있는 것은, 그것이 선험적 근거를 가지고 있기 때문이다. 다시 말해서 그것은 경험에서 유래하는 것이 아니라, 주관(Subjekt)의 선험적 직관과 범주에서 유래하는 것이다. 과학적 지식(인식론)뿐만 아니라 도덕적 지식(윤리학)의 경우에도 보편타당한 지식은 오직 주관 자체를 통해서만 확보될 수 있다. 전자를 가능하게 하는 것이 사변이성이라면, 후자를 가능하게 하는 것은 실천이성이라 할 수 있다. 실천이성이란 자기 스스로 법을 세우고 스스로 그것을 따를 수 있는 이성의 자율적 능력을 의미한다.[20]

한편 칸트는, 도덕의 본질은 ‘우리는 마땅히 이것을 행해야 한다’는 무조건적인 당위 혹은 의무 의식에서 찾을 수 있다고 본다. 이 세상의 명령에는 두 가지가 있다. 첫째는 가언명령(hypothetischer Imperativ)으로서 ‘만약 네가 A를 원한다면, 너

---

20) 여기서 칸트의 ‘자율(Autonomie)로서의 자유(Freiheit)’ 개념의 이해를 위해 한마디 덧붙여 두고자 한다. 칸트에게 있어서, 참된 자유란 우리의 자연적 욕구에 따라서 행위를 하는 것이 아니라 ‘도덕적으로 옳은’ 것을 행하는 것이며, 오직 ‘의무감에서 (aus Pflicht)’ 행위를 하는 것이다. 즉 참된 자유란 이성적인 행위, 옳은 것이라는 생각에 따라서 하는 행위이다. 이는 자유의지와 욕구의 관계를 고찰해 볼 때 더욱 확실히 드러난다. 욕구가 우리 행위의 동기로서 작용하는 것을 살펴보면, 우리는 그것이 결정론적 형태로 작용한다는 것을 알 수 있다. 욕구란, 그 정도가 강하면 강할수록 인간은 그만큼 부자유스럽게 된다. 즉 욕구에 끌려다니는 노예상태에 놓이게 된다. 예컨대, 알코올중독자나 마약 또는 니코틴 중독자를 생각해 보자. 그는 끊임없이 술과 마약과 담배를 원한다. 그는 그것이 자신의 심신을 병들게 하기 때문에 그것을 끊어야 한다는 것을 알고 있다. 그러나 그는 유혹에 저항하기에 충분한 의지력을 발휘할 수 없다. 따라서 술이나 마약이나 담배를 찾는 그의 행위는 자유로운 행위가 아니라 ‘욕구에 굴복해서’ 하는 행위인 것이다. 그러므로 욕구에 의해 동기 유발된 모든 행위는 ‘결정되어 있다’고 말할 수 있다. 반면에 도덕적 선택의 상황에 있어서 인간은 ‘자유의지를 가지고 있다.’ 그가 어떤 것을 ‘하여야 한다(당위, Sollen)’는 말은 그가 그것을 ‘할 수 있다(가능성, Können)’는 것, 즉 실제로 그가 그것을 할 것인지 안 할 것인지를 선택할 수 있다는 의미를 담고 있다. 이와 같은 논증이 옳다면, 참된 자유는 도덕적 선택에서만 가능하다. 다시 말해서, 욕구, 즉 경향성 (Neigung)에 따르는 행위는 부자유한 행위이고, 이성, 즉 옳고 그름이라는 생각에 따라서 선택한 행위는 자유로운 행위인 것이다. 그러므로 칸트에게 있어서 참된 자유는 오직 자유의지의 산물이다. 그리고 자유의지는 사람들이 옳은 것을 행하는 경우에만, 즉 이성에 의해, 의무감에 의해 동기 유발되는 경우에만 행사될 수 있다.

는 B를 행해야 한다'와 같은 식의 구조로 된 명령이다. 그런데 이러한 명령에 있어서의 문제는, 최종 목표인 A가 완전히 비도덕적인 어떤 것일 수 있다는 것이다 (예컨대, '들키지 않고 가능한 한 많은 사람을 죽일 것'과 같은 목표도 있을 수 있다). 만약 윤리학이 가언명령으로 구성되어 있다면, 윤리학은 단지 우리에게 우리의 온갖 욕구들을 어떻게 효과적으로 달성할 것인지를 가르치는 전략적 기술(技術)의 학(學)이 되고 말 것이다. 두 번째 종류의 명령은 정언명령(kategorischer Imperativ)으로서 '너는 무조건 이것을 행해야 한다'와 같은 식의 구조를 띠고 있다. 윤리학은 이러한 정언명령에만 근거해야 한다. 칸트는 이 정언명령의 내용으로서 바로 '보편성'을 담았다. 정언명령의 제1정식인 "네 의지의 준칙(주관적 원리)이 항상 그리고 동시에 보편적 입법의 원리가 될 수 있도록 행위 하라"를 통해, 칸트는 지금 나 자신의 행위원리를 보편적 법칙으로 삼는다면 어떤 일이 일어날 것인지를 생각해 보라고 요구하고 있는 것이다.

흔히 우리는 타인의 입장과 나의 입장을 동일한 것으로 생각하기보다 의식적 또는 무의식적으로 자기의 입장을 예외적인 것으로 생각하려는 경향이 있다. 칸트는, 모든 도덕문제의 핵심이 바로 이러한 경향의 극복에 놓여 있다고 보고, 도덕적 원리는 모두에게 동일하게 적용될 수 있는 객관적 타당성을 지녀야 한다고 말하고 있는 것이다.[21] 그리고 인간으로 하여금 이러한 보편적 사고가 가능하도록 하는 능력은 다름 아닌 이성(Vernunft)이다. 왜냐하면 이성은 수학에 있어서의 엄격한 논리적 사고와 자연과학에 있어서의 엄격한 객관적인 법칙을 발견할 수 있도록 한 바로 그 능력이기 때문이다. 다만 차이점이 있다면, 자연과학에 있어서의 법칙은 이성에 의해 '(있던 것이) 발견되는' 것인 데 반해, 도덕에 있어서의 법칙은 이성이 '스스로 만들어 내는' 것이 다를 뿐이다. 원래 자연계의 모든 사물은 자연법칙을 따라 움직이며, 그 필연적인 인과관계의 연쇄 속에 묶여 있다. 그러나 인간의 자유의지에 근거한 도덕의 세계는 인간 스스로 법칙을 세우지 않으면 안 된다. 실천이성의 능력에 힘입어 인간은 이 법칙을 세울 수 있고, 이 법칙의 이행

---

21) 칸트는 준칙의 보편화 가능성(Universalisierbarkeit)을 우리 자신에 대한 의무와 타인에 대한 의무, 완전한 의무와 불완전한 의무라는 두 가지 변수에 입각하여 네 가지 유형의 준칙을 검사(test)하고 있다. 그러나 그중에서 가장 주목할 만한 것은 역시 타인에 대한 의무이자 완전한 의무에 해당되는 이른바 '거짓 약속의 준칙'에 대한 보편화테스트라고 보겠다(I. Kant, *Grundlegung zur Metaphysik der Sitten*, A 54f. 참조).

을 스스로에게 명령할 수 있다. 다시 말해서 자기의 의지(Wille)가 지향해야 할 바 그 목적을 세우고, 자기의 의지를 거기에 따라 규정할 수 있다.[22]

이 우주에 있어서 스스로 입법하고 스스로 그것에 따를 수 있는 자율적인 존재는 신을 제외하고는 인간밖에 없다. 칸트를 비롯한 근대 서구 계몽주의의 인간존엄사상은 바로 이러한 자유의지, 곧 신성(神性)을 지닌 존재의 존엄성에 근거한 것이다. 그러나 인간은 불행하게도 유한한, 불완전한 존재이다. 아마도 신성(神聖)한 존재 혹은 모든 감성적 제약으로부터 자유로운 존재에게는 실천이성이 아무런 제약도 받지 않을 것이며, 따라서 법칙의 인식은 언제나 의지와 일치될 것이다. 즉 도덕법칙을 깨닫는 순간 그는 그것을 곧바로 실천할 수 있을 것이다. 그러나 인간처럼 이성이 그 본성상 객관적 법칙에 필연적으로 따르지 못하는 존재에게 있어서는 그 법칙은 '의무'로 다가올 수밖에 없는 것이다.[23]

그렇다면 칸트의 도덕법칙, 곧 정언명령은 어떻게 증명될 수 있는가? 애석하게도 칸트 자신이 인정하듯이, 정언명법은 논증될 수 없다. 물론 칸트는 정언명법이 논증될 수 없다는 데 대한 중요한 이유를 가지고 있다.[24] 우리 또한 논증될 수는 없으나 그래도 진리임에는 틀림이 없는 그런 진리의 존재 가능성을 생각해 볼 수 있다. 정언명법에 대한 '경험적' 증명은 사실상 불가능하다. 만약 그러한 증명을 요구하는 사람이 있다면, 그는 아마도 도덕철학이 무엇인지를 이해하지 못하는 사람일 것이며, 십중팔구 정언명법을 가언명법으로 전환시키려 할 것이다. 원래 논리적 연역에의 요구는 항상 충족될 수 있는 것이 아니다. 왜냐하면 연역이란 공리(公理)를 전제하는데, 그 공리 자체는 연역될 수가 없기 때문이다. 그러므로 우리가 생각해 볼 수 있는 것은, 사람에게는 공리와 원리를 알아보는 직관이 있고, 정언명법은 바로 이런 직관의 대상이 될 수 있다는 것이다. 칸트가, 도덕법칙이

---

22) 도구적(instrumental) 이성이 이미 주어진 어떤 목적을 전제하고 그것을 어떻게 효과적으로 달성할 것인가에 대한 수단을 찾아내는 기능을 하는 데 반해, 실천적(praktisch) 이성은 목적합리적(zweckrational) 이성으로서 목적 자체를 세울 뿐만 아니라 어떤 외적인 것에도 구애받지 않고(他律的이지 않고) 오직 스스로를 규제한다(自律的이다). 이렇게 볼 때 실천이성은, 인간의 인식능력에 관계하는 이론이성을 넘어 인간의 의지력에 관계하며, 이런 의미에서 양심(Gewissen) 개념과도 통한다고 할 수 있다.

23) "인간에게 있어서, 그리고 모든 이성적인 피조물에게 있어서, 도덕적 필연성은 강요이자 강제(Verbindlichkeit)이다. 그리고 거기에 근거한 모든 행위는 의무(Pflicht)로 (……) 생각되어야 한다. …… 도덕법칙은 따라서 하나의 완전한 존재자의 의지에는 신성(Heiligkeit)의 법칙이지만, 모든 유한한 이성적 존재자의 의지에는 의무의 법칙이다."(I. Kant, *Kritik der praktischen Vernunft*, A 145/146)

24) I. Kant, *Grundlegung zur Metaphysik der Sitten*, A 127f./*Kritik der praktischen Vernunft*, A 72ff.

우리에게 주어져 있다는 것은 증명할 필요가 없는 '이성의 사실'(Faktum der Vernunft)
일 뿐이라고 말했던 것도 바로 이러한 의미에서이다.[25] 다시 말하면, 우리가 행위
할 때 왜 보편적 입장에 서야 하는가(왜 타인의 입장과 나의 입장을 차별하면 안
되는가)라는 문제에 대한 정당화는, 우리가 이성적으로 사고하는 한 직관적으로
자명하다는 것이다. 달리 표현하자면, 우리의 '양심'이 이것을 증거한다고 말해도
좋을 것이다.

이상과 같은 칸트의 논변이 옳다면, 우리는 도덕의 근거가 될 수 있는 선험적
인 원리를 확보한 셈이 된다. 그리고 이렇게 그 본질이 선험적인 데에 놓여 있는
도덕은 자연히 우리의 현상적인 삶의 세계에 하나의 반정립(Antithese)으로 다가올
수밖에 없다. 즉 그것은 늘 우리의 현실적 삶의 자세에 반성을 촉구하는 '예언적'
(預言的)인 것으로 기능하는 것이다. 이러한 입장에 서서 볼 때, 우리의 자연적 욕
구의 존재를 긍정하고 그 욕구의 충족에서 오는 만족감을 또한 긍정한 바탕 위에
서, 그것을 효과적으로 얻기 위한 방법의 차원에서 수립된(경험주의적 윤리와 같
은) 윤리는 확실히 도덕의 본질(무조건적인 도덕적 당위)과 관련되는 참된 윤리라
말할 수 없다. 뿐만 아니라 실제적으로도 타산적 이성에 입각하여 도덕을 설득하
는 전략은 그 타산이 지닌 한계로 인해서(계산의 결과가 자기 이익에 위배된다고
판단될 경우, 그러한 계약론적 윤리는 쉽사리 무너질 위험에 처할 것이다) 또한
성과를 거두기도 어렵다. 그러므로 모름지기 참된 도덕이란 유한한 인간의 현실
에 야합하는 것이 아니라 항상 동물의 수준으로 떨어지기 쉬운 인간의 실존적 모
습을 이상 세계의 예지로써 붙들어 주는 것이라 말할 수 있다.

흔히 '자기를 위해서 추호도 예외를 만들지 말라'는 칸트의 엄격한 보편성에의
요구는 현실적이지 못하다는 비판을 받는다. 평범한 사람에게는 그것이 요구하는
도덕적 기준이 너무 높다는 것이다. 그러나 개개인에게 엄격한 도덕성을 요구함
으로써 궁극적으로 '도덕의 왕국'의 실현을 꿈꾼 칸트의 시도는 그에게 있어서
'윤리의 본질'에 따르는 일관된 노선이었을 뿐이다.

---

25) I. Kant, *Kritik der praktischen Vernunft*, A 55f.

6. 윤리학과 윤리교육의 과제

이제까지 우리는, 윤리는 단지 타산에 의한 '삶의 지혜'와 다르고, 또 계약과 동의에 의해 부과되는 '법'과도 다른, 보다 적극적이고 초월적인 성격을 가진다는 것을 살펴보았다. 그러므로 윤리학의 과제가 있다면, 그것은 윤리의 이러한 본질을 분명히 밝혀 주고, 아울러 기본적인 도덕원리를 실제 삶에 적용할 수 있도록 보다 구체화하는 일일 것이다. 여기서 제기될 수 있는 한 가지 문제는 이성 혹은 양심의 사실인 도덕의 기본원리에 대해, 사람에 따라서는 그것이 단지 자의적(恣意的)이며 주관적인 확신일 뿐이라는 의문을 가질 수 있다는 것이다. 그것은 아마도 '설명'될 수 있다기보다는 본질직관(Wesensanschauung)에 의해서 '이해'될 수 있을 뿐일 것이다. 인간의 본질구조는 모든 사람에게서 원칙적으로 동등하기 때문에 모든 사람에게 타당하고, 따라서 초개인적인, 초주관적인, 상호주관적인(intersubjective) 도덕의 원리, 즉 양심판단이 있을 수 있는 것이다.[26]

그렇다면 우리는 이렇듯 근본적으로 초월적인 성격을 지닌 윤리를 현실 속에서 살아가는 사람들에게 어떻게 설득 내지는 교육할 수 있을까? 도덕은 기본적으로 '설득'될 수 있는 것이 아니다. 그것은 '가르쳐져야' 하는 것이다. 교육이란 애초부터 존재(Sein)가 아니라 당위(Sollen)이다. 다시 말해서, 그것은 인간의 현존태의 긍정이라기보다는 미래의 당위적 현실을 위하여 오늘을 규정해 나가는 행위인 것이다. 따라서 교육은 그 자체가 가치(value)의 세계이며 도덕(morality)의 세계이다.[27] 도덕의 본질과 도덕교육의 과제를 한마디로 명쾌하게 밝혀 주는 구절이 있는데, 우리는 그것을 동양 고전인 '중용'(中庸)의 첫머리에서 찾아볼 수 있다.

> "天命之謂性, 率性之謂道, 修道之謂敎."
> 하늘이 명하는 것을 일컬어 性(우리에게 내재하는 본성)이라 한다.
> 이 性을 따르는 것을 일컬어 道(우리가 나아가야 할 길)라 한다.
> 이 道를 닦는 것을 일컬어 敎(가르침)라 한다.[28]

---

26) 진교훈, "보편적 가치윤리학의 재구성과 가치관 교육", 수록: 한림과학원 편, 『21세기를 여는 한국인의 가치관』, 小花, 1997, 67쪽 이하 참조.

27) 김용옥, "統一論大綱", 수록: 한국사상사연구소, 『삼국통일과 한국통일』, 통나무, 1994, 120쪽 참조.

우리에게는 선천적으로 주어지는 본성이 있다. 그 본성을 따라 사람에게는 각기 마땅히 행해야 할 길, 즉 도리(道理)가 있다. 그리고 이 도리는 단지 머리로, 추상적으로 '아는' 것이 아니라, 훈련과 도야를 통해 '깨달아지는' 것이다. 다시 말해서, 선험적으로 주어지는 도덕의 본질은 합리적 지성을 통해 곧바로 알아지는 것이 아니라 오랜 수양(training, Bildung)을 통해 비로소 깨우쳐지는 것이다. 그래서 칸트도 "인간은 오직 교육을 통해 비로소 인간이 될 수 있으며, 모름지기 단련되고 교양되어야 한다"고 말했던 것이다.[29]

그러므로 윤리교사는 단순히 도덕적 지식을 전수하거나 도덕적이 되라고 설득하는 사람이 아니다. 그는 이익과 물질적 행복을 추구하는 이 세상의 거센 물결 속에서 외로운 예언자(預言者)가 될지라도, 오로지 도덕의 본질을 고수하며 자기 고유의 권위를 지니고 인간의 훈련에 임해야 하는 것이다. 도덕은 '가르쳐져야' 하고, '훈련되어야' 하기 때문이다.

---

28) 『中庸』 제1장. 해석은 김용옥, 『檮杌先生中庸講義』, 통나무, 1995, 67쪽 이하 참조.

29) "Der Mensch kann nur Mensch werden durch Erziehung. (……) Bei der Erziehung muβ der Mensch also 1) *diszipliniert* (……) 2) *kultiviert* werden."(I. Kant, *Über Pädagogik*, A 7/22).

제2장 도덕이론에서의 통합적 접근의 이론적 논거

이석호

1. 서 론

윤리학은 도덕의 본질과 근거에 관한 철학적 탐구라고 정의할 수 있다.[1] 여기에서 도덕이란 말은 행위에 대한 도덕적 판단, 표준, 그리고 규칙을 가리키는 일반적인 명칭들을 말한다. 그런데 도덕에 관한 논의를 하게 될 때 우리는 처음부터 어떤 패러독스(paradox)에 부딪치게 된다.[2] 왜냐하면 도덕이란 우리가 가장 잘 알고 있는 것 같으면서도 사실은 가장 잘 모르고 있는 것 중의 하나이기 때문이다. 사람들은 어릴 때부터 도덕적인 생활을 해 왔기 때문에 누구나 도덕이 무엇인가를 잘 알고 있는 듯이 생각하고 있다. 정상적인 분별력을 가지고 있는 사람이라면 그 자신이 인용할 수 있는 많은 도덕적 경험들을 가지고 있다. 일반적으로 사람들은 스스로 체험한 사실들을 토대로 도덕에 관한 자신의 견해를 밝히곤 한다.

그러나 사람들 간에는 도덕적 견해들이 서로 다른 경우가 많다. 일상적인 행동규범에 대해서보다는 도덕의 본질적 문제에 들어가서는 상당한 관점의 차이를 보

---

1) Hans Reiner, *Die philosophische Ethik*(Quelle & Meier · Heidelberg, 1964), S. 16; Paul Taylor, *Principles of Ethics* (Dickenson Publishing Company, Inc., 1975), 김영진 옮김, 『윤리학의 기본원리』(서광사, 1985), 11쪽.

2) James V. McGlynn & Jules J. Torner, *Modern Ethical Theories*(Milwaukee: The Bruce Publishing Company, 19620, p.1.

인다. 예를 들어 도덕의 근본이 선험적인 것으로부터 시작되느냐 경험적인 것으로부터 시작되느냐, 이성적인 숙고의 산물이냐 관습적인 것이냐, 아니면 개인적인 규범체계이냐 사회의 규율체계이냐 또는 도덕이 보편적인 특성을 가진 것이냐 상대적인 특성을 가진 것이냐 하는 등의 문제를 들 수 있다.[3] 따라서 도덕은 단순한 경험적 사실만을 토대로 논의할 수 없는 문제이다. 그러므로 도덕에 관한 이론적 연구가 매우 중요시되며, 이로 인하여 윤리학의 역사상 많은 도덕이론들이 논의되어 왔다고 하겠다. 그런데 이처럼 윤리학의 역사상 수많은 도덕이론들이 제시되어 왔음에도 불구하고 왜 우리는 오늘날과 같은 도덕적 위기상황과 혼란상을 여전히 맞이하고 있을까?

그것은 현대 사회에서의 과학·기술의 발달에 따른 산업화와, 이로 인한 인간의 가치관의 변화와 각종 비인간화 현상 및 전통의식의 단절[4]에서 그 중요한 요인들을 찾을 수 있을 것이다. 그러나 다른 한편으로 우리는 윤리학 자체 내에서 이보다 더 근본적인 몇 가지 요인을 찾아볼 수 있다고 하겠다.

첫째는 대부분의 도덕이론들이 추상적이고 현학적인 논리에 빠져 실제적인 도덕생활과 관련된 내용들을 제대로 밝혀 주지 못하는 데서 오는 문제이다. 이것은 이론과 현실이 반드시 보조를 같이하지 않는 데서도 그 원인을 찾을 수 있지만, 그러나 이보다 더 중요한 것은 대부분의 도덕이론들이 도덕적 문제에 관하여 어느 한 부분만을 다루고 있기 때문이라고 할 것이다. 예를 들어, 도덕에 있어서의 관념적 요소와 경험적 요소, 이성적인 것과 감성적인 것, 이념성과 현실성, 의무와 유용성, 가치와 사실, 행위의 동기와 결과 등을 구분하여 다루고 있기 때문이다. 이러한 도덕이론들은 도덕적 문제에 있어서 일면적인 부분적 내용들을 밝혀 주고 있으나 종합적이고 체계적인 실질적 도덕의 내용들을 제시해 주지는 못하고 있다.

둘째는 도덕이론들의 유형이 너무 다양하게 제시되고 있는 데서 오는 문제라고 하겠다. 일반적으로 많은 도덕론자들은 도덕에 있어서 실제적인 기본적 사실, 즉 도둑질하지 마라, 거짓말하지 마라, 남을 해치지 마라, 다른 사람의 권리를 존

---

3) 김영진 옮김, 앞의 책, 제1장 참조.

4) 전통의식의 단절은 인간의 사회생활의 기준이 되는 가치판단에 큰 혼란을 가져다주어 脫道德化 현상을 초래하기도 하였다. 秦敎勳, "倫理란 무엇인가", 安浩相 외 공저, 『韓國人의 倫理思想』(栗谷思想研究院, 1992), 39쪽.

중하라는 등의 단순한 도덕적(윤리적) 사실들[5]에 대해서는 완전히 동의하고 있다. 그러나 이러한 실제적인 도덕적 행위를 하게 되는 근본적인 동기와 이유에 대해서는 서로 커다란 관점의 차이를 나타낸다. 그리고 단순하고 명백한 도덕의 경험적 사실에 대해서도 주어지는 대답은 상이하다. 그렇기 때문에 도덕적 원리나 그 이론 체계에 대하여 설명할 때는 더욱 다양하며 복잡하다[6]고 할 것이다. 그래서 윤리학의 역사상 지금까지 각양각색의 다양한 도덕이론들이 제시되어 왔던 것이다. 이러한 다양한 도덕이론들의 유형을 크게 분류해 보면, 형이상학적 윤리설, 자연주의 윤리설, 직관주의 윤리설 등으로 구분할 수 있다.[7] 또한 이들을 좀 더 세분하면 행복주의, 쾌락주의, 금욕주의, 완전설, 공리주의, 의무론, 자아실현설, 실용주의, 실존주의, 현상학적 가치론 등의 윤리설들로 다양하게 분류되기도 한다.

그러나 이 같은 다양한 도덕이론들은 현대 사회의 도덕적 문제를 해결하는 데 충분한 해답을 주지 못하였다. 뿐만 아니라 윤리학적 상대주의와 회의주의를 불러들였고, 20세기에 들어와서는 분석윤리학을 낳게 하여 윤리학적 기반을 근본적으로 뒤흔들어 놓았다. 이로 인하여 현대의 윤리학이 도덕적 문제의 해결을 더욱 어렵게 만들어 놓았고, 마침내 오늘날의 도덕적 혼란상과 위기상황을 초래하였다고 할 수 있다. 그러므로 현대의 산업사회가 직면하게 되는 도덕적 문제를 해결하고, 오늘날 심각하게 대두된 도덕적 혼란상과 위기를 극복해 나가기 위해서는 그 동안 부분적·단편적 그리고 각양각색으로 제시되고 있는 도덕이론들을 종합적으로 체계화하는 통합적 접근이 요구된다고 하겠다.

분명한 것은 전통적인 도덕이론만으로서는 현대 산업사회의 복잡하고 다양한 도덕적 문제를 해결할 수 없다. 또한 마찬가지로 도덕에 관한 부분적·단편적 논의만으로도 오늘날의 복잡한 도덕적 문제를 적절하다고 하겠다. 문제는 도덕에 관련된 모든 요소들을 망라하여 종합해서 통합적으로 체계화한 도덕이론에 의해서만 현대 사회의 도덕적 문제를 어느 정도 해결할 수 있을 것으로 전망된다.

---

5) James V. McGlynn & Jules J. Torner, *Modern Ethical Theories*(Milwaukee: The Bruce Publishing Company, 1962), Chapter 1 참조.

6) *Ibid.*, p.19.

7) *Ibid.*, p.17; G. E. Moore, *Principia Ethica*(Cambridge, London: Cambridge University Press, 1980), pp.37ff.

도덕이론에 관하여 최근에 연구·제시된 여러 문헌들을 검토해 볼 때, 도덕이론의 통합적 접근에 관한 가능성과 그 근거를 밝히고 있는 이론들이 상당수 나타나고 있다. 이들 중 대표적인 학자들로는 회페(Otfried Höffe), 페이튼(H. J. Paton), 롤즈(John Rawls), 패럴리(John Farrelly), 쉰들러(David Schindler), 피터즈(R. S. Peters), 니산(Mordecai Nisan) 등을 들 수 있다.[8]

이 연구는 이상에서 제기한 문제의식과 도덕이론의 통합적 관점을 토대로 도덕이론에서의 통합적 접근의 이론적 논거에 대하여 자세하게 밝혀 보고자 한다. 도덕이론에 대한 통합적 관점이 여러 이론가들에 의하여 다양하게 제시되고 있으나 여기에서는 지면관계로 다만 회페와 페이튼 및 패럴리의 관점들을 중심으로 논의할 것이다.

2. 법칙론과 목적론의 상호 보완적 통합

회페(O. Höffe)는 도덕의 원리에 관한 문제를 논의함에 있어서 법칙론과 목적론은 상호 보완적 통합이 가능하다고 주장하고 있다.[9] 그는 법칙론의 이론으로서 칸트의 윤리설을, 그리고 목적론의 이론으로서 공리주의를 고찰하고, 이 양 윤리설들은 도덕적 문제를 설명하고 해결하는 데 있어서 각각 일면적으로만 타당한 내용들을 제시하고 있을 뿐, 다른 측면에서는 그렇지 못하다는 것이다. 즉 칸트의 법칙론은 도덕의 보편적 원리와 이를 토대로 한 도덕적 정당성에 관련된 내용들은 올바르게 제시하고 있으나 그 윤리설이 제시하고 있는 도덕의 원리와 행위의 법칙을 실제적인 도덕생활에 구체적으로 적용하기에는 어려움이 많다는 것이

---

8) O. Höffe, *Sittlich─politische Diskurse*(Schurkamp, 1981); H. J. Paton, *The Categorical Imperative: A Study in Kant's Moral philosophy*(Hutcheson of London, 1970); John "Kantian Constructivism in Moral Theory", in *The Journal of Philosophy, Vol.LXXVII, No.9*(The Journal of Philosophy Inc., Sept., 1980); John Farrelly, "The Human Good and Moral Choice" in George F. McLean, Frederick E. Ellrod, David L. Schindler, Jesse A. Mann, ed., *ACT AND AGENT: Philosophical Foundations for Moral Education and Character Development*(Lanham: The Council for Research in Values and Philosophy, University Press of America, Inc., 1986), Chapter VIII and XI; R. S. Peters, *Moral Development and Moral Education*(London: George Allen & Unwin, 1981); Mordecai Nisan, "Content and Structure in Moral Judgement: An Integrative View", in William E. Kurtines & Jacob L. Gewirtz, ed., Morality, Moral Behavior and Moral Development(New York: John Wiley & Sons, 1984), pp.208~223 등 참조.

9) Otfried Höffe, *op. cit.*, S. 65.

다.10)) 그리고 이에 반하여 목적론인 공리주의는 경험적 사실을 토대로 제시한 도덕의 원리와 행위의 규칙들을 실제적 현실의 생활에서 구체적으로 적용하는 데는 적합성을 띠고 있으나 도덕적 정당성의 문제를 적절하게 해결하지 못하는 한계성을 가지고 있다11)는 것이다.

회페는 윤리학의 일차적 과제는 어떤 행위의 규칙, 규범, 태도 또는 어떤 가치가 善한 것인가를 구체적으로 밝히는 데 있는 것이 아니라, 모든 도덕적 행위의 원칙이나 규칙 그 자체가 최종적으로 자리할 수 있는 궁극적 근거(die Letztbegründung)를 규명하는 데 있다12)고 주장한다. 따라서 윤리학은 이러한 도덕적 행위의 궁극적 근거를 밝히는 데 가장 근본적인 관심을 가져야 한다는 것이다. 그런데 도덕의 궁극적 근거를 규명할 때, 그것이 두 가지의 의미를 含蓄하고 있는데 우리는 종종 이러한 것을 간과하고 있다고 회페는 말하고 있다. 하나는 自律性이며, 다른 하나는 도덕적 행위의 최고 표준(der höchste Maßstab)이라는 것이다.

우선 도덕적 행위의 궁극적 근거로서의 자율성이라고 하면, 인간은 누구나 도덕적 행위를 하는 데 있어서 왜 그와 같은 행위를 해야만 하는가를 스스로 알 수 있는 최종적인 근거를 추구하게 된다는 것이다. 여기에서 도덕률의 궁극적 원리로서 의지의 자율성(die Autonomie des willens)이 대두된다.13) 도덕적 행위에 있어서 자율성이란 도덕률에 따르는 자유의지를 말한다.14) 이것은 인간에게는 양심과 같은 善意志(der gute Will)가 있어서 인간이 본능적 욕구의 충동이나 이해관계 또는 외부의 강제력이나 사회적 요구에 의하여 도덕적 행위를 할 것을 결정하는 것이 아니라 선의지 그 자체가 도덕적 행위의 근본적인 원천(Ursprung)15)이 됨을 의미하는 것이다. 그러므로 인간이 도덕적 행위를 할 수 있는 일차적인 궁극적 근거는 바로 이러한 의지의 자율성에 있다는 것이다.

다음에는 도덕의 궁극적 근거를 우리는 도덕적 행위가 준거로 삼는 최고의 표

---

10) *Ibid.*, S. 59~63.

11) *Ibid.*, S. 57~59.

12) *Ibid.*, S. 52.

13) *Ibid.*

14) Immanuel Kant, *Grundlegung zur Metaphysik der Sitten*(1786), S. 97~98(Reclamverlag, Stuttgart, 1955, S. 105).

15) Otfried Höffe, *Ibid.*, S. 53.

준에서 찾을 수 있다고 한다. 이것은 일종의 내적 자기 결정(Selbst－bestimmung)의 원리[16]로서 객관적인 도덕의 최고 준거를 말한다. 이 같은 행위의 최고 준거를 일반적으로 도덕의 最高 原理라고 하는데, 이를 토대로 우리는 도덕적으로 금지된 행위와 허용된 행위를 분별하고 또한 도덕적 행위를 숙고하고 결정할 때 불명료한 것들을 제거할 수 있으며 나아가 모든 도덕적 행위는 물론 이에 대한 논의도 조정할 수 있다는 것이다.

이러한 관점에서 회페는 도덕적 행위의 궁극적인 근거로서의 의지의 자율성은 칸트의 윤리설에서, 그리고 도덕적 행위의 최고의 표준은 공리주의의 유용성의 원리(Nutzenprinzip)[17]에서 찾고 있다. 이에 따라 그는 우선 공리주의적 관점부터 논의하면서 도덕적 행위의 최고 표준을 도출하기 위해서는 도덕의 개념부터 명확하게 밝힐 필요가 있다고 하였다. 그가 도덕의 개념을 분석해 볼 때 도덕의 구성 요소는 첫째로 자기 이익의 억제이며, 둘째로 共生의 원리라는 것이다. 즉 도덕적 행위의 준거는 자기만의 이익을 추구하는 것이 아니라 다른 사람의 이익을 함께 추구하는 데 있다. 그는 이 같은 행위의 준거를 다음과 같이 定式化하였다. "어떠한 행동이나 행위의 방식이 이와 관련된 모든 사람들의 행복을 증진할 때 그 행동이나 행위방식은 도덕적으로 선하며 옳은 것이다."[18]

이 같은 윤리설을 우리가 일반적으로 공리주의라고 부르고 있지만, 이 윤리설은 단순히 유용성의 도덕만을 지향하는 것은 아니다. 목적론으로서의 공리주의 윤리설은 고전적 공리주의로부터 이상적 공리주의에 이르기까지 여러 가지 유형이 있다.[19] 이들을 구체적으로 들어 보면 양적 공리주의, 질적 공리주의, 보편적 공리주의, 이타적 공리주의, 이상적 공리주의, 직관적 공리주의, 행위 공리주의, 규칙 공리주의 등이 있다. 이러한 공리주의의 여러 유형들은 매우 혼란스러울 정도로 서로 다른 입장과 그에 따른 다양한 관점에서 발전되어 왔다. 초기 공리주의 윤리설은 자연주의적 색채를 강하게 띠었지만 후기에 새롭게 발전된 공리주의의

---

16) *Ibid.*

17) *Ibid.*, S. 54.

18) *Ibid.*

19) William S. Sahakian, *Ethics: An Introduction to Theories and Problems*(New York: Harper & Row, 1974), 朴鐘大 역, 『윤리학』(서울: 西江大學校出版部, 1985), 제4장 참조.

윤리설들은 직관주의적인 경향뿐만 아니라, 라쉬달(Hastings Rashdall, 1858~1924)의 경우에는 형이상학적인 경향도 띠고 있다.[20] 따라서 이제는 이러한 공리주의들을 더 이상 동일한 형태의 윤리설이라고 할 수 없으나, 그럼에도 불구하고 이 윤리설들은 공통적인 특징을 나타내고 있는 네 가지의 일반적인 도덕의 원리들을 가지고 있다.[21] 이들은 결과의 원리(Folgenprinzip), 유용성의 원리(Nutzenprinzip), 쾌락의 원리(Lustprinzip), 사회성의 원리(Sozialprinzip) 등이라고 할 수 있다.[22]

공리주의의 공통적인 이 같은 원리들은 개별적 인간의 행위를 사회 전체의 보편적 복지와 행복의 실현에 의무를 지움으로써 도덕적이 되게 하고자 하는 것이다. 이 네 가지 원리들 중에 가장 핵심이 되는 것은 유용성의 원리이며, 이것이 공리주의 윤리설들의 기본 원리라고 하겠다. 이에 따라 회페는 다른 세 가지의 원리들을 유용성의 원리 속에 포함시켜 다음과 같이 定式化하고 있다. "행위 내지 행위의 규칙들은 그 결과가 모든 당사자들의 복지와 행복을 위하여 최선의 것일 때, 도덕적 의미에서 善이며 옳은 것이다."[23] 이와 같이 공리주의의 윤리설은 유용성이 그 기본 원리이며, 행위의 동기보다는 결과를 도덕판단의 기준 또는 원리로 보는 도덕이론이다.

그런데 공리주의의 윤리설이 행복과 복리에 대한 각 개인의 자연스러운 관심에 근거하고 있지만 여기에만 머물러 있는 것이 아니다. 공리주의는 윤리적 이기주의를 초월하여 보편적 복리에 대한 책무를 지니는 행동을 강조함으로써 분명하게 도덕적 걸음을 내딛고 있다. 이에 따라 인간의 도덕적 행위를 보편적 복리에 근거하여 평가해야 한다는 벤담의 주장은 지성적으로나 정서적으로나 매우 호소력이 있다.[24] 따라서 공리주의는 인간 생활의 경험적 요소들과 결합되어 현실의 생활 속에서 구체적으로 실천이 가능한 도덕의 원칙과 규범들을 제시하고 있으므로 다른 도덕이론들보다 많은 지지를 받고 있다. 그러나 다른 한편으로는 이 도덕

---

20) 朴鐘大 譯, 앞의 책, 72~76쪽.

21) Otfried Höffe, *Ibid.*, S. 54~55.

22) 이에 대한 자세한 내용에 대해서는 拙稿, 「道德理論에서의 統合的 研究에의 한 接近」(서울대학교 대학원 박사학위 논문, 1990), 제Ⅲ장 4절 (2)항에서 자세히 밝힌 바 있다.

23) Otfried Höffe, *Ibid.*, S. 55.

24) *Ibid.*, S. 56.

이론은 현실적인 이익과 만족을 추구하는 일종의 집단이기주의의 이론으로서 도덕적 의무와 정당성을 적절하게 해결하지 못하고 있다. 이러한 점에서 이 윤리설이 도덕이론으로서 결정적인 약점을 가지고 있음을 우리는 부정할 수 없다.

따라서 회페는 공리주의의 장점을 유지함과 동시에 이의 결함을 보완하기 위해서는 도덕적 행위의 표준을 설정하는 데 있어서 의무의 내용을 포함시켜야 한다[25]고 주장한다. 즉 공리주의의 도덕이론에 의무의 개념을 결합시켜야 한다는 것이다. 참된 의미의 도덕적 행위란 義務 意識에서 말미암은 행위를 말한다. 그 같은 도덕적 행위는 의무에 적합한 행위일 뿐만 아니라 도덕적 의무를 자각하고, 오로지 의무이기 때문에 그 의무를 다하려는 행위이다. 칸트에 의하면 바로 이 같은 의무의 자각과 이에 따른 행위가 도덕적 행위로서 성립될 수 있는 근본 조건이며, 또한 도덕률에 대한 존경으로 말미암은 행위의 必然性[26]이라는 것이다. 이 같은 의무의 개념이 도덕이론에 定礎되어야 그 같은 이론은 비로소 도덕이론으로서의 正當性이 확립될 수 있는 것이다.

회페는 공리주의의 도덕이론이 정당성의 문제를 해결하기 위해서는 칸트 윤리설의 의무론적 요소를 포함시켜야 한다고 주장한다. 왜냐하면 무조건적으로 옳다는 정당성의 개념에서만 도덕의 궁극적 표준이 얻어지기 때문이다. 즉 도덕적 행위의 구속력은 행위주체의 의도와는 관계없이 超主觀的, 보편타당한 근거에서만 확립될 수 있다. 이 같은 보편타당한 근거를 보편화의 원리라고 하는데, 이같이 보편화의 원리로서 칸트는 정언명법을 제시하고 있다. "너의 행위의 準則이 동시에 보편적 법칙이 될 수 있는 그러한 너의 준칙에 따라서만 행동하라"고 하면서 모든 도덕적 명령을 포괄할 수 있는 근본 법칙을 밝히고 있다. 이 같은 정언명법은 무조건적인 도덕의 명령이며, 도덕적 행위자는 오로지 이 명령에 따라 행동할 때만이 도덕적일 수 있다. 그러므로 이같이 정언명법은 도덕의 보편적 법칙성을 띠는 도덕적 행위의 최고 원리가 된다.

그런데 회페는 칸트의 윤리설이 이 같은 의무의 법칙으로서의 정언명법이라는

---

25) *Ibid.*, S.59.

26) I. Kant, *Grundlegung*, S.13~14(Reclam, S.40).

보편적 법칙만을 제시하고 있는 것은 아니라고 한다. 그에 의하면 정언명법이 행위의 준칙(Maxime)과 관련되어 요구되고 있다는 사실이 또한 중요하다[27]는 것이다. 행위의 준칙이란 일종의 生活 信條(또는 準則)와 같은 것으로서 행위자가 스스로 정하여 자신의 도덕적 행위의 최종적 준거로 삼고 있는 행위의 원칙이다. 즉 정직한 삶을 지향하느냐 거짓된 삶을 지향하느냐, 더불어 사는 삶을 존중하느냐 이기적인 삶을 존중하느냐, 어려운 사람들을 도울 것이냐 돕지 않을 것이냐 하는 등 스스로 만든 행위의 원칙을 말한다. 이 같은 행위의 준칙이 정언명법이라는 보편적 도덕의 법칙성에 부합하고 일치되도록 행동하라는 것인데, 바로 여기에서 칸트의 윤리설이 행위의 준칙이라는 개념을 통하여 각자의 실제적 생활경험과 관련시키고 있다. 그러므로 칸트가 도덕적 행위에 있어서 행위의 결과에 대한 고려를 전적으로 배제하였다고 단정할 수 없다[28]고 회페는 주장한다. 이러한 관점에서 회페는 칸트의 의무론과 공리주의 윤리설이 결합할 수 있는 여지를 밝히고, 법칙론과 목적론의 상호 보완적 통합의 근거를 제시하고 있다.

목적론으로서의 공리주의는 도덕적 행위의 내용을 구체적으로 밝혀서 개별적인 특정 분야, 즉 인간관계의 여러 특정한 문제에 한정시켜서 적용하고 있기 때문에 보편화의 원리보다는 한 단계 아래에 있다. 그런데 정언명법과 비교해 볼 때 공리주의가 함께 사는 사람들의 복지의 실현을 요구하는 것은 한편으로 제한적이나마 의무에 해당하는 구속력을 제시해 주고 있다. 그러나 이 같은 구속력은 어떤 보편성에 입각한 구속력은 되지 못한다. 그리고 법칙론으로서의 칸트의 정언명법은 도덕의 원리를 정립함에 있어서 결과보다는 도덕적 의무의 요소를 우선하고 있다. 즉 도덕적 행위의 구체적인 내용보다는 원리를 우선하는 것이다. 그렇다고 정언명법이 구체적인 경험적 요소나 행위의 결과를 완전히 배제하는 것은 아니다. 다만 도덕적 의무 또는 보편성의 원리를 강조하다 보니 도덕적 행위의 구체적인 내용을 자세하게 밝히지 못한 데에 그 한계가 있다. 이러한 논의에 비추어 볼 때 칸트 윤리설과 공리주의는 완전히 배타적인 도덕이론들이 아니다.

---

27) O. Höffe, *Ibid.*, S. 61.

28) *Ibid.*, S. 62.

도덕이론으로서의 법칙론은 보편적인 도덕법칙과 원리를 제시해 주고 있다. 이 같은 도덕의 법칙 또는 원리는 구체적인 경험적 행위의 내용을 고려함이 없이는 현실적으로 적용하거나 실천할 수 없다. 이에 비하여 도덕이론으로서의 목적론은 행위의 내용을 구체적으로 제시하고 있지만 보편적 원리에 입각해 있는 것은 아니다. 보편적 원리가 확립되어 있지 않은 채 도덕적 행위의 내용을 현실에 적용할 때는 임의적이거나 일관성이 없게 되며, 나아가서 오히려 도덕적 혼란을 가져올 수 있는 개연성을 지니게 된다.

그러므로 도덕이론이 보편성의 원리에 따라 도덕적 정당성을 확립하고, 또한 구체적인 행위의 내용에 따라 현실적으로 적합하며 적용 가능한 이론이 되기 위해서는 이 양자의 도덕적 요소들을 상호 결합시켜 통합할 때만이 가능하다는 결론이 나온다. 이러한 관점에 비추어 회페는 법칙론적 윤리학과 목적론적 윤리학은 서로 완전히 배타적이라기보다는 오히려 의미 깊게 관련되는 상호 보완적이라고 주장한다.[29] 다시 말해서, 도덕의 궁극적 원리를 정립함에 있어서는 윤리학은 법칙론적이며, 이 원리들을 특정한 생활 영역과 구체적 상황에 적용하는 것과 관련하여서는 윤리학은 목적론적이다. 이렇게 해서 도덕이론이 법칙론적 요소와 목적론적 요소를 상호 관련시켜 보완적으로 결합하여 통합하고 체계화할 때 보다 온전한 도덕이론이 될 수 있다.

3. 칸트의 정언명법론의 새로운 해석

다음에는 페이튼(H. J. Paton)이 칸트의 정언명법을 새롭게 해석하여 도덕이론들이 통합할 수 있는 근거를 제시하고 있다. 일반적으로 칸트의 윤리설에 대한 전통적 해석은 이 윤리설이 매우 추상적이고 보편적 법칙성만을 강조하는 形式主義的 윤리설이며, 인간의 현실적 욕구와 행위의 결과를 무시하고 있다[30]고 하는 등

---

29) *Ibid.*, S. 65.

30) William S. Sahakian, *Ethics: An Introduction to Theories and Problems*(New York: Barnes & Noble Books, A Division of Harper & Row, Publisher, 1974), p.113.

으로 비판하고 있다. 그런데 이 같은 비판은 칸트의 윤리설을 올바르게 이해하지 못하는 데서 비롯된다고 페이튼은 주장한다. 많은 사람들은 칸트의 윤리설이 어떠한 행위라도 자연적 경향성을 지니거나 또한 그것에 의하여 적은 쾌락이라도 얻는다면 도덕적일 수 없다는 것이며, 또한 도덕적으로 善한 사람은 자신의 행위의 결과를 전혀 고려해서는 안 된다는 것으로 알고 있다. 그러나 페이튼은 칸트의 原典[31])에 대하여 더욱 철저하게 검토를 해 보면, 이것은 잘못된 가정이라는 것이다. 칸트의 윤리설은 도덕원리를(정언명법을) 실제의 도덕적 상황에 적용할 때에는 목적론적 관점을 내포하고 있다[32])고 페이튼은 주장한다. 칸트의 윤리설에 대한 이 같은 해석은 우리가 앞에서 논의한 회페의 견해와 유사하다고 하겠다.

페이튼은 칸트의 도덕철학에 대한 논의를 위하여 윤리학을 '순수윤리학'과 '응용윤리학'으로 구분하고 있다. 그에 의하면 도덕의 최고 원리나 그것에 따르는 의무의 본질에 관한 질문은 순수윤리학 또는 이론적 윤리학이라고 부를 수 있는 윤리학의 영역에 속한다는 것이다. 그리고 인간의 자연적 본성을 토대로 실제적인 도덕적 행위의 문제에 이 같은 도덕의 최고의 원리를 적용하는 데 대한 논의는 응용윤리학에 속한다는 것이다. 이 같은 견해에 비추어 볼 때, 칸트의 윤리설에 관한 문헌들 중 『道德 形而上學的 基礎』(1786)와 『實踐理性批判』(1788)은 그 내용에 있어서 경우에 따라서는 例證으로서 응용윤리학적 요소가 다소 제시되기도 하지만 이들은 순수윤리학에 속하며, 그의 후기의 저술인 『도덕 형이상학』(1798)의 내용은 거의 대부분이 응용윤리학에 속한다[33])고 페이튼은 보고 있다.

그는 도덕적 문제를 논의함에 있어서 도덕 자체를 몇 개의 수준, 즉 ① 도덕의 원리, ② 도덕규칙, ③ 도덕규범, ④ 개별적 도덕판단 등으로 구별하여 논의할 때 도덕의 특성을 보다 명확하게 밝힐 수 있다고 주장한다.[34]) 도덕의 원리란 도덕적 행위의 궁극적 준거로서 보편타당한 도덕의 최고 표준을 말한다. 그리고 도덕의 규칙이란 十誡命과 같은 구체적인 규율을 말하며, 도덕규범은 군인이나 사형 집행

---

31) 특히 『道德 形而上學的 基礎』(Grundlegung zur Metaphysik der Sitten, 1786)과 『道德 形而上學』(Die Metaphysik der Sitten, 1798)을 가리킨다고 볼 수 있다.

32) H. J. Paton, *The Categorical Imperative*, 김성호 옮김, 『칸트의 도덕철학』(서광사, 1988), 16쪽.

33) 앞의 책, 31쪽.

34) 앞의 책, 32쪽.

자는 '죽이는 것이 의무일 수 있다'는 보다 구체적인 진술을 말하며, 개별적 도덕
판단은 '나는 그를 죽여서는 안 된다'고 스스로 판단하는 것과 같은 개별적인 경
우에 있어서의 도덕판단을 말하는 것이다. 페이튼의 이 같은 분류에 따르면, 도덕
의 원리는 순수윤리학에 속하고, 도덕규칙과 도덕규범은 응용윤리학에 속하는 것
으로서 인간의 자연적 본성과 관련되어 있으며, 개별적 도덕판단은 도덕철학의
영역이 될 수 없다는 것이다.

이 관점에 비추어 볼 때, 칸트의 정언명법은 도덕의 원리로서 순수윤리학에 속
한다. 칸트는 그의『道德 形而上學的 基礎』에서 이 같은 순수윤리학의 입장에 따라
정언명법을 보편타당한 원리로만 정립하여 설명하고 있으며, 이 원리를 실제적인
도덕의 실천에 적용하는 문제는 주로 그의 후기 저서인『道德 形而上學』에서 구체
적으로 밝히고 있다[35]는 것이다. 그런데 많은 칸트의 이론가들이 이 같은 칸트 윤
리학의 전 체계와 구조에 대한 깊은 성찰도 없이 주로『道德 形而上學的 基礎』와
『實踐理性批判』을 중심으로 칸트의 윤리설을 논의하고 있기 때문에 그의 윤리설
을 단순히 공허한 형식주의 내지 현실과 유리된 법칙주의로만 이해하고 있다는
것이다.

칸트는 도덕적 문제의 올바른 해결을 위하여 우선 순수윤리학의 필요성을 강
조하였다[36]고 한다. 모든 이성적 존재자들을 위한 보편타당한 도덕원리의 정립이
도덕적 문제를 해결하는 데 있어서 가장 우선적인 선결과제이며, 이러한 것은 오
로지 순수윤리학에 의해서만 가능하다는 것이다. 이에 따라 칸트가 의도한 것은
우리의 일상적인 도덕판단에서 이미 작용하고 있는 도덕원리를 명료하게 정식화
하는 것이다. 왜 이 같은 순수윤리학이 필요하냐 하면 보통 사람들이 쾌락의 매력
에 의해서 의무의 순수원리들을 모호한 상태에 두도록 유혹을 받을 수 있기 때문
이다. 일반적으로 대부분의 사람들은 엄격한 의무의 법칙에 대해서 궤변을 늘어
놓고 그 타당성을 또는 적어도 그것의 엄격함이나 순수성을 의심할 수 있다[37]고

---

35) 칸트의『道德 形而上學的 基礎』(Grundlegung zur Metaphysik der Sitten)는 1785년에, 그리고『道德 形而上學』(Die
   Metaphysik der Sitten)은 1791년에 각각 그 초판이 출판되었다.

36) 김성호 옮김, 앞의 책, 32쪽.

37) I. Kant, *Grundlegung*, S. 23(Reclam, S. 47).

칸트는 주장하였다. 이러한 것은 오로지 순수윤리학에 의해서만 바로잡을 수 있다는 것이다.

이러한 점에서 칸트는 그의 『道德 形而上學的 基礎』에서 최고의 도덕원리로서 정언명법을 제시하여 정당화하고 있다. 정언명법은 그 자체가 절대적 명령인 無上命法[38]이라는 것인데, 이는 오로지 의무의식에 의하여 행위의 목적이나 결과에 상관없이 그 행위 자체가 도덕적이기 때문에 따라야 한다는 당위의 명령인 것이다. 그러므로 도덕의 최고 원리로서의 도덕명령은 정언명법에 한정되어 하나밖에 없으며, 이것이 모든 도덕법칙을 포괄하는 근본 원리가 된다는 것이다.[39]

칸트가 최고의 도덕원리를 이와 같이 엄격한 명법으로 제시하는 것은 도덕원칙의 일관성, 보편성, 타당성 및 정당성을 확립하고자 하는 것이라고 하겠다. 만일 최고의 도덕원리가 이 같은 명법으로 규정되지 않는다면 그 같은 도덕원리는 도덕적 행위자의 욕구, 이익, 애착심 등에 의하여 좌우되어 모든 사람들의 행동을 도덕적으로 규제할 수 있는 원리로서의 기능을 상실하고 만다는 것이다. 따라서 칸트는 일차적으로 모든 경험적 요소를 떠나 선험적 요소[40]를 중심으로 최고의 도덕원리를 정립하고, 이를 정당화하고자 하였다. 그는 도덕에 있어서의 경험적 요소와 선험적 요소를 올바르게 다루기 위하여서는 이 양자를 명료하게 구별하여 논의해야 한다는 것이다.[41] 그래서 칸트는 이와 같이 최고의 도덕원리를 정립하여 제시하는 것으로만 그친 것은 아니었다. 그다음 단계로 그는 이 같은 도덕원리를 현실적인 실천과 관련시켜 실제로 적용하는 절차를 그의 『道德 形而上學』에서 밝히고 있다는 것을 페이튼은 말하고 있다. 그에 의하면 최고의 도덕원리로부터 우리가 도덕법칙을 이끌어 내자마자 여기에 경험적 요소들이 개입하게 된다[42]는 것이다. 『道德 形而上學』은 순수윤리학과는 다른 것으로서 칸트는 이것이 경험적 요소들을 포함하고 있음을 분명히 인정하고 있나[43]는 것이다. 이에 의하면 순수

---

38) 여기에서 命法이란 명령의 법칙이란 의미인데, 도덕적 명령은 모든 사람이 따라야 할 법칙성을 띠어야 한다는 의미로 命法이라는 용어를 쓴다고 하겠다. 따라서 無上命法이란 무조건 따라야 할 최고의 명령이라는 뜻이다.

39) 이 같은 정언명법에 관한 내용에 대해서는 拙稿, 앞의 책, 제3장 3절 (1)항의 ①과 제Ⅳ장 2절 (1)에서 보다 자세하게 논의하였다.

40) 김성호 옮김, 앞의 책, 30~35쪽.

41) 앞의 책, 40~41쪽.

42) 앞의 책, 32쪽.

윤리학에서 밝힌 도덕의 원리는 경험적인 심리학의 도움을 받아야 한다는 것이
다. 즉 도덕원리의 적용은 도덕생활을 촉진하거나 방해하는 조건들에 한정된 특
수 심리학뿐만 아니라, 인간 본성에 관한 지식으로서의 일반 심리학에도 의존한
다. 심리학의 도움 없이는, 그리고 참으로 인간의 본성과 우리가 살고 있는 세계
에 대한 경험적 지식이 없이는 도덕원리의 적용은 불가능하다는 것을 칸트는 인
정하였다. 우리들에게 그러한 경험적 지식이 많으면 많을수록 훨씬 더 건전한 도
덕판단을 내릴 수 있다는 것이다. 그래서 칸트는 도덕에 있어서 우리의 자연적 경
향성(Neigung)을 배제하는 것은 쓸데없을 뿐만 아니라 해롭고 비난받을 만한 일이
라고 하였다.44)

페이튼에 의하면 칸트가 순수 실천이성이 행복(만족, 즐거움)에 대한 모든 권리
를 포기하기를 요구하는 것이 아니라, 단지 의무가 문제시되는 순간에 행복을 우
선시하지 말 것을 요구한다는 것이다. 이러한 칸트의 주장은 최고의 도덕원리를
정립함에 있어서는 의무의식에 바탕을 두어야만 한다는 것이며, 이 원리를 실제
로 적용할 때는 인간 본성 안에 있는 자연적 경향성과의 조화를 추구하는 것이
바람직하다는 것이다.45) 그러므로 칸트는 도덕적 행위에 있어서 의무의식과 자연
적 경향성의 존재와 양립하는 것이 가능하다는 점을 주장하고 있으며, 이러한 것
은 의무 그 자체의 명령을 정식화하는 데서 가장 잘 드러난다는 것을 페이튼은
밝히고 있다. 칸트에 의하면 모든 행위는 準則(Maxime)을 지니고 있으며, 대개 이
준칙은 이성과 경향성의 협력으로 이루어진다는 것이다. 이렇게 해서 도덕적으로
선한 사람은 오직 그가 동시에 보편적 법칙이기를 의욕할 수 있는 그러한 준칙에
따라서만 행위를 하는 것이 중요하다고 한다.

이러한 칸트의 주장을 토대로 페이튼은 칸트의 윤리설을 다음과 같이 해석하
여 정리하고 있다. 칸트는 그 자신의 도덕원리를 적용함에 있어서 가장 온전하게
인간의 욕구와 목적, 잠재력 등을 고려하고 있으며, 실제로 그의 도덕원리들이 기

---

43) I. Kant, Die Metahysik der Sitten, Rechtslehre, Vorrede, in hrsg. von Wihelm Weischdel, *Kant Werke Band 7*(Darmstadt: Wissenschaftliche Buchgesellschaft, Sonderausgabe, 1983), S. 309~313.

44) 김성호 옮김, 앞의 책, 77쪽.

45) 앞의 책과 같음.

초하고 있는 것은 바로 인간과 세계에 대한 목적론적 관점이라는 것이다.[46] 이 같은 페이튼의 관점에 따르면 바람직한 도덕의 구성요소는 선험적 요소와 경험적 요소가 상호 보완적으로 조화·통합되어야 한다는 것을 알 수 있으며, 칸트도 이 같은 입장을 취하였다고 하겠다.

4. 도덕에서의 형식과 내용의 구성적 선으로의 통합[47]

패럴리(John Farrelly)는 콜버그(L. Kohlberg)의 도덕 발달이론과, 먼제이(Brenda Munsey) 및 아론(Israel Aron) 등의 도덕이론을 서로 비교하여 분석·비판하고, 그 대안으로서 도덕에 있어서의 형식과 내용을 '構成的 善'으로의 통합을 제시하였다.[48] 그에 의하면 콜버그는 도덕적 상대주의를 극복하기 위하여 도덕판단의 規定的·普遍的 특성을 옹호하고 있는 데 반하여, 먼제이와 아론은 듀이(John Dewey)의 도덕이론을 토대로 복잡하고 다양한 인간관계와 부단히 변화하는 환경 속에서 행위자 자신이 스스로 정의한 어떤 인간적 선(some self−defined human good)을 위하여 창조적인 결정과 선택을 하는 것을 도덕판단의 특성으로 주장한다[49]는 것이다.

콜버그는 그의 도덕이론에서 실제적인 도덕적 행위에 대해서보다는 도덕적 판단을 기본적으로 더 중요시하고 있다.[50] 도덕판단이란 실제의 사실적 사태를 설명하고 주장하는 것이 아니라 도덕적이 될 수 있도록 인간의 행동을 構造化하는 것이다. 따라서 콜버그는 도덕의 내용적인 측면에서보다는 도덕판단의 형식적인 측면에서 도덕의 특성을 규정하고 있다.[51] 도덕판단이란 도덕적 행위에 대한 단

---

46) 앞의 책, 16쪽.

47) 여기에서 도덕의 形式이란 도덕의 원리나 원칙을 뜻하는 것이며, 도덕의 內容이란 구체적인 행동 장면에 있어서의 바람직한 목적이나 善을 지향하는 갖가지 행위규범들을 말하는 것이다.

48) John Farrelly, *op. cit.*, pp.228~231.

49) *Ibid.*, p.228.

50) *Ibid.*, p.224.

51) Lawrence Kohlberg, "From Is to Ought: How to Commit the Naturalistic Fallacy and Get Away with It in the Study of Moral Development", in Theodore Mischel, ed., *Cognitive Development and Epistemology*(New York: Academic Press, 1971), pp. 214~215.

순한 假說이 아니라 의무감과 당위성을 갖도록 인간의 행동을 구조화하는 것이다. 그렇기 때문에 도덕판단은 規定的 판단이 되어야 한다는 것이다. 이에 따라 도덕판단은 보편성(universality)과 상호성(reciprocity)을 가진다. 즉 모든 사람들은 유사한 상황에서는 똑같은 판단을 하게 된다는 것이다. 특히 義務, 公正, 正義 등에 대한 판단에서 이 같은 도덕판단의 특징이 두드러지게 나타난다. 도덕이론가로서의 콜버그는 이와 같이 도덕판단의 형식에 관한 해석을 채택하고 있으면서[52] 도덕교육의 실천가로서 그는 자라나는 어린이의 사회적 환경과, 그리고 그 같은 환경으로 어린이들이 참여하여 활동하는 것을 구조화하는 여러 가지 방식을 탐구하였다. 이렇게 해서 그는 도덕판단 자체가 바로 도덕적인 행위의 내용을 스스로 산출한다[53]고 주장하였다.

그러나 도덕이론에 대한 콜버그의 이 같은 철학적 해석에 대하여 최근에 먼제이와 아론은 듀이의 관점을 토대로 비판을 하고 있다. 우선 먼제이의 콜버그에 대한 비판은 다음과 같다. 패럴리에 의하면 콜버그가 윤리적 규칙이론(ethical rule theory)을 주장한다면, 브렌다 먼제이는 윤리적 행위이론(ethical act theory)을 주장하고 있다는 것이다. 윤리적 규칙이론의 입장은 개별적인 도덕판단을 정당화하기 위해서는 도덕규칙이 필요하다고 전제하면서, 만일 도덕규칙이 없으면 도덕과 관련된 개별적 사실들을 확인조차 할 수 없다고 한다. 그러나 이에 반하여 윤리적 행위이론은 도덕규칙이 없어도 도덕과 관련된 개별적 사실들을 확인할 수 있다는 것이다.[54]

윤리적 행위이론의 관점에서 볼 때, 윤리적 규칙들이 전통적인 지혜의 축적으로서는 중요하다고 할 수 있으나 이 같은 규칙들이 실제적인 도덕적 행위에 부합되지 않을 경우가 많다는 것이다. 그러므로 이 규칙들은 윤리적 규칙이론이 주장하는 것처럼 실제적인 도덕적 추론을 구성할 수 있는 것이 아니다. 인간의 삶이란

---

52) 그는 도덕성의 발달을 3수준과 6단계로 구별하여 정의하고 이를 자세하게 설명하고 있다. Lawrence Kohlberg, *The Philosophy of Moral Development*(San Francisco: Harper & Row, Publishers, 1981), 김봉소, 김민남 역, 『道德發達의 哲學』(敎育科學社, 1985), 제2부 4장 참조.

53) lawrence Kohlberg, "Educating for a Just Society: An updated and Revised Statement", in Brenda Munsey, ed., *Moral Development, Moral Education, and Kohlberg*(Birmingham: Relious Education Press, 1980), pp.463~464.

54) John Farrelly, *Ibid.*, p.226.

보편주의자들이 생각하는 것처럼 고정된 일정한 형식에 따라서만 이루어지는 것은 아니다. 오히려 각 개인의 의도, 욕망, 취미, 소망 등 갖가지의 傾向性에 따라 인간의 삶은 다양하게 전개된다고 할 수 있다. 그러므로 도덕판단에 있어서 어떠한 예외도 인정하지 않고 오로지 보편성과 규정성만을 강조하는 콜버그의 형식주의 이론은 실제적인 도덕의 문제를 해결하는 데 있어서 한계성을 가지고 있다는 것이다.

그리고 콜버그의 또 다른 비판자인 이즈라엘 아론[55]은 콜버그가 개별적인 도덕적 가치나 규범을 맹목적으로 주입시켜 敎化하려 하지 않고, 도덕성 발달의 성장을 도우려고 한 점에서는 그의 이론에 일면 어떤 장점이 있음을 인정하고 있다. 그러나 다른 한편으로 콜버그의 도덕이론은 우리의 삶을 지나치게 추상화하고 단순화시킴으로써 실제적인 도덕적 문제를 해결하는 데 구체적인 자료를 제공하지 못하고 있다는 것이다. 즉 그의 형식주의의 도덕이론은 도덕성의 발달을 6단계로만 구조화해 놓음으로써 젊은이들로 하여금 새로운 가능성을 창조적으로 생각하거나 또는 탐구할 수 있는 능력을 길러 주지 못하는 결함이 있다고 할 것이다. 콜버그의 접근법은 도덕적 행위를 결정하는 과정 그 자체보다는 결정절차의 正當化에 더 많은 관심을 나타내고 있다. 그러나 도덕에 있어서의 중요한 것은 실제적 생활에서 도덕적 결정을 올바르게 하도록 젊은이들을 도와주는 것이라고 하겠다.

그래서 아론은 보편성과 규정성을 강조하는 콜버그적 관점에 도덕적 행위의 결정과정을 주로 다루는 접근법을 보완할 필요성이 제기된다는 것이다.[56] 특히 아론은 이렇게 하는 데는 듀이의 이론적 관점이 유용하다고 한다. 듀이는 도덕적 경험과 도덕적 행위결정의 양자를 결합시켜 주는 것은 도덕적 행위자인 有機體와 환경과의 상호작용이라고 한다. 일반적으로 도덕적 판단과 결정이 요구되는 것은 습관적인 행동이 더 이상 적절하지 못하여 인간의 욕구를 충족시켜 주지 못한다든지 또는 갈등적 요구들을 해결해 주지 못할 경우에 대두된다. 이 같은 상황에 직면하게 되면 인간은 일단 행동을 중지하고 도덕적 숙고를 하게 된다. 이 같은

---

55) Israel Aron, "Moral Education: The Formalist Tradition and the Deweyan Alternative", in Brenda Munsey, ed., *Ibid.*, pp.401~426.

56) John Farrelly, *Ibid.*, p.227.

도덕적 숙고에 의하여 행위자는 여러 가지 선택이 가능한 방안들 중에 가장 적절한 행동방식을 선택하게 된다.[57] 이러한 도덕적 숙고에 의하여 행위의 방식을 선택하고 결정할 때, 여러 가지의 선택적 대안들을 생각해 낼 수 있는 충분한 도덕적 행위의 내용들이 요구되고 있는데, 바로 듀이의 이론이 이 같은 내용들을 구체적으로 제시해 주고 있다는 것이다.

그러나 아론은 듀이의 도덕이론이 구체적인 도덕의 내용들을 제시해 줌으로써 행위자의 도덕적 숙고와 결정에 매우 유용한 도움을 주고 있으나 다음과 같은 한계성을 가지고 있다고 한다. 첫째, 듀이의 도덕이론은 합리적인 숙고에 의해서가 아니라 대개의 경우 직접적인 감정의 느낌에 의존하여 도덕적 선택을 결정하며 주체적인 도덕의 문제를 다루기 때문에 지나친 개인주의적인 도덕을 지향하고 있다는 것이다. 둘째, 아론은 가치란 단순한 견해상의 문제가 아니라 결과에 대한 고려에 의하여 가치를 평가할 수 있는 합리적 방식이 있는데도, 듀이의 이론은 상대주의적 입장을 취하고 있는데 문제가 있다고 한다. 셋째, 듀이의 이론은 도덕적 판단에 있어서 규범적 특성을 부정하고 있는데, 이 점이 그의 이론에서 가장 결정적인 문제점이라는 것이다.[58]

이상에서 살펴본 바와 같이 각 도덕이론들이 한 가지 면에서는 유용한 의미를 제시해 주고 있으나 다른 측면에서는 그 한계성과 결함을 나타내고 있다. 이러한 이유에서 아론은 도덕이론에 있어서의 절충적 접근(an eclectic approach)을 제시하고 있다.[59] 즉 모든 도덕이론은 듀이와 콜버그의 이론에 부가하여 플라톤, 아리스토텔레스, 실존주의자들의 이론들까지도 포괄하여 체계화하는 것이 더 바람직하다는 결론을 내리고 있다.

패럴리는 이 같은 아론의 이론적 관점을 더욱 발전시켜 도덕이론에서 도덕판단의 형식과 구체적인 행동지침의 내용을 통합하여 이론화할 것을 주장하고 있다.[60] 패럴리도 아론과 마찬가지로 여러 도덕이론들을 분석·검토해 볼 때, 각 이

---

57) Israel Aron, *Ibid.*, p.412.

58) *Ibid.*, p.421.

59) John Farrelly, *Ibid.*, p.228.

60) *Ibid.*, pp.228~230.

론들은 우리들의 도덕적 경험 중에 한 부분만을 밝히고 있다는 것이다. 도덕판단의 規定性과 普遍性을 강조하는 이론은 인간생활에 있어서의 바람직한 善이나 목적을 소홀히 하는 틀 안에서 논의되고 있으며, 도덕에서의 행위자의 창조적 결정을 지지하는 이론은 도덕판단의 특성인 규정성과 보편성을 배제하는 방식으로 주장되고 있다. 이처럼 각 도덕이론들이 우리들의 도덕적 경험 중에 한 부분의 의미만을 밝히면서, 동일한 도덕적 경험의 다른 부분을 설명하지 못하고 있기 때문에 불완전한 이론에서 벗어날 수 없다는 것이다. 대부분의 도덕이론들이 보다 명쾌하고 간결한 이론체계를 제시하기 위하여 경험론적 관점이나 칸트적 관점 중 어느 한 맥락의 관점에서만 논의되어 왔다. 그러나 이 중 어떠한 맥락의 이론이라 하더라도 너무 어느 한 측면으로 한정되어 있기 때문에 실제 생활에서 우리가 부딪치는 도덕적 문제를 적절하게 설명해 주지 못하고 있다.

패럴리는 사람들이 도덕적으로 판단하고 행동하는 일련의 맥락을 우선 밝히고 있다. 이 같은 맥락은 고려되는 행위의 결과, 점진적인 단계로 더욱 보편적이 되려는 도덕판단의 균형과정(콜버그의 도덕판단의 6단계와 같은 것), 인간의 구성적인 선이라고 지칭되는 善(the constitutive human good), 이 같은 선을 지향하는 행위주체 등을 포함하여 이루어진다.[61] 도덕적 행위를 하는 주체가 어떤 행위를 그에게 부과된 의무적인 것이라고 파악하게 되는 일련의 과정은 그 행위가 우리가 해야 한다는 당위성과 보편성을 띠었을 뿐만 아니라, 그 행위가 행위자와 많은 사람들에게 좋은 결과를 가져다주는 통합적인 구성적 선이 되며, 또한 이러한 선에 대한 행위자의 인격적인 통합의 지향성 등으로 나타난다는 것이다. 그러므로 패럴리의 이러한 주장은 도덕적 행위와 도덕적 판단은 도덕적 경험의 어느 한 부분에 의해서만 이루어지는 것이 아니라 도덕을 구성하고 있는 여러 요소들의 상호 밀접한 관련성 및 이에 대한 행위주체의 통합적인 인격의 지향성 능에 의하여 이루어진다는 것이다.

패럴리는 문화 인류학자 거츠(Clifford Geertz)의 주장을 근거로 하여 건전한 도덕이론을 정립하기 위해서는 도덕적 경험을 구체적으로 살펴보는 것이 중요하다

---

61) *Ibid.*, p.229.

고 하였다. 거츠에 의하면 도덕에 관한 어떠한 신성한 상징들이라 해도 인간을 위한 선이 현실적인 생생한 삶과 관련되어 있다는 것을 우리는 부인할 수 없다는 것이다. 사람들이 구성하는 현실 세계의 표상에 따라 도덕적 상징들은 다양하다. 그러므로 전문 철학자들의 철저한 숙고와 고찰에 의하여 주장된 自然主義的 誤謬(naturalistic fallacy)에도 불구하고 인간의 절대다수는 계속해서 사실적 명제로부터 규범적 결론을 도출하며, 또한 규범적 명제로부터 사실적 결론을 도출하고 있다. 이들의 관계는 인간 생활에 있어서 계속되는 순환과정[62]이라고 거츠는 주장하고 있다.

패럴리는 이 같은 거츠의 관점에 따라 도덕의 모든 요소들을 포괄하는 '人間의 構成的 善'을 중심으로 도덕이론을 정립해야 한다고 주장하고 있다. 그는 이 같은 구성적 선을 세 가지 단계로 그 내용을 구분하여 밝히고 있다.[63] '구성적 선'에 있어서의 첫째의 내용은 우리들이 행동하고 욕구할 때, 가치로 여기게 되는 다양한 모든 요소들이 구성적 선을 이룬다는 것이다. 즉 어떤 사람에 대한 평가, 바람직한 태도, 인간관계, 가치로 여기는 각종 재화, 추구되는 목표, 가치 있는 것으로 경험하는 모든 것들이 여기에 포함된다. 이 같은 구성적 선의 다양성이 도덕판단을 위한 구체적인 내용들일 뿐만 아니라 도덕판단이 일어나게 하는 일련의 맥락이라는 것이다. 둘째, '구성적 선'에는 우리가 행동하는 행동과 추구하는 욕구 및 가치에 대해서 숙고를 한다는 것이다. 즉 우리가 가치로 여기는 것들이 참으로 가치가 있으며, 또 이들을 정당화해 주는 토대가 무엇인가에 대해서 숙고를 한다. 그리하여 이 같은 숙고에 따라 우리가 추구하는 가치와 행위가 잘못되었다고 인정이 될 때 언제나 수정을 한다는 것이다. 셋째, '구성적 선'에는 도덕적 통찰이 내포되어 있다. 즉 가치와 선을 위한 직접적인 행위, 우리들의 도덕적 숙고와 판단 및 실제적인 도덕적 경험 등은 우리들로 하여금 어떤 상황에 대한 단순한 사실적 성격을 초월할 수 있는 통찰력을 갖게 해 준다. 그리하여 우리들은 이 같은 통찰력에 의하여 항상 보다 높은 가치와 선을 지향하게 되고 우리들의 인간성을

---

62) Clifford Geertz, *The Interpretation of Cultures: Selected Essays*(New York: Basic Books, 1973), pp.130, 141.

63) John Farrelly, *Ibid.*, pp.231~232.

드높이며 나아가서 인격적으로 더욱 성숙하게 된다는 것이다.

패럴리가 '구성적 선'을 이와 같이 세 가지 단계로 구분하여 밝히고 있으나, 이것의 구체적인 내용 요소들은 매우 다양하며 광범위한 영역에 걸쳐 있다고 할 것이다. 그런데 그는 이러한 '人間의 構成的 善'에서 무엇보다도 도덕적 행위자의 주체적 역할을 강조하고 있다. 일반적으로 도덕적 행위를 논의하게 될 때, 우리는 행위자의 인격적 발달보다는 주로 도덕의 외적 기준인 행위의 원칙(또는 규칙)을 중시하는 경우가 많다. 이러한 경우에는 도덕적 행위에 대한 가치의 직각적인 기준은 행위자의 인격 발달의 정도보다는 외적인 행동의 원칙이 된다고 하겠다. 그러나 '構成的 人間의 善'은 인간행위의 외적 원칙(또는 기준)보다는 행위자의 인격에 더 우월한 가치를 부여한다.[64] 그리하여 '구성적 선'에서는 도덕적 행위자의 自律性과 自己決定性[65]을 중시하며, 이에 따른 행위자 스스로 자신의 목표와 가치를 정하게 한다.

이처럼 인격의 자율성과 자기결정성을 바탕으로 한 행위자는 자기 이익의 관점에서가 아니라 타인을 존중하고 사회의 이익을 위하는 관점에서 도덕적 문제를 추구한다. 따라서 '인간의 구성적 선'에는 개인적 선은 물론 사회적 共同善도 포함되어 있다.[66] 그리고 도덕판단의 최고 기준을 인간의 존엄성에 그 토대를 둔다. 즉 사회적 존재로서의 인간은 인간으로서의 본질적인 존엄성과 가치에 의하여 구성된 善으로부터 행위의 기준을 도출한다는 것이다. 뿐만 아니라 '인간의 구성적 선'은 역사적 상황과 전통에 의해서도 조건화되며, 또한 유기체인 도덕적 행위자와 환경과의 상호 작용, 행위주체의 자발성과 자유, 그리고 인간의 잠재성과의 상관관계에서 이루어지는 것이다.[67]

이러한 '인간의 구성적 선'을 토대로 한 도덕이론은 사회생활을 개인의 목적이나 이익을 실현하기 위한 수단으로 해석하는 개인주의를 반대하며, 또한 개인을

---

64) *Ibid.*, p.232.

65) *Ibid.*, p.235.

66) *ibid.*, p.241.

67) *ibid.*, p.243.

사회적 선을 실현하기 위한 도구로서 여기는 집단주의(collectivism)도 반대한다.[68] 오히려 이 이론은 사회적 선이 그 사회 내에 있는 개인의 발달을 통해서 이룩된다는 것을 인정한다. 그러므로 정치적 공동체로서의 사회체제는 개인의 선을 실현하는 데 도움이 되는 공동선에 기여하도록 조직되어야 한다는 것이다.

이상에서 논의한 '構成的 善'에 관한 도덕이론은 도덕적 행위주체의 자율성과 자기결정성을 존중하여 인격의 발달과 완성을 이룩하고자 하는 도덕이론이다. 이렇게 하기 위하여서는 도덕판단의 보편성과 규정성을 강조하는 도덕의 형식과, 행위자의 창조적 자기결정 과정을 중시하는 도덕의 내용과의 통합을 지향하고자 한다. 그러므로 이 도덕이론은 도덕생활에 있어서 관념적인 것과 경험적인 것의 통합, 이념과 실제의 통합, 가치와 사실의 통합, 이성적 요소와 감성적 요소의 통합을 이루고자 한다. 또한 이 도덕이론은 도덕에 있어서의 직관주의적 요소와 자연주의적 요소뿐만 아니라 법칙론적 요소와 목적론적 요소의 통합을 지향하는 도덕이론이라고 하겠다.

5. 결 론

우리는 이상에서 도덕이론에서의 통합적 접근에 대한 이론적 논거로서 회페의 "법칙론과 목적론의 상호 보완적 통합", 페이튼의 "칸트의 정언명법론의 새로운 해석", 패럴리의 "도덕에서의 형식과 내용의 구성적 선으로의 통합" 등에 관해서 논의하였다. 이 밖에도 도덕이론의 통합적 접근에 관한 논거들은 앞에서 이미 제시한 바와 같이[69] 롤즈(J. Rawls)의 "도덕이론에서의 칸트적 구성주의", 쉰들러(D. Schindler)의 "도덕교육과 도덕성 발달의 철학적 기초", 피터즈(R. S. Peters)의 "도덕발달과 도덕교육", 니산의 "도덕판단에 있어서의 내용과 구조" 등에서도 찾아볼 수 있다. 또 최근의 이론으로는 볼프(Jean-Claude Wolf)의 "칸트주의와 공리주의

---

68) *ibid.*, p.233.
69) 이 연구의 1. 註 8) 참조.

사이에서의 윤리"70)와 바이어발테스(Werner Beierwaltes)의 "중세 초기에 있어서의 調和思想"71) 등에서도 나타나고 있다. 이러한 여러 이론적 관점에 비추어 볼 때 현대의 윤리학에서는 도덕이론에서의 통합적 접근에 관한 논의가 매우 일반화되고 있음을 알 수 있다.

도덕이론의 이러한 통합적 접근은 도덕에 있어서의 본질적 가치와 수단적 가치의 통합을 지향하는 이론적 관점들이라고 할 것이다. 즉 그 구체적인 내용들로는 도덕의 법칙론적 요소와 목적론적 요소의 통합을 비롯하여, 직관주의적 요소와 자연주의적 요소의 통합, 도덕판단에 있어서의 형식과 내용의 통합 등을 이루고자 하는 것이다. 우리는 이러한 통합적 접근의 타당성과 그 의의를 인간의 이성적 특성과 자연적 본성의 통합, 인간의 개별성과 사회성의 조화, 보편적 가치와 상대적 가치의 조화, 인간생활의 유용성과 정당성의 통합, 관습적 도덕과 합리적 도덕의 조화적 통일 등을 이루고자 하는 여러 측면에서 찾을 수 있다고 하겠다.

도덕은 인간다운 옳은 삶과 행복한 삶에 기여하기 위하여 만들어진 것이지 인간의 삶을 필요 이상으로 제약하거나 간섭하기 위하여 만들어진 것이 아니다. 도덕이 인간을 위해 만들어진 것이지 인간이 도덕을 위해 만들어진 것이 아니다.72) 이러한 점에 비추어 볼 때 어떠한 도덕이 인간다운 삶과 행복한 삶에 기여하고, 그리고 인간을 위한 도덕이 될 수 있을까? 즉 인간의 삶을 타락시키지 않고 인간다움을 상실하게 하지 않으며, 그러면서도 인간의 행복한 삶에 기여할 수 있는 도덕은 어떠한 것일까? 지금까지의 대부분의 도덕이론들은 보다 명쾌하고 간결한 이론체계를 제시하기 위하여 경험론적 관점이나 칸트적 관점 중 어느 한 맥락에서만 논의되어 왔다고 하겠다. 그러나 이 중 어떠한 관점의 이론들도 너무 限定的이었기 때문에 실제적 생활에서의 도덕적 문제들을 적절하게 해결해 주지 못하였다. 각 도덕이론들은 우리들이 도덕적 경험 중에 어느 한 부분의 도덕적 요소나

---

70) Jean-Claude Wolf, "Ethik zwischen Kantianismus und Utilitarismus" in Hrsg. im Auftrager Allgemeinen Gesllschaft für Philosophie in Deutschland e. V. von Prof. Dr. Josef Simon, ALLGEMEINE ZEITSCHRIFT FÜR PHILOSOPHIE Jahrgang 17 · 1992 · Heft 2(Stuttgart: frommann-holzboog, 1992), S.1~26.

71) Werner Beierwaltes, "Der Harmonie-Gedanke im frühen Mittelalter" in Hrsg. von Otfried Höffe, Zeitschrift für philosophische Forschung Band 45 · Heft 1 · Januar-März 1991(Frankfurt am Mein: Vittorio Klostermann, 1991), Sn.1~21.

72) William Frankena, Ethics, 2nd ed.(Englewood Cliffs, New Jersey: Prentice-Hall, Inc., 1973), p.116.

의미만을 밝히고, 똑같은 도덕적 경험의 다른 부분을 제대로 설명하지 못함으로써 불완전한 도덕이론에서 벗어날 수 없다고 할 것이다.

거츠(C. Geertz)는 도덕에 관한 어떠한 신성한 상징들이라 해도 인간을 위한 善은 현실적인 생생한 삶과 관련되어 있다고 주장하는데, 우리는 이를 부정할 수 없다고 하겠다. 사람들이 구성하는 현실 세계의 표상에 따라 도덕적 상징들은 다양하게 나타난다. 그동안 전문 철학자들의 철저한 숙고와 논의에 따라 이루어진 자연주의적 오류에 대한 주장에도 불구하고 많은 사람들은 계속해서 사실적 명제로부터 규범적 결론을 도출하며, 또한 규범적 명제로부터 사실적 결론을 도출한다. 이들의 관계는 인간생활에 있어서 계속되는 循環過程이라고 하겠다.

그러나 가치와 사실, 당위와 존재는 근본적으로 그 성질이 다르다. 따라서 도덕이론에 있어서는 이들을 단순한 절충식으로 결합시키거나 종합할 수 있는 것이 아니다. 도덕에서의 가치와 사실, 당위와 존재의 문제들은 어떤 원리에 따라 구성적으로 통합되어야 할 것이다. 그 같은 원리는 옳음(義)의 원칙에 따라 자율적인 행위의 주체가 이성적 성찰, 양심, 인격적 가치를 통하여 구체적인 인간의 욕구, 관심, 이익, 애착 등과 관련된 가치들과 선을 調和·統一시키는 것이다. 이러한 통합적 접근은 가치와 사실, 규범적 요소와 경험적 요소, 불변적인 도덕의 원리와 다양한 도덕의 내용들, 도덕의 보편성과 상대성의 통합을 지향하는 것이라고 하겠다.

제3장 덕이 곧 지식인가

도성달

1. 서 론

윤리학은 "도덕적 옳고 그름이란 무엇이며 그것을 어떻게 알 수 있는가, 인간은 어떻게 도덕적으로 행동하게 되고, 왜 도덕적이어야 하는가"와 같은 도덕의 인식론과 정당화에 대한 도덕철학적 논변이다. 이렇게 보면 소크라테스야말로 윤리학의 범주와 근본 명제를 제시한 최초의 도덕철학자로 자리매김할 수 있다. 소크라테스의 철학은 곧 도덕철학이다. 주지하다시피 소크라테스 이전의 희랍철학은 이오니아 학문으로 명명되는 자연철학이다. 소크라테스의 관심은 자연의 질서에 대한 탐구가 아니라 인간의 삶의 질서이다. 그의 철학은 우리가 마땅히 살아가야 할 올바른 삶의 의미와 인생의 목적을 논구한다. 윤리학의 궁극적 물음은 "왜 도덕적이어야 하는가"라는 도덕성의 정당화 문제이지만, 논리적으로 보면 도덕인식론이 먼저이다. 도덕적으로 옳음의 의미를 알고 있는 사람만이 왜 도덕적이어야 하는지에 물음을 제기할 수 있기 때문이다. 도덕철학에서 도덕적 '앎'의 문제가 중심 논제인 까닭은 이런 점에서이다.

소크라테스에 있어서 도덕적 삶과 앎의 문제는 "덕은 지식이다"라는 이른바 지행합일론에 귀착된다. 소크라테스가 의미하는 道德知는 인생의 참목적을 아는 것이고, 그것이 곧 인생의 진정한 행복이다. 진정한 행복을 원하는 것은 모든 인간의 보편적 본성이기 때문에 이를 추구하는 것은 당연하다. 우리가 도덕적인 삶을 살지 못하는 것은 인생의 진정한 행복을 알지 못하는 무지 때문이다. 그러므로 "덕은 지식이다"라는 소크라테스의 명제는 "모든 덕은 지식에서 나온다"라는 의미로 해석될 수 있다. 소크라테스의 도덕론은 그의 제자인 플라톤의 사상으로 이어진다. 어쩌면 플라톤이라는 탁월한 철학자를 제자로 두었기 때문에 소크라테스의 도덕철학이 윤리학의 시원으로 자리 잡을 수 있었다는 지적이 보다 정확한 표현일 것이다. 플라톤의 『대화편』은 거의 소크라테스라는 주인공의 이름으로 말하기 때문에 플라톤의 사상은 겉으로 잘 드러나 보이지 않는다. 그러나 대부분의 윤리학자들은 대화편에 등장하는 소크라테스(플라톤의 소크라테스)와 '역사적 소크라테스'를 구분해서 논한다. 이러한 구분은 한마디로 소크라테스의 철학과 플라톤 사상의 차별성을 의미한다.

플라톤의 도덕철학은 소크라테스가 '영혼의 완성'으로 삼고 있는 도덕성의 근거에서 출발한다. 그러나 플라톤에 있어서 지식은 덕의 필요조건이지 충분조건은 아니다. 왜냐하면 소크라테스가 말하는 도덕지는 세속적인 욕망과 감정의 지배를 완전히 떨쳐버릴 수 없는 보통 사람들로서는 획득할 수 없는 숭고한 이상이기 때문이다. 플라톤의 철인왕 이상은 도덕지를 알 수 있는 지혜로운 철학자들의 가르침에 따라야 한다는 도덕적 이상국가론이다. 플라톤이 보기에 국가는 단지 공동체 구성원들의 물질적 분배기능뿐만 아니라 보다 중요한 도덕적 준거를 제시할 수 있어야 한다. 말하자면, 국가는 도덕적 이상을 실현하는 도덕공동체이다. 그 구성원들은 지배자인 철학자에게서 도덕적 가르침을 받아야 한다. 플라톤의 도덕철학이 정치철학과 불가분의 관련을 갖는 것은 이런 이유에서이다.

아리스토텔레스의 윤리사상도 소크라테스, 플라톤으로 이어지는 행복의 실현이라는 목적론적 이상에 두고 있다. 그러나 그는 인간의 도덕적 실천에서 의지의 나약성을 인정한다. 그가 말하는 도덕적 지식은 '실천지' 개념이다. 이것은 소크라테스가 의미하는 '에피스테메'로서 도덕지가 '이론지'와 어떻게 구분되며, 도덕지를 얻기 위해서 인간의 이성과 욕구, 감정의 관계를 설명한다. 아리스토텔레스가 보기에 인간이 올바른 도덕적 지식을 갖지 못하는 것은 인간의 이기적 본성과 감정적 충동 때문이다. 도덕적 삶이란 이성과 정념 간의 갈등, 대립 관계에서 이성의 승리이다. 이런 점에서 그의 윤리사상은 反主知主義라는 해석이 가능하다. 그러나 여전히 그의 윤리학은 이성주의 전통에 서 있다. 왜냐하면 그의 실천지는 옳음, 아름다움, 좋음을 숙고할 수 있는 지적 탁월성이라는 측면에서 지적인 덕과 밀접하게 연관되기 때문이다. 이해력과 판단력이 뛰어난 사람이 도덕지(episteme)를 얻는 데 유리하다는 얘기이다. 그가 "덕은 올바른 이치를 따른 성품의 상태일 뿐만 아니라 또한 올바른 이치를 머금고 있는 상태"로 설명한 것은 바로 이런 이유 때문이다.

2. 소크라테스의 도덕적 이상: 열망의 도덕성

(1) 소크라테스에 있어서 '도덕지'

소크라테스의 도덕철학은 "덕은 지식이다"라는 명제 속에 모든 의미가 함축되어 있다. 소크라테스에 있어서 이 말은 단순히 도덕행위에서 도덕지식을 강조한 차원이 아니라 윤리학의 근본명제들을 내포하고 있다. 그러므로 소크라테스가 말하는 도덕지식의 의미를 이해하는 것이 그의 도덕철학을 이해하는 핵심이다. 소크라테스가 의미하는 도덕이란 사회적으로 널리 인정되어 왔던 '사회적 제약'으로서 도덕이 아니라 '정신적 열망'(spiritual aspiration)으로서 새로운 도덕성이다. 소크라테스가 보기에는 기존의 도덕은 권위에 대한 복종이며 관습에의 순종을 요구하는 일종의 금지와 제약일 뿐 진정한 의미에서 도덕은 아니다. 콘포드(F. M. Cornford)는 소크라테스의 이 새로운 도덕성을 정신적 완성에 대한 '열망의 도덕성'(morality of aspiration)[1]으로 명명하고 있다. 필자가 보기에는 이 개념은 테일러 (P. Taylor)가 말한 '반성적 도덕성' 개념보다도 훨씬 깊이 있는 의미를 담고 있다.

---

1) Francis Macdonald Cornford, *Before and After Socrates*(Cambridge: Cambridge University Press, 1976), 이종훈 역, p.95.

소크라테스가 말하는 도덕적 지식은 인생의 궁극적 목적과 직접 관련된다. 그가 말하는 인생의 목적은 부, 명예, 명성, 권력 등의 세속적 의미에서의 인생의 행복이 아니라, 인간의 영혼을 가장 좋은 상태로 만드는 '영혼 완성'으로서의 행복이다. 인생에서 추구할 만한 유일한 가치는 인간의 영혼, 즉 정신(psyche)의 참된 자아의 발견이다. 참된 자아란 악으로부터 선을 분별할 수 있고, 언제나 선한 것만을 확실하게 선택할 수 있는 정신적 통찰력이다. 참된 자아에 대한 인식은 '자기 자신에 대한 지식'(self-knowledge)이며 자기반성에서 비롯된다. 소크라테스가 대화편 『변론』에서 "자기반성이 없는 삶은 무가치한 것이며 지식이야말로 일상적 덕을 주장할 수 있는 최고선이다"2)라고 설파한 것도 이런 맥락이다. 자기반성은 육체적 욕구와 우리의 본성적 자극들로부터 자아의 판단을 분별해 내기 위해 끊임없이 요구되는 자기훈련이며, 또한 이러한 욕구들을 능가할 수 있는 '자기지배'(self-rule)이다. 그러므로 진정한 자아의 인식은 직관적 통찰력일 뿐만 아니라 외관상으로 행복인 것처럼 보이는 쾌락과 모든 욕구를 통제할 수 있는 의지의 능력이다. 소크라테스가 아무도 고의로 악행을 저지르지 않으며 모든 악행은 무자와 지적 오류의 산물임을 역설한 "덕은 지식이다"라는 명제의 '앎'(episteme)의 진정한 의미는 이것이다.

소크라테스가 진정한 의미에서 도덕적 지식이라고 말한 '에피스테메'는 어떤 외적 권위나 사회적 강요에 의해서 알 수 있는 것이 아니다. 참된 지식은 어느 한 사람으로부터 다른 사람에게 전달될 수 있는 단편적인 정보들로 구성된 것이 아니기 때문이다. 도덕적 지식은 어떤 것이 좋고 올바른 것인지를 스스로가 직접 파악하는 가치에 관한 지식이다. 행위자 자신이 직접 파악하고 판단해야 하고 또한 책임져야 한다는 점에서 도덕적 지식은 도덕적 자율인을 요구한다. 소크라테스의 이러한 관점은 모든 인간은 선과 악을 통찰할 수 있는 능력을 지니고 있는 도덕적 존재라는 가정을 담고 있다. 그가 보기엔 사람들이 참다운 도덕지를 획득하지 못하는 것은 영혼의 통찰력이 흐려졌기 때문이다. 육체의 눈과 마찬가지로 영혼의 눈이 멀어지면 거짓 현상들에 의해 기만당하여 옳고 그름을 분별할 수 없게

---

2) *Apology*, 38a1-6.

된다는 것이다. 자기 영혼의 통찰력을 통해 얻은 '에피스테메'는 타인을 통해 간접적으로 얻은 의견이나 편견, 단순한 믿음과는 근본적으로 다른 것이다. 말하자면 도덕성의 원천은 사회적 관습이나 대중적 믿음이 아니라 그 자신의 영혼이라는 내부에 있다.

소크라테스의 지식론은 플라톤의 일련의 중기 대화편, 특히 『메논』에서 잘 드러나고 있다. 『메논』의 중심 테마인 '想起說'(theory of reminiscence)은 소크라테스의 도덕교육론을 잘 말해 준다. 소크라테스에 있어서 교육이란 단지 편견에 불과한 지식의 독단으로부터 인간의 내부에 있는 영혼의 통찰력을 淨化하는 것이다. 진리의 실재성에 대한 인식은 육체적 감각의 경로를 통해서 들어오는 것이 아니라 언제나 영혼 그 자체 속에 현존하고 있다는 것이다. 지식은 인간의 영혼 속에 그대로 있지만 잠재적이고 의식되지 않은 상태일 뿐이다. 그러므로 '교육'은 곧 진리의 발견이며 이는 잠재적인 지식을 回想하는 것이다. 플라톤은 소크라테스가 이 이론을 노예소년을 통한 실험적 검증에 적용하고 있음을 묘사하고 있다. 소크라테스는 기하학을 전혀 배운 적이 없는 노예소년에게 결코 쉽지 않은 기하학의 作圖 문제를 제시한다. 소크라테스는 그 소년에게 아무것도 말해 주지 않고 다만 문제에 대한 질문만 함으로써 문제의 해결을 이끌어 내고 있다.[3] 물론 이것은 플라톤이 그 자신의 '이데아'인 형상이론을 정립하기 위하여 수학적 진리의 先驗性을 주장하기 위한 것이다. 그러나 모든 진리는 논리적 필연성의 사슬로 서로 연결되어 있기 때문에 이러한 직관과 연역적 추리에 의하여 알 수 있다는 것이다. 그래서 인간은 진리를 확실히 알 수 있을 뿐만 아니라, 왜 그것이 참인지도 알 수 있기 때문에 외부로부터의 어떤 설득에 의해서도 흔들리지도 않는다는 것이다. 이것이 완전한 의미에서의 '에피시테메'이다 소크라테스가 "덕은 지식이다", "덕은 가르쳐질 수 없다"라는 이른바 '소크라테스의 역설'을 내놓은 깃도 이런 맥락에서이다.

---

3) *Menon*, 84a3~84d2.

(2) 소크라테스의 도덕적 역설

우리가 비도덕적인 것은 옳고 그름에 대한 도덕적 지식의 문제라기보다는 아는 바대로 행하지 못하는 도덕적 의지의 결함이라는 일상적 도덕경험에서 보면, "덕은 지식이다"라는 소크라테스의 테제는 역설적이다. 또한 프로타고라스의 주장처럼 윤리적 가치란 사회적 관습 내지 문화적 산물로서의 사회규범이므로 이를 체득하게 하는 것이 도덕교육이라는 관점에서 보면, "덕은 가르쳐질 수 없다"라는 소크라테스의 주장 또한 역설적으로 보인다. 우리가 도덕적 역설로 생각하는 이러한 논변이 대화편 『프로타고라스』의 중심 내용이다. 소크라테스는, 도덕이란 단지 사회적 규범과 관습에 의해 규정된 것이며, 젊은이들에게 훌륭한 시민으로서 갖추어야 할 관습적 덕을 가르칠 수 있다는 피타고라스의 논지를 반박한다. 이 문제에 대하여 소크라테스는 "모든 덕은 하나이다"라는 덕의 통일성 테제를 제기하여 덕의 본성을 논함으로써, 지식이 덕의 필요조건이며 충분조건임을 논증한다. 소크라테스는 정의, 경건, 지혜, 인내, 용기의 덕을 예로서, 이들 각각의 덕목들은 서로 밀접하게 연관되어 전체로서 하나의 덕을 형성하고 있다는 논지로 프로타고라스의 주장을 논박한다.

그런데 소크라테스의 덕의 통일서(unity of virtures) 테제에 대해서는 덕목들 간의 동일성(identity)이냐 동치성(equivalent) 개념이냐 하는 해석상의 논쟁이 있다. 동일성 개념으로 보는 입장은, 예컨대 "용기란 무엇인가" 하는 물음은 "용감한 사람으로 만드는 것은 무엇인가"를 뜻하는 것으로, 유덕한 행위를 하게 하는 영혼의 상태나 내적인 동기를 설명한다는 것이다. 同値性 개념으로 해석하는 입장은 "용기란 무엇인가" 하는 물음은 "무엇이 용기를 이루는가" 하는 의미론적 물음이라는 것이다. 그러나 필자가 보기에는 소크라테스의 덕의 통일성 논의는 이 두 가지 의미를 동시에 지니고 있는 것 같다. 덕은 지식이 아니라 품성과 정신적 훈련을 필요로 한다는 프로타고라스의 주장에 대하여 소크라테스는, "누구나 최고의 선으로 믿는 바를 반드시 추구하게 된다. 모든 덕은 최고의 선을 지향하기 때문에 무지한 사람을 제외하고는 누구나 반드시 유덕하게 된다. 최고의 선은 행위자 자신을 위한 것이 다"4)라고 논박한다. 소크라테스에 있어서 덕이란 선과 악에 대한 정확한 인식이며 유덕한 행위를 하게 하는 동기의 설명이기도 하다. 말하자면, 무엇이 선이며 그것이 왜 자신의 최고의 선인가를 정확하게 아는 것은 덕의 구성요건일 뿐만 아니라 개별 덕의 필요·충분조건이라는 것이다.

이러한 논지에서 소크라테스는 인간은 누구든 고의로 악행을 범하지 않는다는 道德知와 실천의 합일을 주장하게 된다. 소크라테스는 "누구도 악이라고 믿는 바를 고의로 추구하지 않는다. 선보다 악이라고 믿는 바를 추구하는 것은 인간의 본성이 아니다. 그래서 두 가지 악 가운데 선택하지 않을 수 없는 경우 사람들은 더 적은 악을 선택하게 된다"5)고 설명한다. 사람들이 무엇이 선과 악인지를 잘 알면서도 고의로 악행을 범하는 것은 사람들이 진정으로 무엇이 쾌락인지를 모르기 때문이라는 것이다. 이렇게 보면 소크라테스의 도덕론은 심리적 쾌락주의를 근간으로 하고 있다. 그러나 소크라테스가 말하는 인생의 궁극적 목적으로서 쾌락은 이기적이고 세속적 의미의 쾌락이 아니라 영혼의 완성으로서 '아타락시아'(ataraxia)이다. 그가 보기엔 사람들이 쾌락 때문에 덕을 실천하지 못한다고 말하는 것은 목전의 작은 쾌락에 탐닉함으로써 진정한 쾌락을 알지 못하기 때문이다. 도덕적이지 못한 이유가 道德知의 문제가 아니라 '의지의 박약'(acrasia)이라는 지적은 실상 쾌락의 가치를 잘못 측정한 데서 비롯된다는 논지이다. "올바른(쾌락의) 측정술만이 삶의 전체적인 쾌락을 보장해 줄 것이며, 측정술은 외양의 기만을 없애고 진리를 보임으로써 영혼에 안정을 주고 삶을 구원해 줄 것이다"6)라는 소크라테스의 주장이 이 점을 잘 말해 주고 있다. 그가 말하는 측정술이란 결국 인생에서 가장 가치로운 것과 인간의 궁극적 목적이 무엇인가를 제대로 인식할 수 있는 도덕적 통찰력이다.

"덕은 가르쳐질 수 없다"라는 명제도 소크라테스의 도덕지와 덕의 의미에서 보면 분명해진다. 소크라테스에 있어서 덕은 곧 선과 악에 대한 도덕지이며 도덕행위를 하게 하는 조건이기도 하다. 소크라테스가 의미하는 도덕성의 원천은 기존

---

4) *Protagoras*, 359e4~360a6.

5) *Protagoras*, 358c6~d4.

6) *Protagoras*, 356d3~357a2.

의 규범이나 사회적 관습 등과 같은 '사회적 제약'이 아니라 자신의 영혼 내부에 있다. 그렇기 때문에 도덕지는 누가 가르쳐서 아는 것이 아니라 자기 스스로 삶의 참목적을 깨우치는 것이다. 덕은 가르쳐질 수 없다고 한 것은 누구도 삶의 진정한 의미와 참목적을 알지 못하기 때문이다. 소크라테스는 덕을 技術知(craft－knowledge)에 비유해서 설명한다. 여컨대, 목수는 침대 만드는 일이 바람직한지 아닌지를 가르쳐 주지는 못하지만, 사람들이 원하기만 하면 그 기술을 가르칠 수 있다. 그러나 덕의 가르침은 침대 만드는 일과 같은 수단지(know－how)가 아니라 목적지(know－what)이다. 소크라테스가 보기엔 인생의 참목적을 제대로 아는 사람은 아무도 없다. 그가 프로타고라스의 주장을 논박하는 것도 이 점이다. 사람들이 덕이라고 생각하는 것은 사회적으로 '시인된 덕'일 뿐, 정말 그것이 덕인지 아닌지 알 수 없다. 그것에 대한 비판과 검증은 우선 자신이 아무것도 모른다는 자기반성에서 출발해야 한다. 소크라테스가 흔히 문답법으로 얘기되는 '엘렌코스'(Elenchos)라는 방법을 사용한 것도 사람들의 무지를 스스로 깨닫게 하려는 데 있다. 엘렌코스는 토론의 과정에서 자신의 무지와 오류를 알게 하는 일종의 상호검증법(cross－examination)이다.

소크라테스는 자신은 무지하기 때문에 덕을 가르칠 수 없다고 주장한다. 소크라테스의 역할을 단지 사람들의 무지를 일깨워 주는 '쇠파리'나 '산파' 역할에 비유하는 것도 이 때문이다. 그러나 필자가 보기엔 소크라테스야말로 도덕적 지식이 무엇인지를 가장 잘 알고 있는 사람이다. 뿐만 아니라 그는 '지와 덕'이 다르지 않다는 것을 그 자신의 삶을 통해서 보여 준 사람이다. 이 점에서 소크라테스는 위대한 도덕철학자일 뿐만 아니라 가장 도덕적인 사람이다. 그의 도덕이 패러독스로 보이는 것은 보통 사람들의 도덕적 사고가 그의 도덕적 이상에 미치지 못하기 때문일 것이다. 소크라테스의 이 숭고한 도덕적 이상을 가장 잘 알고 있었던 사람이 바로 플라톤이다.

3. 소크라테스를 넘어선 플라톤주의

(1) '역사적 소크라테스'와 '플라톤의 소크라테스'

최초의 도덕철학자로 숭상받는 소크라테스는 어떤 저작도 남기지 않았다. 우리가 알 수 있는 소크라테스에 관한 모든 것은 플라톤이 남긴 30여 편의『대화편』과 크세노폰(Xenophon)의『소크라테스의 회상』을 통해서이다. 주지하는 바와 같이 플라톤의 대화편은 소크라테스라는 동장인물이 주인공이다. 이 극본의 작자인 플라톤은 '가상적 대화'의 형식으로 이 글을 전개하고 있지만 그 소재는 소크라테스라는 실존인물이다. 그러나 작자는 대화편을 통해서 스승인 소크라테스의 사상을 소개하는 데 그치지 않고 자신의 생각을 주인공의 입으로 말하고 있다. 그렇다면 이 대화편의 내용에서 실존인물 소크라테스와 등장인물 소크라테스의 사상은 구분될 수 있겠는가? 어디까지가 소크라테스의 사상이고 플라톤 자신의 사상은 언제 시작되는가 하는 구분은 매운 곤혹스러운 문제이다, 더구나 30여 편의 대화편은 전체적 구도하에서 체계적으로 서술된 내용이 아니라 그 하나하나가 단일 테마로 제한된 목적으로 쓰인 것이다. 때문에 이 구분은 학자들 간의 가장 논쟁이 되고 있는 부분이다.

소크라테스의 철학과 플라톤 사상과의 관계에 대해서는 세 가지의 견해가 있다. 첫째는 초기 대화편에서 플라톤은 단지 소크라테스의 사상을 기술하는 전기작가(biographer)의 위치에서 소크라테스의 입장을 정당화하는 제한적 역할만을 했다는 견해이다. 둘째는 중기 대화편의 내용은 플라톤이 소크라테스라는 등장인물을 통해 자신의 사상을 피력하고 있지만 플라톤은 소크라테스의 입장을 정당화하려는 것보다 단지 소개하려는 의도라는 점에서 여전히 전기작가라는 견해이다. 셋째는 초기 대화편에서 플라톤은 소크라테스의 사상을 수용할 뿐만 아니라 그 자신의 방식으로 옹호하고 발전시키지만, 중기 이후의 대화편은 소크라테스를 넘어선 플라톤의 사상이라는 견해이다.[7] 어윈(Terence Irwin)에 의하며, 플라톤이 소

---

7) Terence Irwin, *Plato's Ethics*(Oxford: Oxford University Press, 1995), p.13.

크라테스의 사상에서 자신의 관점으로 전환되는 과정은 점진적이라는 것이다. 그래서 초기의 주제들이 중기 이후의 대화편에서는 상당히 다른 양상으로 전개되고 있다는 점에서 셋째 견해가 정확한 해석이라는 것이다. 그는 그 논거를 아리스토텔레스의 저작에서 찾고 있다. 아리스토텔레스야말로 누구보다도 자기 스승인 플라톤을 가장 잘 알 수 있기 때문이다. 아리스토텔레스는 자신의 저작들에서 역사적 소크라테스를 'Socrates'로, 대화편의 등장인물로서 소크라테스를 'the Socrates'로 표기하여 소크라테스의 사상과 플라톤의 사상을 구분한다. 이러한 구분은 플라톤의 대화편을 초기, 중기, 후기의 연대적 구분에 따라 대체로 중기 이후의 작품에서 플라톤의 사상이 부각된다는 견해이다.

그러나 플라톤은 대화편을 저술하면서 연대를 기록하지 않았기 때문에 작품의 시기 구분도 용이하지 않다. 말하자면 우리가 일반적으로 구분하는 초기, 중기 대화편의 작품 순서를 확인하는 일이 매우 중요하다. 어윈은 대화편의 순서는 플라톤의 문체(style), 문법, 단어, 구문(syntax)이 가장 유력한 준거가 될 수 있다고 주장한다. 그래서 가령 최초의 작품인『변론』의 문체에 유사한 것은 초기 작품으로, 최후의 작품인『법률』에 유사한 것은 후기의 작품으로 보자는 주장이다. 그러나 필자가 보기엔 초기 대화편으로 알려진『변론』(Apology),『크리톤』,『에우티프론』, 『라코스』,『리시스』,『카르미도스』,『프로타고라스』,『고르기아스』등의 작품들 중에서『변론』을 제외하고는 중기 이후의 작품들과 그 문체에 있어서는 구별하기 어렵다. 다만『변론』은 그 형식이나 내용에 있어서 소크라테스의 삶을 진술한 일종의 기록 문서라는 점에서 다른 작품들과 확연히 구분된다. 그러나 예컨대 우리가 중기 작품의 대표작으로 알려진『국가론』을 보게 되면 마치 초기 대화의 스타일을 연상하게 된다. 필자가 보기에는 플라톤 철학의 연속성과 단절성은 사상적 전개양상과 흐름에 비추어서 구분하는 것이 오히려 유력한 준거가 될 것 같다. 그러나 필자의 눈으로는 이 구분이 잘 보이지 않는다. 단지 학자들의 연구에 의존할 따름이다.

(2) 소크라테스의 이상과 플라톤주의

플라톤 철학의 중심은 인식론이다. 그리고 그 바탕은 모든 영역에 객관적 진리가 존재하며 그것을 인식할 수 있다는 데 있다. 그러므로 그의 '形象理論' 혹은 '이데아론'을 이해하는 것이 플라톤 사상을 이해하는 핵심이다. 플라톤은 참된 지식이 존재하지만 우리가 외양을 통해서 인식하는 것은 참된 지식이 아니라고 주장한다. 사람들은 우리가 살고 있는 현실세계를 실재세계라고 말하지만 사실은 실재(reality)가 아니라 끊임없이 변화하는 외양의 세계라는 것이다. 실재는 우리가 감지하는 외양에서가 아니라 형상 또는 이데아의 세계에서 찾을 수 있다는 것이다. 그러므로 참된 도덕지도 선의 이데아에서 찾아야지 감각이나 경험에서 구할 수 없다는 것이다. 그가 『메논』과 『파이돈』, 그리고 『국가론』에서 중심 테마로 다루고 있는 것은 인식론 문제이다. 이를테면 '정의'는 전래된 관습에 따라 사람들이 정당한 것으로 믿고 따르는 사회적 관습이 아니다. 정의는 문화적 양상과 시대를 초월하여, 또 사람들의 믿음과 관계없이 독자적으로 존재하는 이상이다. 이것은 어느 집단이나 개인의 임의적 규정을 넘어서서 사물의 본성 속에 고정되어 있는 불변적인 것이다. 이 이상은 그 어떤 사람이나 사회제도 속에서 완벽하게 구현된 적이 없는 '이념'일지라도 단순한 '관념'은 아니다. 플라톤이 말하는 형상 혹은 이데아는 바로 이런 의미이다.

플라톤의 '형상이론'은 바로 스크라테스가 제시한 정신적 열망으로서의 도덕적 이상에 바탕을 두고 있다. 앞에서 소개한 것처럼 소크라테스가 열망한 도덕적 이상은 '사회적 제약'이 아닌 오직 엄격한 사유에 의해 통찰할 수 있는 참된 '앎'으로서의 '에피스테메'이다. 이것은 소피스트들의 주장처럼 인식주체에 따라서 상대적인 것이 아니라 본질적이고 불변적인 진리이다. 소크라테스가 소피스트들의 가치상대론이나 윤리회의주의에 맞서서 도덕판단의 궁극적 기준이 되는 도덕적 가치의 실재성을 탐구한 것도 이것이다. 이렇게 보면 플라톤 사상의 핵심은 스승인 소크라테스 철학을 그대로 이어받은 것이다. 말하자면 플라톤 철학의 뿌리와 씨앗은 소크라테스이다. 그러나 플라톤은 이 씨앗으로 '플라톤주의'라는 무성한 숲을 만든 셈이다. 이 숲은 소크라테스를 넘어설 뿐만 아니라 때로는 스승의 사상과는 상당한 거리를 두게 된다. 이 새로운 플라톤주의는 그가 40세 무렵 이탈리아 남부도시들과 시실리아 지방을 방문하면서 시작된다. 그는 이 방문기간에 피타고라스학파들을 직접 접촉한다. 우리에게 수학자로 알려진 피타고라스의 철학은 수학적이지만 착상을 얻은 영감은 신비적이고 종교적이다.

콘포드가 잘 설명하듯이, 플라톤은 소크라테스로부터 인간의 삶의 문제인 열망의 도덕성이 불변하는 이념의 추구에 의해 해결될 수 있다는 것을 배웠으며, 피타고라스로부터는 이러한 착상이 어떻게 자연 전체를 포괄하고 학문의 범위를 체계로까지 확장할 수 있는가를 배웠다.[8] 그래서 플라톤 사상은 이오니아학파의 유물론과는 달리, 그 출발(시초)에 있어서 '자연'이 아니라 그 종말(목적)에 있어서 '자연'에 대한 해결의 실마리를 추구한다. 말하자면 이념적 완성의 원형(pattern)을 향한 욕망의 운동을 앞에서 끌어당기는 궁극적 원인의 해결 실마리를 찾았다는 얘기이다. 그 해결의 실마리가 '철인왕국'(kingdom of philosopher)의 착상이다. 플라톤은 도덕적 진리에 대한 참된 인식이 덕의 필요조건임을 견지하면서도 충분조건은 아니라는 결론에 이른다. 왜냐하면 소크라테스가 말하는 에피스테메 단계의 도덕지는 최고도의 지성과 지혜를 갖춘 철학자들만이 깨우칠 수 있는 것이기 때문이다.

플라톤이 보기에 소크라테스와 같은 극히 예외적 인물만이 도덕지를 알 수 있다면, 보통 사람들의 경우 "덕은 지식이다"라는 지행일치의 명제는 거부될 수밖에 없다. 대중들은 지혜의 상징인 철학자들의 통치를 받아야 한다는 플라톤의 철인정치의 이상은 이런 데서 나온 것이다.

소크라테스를 넘어선 플라톤 사상의 단초는 플라톤이 최초로 서부지역(시라큐스)을 방문한 직후의 작품으로 알려진 『고르기아스』에서 이미 나타난다. 어윈(Irwin)은 플라톤이 『프로타고라스』에서 나타난 소크라테스의 지행합일론을 거부하는 요소를 『고르기아스』에서 찾을 수 있음을 조목조목 지적하고 있다.[9] 그러나 플라톤주의의 형성은 일련의 중기 대화편 『메논』, 『파이돈』, 『향연』(Symposium)에

---

8) Francis M. Conford, *op. cit.,* p.117.

9) Terence Irwin, *Plato's Moral Theory*(Oxford: Clarendon Press, 1977), p.114.

서 나타나며, 그 白眉는 역시 『국가론』이다. 플라톤은 스승의 죽음이 우연적 사건이 아니라 당시대의 철학적 이성과 신화적 전통의 본질적 갈등과 대립의 희생으로 본 것 같다. 그는 당시의 민주주의라는 이름의 우매한 대중정치가 소크라테스를 죽음으로 몰고 갔다고 생각했다. 그가 당시의 민주정치를 과두정치나 금권정치보다도 낮은 단계로 평가하는 것도 이 점이다. 민주정치는 과두정치에 대항해서 민중의 봉기로 권력을 장악한 것이지만 그 통치자들은 지성과 도덕적 지혜가 아닌 민중의 감정에 호소하는 선동정치가들이기 때문이라는 것이다.[10] 플라톤이 소크라테스의 도덕적 이상을 현실 속으로 끌어내려 이상국가의 이념과 정치구조를 밝히는 데 몰두하게 된 것도 이 점에 있다. 플라톤에 있어서 국가는 공동선의 실현이라는 공리적 관점보다는 공동체의 도덕적 기준을 설정하는 도덕공동체이다. 이 때문에 공동체의 수호자인 통치자는 지혜에 대한 사랑과 열망을 가진 철학자여야 하며 이기심이나 당파적 편견에 흔들리지 않는 도덕인이어야 한다.

이렇게 보면 소크라테스가 '사회적 제약'으로서가 아니라 영혼의 완성이라는 '열망의 도덕성'으로서 제시한 도덕적 이상은 다시 플라톤에 의해 '사회적 제약'의 도덕으로 회귀한 셈이다. 극히 제한된 소수의 사람들만이 철학자가 될 수 있다면 나머지 사람들은 이들에게서 배워서 행동하지 않을 수 없기 때문이다. 그러나 이 도덕성은 종래의 사회적 제약이 아니라 이상국가라는 개혁된 사회제도에 의해 창안된 '새로운 사회적 제약'이다. 이것은 도덕적 이상의 구체적 실현이며 현실적 타협안이다. 플라톤이 보기에 참된 도덕적 진리에의 인식은 자신의 욕구와 감정을 스스로 지배할 수 있는 자기반성과 자기지배를 요구한다. 그러나 인간의 영혼은 이성적 요소 이외에도 그가 '에피티미아(epithymia)라 명명한 욕구적 요소와 '티모스'(thymos)라고 하는 의지적 요소로 구성된 이지적이면서 감성적 존재라는 것이다. 인간의 욕구와 감정은 영혼의 본성이므로 제거할 수도 없고 또 제거해서도 안 된다. 다만 에피테미아와 티모스를 이성의 통제하에 둠으로써 전체적으로 이 3요소가 조화와 균형을 갖추게 하는 것이 필요하다. 이런 사람이 바로 도덕적인 사람이며 정의의 이상국가는 개인에서와 마찬가지로 이 세 요소의 완전한 조화이

다. 플라톤의 도덕성의 정당화 논변은 도덕국가의 실현을 전제로 한다. 말하자면 도덕적인 사람이 결국 행복이라는 자기 이익을 실현할 수 있는 것은 개인의 도덕과 국가의 도덕이 일치하기 때문이다. 중요한 것은 공동체의 가치기준에 의해 설정된 사회제도, 관습, 법률에 의한 교육과 지도이다. 특히, 젊은이들에게 도덕적 이상을 구성하는 자질을 길러 주는 것이 매우 중요하다. 그 바탕의 으뜸은 음악, 체육, 문학을 통한 정서교육이다. 이것은 영혼이 가진 욕망을 고귀하게 그 지각을 맑고 깨끗하게 해 준다. 『국가론』 제9권은 바로 이 점을 주제로 하고 있다. 플라톤에 있어서 "덕은 지식이다"라는 소크라테스의 명제는 도덕적 이상으로 받아들여질 뿐이다. 지식은 덕의 필요조건이지만 더 이상 충분조건은 아니다.

4. 아리스토텔레스의 '프로네시스'(phronesis)

(1) 잠재적 도덕인으로서 인간

　아리스토텔레스의 윤리학은 "도덕이란 무엇인가"의 문제의 해답을 "왜 도덕적이어야 하는가" 하는 도덕성의 정당화에서 그 실마리를 찾고 있다. 아리스토텔레스에 있어서 최고의 선은 행복(eudaimonia)이며, 그것은 바로 인생의 궁극적 목적으로서 '다른 모든 것이 그것 때문에 존재하는 것'이다. 그래서 도덕이란 무엇이며 왜 도덕적으로 살아야 하는가 하는 것도 자신의 행복을 실현하기 위한 목적론적 윤리관에서 해명된다. 그가 말하는 행복이란 소피스트들의 논변처럼 세속적 가치의 추구가 아니라 정신적 완성이다. 인간의 영혼은 생육적 기능, 감성지각적 기능, 이성적 기능으로 구분되는데, 선이란 인간의 고유한 기능인 이성적 원리에 따른 정신적 기능을 잘 수행하는 것이다. '덕'(arete)은 이 정신적 활동을 잘 수행하는 탁월성이며, 결국 인간의 선이란 덕에 일치하는 정신활동이다. 이 점에서 아리스토텔레스는 소크라테스에서 플라톤으로 전수되는 영혼의 완성이라는 열망의 도덕성을 이어받고 있다.

아리스토텔레스는 선의 이데아는 감각적 사물과는 독립해서 실재한다는 플라톤의 '이데아론'(Idealism)에서 이탈하고 있지만, 궁극적 원인, 즉 목적으로서 원인에 대한 철학적 해명은 여전히 소크라테스의 도덕철학에 바탕을 두고 있다. 그의 이러한 사상은 생물학과 윤리학에서 잘 나타나고 있다. 궁극적 원인에 대한 설명은 자연의 생태와 도덕적 본성에 대한 연구에서 잘 해명될 수 있기 때문이다. 말하자면 아리스토텔레스 윤리학은, 인간의 목적이란 우리의 본성에 본질적인 최상의 기능을 완전하게 발휘하게 하도록 한다는 가르침이다. 아리스토텔레스에 있어서 인간은 본질적으로 도덕적 존재이다. 그의 도덕적 인간 본성론은 『형이상학』에 바탕을 두고 있다. 모든 존재는 '형상'(form)과 '질료'(matter)로 구성된다. 형상은 결정과 완전성을 이루는 원천이며 원리이다. 인간이 도덕적 존재라는 의미는 질료적 요소인 도덕적 可能態(potentiality)를 이성적 완전성이라는 형상에 합치되도록 한다는 것이다. 말하자면 인간은 본성적으로 도덕적 역량과 성향을 지닌 잠재적 도덕인이라는 것이다.

그러나 이러한 잠재성은 외부로 현실화되지 않으면 실현될 수 없다. 선한 사람의 품성은 선한 사람이 되기 위해서 목적을 향해 활동함으로써 현 실태(actuality)이다. 그렇기 때문에 윤리적 성품은 가능태로서 도덕적 행위의 질료이다. 이 질료적 성품은 용기, 절제, 관후 등의 여러 가지 덕이 생겨날 수 있는 바탕이다. 그러므로 도덕적 삶의 이상은 선택받은 소수인들만의 특권은 아니다. 인간은 누구나 도덕적 덕을 얻고 정념(passion)과 감정에 대한 이성의 지배를 확립할 수 있다. 그렇다고 누구나 다 이성에 따라 행동할 수 있는 것은 아니다. 많은 사람들은 다양한 충동 때문에 올바른 행동을 이탈하고 그래서 이성적 가르침을 따르지 못하며, 심지어 비이성적 성향으로 인해서 도덕판단을 흐린다. 그가 보기엔 가능태로서 질료적 성품은 도덕규칙을 결여한 단순한 심리적 경향성에 불과한 것이 아니다. 성품이 도덕규칙을 반영하지 못하거나 그 요구사항에 합치되지 못하면 그 성품에서 나오는 행위가 도덕적으로 옳은 행위로 보장받을 수 없기 때문이다. 그러므로 아리스토텔레스에 있어서 윤리적 성품의 현실태인 덕은 올바른 도덕판단을 내리기 위한 도덕지식의 선행조건이다. 이 점에서 아리스토텔레스에 있어서 덕과 지식은 등식화 관계가 아니다. 그가 '프로네시스'[11]로 명명한 實踐智 개념은 단순한 이론적 지식이 아니라 덕을 전제로 한 도덕지이다.

(2) 이론지와 실천지

아리스토텔레스는 모든 비도덕적 행위유형을 '有意的 惡行'과 '無意的 惡行'으로 구분한다. 행위상황과 목적에 대한 무지로 인하여 잘못을 범하는 무의적 행동은 행위자 자신이 무엇을 해야 하며 무엇을 하고 있는지 모르는 사악한 행위자이다. 반면 유의적 악행은 행위자 자신이 행위의 특수한 상황을 잘 알고 있는 경우이지만 욕구나 분노 등의 감정으로 인하여 아는 바대로 행하지 못하는 경우이다.[12] 이렇게 보면 아리스토텔레스에 있어서는 "아무도 고의로 악행을 저지르지 않으며, 도덕적 옳음을 알기만 하면 누구든지 행한다"라는 소크라테스의 명제는 명백히 거부된다. 그에게 있어서 덕은 소크라테스처럼 지식에서 나오는 것이 아니라 '성격의 상태'이다. 아리스토텔레스는 "덕이란 칭찬받을 만한 성품이며, 그리고 그것에 의해 유덕한 사람이 자신의 기능을 잘 발휘할 수 있는 정신적 상태"[13]로 규정한다. 말하자면 덕이란 기능태로서의 윤리적 성품의 현실태로서의 완성이다.

그는 도덕행위를 의사의 처방에 비유하고 있다. 의학에 대한 지식은 건강의 본성에 대한 정밀한 이해이듯이, 윤리적 행위도 유덕한 정신의 본성을 잘 아는 것이 중요하다. 도덕행위는 올바른 도덕판단을 내릴 수 있는 道德知에 의해서 가능하다. 그러나 이것은 영혼의 비이성적 기능인 욕망을 자율적으로 조절하여 올바른 행위를 행함으로써 얻을 수 있는 윤리적 덕을 선결요건으로 한다. 그는 인간의 이성적 영혼을 순수인식적 기능과 실천적 추론기능으로 구분하는데, 그가 말하는 이론지(scientific knowledge)는 전자이며 '프로네시스'로 명명한 실천지(practical wisdom)는 후자이다. 그는 이론지는 "그 端初가 달리 있을 수 없는 모든 존재자를 결정하

---

11) '프로네시스'(φρόνησις)라는 희랍어는 사려(prudence), 예지(intelligence), 식견(Einsicht), 실천지(practical wisdom) 등의 다양한 용어로 번역되고 있다. 아리스토텔레스의 개념 정의에서 보면 Ross, Greenwood 등이 사용한 '실천지'가 가장 근사 개념인 것 같다.

12) *Nicomachen Ethics*(이하 *NE*), 1110a∼1111b.

13) *NE*, 1103a 10∼11, 1106a 15∼20.

는 것”이며, 실천지는 “달리 있을 수도 있는 것을 성찰하는 것”14)이라고 설명한다. 이론지의 인식 대상은 필연적이며 영원한 것이기 때문에 가르쳐질 수도 있고 또한 인식자의 욕구나 감정의 영향을 받지 않는다. 그러나 실천지는 ‘다른 방식으로 존재할 수 있는 것’이므로 숙고와 思量을 필요로 한다. 그 숙고는 단순한 수단지가 아니므로 진정으로 자기 자신과 모든 사람들을 위해서 무엇이 좋은 것인지를 잘 헤아릴 수 있는 목적지이다. 그러므로 실천지는 “인간을 위해 좋은 것과 나쁜 것에 관한 참된 이치에 따라 행동할 수 있는 상태”이다. 실천지는 무엇을 할 것인가 하는 목적의 사량이므로 그 판단의 단초는 목적이다. 따라서 개인의 욕구나 감정으로 인해 판단의 방해를 받거나 올바른 판단을 그르칠 수 있다. 아리스토텔레스가 실천지의 요건으로서 절제의 덕을 강조한 것은 이런 이유에서이다.

아리스토텔레스에 있어서 실천지는 옳고 아름답고 좋은 것을 숙고할 수 있는 지적 탁월성이라는 점에서 실천지는 지적인 덕과 밀접한 관련이 있다. 이를테면 이해력과 판단력이 뛰어난 사람은 도덕적 행위의 내용과 그 이유에 대한 비판적 지식을 얻는 데 유리하다. 그러나 덕이 무엇인지 개념적으로 잘 알고 덕을 행하는 사람이 좋은 사람의 표본임을 인식한다고 해서 그것을 곧 행하는 것은 아니라는 것이다. 아리스토텔레스의 비유를 들면, 의학이나 체육을 잘 알고 있다고 해서 반드시 그가 건강해지는 것은 아니다. 실천지는 목적의 선택과 수단의 선택에 있어서 ‘올바름’이지만 무엇보다도 목적이 정당해야 한다. 목적을 올바르게 잘 선택할 수 있는 사람의 지적인 덕은 ‘영리함’이다. 영리함의 지적인 덕은 칭찬할 만한 것이지만 목적이 잘못된 영리함은 한갓 ‘奸智’에 불과하다. 그는 이 점을 “무절제한 사람과 사악한 사람은 영리하기만 하면 그가 올바르다고 생각한 목적을 달성할 수 있다. 이 경우 그는 자신의 목적을 숙고에 의해서 달성했지만 악을 얻은 셈이다”15)라고 지적한다. 실천지는 이론적 덕과 도덕적 덕의 개념을 모두 포함하지만 도덕적 덕이 먼저다. 그는 덕과 이론지, 실천지의 관계를 이렇게 설명한다. “덕은 올바른 이치를 따른 성품의 어떤 상태일 뿐 아니라 또한 올바른 이치를 ‘머금고

---

14) *NE*, 1139b~1140a.
15) *NE*, 1142b 17~22.

있는’ 상태이다. 실천지 없이는 엄밀한 의미에서 도덕적인 사람이 될 수 없고, 도덕적 덕이 없이는 실천지를 가진 사람이 될 수 없다. 또한 덕은 목적을 결정하고 실천지는 목적을 실현하도록 한다. 실천지는 지혜를 사용하는 것이 아니라 그것이 생기도록 마음을 쓰는 것이다. 실천지는 지혜를 위하여 명령하는 것이지 지혜에 대하여 명령하는 것은 아니다.”[16]

아리스토텔레스가 “덕은 지식이다”라는 명제를 거부하는 것은 소크라테스의 ‘에피스테메’를 이론지로만 파악한 것 같다. 그는 소크라테스가 ‘모든 지식을 이치 내지는 합리적 원리’로 파악하고 모든 덕을 결국 지식으로 환원하는 잘못된 생각을 하게 되었다고 주장한다. 비도덕적 행위는 무지에서 비롯되지만 그 원인은 영리함과 같은 이론적 덕의 결핍이 아니라 情欲(passion)이라는 것이다. 무절제하고 방종한 사람은 쾌락에 지배되기 때문에 올바른 지식을 가진 것처럼 보이지만 그것은 ‘臆見’에 불과하다는 것이다. 그는 소크라테스가 누구나 최선의 것이라고 판단하는 것에 반대되는 행동을 하지 않는다는 주장이 경험적 사실에 맞지 않는다고 주장한다. 무지란 것도 결국 정욕에 빠져 무절제한 데서 비롯되기 때문이다. 그는 지식을 ‘잠정적 지식’과 ‘실제적 지식’, ‘보편적 지식’과 ‘개별적 지식’으로 구분한다. 잠정적 지식(혹은 습관적 지식)은 인식을 하고 있지만 사용하지 않는 것이고, 실제적 지식은 그것을 사용하는 지식이다. 개별적 지식의 무지는 가령 “X란 행위는 나쁜 짓이다”라는 보편적 원리는 알고 있지만, 자신의 행위가 그런 행위에 해당되는지를 모르는 경우이다. 그가 말하는 올바른 도덕적 지식은 실제적 지식이며 개별적 혹은 특수적 지식이다. 그리고 그것을 알 수 있는 것은 비이성적 욕구와 감정이 이성의 지배를 받을 때이다. 절제의 덕이 도덕지의 선결요건인 이유는 이런 점이다.

---

16) *NE*, 1144b~1145a.

5. 도덕적인 삶과 도덕지식

(1) 도덕행위자와 도덕지식

도덕적 삶이란 우리가 일상생활 속에서 부단히 직면하게 되는 도덕적 문제에 대하여 스스로 판단하고 결정해야 하고 행동해야 하는 신념과 태도의 결단을 요구한다. 우리가 윤리학의 도덕적 담론을 필요로 하는 것은 올바른 도덕적 신념·태도를 견지하고 그것의 도덕적 정당성을 세울 수 있기 위함이다. 윤리학자들의 도덕적 담론은 비판적 반성의 과정을 거쳐 일반성, 체계성을 지니고 있다는 점에서 일반 사람들의 사고과정과는 상당한 차이가 있다. 우리가 도덕적 결단을 필요로 할 때 윤리학이 도덕적 삶의 길잡이 역할을 해 줄 수 있는 것은 이 때문이다. 우리가 도덕적으로 살아간다고 하는 것은 일차적으로 '도덕적 관점'을 갖는 것을 의미한다. 그러나 진정한 의미의 도덕적 관점이란 도덕의 권위를 '남의 눈'을 의식하여 받아들이는 것이 아니라 자신의 도덕적 신념으로 수용하는 '내면적 권위'(inter authority)를 말한다. 헬러(A. Heller)는 이것을 인간내면의 양심의 소리라고 하였고, 칸트는 자율성의 이념으로서 '자기입법의 원리'로 제시한다.

도덕행위자는 도덕의 원리를 알고 그것에 따라서 도덕판단을 내릴 수 있는 '도덕적 원리의 인간'이다. 도덕행위란 단순히 외적 자극이나 감정적 충동에 따라 단순 반응하는 신체적 운동이 아니라, 자신의 의도와 목적에 따른 의식적 행동이다. 의식적으로 행동할 수 있다는 것은 이성적 사유와 판단에 의한 행위의 이유가 도덕적이어야 한다는 것을 의미한다. 자신의 행위에 대해 그 정당성을 논증할 수 없다면 합리적 사유에 따른 행동이라고 할 수 없다. 비록 그 행위의 결과가 도덕이 요구하는 바와 일치한다 하더라도 그것은 도덕과 무관한 것이나. 그것은 미치 술에 취한 사람이 술김에 선행을 베푸는 것과 같은 행동이다. 또한 도덕행위자는 '도덕적으로 자율적 인간'이어야 한다. 기존의 도덕률을 무비판적이고 맹목적으로 따른 사람은 자율적인 인간이 아니다. 도덕행위의 자율성 요구는 행위자가 단지 물리적·심리적 강제가 없어야 한다는 정도가 아니라 도덕행위의 동기·의도의 순수성을 의미한다. 칸트의 설명대로 하면 자신의 욕구나 감정, 성향에 따른 행동이 아니라 순수이성의 판단에 따른 행동이 도덕적 자율인이다. 이런 행위는 행위에 대한 보상이나 처벌 등의 반대급부를 고려하지 않은 순수한 도덕적 의무감에서 행한 행위이다. 칸트가 무조건적으로 선한 오직 '선의지' 외는 없다고 한 것도 이런 이유이다.

우리는 흔히 우리가 도덕적이지 못한 것은 도덕적 지상의 문제가 아니라 아는 바대로 실천하지 못하는 의지의 문제로 생각한다. 인간은 누구나 선악시비의 인식능력은 본유적이라고 여기기 때문이다. 이러한 통상적 인식에서 보면 도덕적 지식과 실천의 논변은 무의미하다. 그러나 비도덕성의 상당 부분은 일차적으로 도덕적 무지에서 비롯된다. 우리는 흔히 도덕문제의 원인을 윤리관(혹은 윤리적 가치관)의 결함과 실천의지력의 결핍에서 찾는다. 필자가 보기에는 오늘날 한국 사회의 비도덕적 양태의 대부분은 우리의 도덕적 무지에서 기인한 것으로 생각된다. 이를테면 도덕적 판단의 기준이 자신의 윤리적 가치기준에 의한 것이 아니라 다른 사람들의 행동양식에 따른 이른바 '가치판단의 유행화' 현상이 그 대표적인 경우이다. 이런 경우 행위자는 자신의 행위가 옳은지 그른지에 대해 알지도 못할 뿐만 아니라 그것에 관심도 없이 남이 하는 대로 모방할 따름이다. 그렇기 때문에 이런 사람들의 경우 자신의 행위에 대해 무엇이 잘못된 것인지도 모르기 때문에 양심의 가책도 느끼지 못한다. 아리스토텔레스는 이런 행동을 무의적 악행(unconscious wrongdoing)으로서 사악한 행위로 명명한다. 아리스토텔레스가 이런 유형의 비도덕성을 진정으로 사악한 행위자로 규정한 이유는 자신의 잘못된 행위에 대해 죄의식이나 뉘우침을 전혀 갖지 않기 때문이다. 테일러가 도덕적인 사람의 개념을 "항상 도덕적으로 행동하는 사람"이 아니라 "도덕적으로 행동할 수 있는 사람"으로 규정한 까닭도 이 점과 다르지 않다.

도덕적 무지로 인한 비도덕적 양상의 또 다른 유형은 마일로(Ronald D. Milo)가 지적하고 있는, 잘못된 도덕신념으로 인한 '외골수적 사악함'(perverse wickedness)이다. 이런 유형의 비도덕적 행위의 문제는 자신의 도덕적 신념이나 가치관이 잘못이라고 생각하지 않을 뿐만 아니라 오히려 정당하다고 믿기 때문에 양심의 가책을 기대할 수 없다는 점이다. 이런 사람들의 경우는 오히려 도덕적 신념이 외골수적으로 너무 강하기 때문에 의지의 나약성 문제가 아니다. 가령 요령껏 살면서 자신의 이들을 챙기는 것은 도덕적으로 전혀 문제가 되지 않는다고 믿는 사람이거나, 자신의 출세를 막는 사람에 대해 개인적으로 앙갚음을 하는 것은 정당하다고 여기는 경우 혹은 부정하게 번 사람의 돈을 사취하는 것은 도덕적으로 죄가 안 된다고 믿는 경우이다. 이런 경우의 사람들은 자신들의 신념에 따라서 자기 나름대로 건실하게 살아간다고 생각할 수도 있다. 그렇기 때문에 그들은 결코 자신들이 비도덕적이라고 생각하지 않는다. 이런 사람들에게 우리가 그들이 도덕적이기를 기대할 수 있는 것은 자신들의 가치신념이 잘못된 것이라는 도덕적 무지를 스스로 깨닫고 뉘우치게 하는 일이다.

다음으로는 '파생적 도덕원리의 무지'로 인한 비도덕적 행위의 경우이다. 이것은 도덕적임이 어떤 것인지를 잘 알고 있는 사람도 자신의 특정한 행위에 대해서는 잘못 판단한다는 경우이다. 파생적 도덕원리의 무지는 주로 도덕적 태만에서 비롯된다. 행위자가 옳고 그름을 판단할 수 있는 상황이나 결과를 전혀 고려하지 않고 단순히 욕구나 감정에 단순 반응하는 무사려한 충동성에서 비롯된다. 이를테면 탐욕적인 사람이나 분노나 증오심에 가득 찬 사람은 자신의 판단력을 상실하기 때문에 남의 잘못은 잘 알면서도 자신의 잘못은 인식하지 못한다. 또한 자기 행동의 일면만을 보고 그 부도덕한 측면을 알지 못함으로써 잘못을 범하는 도덕적 부주의도 이런 유형에 속한다. 이를테면 어떤 행위는 다른 사람의 마음을 즐겁게 할 수도 있지만 반면에 다른 사람의 마음에 상처를 줄 수도 있는 경우가 적지 않다. 그러나 도덕적 태만의 가장 고약한 형태는 자기기만적 행위이다. 이것은 마음속으로는 자신의 잘못을 인지하면서도 이런저런 이유를 들어 자신의 행동을 합리화함으로써 스스로 그 이유에 설득되고, 그래서 잘못이라는 신념을 갖지 않는 경우이다. 우리가 자행하는 대부분의 비도덕적 행위들은 실상 '도덕의 기본적 원리'에 대한 무지라기보다는 자신의 특정한 행위에 대한 도덕적 무지에서 비롯된다고 할 수 있다.[17]

---

17) 도성달, "우리는 도덕적인가", 『한국의 교육과 윤리』 제5집(한국정신문화연구원, 1995), pp.19~22.

(2) 소크라테스 도덕철학의 현대적 의미

소크라테스는 당시 아테네의 젊은이들을 타락시키고 신을 섬기지 않았다는 죄목으로 법정에 서게 된다. 그를 고발한 자들은 젊은이들과 철학적 담론을 그만두는 조건으로 국외로 추방되든지 아니면 사형을 받을 것인지를 요구한다. 이 요구에 대한 소크라테스의 대답은 이렇다.

> "이런 조건으로 저를 석방한다 해도 저는 이렇게 말씀드리겠습니다. 아테네 시민들이여! 저는 여러분을 존경하고 사랑합니다. 그러나 여러분보다는 오히려 신에게 복종할 것입니다. 그리고 제가 숨을 쉬고 기력이 남아 있는 한 지혜를 사랑하고, 여러분에게 충고하고, 만나는 사람들에게 제 생각을 말하기를 그치지 않을 것입니다. 그러면서 언제나 해 오던 말을 해 줄 것입니다. 훌륭한 사람들이여! 그대들은 지혜와 힘에 있어서 가장 뛰어난 나라인 아테네의 시민이면서, 재물이나 명성이나 명예에 대해서는 마음을 쓰면서, 지혜와 진리에 대해서, 그리고 정신을 가장 온전하게 하는 영혼에 대해서는 마음을 쓰지 않으면서도 부끄럽게 여기지 않는가 하고 말할 것입니다. 그리고 여기에 대해서 누군가 이의를 제기하고 그런 일에 마음을 쓴다고 주장하면 그에게 묻고 따질 것입니다. 또한 덕을 가지고 있지 않으면서 가지고 있다고 말한다면, 저는 그에게 가장 소중한 것을 가볍게 여기고 하찮은 것을 더 귀하게 여긴다고 비난할 것입니다. 저는 이 일을 젊은이든 늙은이든 만나는 사람마다 누구에게나 할 것입니다. 제가 돌아다니면서 하는 일은 여러분들에게 영혼을 온전하게 하는 일보다 신체나 재물에 신경 쓰는 일이 없도록 설득하는 일뿐입니다. 재물로 해서 덕이 생기는 것이 아니라 덕으로 해서 재물이나 인간을 좋은 모든 것들이 되는 것입니다. 지금까지 말씀드린 것을 잘 생각해 보시고 아뉘토스(Anytos)의 말을 따르든지 저를 석방하든지 말든지 하십시오. 그러나 저는 몇 번 죽임을 당한다 해도 달리 행하는 경우는 없을 것입니다."18)

이 글은 플라톤이 28세 때 스승인 소크라테스가 재판장에서 행한 연설을 기록한 『변론』의 일부분이다. 도덕철학자로서 소크라테스의 도덕적 이상뿐만 아니라 도덕적인 삶을 살다 간 소크라테스의 행적을 엿볼 수 있는 대목이다. 무지하기 때문에 도덕을 가르칠 수 없다고 했던 소크라테스야말로 누구보다도 도덕이 무엇이며, 어떻게 하면 도덕적일 수 있는가를 가장 잘 알고 있는 사람이었다. 소크라테스는 도덕적인 삶이 어떤 것인가를 말로만 가르친 것이 아니라 죽음으로써 도덕

---

18) *Apology*, 28d~30c.

적인 삶의 표본을 보여 준 사람이다. 그의 가르침은 인생의 의미와 가치는 무엇이며, 우리가 어떻게 살아야 할 것인가 하는 윤리학의 본질에 대한 해답을 주고 있다. 그가 "덕은 지식이다"라는 지행합일의 테제를 주창한 것은 진정한 행복이 어떤 것인지를 깨닫지 못하는 사람들의 무지를 일깨워 주고 가르치기 위한 것이다. 소크라테스가 말하는 도덕적 지식은 세속적 욕망과 인간적 감정을 지배할 수 있는 도덕적 자율인만이 터득할 수 있는 깨달음의 진리이다. 이런 단계의 도덕인은 이미 덕성을 지닌 사람이다. 그가 지식을 덕과 동일시한 것도 이런 맥락이다. 다시 말해, 자기반성과 자기지배의 높은 도덕성을 갖춘 사람이 아니면 참된 도덕지에 도달할 수 없다.

플라톤은 자기 스승의 도덕적 이상을 누구보다도 잘 알고 있었기에 '선의 이데아'를 제시한다. 그러면서 그는 또한 소크라테스의 도덕적 이상에 대한 한계를 명백히 알고 있었다. 플라톤이 보기에는 '열망의 도덕성'은 고고한 수도자나 성현의 반열에 있는 극히 제한된 사람들에게나 적용될 수 있는 이상이다. 그렇다면 "모든 덕은 지식에서 나온다"는 소크라테스의 명제는 俗人들에게는 거부될 수밖에 없다. 보통 사람들에 있어서 지식은 덕의 필요조건이지만 더 이상 충분조건은 아니다. 나머지 사람들은 지혜를 가진 사람들의 가르침을 받아야만 한다. 플라톤의 이상국가, 哲人王 정치철학은 이 점을 배경으로 하고 있다. 그래서 플라톤의 도덕철학은 정치철학과 밀접하게 연관된다. 그의 주저로 알려진 『국가론』의 주제는 정의로운 도덕국가의 이상과 철인왕을 양성하기 위한 도덕교육의 문제이다. 플라톤의 생각으로는, 최상의 철학적 자질을 지닌 사람들을 통치자로 선발하여 성공적인 교육과 훈련으로 양성된다 하더라도, 여전히 권력남용과 부정의 가능성은 남아 있다. 이상국가의 정치질서로서 수호자 계급에 대한 사유제 금지와 가족공유제를 주장한 것은 이런 맥락이다.

아리스토텔레스의 도덕철학도 소크라테스에서 플라톤에 전수된 '열망의 이상'에 그 뿌리를 두고 있다. 아리스토텔레스는 '形相'이 경험적 인식과 동떨어진 관념적 대상으로 실재한다는 플라톤의 이데아론을 거부한다. 형상은 우리의 감각이 부여한 明證性에서 출발해야 하며, 도덕적 통찰력도 경험과 실천에 의존해야 한다는 것이다. 이런 점에서 아리스토텔레스는 경험론자이다. 그러나 흔히 얘기하는 것처럼, 아리스토텔레스를 反主知論者로 보는 것은 정확한 해석이 아니다. 그에게 있어서 道德知는 여전히 도덕행위의 필요조건이다. 아리스토텔레스는 소크라테스의 '에피스테메'를 문자 그대로 '인식' 개념으로서 이론지로 파악한 것 같다. 초기 대화편에 나오는 소크라테스의 논지는 다분히 진리에 대한 인식론 문제이다. 소크라테스가 소피스트들을 논박한 것은 개념정의나 논리적 오류를 지적하는 메타 윤리적 방법이다. 아리스토텔레스가 올바른 道德知는 이론지가 아닌 '실천지'로 명명한 것도 이런 점이다. 그가 보기엔 실천지는 이론적 덕 이전에 윤리적 덕을 필요로 한다. 도덕적 통찰력은 도덕적 행위, 윤리적 덕에 의존한다는 얘기이다. 이렇게 보면 아리스토텔레스는 "덕은 지식에서 나온다"는 소크라테스의 명제를 "지식은 덕에서 나온다"라는 반명제로 바꾸어 놓은 셈이다.

아리스토텔레스는 스승인 플라톤이 죽은 이후 자신이 몸담았던 '아카데미아'가 플라톤의 조카 스페우시포스(Speusippos)에게 넘겨지자 아테네를 떠난다. 그는 학원 '리케이온'(Lykeion)을 창설하고 플라톤의 사상에 대한 비판을 가한다. 그러나 그의 플라톤 학설에 대한 비판은 개인적 감정에서가 아니라 두 사람의 철학적 기질의 차이에서 비롯된 것으로 보는 것이 정당할 것 같다. 일상적 경험의 세계에서 출발하는 아리스토텔레스의 철학은 감각적 경험을 떠나서 존재한다는 플라톤의 형상의 세계를 거부한다. 그의 윤리학은 경험적 사실을 중시하고 보통 사람들의 상식적 믿음에서 출발한다. 그가 가능태로서 모든 사람들의 잠재적 도덕성을 인정하고 플라톤의 철인왕 통치를 거부하는 것도 이런 점이다. 그의 목적론적 세계관에서 보면 모든 사람은 각기 삶의 목적으로 완전성을 추구하려는 본성을 지니고 있기 때문에 그 나름대로 진리의 발견에 공헌할 수 있다. 그러므로 모든 자유민이 정치에 참여하는 제한적 의미의 '민주정치'가 가장 바람직하다고 주장한다.

그러나 그는 여전히 플라톤주의자이다. 콘포드는 아리스토텔레스의 사상을 "플라톤보다 더 플라톤적"[19]이라고 설명한다. 그것은 그의 형상이론이 플라톤의 이데아와 별로 다를 것이 없고, 습관을 통해 형성되는 실천적 덕은 고도의 지성만

---

19) Cornford, *op. cit.*, p.175.

이 파악할 수 있는 '중용'으로써만 가능하기 때문에 이론적 덕을 우위에 두고 있다는 점이다. 아리스토텔레스는 자신의 윤리학이 플라톤주의에 바탕을 두고 있다는 점을 『대윤리학』에서 이렇게 서술하고 있다.

> "소크라테스는 모든 덕을 지식에 환원해 버렸고 영혼의 비이성적 요소인 감정과 성격을 무시해 버렸다. 반면에 플라톤은 영혼의 비이성적 요소를 잘 인식하였지만 관념적 형상론으로 자신의 윤리담론에 오점을 남기는 잘못을 범했다."[20]

아리스토텔레스는 플라톤의 도덕 · 정치철학이 인간의 '의지의 나약성'을 전제로 하고 있음을 간파하고 자신의 사상도 이와 다르지 않음을 인정하고 있는 셈이다. 그러므로 플라톤을 윤리주지주의자로, 아리스토텔레스를 경험론자로 대립시키는 것은 정당한 해석이 아니다. 이는 소크라테스의 철학과 플라톤주의를 동일시하는 데서 비롯된 착오라고 보인다.

소크라테스의 도덕철학은 윤리학의 핵심인 도덕지식의 '형식'과 '내용'을 밝혀준다. '도덕적임'(bring moral)은 도덕원리에 따른 자율적 행동이다. 그러므로 도덕행위자는 도덕적으로 옳고 그름이 '무엇'인가 하는 것과 그것을 '어떻게' 자신의 신념으로 받아들이는가 하는 것이 중요하다. 도덕적임은 도덕규범을 '내재적 권위'로서 수용해야 하며 도덕판단은 '내면적 관점'이어야 한다. 말하자면 도덕판단이란 어떤 명제를 도덕적으로 옳다는 '사실'로서 인정할 뿐만 아니라 그것을 따른다는 진정한 '이유'로 받아들이는 도덕적 신념이다. 소크라테스가 말하는 道德知는 바로 도덕적 앎의 의미와 형식을 論究하는 것이다. "알면 행한다"라고 했을 때 문제의 초점은 '어떻게'에 달려 있다. 그러나 필자가 보기엔 소크라테스의 가르침은 도덕적임의 내용에 있는 것 같다. 오늘날 한국 사회의 비도덕적 양상은 상당 부분 도덕적 무지에서 비롯된다.

소크라테스의 도덕적 메시지가 도덕적 무지를 깨우치게 하는 데 있다면, 오늘날의 도덕문제의 근원적 치유는 소크라테스의 정신으로 되돌아가는 일일 것이다. 테일러가 잘 지적하고 있는 것처럼, 도덕행위자는 "항상 도덕적으로 행동하는 사

---

20) *Magna Moralia*, 1182a 15~30, Terry Irwin, *Plato's Ethics*, p.9에서 재인용.

람”이라기보다는 “도덕적 이유로 항상 옳은 행동을 할 수 있는 사람”21)이다. 인
간은 항상 자신의 욕구나 감정, 성향에서 자유로울 수 없는 제한적 의미에서 도덕
적 존재이다. 완전 자율적 존재는 신이거나 무생물이다. 오직 인간만이 도덕적 존
재이다. 인간이 도덕적이어야 한다는 당위는 인간이 비도덕적일 수 있다는 전제
를 내포한다. 소크라테스가 이 점을 간과하고 도덕적 지성을 주장한 것은 아닐 것
이다. 도덕적일 수 있는 능력은 도덕적 지성에 다름 아니다. 도덕적 지성은 자신
의 삶에 대한 부단한 성찰과 자기반성의 힘을 길러 주기 때문이다. 소크라테스가
죽음을 무릅쓰고 우리에게 남겨 준 가르침은 바로 이것이다.

---

21) Paul W. Taylor, *Principle of Ethics*(Encion: Cickenson Publishing Company Inc., 1975), p.125.

제4장 도덕성의 정당화와 수단적 합리성

노영란

1. 서 론

도덕과 관련하여 우리는 두 가지 두드러진 특징을 발견할 수 있다. 첫째, 도덕은 흔히 '어떻게 살아야 하는가?'의 물음에 답을 주려고 하는 것으로, 그리하여 도덕적인 행위는(제대로 살기 위해서) 우리가 해야만 하는 행위로 여겨져 왔다. 한편으로 그러한 도덕의 영향 아래 사는 동안 우리는 왜 우리가 도덕을 따라야만 하는지에 의문을 제기해 왔다는 것 또한 사실인 듯하다. 이것은 어떤 사람이 도덕에 의해 요구되는 것을 인식할 때 그는 그가 그것을 해야만 한다는 것을 의심하고 그가 그것을 해야 할 이유가 있는지, 있다면 그것이 무엇인지를 알고자 한다는 것을 의미한다. 실제로 많은 경우에 있어서 도덕적 요구는 우리가 하고자 하는 것들, 즉 우리 개개인의 욕구에 의해 동기 지어지는 것들에 반한다. 예컨대, 비록 내가 지키기로 한 약속이라 할지라도 파기하는 것이 나에게 이득이 될 때 때때로 나는 그 약속을 파기하고 싶어 한다. 그렇지만 도덕은 우리에게 파기해서는 안 된다고 명한다. 이럴 경우 나는 왜 내가 나의 욕구에 반하여 도덕적 요구를 따라야 하는지를 알고 싶어 할 것이다. 이러한 예는 도덕적이어야 하는 이유를 알고자 하는 많은 경우에 해당한다고 할 수 있다. 그러나 '왜 도덕적이어야 하는가?'의 물음은 이와는 다른 이유에서 제기될 수도 있다. 즉 우리는 해야만 하는 것이 우리가 하고자 하는 것과 일치한다 하더라도 그래야 한다고 여겨지는 것을 단순히 따르기보다는 왜 그것을 해야만 한다고 여기는지 그 근거에 대해 알고서 행위를 하고 싶어 할 수도 있다.

도덕성(morality)을 합리적으로 정당화하려는 노력들은 바로 도덕과 관련한 이러한 특징, 즉 왜 도덕을 따라야 하는지에 대한 우리의 의문과 깊이 관련되어 있다. 왜냐하면 도덕성을 합리적으로 정당화하려는 시도는 이성에 의해 해야 할 이유가 밝혀지는 것이 바로 해야만 하는 것임을 보이고자 하기 때문이다. 그리하여 도덕성을 합리적으로 정당화할 수 있다면 우리는 우리가 해야만 한다고 여기는 것들을 왜 따라야 하는지에 대한 의문에 어느 정도 해답을 줄 수 있을 듯하다. 도덕성의 합리적 정당화와 관련하여 이 글은 두 가지의 주된 목적을 가진다. 첫째, 합리성에 대한 일반적인 해석인 수단적인 개념이 도덕성과 어떻게 연관되는지를 살펴보고, 이 수단적 합리성(instrumental rationality)이 도덕성을 정당화하는 데 사용될 때 불가피하게 문제를 야기한다는 점을 지적한다. 둘째, 수단적 합리성에 근거하여 도덕성의 정당화를 꾀하는 시도들이 지적된 그 문제점을 해결하기 위해 무엇을 제시하는지, 그리고 왜 그것들이 성공하지 못하는지를 살펴본다. 나는 이러한 논의들이 수단적 합리성은 어떤 보완적인 노력에도 불구하고 그것의 수단적 특성 그 자체로 인해 도덕성을 정당화하는 데 부적합하다는 것을 보여 줄 수 있기를 희망한다.

2. 수단적 합리성의 요구와 도덕성의 요구 간의 갈등

도덕성을 합리적으로 정당화하려는 시도에서 관건이 되는 것들 중의 하나는 합리성을 어떻게 해석하느냐이다. 합리성에 대한 가장 일반적인 견해는 합리적인 사람은 수단적인 추론(instrumental reasoning)을 한다는 것이다. 이 수단적인 추론은 행위자가 그의 욕구를 가장 잘 만족시키는 행위를 합리적인 것으로서 택함을 의미한다. 이러한 합리성의 개념은 행위를 욕구에 의해 주어진 목표를 만족시키는 수단으로 간주하기 때문에 기본적으로 목표와 수단 간의 추론(means-end reasoning)을 뜻한다. 이 수단적 합리성에 따르면, 어떤 행위가 목표를 달성하는 가장 효과적인 수단일 경우 그 행위를 택하는 것이 합리적이다. 여기에서 사람들은 '목표를 달성하는 가장 효과적인 수단'을 '이익을 극대화하는 것'으로 이해하는 경향이 있다. 그래서 흔히 수단적으로 합리적인 행위는 공리나 기대되는 공리를 극대화(the maximization of utility or expected utility)하는 행위로 여겨진다.[1]

바이어(Kurt Baier)의 저서 『합리적 질서와 도덕적 질서』는 왜 가장 오래된 학문들 중의 하나인 윤리학이 논리학 같은 다른 철학의 분야들과 달리 성공적이지 못해 왔는지의 물음으로 시작된다. 이 물음과 관련하여 바이어는 윤리학이 직면한 주된 어려움 중의 하나는 그것이 세 가지 다른 형태의 삶과 관련된다는 점에 있다고 지적한다.[2] 즉 바이어에 따르면 윤리학은 행위가 이성에 일치하는지 반하는지를 탐구하는 합리적인 삶(the rational life)에 대한 탐구이며, 무엇이 사람들을 선한 혹은 최상의 삶으로 이끄는지를 탐구하는 선한 삶(the good life)에 대한 탐구로 간주될 수 있으며, 또 우리의 삶이건 우리의 행위이건 혹은 우리의 성격이건 간에 어떤 것이 도덕과 일치하고 또 도덕에 반대되는가를 어떻게 판단할 수 있는지에 대한 탐구인 도덕적 삶(the moral life)에 대한 탐구로 생각될 수 있다. 여기서 문제는 이러한 세 종류의 삶, 즉 합리적인 삶, 선한 삶, 그리고 도덕적인 삶을 위한 요구들이 반드시 일치하지는 않으며 서로 갈등할 수 있음에도 불구하고 어떤 하나를 다른 것보다 선호할 근거나 혹은 그 세 가지 다른 요구를 조정하고 일치시킬 어떤 기준을 찾지 못해 왔다는 점이다. 바이어는 이 문제를 합리성 문제(rationality problem)라고 부른다.

나는 바이어가 '합리성 문제'라고 부르는 도덕적인 삶, 선한 삶, 그리고 합리적인 삶 사이의 관계와 관련된 그 퍼즐은 단지 윤리학 전체에서뿐만 아니라 합리성

---

1) 힙(Shaun Heap)은 「선택이론」에서 수단적 합리성의 네 가지 원리, 즉 재귀성(reflexivity), 완전성(completeness), 이행성(transitivity), 연속성(continuity)이 어떻게 공리극대화 원칙으로 표현되는지를 설명함으로써 수단적 합리성이 공리 혹은 기대되는 공리극대화로 동일시됨을 증명하고 있다. Shaun Heap, et al.(eds.), *The Theory of Choice*(Oxford: Blackwell, 1992), pp.4~14.

2) Kurt Baier, *The Rational and the Moral Order: the Social Roots of Reason and Morality*(Chicago and LaSalle: Open Court, 1995), pp.1~7.

을 수단적으로 해석하고 도덕성을 이 수단적 합리성에 의해 정당화하려는 시도에도 직접적으로 적용된다고 생각한다. 먼저 도덕성을 합리적으로 정당화하려는 아이디어는 도덕적 삶이 합리적인 삶이어야 한다는 생각에서 비롯된다. 그리고 도덕성을 합리적으로 정당화하고자 하는 대부분의 사람들이 합리성을 수단적으로 해석한다는 점에서 합리적인 삶은 선한 삶이어야 한다. 그러나 그들이 정당화의 대상인 도덕성에서 핵심적 요소로 보는 것은 도덕적인 행위는 공평성(impartiality)을 확보한다는 점이다. 여기에서 공평성은 개개인이 다른 사람의 이익에 관계없이 자기 자신의 이익만을 직접적으로 극대화하려는 태도를 버릴 때 확보될 수 있다. 이것은 그 동기가 무엇이건 간에 도덕적인 행위는 결과적으로 나의 이익과 다른 사람의 이익을 공평하게 고려하게 된다는 것을 의미한다.[3] 도덕적인 행위는 행위자 개개인의 선과 그 행위 간의 관계에 의해 직접적으로 조건이 지어지지 않는 것으로 여겨진다. 이리하여 윤리학과 마찬가지로 도덕성을 합리적으로 정당화하려는 시도는 서로 다른 세 종류의 삶, 즉 도덕적인 삶, 합리적인 삶, 선한 삶을 위한 요구들에 관련되고 이러한 요구들이 반드시 일치하지는 못한다는 점에서 곤란에 직면하게 된다. 즉 합리성으로부터 도덕성의 기초를 발견하려는 사람들은 어떻게 도덕적 요구가 개개인의 선의 극대화에 초점을 맞추는 합리성의 요구이며, 동시에 그 도덕적 요구가 개개 행위자의 선에 관계없이 공평성을 확보하는지를 증명해야 할 어려운 과제에 직면한다.

도덕성을 수단적 합리성에 의해 정당화하려는 시도에서 개개 행위자의 이익의 극대화를 명하는 수단적 합리성은 어떻게 공평성의 요구를 충족시킬 수 있는가? 수단적 합리성은 어떻게 그것이 기본적으로 타산적 고려를 명함에도 불구하고 타산적인 고려를 압도하는 도덕성을 정당화할 수 있는가? 수단적 합리성을 옹호하는 입장으로부터 가장 일반적으로 예상되는 대답으로서 우리는 다음과 같은 주장

---

3) 나는 도덕적 삶에 대한 이러한 견해가 합리성으로부터 도덕성의 기초를 찾고자 하는 사람들의 일반적인 입장이며, 또한 도덕에 대한 대부분의 사람들이 가지는 견해라고 생각한다. 그러나 이 견해와는 달리 도덕적인 요구는 행위자 개개인의 욕구를 만족시키는 그 관계하에서만 정당한 요구일 수 있다고 주장하는 일부의 사람들도 있다. 예컨대 Bernard Williams나 Philippa Foot로부터 이러한 견해를 발견할 수 있다. 특히 그들의 다음 논문을 참조할 수 있다. Bernard Williams, "Persons, Character and Morality", in *Moral Luck*(Cambridge: Cambridge University Press, 1981), pp.1~19. Philippa Foot, "Morality as a System of Hypothetical Imperatives", in *Virtues and Vices*(Berkeley and Los Angeles: University of California Press, 1981), pp.157~173.

을 생각할 수 있다. 직접적으로 타산적 고려에 의해 자기 이익을 극대화하려고 하기보다는 도덕적인 것, 즉 공평성의 요구를 만족시키는 것에 복종하는 것이 결국 더 이익이 된다. 실제로 수단적인 의미에서 합리적인 사람들이 직접적으로 자기 자신의 이익을 극대화하고자 하고 이러한 직접적인 자기 이익의 극대화가 도덕체계를 형성하는 바탕이 된다면 그들의 합리성은 비합리적인, 즉 자기 이익을 극대화하지 못하는 결과를 야기할 수 있다. 그러한 사람들로 구성된 도덕체계는 개개인에게 이익이 되도록 되어 있지만 실제로는 그렇지 못하다. 파피트(Derek Parfit)는 그러한 도덕체계는 개개인의 관점에서 보면 자멸적(self-defeating)이라고 지적한다. 파피트가 말하는 도덕체계의 자멸적 특성은 수단적 합리성 그 자체에 근거한 도덕체계가 실제로 수단적 합리성에 위배됨을 의미한다.[4] 나는 파피트가 지적하는 자멸적 특성을 직접적으로 자신의 이익을 극대화하려는 타산적인 고려들에 근거한 도덕이론들은 때때로 각 개인에게 도덕적이어야 할 이유를, 제공할 수 없다는 것으로 이해한다. 우리는 그의 지적을 통해 도덕적인 것이 개개인의 직접적인 자기 이익의 극대화에 근거할 때, 그것은 자멸적이고 결국 개개인에게 도덕적이어야 할 이유를 제공하지 못한다는 점을 알 수 있다. 파피트는 만약 우리가 자멸적인 도덕이론들을 수정하기를 원한다면 우리는 우리의 목표들 각각이 덜 성취되게끔 하는 행위를 하도록 요구하는 이론으로 그것들을 수정해야 한다고 주장한다. 이런 식으로 수정해야 하는 이유는 결국 그렇게 하는 것이 모두에게 이익이 된다는 것이다. 파피트의 요지는 도덕체계가 개개인의 타산적인 고려에 근거할 때, 그것은 상호 이익에 호소하여 직접적인 자기 이익의 극대화를 제한하는 것이어야만 타산적인 개개인에게 그 도덕체계는 도덕적이어야 하는 이유를 제공할 수 있다는 것이다. 그러나 나는 그러한 수정은 단순한 문제가 아니라고 생각한다. 왜

---

4) 파피트에 의하면 우리의 상식적인 도덕성은 타산적인 고려에 근거하고 그것은 행위 결과주의(act consequentialism)이나 자아 관련적 이타주의(self-referential altruism) 같은 도덕이론으로 표현될 수 있다. 그는 수인의 딜레마(the prisoner's dilemma)에 의해 묘사된 구조에 의해 타산적인 고려에 근거한 상식적인 도덕이론들이 어떻게 자멸적인지를 설명한다. 파피트에 따르면, 상식적인 도덕이론들은 타산적인 고려들에 근거하기 때문에, 우리는 그것들이 우리 자신의 목표들을 가장 잘 성취되게끔 할 때 그것들에 복종하는 것이 합리적이다. 그러나 파피트는 각자가 해야만 하는 것이 다른 사람이 하는 것에 의존하는, 수인의 딜레마의 구조에 의해 묘사될 수 있는 어떤 상황들에서 만약 우리 모두가 합리적이면, 즉 우리 모두가 상식적인 도덕이론에 복종하면, 우리는 수인의 딜레마의 구조가 보여 주는 것처럼 우리의 목표들 각각이 덜 성취되게끔 한다고 지적한다. 그리하여 그는 개개인의 목표를 가장 잘 성취하도록 되어 있는 도덕이론들이 개개인으로 하여금 그들의 목표를 덜 성취하게끔 함으로써 자멸적 특성을 띠게 된다고 주장한다. Derek Parfit, "Is Common Sense Morality Self-Defeating?", *The Journal of Philosophy*, vol.76, no.10(October, 1979), pp.533~545.

냐하면 그것은 우리에게 상호 이익의 호소에 근거하여 직접적인 자기 이익의 극대화를 자제하도록 요구하는 집단적, 상호의존적 전략을 취하도록 요구하는데, 이 상호의존적 전략은 우리 모두가 수정된 이론에 복종하고 어느 누구도 이 전략을 통해 이득을 보려는 이반전략을 취할 수 없을 때 성공할 수 있기 때문이다. 그러나 만일 각 개인이 타산적이라면 집단적·상호의존적인 전략이 이반전략에 의해 침해받지 않을 거라는 확신이 없다. 따라서 개개인의 타산적 고려에 근거한 도덕이론들은 오직 집단적·상호의존적인 전략을 확보할 수 있는 무언가를 가지고 있을 때에만 그것들의 자멸적 요소를 제거할 수 있다.

만약 수단적 합리성이 집단적인 혹은 상호의존적인 차원에서 사용되면, 그리하여 상호 이익의 호소에 근거하여 직접적인 자기 이익의 극대화가 자제된다면, 파피트가 생각하는 바와 같이 합리성의 자멸적 특성은 극복될 수 있을지도 모른다. 그리하여 수단적으로 합리성이 해석되고 이것이 도덕성을 정당화하는 데 사용될 때, 합리성은 집단적인 차원에서 혹은 상호의존적인 차원에서 적용되어야 하는 듯하다. 그러나 여기서 파생되는 문제는 무엇이 합리성을 상호의존적인 차원에서 적용되도록 보장할 수 있는가 하는 점이다. 일부의 사람들이 수단적 합리성에 근거한 도덕체계의 자멸적 특성을 파악하고 합리성을 상호의존적 차원에서 사용하지만, 즉 직접적으로 자기 이익의 극대화를 추구하기보다는 상호 이익이 되는 그리하여 각 개개인에게도 자기 이익의 직접적인 추구보다 더 이익이 되는 행위를 취하기로 결정하지만, 다른 일부의 사람들은 여전히 자신의 이익의 직접적인 극대화를 추구한다고 가정해 보자. 이 경우에 전자의 사람들은 결국 후자의 사람들에게 이용당하고 후자의 사람들만이 자기 이익을 가능한 한 최대한으로 만족시키는 데 성공할 수 있다.

이제 수단적 합리성에 근거하여 도덕성을 정당화하려는 시도가 직면하는 문제점을 정리해 보자. 개개인의 타산적 고려에 근거한 도덕체계는 그것이 개개인의 이익을 만족시키는 데 기여할 때 그 존재의의를 갖고, 그것을 따르는 것이 개개인의 이익을 증진할 최선의 방법일 때 개개인에게 도덕적이어야 하는 이유를 제공할 수 있다. 그러한 도덕체계는 공리극대화의 직접적 추구에 제약을 부여함으로써 그것의 이러한 역할을 하고자 한다. 여기에서 그러한 제약을 부여하는 근거는 그러한 제약이 실제로 구성원들 서로에게 이익이 된다는 점이다. 공리극대화의 직접적 추구의 제약에 대한 공리극대화적 정당화라고 할 수 있다. 그러한 제약이 모두에게 이익이 되고 그리하여 각 개인에게도 이익이 된다는 것이다. 그리하여 그것은 더 큰 상호 이익을 위한 수단으로서 일부의 사람들이 그들 자신에게 진정으로 불이익이 되는 행동을 취할 것을 요구한다. 만약 합리성이 상호의존적인 측면에서 사용되도록 보장될 수 있다면, 그리하여 모든 사람들이 그 도덕체계에 복종한다면, 그들은 그렇지 않을 때보다 더 이득을 볼 것이고 도덕체계에 복종하는 것은 그들의 타산적 고려와 일치한다. 즉 만약 모든 사람들이 도덕적이면, 그들 모두 그들이 직접적으로 타산적일 경우보다 더 잘할 수 있고 도덕적인 것은 합리적인 것이 된다. 그러나 어떤 한 사람이 자신의 이익을 직접적으로 극대화하고자 한다면, 즉 그 도덕체계에 복종하지 않는다면, 그는 복종할 경우보다 더 잘할 수도 있다. 이 경우에 그에게 있어서는 도덕체계에 복종하지 않는 것이 그의 타산적인 고려에 일치한다. 즉 그에게 있어서는 비도덕적인 것이 합리적인 것이 된다. 이것은 수단적 합리성의 상호의존적 측면에의 적용이 보장되지 않는 한, 다시 말해서 도덕체계에 복종하지 않고 직접적으로 자신의 이익을 극대화하고자 하는 것이 불가능하다거나 결국 이득이 되지 못하는 결과를 야기한다는 것이 보장되지 않는 한, 타산적 고려에 근거한 도덕체계가 개개인의 타산적 고려에 대립할 수도 있음을 의미한다. 수단적 합리성에 의해 도덕성을 정당화하고자 하는 사람들은 이러한 보장을 확보해야 할 과제에 직면하고 있다.

합리성으로부터 도덕성을 위한 기초를 찾고자 하는 많은 사람들은 합리성을 수단적으로 해석한다. 다소의 입장 차이는 있지만, 수단적으로 해석된 합리성에 의해 도덕성을 정당화하려고 시도하는 대표적인 사람들로 롤즈(John Rawls), 고띠에(David Gauthier), 하사니(John c. Harsansi) 등을 꼽을 수 있다. 그리고 그들은 수단적 합리성을 공리 혹은 기대되는 공리극대화로 이해한다.5) 합리성을 수단적으로

---

5) 하사니에 따르면 한 개인은 기대되는 평균 공리극대화의 원칙에 따라 도덕 가치판단을 내린다. 롤즈가 원초적 입장에 있는 사람들의 합리성을 묘사할 때, 그는 원칙들 사이에서 선택하는 각 개인은 그의 이익을 증진하기 위해 그가 할 수 있는 최선을 다하고자 한다고 본다. 고띠에 역시 합리적인 사람은 그 자신의 이익의 최대 만족을 추구한다는 것을 의미하는 합리성의 극대화 개념을 옹호한다. 그러나 여기서 나는 롤즈와 고띠에가 기대되는 공리극대화 원칙으로부터 도덕이론이 파생된다고 본다는

해석하고 그것으로부터 도덕성의 근거를 찾으려고 하는 사람들은 앞에서 지적된 문제점을 어떻게 해결하고자 하는가? 그들에 따르면 타산적인 개개인은 어떻게 자신의 이익을 직접적으로 극대화하기보다는 공평성을 가져오기로 되어 있는 도덕체계에 복종하고자 선택하는가? 나는 다음 절들에서 고띠에, 롤즈 그리고 하사니가 도덕성을 합리적으로 정당화하려고 할 때 이 문제를 어떻게 다루고 있는지를 살펴보고자 한다.[6]

3. 고띠에의 제한적인 극대화 경향

고띠에(David Gauthier)는 앞에서 제기된 문제점, 즉 수단적 합리성이 도덕성을 정당화하는 데 사용될 때 발생하는 문제점을 누구보다도 명확하게 인식하고 있다. 그는 「도덕성과 이익」이라는 논문에서 타산적 고려에 근거한 도덕체계의 그러한 문제를 자세히 설명하고 있다.[7] 고띠에에 따르면, 먼저 합리적 존재들의 타산적 고려에 근거한 도덕은 모두에게 이익이 되는 원칙들의 체계이고 그것은 모두에게 이익이 될 뿐만 아니라 각 개인의 관점에서도 이익이 될 때 적용될 수 있다. 그리하여 타산적인 인간으로서 나는 그 도덕체계가 나에게 이익이 될 때 복종할 것이며, 만약 그것이 나에게 이익이 되는 것으로 여겨지지 않으면, 나는 그 도덕체계에 복종할 이유를 가지지 않는다. 그러한 도덕체계는 도덕규칙들에 대한 준수와 위반이 공개적이고 공적일 때 작용한다. 반면에, 준수와 위반이 사적이고 은밀하면, 그 체계는 비록 모두에게 이익이 된다 할지라도 각 개인의 관점에서 볼 때 타산적이지 못하다. 그리하여 고띠에는 준수와 위반이 은밀하고 사적일 때, 그

것을 의미하지 않는다. 왜냐하면 그들 둘에게 있어서 도덕이론들은 각각 최소극대화 원칙과 최대극소화 원칙으로부터 파생되기 때문이다. 내가 말하고자 하는 것은 그들 둘 다 합리적인 존재를 공리극대론자로 본다는 것이다. 그들의 입장은 자신의 공리를 극대화하고자 하는 합리적인 존재들은 최대극소화 원칙과 최소극대화 원칙을 합리적인 것으로서, 즉 그들의 상황에서 공리를 극대화하는 것으로서 선택한다는 것을 뜻한다.

6) 고띠에, 롤즈, 그리고 하사니의 시도들에 대한 이 글에서의 논의는 직접적으로 졸고, 『합리적 선택의 틀 안에서의 도덕성의 정당화』, 제5장에 근거한다. Young-Ran Roh, "A Justification of Morality Within the Rational Choice Framework", A Dissertation, University of Missouri-Columbia, 1997, pp.148~203.

7) David Gauthier, "Morality and Advantage", *Philosophical Review*, 76(1967), pp.460~475.

체계는 왜 우리가 도덕적이어야만 하는지의 물음에 답을 줄 수 있지만 왜 내가 도덕적이어야만 하는지의 물음에는 답을 줄 수 없다고 결론짓는다.[8] 고티에의 요점은 어떤 도덕체계가 상호의존적인 전략과 감시 가능성을 확보해서 모두에게 이익이 될 뿐만 아니라 각자에게도 타산적일 때 그 도덕체계는 개개인에게 도덕적이어야 하는 이유를 제공할 수 있다는 것이다. 이리하여 고티에의 저서 『합의에 의한 도덕』은 타산적 고려에 근거한 도덕체계가 어떻게 상호의존적 전략을 확보할 수 있는지를 보여 주려는 시도이다.

『합의에 의한 도덕』에서 고띠에는 제한된 극대화의 경향(the disposition of constrained maximization)은 공리극대론자들에 의해 합리적으로 선택되며, 그것은 동의된 상호 간의 제한으로서 도덕적 성격을 가진다고 본다. 즉 제한된 극대화의 경향을 선택하는 것은 도덕적으로 선택하는 것을 의미한다. 그리하여 고띠에에게 있어서 합리적으로 도덕성을 정당화하는 것은 공평한 제한으로 생각되는 제한된 극대화의 경향을 선택하는 것이 합리적임을 증명하는 것이다. 고띠에는 제한된 극대화의 경향의 합리성을 증명하기 위해 하나의 가정과 한 가지 조건을 제시한다. 그 가정은 제한된 극대화의 합리성이 각자가 다른 사람들의 경향을 알아차리는지의 여부, 즉 그가 상호 작용하는 사람들이 단순한 극대론자인지 제한된 극대론자인지의 여부와 관계가 있다는 사실로부터 나온다. 고띠에는 사람들은 투명하지도 않고 불투명하지도 않아서 그들의 협력에 대한 경향은 확실하게는 아닐지라도 단순한 어림짐작보다는 더 잘 확인될 수 있을 거라고 가정한다.[9] 이는 사람들이 서로서로를 반투명하다고 간주하는 것이 적당하다는 것을 의미한다. 그러나 만약 사람들이 투명하기보다는 반투명하다면, 제한된 극대화가 단순한 극대화를 이긴다는 것이 늘 사실은 아니다. 이리하여 고띠에는 어떤 조건하에서 반투명한 사람들이 제한된 극대화라는 동의된 공동 전략에 순응하는 것이 합리적임을 증명

하고자 한다. 제한된 극대화의 합리성을 위해 고띠에는 반투명한 사람들은 제한된 극대화에 의해 기대되는 공리가 단순한 극대화에 의해 기대되는 공리보다 클 때, 오직 그때에만 제한된 극대화의 태도를 정하는 것이 합리적이라고 본다. 이것이 바로 제한된 극대화의 합리성을 위해 고띠에가 제시하는 필요조건이다. 내가 고띠에를 이해하는 한, 그는 우리가 처해 있는 상황들은 이 필요조건을 만족시키므로 제한된 극대화로 태도를 정하는 것이 우리에게 합리적이라고 생각하는 듯하다.

사람들을 반투명하다고 보는 고띠에의 가정은 상호의존적 전략과 감시 가능성을 확보하기 위한 조치이다. 그는 만약 사람들이 반투명하다면 준수와 위반은 공개적이고 공적이어서 상호의존적 전략이 가능하다고 본다. 제한된 극대화의 경향이라는 그의 개념은 그러한 상호의존적 전략을 의미한다. 그러나 나는 고띠에의 반투명성 가정에는 그의 주장을 부적절하게 만드는 적어도 두 가지의 문제점이 있다고 본다. 첫째 문제점은 사람들에 대한 그의 또 다른 가정, 즉 합리적인 사람들은 공리극대론자라는 가정과 반투명성 가정 간의 관계로부터 야기된다. 비록 고띠에가 합리성의 개념이 실천적인 이유들이 이기적일 것을 요구하지는 않는다고 생각하기는 해도 그는 이익의 합리적인 만족은 그것이 누구의 이익인지에 의존하지 않는다는 합리성의 보편주의적 개념을 거절한다. 그는 단지 합리성의 공리극대화 개념만을 승인하며 실천적 합리성에 대한 그의 접근은 매우 개인주의적이다. 그의 기본적인 입장은 합리적인 개인은 그가 상호 작용하는 사람들의 이익에 관심을 가지지 않는다는 것이다.[10) 이제 고띠에의 합리성 개념에 근거하여 우리는 합리적인 사람은 다른 사람들의 이익에 관심을 가지지 않으면서 그가 할 수 있는 한 최대한으로 그의 이익을 만족시키고자 한다고 말할 수 있다. 그렇다면 합리적인 사람은 그 자신에게 이익이 될 때마다 제한된 극대론자로 그 자신을 위장하고 실제로는 비협력적으로 행동하고자 시도할 것이다. 그러한 행위는 그의 공

---

10) 왜 고띠에는 합리성에 대한 공리극대화 개념을 채택하는가? 먼저, 그는 도덕성은 우리의 개별적 이익들의 만족에 대한 우리의 일상적 관심으로부터 유래해야 하며 공리극대화의 개념은 그러한 생각과 일치하는 합리성의 개념이라고 믿는다. 그리고 그는 도덕성은 비도덕적 전제들로부터 파생되어야만 한다고 생각하고 공리극대화 개념을 이익의 합리적 만족은 그것이 누구의 이익인지에 달려 있지 않다고 보편주의적 개념보다 약하고 널리 수락된 개념이라고 간주한다. 또한 그는 『도덕적 취급』에서 합리성의 개념 역시 우리의 선택의 대상이며 극대화 개념은 합리적으로 선택된다고 주장함으로써 합리성의 극대화 개념을 옹호하고자 한다. David Gauthier, *Moral Dealing*(Ithaca and Lon-don: Cornell University Press, 1990). 특히 10장 "이성과 극대화"를 참조할 수 있다.

리극대화 개념으로부터 보면 합리적이다. 또한 그가 다른 사람들과 상호 작용할 때 다른 사람들에 대해 그가 알고 있는 것은 그들이 합리적이라는 것, 즉 그들이 가능한 한 많이 그들의 이익을 만족시키고자 노력한다는 것이다. 그는 다른 사람들이 그들에게 이익이 될 때마다 그를 속이려고 할 것이라는 것을 안다. 이리하여 합리적인 사람들이 공리극대론자라는 가정은 그들이 이익이 되고 가능할 때마다 다른 사람들을 속이고자 할 것이라는 의미를 가진다. 이제 다른 사람들을 이용함으로써 기대되는 공리가 서로 협력함으로써 기대되는 공리보다 클 때, 합리적인 사람들, 즉 공리극대론자들은 그들이 상호 작용하는 사람들 역시 협력적으로 행동할 것이라는 점을 확신하지 않는 한 협력적인 상호작용을 선택하지 않고 협력적으로 행동하지 않을 것이다. 그러한 확신은 우리가 다른 사람들의 경향을 직접적으로 알아차릴 것을 요구하며 이것은 오직 투명성 가정하에서만 가능하다. 즉 합리성의 공리극대화 개념하에서는 제한된 극대화를 요구하는 협력은 투명성 가정에 의해 확보될 수 있는 예기되는 협력자들의 신뢰로만 가능하다. 반면에, 만약 사람들이 공리극대론자들이고 그들이 투명하지 않다면―이것이 고띠에의 가정인데―그들은 이익이 되고 가능해 보일 때마다 다른 사람들을 속이려고 할 것이다. 속임이 불가능하지는 않기 때문에 그들은 그들 자신을 위장하는 데 최선을 다할 것이다. 공리극대론자이지만 투명하지 않은 사람들은 그들의 경향을 속여서 그 경향들이 다른 사람들에 의해 간파될 수 없게 하려고 노력할 것이다. 그리하여 사람들이 공리극대론자일 경우 협력에 대한 그들의 경향은 그들이 공리극대론자가 아닐 경우보다 덜 확실하게 확인될 것이다. 왜냐하면 그들은 간파되지 않기 위해 모든 노력을 다할 것이기 때문이다. 이것은 공리극대론자들이 다른 타입의 사람보다 덜 투명할 것임을 의미한다. 요컨대, 공리극대론자들은 제한된 극대화를 합리적이게 할 만큼 충분히 투명하지 않다. 그리하여 고띠에의 합리성에 대한 공리극대화 개념은 그의 반투명성 가정을 부적절하게 만든다.

고띠에의 반투명성 가정에는 또 다른 문제가 있다. 고띠에는 사람들은 반투명하고 제한된 극대론자들의 인구는 견고하다고 주장한다. 그러나 사람들이 다른 사람들의 경향들을 올바르게 인식하는지의 여부는 널리 각각의 선택상황에 의해

결정되기 때문에 반투명성의 정도는 그 선택상황에 의존한다. 고띠에가 제시하는 제한된 극대화의 합리성을 위한 필요조건에서 보는 바와 같이 제한된 극대화를 택할지 단순한 극대화를 택할지를 결정하는 것은 예상되는 공리극대화의 원칙에 근거하여 해결되어야 하는 합리적 선택의 문제이다. 공리극대화의 합리성에 일치하여 결정을 내리는 과정은 자동적인 과정이 아니다. 확률과 예상되는 공리의 계산은 사람들이 반투명한지의 여부에 의해 영향을 받고, 사람들의 반투명성의 정도는 부분적으로는 결정을 내리는 자가 처해 있는 개별상황에 의해, 또 그가 그 선택문제를 얼마나 심각하게 여기는지 등등에 의해 결정된다. 일괄적으로 사람들이 반투명하다 혹은 투명하다고 말하기는 어려운 듯하다. 요컨대, 반투명성 가정의 이러한 두 문제점은 사람들이 반투명해서 그들의 경향들은 상당히 정확하게 확인될 수 있다는 고띠에의 주장을 부적절하게 만든다.

우리가 살펴본 바와 같이 반투명성 가정은 행위를 선택하는 자로서의 우리의 모습을 적절히 묘사한 것으로 보기 어렵다. 이것은 고띠에의 제한된 극대화 경향의 합리성을 위한 필요조건을 충족시킬 수 없는 상황들이 있을 수 있다는 것을 의미한다. 왜냐하면 이 필연적인 조건은 사회에서 대부분의 사람들이 제한된 극대론자들이고 그들이 동료들의 경향에 대한 충분한 인식을 가질 때 충족될 수 있기 때문이다. 적은 비율의 제한된 극대론자를 가진 사회에서는 사람들이 다른 사람들의 경향을 간파할 비상하게 효과적인 능력을 가지지 않는 한 협력보다는 간파되지 않은 단순한 극대론자들에 의한 착취가 더 많을 것이다. 고띠에 그 자신은 그가 제한된 극대화의 합리성이 인구에 있어서 제한된 극대론자들의 비율에 의존한다고 말할 때 그의 필요조건의 이러한 의존성을 매우 잘 인식하고 있다.[11] 고띠에는 제한된 극대화의 경향이 유전적으로 적합해서 제한된 극대론자들이 진화론적으로 세상에서 살아남는다고 믿는다. 그에게 있어서 합리적인 사람은 공리극대론자임을 상기해 보자. 만일 협력적인 전략이 인구에서 견고해지면, 이반전략에 의해 침해될 수 있을 것이다. 단순한 극대화에 근거한 개별적인 전략은 제한된 극대화에 근거한 협력적 전략과의 상호작용에서 여전히 이득이 될 수도 있기 때문

---

11) David Gauthier, *Morals by Agreement*, p.188.

에, 제한된 극대화가 인구에서 유지될 정도로 진화론적으로 견고하다고 말하기는 어렵다. 또한 실제 세계 그 자체는 고띠에의 기대가 지나치게 낙관적임을 증명한다. 이 세상에는 단순한 극대론자들이 너무 많이 있거나 있는 듯하다. 이리하여 우리가 처해 있는 많은 상황들은 고띠에의 필요조건을 충족시키지 못한다는 것이 드러났다. 그 필요조건을 충족시키지 않는, 그래서 제한된 극대화로 태도를 정하는 것이 합리적이지 않은 많은 상황들이 있다. 만일 개개인이 타산적이어서 그 자신의 이익의 극대화를 추구한다면, 즉 만일 개개인이 공리극대론자이면, 제한된 극대화는 안정된 전략일 수 없다. 고띠에는 그의 필요조건이 충족되지 않는 그러한 상황에서 제한된 극대화로 태도를 정하고 협력하는 것이 합리적이라고 정당화할 방법을 가지고 있지 못하다. 요컨대, 협력은 공리극대화의 관점에서 보면 경우에 따라서 비합리적인 상호작용의 방식일 수도 있기 때문에 고띠에는 제한된 극대화의 경향의 합리성을 증명하는 데 성공한다고 보기 어렵다.

고띠에는 사람들의 행동경향이 반투명하다고 가정하고 도덕체계가 개개인의 타산적 계산에 일치한다는 것을 증명하고자 하지만 그 반투명성 가정의 부적절성은 수단적 합리성을 상호의존적 차원에서 적용하는 것을 보장하지 못하고 그의 증명을 실패로 이끈다. 고띠에의 프로젝트의 실패는 도덕성이 타산적인 고려에 근거하는 한 개개인은 도덕체계가 그의 타산적 계산에 반할 때마다 개별적인 전략을 택하고 복종하지 않을 이유를 가질 수 있다는 점을 보여 준다. 그러한 경우에 도덕체계는 개개인의 타산적 고려에 의해서만 정당화될 수 있기 때문에 타산적인 개개인으로 하여금 그것에 복종하게 만들 수 없다. 결국 고띠에의 프로젝트는 수단적 합리성에 근거하여 도덕성을 정당화하려고 할 때 직면하는 문제점을 해결하지 못한다. 나는 합리성에 대한 수단주의적 개념에 근거한 어떤 프로젝트도 똑같은 종류의 실패에 직면한다고 생각한다. 만일 합리성이 공리를 극대화하는 것으로 이해되고 도덕성이 상호 이익이 될 때마다 개개인을 위해 타산적인 것을 압도하는 규직체계라면, 그 합리성의 극대화 개념하에서는 상호의존적 전략을 확보할 수 없고 따라서 개개인이 도덕적이어야 할 이유를 가지지 않는 상황들이 있을 것이다. 나는 이를 뒷받침하기 위해 다음 절들에서 또 다른 두 프로젝트들을 고찰할 것이다.

4. 롤즈의 원초적 입장에서의 정의원칙의 선택

앞에서 언급된 바와 같이, 만일 합리성이 공리를 극대화하는 것으로 이해되고 도덕성이 상호 이익이 될 때마다 각 개인을 위해 타산적인 것을 압도하는 규칙체계라면, 각 개인이 도덕적이지 않을 이유를 가지는 것이 가능할 것이다. 상호의존적인 전략을 확보하지 않는 한 각 개인이 그러한 도덕체계에 의해 요구되는 불이익을 수락하는 것은 합리적이지 않을 것이다. 그러한 도덕체계를 정당화하려는 시도는 각 개인이 그러한 불이익을 수락하는 것이 합리적이라는 것을 보여 주어야만 한다. 우리가 앞 절에서 본 바와 같이, 고띠에는 사람들이 반투명해서 협력할지의 여부에 대한 그들의 경향이 다른 사람들에 의해 상당히 정확하게 확인될 수 있다면 그 문제는 해결될 수 있다고 생각한다. 내가 이해하는 한 롤즈(John Rawls)는 만약 정의의 원칙들이 개개인들에게 의존적인 정보가 배제된 상태에서 선택된다면 그 문제는 해결될 수 있다고 믿는다. 그는 개개인에게 의존적인 정보들이 배제된 상태에서의 선택은 그들 자신의 이익을 직접적으로 극대화하고자 하는 개별적 전략을 불가능하게 할 것이라고 생각한다. 롤즈의 원초적 입장(the original position)은 정의의 원칙을 선택하기 위한 그러한 가설적 상태를 의미한다. 롤즈는 원초적 입장에서 타산적인 개개인들은 자유롭고 평등하기 때문에 그들의 결정은, 비록 기본적으로 타산적이라 할지라도 도덕적 관점에서 수락될 수 있다고 믿는다.

롤즈가 수단적 합리성이 도덕성을 정당화하고자 할 때 직면하는 문제점을 피하기 위해 불가피하게 요구되는 상호의존적 전략이 가능하다고 믿는 원초적 입장은 무엇인가? 그것은 타산적 고려에 근거한 도덕체계의 문제를 해결하는 데 성공하는가? 정의의 원칙들이 선택되는 가설적 상황으로서의 원초적 입장을 서술하는 전제들로 세 가지의 중요한 개념이 있다. 이는 '무지의 베일하에서', '선에 대한 이론' 그리고 '합리성의 개념'이다. 롤즈의 원초적 입장을 이해하기 위해서 이 세 개념을 차례로 살펴보자. 롤즈에게 있어서 사람들은 선에 대한 그들 자신의 개념들과 자신의 삶의 계획들을 가지고 있다. 한편, 롤즈는 그들이 공통적으로 자신의 선을 실현하기 위해 몇몇 기본적인 사회적 선들을 중요시한다고 생각한다. 무지의 베일은 선에 대한 사람들의 다양한 개념들이 정의의 원칙을 위한 그들의 선택에 영향을 미치는 것을 방지하기 위한 것이다. 그것은 원초적 입장에 있는 사람들로부터 사회적 지위나 타고난 자질과 같은 개개인에게 부수적인 정보들을 배제하도록 되어 있다. 그러나 그것은 사람들로부터 기본적인 사회적 선들을 위한 욕구를 배제하지는 않는다. 원초적 입장에 있는 사람들이 선에 대한 그들의 개념들이 배제됨에도 불구하고 정의의 원칙들을 선택하고자 하는 것은 바로 이 기본적인 사회적 선들을 위한 욕구 때문이다. 이 욕구는 사람들이 정의의 원칙을 선택하고자 하는 동기로 작용한다. 그것은 정의의 원칙들을 위한 진정한, 보편적인 욕구이다. 롤즈의 선에 대한 이론은 원초적 입장에서 사람들은 정의의 원칙들을 선택하기 위한 동기로서 기본적인 사회적 선들을 향한 욕구를 가진다는 것을 의미한다. 원초적 입장을 묘사하는 또 다른 개념인 합리성과 관련하여, 롤즈가 원초적 입장에서 사람들이 합리적이라고 말할 때, 그는 다음과 같은 세 가지를 의미한다. 첫째, 원칙들 사이에서 선택할 때 사람들은 그들 자신의 이익을 가능한 한 많이 증진하고자 한다. 둘째, 그들은 서로 간에 무관심하다. 그리고 셋째, 그들은 그들이 준수할 수 없음을 아는 동의는 만들지 않는다는 점에서 합리적이다. 롤즈는 이러한 합리성의 개념은 무지의 베일과 선에 대한 이론 같은 조건들과 함께 작용하면서 도덕성에 기초를 제공한다고 주장한다.

도덕이론의 중요 부분으로서의 정의의 원칙[12]을 원초적 입장을 통해 수립하려는 롤즈의 시도를 샌델(Michael J. Sandel)은 정의의 상황에 대한 흄(Hume)적인 설명을 빌리면서 의무론적인, 즉 칸트적인 의미에서의 정의의 수위를 증명하려는 노력으로 묘사한다.[13] 샌달은 정의의 원칙을 계발할 때 롤즈가 가진 열망들을 잘 지적하고 있다고 하겠다. 즉 한편으로 롤즈는 그들 자신의 이익을 만족시키고자

---

12) 정의의 원칙과 도덕이론 사이의 관계와 관련하여 『사회성의론』에서의 롤즈의 입장과 그의 후기 저서에서이 입장은 다수 차이를 보인다. 『사회정의론』에서 롤즈는 공정으로서의 정의가 사회의 기본구조에 적용되기는 하지만 정치적인 개념일 뿐만 아니라 도덕 개념이라고 본다. 그러나 나중에 『정치적 자유주의』의 한 장인 "권리의 수위와 선의 개념"에서 그는 정치적 개념과 포괄적인 도덕 개념을 구별하고 그의 공정으로서의 정의는 그것이 사회의 기본구주에 적용된다는 점에서 포괄적인 도덕 개념이 아니라 정치적인 개념이라고 설명한다. 롤즈는 이러한 그의 입장에 있어서의 변화를 다음에서 밝히고 있다. John Rawls, "The Priority of Right and Ideas of the Good", in *Political Liberalism*(New York: Columbia University Press, 1993), pp.176~177. 특히 각주 3에서 그는 이러한 견해를 밝히고 있다. 그러나 우리의 논의는 다분히 『사회정의론』에서의 그의 입장, 즉 공정으로서의 정의를 도덕 개념으로 보는 입장을 중심으로 하고 있다.

13) 샌달의 주장을 위해서는 다음을 참조할 수 있다. Michael J. Sandel, *Liberalism and the Limits of Justice*(Cambridge: Cambridge University Press, 1982).

하는 사람들의 상황으로부터 정의의 원칙이 발생해야 한다고 믿지만, 그 원칙은 존재하는 욕구들에 의존해서는 안 된다고 생각한다. 다른 한편으로 그는 정의의 원칙들은 정언명법들이지만, 칸트식의 정언명법이 지닌 선험적인 것의 임의성과 모호성을 피해야 한다고 믿는다. 롤즈는 이러한 두 열망이 그의 원초적 입장에 의해 달성될 수 있기를 기대한다. 정의의 원칙을 계발할 때, 롤즈는 선에 대한 사람들의 다양한 개념들을 존중하고자 하는 경우, 욕구의 의존성은 존중되어야 할 또 다른 부분, 즉 공평성의 요구를 만족시키는 데 방해가 됨을 파악한다. 그리하여 그는 무지의 베일 덕분에 경험적 조건들이 배제되는 원초적 입장이라고 불리는 가설적 상황을 도입한다. 롤즈는 이 원초적 입장은 욕구의 의존성을 제거할 뿐만 아니라 사람들을 자유롭고 평등한 합리적 존재로 만듦으로써 그들이 선택한 정의의 원칙들을 정언명법으로 만든다고 믿는다.[14] 요컨대, 롤즈의 두 열망은 사람들의 개별적인 욕구들을 존중하면서 한편으로 수위에 있는 정의의 원칙을 창설하려는 그의 의도를 반영한다. 롤즈가 비록 원초적 입장에서 어떤 판단이 합리적 타산의 판단이라 할지라도 그 판단은 도덕적 관점으로부터 선택될 수 있을 거라고 생각하는 이유는, 무지의 베일하에서 그들은 단지 기본적인 사회적 선들을 위한 욕구만을 가지고 정의의 원칙을 선택하게 되고 그리하여 그 원칙은 정언명법에 해당한다는 것이다. 이제 문제는 합리적 타산의 판단으로서의 정의의 원칙이 원초적 입장에서의 선택이기 때문에 도덕적으로 수락할 만하고 적절한지의 여부이다. 과연 원초적 입장은 타산적 판단을 도덕적 판단으로 바꾸는 데 성공하는가? 많은 사람들은 그의 원초적 입장이 존재하는 욕구의 부수성을 피하고 정의의 수위를 확보하는 데 성공한다고 생각하지 않는다. 롤즈의 선에 대한 이론에 따르면, 원초적 입장에서 사람들은 기본적인 사회적 선들을 위한 욕구만을 가지며 이 욕구는 진정한, 보편적 욕구로서 사람들이 정의의 원칙들을 선택하도록 이끈다. 그러나

---

14) 롤즈에 따르면, 원초적 입장의 묘사는 도덕원칙들이 목적의 왕국을 위한 입법으로 생각될 수 있다는 칸트의 생각을 해석하려는 시도이며 원초적 입장에서 동의된 정의의 원칙들은 칸트적 의미에서 정언명법이다. 더욱이 롤즈는 원초적 입장의 절차적 개념은 칸트이론의 결함을 보충한다고 주장한다. 롤즈에 따르면, 원초적 입장에서 사람들은 자유롭고 평등한 합리적 존재이기 때문에, 그것은 칸트의 실체적 자아가 세상을 보는 관점으로 여겨질 수 있다는 것이다. 이리하여 롤즈는 칸트의 이론과 비교했을 때 그의 이론은 두 가지 점, 즉 자유롭고 평등한 합리적 존재들이 어떤 종류의 정의의 원칙들을 선택할지와 그들이 선택하는 그 원칙들이 실제에 응용될 만하다는 점을 보여 준다고 말한다. 롤즈는 이러한 주장을 다음에서 밝히고 있다. John Rawls, *A Theory of Justice*(Cambridge: The Belknap Press of Harvard University Press, 1971), pp.251~157.

나는 기본적인 사회적 선들을 위한 욕구에 의해 동기 지어진 사람들이 다양한 선의 개념들 사이에서 중립적인 동의에 도달할 것이라고 생각하지 않는다. 만약 그렇다면 동의로부터 결과하는 정의의 원칙들은 관련된 사람들 모두에게 공평하지 않을 것이다. 즉 일부 사람들은 그 원칙들이 공정하지 않기 때문에 그것들을 수락하는 것이 합리적이지 않다고 생각하고 정의의 원칙들을 수락하고자 하지 않을 것이다.

원초적 입장이 다양한 선의 개념들을 공평하게 존중하지 못한다는 점을 이해하기 위해 기본적인 사회적 선의 하나로서 롤즈가 제시하는 부를 위한 욕구를 고려해 보자. 롤즈는 원초적 입장에서 사람들이 부를 욕구한다는 가정은 그들이 부유하기를 욕구한다는 것을 의미하지는 않는다고 주장한다.15) 그는 시샘의 부재와 상호 무관심의 가정들은 각자가 부의 분배에서 그들이 차지하는 상대적인 위치에 관하여 무관심하게 만든다고 말하면서 수입과 부를 위한 욕구와 부유하고자 하는 욕구를 구별한다. 즉 롤즈에 따르면 부유해지는 것은 상대적으로 정의되는 것으로서, 기본적인 선이 아니며 원초적 입장에 있는 사람들은 단지 기본적인 선들에 대한 그들의 절대적인 몫에만 관심을 갖는다. 그러나 나는 수입과 부를 위한 욕구와 부유하고자 하는 욕구 사이의 롤즈의 구분이 적절하다고 생각하지 않는다. 사실, 물질적인 만족의 추구는 절대적이기보다는 상대적인 듯하다. 상대적 박탈의 개념은 이 점을 매우 잘 보여 준다. 수입과 부를 위한 어떤 사람의 욕구는 수입과 부의 분배에 있어서의 그의 상대적인 위치에 의해 영향을 받을 수 있다는 점에서, 수입과 부를 위한 욕구와(상대적 의미를 내포한) 부유하고자 하는 욕구는 서로서로 관련되어 있다. 그렇다면 롤즈의 주장과는 달리 부유하고자 하는 욕구는 원초적 입장에서 배제되지 않는 듯하다.

이 예는 롤즈가 보편적이고 진정한 것으로 간주하는 기본적 선들을 위한 기정된 욕구가 선에 대한 일부의 개념들을 편애할 여지를 가지며 그리하여 원초적 입장은 사람들을 공정하게 다루는 데 실패함을 보여 준다. 일부의 사람들은 부유하

---

15) 부를 위한 욕구에 대한 롤즈의 주장은 기본적인 사회적 선들이 임의적으로 일부의 선 개념들을 선호하기 때문에 원초적 입장은 사람들을 공정하게 다루는 데 실패한다는 반박에 대답하고자 시도하는 그의 글 「선에 대한 공정」으로부터 찾아볼 수 있다. John Rawls, "Fairness to Goodness", *Philosophical Review*, vol.84, 1975, pp.536~554.

고자 하는 욕구를 가지지만 다른 사람들은 가지지 않기 때문이다. 만일 기본적인 선을 위한 욕구가 선의 일부 개념을 편애한다면, 원초적 입장은 의존적인 정보들을 배제하고 욕구의 부수성을 피하는 데 성공하지 못한다. 그렇다면 원초적 입장에서의 합리적인 타산에 의한 판단은 공정성을 야기하는 데 실패한다. 즉 원초적 입장에서의 합리적 타산의 판단은 관련된 사람들 모두로부터 수락될 수는 없을 것이며 일부 사람들은 여전히 동의를 만들기보다는 그들 자신의 타산적인 고려를 따르고자 할 것이다. 일부의 사람들은 상호의존적인 전략을 택하기보다는 개별적인 전략에 의존하는 것이 합리적이라고 판단할 것이다. 롤즈의 원초적 입장은 상호의존적 전략을 보장하지 못하며 그리하여 합리적 타산에 의한 판단을 도덕판단으로 바꾸지 못한다는 점에서 타산적 고려에 근거한 도덕체계의 문제를 해결하지 못한다. 여전히 그것은 개별적 전략의 여지를 가지며, 상호의존적 전략에 근거하여 도덕적이어야 한다고 개개인 모두에게 요구할 수는 없다.

5. 하사니의 동등확률모델

롤즈처럼 하사니(John C. Harsnayi)는 타산적 고려에 근거한 도덕체계의 문제점을 도덕 가치판단이 만들어지는 하나의 가설적 상황을 설정함으로써 해결하고자 한다. 하사니는 우리가 이용 가능한 사회적 지위들 중의 어느 하나를 차지할 동등한 확률을 가질 것이라는 가정하에서 가치판단을 내린다면, 우리는 도덕적으로 부적절한 이기적인 고려들에 의존하지 않는 판단을 내릴 수 있다고 주장한다.[16] 그는 이러한 선택방식을 가치판단의 동등확률모델(the equiprobability model)이라고 부른다. 하사니는 어떤 가능한 사회적 지위를 차지할 동등한 확률을 가정하는 그의 동등확률모델과 모든 관련된 개개인을 자유롭고 평등하게 만들고자 하는 롤즈의 원초적 입장은 질적으로 거의 동일한 가정들에 근거한다고 말한다. 특히, 하사

---

16) 하사니가 그의 가치판단의 동등확률모델을 어떻게 묘사하는지를 보기 위해 다음을 참조할 수 있다. John C. Harsanyi, "Morality and the Theory of Rational Behavior" in *Utilitarianism and Beyond*, Amartya Sen & Bernard Williams, eds.(Cambridge: Cambridge University Press, 1982), p.45.

니는 개개인에게 부수적인 정보들을 배제하고자 하는 롤즈의 무지의 베일의 가정
과 그의 동등확률의 가정이 가치판단에서 동일한 역할을 하도록 의도되었다고 보
는 듯하다.[17]

　하사니의 동등확률모델은 타산적인 개개인이 직접적으로 자신의 이익을 극대
화하기보다는 공평성을 가져올 도덕원칙에 복종하는 것이 합리적이라는 것을 보
여 주는가? 그 모델은 합리적 타산의 판단이 도덕판단으로 수락될 수 있다는 것
을 보여 주는 데 성공하는가? 사실 하사니는 도덕 가치판단이란 공평한 선호의
표현이고 그 판단은 개개인에게 부수적인 정보가 제거된 가설적 상황에서 가능하
다고 생각한다. 그러나 그는 가설적 상황에서 개개인이 어떻게 공평한 선호를 가
지게 되는지, 개개인이 어떻게 합리적으로 그러한 선호를 가질 것을 선택하는지
에 대한 설명을 하지 않는다. 그는 단지 도덕판단을 내리기를 원하는 사람은 개인
적인 선호를 무시하는 데 최선을 다해야 한다고 말한다. 즉 하사니의 동등확률모
델은 그들 자신의 개인적인 선호를 무시하기를 원하는 사람들의 합리적 선택을
인도하는 모델이다. 따라서 그 모델은 도덕적 존재이기를 원하는 사람들만의 합
리적 선택을 지배할 수 있다. 만약 어떤 사람이 도덕적으로 행동하기를 원치 않고
그래서 그 자신에게 공평한 태도를 강요하지 않는다면, 하사니의 모델은 그 사람
에게 의미가 없다. 하사니는 도덕적이기를 원하지 않는 사람에게 동등확률모델에
따라 판단을 내려야만 한다고 말할 수 없다.

　도덕성을 정당화할 때 중요한 점은 '왜 사람들이 도덕적이어야만 하는가?'의
물음에 대답하는 것이다. 도덕성을 합리적으로 정당화할 때 이러한 도덕적 당위
의 물음은 '도덕적인 것이 어떻게 해서 합리적인 것인가?'의 물음을 의미한다. 내
가 이해하는 한 하사니가 이 물음에 대해 말하는 모든 것은 도덕적이기를 원하는
사람은 공평한 선호를 가져야만 한다는 것이다. 그러나 많은 사람들은 도덕적이
기를 원하지 않는 듯하다. 왜냐하면 도덕적인 것은 그들에게 그들 자신의 선호를
포기하고 그들 자신의 것을 포함한 모든 개개인의 이익들에 똑같은 비중을 할당

---

17) 그러나 그들은 사람들이 그러한 가설적 상황에서 어떤 원칙을 선택할 것인지에 관하여 다른 결론을 내리고 있다. 롤즈는 사
　　람들은 최소극대화 규칙에 근거한 차별원칙(the difference principle)을 포함하는 정의의 두 원칙을 선택할 것이라고 주장한
　　다. 반면에 하사니는 사람들이 평균 기대 공리극대화 원칙(the principle of average expected utility maximization)을 선택할
　　것이라 주장한다.

하는 선호를 채택할 것을 요구하기 때문이다. 만일 도덕적인 것이 하사니가 생각하는 것처럼 개개인의 원함의 문제라면, 도덕적 의무는 그들이 어떻게 도덕적이기를 선택하고 도덕적이기를 원하게 되는지를 보여 줄 때 비로소 의미가 있을 것이다. 나는 하사니가 이 점을 보여 준다고 생각하지 않는다.[18] 합리적으로 도덕성을 정당화하려는 많은 프로젝트들은 어떻게 개개인이 도덕적이기를 원하게 되는지, 어떻게 개개인이 도덕적이기를 선택하는지를 보여 주고자 한다. 그러나 하사니는 도덕성의 정당화와 관련하여 증명되어야 할 이 부분들을 '도덕판단을 내리기를 원하는 사람들은 개인적 선호를 무시하고 공평한 선호를 가져야 한다'고 미리 당연한 전제로서 가정하고 출발한다. 롤즈나 고띠에와는 대조적으로, 하사니는 어떻게 각 개인이 그 자신의 개인적인 선호를 포기하고 공평한 선호를 채택하는지의 설명을 제공하지 않는다. 이 설명 없이 그의 동등확률모델은 타산적 고려에 근거한 도덕체계의 문제에 답을 제공할 수 없다.

6. 결 론

수단적 합리성에 의해 도덕성을 정당화하려는 대표적인 시도들, 즉 고띠에, 롤즈, 하사니의 시도들을 살펴볼 때, 우리는 그들의 시도 모두가 수단적 합리성이 도덕성을 정당화하고자 할 때 발생하는 문제점을 해결하지 못한다는 것을 알 수 있다. 그들 모두 개개인이 도덕판단을 내려야 하는 상황은 개개인으로 하여금 그들의 이익을 직접적으로 추구하지 않는 것이 타산적으로 정의되는 그들의 합리성

---

18) 앞에서 살펴본 바와 같이 롤즈와 고띠에에게 있어서 이 문제는 그들의 정당화 시도의 주요 부분이다. 먼저 롤즈는 원초적 입장에 있는 사람들은 사회적 기본선을 위한 보편적인 욕구를 가지기 때문에 공평한 선호를 가진다고 생각한다. 즉 (1) 원초적 입장에서 사람들의 선택은 그들 개개인에게 부수적인 정보들이 배제되기 때문에 그들의 개인적인 선호들에 의해 영향을 받지 않는다. (2) 그러나 그들은 그들이 존중함으로써 그들 자신의 개인적인 선들을 실현할 수 있는 사회적 기본선을 위한 보편적인 욕구를 가진다. (3) 따라서 개개인들은 이 보편적인 요구에 의해 공평한 정의의 원칙들을 선택하도록 동기 지어진다. 그리고 고띠에는 도덕적으로 선택하는 것이 합리적인 어떤 상황들이 있다고 생각한다. 즉 (a) 사람들은 그들 자신의 이익을 극대화하고자 하며, 따라서 그들은 협력이 그들의 상황에 대한 합리적 반응임을 발견한다. (b) 이 협력은 공평한 방식으로 각각의 협력자 자신의 공리의 직접적인 추구에 제한을 부과함으로써 모든 협력하게 될 사람들에 의해 동의될 수 있게끔 하는 상호작용의 방식이다. (c) 사람들은 협력에 대한 그들의 경향이 다른 사람들에 의해 상당히 정확하게 확인될 만큼 반투명하기 때문에 어떤 상황에서 제한된 극대화를 선택하는 것이, 바꿔 말해서 협력에 의해 요구되는 제한을 선택하는 것이 합리적이라고 생각한다. 하사니가 빠뜨리고 있는 것은 이런 종류의 주장이다.

개념에 적합하다고 판단하게 한다고 믿는다. 그리하여 그들의 판단이 기본적으로 타산적이라 할지라도 도덕판단으로 여겨질 수 있게 된다는 것이다. 그러나 우리가 살펴본 바와 같이 그들은 타산적인 판단을 필연적으로 도덕판단으로 만드는 상황을 제시하는 데 성공하지 못하고, 결국 타산적인 개개인으로 하여금 때때로 그들의 이익의 극대화를 직접적으로 추구하는 것이, 다시 말해서 비도덕적으로 행동하는 것이 합리적이라고 판단하게 할 여지를 배제하지 못한다. 나는 이러한 시도들의 검토가 수단적 합리성은 도덕성의 기초를 제공하기에 부적절하며, 합리성을 수단적으로 해석하는 한 어떤 시도도 그러한 여지를 배제할 수 없다는 결론을 뒷받침하기를 희망한다. 수단적 합리성은 도덕성의 요구와 불일치하고 이 불일치가 야기하는 문제는 어떤 보완적인 조치가 마련된다 해도 해결되기 어렵다. 왜냐하면 문제는 그 수단적인 속성 그 자체에 있기 때문이다.

본 장의 논의는 적어도 수단적 합리성에 근거하여 도덕성을 정당화하려는 시도들이 실패하고 만다는 것을 보여 준다. 즉 적어도 수단적 합리성은 도덕성의 기초를 제공하기에는 부적절하다는 것이 수단적 합리성과 도덕성의 관계에서 밝혀지는 결론이다. 시작에서 밝힌 바와 같이, 본 장은 이성의 유일한 역할이 수단적이라고 생각하는 사람들의 견해가 옳은지 그른지에 초점이 맞춰졌다기보다는 그러한 견해가 도덕성을 정당화하는 데 적합한지의 여부가 관심의 대상이었다. 본 장의 결론은 합리성 그 자체와 도덕성의 관계에도 적용되는가? 이 물음은 '합리성을 어떻게 해석해야 할 것인가?'라는 또 다른 매우 중요한 문제와 깊이 관련되어 있다. 합리성을 어떻게 해석해야 하는지의 문제에 있어서 초점은 수단성이 합리성의 전부인지 아니면 합리성에는 수단적 역할뿐만 아니라 비수단적 역할도 있는지의 여부이다.[19] 따라서 우리에게는 합리성과 도덕성 간의 관계와 관련하여

---

19) 이 물음에 대답하기 위해서는 먼저 왜 많은 사람들이 마치 수단적인 역할이 합리성을 설명하는 진정한 개념이며 그것이 합리성의 전부인 것처럼 여겨 왔는지, 합리성을 비수단적으로 해석하고자 할 때 직면하는 문제는 무엇인지 등을 살펴보아야 할 것이다. 햄톤(Jean Hampton)의 글 「수단적인 합리성에 대하여」는 사람들이 수단적인 합리성을 선호하는 이유가 무엇인지를 잘 설명하고 있다. 햄톤에 따르면, 첫째, 합리성을 수단적으로 이해하면 단지 자연주의적(naturalistic) 토대만을 가정하고서도 하나의 규범이론을 계발할 수 있다는 점에서 수단 합리성이 선호된다. 즉 수단적인 합리성에 근거한 규범들은 신념이나 욕구 같은 자연적 현상(natural phenomena)으로 환원될 수 있지만, 이성의 비수단적 역할은 과학적으로 수락할 만한 방법으로 설명될 수 없을 것이라는 것이다. 둘째로 만약 합리성이 비수단적으로 해석될 경우 그것은 개개인이 행위의 동기로서 인식할 수 있는 것을 벗어나기 때문에 도덕적 행위의 동기를 설명할 수 없다는 것이다. Jean Hampton, "On Instrumental rationality", *Reason, Ethics, and Society: Themes from Kurt Baier, with His Responses*, J. B. Schneewind, ed.(Chicago & LaSalle, Illinois: Open Court, 1996), pp.85~116. 이러한 수단적 합리성을 선호하는 두 가지 이유에 관해서는 특히 90~92쪽을 참조

다음의 세 가지 선택이 남아 있는 듯하다. 첫째, 이성의 유일한 역할은 그것의 수단성에 있고, 본 장에서 살펴본 바와 같이 수단적 합리성은 그것의 수단적 속성 그 자체로 인해 도덕성을 정당화할 수 없기 때문에 결국 합리성은 도덕성을 정당화할 수 없다. 둘째, 비록 이성의 비수단적인 역할을 증명하기는 어렵지만, 이 사실은 수단성이 이성의 전부임을 의미하지는 않으며, 따라서 수단적 합리성이 도덕성의 기초를 제공하지 못한다 해도 이성의 비수단적 특성은 도덕성을 정당화할 수 있다. 그리고 셋째, 도덕성 그 자체는 합리성-그것이 어떤 식으로 이해되든지 간에-에 의해 정당화될 수 있는 성질의 것이 아니다. 나는 이 문제는 본 장을 통해 결론이 내려질 수 있는 문제라기보다는 또 다른 독립된 연구를 필요로 하는 중요한 문제라고 생각한다. 그리하여 본 장의 결론은 합리성 그 자체라기보다는 수단적 합리성과 도덕성의 정당화 간의 관계에 제한된다.

할 수 있다. 햄톤의 글의 목적은 이러한 두 이점들, 합리성의 수단적인 해석이 자연주의자들에게 수락될 수 있다는 점과 그 해석만이 동기적인 측면에서 그럴듯하다는 점을 반박하는 데 있다. 또한 수단적 합리성의 이점을 반박하는 입장으로서 우리는 코르스가드의 잘 알려진 논문 「실천이성에 대한 회의주의」를 참조할 수 있다. 이 글에서 코르스가드는 동기적인 고려에 근거하여 실천이성에 대한 회의주의를 주장하는 것이 왜 적절하지 못한지를 지적하고 있다. Christine M. Korsgaard, "Skepticism about Practical Reason", *The Journal of Philosophy*, vol.LXXXIII, no.1. Jan., 1986, pp.5~25.

제2부

한국 사회와 현대윤리학의 과제

제5장 한국의 근대화 과정과 윤리의식의 변천

진교훈

1. 서 론

현대사회는 인간성과 윤리의식을 상실한 시대라고 개탄하는 사람들이 많다. 현대사회에서는 인간의 고귀한 가치나 존엄성은 무시되고 금전만능의 풍조가 만연되어 있고, 엄청난 양의 마약·알코올이 소비되고 있으며, 온갖 종류의 범죄 등 비윤리적 만행이 늘어가고 있기 때문이다.

근대화 이전에는 전통적인 윤리의식이 인간행위의 준거가 되었으며, 도덕적 규범은 수시로 변하는 것이 아니었다. 역사적으로 보면 고려시대는 因果應報와 자비의 윤리가, 조선시대에는 三綱五倫을 기초로 한 유교의 윤리가 모든 행위의 중심원리였고, 중세 서양에서는 그리스트교의 윤리의식이 삶의 중심원리였다. 이러한 현상은 대체로 사회가 큰 변동 없이 존속되었고, 대부분의 사회구성원이 기존의 윤리의식에 크게 저항감을 느끼지 잃았기 때문이었다.

그러나 근대화 과정에서는 상황이 크게 달라졌다. 사회구조가 급속히 변화하고 있으나, 전통적인 윤리의식은 사회에 제대로 대응하지 못하고 있다. 전통의식 속에는 때로는 지양되고 개선해야 할 내용도 부분적으로 들어 있다. 그러나 전통은 대체로 오랜 기간 동안 많은 사람들의 지혜가 축적되고 많은 수정과 보완을 거쳐 이루어진 사회질서의 근간이다. 그래서 인간은 문화적 존재이며 역사적 존재라고 말할 수 있다.

현대인들은 傳統意識과 단절되어 있다. 전통과의 단절은 倫理意識에 큰 혼란을 가져다주고 있다. 많은 현대인들은 가치혼란의 상황 속에 놓여 있다. 그래서 사람들은 무규범 상태에서 즉흥적으로 행동하기도 한다.

우리는 지금 과학·기술이 고도로 발달한 시대에 살고 있다. 과학과 기술은 지난 2세기 동안 눈부신 발전을 거듭하여 인간에게 많은 혜택을 가져다주었다. 그러나 과학·기술이 윤리적인 반성을 배격하면서부터 인류에게 엄청난 재난과 특히 인간의 윤리의식에 큰 타격을 가했다. 기술 그 자체는 자기반성과 절제를 모른다. 그래서 기술의 발전은 지구의 중요한 자원을 급속하게 소모시키며 마침내는 자연파괴와 가공할 公害를 초래케 했으며, 인구집중, 즉 도시화와 공업화를 초래했다. 산업의 고도성장은 대량생산체제를 이룩하였다.

대량생산체제는 인간에게 많은 이로운 면을 가져다주기도 하지만 동시에 여러 가지 부정적인 측면, 많은 해로운 부작용을 초래했다. 가령 공업화는 신속화·기계화·자동화·물량화·규격화·대중화 등을 요구한다. 대량 생산체제의 관료제와 기술지배는 마침내 인간소외를 가져왔고 아노미현상을 초래했다.

오늘날 많은 사람들은 호기심이나 말초신경을 자극하는 천박한 잡지·만화 등을 읽거나, 또 텔레비전과 비디오 등을 보는 데 많은 시간을 허비한다. 그 결과 현대인들은 정신적 공허감에 빠져 버린다. 올바른 가치판단력을 잃은 현대인들은 쉽게 각종 대중매체의 선전에 매혹되고, 황금의 노예로 전락한다. 현대사회는 날이 갈수록 알코올중독자, 마약중독자, 성범죄자가 猖獗한다.

오늘날 사람들은 인간과 동물을 구별하지 않으려고 한다. 유물론적 자연주의는 인간의 생물학적인 측면과 기계적인 측면만을 문제 삼고 마침내 인간을 事物化해 버렸다. 유물론자들은 인간의 고귀한 독자적인 정신세계를 인정하려고 하지 않는다. 인간의 정신적 산물인 윤리적 세계는 유물론자에게서는 부인된다. 인간은 존엄성과 권위를 잃게 되고, 인간의 행위의 기준이며 중심인 도덕을 잃게 되었다.

그러나 인간은 물질로만 구성된 기계가 아닐뿐더러 단순히 짐승에 불과한 것도 아니다. 정상적인 인간은 측은해할 줄 알며, 부끄러워할 줄 알고, 사양할 줄 알며, 옳고 그른 것을 가릴 줄 알며, 사랑할 줄을 아는 불변하는 인간성을 가진 존재자이다. 인간은 不偏不黨한 생각을 할 수 있고, 良心省察을 할 수 있는 존재자이다. 시대와 장소에 따라 인간의 삶의 방식은 다양하게 나타날 수 있으나 인간성 자체가 근본적으로 바뀔 수 있는 것은 아니다. 인간은 본성적으로 윤리적 존재이다.[1]

상실된 인간성과 윤리성을 회복하는 길은 짐승처럼 본능적인 욕구에만 매여 있지 아니하고 인류공존의 책임과 의무를 통해서 인류의 미래가 열려 있다는 확신을 가지고, 보편타당한 행위규범의 형성을 위한 이상과 꿈을 가지고 굳세게 살아갈 때 비로소 가능한 것이다. 현존하는 과학·기술의 부작용에 대한 끊임없는 반성과 비판을 통하여, 또 올바른 대화와 참된 價値敎育을 통한 부단한 계몽을 통하여 우리가 인류의 공존공영과 정의로운 사회 건설을 위한 노력을 줄기차게 할 때, 우리는 현대의 기술문명의 몰락을 재건할 수 있으며, 인류의 미래에 희망을 가질 수 있다.

사실 우리가 인간을 精神的 存在라고 말할 때, '정신'이라는 말은 자기 억제와 금욕에서부터 나오는 것이다. 그러므로 인간의 정신생활은 금욕과 불가분의 관계에 놓여 있다. 그래서 우리는 왜 수도자들이 그들의 삶에서 청빈과 정결을 그토록 중요시하는가를 미루어 짐작할 수 있다. 마치 修道生活이 바로 금욕생활을 연상하게 되는 이유가 이러한 것에 연유한다고 말할 수 있다.

인간은 원래 동물과는 달리 일정한 자연환경에 알맞도록 모든 육체적 기관들이 전문적으로 완성되어 있지 않은 상태에서 태어났다. 그래서 인간은 오랫동안 많은 사람들의 지혜가 축적된 문화적 전통을 간직하고 사회 안에서 다른 인간들과의 만남과 자기반성을 통해서 자기를 완성해 간다. 인간은 그의 삶의 조건으로서의 문화를 끊임없이 새롭게 창조해 감으로써 스스로를 항상 새롭게 창조해 가는 존재이다.[2] 셸러는 이와 관련해서 다음과 같이 말했다.

---

1) 拙稿, 「科學技術의 發展과 倫理」, 『정신문화연구』, 통권 133호, 한국정신문화연구원, 1987, pp.63~74 참조.

2) 拙稿, 『哲學的 人間學 研究(Ⅰ)』, 經文社, 1982, pp.191~193.

"인간은 동물처럼 종의 성질을 가지고 확고부동하게 되어 있는 존재가 아니
다. 자기형성을 하면서 점차적으로 확대되어 가고 있는 세계와의 관계에서 존재
하는 개방된 존재이다."[3]

인간은 자기 자신을 창조하는 과제를 본래부터 가지고 있는 존재이다. 그래서
인간은 자연과 문화를 통합한 그의 삶의 주제로서 자기를 완성할 책임이 있고, 생
활환경으로서의 건전한 문화를 창조할 책임을 가지고 있다. 인간은 항상 자기가
이미 만들어 놓은 제도나 기술 등의 도전을 받는다. 그러나 인간이 그의 삶에 있
어서 주체로 있는 한 인간은 그러한 도전을 극복할 수 있다.

오늘날 지구의 종말을 고하는 듯한 위기는 인간의 제어를 벗어난 과학·기술
의 무모한 발전의 결과이다. 이제 과학은 탈가치적인 것일 수 없다. 과학·기술은
자연보전과 인류의 공존공영을 위해서만 사용되어야 하고, 인간의 통제를 받아야
한다. 과학과 기술은 원래 인간의 행복한 삶을 위해서 인간에 의하여 만들어진 것
이므로 인간의 삶을 방해하는 과학·기술은 폐기되어야 한다.

이제 우리는 지금까지 등한히 해 왔던 전통적 윤리의식에 대하여 진지하게 숙
고하지 않으면 안 된다. 어떤 시대, 어떤 장소에서도 인간의 존엄성과 人格價値는
절대적 가치이다. 이 절대적 인격가치는 사랑의 작용에 의해 파악되며, 敬畏心이
이에 수반된다. 이 인격가치에 도덕가치가 그 기반을 둔다. 이 인격가치가 작용하
여 도덕적 질서 속에서 근원적으로 선과 악을 규정한다.

倫理學은 삶과 세계에서 무엇이 가치 있는 것인가를 가르치는 것이며, 또 가치
의식을 인간에게 깨우쳐 주는 것이다. 참된 가치를 수행하는 사람들이 드물더라
도 가치는 엄연히 있는 것이다.

서양문화는 지금 生命을 상실한 죽은 문화로 非人間化되어 가고 있다. 서양의
철학은 인간과 자연을 분리시키고, 인식하는 주체와 인식되는 대상을 분리시키고
있는 이른바 정신분열증적인 二分法的 思考에 젖어 있다. 우리는 이제 몰락하고 있
는 서구문명에 연연하거나 쫓아다니지 말아야 한다. 우리는 인간과 자연과의 조
화를 꾀하고 知·情·義가 하나가 될 수 있는 사고를 할 수 있어야 한다. 그러기

---

3) Max Scheler, *Die Stellung des Menschen in Kosmos*, München, 1947, S. 65.

위해서 우리는 이제 근대화 과정에서 부당하게 소홀히 취급되어 온 동양의 전통적 윤리의식을 이 시대의 징표에 따라 재해석하는 일과 동서양의 윤리사상의 圓融을 도모하는 일을 현대와 미래의 윤리학의 과제로 삼아야 할 것이다.

2. 한국의 근대화 과정

(1) 근대화의 의미

근대화란 무엇을 의미하는가? 辭典的인 정의에 의하면 대체로 "近代化는 前近代的인 상태를 벗어난 근대적인 상태로 또는 後進的인 상태에서 先進的인 상태로 되게 하는 것"이라고 되어 있다. 그러면 前近代的이라는 말은 무엇을 의미하는가라고 반문하면, 그것은 근대적이 되지 못하거나 근대 이전을 의미한다고 되어 있다. 이러한 표현은 同語反覆的 표현일 뿐 아무런 내용도 담고 있지 못하다. 어떤 사람들은 前近代的 社會, 예컨대 古代社會나 中世社會에서는 人間性과 合理性이 존중되지 않았다고 주장한다. 그들은 전근대적인 사회에서는 고정된 신분제도나 노예제도 등에 의한 인간의 차별화를 그러한 주장의 근거로 제시한다. 그러나 소위 근대화 이후, 즉 현대의 산업사회에 들어와서도 인간성이 제대로 존중받고 있는가를 되묻는다면 근대화 과정에서 인간은 누구나 존중받으며 살고 있다고 누가 장담할 수 있겠는가?

근대화란 역사학자들의 시대적 분류에 의한 것인가? 아니면 전근대와는 내용적으로 차이가 있는 것을 의미하는 것인가? 근대화가 시대적 분류에 의한 것이라고 한다면 그 시점은 어떻게 정당화될 수 있겠는가?

1967년에 실시된 어떤 설문조사에 의하면 한국의 지식인들이 근대화에 대한 개념에 대해서 다음과 같이 답변한 것으로 되어 있다. "근대화라는 개념에는 다음과 같은 내용들이 포함된다고 합니다. 다음 여러 항목 중 한국의 실정으로 보아 어느 것이 가장 중요하다고 생각하십니까?"라는 설문에 대해서 대학교수 761명과 언론인 754명이 응답한 것을 보면 다음과 같다.[4]

〈표 5-1〉

응답란	응답률(%)		
	교수	언론인	전체
공업화 내지 산업화	29.57	28.91	29.24
국민생활수준의 향상	22.60	23.21	22.91
정치제도의 민주화	7.10	4.77	5.94
민주적 자주성의 확립	8.02	6.90	7.46
중간계층의 성장 확대	11.30	17.90	14.59
국민교육수준의 향상	6.44	5.17	5.81
생활의 합리화와 과학화	13.01	12.20	12.61
기타	1.71	0.40	1.06

여기서 우리는 한국의 지성인들이 근대화를 대체로 경제성장과 관련시켜 생각하고 있다는 점에 대해 주목하지 않을 수 없다. 예컨대, 국민생활수준의 향상, 중간계층의 성장 및 확대, 생활의 합리화 및 과학화는 바로 경제성장과 불가분의 관계가 있을 뿐만 아니라 또한 工業化(또는 産業化, Industrisierung)의 결과라고 볼 수도 있을 것이다. 그러므로 시대적인 구분은 논자에 따라 다소 차이가 있겠으나 근대화는 내용적으로 보면 바로 공업화라고 말해도 지나치지 않을 것이다.

한국 사회에서의 근대화의 시점은 대체로 甲午更張(1884)으로 보는 것이 한국 史學者들의 일반적인 견해이다.[5] 갑오경장은 우리나라가 쇄국에서 벗어나 開港, 즉 西歐文物의 자유로운 도입과 공업화를 촉진하는 계기가 되었다. 그러나 한국에서의 근대화가 서구화에 의한 공업화를 의미한다고 볼 수 있기 때문에 서구화는 전통적인 윤리의식에 심대한 타격을 가했고, 한국인의 윤리의식에 갈등을 심어 주었음에 우리는 유념하지 않을 수 없다.

(2) 근대화 과정의 문제점

근대화는 공업화를 통하여 지난 2세기 동안 인간에게 많은 혜택을 가져다주었다. 공업화의 원동력인 과학기술은 그동안 전례 없는 長足의 발전을 거듭하여 인

---

4) 洪承稷, 「經濟發展과 社會意識」, 『한국의 정치발전과 경제발전』, 세미나 시리즈 Vol.3, No.1, 아세아정책연구원, 1977, pp.23~46 참조.

5) 千寬宇, 「甲午更張과 近代化」, 『思想界』, 1954, 12월호; 李基白, 『國史新論』, 대성사, 1961, pp.308~316.

간에게 많은 혜택을 가져다주었다. 공중위생, 질병퇴치, 과학적 영농과 목축술의 발전으로 말미암은 식량증산, 정보통신 및 교통의 편리 등은 과학기술의 발전이 우리에게 가져다준 것이다. 그뿐만 아니라 국민의 생활수준과 교육수준을 향상시켰으며 정치제도의 민주화와 시민의 자주권을 진작시켰으며 생활의 합리화와 과학화에도 크게 기여했다고 긍정적으로 볼 수도 있을 것이다.

그러나 과학기술이 脫價値的이 되면서부터 근대화 과정은 인류에게 예기치 못했던 엄청난 재난도 가져다주었다. 특히, 우리의 근대화 과정은 전통적인 윤리의식에도 심대한 영향을 미치었다. 우리는 근대화 과정의 문제점을 편의상 공업화 과정의 문제점, 대량생산체제의 역기능과 대중문화의 비윤리성, 현대인의 도피의식과 전통의식의 상실로 나누어 살펴보기로 하자.

① 공업화 과정의 문제점

역사적으로 볼 때 18세기 중엽을 전후하여 서구에서부터 공업화 과정이 급속도로 진척되었다. 그때부터 공업화의 물결은 전 세계에 파급되고 오늘날에는 약간의 정도 차이가 있을 뿐, 공업화는 모든 나라에서 이루어지고 있다. 대체로 공업화, 즉 산업화를 근대화라고 보며, 동양에서는 서구화를 근대화라고 본다.

공업화란 인간이 경제적인 생산활동을 증대시키기 위하여 無生物的 動力源을 광범위하게 활용하는 기술과정에 이르는 것을 가리킨다. 이 공업화에는 상품의 대량생산을 도모하기 위하여 기술지배(technocracy)와 이를 뒷받침해 주는 官僚的 組織原理(bureaucracy)가 뒤따르게 마련이다. 문제는 이 기술지배와 관료제도가 脫價値的이라는 것이다.

서양에서는 이미 고대 희랍철학시대의 소위 소피스트들에 의해 철학(윤리학)과 과학은 구분되기 시작하고 철학과 과학 사이에는 분담이 생기게 되었다. 철학은 예지적 원리를 다루고, 과학은 구체적인 사실을 다루게 되었다. 이러한 경향은 中世에서 소강상태를 이루다가 近世에 들어와서 소위 근대화가 되면서 철학과 과학의 연결은 끊어지게 되었다. 오늘날 많은 과학자들은 철학이란 과학과 무관한 것이며, 필요 없는 비과학적인 것이며, 과학은 모름지기 탈가치적이어야 한다고까

지 주장한다.[6]

　원래 과학은 기술에서 얻은 유산을 지닌 채 철학과 함께 발전하기 시작한 것이지만, 과학은 철학과 밀착되어 있는 동안에는 이론에 치중하고 기술과는 거의 상호작용 없이 평행선을 긋고 발전해 왔다. 그러나 18세기에 들어와서 산업혁명을 계기로 과학과 기술의 관계는 밀착되고, 과학과 철학은 완전히 결별하는 것처럼 보이게 되었다.

　과학과 기술은 윤리학과 단절되면서부터 인류에게 엄청난 재난과 고통도 가져다주었다. 과학기술은 이제는 우리로 하여금 핵무기의 재앙에 대한 두려움에 떨게 하고 생태학적 위기를 초래하여 인간의 삶의 터전인 자연을 송두리째 파괴하고 있다. 도대체 근대화의 첨병인 기술은 자기반성과 절제할 줄을 모른다.[7]

　그러나 우리가 여기서 분명히 해 두어야 할 것은 과거나 현재는 물론 미래에서도 기술과 관료조직을 가볍게 보거나 무시할 수 없다는 것이다. 우리가 근대화 과정에서 공업화 과정의 문제점을 다루면서 기술문명의 부작용을 논할 때에도 공연히 기술이라든가 관료조직사회라는 말 그 자체에 저항의식을 갖는다면 그것은 크게 잘못하는 것이 된다. 기술, 제도, 조직은 인간이 필요해서 고안해 낸 것이다. 기술은 인간의 자기보존을 위한 작업과정을 거쳐서 자연의 힘을 존중하고 지시하는 활동이다. 그리고 많은 사람들이 한곳에 모여 사는 都市化는 工業化에 잇따라 생겨날 수밖에 없으며 또한 사회적 기능의 합리적 管理와 調整을 위하여 관료적 조직과 제도가 생겨날 수밖에 없게 되었다.

　그러나 오늘날 기술과 제도는 인간을 위해서 인간의 손에 의해서 직접 다루어지지 않으며, 기계적으로 되어 가고 있다. 인간이 기술이나 제도를 다스리고 부리는 것이 아니라 기술과 제도가 인간을 부리고, 인간이 그것들의 도구로 전락되고 그것들을 섬기게 되어 버렸다. 과학기술의 무모한 발전은 우리 인간에게 엄청난 부작용을 가져다주었다. 문제는 기술과 제도가 인간의 善한 목적을 위해서만 사용되고 있지 않다는 점이다. 기술과 제도가 인간을 제멋대로 지배할 때 기술지배

---

6) L. W. H. Hull, *History and Philosophy of Science*, London: Longmans, 1959 참조.

7) John Passmore, *Man's Responsibility for Nature*, London: Duckworth, 1980, pp.3~27 참조.

와 관료제도가 유령처럼 등장한다. 이렇게 되면 인간은 그의 본질인 정신활동을 상실하게 되며 인간도 물체처럼 利用性과 效率性이라는 관점에서 計量的으로 취급된다. 그러므로 이런 상황에서는 건전한 윤리의식이 성숙할 수 없게 된다.

현대사회에서 과학과 기술은 인간의 운명을 좌우하는 지배적 요인이 되고 있다. 이제 과학과 기술은 어떤 사상이나 종교보다도 막강한 힘을 가지고 군림하고 있다. 사람들은 아직도 과학과 기술이 모든 사람들을 위해서 물질의 풍요와 건강과 행복을 보장해 줄 수 있는 것으로 기대를 걸고 있다. 그러나 현대의 과학과 기술의 발달은 인류의 역사에서 그 유래를 볼 수 없는 엄청난 재난을 그 자체 내에 가지고 있다. 이제 우리는 과학과 기술의 문제점을 몇 가지로 나누어서 살펴보자.

첫째로, 기술의 발전은 지구의 중요한 자원을 급격하게 소모시키고 있다. 식량과 연료 등 중요한 자원의 고갈은 기하급수적으로 팽창하는 인구과잉 문제와 더불어 심각한 위기의식을 던져 주고 있다. 콘라트 로렌cm(Konrad Lorenz)가 쓴『인류의 여덟 가지 대죄악』8)이나 미도우즈(D. H. Meadows), 랜더즈(J. Randers) 등 미래학자들이 공동으로 집필한『成長의 限界』9) 및『로마 보고서』와 같은 책을 읽어 보면, 인류의 장래는 그렇게도 절망적이고 어두울 수가 없다.

둘째로, 기술의 발전은 都市化와 工業化로 말미암아 자연환경을 파괴하고 오염시키며 마침내는 생태학적 위기(ecological crisis)를 초래하도록 만들었다.

자연은 원래 모든 생물이 공존하도록 되어 있다. 자연은 일종의 動的 平衡狀態를 이루고 있다. 그래서 자연은 부분적으로는 일시적으로 균형이 깨지지만 자연 자체의 조절에 의해 원상으로 회복되며 전체적으로는 평형 상태가 유지되어 왔다. 따라서 자연의 균형, 즉 평형상태는 생물이 생존하기 위한 기본조건이다. 그런데 이 균형이 기술의 무분별한 발전으로 말미암아 파괴되어 가고 있다. 이렇게 인간의 기술에 의한 환경파괴가 빚은 것이 이른바 생태학적 위기이다.

19세기 후반부터 인류가 사용해 온 석탄, 석유 등의 화석연료가 내뿜는 연기는 계속해서 大氣를 오염시켜 왔다. 산림이 줄어들고 수풀이 줄어들면서 산소는 급

---

8) Konard Lorenz, *Das Sogenannte Böse, Zur Naturgeschite der Aggression*, Wien, 1963.

9) D. H. Meadows; Meàdows, D. L; Brehrens, W. W., *The Limits to Growth*, London, Pan, 1972.

격히 줄어들고 있으며, 반면에 공장이나 자동차 등에서 내뿜는 배기가스와 인체에 해로운 기체들은 정화되지 못하고 계속 축적되고 있다. 이제는 곳곳에서 인간을 포함해서 생물들은 숨 쉬고 살아가기가 어렵게 되고 있다.

도시의 하수와 공장폐수, 살충제와 화학비료는 하천과 바다를 오염시키고 있다. 이제는 하천과 바다에서 많은 종류의 생물들이 멸절되어 가고 있으며 많은 지역에서 음료수가 부족하고 있다.

카슨(Rachel Carson)은 그녀의 유명한 책인 『침묵의 봄』(Silent Spring)[10]에서 살충제인 DDT가 먹이의 연쇄작용을 통해서 종달새를 어떻게 사라지게 하고 있는가를 무시무시하게 서술하고 있다.

살충제, 플라스틱, 비닐, 온갖 종류의 폐기물, 핵연료의 찌꺼기 등은 지구를 온통 쓰레기통으로 만들고 토양을 극도로 오염시키고 있다. 이제 물, 땅, 공기의 오염은 원상회복이 거의 불가능할 정도에 이르고 있다. 생태계의 순환 및 자연 균형의 파괴는 지구를 황폐화시키고 있다. 이와 같은 지구의 황폐화와 생태학적 위기는 지금 살고 있는 인류뿐만 아니라 미래에 가서도 살아야 할 인류에게 크나큰 위협이며 심각한 문제이다.

셋째로, 기술의 발전은 놀랍고도 무시무시한 무기를 생산하고 있다. 핵무기 개발(중성자탄, 유도탄 등), 화학무기 개발, 레이저 광선을 이용한 무기 등 끊임없는 전쟁의 위협과 이에 대비하기 위한 가공할 군비경쟁은 한계가 없는 것 같다. 온 인류는 지금 언제 일어날지 예측할 수 없는 핵전쟁의 망령에 시달리면서 불안 속에 전전긍긍하고 있다.

② 대량산업체제의 역기능과 대중문화의 비윤리성

모든 것을 능률적으로 처리하기 위해서는 기술이 요청되고, 공업화·기술화가 이루어지려면 신속화·기계화·자동화·분업화·물량화·규격화·대중화 등이 요구된다. 산업의 고도성장은 도시화(인구폭발)와 대량생산체제(mass productivity systems)를 이룩하게 된다.

---

10) Rachel Carson, *Silent Spring*, Boston: Houghton Mifflin, 1962.

대량생산체제는 처음엔 인간에게 많은 긍정적인 측면과 많은 이로운 면을 가져다주었다. 그러나 그것은 동시에 여러 가지 부정적인 측면, 많은 해로운 부작용과 역기능을 인간에게 가져다주었다. 이제 우리는 그러한 부작용들이 인간의 가치판단, 즉 윤리의식에 어떤 영향을 미치는가를 간단히 살펴보도록 하자.

迅速化는 인간으로 하여금 인간의 본질이라고 할 수 있는 자기반성이나 자기비판을 할 시간적 여유를 갖지 못하게 한다. 사람들은 바쁜 나머지 마음의 여유를 갖지 못하게 되고, 자기들의 이웃 사람들에 대하여, 심지어는 자기 자신의 장래에 대하여 深思熟考를 하지 않게 되고, 짐승들처럼 그때그때 충동에 따라 무책임하게 행동하기 쉽다. 인간은 모든 일을 신속하게 처리해야 한다는 생각을 하기 때문에 지나친 긴장감 속에 살게 된다. 이것은 결과적으로 정신질환을 유발하는 원인이 되기도 하며 올바른 가치판단을 할 수 없게 만든다.

機械化는 인간으로부터 자유를 박탈할 수 있는 구실을 만들어 주며, 마침내 인간으로 하여금 기계에 복종하도록 만든다. 그런가 하면 인간도 하나의 기계의 부속품처럼 되어 버리고, 언젠가는 '나'도 낡은 기계의 부속품처럼 버림받게 되는 것이 아닌가 하는 의구심과 불안감을 갖게 만든다. 기계적이라는 말이 종합적인 가치판단을 포기함을 의미하는 것처럼 기계화는 몰가치적이다.

自動化는 인간을 한갓 도구로 만들어 버리며 無思慮한 자로 만든다. 그래서 인간은 자기 일에 책임을 지지 않으며, 그의 본질인 비판능력을 잃게 된다. 따라서 인간은 자기반성과 자기억제를 하지 않게 되며, 짐승보다도 못한 被造物로 전락하며, 종내에는 비합리적인 激情에 쉽게 빠져들며, 폭력을 휘두르게도 되고, 억압되고 감추어져 있는 여러 충동들이 제멋대로 기승을 부리게 되기도 한다. 이를 두고 미첼리히(Alexander Mitscherlich)는 "인간과 동물의 차이는, 동물은 자동화되어 있으나 인간은 그렇지 않다는 점"11)이라고 했다. 자동화는 인간의 고유한 자유의지를 부인하게 되며 따라서 올바른 가치판단을 하지 못하게 만든다.

物量化(또는 計量化)는 모든 사물을 사용가치로서가 아니라 순전히 교환가치로 가늠하는 의식을 인간에게 심어 준다. 그 결과 인간도 수시로 필요에 따라 물건처

---

11) A. Mitscherlich, *Die Unfähigkeit zu trauern Grundlagen Kollektiven Verhaltens*, München, 1968, S. 86ff.

럼 대치할 수 있다는 생각을 갖게 만들며, 인간을 아주 非情하게 만든다. 마침내 인간은 존엄성을 잃게 되고, 自己正體(self-identity)를 잃어버리고 만다. 그 결과 인간은 우왕좌왕하다가 급기야는 불안과 우울 속에서 허덕이는 정신병자가 되기 쉽고, 올바른 윤리의식을 가질 수 없게 된다. 이른바 아노미현상이 생긴다.

規格化(또는 鑄物化)는 무생물적인 원자재를 어떤 특정한 모형에 넣고 찍어 내거나 만들어 내는 것처럼, 인간도 필요에 따라 어떤 틀 속에 박아 놓고 찍어 내거나 만들어 낼 수 있다는 생각을 가지게 해 주었다. 그 결과 인간도 상품이나 도구에 불과하다는 인간 輕視風潮를 가져왔다. 특히, 관료적인 조직사회에서는 그 부작용이 두드러지게 나타난다. 여기에 武斷政治가 가세하면 인간의 규격화는 더욱 기승을 부리고 조장된다. 따라서 규격화는 자유로운 가치판단을 방해한다.

大衆化는 인간증폭을 가져온 도시화에 부수적으로 생기는 현상이다. 상품의 대중화는 급기야 개인의 創意性이나 獨自性을 무시하게 만들며, 인간을 의존적으로 만들며, 무비판적으로 살게 만든다. 따라서 대중화는 인간으로 하여금 유행에 민감하게 만들며, 되도록 남들처럼 살려고 하게 만든다. 그 결과 인간은 無思慮한 자가 되고, 종래에는 자기의 위치와 분수를 잃게 된다. 그래서 대중은 他人志向型으로 되고, '거리의 사람들'(浮浪者)처럼 무책임한 인간이 되고 만다.

오늘날 세계에서 일어나고 있는 집단폭력은 대중사회의 대중화에 기인한다. 대중사회란 대중이 주도하고 지배하는 사회이다. 이 대중성의 본질로 육체적 감성은 반이성적이며 육체적 욕구를 최대한 충족시키려고 한다. 그래서 저급한 대중문화가 생겨난다. 따라서 이 대중문화는 대중이 요구하는 자본주의적 시장원리와 상품에 가장 잘 부합한다. 그 결과 상품은 감성적 육체의 대중에게 神으로 추앙되고 拜金사상이 대중문화를 지배하게 된다. 따라서 대중문화는 철저하게 物神崇拜的인 唯物論의 지배를 받고 이성적인 전통문화를 배격하고 비윤리적이 되고 만다. 이 대중문화의 狂氣야말로 지금 진행되고 있는 현대문화의 몰락을 재촉하고 있다.

③ 전통윤리의식의 단절과 윤리학적 회의주의의 팽배

사람들은 오늘날 인간과 동물을 구별하지 않으려고 한다. 이러한 사고방식은 다윈(C. Darwin, 1809~82)과 헤켈(Ernst Haeckel, 1834~1919)의 進化論과 더불어 스키너(B. F. Skinner, 1904~85)와 왓슨(J. D. Watson, 1924~) 등이 말하는 행동과학(behaviorism)과 심리학이 이론적 뒷받침을 해 주고 있다.

프랑스의 계몽주의자인 라메뜨리(Lamettrie, 1709~51)가 『人間機械』(L'homme machine, 1748)라는 책을 공표한 후, 프로이트(S. Freud, 1856~1939) 등의 唯物論的 自然主義는 오늘날에도 기세가 수그러들지 않고 있다. 과학기술의 발달은 이와 같이 인간과 동물을 구별하지 않는 사고방식에 큰 영향을 미쳤다.

이른바 자연주의자(Naturalist)들은 인간의 생물학적인 측면과 기계적인 물리·화학적 측면만을 문제 삼고 마침내 인간을 事物化(Verdinglichung)해 버렸다. 그래서 그들은 인간의 고귀한 정신세계를 인정하려고 하지 않는다. 따라서 인간의 정신적 산물인 도덕세계는 자연주의자들이나 유물론자들에게서는 否認되며, 인간의 본질이라고 할 수 있는 자기반성과 자기억제도 부인된다. 그 결과 인간도 弱肉强食하는 野獸가 되어 버리고 "萬人은 萬人의 敵"이라든가 "인간은 인간에게 이리"라는 말까지 생기게 되었다. 오늘날 人口調節이라는 美名 아래 영아살인이 도처에서 공공연하게 자행되고 있다. '대리 임신'이니 '시험관 아기', '體外受精'이라는 말도 바로 과학기술의 산물이다. 따라서 인간은 그의 존엄성과 권위를 잃게 되었고, 인간의 행위의 기준이며 중심인 도덕을 잃게 되었다. 결론적으로 사회학적 진화론이나 자연주의는 윤리학적 회의주의를 가져온 중요한 원인이 된다.

과학기술의 급격한 발달은 인간의 사회생활에도 극심한 영향을 미쳐 사회는 급변하게 되었다. 그래서 이제까지 사회공동생활의 중심이며 근간이던 전통은 무너지게 되었고 삶의 방식도 급변하게 되었다.

우리는 거의 모든 나라에서 전통의 단절현상을 볼 수 있다. 전통의 단절은 인간의 사회생활의 기준이 되는 윤리의식에 큰 혼란을 가져다주었다. 사람들은 오늘날 행위의 규범이나 가치의 기준을 모르고 있으며, 수치라든가 측은해하는 마음이라든가 예절과 같은, 사람으로서 지녀야 할 도덕감에 점차로 둔감해 가고 있다. 그래서 사람들은 어떻게 사는 것이 사람답게 보람 있는 삶을 사는 것인지를 묻지 않으며, 짐승처럼 즉흥적으로 행동한다.

전통의식이란 때로는 지양되어야 할 내용도 있으나, 대체로 오랜 기간 동안 인간의 지혜가 축적되고 切磋琢磨되어 이루어진 인간에게만 있는 소중한 것이다. 전통은 사회질서의 根幹이므로 전통의 단절은 인간의 사회생활에는 치명적인 것이다. 인간의 문화생활이란 전통에 의거하는 것이다. 그래서 인간이 문화적 존재이며 역사적 존재라는 말은, 달리 말하면 인간은 전통적 존재라는 것을 의미한다. 인간이 학습존재라는 말도 이러한 의미에서 보면 전통을 배우는 존재라고 말할 수 있다. 인간은 문화를 창조한다. 이 창조된 문화가 전통을 이루고, 인간은 교육을 통해서 이 전통을 배우고 성숙한다. 그렇기 때문에 전통의 단절이란 인간에게는 치명적인 것이다.

도덕은 일조일석에 갑자기 어떤 사람에 의하여 만들어지는 것이 아니라, 많은 사람들의 지혜의 결실이 축적된 전통 속에서 이루어지는 것이다. 어제가 없는 오늘이 있을 수 없으며, 오늘이 없는 내일이 있을 수 없다면, 인간은 전통 속에서 실존 가능성을 가지고 살아가는 것이다.

과학기술의 발달이 가져온 전통의 단절현상은 결과적으로 오늘날의 윤리학에 대한 회의를 초래하게 한 중요한 원인이다.

當爲 내지 價値를 묻는 '規範의 學'으로서의 윤리학에 대한 회의는 이미 고대 희랍철학의 소피스트 시대에도 있었고, 고대 중국의 諸子百家 시대에도 있었다. 그리고 어떤 시대에도 혈기 방장한 젊은이들은 그들의 행동과 욕구를 제약하는 사회규범에 반항하기도 하고 회의하기도 한다. 그러나 현대의 윤리학에 대한 회의는 그 정도가 지나간 역사에서 그 유례를 찾아볼 수 없는 것이다.

오늘날 윤리학적 회의주의(ethical scepticism)는 과학과 예술의 脫價値論과 더불어 창궐하고 있다. 이미 생물학·의학과 같은 자연과학은 물론이려니와 심리학·사회학 등도 자연과학의 방법론을 받아들이면서 가치의 상대주의를 주장하고, 심지어 철학자들까지도 실증주의를 받아들여 가치의 상대론을 펼치고 있다. 특히 新實證主義(logical positivism)의 영향을 받은 메타 윤리학(meta−ethics)은 윤리학적 회의주의를 더욱 고무하고 있다.

문화인류학자들의 주장처럼, 대체로 시대에 따라 文化圈이 다름에 따라 도덕적 신념과 행동양식이 다르다는 사실에 주목하는 사람들은 가치가 매우 상대적이라고 주장하기도 한다. 섬너(W. G. Sumner)는 "철학과 윤리학은 풍습의 산물이다. 그것들은 습관에서 나온 것이지 결코 본래적이거나 독창적인 것이 아니며, 그것들은 이차적이며 파생적이다"[12]라고 말했다. 여기에다가 실증주의자들은 검증 가능성의 원리라는 척도를 윤리적 言辭에 들이대고 윤리학 자체에 타격을 가하고 있다. 실증주의였건 신실증주의였건 간에 그것들은 기계론적인 유물론에 의거하여, 과학기술의 황당한 進步信仰(For－tschritts glaube)에 근거하고 있다. 그러나 인간은 물질로만 구성된 기계가 아닐뿐더러 한갓 짐승에 불과한 것도 아니다. 인간은 惻隱해할 줄 알며, 是非를 가릴 줄 알며, 부끄러워할 줄 알며, 사양할 줄 알며, 사랑할 줄 아는 불변하는 人間性(Menschlichkeit)[13]을 지닌 존재자이다. 인간은 또한 항상 不偏 不黨性(Sachlichkeit)[14]을 지니고 있으며 良心省察을 할 줄 아는 존재자이다.

시대와 장소에 따라 인간의 삶의 방식은 다양하고 다를 수 있으나 人間性 자체가 바뀔 수 있는 것은 아니다. 인간은 본성적으로 윤리적 존재이다.

3. 한국의 근대화와 전통적 윤리의식과의 괴리

(1) 전통적 윤리의식의 의의

전통의식은 장구한 세월에 걸쳐서 인간의 지혜가 축적되고 절차탁마되어 이루어진, 인간만이 가지고 있는 소중한 것이다. 전통은 사회질서의 뿌리이다. 따라서 전통의 단절은 인간의 사회생활에 치명적인 타격을 준다. 인간의 문화생활이란 전통의식에 의거하는 것이다. 그래서 인간이 문화적 존재이며 역사적 존재라는 말은, 달리 말하면 인간은 전통적 존재라는 것을 의미한다. 인간이 學習存在라는 말도 이러한 의미에서 생각해 보면, 바로 전통을 배우는 존재라고 해석할 수 있다.

---

12) W. G. Sumner, *Folkways*, Boston: Ginn, p.38.

13) K. Löwith, 全集, Stuttgart, 1960, S.161 참조.

14) Hans－Eduard Hengstenberg, *Grundlegung der Ethik*, Stuttgart, 1969, S.33~55.

인간은 문화를 창조한다. 이 창조된 문화가 전통을 이룩하고, 인간은 교육을 통해서 이 전통을 배우고 성숙한다. 그렇기 때문에 전통의 단절이란 인간에게는 치명적인 것일 수밖에 없다.

우리는 오늘날 전통의 단절을 맞고 있다. 전통의 단절은 인간의 사회생활의 기준이 되는 가치판단에 큰 혼란을 가져다주고 있다. 사람들은 오늘날 행위의 규범이나 올바른 가치의 기준을 모르고 있으며, 즉흥적으로 짐승처럼 행동한다.

과학·기술의 급격한 발달은 인간의 사회생활에도 극심한 영향을 미쳤고, 사회를 급속도로 변하게 만들었다. 그래서 이제까지 사회공동생활의 중심이며 근간이던 전통은 무너지게 되었다. 그러나 더욱 무서운 것은, 문화적 전통과 윤리적 전통의식을 불합리한 것으로 생각하고 이를 배척하려는 맹목적인 진보주의와 또 전통의식의 구속을 완전히 벗어나려는 放逸한 자유주의적 풍조이다. 이것들은 오늘날 윤리적인 위기의식과 도덕의 몰락을 가져오는 데 결정적인 영향을 미쳤다.

원래 도덕적인 규범은 傳統文化를 기반으로 하는 것이다. 우리는 현대의 지성인들이 그들의 가치판단의 정당성을 이성적인 합리성과 효율성에서 찾으려고 하는 것을 볼 수 있다. 그러나 합리성과 효율성은 인간의 행동을 규제할 수 있는 바람직한 가치판단을 제공해 주지 못한다. 인간의 존엄성, 인간의 생명의 가치, 인간의 내면세계의 숭고함, 사랑, 자비, 용서, 희망, 성실 등은 전통문화가 우리에게 가르쳐 주는 것으로, 이러한 정신적인 가치들은 이성적인 합리성이나 실용적인 효율성이 보장해 주지 못한다.

합리적인 사고방식이나 기술은 악한 목적을 위해서도 봉사할 수 있는 한갓 수단에 불과한 것이다. 따라서 합리적인 과학과 기술은 인류를 멸망시키고 인간을 황폐화시키고 자연을 파괴하는 데 악용될 수 있고, 인류를 구원할 수도 있다. 전통적인 정신문화를 무시한 현대 지성인의 합리성이란 수단으로서의 합리성에 지나지 않으며, 인간의 행동을 규제하고 인류의 공존·공영을 촉구하는 도덕적인 합리성은 오로지 전통문화와 관련해서만 찾을 수 있다.

도덕적인 규범이 전통 속에서 이루어지는 것이라면, 그 규범의 구속력은 그 전통문화가 지배하는 일정한 삶의 공동체 안에 제한될 수밖에 없다. 왜냐하면 도덕적인 규범의 구속력은 일정한 삶의 공동체 안에서의 상호작용과 상호기대에 의존하기 때문이다.

우리가 전통문화라고 부르는 것은 대체로 큰 종교를 중심으로 한 불교문화, 유교문화, 이슬람문화, 그리스도교문화를 생각해 볼 수 있고, 지역을 중심으로 한 인도문화, 서구문화, 동양문화, 아프리카문화, 중국문화, 한국문화, 프랑스문화, 독일문화와 여러 민족문화를 연상하게 된다. 이러한 문화들은 각기 그 나름대로 별개의 특수성을 가지기도 한다. 그러므로 우리가 도덕적 규범을 전통문화와 관련시켜 도덕의 구속력을 일정한 삶의 공동체에만 국한시킬 때, 그러한 도덕적 규범을 보편화시키는 것은 무리가 따를 수 있을는지 모른다. 그러나 우리는 여러 문화권들의 밑바닥에는 인류문화의 공통성이 있음을 찾아볼 수 있다. 예컨대, 인간 생명의 존귀함, 인간의 존엄성, 사랑, 자비, 성실, 희망, 報恩, 친절 등의 가치는 확실히 보편적인 성격을 지니고 있다.

어떤 사람들은 도덕적 규범을 전통문화와 연결시켜 생각하는 것을 비합리적이고, 守舊的이며 保守的이라고 매도하기도 한다. 그들은 또 새 술은 새 부대에 담아야 하듯이 새 시대에는 새로운 윤리가 나와야 한다고 주장하기도 한다. 그러나 이러한 생각들은 크게 잘못된 것이다. 인류의 정신사를 살펴보면, 모든 중요하고 의미 있는 개혁과 발전, 모든 위대한 혁명조차도 적어도 그 기본적인 정신은 전통문화에 뿌리를 박고 있다는 것을 우리는 알 수 있다.

모든 개혁적인 정신운동들은 언제나 전통문화 속에 담겨 있는 기본적인 가치들의 새로운 실현을 지향해 왔다. 따라서 인간의 삶에 있어서 어떤 발전과 변화도 그것이 전통문화에서 단절되면 참다운 뜻에서의 의미 있는 성공을 이룰 수 없었다.

그러므로 인간은 항상 '溫故之新'을 되뇔 수밖에 없다. 예컨대, 서양의 헬레니즘, 문예부흥운동도 전통을 되살리려는 일종의 復古運動이며, 어떤 의미에서 종교개혁도 그리스도의 초대교회로 되돌아가자는 운동이며, 동양의 성리학, 즉 신유학도 원시유학의 근본정신을 바로 찾자는 운동이며, 불교유신도 마찬가지이다. 그래서 공자님은 '述而不作 信而好古'라고 말씀하지 않았던가? 그러므로 진정한 의미에서 전통이란 실존적으로 재발견된 가능성을 현재에 되살려서 체험하는 것을 말한다. 우리는 전통과의 만남에서 도덕적인 자기를 새로이 파악하고 이것을 형성하려는 노력을 할 때 전통윤리의 역사적 상대성을 극복할 수 있다.

20세기의 대신학자인 불트만(Bultmann)은 그의 책『역사와 종말론』에서 "전통과의 만남에 의해 그때그때의 행위가 동기 지어지고 거기에서 의욕되고 생각되어야 할 바가 나타난다"[15]고 갈파했다. 하이데거(M. Heidegger)는 "전통의 참뜻은, 전통과 만남으로써 각자의 실존 가능성을 재획득하게 하는 데 있다"[16]고 말했다.

우리는 현대의 도덕적 위기를 극복하고 새로운 도덕을 밝히기 위해서도 우리의 전통문화 속에 담겨 있고 연면해 오고 있는 도덕적 가치들을 되찾아서 되살려야 한다. 공업화와 민주화를 통해서 우리의 삶의 방식이 크게 변화했고 또 더욱 변화해 가기도 하겠지만, 우리는 이러한 변화를 한편으로 수용하면서도, 다른 한편 우리의 전통적인 도덕적 가치들을 되살려야만 하겠다. 이것만이 우리가 오늘날 당면하고 있는 윤리적 위기를 극복할 수 있는 유일한 방도이다.

우리가 여기서 전통적인 도덕적 가치들을 되살린다는 것은, 새롭게 전통적인 도덕적 가치들을 해석하고 이를 구현한다는 것이다. 따라서 여기서 되살린다는 것은 비현실적인 회고주의를 뜻하는 것이 아니고, 새롭게 우리의 삶의 목표를 추구하고 새로운 삶을 실현하자는 것이다. 물론 전통의식 중에 어떤 내용은 지금의 우리의 현실에서는 지양되어야 할 것도 있을 것이다. 여기서 우리가 되살리려는 전통적인 윤리의식은 단순한 보수와 답습이 아니라, 현대산업사회에서의 정신적 혁신을 의미한다. 따라서 우리가 되살린다는 것은 전통문화 속에 담겨 있는 윤리를 합리적인 형식에 담아서 새로운 시대 상황에 적응시켜 절차탁마해 보자는 것이다. 이것은 바로 倫理를 再建하고자 하는 우리에게 부과된 위대한 과업이 아닐 수 없다.

브룩거(W. Brugger)가 "윤리학은 삶과 세계에서 무엇이 가치 있는 것인가를 가르치는 것이며, 또 윤리학은 가치의식을 인간에게 깨우쳐 주는 것"[17]이라고 말한 것처럼 우리는 사람들에게 올바른 道德敎育을 해야 하며, 이 도덕교육은 전통과의 만남에서 비로소 결실을 이룰 수 있다.

---

15) Rudolf Bultmann, *Geschichte und Eschatologie*, Tübingen, 1958, S. 162.

16) M. Heidegger, *Sein und Zeit*, Tübingen, 1960, S. 386.

17) Walter Brugger, *Philosophisches Wörterbuch*, Freiburg, 1953, S. 87.

(2) 동서양철학의 한계와 비판적 고찰

① 서양철학의 한계와 비판적 고찰

인식론적인 측면에서 보면 근세 이후의 서양철학, 특히 영미철학에서는 二分法的(dichotomisch)인 사고방식이 큰 주류를 이루고 있다. 또 데카르트의 정신과 물질의 구분도 그러하다. 이러한 서양 근세 이후의 이분법적 사고방식이 자연탐구에 적용될 때 인식하는 주체와 인식되는 대상은 분리된다. 주관과 객관(대상)의 임의적 구분은 대상을 추상화시키고 세분하며, 인간이 대상을 지배하는 원리가 되나, 이런 상태에서는 인간과 자연의 상호교통은 철저하게 단절되고 만다. 데카르트에 의하면 가장 확실한 것은 '내가 생각한다'는 것이다. 따라서 인간 밖에 있는 자연도 나의 사고를 통해서만 실재를 얻게 되겠고, 존재의 의미도 나의 사고를 통해서만 있는 것이 된다. 그러므로 내가 생각하지 않는다면 데카르트에게서는 존재조차 부인되고 만다. 육체는 자연에 속하며 사고하는 정신만이 참된 실재가 된다. 데카르트의 이분법에 따르면 인간의 주관화와 자연의 대상화(객관화)가 뚜렷하게 구분된다. 인간의 육체를 포함한 자연을 단지 물질로만 볼 때 자연의 착취와 파괴가 쉽게 일어날 수 있다. 자연은 인간의 기획을 수행하는 데 필요한 배려에 불과한 것이 된다. 여기서 자연에 대한 인간의 오만과 수탈 혹은 착취의 길이 데카르트의 철학에서 나타나고 있는 것을 우리는 볼 수 있다.

바이에르(W. Weier)에 의하면, 유럽철학의 근본적 위기는 인간존재의 상실, 지혜의 상실(독자적인 정신과학의 상실)과 절대가치의 상실에 있다고 한다. 우리는 이러한 유럽철학의 위기의 극복의 길을 동양철학 고전의 현대적 해석을 통해 찾아볼 수도 있을 것이라는 희망을 가져 볼 수 있다.

1980년대에 들어와서 서양철학을 전공한 학자들 중에는 이제는 단순히 서양철학자의 사상을 소개하는 것으로 만족하지 않고 좀 더 독자적으로 사고해야 힐 필요를 느끼기 시작한 철학자들이 나타나기 시작했다. 비록 서양철학사상을 소개하더라도 지난날보다는 과감하게 비판적인 태도를 취했다. 이러한 태도는 한국철학의 창조성 제고를 지향할 수 있는 바람직한 모습이다.

② 동양철학의 한계와 비판적 고찰

"빛은 東方으로부터"라든가 "21세기는 東洋의 시대"라는 말은 그동안 서양문화 일변도에 대한 반발에서 나온 말이다. 수천 년 동안 살아오면서 터득해 온 동양의 문화전통은 산업화 과정에서 철저히 무시되어 왔다. 서구의 근대의 물질문명의 위기와 몰락을 극복하기 위해서 그동안 잊혀 왔던 동양의 정신문화로부터 무엇인가를 찾을 수 있으리라는 기대를 건 사람들이 서구보다 더 物質化되려고 기를 쓰고 있는 동양인들에게 自意識을 불러일으키기 위해 지어 낸 말이라고 해석해 볼 수 있다.

東洋思想이 萬病通治일 수도 없고, 또 동양철학도 서양철학을 하나로 묶을 수 없는 것처럼 하나로 묶을 수 없다. 중국에서나 한국에서 근대화 과정에서 왜 동양사상을 배척했는가를 다각적으로 검토해 보아야 할 것이다. 가령 漢文을 바탕으로 매개되고 성숙된 동양철학은 정체된 농경사회에서의 家父長的 질서체계가 중심사상이었다면, 그것을 산업사회에 들어와서도 그대로 통용되어야 한다고 주장하는 것은 무리이다. 동양철학은 맹목적인 추종의 대상이 될 수도 없고 일부 동양철학의 唯我獨尊的인 태도나 서양사상의 전반적인 매도나 거부는 불식되어야 할 것이다. 더욱이 동양철학은 국수주의적 민족주의에 편승하거나 광신에 가까운 護敎論的 태도를 가져서는 안 될 것이다. 斯文亂賊이라든가 闢邪衛正思想처럼 특정한 性理學 체계만을 正으로 보고 그 밖의 모든 다른 사상을 邪로 단정하는 따위의 편협하고 옹졸한 태도로부터 동양철학자들은 과감히 벗어나야 함은 물론이다. 윤리학자들에게서 이론적인 면에서 衛正斥邪를 논할 수는 있으나 이것이 포용력을 잃고 배타적이 되거나 유아독존적이 되어서는 안 될 것이다.

우리는 아직도 동양철학자들에게서 문헌연구와 문헌해석과 비판적인 철학적 사고가 구분이 되지 않음을 볼 수 있다. 소위 훈장형의 '가라사대'는 논리학에서 보면 '사람에 대한 논증'(argumentum ad hominem)의 오류를 범하는 것이다. 공자가 어느 책에서 어떻게 말씀하셨다든가 또는 이를 朱子集註에서 어떻게 해석했다는 것 그 자체가 무조건 진리가 될 수는 없을 것이다. 왜 그 말씀을 우리가 진리로 받아들일 수 있는지 그 이유를 밝혀야만 비로소 철학이 될 수 있을 것이다. 여기서 우리는 동양철학은 적어도 종교적 신념을 사람들에게 강요해서는 안 된다는 점을 분명히 밝혀야 할 것이다. 동양철학은 이 시대의 징표 또는 시대정신을 고려해야 하고 변화하는 사회에 걸맞은 새로운 해석을 거듭 모색해야 할 것이다.

철학은 자연과학처럼 필연적인 현상을 다루고 그때그때 검증이 될 수 있는 내용을 다루는 것이 아니므로, 말의 역사성을 고려하고 先行硏究를 주시하다 보면 수동적이고 의타적일 수도 있다. 그러나 철학은 근본적으로 자기를 반성하고 보다 더 창조적이어야 한다. 철학이란 남의 사상을 모방하고 암기함으로써 이룩되는 것이 아니라 독자적으로 비판과 반성을 통해 발전하기 때문에 이 점을 특히 동양철학자들은 고려해야 할 것이다.

한국에서의 지금까지의 동양철학 연구는 중국철학에 편중되어 왔다. 중국철학이 곧 동양철학이 아님은 물론이다. 따라서 동양철학은 중국철학 일변도에서부터 벗어나야 할 것이고 가령 힌두사상(Hinduism)과 이슬람철학에 대한 연구도 해야 할 것이며 불교철학의 경우, 한자로 된 문헌 외에 팔리어와 산스크리트어, 티베트어, 몽고어로 된 문헌연구도 활발하게 해야 할 것이다.

동양철학을 전공하는 분들은 古典에 대한 註解와 소개도 해야 하겠지만, 앞으로 이 시대의 징표를 읽으면서도 현실적인 절박한 문제들에 대해, 고전 문헌에서 구체적으로 다루지 않았던 문제들에 대해, 예컨대 生醫學의 문제, 사회윤리의 문제들에 대해 현실적인 응답을 모색해야 할 것이다.

4. 한국의 근대화와 전통적 윤리의식의 조화

한국의 근대화, 즉 서구화와 전통적 윤리의식의 조화는 바로 東西哲學의 比較哲學을 통해서 가능하다고 사료된다. 이질적인 문화, 동서철학의 대화는 견해의 다양성을 지니게 하고, 이것이 우리의 생각을 풍부하게 하는 데 도움을 줄 것이다. 그러므로 우리는 동서비교철학연구가 궁극적으로 위기에 처해 있는 인간과 자연에 대한 심층적 이해를 증진시키며, 이것은 새롭고 바람직한 철학을 창출해 내는 데 결정적인 역할을 할 수 있을 것이라는 기대를 걸어 볼 수 있을 것이다.

그러나 東西哲學의 비교연구는 근본적으로 철학연구의 시발과 착상이 각기 다르기 때문에 우리는 다음과 같은 점을 충분히 고려해야 한다. 우선 동양철학자들은 대체로 자연현상이란 현상과 분리될 수 없으며, 자체 안에 고유한 원인, 즉 道의 무한한 변화와 변동에 따라 자연스럽게 일어난다고 생각한다. 그러므로 그들은 서양철학자들처럼 단순한 자연적 메커니즘의 운동변화가 자기 밖에 있는 作動者의 觸媒에 의해 추진된다는 가상을 할 수 없었다. 그들은 이 자연(세계)을 움직이는 원동력을 이 자연 자체로부터 분리시키는 二分法的 사고(dichotomy)를 거부했다. 세계의 질서, 자연의 질서는 그들에게서는 자연에 내재하고 있는 것이었다.

우리는 동양언어의 특수성이 동양철학자들의 사고에 미치는 묵시적 영향력을 고려해 보지 않을 수 없다. 語形變化를 통해 動詞의 주어와 목적어가 명백히 구별되고 능동태와 수동태의 표현이 가능한 언어를 가지고 있는 서양철학에서는 행위자와 행위의 대상 사이에서의 대립과 구분이 생기며, 엄격한 개념규정이 형성될 수 있고, 능동적으로 활동하는 정신(mind)과 수동적으로 주어진 물질의 구분 등이 용이하다.

그러나 漢文에서는 어떤 말을 겨냥한 언명이 있는 경우, 그 말이 주어가 된다. 그리고 주어, 동사, 보어를 연결해 주는 어형변화의 확정된 형식, 즉 어떤 문법적 어형변화에 의한 필연적인 연결관계가 없다. 한문으로 된 문장에서는 일반적으로 非人格的(또는 非人稱的)인 색채가, 가능한 한 인칭적 표현 형태가 적게 나타난다. 동양인들이 상상하고 있는 바에 의하면 자연의 운행은 비인격적이며 인간의 주관적 의지와는 무관한 것이며 인간을 포함한 모든 만물에게 똑같이 공평무사하다. 하늘, 즉 자연은 무심하게 움직일 뿐이다. 한문의 낱말들은 고정불변하는 추상이 아니라 변화율동(dynamic)하는 관념들을 제시한다. 이 율동적 관념들(des notion dynamiques)은 상보적인 대립과 상호작용을 통해서 그때그때 규정될 뿐이다. 그러므로 낱말을 고정시키고 同一律과 矛盾律에 의거하는 서양의 형식논리학은 동양에서는 발전할 수 없었다. 그래서 서양 사람들은 동양인들에게는 논리가 없다고 질타한다. 그러나 동양에서는 '수학적 논리'(Logique du mathmatique)가 발달되지 못한 대신에 '마음의 논리'(Logique du coeur)가 발달해 있다.

서양철학은 일정한 문법적 기능들에 의해 제시된 의미들과 상당한 연관을 가지고 있고 보편타당한 범주들에 定礎하고 있다. 서양의 철학적 작업은 추상과 고정불변한 개념들을 통해 진행된다.

서양언어는 감각적 세계, 즉 현상세계의 불안정하게 변하고 있는 모호하고 다양한 현상들과, 이러한 감각적 세계들과 구분되는 독립하여 있는 '영구불변하는 관념적 실재의 존재'(Lexistence de realites permantes et ideales)들 간의 구별을 사람들로 하여금 쉽게 믿게 만든다.

장 피에르 베르낭(Jean Pierre Vernant)에 의하면 "희랍 철학자들의 세계는 존재와 생성(le devenir), 지성적으로 파악되는 것(l'intelligible)과 감성적으로 느껴지는 것(le sensible) 사이의 근본적인 이분법을 제시하고 있다. 희랍 철학자들은 단지 反命題的 술어들(termes antithetiques) 간에 존재하는 일련의 대립관계만을 제시하며 선명한 대조를 이루고 있는 이들 대립 개념들은 개념의 짝으로 분류되어 二律背反의 완전한 체계를 이루며 상호 배타적인 실재들의 두 측면을 나타내고 있다. 한쪽은 존재, 一者, 不變 등 정확하게 확정된 인식의 영역이고 다른 쪽은 生成, 多數, 不安定 등 부정확하고 유동적인 생각의 영역이다.[18]

그러므로 우리는 앞에서 살펴본 동서철학의 근본적인 차이를 무시하고 평행상태에서 비교하는 것은 삼가야 할 것이다. 지금까지의 동서비교철학이 서양철학의 관점에서 이루어진 면이 많다면 이제는 동서철학의 관점에서 서양철학을 비판하고 검토할 수도 있어야 함은 물론이다. 동양의 전통적 윤리의식은 근본적으로 心과 情에서 이루어진다. 따라서 우리는 마음과 느낌에 대한 이해와 통찰을 통해서 동서철학의 해후와 현대의 윤리적 제 문제의 전통적 윤리의식적인 재해석을 시도해야 할 것이다.

---

18) Jean-Pierre Vernant, *Les Ruses de L'intelligence: la metis des Grecs*, Paris: Flammrion, 1974, p.11.

5. 결 론

그렇다면 2000년대의 한국철학은 어떤 지평에서 형성되어야 하는가? 이제 우리는 2000년대의 한국철학의 창조성 제고를 위한 지성의 방향을 구체적으로 모색해 보기로 하자.

한국철학의 창조적 연구는 독특하고 특징적인 한국적 요소를 발견하는 길을 고집하는 데 있는 것이 아니다. 그것은 자칫 잘못하면 편협한 국수주의를 낳을 수 있다. 한국철학은 한국민족의 正體와 그 思想을 오늘날까지 역사적으로 존속시켜 온 언어와 관습과 규범 등 전통적 문화의식을 떠나서는 찾을 수 없다. 그러나 한국철학은 가능한 한 민족적·문화적·역사적 한계를 초월해서 범세계적인 문화의식의 보편성으로까지 고양되어야 할 것이다.

한국철학의 중요 과제는 이 땅에서 오늘날 문제시되고 있는 문제들에 대해서 철학적 문제의식을 가지고 철학적 응답을 진지하게 모색하는 것이다. 어떤 철학적 사유의 대상이 되는 문제이든지 간에 동서를 막론하고 그 문제를 가지고 진지하게 사유했던 철학자와 대화를 나누고 같은 사색의 지평에서 함께 생각을 나누는 것이 우리에게는 긴요하다. 따라서 동양철학이니 서양철학이니 함부로 갈라놓을 것이 아니라 철학적 사유의 근본문제의 해명에 대해 도움을 줄 수 있는 것이라면 어떤 색채를 띠고 있건 간에 제한을 가하지 말고 열린 마음으로 우리는 이를 널리 수용해야 할 것이다.

어떤 철학의 문제는 수학적 논리만으로 설명(erklären)될 수 없고 마음의 논리에 의해서만 비로소 이해(verstehen)될 수 있기도 하다. 따라서 수학적 논리성이 결여되었다든가 비합리적이라든가, 언어구사가 비과학적이라든가 하는 따위의 비판을 동양이나 서양의 神秘思想에다 퍼붓고 이 중요한 철학적 문제를 배척하는 따위의 짓은 삼가야 할 것이다.

우리는 외국학자의 이론을 연구하고 수용하는 데 있어서 동서철학을 막론하고 우리의 현실에서 절실한 適實性(relevance)이 없는 직업적인 철학교수들의 강단철학을 이제는 지양해야 한다. 특히, 서양철학사 중심의 철학교육에서부터 우리는 벗어나야 한다. 그리고 대학에서의 철학교육은 구획주의(compartmentalism)에서부터 벗어나야 한다. 이 구획주의는 지나친 전문성을 가져오고 폭넓은 대화를 차단한다. 한국의 철학자들은 이제 타 학문과의 대화를 할 수 있어야 하며, 다른 학문들의 기초와 방향에 대해 비판을 할 수 있어야 한다. 한국철학자들은 좁은 의미의 순수철학만을 고집할 것이 아니라 응용철학에 대해 관심을 가져야 할 것이다. 예컨대, 醫哲學, 생물철학, 법철학, 정치철학, 경제철학, 교육철학 등을 말한다.

철학은 현실과 대응하면서 연구되고 파악될 수 있다. 동양문화의 최고이상을 자연과 인간의 조화, 인간과 인간의 協和(協同)와 자연보전이라고 할 수 있다면, 동양철학의 근본과제도 현실에서 자연과의 관계, 자기와의 관계와 타인과의 관계를 밝히는 것이라고 말할 수 있을 것이다. 그렇다면 이제 한국의 철학도 방법론만을 가지고 인정될 것이 아니라 본래적인 철학의 근본문제에 대한 현실적인 응답을 가능한 한 독자적으로 제시할 수 있어야 할 것이다.

이제 우리는 왜 철학을 연구하지 않으면 안 되며 도대체 철학을 연구하는 목적이 무엇인지를 묻고 이 목적으로부터 한국철학의 창조성 제고를 위한 지성의 근본방향을 끄집어내 볼 수 있을 것이다. 우리는 여러 가지 이유로 철학을 연구할 수 있을 것이다. 서양철학자들의 관점에서 보면 일반적으로 현대철학의 근본과제는 전통적인 서구철학의 과제들, 인식론·윤리학·종교철학·형이상학·논리학과 특히 금세기에서 활발히 논의되는 세계 및 사회가 무엇이냐는 물음에 대한 응답, 즉 사회철학과 또 언어의 분석과 의미를 천착하는 분석철학 등을 생각해 볼 수 있겠으나 저자의 생각으로는 이러한 서양철학은 합리성과 수학적 논리의 전개에 주안점을 두고 있기 때문에 새로운 21세기 철학을 위해서는 접근방식이 달라야 한다고 생각한다. 이미 서양에서도 合理的 思考의 한계를 지적하고 비합리적 사고의 重要性을 제기하는 학자들이 속출하고 있다. 우리는 새로운 철학의 방향을 '느낌'을 바르게 해석하는 데서 찾아볼 수 있다고 본다. 느낀다는 것은 우리에게서 가장 직접적이면서도 근원적인 것이며, 느낌 속에서 우리는 主客未分의 통일과 萬有一如의 신비를 깨달을 수 있다.

원래 공동체의 정신은 너와 나의 구분이나 합리적인 이해타산을 초월하는 情感

(느낌)으로만 이루어질 수 있다. 이웃, 마을, 인격공동체라는 말은 유대감으로 이루어지며 인간관계의 질서는 근본적으로 정감을 위주로 유지되고 해소된다. 동양의 전통사상에서 중시해 온 孝悌는 공동체 안에서 자연스럽게 우러나오는 느낌의 행위이다. 孝가 가정 안에서의 느낌의 행위라면, 悌는 밖으로 확대되어 나가는 생활공동체 안의 관계질서를 선도하는 느낌의 행위이다. 자연과 인간의 궁극적인 하나 됨도 느낌 속에서만 가능하다.

그러나 이 중요한 느낌의 문제는 지금까지 대부분의 철학자들에 의해서 거부되거나 외면되어 왔다. 현대인들에게는 물질생활의 한없는 욕구를 충족시키려고 노력하는 것보다 정서생활의 안정이 더 중요하다. 현대 물질문명의 몰락으로부터 도덕을 회복하는 길은 인간의 욕망을 절제하고 安分知足, 節用愛物과 守分知足, 安貧樂道에서 찾을 수 있을 것이다. 이것은 합리성으로는 파악되지 않으며 知·情·意가 合一된 정신의 모색에서 비로소 가능할 것이다.

한국인은 원래 정감이 풍부하다. 원래 가치란 가치감에서 발생한다. 성스러운 가치는 거룩한 감정에서 나오며, 도덕가치는 도덕감에서 나오며 미적 가치는 아름다운 느낌에서 나온다. 이러한 가치감은 초합리적인 것이다. 연대의식도 원초적으로 연대감에서 나온다. 그러므로 우리는 이 느낌의 해명을 21세기의 한국철학의 창조성 제고를 위한 구체적인 지성의 방향으로 잡을 수 있을 것이며, 또한 동서철학의 화해의 길잡이로 삼을 수 있을 것이다.

제6장 롤즈 정의의 원리에 관한 비판적 고찰
-차등의 원리를 중심으로-

박효종

1. 서 론

순수절차주의의 관점에서 안출된 롤즈(J. Rawls, 1971)의 정의의 원리와 관련하여 여러 가지 차원에서 그 특성이 조명될 수 있겠지만, 사회에서 형편이 가장 열악한 '최소수혜자'의 입장에 대한 배려가 매우 중요한 비중을 차지한다는 점이 인상적이다. 최소수혜자들이 사회정의의 구도에서 '특혜적 입장'을 구가하고 있다는 사실은 물론 롤즈의 비전에만 국한된 것이 아니라 사회계약적 전통을 따르고 있는 현대의 유력한 정의론자들의 비전에서 확연히 엿볼 수 있다. 스캔론(T. M. Scanlon, 1982)의 사회계약적 구도에서 나타나는 '순리적 거부권'(reasonable rejection)의 설정도 최소수혜자를 염두에 두고 있음이 완연하다. 그러나 롤즈에 의하여 개념화된 맥시민(maximin) 원리에 근거를 둔 '차등의 원리'(difference principle)야말로 최소수혜자들의 특혜적 입장과 거부권을 가장 강력하고 투명하세 옹호히고 있는 원리라는 점에 의문의 여지가 없을 듯하다. 맥시민 원리와 차등의 원리는 최소수혜자에게 단순히 '사회적 최저'(social minimum)를 보장하고 있는 것이 아니라 최대수혜자의 상황개선과 유기적으로 연계시킬 정도로 자유주의 패러다임 내에서는 가장 강력한 평등주의적 메시지를 함유하고 있는 원리인 셈이다.

본 장의 주요 관심은 맥시민의 원리가 사회구성원들의 선호를 결집하는 데 있어 매우 '독특한'(sui generis) 결집방식을 원용하고 있다는 점에 있다. 무엇보다도 최소수혜자들에게 거부권을 부여하는 맥시민의 결집방식은 파레토 만장일치의 방식과 다르다. 파레토 원리로부터 전제되는 만장일치의 방식은 구성원 각자에게 거부권을 부여하는 방식으로 형식적(formalistic) 의미에서 '만장일치'라고 할 수 있지만 도덕적 관점에서 주목할 만한 만장일치는 아니다. 그런가 하면 최소수혜자의 거부권 행사는 공리주의에서 통용되는 다수결(majority rule)의 방식과도 상이하다. 다수결에서는 다수의 선호가 소수의 선호와 입장을 압도하므로 이른바 '다수의 횡포'(tyranny of the majority)가 야기될 가능성을 배제하기 어렵다. 같은 맥락에서 최소수혜자의 거부권 행사는 애로우(K. Arrow, 1951)의 결집방식과도 다르다. 애로우의 결집방식에서는 구성원들의 '선호의 강도'(intensities of preferences)가 존중될 여지가 없기 때문이다. 이에 비해서 맥시민 원리에 의거한 결집방식에서는 최소수혜자들의 선호강도가 충분히 고려되고 있는 셈이다.

최소수혜자에게 거부권의 부여는 '무지의 베일'을 쓴 선택자의 입장에서 정당화될 수 있다는 점에서 순수절차적 정의의 요건을 충족시킨다고 할 수 있다. 이 점이 바로 롤즈의 기본 입장이다. 그러나 선택자가 모든 구체적 정보로부터 차단되어 '무지의 베일'을 썼다는 사실만으로 맥시민과 차등의 원리가 공리주의나 파레토 원리 혹은 애로우의 결집원리보다 더욱더 공정한 원리라는 위상을 확보하기에는 미흡하다고 사료된다.

본 장에서는 직관에 오염되지 않은 '순수절차적 정의'(pure procedural justice)로서 맥시민과 차등의 원리를 옹호하려는 롤즈의 시도에 대하여 수정적 입장을 개진하고자 하는데, 특정 원리가 공정성을 담보받기 위해서는 '절차의 공정성'만으로는 미흡하고 '결과의 공정성'까지 일정부분 평가받을 필요가 있다는 점을 역설하고자 한다. 그러나 그렇다고 해서 맥시민의 적실성을 음미하기 위해서 '순수절차적 정의'의 범주를 완전히 벗어난 '완전절차적 정의'나 '불완전절차적 정의'의 범주에 전적으로 호소할 의도는 없다. 본 논의는 순수절차적 정의에 주된 관심을 갖되, 순수절차적 정의의 공정성을 평가하기 위한 한 요소로 결과에도 부차적 관심을 가질 필요가 있다는 점에서, 절차의 공정성 못지않게 일정 수준에서 '공정한 결과'를 산출하는가 하는 문제에 초점을 맞출 것이다.

특히, 본 장에서 주목의 대상은 맥시민 원리가 실제적 배분의 원리로서 안정성을 담보받을 수 있는가 하는 문제이다. 동(同) 원리가 시행되는 경우, 최소수혜자를 제외한 사회의 구성원들이 동 원리에 '이유 있는' 불만을 표출하는 나머지 오히려 다른 경쟁적 배분원리를 선호하는 경향을 보일 경우, 맥시민 원리는 사회적으로 '불균형'(disequilibrium)을 산출할 공산이 크다. 그러나 만일 다수의 구성원들이 맥시민 원리로부터 이탈하지 않으려 할 경우, 동 원리는 '균형'(equilibrium)을 보장받는다고 할 수 있다. 우리는 본 장을 통하여 맥시민 원리는 실제적인 배분의 원리로서 균형보다는 불균형을 산출할 가능성이 농후하다는 점에서 비록 그것이 롤즈가 규정한 순수절차주의의 범주에서 옹호될 여지가 있으나 그럼에도 불구하고 이른바 혼합절차주의의 범주에서는 옹호되기 어렵다는 의견을 개진할 것이다.

2. 맥시민 원리와 도덕적 비대칭성

맥시민 원리의 핵심은 최소수혜자에게 거부권을 부여한다는 점에 있다. 두말할 나위 없이 거부권의 의미는 막중하며, 또한 그것은 여러 가지 차원에서 해석될 수 있다. 무엇보다도 최소수혜자의 '선호의 강도'에 주목하여 다른 사회집단의 선호보다 우선적으로 고려한다는 의미를 담고 있다. 혹은 최소수혜자가 느끼는 고통의 강도를 다른 사회집단이 광범위하게 느끼는 고통보다 우선적으로 배려한다는 뜻이 내포되어 있다. 그런가 하면 '다수의 횡포'를 허용하지 않겠다는 메시지가 분명하다. 그런데 상기의 논리를 관통하는 명제들의 기조에는 맥시빈의 방어적 의미가 담겨 있다는 점이 충분히 강조되어야 할 것이다. 즉 다른 사회집단의 희생을 통해서 최소수혜자들의 이익을 극대화한다기보다는 최소수혜자들의 희생을 통하여 다른 사회집단의 이익을 극대화하는 방안이 부당하다는 사실이다.

다음에서는 이러한 방어적 의미의 맥시민 원리가 설명되고 있는 방식과 논리에 유의하고, 또한 그것이 사회적으로 원용되었을 경우의 파장을 가상적 상황에 비추어 논의하고자 한다.

(1) 맥시민 원리

롤즈의 원초적 상태로부터 논의를 시작해 보자. 롤즈에 의하면 '원초적 상태'(original position)에서 행위자는 자기 자신의 일차적 재화의 몫을 극대화하기로 시도하므로 자신의 특정한 생활전망을 제고시키고자 한다. 일차적 재화란 행위자가 일차적 재화 이외의 어떤 것을 원하든 상관없이 원하는 것이 합리적일 수밖에 없는 재화를 의미한다. 선택자가 '무지의 베일'(veil of ignorance)을 쓰는 경우, 선택자는 자기 자신 이외의 모든 사람에게 똑같이 적용되는 사항 이외에는 자기 자신에 대하여 아무것도 알 수 없다. 이와 같은 상황에서 선택자는 여러 사람이라고 하더라도 실제로는 한 사람의 선택과 같은 구도가 조성된다는 것이 롤즈의 견해이다. 그런데 본 맥락에서 중요한 것은 선택자 자신이 무지의 베일을 쓴 상황에서 자기 자신에 대하여 구체적으로 잘 알 수 없는 입장이므로 일차적 재화 가운데 최소의 양을 극대화하려고 한다는 사실이다. 이러한 전략이 맥시민(maximin)의 원리로서, 동 전략의 특성은 안전 위주의 전략이라는 점에서 '보수주의적 합리성'을 대변한다고 할 수 있다.

보다 구체적으로 맥시민의 원리가 원초적 상태에서 합리적 선택의 범주로 부상하는 근거는 세 가지이다.[1] 첫째, 원초적 상태가 개인 당사자의 구체적 생활전망에 관한 지식이 불가능하거나 혹은 신빙성 있는 지식을 얻기가 매우 어려운 상황이라는 점이다. 둘째, 원초적 상태의 선택자가 맥시민에 의거함으로써 확보할 수 있는 최소수준의 재화 이상으로 얻을 수 있는 재화에 관해서는 무관심할 정도의 태도를 견지하고 있다는 점이다. 도박을 함으로써 자기 자신에게 긴요한 재화를 잃을 수 있는 가능성이 있을 경우, 행위자로서는 더 이상의 이득을 얻기 위하

---

1) J. Rawls, *A Theory of Justice*, Harrard Univ. Press, 1971, p.154.

여 도박을 하지 않으려는 심성을 가지고 있는 셈이다. 셋째, 맥시민 이외의 다른 선택의 원리들은 선택자가 받아들이기 어려운 결과를 산출할 가능성이 있다. 즉 원초적 상태는 상당한 위험부담을 안고 있는 상황으로서 맥시민 이외의 다른 원리를 선택하는 것은 합리적이 아니다.

따라서 맥시민은 원초적 상태와 무지의 베일이 강요하는 불확실성 상황하에서 선택자가 취할 수 있는 유일한 합리적 선택이라는 것이 롤즈의 입장이다. 물론 불확실성 상황하에서 선택자가 취할 수 있는 유일한 합리적 선택이라는 것이 롤즈의 입장이다. 물론 불확실성 상황하에서 선택자가 모험을 전혀 하지 않으려고 하는 태도가 합리적인가 하는 질문이 제기될 수도 있다. 그러나 롤즈가 설정하는 구도에 유의할 때 엄중한 '두터운 무지의 베일'(thick veil of ignorance) 상황에서 안전을 위한 전략으로서 맥시민의 진가는 일단 옹호될 수 있으리라고 생각한다. 우리는 이러한 맥시민이 모험을 전혀 감수하려 하지 않는 '보수적 합리성'(conservative rationality)의 범주라는 점에 주목한다. 다시 말해서, 맥시민은 전형적인 방어의 전략이다. 방어전략이 위험부담을 감내하려는 공세전략과 다르다는 점은 아무리 강조해도 지나치지 않다.

(2) 차등의 원리

앞에서 설명된 바와 같이 개인의 입장에서 선택된 맥시민의 원리는 사회적으로 어떻게 원용될 수 있는가? 사회는 상호협력의 구도이다. 특히 사회란 최소수혜자와 최대수혜자의 협력의 구도라고 할 수 있다. 본 논의에서는 롤즈를 따라 최소수혜자와 최대수혜자를 각기 '대표적인 최소수혜자'와 '대표적인 최대수혜자'로 간주하기로 한다.

상호협력의 구도라면 당연히 양자 사이의 '대칭성'(symmetry)을 전제로 한다. 즉 최소수혜자와 최대수혜자는 협력적 잉여의 산출에 있어 공히 부담과 혜택을 공유해야 할 것이다. 따라서 최소수혜자와 최대수혜자의 복지가 상호협력의 구도에 달려 있다면, 최소수혜자 A와 최대수혜자 B 사이에 어떠한 '비대칭성'(asymmetry)

도 정당화될 수 없을 것이다.

그러나 엄밀히 말해서 이러한 논거는 전형적 자유주의자인 노직[2]의 입장에 적합할 뿐 롤즈의 비전과는 다르다. 최소수혜자 A와 최대수혜자 B는 도덕적으로 비대칭관계에 있기 때문이다. '도덕적 비대칭성'(moral asymmetry)의 의미는 무엇인가? 이 점에 관한 한 롤즈 이외에 많은 비전들이 존재한다.

최소수혜자 A와 최대수혜자 B 사이의 비대칭성은 고통과 즐거움의 비대칭성으로 환원될 수 있겠는데, 소극적 공리주의자인 포퍼[3]의 답변이 매우 시사적이다. 즉 즐거움이 일반 사람들로부터 '도덕적 호소력'(moral appeal)을 지니지 않은 데 비하여 고통은 도덕적 호소력을 갖고 있다고 지적했다. 혹은 나겔[4]은 고통이 '도덕적 절박성'(moral urgency)을 지니고 있다는 측면에서 즐거움과의 비대칭성을 강조한다. 하지만 이들의 주장과 차별화될 수 있을 만큼 롤즈의 논리는 독특하다.

생활형편이 넉넉한 최대수혜자 B는 자기 자신이 소유한 부와 향유하고 있는 풍요로운 삶에 대하여 도덕적 권리를 주장할 수 없다는 점이 롤즈의 주요 논거이다. 즉 사회적 부와 풍요로움의 분포와 마찬가지로, 자연적 재능의 분포도 '공동의 보화'(asset)로 간주될 필요가 있다.[5] 최대수혜자 B가 누리는 풍요로운 생활의 근거는 주로 그가 상속받은 사회적 특권의 결과이다. 그런가 하면 한편으로 자연적 재능을 소지했기 때문에 유복한 삶을 향유하게 된 부분도 배제하기 어렵다. 이처럼 사회적 특혜나 자연적 재능의 소유란 개인 당사자가 통제할 수 없는 '자연의 추첨제도'(natural lottery)나 '사회의 추첨제도'(social lottery)의 결과라고 간주할 수 있으므로 어느 누구도 이러한 특권의 독점으로부터 무한정 이득을 향유할 권리는 없는 셈이다.

그러므로 최대수혜자 B는 최소수혜자 A와의 사회협력의 결과, 발생하는 이득의 더 커다란 부분에 대하여 이를 선점할 권리를 확보하고 있지 못하다. 최대수혜자 B는 이들 자연적 보화와 사회적 보화의 사용에 있어 도덕적으로 받아들여질

---

2) R. Nozick, *Anarchy, State and Utopia*, New York: Basic Books, 1974, pp.192~196.

3) K. Popper, *Open Society and Its Enemies I*, London, 1962.

4) T. Nagel, *The Possibility of Altruism*, Princeton, 1970.

5) Rawls, 앞의 책, pp.12, 101~102, 107.

만한 조건하에서만 혜택을 누릴 수 있는 것이다. 이러한 관점에서 최소수혜자 A를 위한 최대수혜자 B의 희생과 최대수혜자 B를 위한 최소수혜자 A의 희생은 똑같은 것이 아니며, 양자 사이에는 명백한 비대칭성이 존재한다고 하겠다. 즉 최소수혜자 A는 바로 생활전망이 열악하다는 사실로 인하여 최대수혜자 B보다 도덕적 우위를 점유하고 있다. 따라서 '도덕적으로 임의적 요소들'의 개입으로 말미암아 열악한 생활형편에 내몰리게 된 최소수혜자 A가 최대수혜자 B의 더 커다란 이득을 위하여 상황의 악화를 감수해야 한다면, 이는 바로 공리주의적 입장이며 정당화될 수 없는 희생이다. 하지만 이와는 반대로 '도덕적으로 임의적 요소들'의 작용을 통하여 최대수혜자가 된 B가 생활형편이 열악한 A의 이득을 위하여 생활전망 개선의 감소를 감내해야 한다면 이를 부당한 희생이라고 간주하기는 어렵다.

(3) 맥시민 원리의 타당성

맥시민 원리는 최소수혜자의 최소위치를 고양시키는 원리이다. 특정 배분유형이 사회의 수많은 사람들에게 이익을 주더라도 최소수혜자의 위치를 악화시킨다면, 그 배분유형은 정당성을 상실하게 된다. 사회의 기본 원리, 즉 헌법을 제정하게 되는 사회계약자들이 원초적 상태에서 무지의 베일을 쓰고 자신의 이익추구에 관심을 갖는다면 맥시민 원리를 원용하리라는 것이 롤즈의 생각이었다. 그러나 기본 헌법을 제정하는 경우가 아니더라도 특정 국가정책이나 사회정책을 입안 내지 시행하는 과정에서 맥시민 원리의 정당성을 확인할 만하다.[6] 특히, 반(反)공리주의적 관점에서 맥시민 원리의 타당성을 음미할 수 있는 두 가지 범주의 사례가 논의의 대상이다.

① 사례 1: 다수의 횡포

다음과 같은 두 가지의 정책대안을 상정해 보자. P_1과 P_2는 각기 상이한 결과를 가진 정책대안이며, A로부터 G는 각 사회계층을 의미한다. 괄호 안의 숫자는 사

---

6) Rawls, 앞의 책, p.17.

람들의 수이며, 그 이외의 숫자는 효용이다.

〈표 6-1〉

	A(10)	B(10)	C(10)	D(10)	E(10)	F(10)	G(10)	총량
P_1	10	20	30	40	50	60	70	2,800
P_2	0	10	50	60	70	80	100	3,700

<표 6-1>의 상황에서 P_1보다 P_2가 결정된다면, 전형적으로 공리주의에 의한 선택이라고 하겠다. P_2는 여유 있는 다수집단의 복지를 제고시키겠지만, 최소수혜자를 비롯한 생활형편이 열악한 소수집단의 입장을 악화시키는 결과를 초래할 듯하다. 맥시민 원리의 관점에서 P_2의 선택이 정당화되기 어려운 이유는 최소수혜자의 입장이 더욱 악화되는 정책이라는 점에서 찾아볼 수 있다. 공리주의에 의한 P_2의 선택에서 롤즈의 지적대로 '개인들 사이의 구분'(separateness of persons)이 심각하게 고려될 여지는 없다. 이 경우 사회적 총효용량의 극대화가 비난의 대상이 된다면, 그것은 총량의 극대화가 개인들에게 부과할 수 있는 희생과 고통이 매우 가혹하다는 점에 있다. 최소수혜자는 그 절박한 처지에도 불구하고 다만 소수의 입장이기 때문에 '부정적 외부효과'를 감내해야 하는바, 그것은 전형적인 '다수의 횡포'가 아니겠는가?

실제로 이와 같은 상황은 도시재개발사업에서 흔히 야기된다. 서울 지역의 달동네에서 재개발사업이 결정되었다. 원래의 빈민촌을 헐고 대규모 아파트단지를 조성하는 것이 재개발사업의 주요 내용이다. 이 새로운 고층 아파트의 특색이라면 집값과 생활비가 빈민촌에 비할 수 없을 만큼 고가라는 점이다. 재개발사업이 순조롭게 진행되어 쾌적한 주거환경이 조성될 경우 동 지역의 빈민화로 인하여 범죄나 비위생 등의 문제로 많은 어려움을 겪었던 중산층 이상의 주민들의 '삶의 질'(quality of life)이 고양될 것으로 기대된다. 다수의 편의시설이 들어서고 자녀들의 교육환경도 예전에 비하여 현격하게 개선될 것이기 때문이다.

하지만 문제의 재개발사업은 X지역의 최소수혜자들에게는 재앙이 된다. 그들은 비록 새로운 넓은 평형의 고층아파트에서 살 수 있는 권리를 갖고 있다고 해도 이 아파트를 사거나 전세를 들 만한 경제적 여력을 갖고 있지 못하므로 결국 정들었던 삶의 터전을 떠나 또 다른 지역의 빈민촌이나 달동네를 전전할 수밖에 없다. 그러나 이처럼 중산층 이상 집단의 이익제고와 대조적으로 최소수혜자들의 삶의 터전의 상실이란 우리가 지니고 있는 정의감(sense of justice)에 부합한다고 보기 어렵지 않겠는가?

② 사례 2: 중산층 우대

이번에는 또 다른 유형의 상황을 설정할 필요가 있다.

<표 6-2>

	A(10)	B(10)	C(10)	D(10)	E(10)	F(10)	G(10)	총량
P_1	10	20	30	40	50	60	70	2,800
P_2	8	15	35	45	50	60	70	2,830

<표 6-2> 상황에서 E집단 이상의 상층집단의 복지는 공히 P_1과 P_2에서 동일한 상수이므로 중층과 하층의 복지 가운데 택일해야 한다는 점이 정책의 딜레마이다. P_1은 하층의 복지가 제고되고, P_2는 중층의 복지가 제고되는 정책이다. 이 상황에서 공리주의 원리가 원용된다면, P_1보다 P_2가 선택될 듯하다. 사회적 총량의 관점에서 P_1보다 P_2가 많기 때문이다. 그러나 상기 상황에서 문제의 정책이 인간의 기본욕구(basic needs)에 관한 영역이라면, 하층의 복지를 묶어 두고 중층의 복지를 제고시키는 정책이 정당성을 확보하기란 쉽지 않으리라고 사료된다. 일반적으로 중층집단을 기본욕구가 일정수준 충족된 집단으로, 하층집단을 기본욕구가 충족되지 않은 집단으로 간주할 경우, 전자의 복지제고를 위하여 후자의 절박한 필요를 간과하나는 빌싱은 도덕적으로 정당화되기 어렵지 않겠는가?

그러나 그럼에도 불구하고 우리는 하층의 기본욕구의 충족을 간과한 채 중산층의 복지제고를 목표로 하는 제도를 목격해 왔다. 한국의 의료보험제도는 하층을 희생한 중산층 우대의 복지정책의 산물이라고 하겠다. 현시점에서 의료보험은 국민개보험이 되어 모든 사회집단이 혜택을 누리고 있으나,[7] 최초로 동 제도가

실시될 무렵 공무원과 기업체의 직장인들이 주요 대상이었다. 공무원이나 기업체의 직원들이 일정한 소득원을 가진 중산층으로 의료보험제도의 수혜자였다면 최소수혜층으로 간주되는 농어민, 무직자, 영세상인들은 제외된 것이다. 또한 기본적 욕구의 영역에서 하층을 배제한 중산층 우대의 정책은 의료보험뿐 아니라 산업재해보상제도나 연금제도 등에 해당된다는 점을 지적할 필요가 있다. 즉 이들 제도가 중소기업보다 대기업 위주로 실시됨으로써 상대적으로 여유가 있는 대기업 노동자들이 훨씬 절박한 중소기업의 노동자들보다 더 커다란 혜택을 향유하게 된 것이다.[8] 이와 같이 한국의 복지제도가 하층에서부터 시작하여 중층으로 올라가는 '상향성'(bottom-up)이 아니라 중층으로부터 시작하여 내려오는 '하향성'(top down)의 형태로 전형적인 서구의 복지국가와는 상이한 형태를 취하게 되었다는 점은 유감스러운 일이 아닐 수 없다.

총체적으로 평가할 때 사회적 총효용의 극대화로 특징지어지는 공리주의는 사회의 구성원 가운데 중산층을 비롯한 다수집단의 복지제고를 목표로 하고 있으나, 최소수혜자의 절박한 상황을 방치하고 있음이 분명하다. 이 점에서 최소수혜자에게 배려하는 맥시민 원리에 비하여 도덕적 우위성을 확보하기 어렵다고 생각한다. 우리는 사회의 전체적 복지를 극대화한다는 명분하에 어떠한 희생이라도 정당화되는 것은 아니므로, 구성원들에게 요구될 수 있는 특정 유형의 희생을 제한하는 것이 온당하다고 주장한다. 따라서 재화의 배분과정에서 거부권을 최소수혜자에게 부여할 필요가 있겠는데 맥시민이 바로 그러한 원리인 셈이다. 결국 분배의 영역에 관한 한 "사회 전체가 무엇을 얻는가" 하는 문제에 못지않게 "누가 무엇을 얻는가"(cui bono) 하는 문제가 관심의 초점이 되어야 할 것인바, 이 점에서 맥시민은 "누가 무엇을 얻는가" 하는 문제에 관하여 공정한 해결을 제시하고 있다는 점에서 공리주의보다 설득력을 지니고 있다고 하겠다.

---

7) 1977년 7월 1일 산업체의 보험이 시작된 지 12년 만인 1989년 7월 1일 전국민의료보험으로 정착되었다.

8) Moo-Kwon Chung, "State Autonomy, State Capacity and Public Policy", Diss., Bloomington: Indiana Univ. Press, 1992.

3. 결집의 원리로서 맥시민 원리의 문제

앞에서 맥시민 원리의 특성과 강점을 고찰했다면, 본 절에서는 맥시민 원리가 결집의 과정에서 적지 않은 문제를 야기할 수 있다는 점을 지적하고자 한다. 맥시민 원리는 최소수혜자에게 거부권을 부여하는 원리이다. 맥시민 원리로부터 전제되는 거부권이란 최소수혜자가 동 원리를 방어적으로 사용한다는 의미가 담겨 있다. 당연히 우리는 맥시민 원리의 방어적 성격이 보장될 수 있는가 하는 문제에 관심을 갖게 될 것이다.

이 점과 관련하여 절차적 정의의 범주가 쟁점의 대상이다. 맥시민 원리는 순수절차적 정의의 범주에서 안출된 바 있다. 하지만 맥시민 원리의 적실성은 단순히 절차의 수준에서만 평가되는 것이 아니라 결과의 수준에서도 평가될 필요가 있다. 이러한 논거가 적절하다면, 순수절차적 정의의 범주를 넘어서서 결과에 관심을 갖는 비순수절차적 정의의 범주에도 주목해야 할 것이다. 보다 구체적으로 우리는 절차와 결과에 공히 유사한 관심을 갖는 혼합절차적 정의의 범주를 구축할 필요성을 느끼게 된다. 본 절에서는 혼합절차적 정의의 범주에서 맥시민과 차등의 원리의 적실성을 평가하게 될 것이다.

(1) 순수절차적 정의와 혼합절차적 정의

맥시민 원리에 의거한 차등의 원리를 도출하는 데 있어 롤즈의 방식은 순수절차적 정의의 관점에서 접근하는 것이다. 순수절차적 정의란 절차에만 관심을 갖는 범주로서 절차와 독립적 기준을 설정하고 있는 완전절차적 정의(perfect procedural justice)나 불완전절차적 정의(imperfect procedural justice)와는 상이하다. 완전절차적 정의의 예로는 케이크를 동석자 모두에게 똑같이 나누는 기준이 실징되어 있을 경우, 케이크를 자르는 사람이 마지막에 가져가는 방안이다. 이 경우 케이크를 똑같이 나눈다는 '독립적 기준'은 케이크를 자르는 사람이 마지막에 가져가는 '절차'에 의하여 충분히 충족될 만하다. 그러나 독립적 준거를 충족시킬 수 있는 절차가 항상 존재한다고 단언할 수는 없다. 형사재판의 목적은 범죄자를 가려내어 유죄판결을 내리는 데 있지만, 배심원제도나 판사심리의 절차는 소기의 목적을 달성할 수 있을 만큼 언제나 완벽한 것은 아니다. 그런가 하면 노름과 같은 경우는 순수절차적 정의에 속한다. 노름에 있어서 누가 돈을 많이 따든지 혹은 잃든지 결과는 그다지 중요하지 않다. 노름의 규칙이 공정하다면, 노름의 결과는 주목의 대상이 되지 않는다는 점에서 노름의 순수절차주의는 성립한다.

맥시민 원리는 '무지의 베일'을 쓴 상황하에서 도출되는 순수절차적 정의의 범주로 평가되고 있다. 그러나 그럼에도 불구하고 롤즈의 세 가지 절차적 정의의 범주가 완전하지 않다는 의견을 밝히고자 한다. 그 대안으로 롤즈와는 상이한 세 가지 절차적 정의의 범주를 구축할 필요가 있다. 첫째로 순수절차에 의한 범주와, 두 번째로 독립적 기준에 의한 범주이며,[9] 마지막으로 절차와 독립적 기준을 유기적으로 연계시킨 혼합절차주의가 분석적으로 그리고 실제적으로 가능하다. 절차나 독립적 기준을 언제나 배타적으로 접근할 이유는 없다. 특히 문제의 절차가 얼마나 공정한가 하는 문제를 검토하기 위해서는 그로부터 나오는 결과가 얼마나 공정한지에 대하여 일정수준 주목할 필요가 있다.

실제로 결과보다는 절차에 주안점이 두어지는 경우에도 결과의 분포는 적어도 부차적인 관점에서 주요 관심의 대상이다. 일반적으로 국회에서 선거법과 같은 특정한 법이나 절차를 제정할 때 '무지의 베일'을 쓰는 경우는 적지 않다. 이 점에서 절차의 공정성은 보장될 가능성이 높다. 그러나 무지의 베일을 쓰고―비록 두텁기보다는 '얇은 무지의 베일'이겠지만―특정 절차를 만들었다고 해도 문제의 절차에 의한 결과가 어느 한쪽으로 집중 분포된다면 절차에 하자가 있는 것이 분명하다.

이와 같은 논리가 설득력이 있다면, 그것은 '순수절차'와 '비순수절차' 이외에 절차와 결과가 함께 고려되는 혹은 더욱 엄밀하게 말한다면 절차의 공정성을 평가하기 위해 결과가 부차적으로 고려되는 '혼합절차'의 범주가 유의미하다고 하겠다. 맥시민의 평가에 있어서 혼합절차적 정의의 범주가 매우 유력한 이유는 맥시민의 절차적 공정성에 대하여 논란의 여지가 있다고 판단되기 때문이다. 특히,

---

9) 김주성이 이 범주를 비순수절차주의라고 명명한 것은 매우 적절하다고 생각된다(김주성, "자유주의의 세계사적 근대성과 철학적 위기", 한국정치경제학회 편, 『한국경제학이론』, 신유, 1993, pp.324~364).

'무지의 베일'을 쓴 행위자의 선택과 관련하여 이를 불확실성 상황에서 합리적 선택의 범주로 간주하려는 합리적 행위가 모델에서 맥시민이란 유일한 합리성의 기준이 아니라 다만 모험회피성(risk−averseness)의 전형에 불과하다는 점이 강조되고 있지 않는가!

이처럼 맥시민의 적실성이 쟁점이 되는 상황에서, 즉 무지의 베일을 쓴 합리적 행위자가 유일하게 맥시민을 원용하리라는 논거가 의문시되는 상황에서 맥시민의 공정성의 평가에 관한 한, 결과에 대한 고려가 포함되어야 한다는 점은 매우 온당한 주장이 아닐 수 없다. 따라서 혼합절차적 정의의 관점에서 맥시민을 평가할 필요가 있다고 판단되어 일정한 가상적 상황을 설정하고, 맥시민에 의거하여 산출될 가능성이 있는 결과를 예의·주시하기로 한다.

(2) 사례 1: 맥시민과 중층의 궁핍화

여기에서는 다음과 같은 상황을 설정하고자 한다. S_1과 S_2는 각기 경합적인 선택의 상황이며, A와 B는 하층, C, D, E는 중층, F, G는 상층으로 볼 수 있다. 또한 괄호 안의 숫자는 구성원들의 수를 의미하며, 그 이외의 숫자는 일차적 재화나 효용을 의미한다고 하겠다.

<표 6−3> 상황에서 S_1보다 S_2로 결정되는 경우, 맥시민 원리에 의한 선택이라고 할 수 있다. 논의의 핵심은 S_2를 결정하는 맥시민의 원리가 사회의 안정성을 보장할 수 있는가 하는 점이다. 여기서 안정성이라면 맥시민의 원리가 '내쉬균형'이나 '게임의 중핵'으로 부각되어 사회의 구성원들이 맥시민의 원리에 동조하는 나머지 혁명이나 내란의 대안을 전혀 고려하지 않고 평화롭게 살아갈 수 있는 가능성을 의미한다.

〈표 6-3〉

	A(10)	B(10)	C(10)	D(10)	E(10)	F(10)	G(10)	총량
S_1	10	15	30	40	50	65	80	2,900
S_2	11	13	17	17	20	50	100	2,280

S_2 상황이 노정하는 주요 특성이라면, 중산층의 형편이 현격히 악화되는 반면, 최소수혜자의 입장이 미미한 정도로 개선되고 상층의 입장은 현저하게 개선되므로 '부익부'의 상황을 방불케 한다는 점이다. 같은 맥락에서 사회계층 간의 불평등의 정도가 매우 심화된다는 점도 S_2의 전형적인 특성이다. 이런 상황에서의 각별한 관심은 맥시민의 원리가 안정화의 원리로 작동할 것인가에 있다. 그러나 이에 관해 예상되는 전망은 중산층의 붕괴로 말미암아 사회 전체가 감내해야 할 위험부담이 매우 크다는 점이다. 중산층의 몰락으로 인하여 이른바 '가진 자'(haves)와 '못 가진 자'(have-nots)들 사이의 계급갈등이 격화될 것으로 예상되기 때문이다. 즉 S_2의 상황에서 최소수혜자의 상황은 10에서 11로 1 정도 약간 개선된 반면, 최대수혜자는 80에서 100으로 무려 20으로 개선되었다. 이에 비하여 중산층은 최저 30에서 17 혹은 최고 50에서 20으로 격감하였다. 이것은 최소수혜자와 최대수혜자의 입장을 조정할 완충지대로서의 중산층 혹은 최소수혜자가 일차적 사회이동(social mobility)의 대상으로 삼는 중산층이 사라졌다는 것을 의미한다. 확실히 불평등은 악화되었으며, 중산층의 몰락으로 하층과 상층 간의 '계급투쟁'(class struggle)이 심화될 가능성이 높아진 것이다.

이러한 맥락에서 중산층의 입지가 최소수혜자의 입장 못지않게 보호받아야 한다는 의견을 밝힐 필요가 있다. 중산층의 특혜적 입장, 즉 중산층이 보호받아야 한다는 명제는 어디에서 정당화될 수 있는가? 그것은 계급으로 나누어진 사회에서 중산층은 사회적 안정에서 매우 중요한 역할을 수행한다는 점으로서 이에 관한 가장 고전적인 논거는 아리스토텔레스로부터 발견된다. 아리스토텔레스는 '정치학'에서 부자와 빈자 사이의 갈등에 대하여 집중 논의하고 있다. 한 개인 안에서 여러 가지의 기능이 통합될 수 있음은 확실하다. 즉 군인은 농민이나 목공이 될 수 있지 않겠는가? 그러나 한 개인은 동시에 부자와 빈자가 될 수 없다. 이처럼 부자와 빈자의 배타적인 관계야말로 양자 사이에 존재하는 영원한 갈등의 원천이다. 이러한 갈등의 결과 정치체제도 각기 다르게 나타난다. 과두정(oligarchy)과 민주정(democracy)이 바로 그것인데, 과두정은 소수의 부자가 가난한 사람들을 지배하며 다스리는 정치형태인 반면, 민주정은 가난한 사람들이 부자를 지배하여 다스리는 정치형태이다. 양 체제는 물론 불안정할 수밖에 없다. 부자와 빈자는 결코 상호 간에 신뢰를 하지 않으므로 양 계급 중 어느 누구도 상대방에 의한 통치에 동의하지 않고, 계속해서 체제를 뒤엎으려는 시도를 하게 마련이다.

아리스토텔레스의 고전적 비전에 의하면, 부자와 빈자 사이에 존재하는 계급갈등을 순화시키고 양자를 화해시킬 수 있는 방안—물론 마르크스나 마르크시스트들은 이러한 가능성을 전면 부인하겠으나—이 있다면, 거대한 중산층을 구축하는 방안이다. 중산층이 부자와 빈자의 계급갈등을 해소시킬 수 있는 대안으로 평가될 수 있는 것은 중산층(mesoi, hoi en mesoi)이 윤리적으로 이른바 '황금평균'(golden mean), 즉 중용이 덕목의 기준이 된다는 점과 유비적 관계를 맺고 있기 때문이다. "덕이 중용에 있는 것"처럼(virtus in medio stat), 한 사회의 안정도 중산층에 달려 있다. 중산층의 중재역할에 의하여 부자와 빈자 사이에 '계급타협'(class compromise)이 가능할 것이다. 이처럼 사회적 안정과 관련하여 중산층에 대한 선호는 고대의 아리스토텔레스뿐만 아니라 현대에 와서도 널리 발견된다. 현대의 적지 않은 연구들은 사회의 안정, 특히 민주주의적 안정과 관련하여 두터운 중산층을 선호하는 경향을 보이고 있는데,[10] 이러한 입장들이 충분히 옹호될 수 있다면, 중산층의 복지제고는 최소수혜층 못지않게 정당성을 갖고 있다고 주장할 수 있다.

그런가 하면 중산층 자신이 S_2 상황을 가능케 한 맥시민 원리에 대하여 불만을 표출할 가능성도 농후하다. 중산층이 평가하는바, 맥시민 원리의 근거가 되는 최소수혜자의 1에 해당하는 상황개선은 너무나 미미하여 이를 위하여 자신들이 훨씬 더 광범위하고 상당한 손실을 감내해야 하는 상황을 받아들이기란 쉽지 않다. 다시 말해서, 이 상황에서 행사되는 최소수혜자의 거부권이란 중산층의 입장에서 보면 '방어적'이라기보다는 '공세적' 성격을 지니고 있는 듯하다. 논의의 초점은 최소수혜자의 공세적인 거부권 행사에 대하여 중산층의 방어적인 거부권이 성립될 수 있는 가능성이 있는가 하는 점에 모아진다. 즉 중산층의 거부권이 순수절차적 정의의 범주에서 정당화될 수 있겠는가? 우리는 본 맥락에서 하사니(Harsanyi, 1975)가 주장한 바 있는 불확실성 상황하에서의 평균효용극대화(average utility

---

10) S. M. Lipset, *Political Man*, New York: Doubleday, 1960.

maximization)의 원리가 귀중한 시사점을 제공하고 있다고 믿는다. 맥시민을 무지의 베일을 쓴 합리적 행위자가 '모험을 회피하는 존재'(risk—acceptant)로서 원용하는 원리로 간주하는 것이 온당하다면, 평균효용극대화는 무지의 베일을 쓴 합리적 행위자가 '모험을 받아들이는 존재'(risk—acceptant)로서 구사하는 원리로 이해할 수 있다. 강조하자면 불확실성 상황하에서 '모험 감내'의 전략을 사용하는 방안이 타당하다고 인정할 수 있다면, 순수절차적 정의의 원리로서 평균효용극대화의 원리는 충분히 옹호될 만하다. 뿐만 아니라 모험감내성을 일방적으로 주장하기보다 사회 전체 구성원의 모험감내성을 보다 객관적으로 산출하는 과정에서 모험감내성과 모험회피성의 평균을 취하는 경우를 상정한다고 해도 최소수혜자들이 행사하는 거부권의 원천인 맥시민의 원리는 결코 쉽게 정당화될 수 없다는 논거가 성립하는 셈이다.

결국 S_2 상황 선택과 관련하여 우리는 두 가지 관점에서 최소수혜자의 거부권과 맥시민의 부적절성을 지적하고 있는 셈이다. S_2의 상황 선택으로 말미암아 불가피하게 야기될 중산층의 몰락이란 '가진' 집단과 '가지지 않는' 집단 간의 심각한 계급갈등을 촉발시키게 됨으로써 사회의 불안정을 초래하며,[11] 또 한편으로 중산층의 거부권도 최소수혜자의 거부권처럼 순수절차적 정의의 범주에서 도출될 수 있을 정도로 도덕적 정당성을 함유하는 원리로 간주될 수 있는 까닭이다.

물론 최소수혜자의 거부권과 중산층의 거부권 가운데 어떤 거부권이 스캔론이 지적하는 '순리적 거부'의 시험을 통과할 수 있는가 하는 문제가 쟁점이다. 양 거부권이 공히 순수절차적 정의의 요건을 충족시킨다는 점은 명백하다. 그렇다면 이 경우, 상기 원리들이 산출하는 각각의 결과를 감안하여 평가할 필요가 있지 않겠는가? 즉 이 상황에서 맥시민의 원리는 평균효용극대화의 원리보다 사회적 불안정을 야기할 공산이 농후하다는 점이 주목의 대상이 되어야 한다. 그것은 최소수혜자 자신의 미미한 이익을 위하여 중산층에게 훨씬 더 커다란 손실을 강요함으로써 불평등을 악화시키고 중산층의 궁핍화를 야기하여 부익부, 빈익빈과 유사한 계급갈등을 일으킬 가능성이 있기 때문이다. 결국 양 거부권이 모두 순수절차

---

11) 장동진은 맥시민이 불평등을 야기할 수 있다는 점에 대하여 매우 적절한 우려를 표명하고 있는데, 본 논의의 중산층의 몰락도 그 주장과 궤를 같이하고 있다(장동진, "맥시민과 평등", 『한국정치학회보』 25집 1호, pp.363~386).

적 정의의 필요조건을 충족시키는 상황에서 맥시민 원리의 결과가 평균효용극대화 원리의 결과보다 열악한 것으로 나타난다면, 순수절차적 정의의 범주로서 범주에 하자가 있다는 반증이 아니겠는가?

<표 6-4>의 상황에서 맥시민의 원리가 통용되는 경우 S_1보다 S_2가 선택된다. 그것은 다른 사회계층의 생활악화와 상관없이 최소수혜자인 A집단의 생활개선이 돋보이기 때문이다. 우리의 관심사는 대다수의 사회구성원들이 S_2 상황을 정당한 것으로 받아들일 것인가 하는 점에 있다. S_2 상황의 특성이라면, A집단의 생활전망이 개선되는 반면, A를 제외한 모든 계층의 생활전망이 악화된다는 점에 있다. 따라서 사회효용 총량의 측면에서 S_2는 S_1에 비하여 떨어진다. 즉 S_2 상황의 선택논리라면, 최소수혜자 A집단의 고통과 불만이 비록 그 심도에 있어서는 약하지만 훨씬 많은 집단의 고통과 불만에 비교되고 전자가 후자에 비하여 우선권을 확보하게 된다는 점이다. 그런데 관심의 초점은 S_2의 상황을 가능케 하는 A집단의 거부권에 관하여 B에서 G까지의 집단들이 수긍할 것이라는 전망에 대하여 낙관하기 어렵다는 점에 있다.

S_2의 선택과 관련하여 맥시민 원리가 수의 개념을 압도하게 된다는 점에 주목을 할 필요가 있다. 최소수혜자에게 이득이 된다면, 다른 더 많은 계층의 이득과 손해에 관해서는 하등 개의치 않겠다는 명제가 돋보이는 까닭이다. 하지만 수의 개념에 민감한 공리주의자의 입장에서 맥시민의 이러한 특성은 문제를 야기할 소지가 매우 농후하다고 생각된다. 매우 가난하고 척박한 생활을 하고 있는 소수의 최소수혜자들의 비참한 생활전망을 개선하는 일과 형편은 비교적 낮지만 그렇다고 하더라도 '그럭저럭 살아간다'고 표현될 만큼 아직도 생존을 위하여 안간힘을 쓸 수밖에 없는 많은 사람들의 고초를 감소시키는 방안 가운데 어느 하나를 선택해야 하는 경우, 일

〈표 6-4〉

	A(10)	B(10)	C(10)	D(10)	E(10)	F(10)	G(10)	총량
S_1	10	15	30	40	50	65	80	4,450
S_2	12	14	25	35	45	55	65	3,810

방적으로 사람들의 수를 도외시하고 선택한다는 논리는 설득력을 갖기 어렵다. 물론 고통의 질로 평가할 때, 후자의 고생은 전자에 비하여 덜하다고 할 수 있겠지만 그럼에도 불구하고 상당한 어려움을 겪고 있는 것으로 추정되는 후자 B, C, D, E 집단의 고초를 고려할 때, B, C, D, E 집단의 숫자가 아무리 많다고 하더라도 이에 상관없이 거부권을 최소수혜자에게 부여한다는 논리는 받아들이기 쉽지 않다. 본 맥락에서 1994년 우루과이라운드 협상에서 쌀시장을 개방하기로 결정한 김영삼 정부의 정책이야말로 최소수혜자인 농민 A집단의 거부권을 인정하기를 거부한 전형적 사례라고 하겠다. 국내 쌀시장의 개방이 농민들에게 심대한 타격이 된다는 점은 주지의 사실이다. 하지만 쌀시장 개방을 거부할 경우, 이로부터 파생되는 무역상의 불이익이 집단 B, C, D, E에 훨씬 더 치명적일 것으로 우려되어 개방정책이 결정되었다면 B, C, D 집단의 대규모적인 복지제고가 A집단의 소규모적인 복지제고보다 더 중요하다고 판단되었기 때문이 아니겠는가?

물론 이와 같은 논거에 의거 S_2보다 S_1이 선택된다면, 맥시민의 원리가 공리주의 원리에 의하여 압도당하는 전형적인 경우라고 이해할 수 있을 것이다. 실상 배분의 원리가 구성원들의 숫자에 민감한 관심을 표명하게 되는 경우, 맥시민 원리의 존재이유 자체가 무력화될 것으로 우려된다. 주지하는 바와 같이 맥시민의 독특성, 즉 최소수혜자 거부권이란 구성원들의 수와 관계없이 고통과 즐거움 사이의 도덕적 비대칭성에 유의하고 '개인의 개별성'을 견지하고자 하는 의도에서 도출된 원리가 아니겠는가? 특히 최소수혜자의 거부권은 공리주의에서 파생될 가능성이 짙은 '다수의 횡포'(tyranny of the majority)를 수정하고자 하는 방어적 원리의 속성을 내재하고 있다.

그러나 그렇다고 하더라도 사회적 배분의 원리에서 숫자의 범주가 전적으로 배제될 수 있는가 하는 문제는 의문으로 남는다. 특히, 최소수혜자의 상황이 매우 절박한 경우라 해도 숫자에 민감한 혹은 다수의 복지를 우선으로 하는 공리주의 원리가 정당화될 수 있는 가능성은 존재하며 혹은 질적인 차이가 아니라 정도의 차이에서 느껴지는 고통의 감소에서 숫자의 무게는 보다 크게 평가될 여지가 있다.

본 맥락에서 A집단과 B집단을 경제적 차원에서 최소수혜자라기보다 불구자의 경우처럼 물리적·육체적 차원에서 최소수혜자, 즉 환자의 집단으로 환치시켜 보

자. 롤즈는 이러한 장애자나 환자의 범주를 도입하고 있지 않으나, 본 논의에서는 최소수혜자의 속성을 조명하는 데 있어 환자의 범주를 도입해도 무방하다고 판단하는 입장이다. 중태에 빠져 있는 A와 B 두 집단이 비교의 대상이다. A집단 환자는 뇌사의 상태로서 회복 가능성이 전혀 없는 상태이나, B집단 환자는 혼수상태에 빠져 있을 뿐 소생 가능성은 충분하다. '희소성'(scarcity)을 가진 고가의 산소호흡기가 하나인 상황에서 A와 B 가운데 어느 한 집단의 환자에게 공여할 것인가 하는 문제가 야기되는 경우, 맥시민 원리에 의존한다면, 두말할 나위 없이 A집단 환자에게 공여하게 된다. 그러나 이 상황에서 산소호흡기 공여의 의미는 매우 미미한 편이다. 왜냐하면 A집단 환자에게는 생물적인 삶, 즉 죽음을 연기하는 것에 불과하기 때문이다. 즉 뇌사상태의 A에게 산소호흡기를 부착한다면 A의 생명이 연장되는 것은 확실하나, 생명연장 조치에서 뚜렷한 의미는 찾아보기 어렵다. 이와는 대조적으로 B집단의 환자는 비록 혼수상태이나 절망적인 것은 아니므로 산소호흡기를 제공한다면 회복하는 데 결정적인 도움이 된다고 예상할 수 있다. 이 경우 산소호흡기에 대한 A환자의 더 절박한 요구와 B환자의 덜 절박한 요구 가운데 어떤 환자의 요구가 C에서 G까지의 사회구성원들의 지지를 이끌어 낼 수 있겠는가? 이 상황에서 맥시민 원리의 적용은 매우 비현실적이라는 것이 본 연구자의 견해이다. A의 예상되는 효과가 B의 그것에 비하여 너무나 미약하기 때문이다. 같은 맥락에서 삶의 가망이 매우 불확실한 환자에게 희소성의 약을 투여하는 방안과 그보다는 정도가 약하지만 삶의 가망이 있는 여러 명의 환자에게 희소성의 약을 투여하는 방안에서 후자가 비교적 더 의미 있는 대안으로 비추어진다면, 숫자의 비중이 경시될 수 있는 것은 아니라고 사료된다. 한걸음 더 나아가 소수의 구성원들의 절박한 고통의 감소와 다수 구성원들의 덜 절박한 고통의 감소에서 전자가 후자에 비하여 우선한다는 논리가 언제나 설득력을 갖는다고 단언하기란 어려운 일이 아니겠는가?

　우리는 결국 이와 같은 상황에서 공리주의 원리가 맥시민의 원리와 상충하는 현실에 직면하게 된다. 물론 장기에 결함이 있어 앓고 있는 환자 10명을 고치기 위하여 환자 1명으로부터 여러 가지 장기를 얻기 위해 1명의 환자를 강제로 희생시키는 방안이 정당화될 수 없다는 사실은 자명하다. "인간은 수단이 아니라 목적으로 간주되어야 한다"는 칸트의 정언명법(categorical imperative)에 의하여 정당화될 만큼 개인의 개별성은 언제나 존중되어야 하기 때문이다. 이 사실을 경시하는 한 공리주의의 한계는 분명히 드러난다. 하지만 소생 가능성이 없는 환자 1명의 생명연장을 위하여 10명의 보다 양호한, 그럼에도 불구하고 역시 절박하기 짝이 없는 환자들을 유기한 채, 희소성의 자원을 희망 없는 환자 1명에게 '독점적으로' 투여하는 경우는 용인되기 어렵다고 사료된다. 특히 희소성의 자원이 산소호흡기처럼 이른바 '비분리성의 재화'(indivisible goods)일 경우, 이로부터 제외되는 10명의 불만과 원성은 비록 공리주의적 사고를 내포하고 있다고 하더라도 맥시민에 의한 요구보다 더욱더 경청될 필요가 있지 않겠는가?

4. 결어와 전망

본 논의에서는 복지의 원리인 맥시민과 차등의 원리를 혼합절차주의의 관점으로부터 비판적으로 조명하고자 하였다. 특히, 맥시민 원리의 공정성을 평가하기 위해서 롤즈의 주장처럼 동 원리를 순수절차적 정의의 범주로 접근하기보다는 혼합절차주의에 의하여 조명할 필요가 있음을 강조함으로써 논의를 시작하였다. 혼합절차주의란 완전절차나 불완전절차주의를 내포하고 있는 '비순수절차주의'(impure proceduralism)와는 달리 순수절차주의의 타당한 범위를 인정하면서도 순수절차적 정의의 공정성을 음미하기 위해서는 그 '현저한'(salient) 기준으로 결과의 공정성이 고려의 대상이 되어야 한다는 점을 상정하고 있다.

이러한 혼합절차주의의 관점에서 볼 때, 맥시민과 차등의 원리는 일련의 하자를 지니고 있는 범주로 평가된다. 맥시민은 최소수혜자의 작은 이익을 위하여 중산층에게 훨씬 커다란 희생을 요구하므로 중산층의 입장에서 의아스럽게 생각되는 결과를 산출할 가능성이 있으며 또한 최소수혜자의 작은 이익을 위하여 중층과 상층에게 상당한 부담을 강요하므로 사회 다수집단의 입장에서 수긍하기 어려운 결과를 야기할 것으로 우려된다.

사회계약론적 관점으로부터 분배정의의 원리를 구축하려는 롤즈의 시도에서 맥시민 원리는 '특혜적 입장'을 견지해 왔다. 그것은 일단 '무지의 베일'을 쓴 상황에서 합리적 행위자가 선택하게 된다는 '순수절차주의'(pure proceduralism)의 관점에서 정당화되었다. 그러나 보다 엄밀한 의미에서 조망한다면, 불확실성 상황하에서 합리적 행위자가 선택한다는 논리 이상의 도덕적 의미가 투영되어 있음이 완연하다. 즉 고통과 즐거움 사이에 존재하는 도덕적 비대칭성(moral asymmetry)이 그것이다. 사회에서 이루어지는 즐거움과 고통의 분포가 임의적일 수밖에 없다면, 최대수혜자가 최소수혜자의 이득을 위하여 자신의 더 큰 이익을 희생해야 한다는 점이 즐거움의 제고보다 고통의 감소에 역점이 두어지는 소이이다.

이러한 관점에서 맥시민은 최소수혜자를 보호하기 위한 '배분의 원리'(distributive principle)임에 틀림없지만, 한편으로 맥시민을 '결집의 원리'(aggregative principle)로 간주할 이유도 갖고 있다. 그것은 사회적 선호의 결집과정에서 특정한 원리를 구체화하는 속성을 지니기 때문이다. 맥시민은 사회적 선호의 결집과정에서 만장일치제를 구체화하고 있는 원리이다. 롤즈를 비롯한 사회계약론자들은 사회협력의 구도 구축에서 관련되는 구성원들 간의 합의를 강조하고 있다. 그러나 각 구성원들의 의견과 이익의 상치 내지 갈등을 감안할 때 전원합의를 도출해 내는 일은 불가능하지 않겠는가? 따라서 만장일치를 목표로 하는 경우, 모든 사람들이 합의를 이룰 수 있다는 명제보다는 모든 사람들이 반대를 하지 않을 성격의 원리의 도출이 훨씬 더 매력적인 것으로 보인다. 다시 말해서 고통을 가장 많이 감내해야 하고, 따라서 불만의 목소리가 가장 높을 수밖에 없는 개인들의 입장에서 거부되지 않을 원리의 도출이 의미가 있는 것으로 판단되었던 것이다.

맥시민의 원리란 바로 '최대 불만의 극소화'(minimax complaint)를 목표로 최소수혜자에게 거부권을 부여하고 있는 원리로서 '독특한'(sui generis) 의미의 만장일치제인 셈이다. 최소수혜자에게 거부권을 주는 맥시민에 의하여 구체화되는 만장일치제는 특이한 장점을 배태하고 있다. 그것은 애로우(K. Arrow)가 제시한 결집의 원리와는 다르게 선호의 서수주의(ordinalism)보다 기수주의(cardinalism)를 옹호하고 있다는 측면에서 매력적이다. 즉 맥시민은 생활의 기본욕구가 충족된 최대수혜자들의 선호보다 최소수혜자들의 선호강도(intensities of preferences)를 우선시 하는 원리가 아니겠는가? 특히 선호의 서수주의 못지않게 기수주의에 우리가 일상적으로 익숙한 것이 사실이라면, 최소수혜자의 입장에 최대의 비중을 두는 맥시민의 진가는 돋보인다. 뿐만 아니라 같은 만장일치제를 원용하더라도 하등 현저한 도덕적 의미나 정치·사회적 의미를 투영하지 못하는 파레토의 기준(Pareto's criteria)을 상회한다는 차원에서 맥시민 원리의 우월성은 음미할 만하다. 어떠한 자원의 재분배도 허용하지 못하는 불모의 파레토 기준에 비하여 의미 있는 자원의 재분배를 가능케 하는 맥시민 원리는 도덕적으로뿐만 아니라 정치·사회적으로 매우 중요한 결집의 원리라고 단언할 수 있지 않겠는가?

그러나 그럼에도 불구하고 본 장에서는 맥시민의 원리가 결집의 규칙으로서 바람직하지 못한 결과를 야기할 수 있다는 점에 주목하고, 또한 그러한 일련의 사실들을 혼합절차주의의 관점에서 맥시민의 한계로 간주하고자 하였다. 물론 맥시민이 사회적 선호의 결집과정에서 정의의 원리로 적절하게 통용될 수 있는 상황이 엄존한다는 점을 인정하는 데 인색할 이유는 없다. 그렇지만 맥시민이 사회적 선호의 결집과정에서 정의의 원리로 통용되는 상황이란 보편적인 경우보다는 '제한된 경우'(limiting case)에 한정될 필요가 있다는 것이 본 논의의 기조였다. 우리는 이러한 문제와 관련하여 일련의 가상적 사례를 분석하면서 접근하고자 하였다.

무엇보다도 맥시민의 원리가 하층에 대하여 중층을 차별화하는 원리라는 점을 고려할 때 맥시민의 원리가 불확실성 상황에서 특히 평균효용극대화의 원리에 비하여 우월한 합리성의 원리라는 점이 입증되기가 쉽지 않다는 점이 첫 번째 관심사였다. 일반적인 불확실성의 상황에서 맥시민이 맥시맥스(maximax)의 원리보다 더 매력적이라는 사실은 분명한 듯하다. 그러나 베이어즈(Bayez) 공리에 의하여 뒷받침되고 있는 평균효용극대화(average utility-maximization)의 원리가 맥시민 못지않게 광범위하게 원용되고 있는 것이 일상적인 현실이라면, 극단적인 보수적 합리성(extremely conservative rationality)의 전형인 맥시민의 유일한 합리성이란 옹호되기 쉽지 않다. 이처럼 불확실성의 상황에서 평균효용극대화의 원리가 적어도 맥시민과 경합적인 원리라는 사실에 유의할 때, 하층과 중층의 복지제고 가운데 어느 한쪽을 선택해야 할 상황에 직면하는 경우, 문제의 선택은 딜레마를 방불케 한다. 특히, 중산층의 복지제고를 최소수혜자의 복지제고에 비하여 무조건 우선시하지 않는다고 해도 최소수혜자의 미미한 이득과 중산층의 심각한 손실의 상황 가운데 전자의 선택이 언제나 도덕적 우위성을 견지할 수 있다고 믿기란 어려운 일이다. 뿐만 아니라 중산층의 몰락으로 말미암아 하층과 상층 사이에 '계급투쟁'(class struggle)을 무색게 하는 심각한 사회적 갈등이 예견되는 상황에서 하층의 작은 이익을 중층의 커다란 희생보다 우선시하는 것은 신중성(prudence)의 원리에도 어긋나는 처사가 아니겠는가?

그런가 하면 중층뿐 아니라 상층의 복지 등 사회 다수집단의 복지까지 대폭 희생하면서 하층의 복지를 약간 제고시키려고 하는 노력, 다시 말해서 사회다수의 막대한 희생 위에 최소의 극대화를 시도한다면 구성원들의 숫자를 평가하는 문제가 논의의 쟁점이 될 가능성이 크다. 물론 맥시민 원리는 관련되는 구성원들의 숫자에 초연하며, 이러한 특성을 통하여 공리주의의 약점을 보완하는 강점을 지니고 있다고 판단된다. 즉 이 점이야말로 맥시민이 '개인의 개별성'을 보호할 수 있든 소이라고 하겠다. 그러나 그렇다고 하더라도 다수의 숫자가 갖는 마력을 간단히 간과할 수 있는가 하는 문제에 관한 한 이를 긍정하기가 쉽지 않다는 것이 우리의 견해이다. 소수의 최소수혜자의 상황개선이 최소수혜자가 아닌 다수의 상황개선보다 언제나 도덕적으로 더욱더 의미가 있다고 단언하기란 쉽지 않다. 그 이유는 자명하다. 소수의 최소수혜자가 감내해야 하는 고통의 심각성과 절박성에 유의한다고 하더라도 최소수혜자가 아닌 다수의 구성원들이 감내해야 하는 광범위한 고통의 범주가 항상 도덕적으로 밀린다고 간주한다면, 이는 초현실적 판단일 가능성이 크기 때문이다. 특히, 중산층의 경우 기본욕구는 충족되고 있다고 하더라도 그러한 생활유지를 위하여 안간힘을 써야 하는 것이 부정할 수 없는 현실이라면, 최소수혜자의 이익이 비록 사소하더라도 언제나 중산층의 커다란 손해까지 압도할 수 있는가 하는 의문에 대한 대답은 결코 용이하지 않다.

결국 우리는 맥시민 원리가 혼합절차적 정의의 관점에서 그 정당성이 옹호되기 어렵다는 사실에 직면하게 된다. 그 주요 이유라면 맥시민이 최소수혜자의 '상대적'

위치를 극대화하는 원리로서 설사 사회의 최저순위에 있다고 하더라도 사회계층 구조에서 하층으로 남아 있는 이상, '계속해서' 이득의 우선권을 보장받는다는 사실에서 파생된다. 이러한 관점에서 볼 때, 맥시민에 의하여 상정되는 최소수혜자의 거부권이란 최소수혜자들의 입장에서 가장 거부하지 않을 만한 대안을 선택한다는 차원에서 정당화됨으로써 결집의 과정에서 모든 성원들의 만장일치를 보장하는 것처럼 보이지만, 실질적으로 최소수혜자에게 '독재권'(dictatorship)을 부여하는 결과를 초래할 수 있는 가능성을 배제하기 어렵다. 그러므로 사회계약론자들의 주장과는 달리 최소수혜자에게 거부권을 주는 것은 사회의 모든 구성원에게 거부권을 주는 일반적 의미의 만장일치제와는 질적으로 다르다는 점이 충분히 강조되어야 한다.

최소수혜자의 거부권이 도덕적 호소력을 지닐 수 있는 경우는 제한적이다. 그것은 최소수혜자가 거부권을 '공격적'(offensively)이 아니라 '방어적으로'(defensively) 사용한다는 단서가 붙는 경우에 한한다. 즉 최소수혜자의 기본필요(basic needs)의 충족을 위협하는 배분적 원리와 규범에 대하여 거부권을 행사한다면, 스캔론(Scanlon)이 주장하는바 '순리적 거부'(reasonable rejection)의 범주에 충분히 부합하는 셈이다. 이 경우는 최소수혜자들이 절대 빈곤선 밑에 포진해 있는 경우나 사회적 최저가 충족되지 않는 상황일 것이며, 이러한 상황에 대하여 최소수혜자 이외의 다른 사회적 집단들도 최소수혜자들이 행사하는 거부권의 의미에 대하여 납득할 수 있을 듯하다.

결국 이와 같은 사실들을 감안할 때, 절차적 정의의 원리로서 맥시민의 한계는 분명해진다. 우리는 본 장을 통하여 계약론적 관점에서 직관과 같은 독립적 기준의 원용을 주장하기보다 순수절차의 중립성과 객관성을 옹호하고자 했으나, 맥시민이 무지의 베일에서 도출되었다는 사실만으로 공정성을 보장받기란 어려운 일이다. 맥시민이 공정성을 견지하려면 실제로 사회집단들이 공정하다고 평가할 수 있는 일련의 타당한 결과를 산출해야 할 것으로 기대된다. 이 점이야말로 본 장이 맥시민을 평가하고자 설정했던 혼합절차주의의 기준이었다. 그런데 중산층이나 상층은 물론 최소수혜층 자신의 관점에서도 납득하기 어려운 결과를 산출한다면 절차적 정의의 원리로서 맥시민 원리의 제한점은 명백한 것이 아니겠는가?

제7장 한스 요나스의 책임 개념에 대한 연구

변순용

1. 서 론

우리가 일상생활에서 자주 사용하는 말에 대해 그 의미를 잘 모르면서도 흔히 말한다. 그중에 책임이란 말도 여기에 속할지도 모른다. 법적 책임에 대한 논의에서는 그래도 비교적 그 의미나 책임적용의 한계 등이 명시되어 있기에 그나마 법의 테두리 내에서는 책임의 의미가 다른 경우에서보다도 명확해질 수 있다. 그러나 그 역시 책임의 본질문제로 들어가면 많은 문제가 노정된다(법적 책임과 도덕적 책임의 긴장관계). 예를 들어 어떤 사람이 입은 정신적·물질적 상해를 어떻게 보상할 수 있는가 또는 정신적 손해에 대한 물질적 보상이 과연 합당한 것인가라는 문제들을 생각해 본다면 비교적 명확하다는 법적 책임 역시 그 한계를 드러낸다. 책임에 대한 근본적인 물음에서부터 그 책임의 현실사회 속에서의 적용문제에 이르기까지 우리가 사용하는 책임이라는 말 속에 포함되어 있기 때문에 책임에 대한 개념적 고찰에서부터 살펴보아야 하겠다.

책임이란 자명한 것처럼 보이기도 한다. 내 행위의 결과에 대해 나는 책임져야 한다. 내가 그 책임을 질 능력이 없어도 일단 책임은 어떤 형태로든 내게 부여될 것이다. 동서양을 막론하고 책임의 중요성은 인간의 공동생활에서부터 비롯된다.

그래서 책임은 공동생활의 규제장치로서의 기능을 가지고 있다. 고대 희랍시대에서 책임이 그러한 중요한 기능을 가지고 있다는 것은 혹은 여러 학자들에 의해 이미 주장되었다(J. Holl, 1980: 23). 인간은 자유롭지 못하지만 그럼에도 불구하고 책임이 있다거나 혹은 책임은 자유를 내포하지 않는다고 말하기도 한다(J. Holl, 1980: 13). 어느 시대를 막론하고 공동생활을 해치는 행위는 처벌되고 또 그 손상은 보상되어야 한다. 그래서 책임이 공동생활의 질서와 관련지어졌는지도 모른다.

책임이란 용어는 이제 하나의 유행어가 되어 가고 있다. 특히, 책임은 현대사회에서 특정한 위험과의 관계 속에서 논의된다(F. Kanfmann, 1992: 11). 책임이 존재한다는 것, 인간이 책임 있게 행위 해야 된다는 것은 논의의 여지가 없는 명백한 사실이다. 누구나 자기 행위의 결과에 대해서 책임을 져야 한다. 그러나 누가 책임을 져야 하는가 내지는 무엇에 대해 책임을 져야 되는가 또는 누구(무엇)에 대해 그리고 어떻게 책임을 져야 하는가 하는 것이 확실하지 않은 경우가 많이 발생한다. 특히, 오늘날의 복잡하게 구조화된 현대사회에서 책임의 주체, 대상 그리고 방법을 정하는 것이 보다 더 어려워지고 있다.

철학사전에 나오는 정의를 살펴보면, 책임은 도덕적 인간으로서의 사람이 내적으로 필요하다고 느끼는 것으로서 자기 행위의 결과를 받아들이는 것이다(Hoffmeister, 1955: 640). 또는 책임이란 인간의 자유의지의 필연적 산물이며 자유의지에 기반을 둔 책임능력의 산물이다. 책임윤리에 대한 언급은 막스 베버에 의해 그의 책에서 이뤄졌다(M. Weber: Politik als Beruf 참조). 그는 책임윤리(Verantwortungsethik)를 Gesinnungsethik으로부터 구분하였다. 후자는 행위의 옳음을 그 행위의 구체적인 결과에 대한 고려 없이 전적으로 그 행위가 도덕적 의무에 일치하느냐에 따라 판단된다. 그에 반해 책임윤리는 행위의 질을 그 행위의 예측 가능한 결과와 그것의 평가에 따라 판단한다. 베버에 의하면 책임윤리는 결과윤리가 된다. W. Weischedel은 사회적 책임, 종교적 책임, 그리고 자기책임(Selbstverantwortung)을 구분하면서 자기책임이 종교적 책임, 사회적 책임을 근거 지우는 가장 근본적인 책임이라고 규정한다(W. Weischedel, 1958 참조).

요나스는 근대의 진보적 유토피아사상을 책임윤리로 대치하고자 한다. 그는 환경파괴의 상황에 대해 누가 책임을 져야 하는가 하는 물음을 제기한다. 그는 우리가 현대 산업사회의 위기상황에서 그러한 진보에 대한 믿음으로부터 결별을 해야 한다고 주장한다. 자연의 정복은 그것의 과도한 기술적 성과로 인해 지금 이 시대를 살고 있는 우리에게 엄청난 요청을 제기한다. 그는 이러한 요청이 완전히 새로운 것이며 기존의 어떤 윤리이론도 이에 대해 대답을 줄 수 없을 것이라고 주장한다. 왜냐하면 기존의 윤리론들은 결코 미래지향적 책임윤리가 아니기 때문이다 (H. Jonas, 1984: 7). 책임윤리가 결과윤리에 속한다고 말할 수도 있지만, 책임윤리는 사실 그 이상을 내포하고 있다. 인간은 자기행동의 결과에 대해서뿐만 아니라 행위 자체 또는 존재 자체에 대해서도 책임을 져야 되기 때문이다. 그래서 일반적인 책임의 개념을 보다 확장시켜야 할 필요성이 제기된다. 이 장에서는 요나스의 책임 개념과 그 문제점들이 고찰되어 있다.

2. 방법론적 물음들

(1) 기존 윤리학의 문제점

요나스는 지금까지의 모든 윤리학이 다음과 같은 전제들을 암묵적으로 시인하고 있다고 비판한다(H. Jonas, 1984: 15). 인간의 본질과 사물의 본질이 주어져 있기 때문에 인간의 상태는 항상 본질적으로 확립되어 있고, 인간적 善은 이런 근거 하에 용이하고도 일관되게 규정될 수 있으며, 인간행위의 범위와 그에 따른 책임의 범위가 너무 좁게 한정되어 있다는 것이다.

또 다른 곳에서 그는 기존윤리학의 특징을 다음과 같이 제시하고 있다(H. Jonas, 1984: 22). 첫째, 인간 외적인 세계에 대한 모는 취급, 즉 기술의 영역은－의학은 제외하고－그런 행위의 대상뿐만 아니라 주체와 관련해서 윤리적으로 중립이었다. 둘째, 모든 전통적 윤리학은 인간 중심적이었다. 셋째, 인간의 실체와 그것의 근본적 상태는 본질적으로 불변한 것이라고 간주되었고 그 자체는 기술의 대상이 아니라고 여겨졌다. 끝으로 좋은 것이나 나쁜 것은 항상 그것을 야기한 행위와 근접해 있다. 즉 행위의 실천이나 그것의 직접적인 영향권 내에서이지 결코 보다 먼 미래의 계획의 대상은 아니었다(다시 말해서, 기존 윤리학은 현재 지향성을 가지고 있다는 것이다).

이 외에도 그는 기존윤리학의 문제점을 여러 곳에서 지적하고 있다. 예를 들면, 기존윤리학은 인간 삶의 지구촌적 조건이나 먼 미래, 또 인류의 실존에 대해서는 고려하지 못했다(H. Jonas, 1984: 28). 인간적인 선뿐만 아니라 비인간적 사물의 선도 추구되어야 하는데, 이것은 인간의 영역 밖으로까지도 인간적 선의 고려에 포함되어야 한다는 것이다. 바로 그런 자연에 대한 신탁자적 역할에 대해서는 기존 윤리학이 대비하지 않았다는 문제점을 가지고 있다고 그는 지적한다(H. Jonas, 1984: 29). A. Schweitzer도 생의 외경사상을 주장하면서 이미 이런 문제점을 지적하고 있다. 그래서 인간뿐만 아니라 인간을 둘러싼 모든 생명에 대해서 고려해야 되고 그에 대해 책임을 느껴야 한다고 주장한다(A. Schweitzer, 1990: 353).

기존윤리학의 이런 특징과 문제점들로 인해 우리는 윤리적 공백을 가지게 된다. 즉 인간능력의 확장—특히 기술의 진보로 인해 생긴 능력—과 그 확장에 대한 인간의 무지로 인해 생기는 공백에 대해 기존 윤리학은 침묵하고 있다는 것이다. 지금 우리는 자연에 대한 기술의 간섭으로 파생되는 많은 부작용을 직접, 간접적으로 경험하고 있다. 이미 많은 부분에서 자연은 자체 정화능력을 상실하고 있으며, 분명 생태계 전체를 윤리의 대상으로 포함시켜 고려해야 한다. 기술의 확장은 인간의 자아 개념과 존재의 수축을 그 부작용으로 가져온다(H. Jonas, 1984: 32). 이제 기술은 비인간적 영역뿐만 아니라 인간 자체도 그 대상으로 삼고 있다(예를 들어, 생명의 연장, 행동의 통제, 유전공학 등). 자기행위의 준칙이 보편타당한 법칙이 되도록 행위를 하라는 칸트적 정언명법이 이제는 자기행위의 준칙이 지상의 인간의 삶의 지속과 일치하도록 행위를 하라는 식으로 변해야 된다고 요나스는 주장한다(H. Jonas, 1984: 36). 이제 미래지향적인 책임윤리는 바로 인간의 겸손을 요구한다. 인간의 영리함에 대한 겸손이 아니라 우리의 증가된 힘 때문에 우리는 겸손해야 된다.

(2) 공포의 방법론(Heuristik der Furcht)

요나스는 자신의 방법론을 이렇게 부른다. 그에 의하면 홉스도 역시 이와 같은 방법을 사용하였다. 그는 홉스도 최고선(summum bonum)에 대한 사랑 대신에 최고악(summum malum)에 대한 두려움을 도덕의 출발점으로 삼았다고 보고 있다(H. Jonas, 1984: 65). 그는 다음과 같이 이 방법에 대해 설명하고 있다.

> 위험이 알려지지 않는 한 사람들은 무엇이 왜 보호되어야 하는가를 알지 못한다. ……우리는 무언가가 위험에 처해 있다는 것을 알게 되어야만 비로소 그것이 무엇인가에 대해 알게 된다. ……악에 대한 인지는 선에 대한 인지보다 훨씬 수월하다. ……우리가 원하지 않는 것을 우리가 원하는 것보다 훨씬 더 많이 알게 된다(H. Jonas, 1984: 63~64).

> 위험에 대한 두려움이 결코 고상한 인간의 태도가 아니지만, 정말로 그런 것이 존재한다면 그것에 대해 대비하는 것은 그 자체가 도덕적 명령이 된다(W. Schneider, 1993: 90).

만약 우리가 특정한 기술의 발전으로 인해 야기될 수도 있는 인간의 파멸을 상상해 본다면, 우리는 무엇이 보존되어야 하는가에 대해 알게 된다. 이 방법론은 인간이 자기 존재에 대한 의무를 받아들이고 공포를 통해 그에 상응하는 결과에 대한 고려를 할 수 있을 때만이 기능한다(W. E. Müller, 1988: 45).

우리가 두려움을 느낀다면 그것은 이미 그 두려움의 대상에 대해 알고 있다는 것을 의미한다. 인간은 결코 완전한 존재가 될 수 없기 때문에 본질적으로 공포나 두려움을 갖게 되고 이러한 본질적인 공포의 가장 큰 원인 중의 하나는 결국 죽음이다. 인간은 항상 자기의 죽음 내지 非存在에 대해 두려움을 가지고 있다. 그 때문에 인간이 존재해야 한다는 깃이 인간에게는 바로 절대명법이 되는 것이다.

(3) 당위적 존재와 현존재

새로운 윤리학의 정초에는 다음과 같은 물음이 제기될 수 있다. 왜 인간이 이 세계에 존재해야 되느냐? 또는 미래에도 인간의 실존을 보존해야 하는 당위적 요청이 타당한가? 요나스가 기술발전의 부정적 영향에 대해서 제시한 것은 자연, 환경, 인류를 위한 미래의 책임윤리의 규칙이다(H. Spinner, 1987: 37).

이런 미래지향적 윤리에서는 상호성(Reziprozität)이 중지된다. 미래가 나를 위해 무엇을 했느냐 내지는 미래가 나의 권리를 존중했느냐라는 식의 물음은 아무런 의미가 없다. 자발적으로 받아들여지고 또 실현되는 비상호적 책임과 의무의 형태가 있다. 그것은 바로 아이에 대한 책임과 의무이다. 미래의 후손들에 대한 책임문제에서 그런 의무를 다루기 위해서는 우선 현재의 우리가 미래의 인간들의 현존에 대한 의무를, 그리고 또 후손들의 당위적 존재에 대한 의무를 가지고 있다는 것을 지적할 수 있다.

인류가 존재해야 된다는 절대명법은 인간의 이념에서부터 기인된다. 인간의 이념은 세계 속에 인간의 존재를 요구한다(H. Jonas, 1984: 91). 현존에 대한 의무는 당위적 존재에 대한 의무의 조건이 된다. 당위적 존재를 위한 규칙은 현존재의 당위로부터만이 얻어질 수 있다. 비존재에 대한 존재의 절대적 우위가 인정되지 않는다면 존재의 모든 가능성 대신에 비존재가 선택될 수도 있을 것이다. 이로부터 비존재에 대한 존재의 우선성이 명료해진다. 달리 말하면, 인간의 존재 당위는 인간의 창조의 근거가 된다.

3. 힘과 책임

(1) 힘의 변증법

인간과 자연 간의 선택에서 항상 인간이 우선시되었고 자연은 그다음이었다. 세계의 다른 모든 존재에 대한 인간의 힘의 행사는 당연한 권리이며 인간의 능력에서 기초된 인간의 판단력과 기술문명의 힘으로 인해 인간의 삶의 형태는 다른 모든 존재를 위험에 처하게 할 수 있는 것이 되어 버렸다. 금세기로 접어들면서 그 위험이 명백해지고 중대한 문제가 되는 시점에 다다랐다. 이미 오래전부터 자연의 共生的 均衡은 파괴되고 있다. 이성과 결합된 힘은 그 자체로 책임의 문제로 이끌리게 되어 버렸다.

이제 우리는 자주 천재와도 같은 그런 위기 속에서 살고 있다고 말한다. 그 위기는 이미 자연과학적·기술적·산업적 문명의 과도한 성공에서부터 나온다. 요나스에 의하면 자연정복에 대한 지식을 목표로 삼고, 자연의 지배를 비인간적인 것들의 개선을 위해 유용하게 사용해야 한다고 보는 베이컨적 이상이 그러한 위기들의 근본적인 원인이라는 것이다. 과학과 기술을 통한 자연에 대한 지배라는 베이컨적 이상이 초래한 재앙적 위험은 바로 그것의 과도한 성공 속에 있다. 즉 homo faber가 homo sapiens를 능가하게 된 것이다. 베이컨적 이념은 지식이 곧 힘이라고 한다. 이런 위험에 대한 제동이 이뤄지기 위해서는 힘에 대한 힘(즉 힘을 통제할 수 있는 힘)이 필요해진다. 그것이 바로 힘의 변증법이다. 힘이 지속적으로 발휘되고자 하는 관성적인 내적 욕구에 대해 그것을 통제할 수 없는 무능력의 극복이다. 무한한 것처럼 보이는 자연으로 직접적으로 향하는 제1단계의 힘이 그 힘의 사용자로부터 그 힘을 빼앗아 버리는 2단계의 힘으로 이행한 후에, 그 힘이 자연의 한계를 벗어나기 전에 힘에 대한 지배의 자기제한이 제3단계의 힘의 문제가 된다(H. Jonas, 1984: 253~254). 다시 말하면, 제1단계의 힘은 인간으로부터 자연에로 향해지는 것으로서 인간의 이성적 능력의 산물이다. 그러나 제2단계의 힘은 그 힘의 행사자(인간)로부터 그 힘을 빼앗아 힘 그 자체가 그 힘의 주인이 되어 버린 상태의 힘이다. 힘의 제3단계에서는 인간은 힘의 지배자로 다시 복귀하게 된다.

그러면 어떻게 해서 3단계의 힘을 얻게 될까? 서구 산업사회의 자유경제가 바로 이런 힘의 역학의 증식지이므로 미래에 대한 전혀 다른 시각을 제공해 주는 마르크시즘에 대한 물음들이 제기된다. 그래서 요나스는 자신의 미래에 대한 의무와 진보적 이념의 관점에서 마르크시즘을 살펴본다. 그는 마르크시즘이 근본적으로 베이컨적 이념의 상속인 내지 집행자이며, 오히려 그 면에서 보면 자본주의보다 더 효과적이라고 본다(H. Jonas, 1984: 259). 마르크스주의는 첫 출발에서부터 기술의 힘을 신뢰하고 그것을 통해 보다 편안한 삶의 모습을 계획하였다. 마르크스주의자들은 자연변형적인 인간의 노동을 통해 세계의 인간화를 적극적으로 주장하였다(H. Jonas, 1984: 275). 마르크스주의의 문헌들 속에서 소외는 기계에 의해 발생하는 것이 아니라, 생산수단의 비소유를 통해서 생산품으로부터의 노동자의 소외를 의미하는 것이다. 이런 기술적 동기들이 마르크스주의의 근본적 본질 속에 내재되었다. 마르크시즘의 근대성은 그것이 기술의 진보와 관련된 유토피아주의를 사회 철학적으로 고찰하였다는 것과 기술과 연결하여 새로운 인간의 이상향을 그 목적으로 삼았다는 점에서 드러난다고 요나스는 보았다(K. O. Apel, 1988: 180). 이것에 대해 그는 다음과 같이 말한다.

> 인간의 오래된 꿈이 기술에서 그 꿈을 실현할 수 있는 가능성을 찾은 것처럼 보이기 때문에 유토피아주의가 현대의 인간을 위험에 처하게 하는 시도가 되어 버렸다(*H. Jonas* 1984: 9). 유토피아주의는 일반적인 욕구충족뿐만 아니라 노동으로부터의 자유 내지 여가를 약속한다. 유토피아주의는 발전된 기술을 조건으로 삼는데, 베이컨적 이상－진보의 이상－에서의 기술의 문제가 요나스에 의해 충분히 비판되고 있다. 그 때문에 요나스는 이런 유토피아주의에 반하여 목표설정의 겸손함을 요청하게 되는 것이다. 요나스의 책임윤리는 유토피아주의의 과도한 목표설정에 대하여 겸손한 과제－인류의 존속－를 설정한다.

(2) 힘과 지식의 상관관계로서의 책임

요나스에게는 책임이란 지금까지 결코 단순한 관계에 놓여 있지 않은 힘과 지식의 상관관계이다. 그는 다음과 같이 말한다.

> 책임이란 힘의 상관관계이다. 그래서 힘의 범위와 종류가 책임의 범위와 종류를 결정한다. ……인간의 힘은 책임의 당위성의 근원이다. 의도와 당위를 연결해 주는 힘이 바로 책임을 도덕의 중심문제로 몰아넣는 것이다(H. Jonas, 1984: 230~233).

칼 야스퍼스가 기술에 대해 이야기한 것은 힘에도 적용이 된다. 기술은 그 자체로 아무런 목적도 숨기지 않기 때문에 그것은 선, 악의 저편에 있다. 그것은 인간의 행복이나 멸망 모두에 기여할 수도 있다. 그것은 그 자체로 중립적이다(K. Jaspers, 1955: 117). 그 자체로의 힘은 책임의 부분이 되지 않는다. 단지 힘이 인간과 결합될 때 그 힘은 책임발생의 근거가 된다. 책임을 가진 사람만이 무책임하게 행동할 수 있다. 즉 책임을 진다는 것은 힘을 갖고 있다는 것을 의미한다. 인간은 자기 힘의 결과에 대해 책임을 져야 한다. 그러므로 의무에 대한 고려 없이 힘을 행사하는 것은 무책임한 것이 된다.

그렇다면 힘이 없으면 책임도 없게 되는가? 만약 어떤 사람이 금치산선고를 받았다면 그는 법적 책임을 가지진 않을지언정 분명 자기 자신에 대한 존재론적 책임을 갖고 있다. 여기서 우리는 법적 책임으로부터 도덕적 책임을 구분해야 한다. 인간이 힘을 갖든 갖지 않든 간에 인간은 책임을 갖고 있다.

4. 기술에 대한 논의

(1) 기술윤리의 5가지 근거들

기술이란 인간의 힘을 행사, 즉 행위의 한 형태이다. 요나스는 기술이 윤리적인 고찰의 대상이 되어야 된다는 것에 대한 5가지 근거를 제시하고 있다(H. Lenk & G. Rophol, 1993: 81, 91 참조). 첫 번째 근거는 결과의 애매성이다. 일반적으로 모든 능력은 그 자체로는 선하지만 악용에 의해서만이 나쁜 것이 된다. 그 때문에 기술윤리도 기술의 올바른 사용과 잘못된 사용을 구분해야만 한다. 기술이 나쁜 목적에 사용되지 않더라도, 그리고 오히려 선하고 정당한 목적에 사용된다 할지라도 기술은 그 결과의 장기성 때문에 위협적인 측면을 가지고 있다.

두 번째 근거는 적용의 강제성 내지 필연성이다. 모든 지식은 그것의 적용을 이미 내포하고 있다. 증가하는 인간의 힘으로서의 기술에 대해서 더 이상 윤리적 중립성의 피난처나 혹은 힘의 소유와 행사의 구분은 더 이상 허용되지 않는다.

세 번째 근거는 시공간적 범위이다. 현대 기술의 영역과 작용범위는 윤리적 고려의 내용 안에 아주 새로운 차원을 가져왔다. 또 지금 여기서 우리가 행하는 것이 동시에 다른 지역의 사람들이나 혹은 미래의 사람들에게 중대한 영향을 미칠 수 있는 가능성을 기술은 우리에게 제시하였다.

네 번째 근거는 인간 중심적 사고의 탈피이다. 지금까지 인간이 가진 의무의 대상은 바로 인간이었다. 그러나 이제 이 지구상의 모든 생태계는 존중의 몫을 요구하게 된다. 인간적 사고와 도덕적 배려에 대한 인간의 독점적 권리는 지구상의 다른 모든 존재에 대한 독점적 힘의 획득과 함께 나타났다.

끝으로 기술의 이런 파괴적 가능성-인류의 지속을 위험하게 할 수 있는 능력-은 지금까지 윤리학이 접해 보지 못했던 새로운 형이상학적 물음을 제기한다. 인간이 존재해야 되는가 또는 왜 인간이 존재해야 되는가?

이 근거들은 왜 기술의 윤리적 고려의 새롭고 특별한 경우가 되는가에 대한 근거들이다.

(2) 기술의 이율배반적 성격

지금까지 일반적으로 기술은 도덕적으로 중립이라고 여겨져 왔다. 이전에 기술자들은 자신들의 발명, 발전 그리고 적용에 대해 책임이 없는 것처럼 간주되었다. 기술에 대한 이율배반에 있어서 정립은, 야스퍼스가 말한 바와 같이 기술은 윤리적으로 중립이라는 것이다. 기술 그 자체가 아니라 기술의 적용방식이나 적용목적이 윤리적 고려의 대상이라는 것이다. 요나스도 기술 그 자체는 선하지만 誤用에 의해서만 악해진다고 말한다.

반정립은 텔러(Edward Teller)같이 인간들은 자기가 알고 이해한 것을 적용해야만 하며 거기에는 어떤 한계도 정해지지 않는다는 입장이다(Bild der Wissenschaft, 1975, Heft 10: 116). 인간이 기술을 통해 보다 많은 행위 가능성을 가질수록 그것의 기술적 힘을 실현시키고자 할 것이다(H. Lenk & G. Rophol, 1993: 7).

바로 이 이율배반으로부터 인간이 기술로 할 수 있는 것을 다 해도 되는가라는 문제가 발생한다. 요나스에게는 기술의 장기적 효과를 예측하는 것이 중요하다. 기술의 힘이 점점 더 커지기 때문에 기술의 결과를 조심스럽게 관찰하고 평가하지 않으면 안 된다. 그러나 기술의 영향뿐만 아니라 기술의 사회적 영향까지 정확하게 예측한다는 것은 사실 불가능하다. 그렇다고 그러한 결과에 대한 사전의 대비(그 대비가 발생할지도 모를 부정적인 결과에 대해 효과적인지 자체도 불확실하고 단지 그때의 심리적인 안정수단이 되기 쉽다) 없이 기술을 연구, 실험하고 적용하는 것도 어렵지만, 그렇다고 기술의 연구를 포기할 수도 없는 딜레마에 처하게 된다.

5. 부모의 책임과 정치가의 책임

(1) 책임의 종류

책임 종류에 대해서는 여러 학자들이 이미 다양하게 분류해 놓았다. Jonn Ladd는 행위의 인과적 책임, 배상책임, 임무－역할책임 그리고 능력책임으로 구분하였다(J. Ladd, 1982: 3~10 참조). Hans Lenk는 책임의 4수준을 다음과 같이 제시하였다. 행위(의 결과적) 책임, 과제－역할책임, (보편적인) 도덕적 책임, 그리고 법적 책임(H. Lenk, 1992: 27)이다. 행위책임은 자기행위의 결과에 대해 행위자가 지는 책임인데, 적극적인 행위인과적 책임, 소극적인 행위인과적 책임, 장기적인 행위성향이나 결과에 대한 일반적인 책임, 그리고 제도적 행위책임이 이에 속한다. 과제 및 역할책임은 역할에 부여된 바를 수행하는 책임, 특정 과제의 수행책임 등이 이에 속한다. 도덕적 책임은 행위가 다른 사람 내지 존재의 신체적・정신적 복지와 관련되는 경우에 해당된다. 도덕적 책임에는 행위와 직접적으로 관련이 있는 관계자에 대한 직접적이고 상황에 따른 도덕적 행위책임, 작위나 부작위의 결과에 내한 간접적인 도덕적 행위책임, 자기책임, 도덕법적 의무의 수행을 위한 고차원적인 책임, 제도나 조직의 도덕적 책임 등이 속한다.

〈표 7-1〉

Handlungs(ergebnis) verantwortung	Rollen - und Aufgabenverantwortung	Universalmoralische Verantwortung
Positive Kausalhandlungsverant wortung	Verantwortung zur Rollenerfullung	Direkte situationsaktivierte moralische Handlungsverantwortung für die von den Handlungen direkt betroffenen Partner, Personen, Lebewesen
Negative Kausalhandlungsverant wortung	Spezifische Aufgaben Verantwortung	Indirekte moralische Handlungsverantwortung für Folgen von Handlungen und Unterlassungen
Generelle Verantwortung fur langfristige Handlungsdispositionen und - folgen	Loyalitatsverantwortung	Selbstverantwortung Höherstufige Verantwortung zur Erfüllung vertraglicher oder formeller Pflichten
Institutionelle Handlungsverantwortung	Korporative Verantwortung von Institutionen(gegenü - ber Mitgliedern, Gesell - schaft usw.)	Moralische Verantwortung von Institutionen/Korporationen

　　요나스가 제시한 첫 번째 책임의 유형은 자기가 행한 행위에 대한 인과적 책임이다. 이 유형의 책임 조건은 인과적 힘이다. 행위자는 자기의 행위에 대해 책임을 져야 한다. 행위자는 행위의 결과에 대해 책임을 져야 하고 배상 내지 보상의 조치를 취해야 한다. 행위의 원인이 악의가 아니라도, 또 그 결과가 전혀 예측 불가능했거나 고의성이 없다 하더라도 발생한 손해는 보상되어야만 한다. 행위의 결과뿐만 아니라 행위 그 자체도 책임의 대상이 된다. 책임은 그 자체로 어떤 목적을 제시하는 것이 아니라 인간의 모든 인과적 행위에 대한 강제적인 부여이다. 그래서 책임은 도덕 그 자체가 아니라 도덕의 선행조건이다.

　　두 번째 유형의 책임은 당위에 대한 책임이다. 이 유형에 따르면 나는 내 행위나 태도 또는 그 결과에 대해서뿐만 아니라 나의 행위를 요구하는 사태(예를 들면, 타인의 복지에 대한 책임)에 대해서도 책임이 있다. 그것은 나의 밖에 있지만 내 힘의 영향영역 안에 있다. 이 유형에 있어서 대상의 존재 당위, 그리고 존재 당위에 대한 행위 당위를 생각해 볼 수 있다. 미래에 대한 책임의 윤리를 논한다면 바로 이런 유형의 책임과 責任感일 것이다. 책임을 가진 사람만이 무책임한 행위를 할 수 있다. 의무에 대한 고려 없이 힘을 행사한다는 것은 무책임한 것이다.

세 번째 유형은 비상호적 관계를 가진 책임이다. 그에 대한 예로는 가족 간의 책임을 들 수 있다. 형제들 중 하나가 곤경에 처하거나 특별한 도움을 요청한다면 형제들 사이에는 책임이 등장하게 된다. 또는 부모와 아이의 관계를 생각해 볼 수도 있을 것이다.

끝으로 자연적 책임과 계약적 책임을 들 수 있다. 비인위적인 자연적 책임은 사전의 합의에 상관없이 변경할 수도 없고 일시적인 것도 아니다(부모의 책임). 인위적인 계약적 책임은 계약의 내용과 시기에 따라 변경될 수 있다(공직자 내지 정치가의 책임).

(2) 자연적 책임과 계약적 책임의 비교

〈표 7-2〉

	부모의 책임	정치가의 책임
본질	의무적인 자연적 관계에서 파생된 책임	자유로운 선택에서 파생된 책임
책임자	부모	정치가
범위	모든 사람의 일	선출된 소수의 일
대상	자녀	익명의 다수
발생원인	혈연관계의 성립	자발적인 引受
성격	근본적인 비인위성	형식적인 인위성
행사방법	직접적인 친근한 교제	매개적 수단

요나스는 이 두 책임 간의 공통점을 총체성, 지속성 그리고 인류의 행복과 존재와 관련된 미래성이라는 3개념으로 요약하고 있다(H. Jonas, 1984: 184). 누군가에 대해 언젠가 어떤 책임을 갖는다는 것은 인간의 존재와 관련이 있다.―인간이 선하게 살아야 한다는 것은 우선 인간이 살아야 한다는 전제(인간의 실존)하에서만 가능하다.―인간이 존재한다는 존재론적 사실은 인간이 지속적으로 존재해야 된다는 존재론적 당위가 된다.

이 책임들은 책임의 대상의 존재 전체를 포괄하고 있다. 부모의 책임에서 이 총체성은 명백하다. 단지 직접적인 생리적 욕구뿐만 아니라 아이 그 자체와 그 아이의 모든 가능성이 부모가 갖는 책임의 대상이다. 정치가는 자기 위치와 권력의 지속을 위해 공동체의 전반적인 삶, 즉 공공복지에 대해 책임을 갖고 있다. 부모와 정치가의 책임-가장 사적이고 밀접한 책임과 가장 공적이고 일반적인 책임-은 그 대상의 총체에 의해 서로 교차된다. 여기서 총체적 책임의 조건에 대한 물음이 생긴다. 부모의 경우에는 자기가 부모라는 의식, 아이의 전적인 의존성에 대한 직관 그리고 자발적인 사랑이 그 조건이 된다. 그러나 정치가는 그가 속한 공동체를 만든 자가 아니라, 오히려 공동체의 존재가 정치가의 존재에 대한 근거가 된다. 정치가는 공동체의 형성자는 아니지만 공동체나 공동체의 질서를 유지시키는 자이다.

지속성은 책임의 총체적 성격에서부터 나온다. 부분적 책임은 그 대상의 부분적인 측면뿐만 아니라 특정 시기 동안으로 한정된다. 예를 들어, 배의 선장은 그의 승객들에게 전에 무엇을 했는지, 또 앞으로 어떻게 살 것인지 등의 여부를 묻지 않는다. 총체적 책임은 항상 다음과 같이 묻는다. 그 후에는 어떤 일이 생길까? 어떻게 되는 것일까? 개별적인 삶이든 공동체적 삶이든 간에 삶에 대한 책임은 항상 미래와 관련이 있다. 책임의 대상에 대한 오늘의 관심과 우려는 항상 그 존재의 미래와 연결이 되며, 이것은 총체적 책임과의 관계하에서 새로운 차원과 특징을 가져온다.

(3) 존재론적 책임

요나스는 책임성을 일반적인 도덕적 배려와 인간의 존재라는 차원으로, 즉 그가 존재적 책임이라고 부르는 것으로까지 확장시키기를 요구한다. 부모가 자기에게 의존적인 아이의 복지에 대해 책임이 있는 것처럼, 우리는 미래의 인간들의 존재를 위한 의무를 갖고 있다. 인류가 존재해야 된다는 것은 제1의 당위적 요청이다. 이것은 인간의 이념으로부터 나오는 것인데, 이 이념은 인류의 현존을 요구한다(H. Jonas, 1984: 91). 도덕적 실존은 인간 존재의 지속을 요구한다. 요나스는 여기서 경험적 증명과 존재론적 증명을 구분한다. 모든 인간은 죽기 때문에 소크라테스가 죽었다는 것은 경험적 증명이지만 죽음이 인간의 존재에 속하기 때문에 소크라테스가 죽었다는 것은 하나의 존재론적 증명이라는 것이다. 존재론적 증명이 선험적이지만 경험적 증명의 확실성은 과거와 미래에서 모든 인간에 대한 확증처럼 충분하다(H. Jonas, 1992: 129). 책임 개념에 대한 존재론적 증명이 있느냐라는 물음 그리고 책임성이 인간의 존재에 속해 있기 때문에 인간이 책임을 갖는다고 할 수 있느냐라는 물음을 제기해 볼 수 있다. 만약 그렇다면 그것은 존재론적 증명이다. 인간은 책임을 가질 수 있는 유일한 존재이다. 인간이 책임을 질 수 있는 능력으로 인해 인간은 책임을 실제로 가진다.

6. 결 론

책임이란 인간의 선한 본질과 악한 본질 사이의 긴장관계에서 나오는 것이라고 생각해 볼 수 있다. 즉 인간이 절대 선하지도 않고 또 절대 악하지도 못하기 때문에 책임의 문제가 발생하지 않았을까? 물론 요나스가 주장한 바와 같이 인간의 존재를 절대당위로 상정하고 현재의 우리뿐만 아니라 미래의 인간의 존재 역시 당위적 요청으로 간주되어야 하고 그에 따라 현재의 우리는 인류의 존속을 위한 책임을 가지고 있다고 보았던 것처럼 책임의 개념을 인간의 이념에서부터 도출하였지만, 책임은 바로 인간의 이러한 야누스적 측면에서 파생되는 본질적 문제로서 보인다.

책임은 결국 인간과 인간, 인간과 사물 또는 인간과 자연 사이에서 발생하는 관계의 산물이다. 이런 관계의 형성에 대한 책임은 누구에게 있는가? 인간이 이런 관계들을 맺을 수밖에 없는가? 아니면 어떤 절대자에 의해 이런 관계가 준비된 것인가? 세계 속에 던져진 존재로서 인간은 그런 던져짐 자체에 대해서 책임을 져야 되는가? 혹은 이 세상에 나의 '있음'에 대해 누구에게 책임을 물어야 하는가? 아무도, 아무것도 그것에 대해 책임을 물을 수 없다면 인간은 결국 처음부터 무책임성에서부터 시작하는가? 아니면 인간은 자기의 던져짐에 대해 책임을 져야 되는가? 이 던져짐이 책임발생의 근거가 되는가? 이런 물음들에 대한 대답을 요나스는 다음과 같이 제시한다. 존재론적 책임은 인간의 이념에서부터 나오는데, 인간의 이념은 인간존재의 실현을 요구한다. 이런 대답은 아리스토텔레스의 형이상학과 매우 유사하다. 그리고 여기서 책임에 대한 이런 논의는 인간 중심적이다. 모든 존재는 자기의 존재를 실현해야 될 책임성을 가지고 있다. 단지 그 책임을 실현하는 방법이 상이할 뿐이다.

요나스에게는 기술의 장기적인 효과의 예측이 중요하게 여겨진다. 기술의 힘이 점점 더 커지기 때문에 기술의 내부적 결과뿐만 아니라 외부적 결과에 대해서도 항상 신중하게 고려해야 한다는 것이다. 하지만 기술의 모든 긍정적인 그리고 부정적인 영향뿐만 아니라 사회적 의미까지 고려한다는 것은 실제로 불가능하다. 기술의 윤리적 중립성에 대한 이율배반으로부터 인간이 기술로 인해 가능하게 할 수 있는 것들을 정말 해도 되느냐라는 물음이 생기는 것이다.

요나스가 한 중요한 기여는 바로 책임 개념의 확장이다. 그는 원인자적 책임 개념에서 신탁자적 책임 개념으로, 과거지향적 행위책임에서 미래지향적 존재책임으로, 좁은 의미의 책임에서 보다 넓은 의미의 책임으로의 전환을 시도하였다. 이러한 책임 개념은 현대사회에서 그리고 이기적인 우리 인간들에게는 상당히 의미 있게 다가온다. 그러나 책임 개념의 확장도 중요하지만 보다 중요한 것은 책임의 실현이다. 누가 환경파괴에 대한 구체적인 책임을 결정하고 또 분배할 것인가? 그리고 어떻게 책임이 구체화될 수 있는가? 이런 물음에 대해 존재적 책임은 구체적인 대답을 하지 못하고 있다. 현대의 고도로 구조화된 산업사회에서 책임의 경계와 분배의 문제를 결정한다는 것은 아주 어려운 문제가 되어 버렸다. 책임의 문제는 집단적 책임, 조직체의 책임문제가 등장함으로써 보다 복잡하게 되었다. 조직체, 법인, 기업체의 테두리 내에서 이루어지는 결정이나 실행에 의해 발생하는 책임의 문제는 개인의 도덕적 책임과는 전혀 다른 성격을 띠게 된다. 그래서 책임의 현상도 다양한 단계, 구조를 가지며 그에 따라 책임도 구분되어 분석되어야 한다(H. Lenk, 1992: 32). 그러나 요나스적 책임의 개념은 책임의 이런 복잡한 문제를 해결하기에는 구체적이지 못한 문제점을 가지고 있다.

참고문헌

Apel, Karl－Otto, *Diskurs und Verantwortung: Das Problem des Übergangs zur postkonventionellen* Moral, Frankfurt a. M. 1988.

Hoffmeister, J., *Wörterbuch der philosophischen Begriffe*, Frankfurt a. M. 1955.

Holl, Jann, *Historische und systematische Untersuchungen zum Bedingungsverhältnis von Freiheit und Verantwortlichkeit*, Meisenheim 1980.

Jaspers, Karl, *Vom Ursprung und Ziel der Geschichte*, Frankfurt/Hamburg 1955.

Jonas, Hans, *Philosophische Untersuchungen und metaphysische Vermutungen*, Frakfurt a. M. 1992.

Jonas, Hans, *Das Prinzip Verantwortung*, Frankfurt a. M. 1984.

Kaufmann, Franz－Xaber, *Der Ruf nach Verantwortung: Risiko und Ethik in einer unüber－schaubaren Welt*, Freiburg 1992.

Ladd, John, "Collective and Individual Moral Responsibility in Engineering" in: *Society and Technology*, 1982.

Lenk, Hans(Hrsg.), *Zwischen Wissenschaft und Ethik*, Frankfurt a. M. 1992.

Lenk, Hans(Hrsg.), *Wissenschaft und Ethik*, Stuttgart 1991.

Müller, W. E., *Der Begriff der Verantwortung bei Hans Jonas*, Frankfurt a. M. 1988.

Schneider, W.(Hrsg.), *Dem bösen Ende näher*, Frankfurt a. M. 1993.

Schweitzer, Arnold, *Kultur und Ethik*, München 1990.

Spinner, H., "Burgfrieden mit der Technik? Das Prinzip Verantwortung"; in *Psychologie Heute*, Bd. 14., Heft 10, Oktober 1987.

Weischedel, W., *Das Wesen der Verantwortung*, Frankfurt a. M. 1933.

제8장 생명윤리에 관한 생태문화적 연구

배영기

1. 서 론

生命의 기원에 대해서 학자들 간의 많은 異論이 제기되어 왔으나 대체로 합의를 보고 있는 것을 종합하여 보면 지금부터 42억 년 전으로 추정하고 있으며, 그 때 수소, 일산화탄소, 암모니아, 메탄으로 구성된 지구의 구름이 바다 위로 강렬한 전자폭풍을 일으키면서 한편 태양의 자외선에 흠뻑 담겨 있던 가스들은 서로 작용하여 설탕, 핵산, 그리고 아미노산을 포함하여 복잡한 分子들을 형성한다. 이 복잡한 분자들은 후에 단백질과 DNA 복제의 형성에 중추역할을 하게 된다. 이것이 400만 년 정도 지난 후에 가장 독립적인 단일세포의 세균이 바다를 점령하게 되면서 생명이 시작된 것으로 보고 있다.[1]

따라서 생명의 기원에 관한 연구는 많은 과제를 안고 있는 채 계속해서 생물의 유전구조, 우주화학 진화, 분자의 자기조직화, 생화학적 대사, 생체고분자의 합성, 심지어 최근에는 우주탐사업을 통하여 많은 실험자료를 축적하면서 생명의 정체를 추적하고 있다.

이와 같이 난해한 생명의 신비를 규명하는 분야는 앞으로의 과제로 남겨둔 채

---

1) A. I. Oparin, *Origin of life*, Dover Pub., N. Y., 1953, p.26.

본 장에서는 최근에 무자비한 生命破壞로 인하여 생태계가 소멸되는 위기에 직면하면서 1970년대부터 생명(bio·life)과 윤리(ethos) 문제가 하나의 생명윤리(bioethics)라는 合成用語로 만들어져 완전히 새로운 학문분야로 발전되기 시작하였다.

더욱이 환경오염과 생명경시풍조가 심각하여지면서 생명에 대한 윤리적 연구 접근이 더욱 필요하게 되었다. 특히, 인공유산, 유전공학의 조작술의 발전, 유전자 조작, 인간복제 등에 대한 윤리적 각성의 심각한 문제를 제기하면서 본 장에서는 다음과 같은 생명윤리를 연구의 대상으로 한정하고자 한다.

첫째, 하나뿐인 나의 생명이 소중하듯이 남들에게도 자신들의 생명이 소중할 것이라고 전제한다면 우리가 먹는 모든 먹을거리 자체는 이미 남의 생명을 희생하여 얻어진 결과물이므로 먹는 행위 자체가 이미 부도덕한 것이다. 그렇다면 어떤 생명도 해치지 않는 철저한 생명외경사상의 도덕적 한계는 어디까지 규정되어야 하는가를 규명하고자 한다.

둘째, 모든 개체적 생명은 그 생명가치의 동등성(equaliness)을 인정할 것인가, 아니면 차별성(discriminativeness)을 인정할 것인가에 따라서 생명에 대한 인간의 삶의 양식과 가치관은 달라질 것이라고 본다. 그렇다면 생명윤리적 관점에서의 생명에 대한 기본적 입장은 어떠하여야 되는지를 윤리적 문제와 현실적 문제를 부합시켜 보고자 한다.

셋째, 모든 생명 중에서 인간의 생명을 최상위의 목적생명으로 본다고 가정할 때 여타의 중하위의 수단생명과의 관계정립은 어떠해야 하며, 더 나아가 이들 관계를 약육강식의 相剋關係로 볼 것인가 아니면 순환적 相生關係로 보느냐에 따라서 새로운 환경론적 생명윤리관을 도출하여 정립하고자 한다.

넷째, 현대사회는 생명가치가 화폐가치에 밀려 생명의 귀중한 종(species)들이 비참하게 박멸되어 가는 상황에 처해 있다. 이러한 가치전도의 생명경시가치관을 생태학적으로 생명존중가치관으로 바꾸기 위한 생명윤리가치교육의 이론적 틀(framework)을 정립하는 데 두고 있다.

이상의 연구목적을 달성하기 위하여 기존의 구미 및 일본의 생명윤리에 관한 선행연구의 문헌을 참고할 것이며, 이를 위해서 서강대학교 부설 생명문화연구소에서 발간된 여러 가지 논문들이 많은 도움이 되었으며, 계간 과학사상도 많은 참고가 되었음을 밝혀 둔다.

2. 생명윤리에 관한 사상적 배경

(1) 생명에 관한 역사적 이해

플라톤(Platon)은 모든 사물을 이원론적 입장에서 보면서 이를테면 식물이나 동물은 그 자체로서는 살아 있을 수 없다고 보고 그것들에 혼(ghost)을 불어넣음으로써 비로소 생명을 얻을 수 있다고 믿었다. 아리스토텔레스(Aristoteles) 역시 모든 생명의 구성은 몸의 엔텔레키(entelechie: 혼)가 있어서 이것이 몸을 만들고 움직인다고 보았다. 이와 같은 二元論的 生命觀은 육체와 영혼을 구분하고 이 둘이 합해졌을 때 비로소 완전한 생명체로서의 기능을 발휘하게 된다고 보았다. 이와 같은 生氣論(vitalism)은 후에 그리스도교의 생명관에 커다란 영향을 미쳤다.[2]

또한 탈레스(Thales)는 물의 순환에 의해서 생명현상이 나타난다고 하였으며, 데모크리토스(Demokritos)는 원자의 운동이 생명현상을 지배한다고 보면서 이와 같은 機械論(mechanism)的 생명관은 후에 중세 그리스도교의 생명관과 정면충돌을 빚어 배척받게 되었다.[3]

그러나 어거스틴(Augustine)은 모든 생명의 발생은 전능하신 신의 現顯에 따라서 '생명을 주는 영혼'이나 '눈으로 볼 수 없는 종자'에 의해서 생명을 부여받는다는 자연발생설(naturalism)을 주장함으로써 그리스도교의 생명관인 생기론과 일치시키고 있다. 따라서 서양의 생명관은 오랜 기간 그리스도교의 생기론적 생명사상이 절대적으로 지배되어 오다가 18세기를 거쳐서 19세기에 접어들면서 마이어(R. Myer), 헬름홀츠(Helmholtz) 등의 에너지 不滅論(immortalism)이 제기되었고, 뒤이어

---

2) Oparin, *Ibid.*, p.36.

3) Oparin, *Ibid.*, p.46.

다윈(C. Darwin)의 진화론(evolutionism), 쉴라이덴(Schleiden)의 세포설(cell theory) 이이어지면서 기계론적 생명관이 다시 대두되기 시작하였다.[4]

그리고 20세기로 접어들면서 생명의 기원 연구에 대한 현격한 발전으로 인하여 생명공학을 비롯하여 과학의 각 분야별로 전체생명(total life)에 대한 복합적 통일구조를 규명하는 일에 커다란 진전을 보이게 되었다. 그 대표적인 업적을 세운 모르간(T. H. Morgan)은 생명을 단일 메커니즘으로 보지 않고 입자의 복합체로 보는 遺傳子說(gene theory)을 내놓았다. 즉 모든 생물의 성질은 물리・화학적인 복합 인자 조성의 결과라고 주장하였다. 이와 같은 모르간의 유전자설에 대해서 로이브(J. Loeb)는 생명체를 단지 물리・화학적인 견지에서 보는 것에 대해서 의문을 제기하면서 모든 생명체는 전체로서 기능과 조화를 가지는 존재라고 보아야 한다는 全體論(the whole theory)을 주장하였다. 이러한 로이브의 전체론은 뒤에 드리쉬(H. Driesch)로 이어지면서 新生氣論(new vitalism)을 주창하기에 이른다. 즉 모든 생명은 통일성을 가지는 전체성(wholeness) 때문에 비생물과 구별되며, 이 전체를 통일하는 신비적인 힘이 에너지와는 다른 개념에 속한다고 하였다.[5]

드리쉬의 신생기론적 생명사상은 후에 홀데인(J. S. Haldane)에 의해서 環境生氣論(environmental vitalism)으로 발전하기에 이른다, 즉 모든 생명은 그 생명이 존재하고 있는 환경과 불가분의 관계를 가지고 있을 뿐만 아니라 그 환경에 대하여 적응하려는 고유의 구조를 적극적으로 유지하려고 하는 것 자체가 생명인 동시에 생명현상은 있는 그대로 파악함으로써 생명을 이해할 수 있다고 하였다.[6]

근세에 들어오면서 마르크스(K. Marx)를 비롯한 유물론자들의 생명관에 의하면 생명은 세계와 마찬가지로 본질적으로는 물질구성체이며, 이의 근원을 해명한다는 구실하에 초물질적인 영적 존재를 인정한다는 것은 생명 자체를 왜곡하는 것이라고 비판하고 있다. 마르크스에 의하면 생명도 물질의 특별한 존재양식에 지나지 않으며, 따라서 어떠한 특징을 지닌 생명도 물질법칙에 의해서 발생하였다가 물질법칙에 따라서 소멸하는 것 외에는 아무것도 아니다.[7]

---

4) 박봉규 외, 『생명과학원론』, 회중당, 1987, p.12.

5) 상계서, p.26.

6) 상계서, p.27.

그에 의하면 생명도 물질과 마찬가지로 한순간도 정지상태에 머물러 있지 않고 계속해서 변증법적 운동·발전함으로써 점차로 낮은 단계에서 높은 단계로, 단순한 구조에서 복잡한 구조로 상승하여 가게 된다. 이 발전된 후의 생명은 발전되기 전의 생명과는 전혀 새로운 질적인 생명을 획득하게 되는데, 따라서 모든 생명은 물질적인 동시에 높은 단계에서의 '질'(materials)로 나타난다고 하였다.[8] 이때 '질'로 나타난 생명은 낮은 단계의 생명질과 높은 단계의 생명질은 확연히 구별됨과 동시에 사회적 평가도 달라질 수밖에 없다. 여기서 생명의 사회성 또는 사회적 생명문제가 제기된다. 따라서 사회적 생명은 사회적 존재로 끊임없이 발전하게 된다.

(2) 생명에 관한 철학적 이해

생명에 대한 본질적 이해는 그것이 진화론이든 창조론이든 궁극적으로는 결국 철학적 이해의 문제로 귀결될 수밖에 없다. 왜냐하면 실험과 관찰을 중시하는 모든 생명과학들은 그 방법론에 있어서 생명의 전체를 설명하기보다는 생명의 일부분만을 설명하는 한계에 부딪히기 때문이다. 따라서 생명의 부분적 설명은 과학의 몫이라면 생명의 전체적 이해는 철학의 몫일 수밖에 없다.

따라서 생명을 이해하는 철학의 또 하나의 과제는 인식될 수 있는 인식 안의 對象生命(subjective life)은 설명할 수 있으나 인식될 수 없는 인식 밖의 現象生命(phenomena life)까지도 설명이 가능할 수 있느냐의 문제에 대해서 철학적 회의에 당도할 수밖에 없는 상황에 놓이게 된다. 즉 철학은 인식 밖의 현상생명에 대해서는 설명(elucidation)될 수 없고, 다만 은유적으로 이해(appreciation)될 수 있을 뿐이다. 생명이 이처럼 대상생명이든 현상생명이든 생명본질에 대한 철학적 관심의 대상인 것은 생명을 一義的으로 대답할 수 없을 뿐만 아니라 매우 역동적인 복합성을 띠고 있기 때문이다.

---

7) K. Marx & F. Engels, *The German Ideology*, by Trans Lawrence & Wishart, N. Y.: International pub., 1970, p.165.
8) *Ibid.*, p.180.

이를테면 생명의 의미에 대해서 셸러(M. Scheler)나 베르그송(H. Bergson)에 의하면, '광물은 생명이 전혀 잠든 상태, 식물은 생명의 반쯤 잠든 상태, 동물은 생명이 잠을 깬 상태'라고 하였다. 이는 인간－자연－생물의 생명동가성(生命同價性)을 나타내는 말이다. 모든 생명은 明證的(evident)이며 본질직관(intrinsic intuition)에 의해서만 인식될 뿐 결코 그 무엇으로도 환원될 수 없다고 했다.9) 그러므로 생명의 가치에 대한 철학적 문제를 다음과 같이 몇 가지로 제기할 수 있다.

첫째, 생명가치의 범위를 정하여 생명의 본질적인 가치에 따라서 생명의 질(qualitiness of life)을 어떻게 향상시키느냐이다.

둘째, 생명의 본질적 가치와 정도에 따라서 각각의 생명에 가치서열(value hierarchy)을 포용할 수 있느냐이다.

셋째, 생명의 살생에 대한 適實性(stringency)의 문제로서, 즉 '살생하지 말라', '살생은 나쁘다'는 도덕적 규범을 절대적으로 준수하려고 할 때 '정당한 예외'(a justified exception)의 범위를 어떻게 수용할 것인가이다. 여기서 파생되는 철학적 문제로서 人間의 생명가치와 인간 아닌 다른 생명체의 가치와 또 생명체의 삶의 터전인 대지(大地)의 가치를 어떻게 조화롭게 이해 및 설명할 수 있느냐이다.10)

이상의 세 가지 생명에 대한 철학적 물음에 대하여 슈바이처(A. Schweitzer)는 '생명에 대한 외경'(畏敬)으로 설명을 대신하였다. 즉 모든 存在는 單一한 생명이다.－태양과 달, 불과 물, 꽃과 초목, 들짐승과 새들은 형제자매이다.－그는 삼라만상은 자립적인, 독자적인 존재들로서 그들 고유의 내재적 가치를 공유하고 있다. 여기에 철학적 범애주의 사상(philosophical philanthropism)의 기초를 이룬다.

이러한 범애주의적 생명관은 水雲 최제우는 三敬思想, 즉 人敬, 物敬, 天敬으로 설명하고 있으며, 人權과 動物權은 함께 존중되어야 한다는 최근의 환경생명 윤리학자들의 견해를 잘 뒷받침하고 있다. 우리는 슈바이처나 수운이 다 같이 생명에 대한 '敬'을 사용한 것은 현실적으로 실천하기 어려운 '극단적인 생명의 평등주의'를 도덕적으로 금기시하는 것이 아니라 생명의 질의 가치를 고려하면서 보다 큰

---

9) 진교훈, 「철학에서 본 생명」, 『생명』, 서강대학교 생명문화연구소, 1992, p.9.

10) 진교훈, 상게논문, pp.10~11.

테두리 속에서 조화를 이룩하는 데 그 숨은 뜻이 있음을 간파할 필요가 있다.

(3) 생명에 대한 종교적 이해

생명에 대한 종교적 입장과 철학적 입장이 확연히 구별되기는 어렵지만, 그러나 생명에 대한 종교적 이해는 대체로 초월적인 생명 개념이 두드러질 수밖에 없음을 전제로 한다.

먼저 기독교에서는 모든 생명은 하나님이 창조하였으며, 어떠한 생명도 인간에 의해 인위적으로 만들어지지 않았기에 인간은 기본적으로 생명에 대한 권리가 없고 다만 보전해야 할 책임만 있을 뿐이다. 그러므로 인간생명의 보존은 항상 생물적 차원과 목숨 또는 혼을 함께 의미할 뿐만 아니라 영생에 들어가는 것을 의미하기 때문에 포괄적으로 해석해야 한다. 그 생명의 주체모형이 하나님을 닮고, 하나님 나라이고, 하나님 속에서 삶의 영역을 정하기 때문에 생명은 자의적일 수 없고 오직 하나님의 주관 안에 속한다.[11]

이러한 전통적 기독교의 생명관을 발전적으로 극복하기 위하여 보다 진보적인 생명관을 제시한 틸리히(P. Tillich)는 '생명의 다차원적 통일성'을 들고 있다. 그에 의하면 생명에는 세 가지 기능이 있는데, '자기통합(self-in-tegration)', '자기창조(self-creation)', 그리고 '자기초월(self-transcending)'의 기능이 있다고 보고, 이것들은 통합-분열, 창조-파괴, 초월-세속의 끊임없는 위협을 받으며 생명의 모호성(ambiguousness)을 갖게 된다. 모호성은 성령에 의해서 극복되며, 모호하지 않는 생명창조는 존재의 실존과 본질이 합일되는 데 있고, 이 합일은 성령에 의해서 이루어진다. 이 합일경험이 인간의 정신 안에서는 황홀경험으로 나타나는데 이 상태를 한편에서는 '신앙'이라 부르고 다른 관점에서는 '사랑'이라고 부른다. 따라서 생명은 그리스도의 사랑인 동시에 신앙의 상징이 되고 있다.[12]

두 번째 불교의 생명관은 어쩌면 생명의 본질을 가장 쉽게, 가장 가까이, 가장

---

11) 맹용길, 『자연, 생명, 윤리』, (주)임마누엘, 1992, pp.85~86.

12) P. Tillich, *Systematic Theology*, V. 3, The University of Chicago press, 1963, p.29.

역동적으로 인식시켜 주고 있다. 고대 인도사상에 의하면, 태초에 有·無, 生·死, 있지 않았으며, 생명 없는 생명(life as lifeless), 공기 없이 숨 쉬는 생명, 죽어도 죽지 않는 생명, 열반을 이룬 사람의 생명이다. 열반을 이룬 사람은 산 사람도 죽은 사람도 아니다. 있을 수 없는 사람이 있는 사람이기에 사람 아닌 사람 혹은 제3의 생명사람이다. 따라서 불교의 생명관은 유기물이든 무기물이든 산 사람이든 죽은 사람이든 거기에 모두 생명이 있다면 있고 없다면 없다. 이 세상 삼라만상이 곧 생명이기도 하고 아니기도 하다. 이를 生死卽涅槃煩惱卽菩提로서 生死如一하다 하였으며 그리고 우주 만유가 곧 하나의 생명체라고 규정한다.[13]

이와 같은 불교의 생명관은 서양의 과학적·분석적 생명관과는 근본적으로 다르며, 다만 정신적·초월적 인식의 대상으로 생명을 볼 뿐이다. 이처럼 모든 개체 생명은 초월적이며 내재적인 실체와의 관계성을 정립하는 데 초점을 맞추고, 그 관계를 因果論的으로 설명하고 있는 불교의 이와 같은 생명관은 전통적으로 생명현상 자체를 어느 정도 부정적으로 보고 있다고 할 수 있다고 할 수 있다. 이를테면 카르마(Karma: 業)나 윤회사상(samsara)은 개별생명을 단순히 지각되는 현상으로서가 아니고 通時的이며 상호 緣起的인 것으로 파악하는 것이다. 즉 行業에 따라서 모든 생명은 과거·현재·미래의 三世를 연결하여 여러 가지 형태로 끊임없이 반복적으로 순환하다가 궁극에 가서 해탈(moksa)하기에 이른다고 보고 있다.[14] 말하자면, 불교의 생명관은 行業에 따른 생명의 윤회성을 강조하고 있다.

세 번째 유교에서의 생명관은 孔子의 家語에서 잘 나타나고 있다. 그에 의하면 道에서 나누어진 것을 命이라 하고, 하나에서 이루어진 것을 性이라 하고, 陰陽에서 변화하여 형상으로 변화된 것을 生이라 하며, 그 변화가 다하여 그 數가 다한 것을 死라고 한다. 고로 命은 性의 시작이요, 死는 生의 終了이다. 이 始가 있으면 반드시 終이 있는 것이다.[15]

공자는 道에서 생명이 나온다고 하는 중국인의 우주관을 表現한 깃이라고 할

---

13) 원의범, 「인도철학에서 본 생명관」, 『과학과 사상』, 통권 제17호, 1996, p.140 이하 참조.

14) 김영호, 「동양사상의 생명관」, 『과학과 사상』, 통권 제7호, 1993, pp.126~130.

15) 孔子家語: 分於道謂之命, 形於一謂之性, 化於陰陽 象形而發謂之生, 化窮數盡謂之死, 故命者 性之始也 死者生之終也 有始 則必有終矣.

수 있다. 그렇다면 중국인의 道의 개념을 道德經 第42章에서는 다음과 같이 전개과 정을 설명하고 있다. 즉 道는 하나를 낳고, 하나는 둘을 낳고, 둘은 셋을 낳고, 셋은 만물을 낳고, 만물은 陰을 지고, 陽을 품어서 하늘과 땅 사이의 잘 조화된 기운을 낸다.[16] 여기서 一은 無 또는 太極을 이르며, 二는 음·양을 나타내며, 三은 天人地의 和氣 또는 造化를 가리킨다.

朱子는 생명의 기원에 대해서 '최초의 인간생명은 氣에서 형성되었으며, 陰陽과 五行(水, 火, 木, 金, 土)의 미세한 입자들의 변화에 의해서 생명이 造化되었다고 하였다.[17] 이와 같은 자연의 법칙 속에서 태어난 인간은 體, 魂, 魄의 3요소로 구성되어 있는 것이 합쳐지면(氣合) 생명이 시작되는 것이고, 이 3요소가 각각 음(땅), 양(하늘)으로 흩어지면(氣散) 생명이 끝나는 것이라고 보았다.

이와 같은 朱子의 生氣論은 후에 性理學으로 이어지면서 생명의 기원을 理·氣의 관계로 발전시켜 설명하고 있다. 즉 天을 理라고 규정하고 理는 性으로 규정한 후, 이 둘이 禮에서 합쳐질 때 天人合一의 생명(氣)이 인륜의 도덕규범과 천륜의 자연법칙에 알맞게 발휘된다. 이러한 天人合一의 생명만이 인간의 존엄성과 평등성을 드러낸다.

네 번째 道教에서 老子의 생명관은 周易思想과 매우 유사점이 많은 것으로 나타나 있다. 老子는 먼저 생명을 중요시하는 '生生論'이다. 여기서 앞의 '生'은 生命을 가리키며, 뒤의 '生'은 生活이다. 생명(life)과 생활(live)을 하나로 보면서 '생명을 살리는 것을 易이라고 하였다.[18] 사람의 생명이 살아 있다는 것은 柔弱(부드러움)이고, 죽었다 함은 堅強(딱딱함)으로 구분함으로써 生死의 有無를 柔堅으로 보았다.[19]

또한 老子는 생명의 '靜公論'을 들고 있다. 논리적 사유로서는 접근하기 어렵고 다만 '마음을 비울 대로 비워 고요함을 지키는 것'(致虛極靜篤)이 생명의 극치를 감지하는 방법으로 제시되었다. 그리고 고요함은 근본으로 돌아가는 것이며 생명으로 복귀하는 것이다. 생명으로 복귀한 상태를 常이라 하고, 이 常을 아는 것이

---

16) 道德經: 道生一, 一生二, 二生三, 三生萬物, 萬物負陰而抱陽, 沖氣以爲和.
17) 김영호, 전게논문, p.135.
18) 周易系辭編: 生生之謂易.
19) 呂氏春秋: 人之生也柔弱, 其死也堅強, 故堅強者死之徒, 柔弱者生之徒(第七十六章 참조).

明이요, 이 常을 모르고 제멋대로 행하면 凶하다.[20] 이것이 生命의 公義로운 이상사회를 이룩하는 관건이라고 하였으며, 그의 생명에 대한 生生論과 靜公論은 생명의 사회적 책임성을 天道와 연결시킨 독특한 생명론이라고 할 수 있다.[21] 또한 과도한 욕구로 손상되지 않고 어떠한 관념의 틀에도 얽매이지 않는 생명윤리를 모색하였다는 점은 현실의 불합리한 殺生狀況을 비판할 수 있는 잣대로 삼기에 충분하다.

3. 환경생명윤리의 공동체적 대응

(1) 환경생명윤리의 심층적 인식

지구촌에 살고 있는 55억 인류공동체는 지난 92년 브라질에서 리우환경 정상회의를 긴급히 개최하여 '리우환경선언'을 제정한 후 '지구온난화방지협약', '생물종다양성협약' 등 주요 현안에 대해서 위기를 느끼면서 모두가 한목소리를 내었다. 그러므로 지구환경 생명문제는 이제까지 환경개량주의나 환경기술주의로는 원천적으로 해결불능에 돌입한 상황이다. 따라서 환경생명윤리에 대한 심층적 인식에 바탕을 한 새로운 가치관, 생활양식, 태도, 더 나아가 文明史的으로 일대 변혁이 없이는 모든 생명문화는 소생할 가망이 어렵게 되었다.

이제까지의 서구중심의 기계적, 과학적, 분석적, 도구적, 자연과 인간이라는 이분법적 생명세계관으로부터 人乃天, 事人如天, 天人地合一 등 자연과 인간이 둘이 아니라 하나의 뿌리로 보는 생명세계관의 일대 인식의 전환이 있어야 한다. 인간의 문화와 자연의 질서를 合一시키면서도 동시에 문화와 자연을 분별할 줄 아는 동아시아적 지혜를 터득하는 것이 오늘의 환경생명위기를 극복할 수 있는 방법으로 제시된 것은 매우 수복할 만한 일로 생각된다.[22]

인간이 인간답게 살기 위해서 노력하는 것을 환경운동의 차원이라고 본다면,

---

20) 禮記: 歸根曰靜, 靜曰復命, 復命曰常, 知常曰明, 不知常妄作凶……(第十六章 以下 참조).

21) 辛源俸, 「老子의 生命倫理」, 『국민윤리연구』, 제35호(한국국민윤리학회), 1996, pp.14~15.

22) 김지하, 「아시아의 지혜에서 배우자」, 『지구촌 사회의 환경문제』(환경과 생명을 위한 모임), 1994, p.17.

인간이 자연의 생명답게 존재하기 위해서 노력을 기울이는 것은 생명윤리의 차원이다. 따라서 환경생명윤리의 조건은 단순히 배불리 먹고, 인간대접을 받아 가며, 인간다운 삶의 질을 향유하는 것을 뛰어넘어서 삶이 삶답게 꽃피고, 자연과 인간이 화해하며, 모든 생명이 자유로이 커뮤니케이션하며 동종의 유기체뿐만 아니라 타 유기체와의 관계도 순환적 交感을 나누는 단계에까지 이르도록 해야 한다.

최근 環境生命倫理를 연구하는 학자들에 의하면 생명문화와 자연질서를 조화롭게 공존시키기 위해서 몇 가지 원리를 제시하고 있는데, 월터스(L. Walters)[23]는 有益의 原理(the principle of beneficence)와 正義의 原理(the principle of justice)를 제시하고 있고, 비우참프(T. S. Beauchamp)[24]는 자율의 원리, 無害의 원리, 유익의 원리, 정의의 원리를 들고 있는데 이는 모두가 생명윤리에 대한 인간의 도덕적 결단과 자각의 심층적 전환을 요구하고 있다.

지난 1990년도 노벨평화상을 수상했으며, 현재는 국제녹십자(IGC) 총재로서 전 지구적 환경생명운동을 벌이고 있는 고르바초프는 매우 시사적인 말을 하였다.

"지금까지 '인간은 만물의 영장이다'라고 하는 고정관념을 수 세기에 걸쳐서 우리 인식 속에 가지고 있었다. 이제 인간은 이러한 생각을 버리고 새로운 인식의 전환을 해야 할 때이다. 즉 '인간은 만물의 영장이다'라는 기존의 것 대신에 새로운 구호를 만들어야 하는데, 그것은 '인간은 자연의 일부분일 뿐이고 자연과의 조화 속에서만 살아남을 수 있다'는 것이다. 이제는 인류의 진보를 가로막아 왔던 근시안적 이해대립에서 벗어나 공동의 복지를 마련할 새로운 환경 생명윤리를 확립해야 한다"[25]고 하였다.

그의 이와 같은 지구환경의 위기를 진단한 것은 매우 적절한 것으로서 아시아적 자연관에 근접한 환경문제에 대한 새로운 인식이라는 점에서 우리가 하루 속히 전통적인 가치의 위기, 나아가 정신의 위기 및 세계관의 위기로 다가오고 있는 것을 공동 극복하기 위해서 소비·풍요의 생활양식으로부터 생명가치를 소중하게 여기며 절제하는 삶으로의 인식전환이 있어야 한다.

---

23) L. Walters, *Contemporary Issues in Bioethics*, Cal.: Wadsworth pub., 1978, p.54.

24) T. S. Beauchamp, *Principle of Biomedical Ethics*(N.Y.: Oxford University press, 1975), p.29.

25) 고르바초프, 『지구촌 사회의 환경문제-새로운 가치관으로의 대전환을 위하여-』(환경과 생명을 위한 모임), 1994, pp.21~25.

(2) 새로운 생명패러다임의 정립

　현대 국가가 추구하는 궁극적 정책목표는 복지국가건설에 있으며 복지국가의
정책핵심은 국민의 공동체적 삶의 질을 향상시키는 데 있다. 공동체적 삶의 질의
최상위 정책과제는 환경생명문제인 것이다. 따라서 21세기에는 개인, 사회, 국가
를 막론하고 모든 구성체의 도덕준거(moral reference)는 '환경과 생명'을 얼마만큼
소중히 여기느냐의 정책기준으로 평가하게 된다.

　국내적으로 지난 몇 년 사이에 전 국토의 소나무가 50% 이상 고사되었으며, 푸
른 하늘은 매연에 가리어 볼 수 없게 되었고, 아황산가스와 산성비로 인해 銅線이
끊어져 전철이 정지되었는가 하면, 농약, 자동차 매연, 토양의 산성화로 인해 미
생물과 생태계의 파괴 등 환경생명의 위기는 날로 더해 가고 있는 심각한 상황이
다. 더욱이 UR에 이어 WTO체제 출범, 뒤이어 Green Round가 대두되면서 환경문
제는 단순히 국내문제가 아니라 전 세계가 연대하여 지구환경 위기를 공동으로
대응하기 위하여 우리나라도 기후협약(1993. 12.), 몬트리올 의정서(1992. 5.), 런던
덤핑협약(1993. 12.), 야생동물보호협약(1993. 7.), 바젤협약(1994. 1.), 생물다양성협
약(1995. 4.) 등에 가입하였으며, 국무총리 산하에 '지구환경관계장관대책회의'를
두고 '환경처'를 발족시키기에 이르렀다.

　국외적으로는 지난 100년 동안 지구의 온도가 1℃ 올라갔으며, 2030년에는 지
구의 온도가 1.5℃ 내지 4.5℃ 올라가 지구온난화로 인한 기상이변이 속출하여 인
류멸망의 재앙이 도래할 것을 경고하고 있다. 이러한 재앙을 예방하는 차원에서
기술개발을 위한 에너지 사용을 줄이기 위해서 1972년 인간환경에 관한 UN회의
에서 채택된 스톡홀름선언, 1992년 브라질에서 개최된 리우환경정상회의 등에서
지구환경보선을 위한 규제대상별로 ① 대기보전 및 기후변화방지, ② 토지 및 산
림자원 보전, ③ 생물다양성 보전, ④ 해양 및 생물자원 보전, ⑤ 유해폐기물 및
독성화학물질관리 등에 대하여 협정을 맺었다.[26]

　무엇보다도 지난 1993년 4월 20일 국제그린크로스(IGC)의 발족과 함께 IGC헌

---

26) 김상현, 『환경, 환경운동, 환경정치』, 학민사, 1994, pp.123~124.

장의 목적과 원칙의 내용은 환경생명 진로의 새로운 패러다임을 일대 코페르니쿠스적 전환을 하는 계기로 만들었다.

① 신성한 생명체는 각기 그 본연의 가치를 지니며 상호의존적 공동체의 전체가 기능하는 데 필수적인 역할을 한다. 지구의 아름다움과 그 생명은 인간 정신의 양식이며 인간의 의식에 경이와 기쁨, 창조성의 영감을 불어넣는다.

② 인간존재는 생명체라는 공동체 밖이나 위에 있지 않고 인간 자신의 전체에 의존해서 거미줄을 짜고 있다.

③ 인류는 고의이건 우연이건 생태계의 파괴를 방지하고 생명체의 균형을 유지할 의무를 지니고 있다.

④ 인간은 통합성·다양성 속에서 생명을 보호해야 할 책무가 있으며 지구촌을 현세대뿐만 아니라 다가올 다음 세대를 위해서도 건강하고 안전한 주거지로 유지해야 할 의무를 지고 있다.

⑤ 인간이 만들어 낸 환경생명의 재난에 신속·효과적으로 완화, 방지, 변화를 추구하며, 이를 위해서 환경정보교육교류를 통한 가치전환을 꾀하며 국제적인 생태법(ecological law)을 제정하여 국적, 인종, 종교, 성별, 계층 또는 정치적 이념이나 신념을 초월하여 준수하도록 한다. 그리하여 인간의 보편적 가치, 변화를 추구하는 신념, 인간과 자연 간의 새로운 관계 등에 기초한 문명의 창출을 촉진시킨다.[27]

오그로스(R. Augros)는 환경생명에 대한 문명사적 새로운 패러다임의 전환적 요체는 생명모델의 정립인데 이는 이제까지의 서구중심의 데카르트, 다윈, 뉴턴식 약육강식, 적자생존, 도태이론 등 생태론적 접근의 한계를 지적하면서 생물의 생명적 틀의 전환이 필요하다고 하였는데 이를 동양식의 표현을 빌리면 相生, 和解, 共存, 三敬, 解怨 등의 物我一體論的 모델의 접근으로 이전되고 있다는 뜻이다.[28]

최근 환경정치단체인 독일 녹색당(green party)은 환경문제를 대중적 인식 계몽

---

27) 김상현, 상게서, pp.398~401.
28) R. Augros, 오인해 역, 『새로운 생물학-자연 속의 지혜의 발견-』, 범양사(주), 1994, pp.75~76.

의 단계에서 한 단계 뛰어넘어서, 환경개량주의의 긍정적 측면을 살리면서 더 원천적으로 생명문제를 해결하고자 하는 근본생태주의(deep ecologicalism) 또는 사회생태주의(social ecologicalism)가 대두되고 있는데 이는 그들 스스로 서구 중심의 생태사상으로는 새로운 생명문화를 창조할 수 없어 동양의 우주관, 특히 그중에서도 동양의 전통사상과 고대 동서양의 샤머니즘적 자연관에서 그 해결의 뿌리를 찾으려고 하고 있다. 근본 생태주의 학자들은 환경오염의 주범은 결국 인간이며 개개인의 가치관, 즉 자연관의 오류에서 연유한다고 보고 인간의 생명윤리, 환경철학, 생태교육을 통한 의식 개혁만이 환경생명을 바로 정립할 수 있다고 보고 있다.[29]

이와 같은 생명사상의 맥락에서 본다면 우리나라는 일찍이 東學思想의 靈性生命觀에서 근본생태주의가 실천적으로 內在되어 있었다고 볼 수 있다.

즉, 영성생명은 4가지 생명본성을 들고 있는데 그것은 관계성, 다양성, 순환성, 영성이라고 했다.[30] 또한 최근에 환경문제에 관심을 일찍이 가졌다고 하는 미국의 환경전문가인 알버트 고어(Albert Gore), 네이버거(M. Neibruger)는 환경문제는 全 地球的, 全 生命的인 중대사라고 강조하면서 최초로 영성의 환경(environmental of spirit)이라는 말을 한 것은 그들의 환경생명에 대한 인식의 방향이 동양의 생명관으로 관심을 가지는 중요한 단서를 제공하였다고 볼 수 있다. 즉 나무, 개울물, 山, 大地, 바다, 흙, 어류, 달맞이꽃, 해바라기 등을 단순히 환경의 대상으로 볼 것이 아니라 생명의 대상으로 볼진대, 그 생명의 하나하나 속에는 영성(spirit)이 속해 있다는 의미를 내포하고 있다.[31]

이런 면에서 미래 생명윤리의 연구방향은 종래의 개량중심주의로부터 인간중심주의로, 공리주의적 생명사상으로부터 근본주의적 생명사상으로, 인간편의중심주의로부터 영성생명윤리로 일대 전환의 윤리적 각성이 요구되고 있다. 일부 학자들은 다소 추상적 개념의 환경론이라고 비판하고 있지만 이는 경제적 이해를

---

29) 근본주의 생태학의 대표적인 학자는 노르웨이의 내스(A. Naese), 화이트 2세(White Ⅱ)를 들고 있는데, 이들은 한결같이 ① 기독교의 반환경주의적 자연관 비판, ② 서구적 인간중심주의에서 동양의 비인간중심주의적 자연관의 전환의 요청, ③ 원시 종교적 세계관과 동양의 전통적 자연관의 복귀를 주장하고 있다. 김동규, 『근본주의 생태론과 한국환경 교육의 반성』, 광장 96(205호).

30) 김지하, 『생명과 가치 ─ 내일을 준비하는 오늘 ─』, 나남출판사, 1996, pp.206~211.

31) 김광협 역, 『미국의 공해정책론』, 백록, 1993, p.236.

생명의 相生性보다 우선에 두는 발상에서 출발하고 있기 때문에 '인간의 만족한 생활'을 극대화할 뿐 인간 밖의 생명은 소홀히 해도 된다는 반생명이라는 점에서 문제가 있다.

(3) 동양의 영성생명사상의 이해

우리는 자칫하면 인간 중심적 생명사상을 비판하는 생태학적 근본주의 생명사상을 올바로 이해하지 못하면 환경의 주범인 인간을 옹호하는 논리적 모순에 빠지게 된다. 만약 인간이 인간 스스로 탈인간주의 또는 반인간주의적 생명관을 지지하거나, 서구적 인간주의 생명관과 동양적 비인간주의 생명관(non-anthropocentric life)을 극복하지 못하고 이를 대결적 구도로 보는 시각은 또 하나의 反生命論理的 오류를 범할 우려를 가지고 있기 때문이다.

물론 구성희는 이 둘의 조화를 이루기 위해서 생태학을 통해서 모색하고 있으나 두 관계의 불명료한 관계성의 한계로 말미암아 한꺼번에 극복하기는 어렵다고 하였다.[32] 그러나 이 둘의 관계를 보다 명료하게 극복하기 위해서 생태학적 근본주의(deep ecology)가 최근에 제시하고 있는 8가지 실천과제에 관심을 가질 필요가 있다. 즉 ① 생명의 독자성, ② 생명의 다양성, ③ 생명의 존엄성, ④ 생명의 균형성, ⑤ 생명의 위기성, ⑥ 생명의 절제성, ⑦ 생명의 경각성, ⑧ 생명의 의무성을 들고 있다.[33] 따라서 근본주의 생명사상 가들은 동양의 자연과 인간의 일체적 우주관인 지구유기체설에 접근하고 있으나, 그 기본적 세계관은 서구적 物我二體的 二分法을 완전히 극복하지는 못하고 있다.

그러므로 생태학적 근본주의 생명관을 한 단계 성큼 발전적으로 도약한 사상으로 대두된 것이 앞에서도 언급된 바 있는 이른바 靈性生命論(spiritual life) 또는 영성의 환경(environment of spirit)이라고 하는데 그 내용은 환경을 환경으로 보지 말고 생명으로 보아야 하며, 생명은 모두 영성을 지니고 있다고 보는 생명의 汎在

---

32) 고창택, 「환경윤리에서 인간중심주의와 비인간중심주의의 조화 가 성」, 『환경윤리와 환경교육』, 한국국민윤리학회, 1996, pp.19~20.

33) B. Devall & G. Sessions, *Deep Ecology of Life*, Prentice-Hall, 1980, p.29.

論이다.

　일찍이 이러한 영성생명 윤리의 실천사상을 제시한 水雲 최제우는 사람마다 侍
天主를 하면 至氣에 이른다고 하였다. 여기서 至氣는 우주생명의 철학적 표현이다.
水雲은 '어린아이의 땅을 밟고 가는 나막신 울림소리에 내 가슴이 아프더라, 땅을
소중히 여기기를 어머님의 살갗이 여겨라'고 하였다.[34] 이렇듯 어머님의 살갗 같
은 생명의 땅이기에 땅은 언제나 地心, 地力, 地養, 地氣, 地勢, 地素, 地動, 地脈, 地肥,
地神, 地精, 地質, 地形을 북돋우어 주어야 하며, 地病, 地毒, 地染, 地酸, 地黃, 地沖을
예방시켜 주어야 할 의무를 지고 있다. 또한 海月 崔時亨은 生命思想의 구체적 실
천덕목을 제시하였는데 ① 나무는 새순을 꺾지 말며, ② 새알은 깨지 말며, ③ 가
신 물을 땅에 부을 때에 멀리 뿌리지 말며, ④ 폐물을 함부로 버리지 말며, ⑤ 오물
이 땅에 떨어지면 닦아 없애야 한다고 하였다. 특히 그의 十毋天은 생명사상의 新
十戒命으로서 生命共同體思想을 나타낸 실천생명윤리의 규범이라고 할 수 있다.[35]

　이는 마치 오늘날 환경계량주의자에 의한 생명파괴를 일삼으며 생활편의를 추
구하는 사람들이 山脈을 마구 자르고 江流를 가로막는 행위를 하는 것은 어머님의
살갗을 저미고 여성의 생리를 人工的으로 저해하는 것이나 다름없다.

　이처럼 산맥과 강류를 끊으면 백두대간의 정기를 차단하게 되어 각종 동식물
의 이동이 불가능해진다. 그 결과로 대동물 → 소동물 → 식물 → 미생물에게 영
향을 미치게 되어 전체 생태계의 질서를 흔들어 놓게 된다. 즉 한 종의 새가 멸종하
게 되면 곤충은 90종, 식물은 35종, 물고기는 2~3종가량이 함께 멸종된다고 하였
다.[36]

　그러기에 동양사상의 풍수학에서 가장 중요시하는 것을 氣感이라고 하는데 이
는 직관력이 뛰어난 풍수가 內的인 直觀에 의해서 地氣의 흐름을 느끼는 것을 일
컫는다. 풍수학에서의 地氣와 철학에서의 至氣는 둘이 음양의 대립관계처럼 보이
지만 실제는 상호 보완적인 기우뚱한 듯하면서 중심생넝 사상을 이룬다.[37] 이를

---

34) 其兒屐聲, 我胸痛矣, 惜地如母之肌膚, 母之肌膚所重乎(천도교경전 誠·信·敬 編), p.306.

35) 吳益濟, 海月의 生命思想(종교신문, 91년 6월 12일), 천도교경전, p.374.

36) 최정호, 『山과 한국인의 삶』, 나남, 1994, p.158.

37) 김지하, 『기우뚱한 균형에 대하여』(김진현 총장 회갑논문집), 나남출판, 1996, p.54.

水雲의 표현대로 하면 內有神靈 外有氣化, 즉 안으로 신령한 것이 있고, 밖으로 기화가 있다고 보았는데 여기서 內外와 神氣 그리고 靈化는 둘이 아니고 하나이며 분리가 아니고 통합이며 다만 순환일 뿐이다. 인간의 몸은 죽어도 절대 소멸하지 않는다. 마치 에너지가 소멸하지 않고 조그마한 유기물질 세포나 물질 입자로 남게 된다. 火葬을 한다고 해도 재 속에 생명이 남으며 그 생명 속에는 靈性이 있다고 본다.[38]

그리스도교에서 흙을 빚어서 하나님의 모습대로 인간을 만들었다는 창조성은 인간과 흙의 관계를 영성사상으로 연결시키고 있는 중요한 단서가 된다. 즉 인간은 흙으로 창조되었고, 밭의 흙을 경작하여 생명을 살리고, 죽을 때는 반드시 다시 흙으로 돌아간다는 것은 흙 속에 영성이 깃들어 있다는 성서적 해석을 가능케 한다. 그리고 생명의 자체이신 하나님께 절대권을 부여하고 있다.[39] 또한 성서적 의미로 최초의 인간(Adam)과 흙(Adama)이 연결의미를 가지는 것은 인간은 결국 흙의 재료에 의한 피조물 또는 자연의 일부로서 인간과 흙의 불가분리적 동일한 본질성을 강조하고 있다.[40]

창세기 문헌에서 인간과 흙에 대한 영성생명성을 주장하고 있음에도 불구하고 '땅을 정복하라, 모든 짐승을 부려라'는 인간 중심적 전개로 말미암아 그리스도인으로 하여금 식민지 정복과 자연정복의 성서적 근거를 제공하는 오류를 범하게 되었다. 같은 맥락에서 생태근본주의학자들도 창세기 1장 28절의 '생육하고(be fruitful), 번성하고(be multiply), 충만하며(be fill the earth), 지배하라(subdue it)라는 자연과 인간관이야말로 환경파괴와 오염의 근본원인이라고 공격의 화살을 집중시키고 있다.[41]

이와 같이 성서의 해석이 인간중심사상에 입각해서 과거, 현재, 미래의 상황을 계량적으로 적용·해석한다면 이는 영성생명사상의 본질을 왜곡시킬 가능성이 높다. 왜냐하면 인간과 흙을 二分法으로 보는 시각과 一元的 合一로 보는 동양적

---

38) 상게서, p.61.
39) 『현대인의 성경』, 창세기 2장 이하 참조.
40) 심상태, 「물리적 환경과 생명에 대한 신학적 고찰」, 『물리적 환경과 생명』(서강대학교 생명문화연구소), 1993, p.49.
41) J. B. Cobb, God and the World, The Westminster Press, Philadelphia, 1974, p.19.

시각과는 근본적으로 軌를 달리하고 있기 때문이다. 다시 말하면, 생명의 보편적 영성론으로 보면 인간의 형이상학적 특수성을 인정할 수 없다. 다만 우주 전체 속에서의 한 부분일 뿐이다.

4. 미래 생명윤리의 대안

(1) 탈인간중심주의적 생명교육[42]

인간은 오랜 기간 동안 특히 지난 300년간 가장 효율적인 '과학'이라는 도구를 이용하여 자연을 무참히 정복하여 왔다. 또한 '과학'이 인간에게 가져온 무한한 혜택, 즉 과학적 사고방식, 과학기술, 과학적 합리성 등에 중독되어 안주할 수 있었다. 그 결과 이제 과학기술에 의한 자연정복은 급기야 자연파괴로 이어져 이제 원상회복이 불가능할 정도의 지구죽음에 이르게 되었다.

21세기의 생명윤리의 중심과제는 地球生命을 소생시키는 과제를 안고 있다. 지구생명을 살리기 위해서는 두 가지 방법이 있을 수 있다. 첫째는 과학문화에 의해서 죽은 지구생명을 보다 고도한 과학기술의 개발(highertechnology development)로 지구파괴와 환경오염문제를 해결할 수 있는 처방이 나와야 한다는 과학적 낙관론자의 입장과 과학기술에 의하여 파괴된 지구 생명은 고도한 과학기술의 개발은 또 다른 환경파괴를 가중시키는 결과만을 초래할 뿐이라는 반과학적 비관론의 입장이다. 전자가 서양의 인간중심주의적 생명윤리론자의 주장인 반면에, 후자는 동양의 비인간중심주의적 생명윤리론자의 주장을 반영하고 있다.

이러한 生命倫理論의 두 가지 상반된 입장에 대해서 박이문은 '과학을 인간욕망의 산물이며, 인간의 욕망은 무한하므로 과학의 내재적 논리는 자연의 무차별 개발과 정복을 필연적으로 요청하게 된다. 그로 인해 황폐화된 지구에 인간이 살 수 없게 오염되었을 때 인간은 하나뿐인 지구를 떠나서 어디서 살 수 있단 말인가?

---

42) 脫人間中心主義化라는 말은 종래의 인간 중심적 과학문화로 인해 生命파괴를 지양하고 物我一體性을 의미하는 우주적 생명관을 지향하는 뜻을 내포하고 있다.

아마 더 이상 인간이 지구생명을 파괴한다면 자연은 인간에게 또 다른 복수를 해 올지도 모른다'고 하면서 이것이 지금 과학문화의 부메랑 효과를 가해 온다는 뜻이다.[43]

그렇다면 과학에 의한 생명파멸을 예방하면서 脫人間化를 지향하는 生命思想의 교육프로그램의 대안은 무엇인가? 그것은 게쉬탈트 스위치(Gestalt switch), 즉 사고의 틀에 의한 혁명적 전환을 이룰 수 있는 생명환경경험교육 과정(gestalt environment education program)을 개발하는 일이다.[44]

첫째, 탈인간 중심적 새로운 세계관, 인간관, 가치관의 생명윤리교육을 위한 생태문화의 이해와 자연과 인간의 동일성의 신뢰교육, 둘째, 인간을 생명문화 속의 특수성을 강조하기보다는 우주 전체를 구성하는 무한한 고리의 일부에 지나지 않으므로 인간의 자연관리의 특권을 인정하는 것은 논리적 모순이라는 불가분리의 교육, 셋째, 발전·진보의 개념이 반드시 '인간답기', '인간다움' 더 나아가 人乃天, 事人如天의 개념을 만족시켜 주기보다는 오히려 퇴보, 후퇴를 필연적으로 동반하고 있다는 자기 욕망 억제의 교육, 다섯째, 지구상에 존재하는 동물, 식물, 광물은 인간과 相生的 관계이므로 인간의 욕망의 도구를 삼아서는 안 되며 그들 각각의 생명의 내재적 가치와 존엄성을 인정하는 무위적 행동원칙의 교육을 하는 일이다.

일찍이 孔子는 『論語』에서 양극적인 생명사상의 이상적인 모델을 시사하고 있다. 즉 "바탕[質]이 맵시[文]보다 나으면 촌뜨기, 맵시가 바탕보다 나으면 글친구, 바탕이나 맵시가 한데 어울려야 훌륭한 인물"이라고 했다. 여기서 바탕을 동양의 자연생명론으로 바꾸고, 맵시를 서양 과학생명론으로 바꾼다면 "과학이 자연을 극복하면 도시화가 되고 자연이 과학을 이기면 농촌에 머물 것이니 도시와 농촌이 한데 어울려야 이상국가가 된다"[45]고 했다.

脫人間化의 생명사상은 결국 인간의 무한한 욕망대로 자연을 손상시켜서는 안 된다는 順天生命思想을 일컫는 것이다. 결코 인간이 존재하지 않는 생태문화를 상상할 수 없듯이 인간과 자연의 이상적 妙合의 원리를 찾아서 인간의 생활(life)과

---

43) 박이문, 『문명의 위기와 문화의 전환』, 민음사, 1996, pp.72~74.

44) 박이문, 상계서, pp.80~84.

45) 이을호, 『사람과 자연은 하나다』, 지식산업사, 1993, p.151(論語: 質勝文則野, 文勝質則史, 文質彬彬然後君子).

자연 생명(life)의 모순을 초월할 수 있어야 한다. 그런 면에서 許浚(1546~1615)의 精氣神 一體論이나 丁若鏞(1762~1836)의 精氣神一如論은 다 같이 생명의 종합적 묘합의 원리를 강조하고 있는 것으로서, 미래 생명사상을 정립하는 중요한 이론적 근거를 제시하여 주었다고 할 수 있다.

(2) 상생생명의 윤리적 실천

상생생명사상은 생명의 근원인 우주 만유의 모든 생명의 본질적 원리에 입각해서 실천할 수 있는 생태학적 체계이다. 즉 일체의 생명체는 개체적으로 독립해서 살아가는 존재일 뿐만 아니라 생명 간에 서로 살면서 더 적극적으로 서로 살려 주는[相生] 역할을 전개하고 있다. 즉 모든 생명이 생명 간에 삶의 협동성을 지니고 있는데 이 생명협동성을 발전시키기 위해서 몇 가지 중요한 상생 생명원리(mutual bio-principle)를 도출하여 고찰할 수 있다.[46]

첫째, 모든 생명은 恒動, 恒變, 恒續의 본질을 가지고 있으므로 생명 자체를 중지, 불변, 단절시켜서는 안 된다. 왜냐하면 제1의 생명의 본질을 왜곡시킬 제3의 生命은 존재할 수 없기 때문이다. 우주의 순환과 함께 생명도 끊임없이 스스로 性·質·量의 불변의 순환작용을 하도록 서로 도와주어야 할 목적을 지니고 있다.

둘째, 모든 생명의 속성은 不同, 不息, 不滅하려고 끊임없이 자기번식을 거듭하려고 한다. 그래서 생명 간에는 종횡으로 서로 끊이지 않도록 縱不絶, 橫不離, 種不滅의 자율적 생명권을 최대한 보장하여 주어야 할 의무를 지니고 있다.

셋째, 모든 생명 간에는 恒授, 恒導, 恒推의 법칙이 작용하고 있다. 즉 생명이 보다 발전하기 위해서 항상 주되 먼저 주어야 하고[先授], 항상 이끌어 주되 먼저 인도하여 주어야 하며[先導], 항상 밀어 주되 먼저 밀어 주어야 한다[先推].[47] 이것은 특히 人間과 자연관계에서 인간이 살기 위해서 자연에 보호되어야 할 것이 아니라, 자연이 먼저 보호되지 않으면 인간은 살 수 없다는 발상의 전환이다. 즉 내가

---

46) 김중, 『상생원리』, 생명운동본부, 1993, p.31.

47) 상계서, pp.40~45.

존재하기 때문에 네가 있는 것이 아니라 네가 존재함으로써 나의 존재의미가 확실하여진다는 先行生命卽善行生命의 생명사상이다. 따라서 상생생명원리의 실천으로 모든 생명 간에는 同立, 同行, 同生의 의식으로 때와 장소를 뛰어넘어[不無]서 '서로 살려 주기'에 진력하여 미래의 새로운 생명문화를 이루어 나가야 함과 동시에 상생생명공동체 문화를 생명윤리교육의 핵심적 과제로 삼아야 한다.

최근에 기독신학계에서도 중산 강일순의 '解冤相生思想과 기독교 신학과의 접목'48)을 시도하는 상생신학(mutual life theology) 연구가 이루어지고 있는 것은 생명윤리의 또 하나의 장르라고 볼 수 있다. 이를테면 先天의 생명 착취시대가 지나고 後天의 개벽시대가 도래하면 天·人·地가 조화롭게 相生할 수 있는 생명해방의 시대를 예고하고 있다. 이는 마치 마르크스의 생명해방의 계급사회로부터 생명해방의 무계급사회(classless society)를 약속한 것과 같은 맥락일 수 있다. 어떠하든 간에 21세기 생명문화의 種子는 생명의 相生性에 두고 있다는 사실이다.

(3) 환경생명윤리 교육의 당면과제

지구생태학의 위기는 이제 디쉬(R. Disch)나 칸(A. Cahn)이 인간의 자연에 대한 태도는 생태적 양식(ecological conscience)에 따라 선·악의 판별기준으로 삼았던 시대를 넘어서서 생사의 판별기준에 놓여 있는 시점에 도달하였다. 칸은 지구환경에 살고 있는 모든 생물종을 아끼고 사랑하며 다른 생물을 직접·간접으로 해치지 않는 것을 善이라고 해석한다.49) 이제 칸의 표현을 바꾸어 표현하면 생물종을 사랑하지 않고 직접·간접으로 해치게 되는 것은 惡이 아니라 죽음을 뜻한다고 할 수 있다.

이러한 생태위기를 생태윤리학적으로 문제를 보기 시작한 것은 1968년 빈(Wien)에서 개최된 제10차 국제철학자대회에서 환경윤리분과가 창설되면서 세인의 관심의 대상이 되었고, 그 후 생태학자와 철학자 및 윤리학자에 의한 생명윤리

---

48) 朴鐘天, 『相生의 神學』, 한국신학연구소, 1991, pp.429~431.

49) R. Disch, *The Ecological Conscience, Value for Survival*(Englewood Cliffs, Prentice-Hall, 1970), p.39.

연구가 활발히 진행되었다.[50]

그로부터 생태학적 위기를 예견한 나머지 지난 1970년대부터 비정부차원의 환경운동단체(NGO)가 전 세계적으로 결성되기 시작하면서 1972년 스웨덴의 스톡홀름에서 열린 UN인간환경회의(The United Nations Conference on the Human Environment)에서 사상 처음으로 '인간환경선언문'이 채택된 이후 환경생명윤리교육의 시급성이 국제적으로 확산되기 시작하였다. 그 뒤 1975년 유고의 베오그라드에서의 'UN환경교육회의'에서 '환경생명교육의 목적'을 구체적으로 제시하였는바 그 실천단계는 다음과 같다.[51]

첫째, 환경문제의 관심으로 모든 개인 및 단체는 환경생명에 대하여 깊은 관심과 감수성을 갖도록 해야 한다.

둘째, 지식의 습득으로 환경생명에 대한 기본지식과 책임감, 사명감을 동시에 갖도록 한다.

셋째, 환경의 태도로서 환경문제에 대한 사회적 평가자세 및 개선의지 그리고 환경보전에 대한 적극적인 참가활동의 태도를 가지게 한다.

넷째, 환경기술교육으로 개인 및 단체는 환경문제를 해결할 수 있는 기술을 가지도록 교육 지원하여야 한다.

다섯째, 평가력 배양으로서 모든 개인 및 단체는 환경오염의 측정을 할 수 있는 능력의 배양과 교육과정을 생태학적·경제학적·사회학적·미학적·교육학적·윤리학적·철학적·종교적 관점에서 평가할 수 있도록 해야 한다.

여섯째, 참가하는 모든 사람은 환경문제에 대한 책임의식을 가지고 생명위기의 긴급성을 인식하고 문제해결에 동참해야 한다.

물론 여기에서는 빠졌지만 생명의 영속성, 생명의 계속성, 생명의 순환성을 강조할 필요가 있다. 왜냐하면 환경을 오염시키게 되면 나의 세대는 간신히 모면하여 살아갈 수 있을지 모르나 나의 후대에 가서는 놀이킬 수 없는 생명위기에 처하게 된다는 사실을 교육적 각성을 통하여 이루어져야 한다.

---

50) 김동규, 『세계의 환경교육』, 교육과학사, 1996, pp.75~76.

51) 진교훈, 「생태학적 위기의 극복과 환경윤리학의 과제」, 『한국의 환경교육』, 교육과학사, 1996, p.39.

환경교육은 종합과학인 동시에 국제협력에 의해서만 비로소 해결될 수 있다는 인식하에 1977년 그루지아공화국의 수도 트빌리시에서 '환경교육에 관한 정부 간 회의'(green-peace)운동, 국제그린크로스(Green-Cross) 창설, 1992년 브라질의 리우환경세계정상회의, 각종 NGO 등이 결성되기 시작하면서 환경교육이 실시되기 시작하였음은 앞에서도 언급한 바 있다.

1997년은 우리나라가 OECD 가입을 계기로 주요 국제환경회의의 200여 건에 참가할 계획을 갖고 있다. 대표적인 국제회의로는 UN 환경특별총회(6. 23.), OECD 환경성과그룹회의(3. 28.), UNEP(유엔환경계획), APEC 환경각료회의(4. 20.), OECD 경제와 환경통합그룹회의(3. 17.) 등을 들 수 있다.

최근 인터넷을 통한 세계자원연구소가 분석한 보고서에 의하면 한국의 환경친화도는 OECD가입국 중 최하위권에 맴돌고 있다. 환경친화도는 국민의 삶의 질과도 깊은 연관이 있기 때문에 단순히 가시적인 계량지수에 나타난 것뿐만 아니라 국민의 환경생명윤리지수, 즉 환경가치의식까지도 함께 포함되어야 한다.

그런 의미에서 '생명에 대한 사회인식조사'에 나타난 것을 보면 우리나라 사람들의 반생명적 경시풍조가 연령, 교육 정도, 종교유무, 월수입의 차이와 별 관계 없이 골고루 크게 높아지고 있는 조사결과가 나왔다.[52] 특히, 이와 같은 생명경시의식이 만연하게 된 원인은 개인주의, 집단이기주의, 시민의식 결여(25.7%), 물질만능주의를 부추기는 체제 자체의 문제(22.3%), 경제성장제일주의 국가정책(21.3%), 개인들의 도덕성의 타락(12.9%), 올바른 가치관 정립을 위한 교육의 부재·혼돈(11.3%), 기타 종속적인 정치, 공해산업의 유입에 있는 것으로 나타났다. 더욱이 우려할 만한 일은 이와 같이 생명경시의식이 확산되어 가고 있음에도 불구하고 생명윤리 또는 생명운동에 대한 교육을 받아 본 사람은 4.2%에 불과하다는 사실이다.[53] 이는 우리나라 환경생명윤리교육의 부재를 극명하게 나타내고 있음을 드러낸 증거이다.

인간의 기본적인 삶과 관련된 개인생명윤리 측면인 안락사, 장애자, 낙태, 피임,

---

52) 윤여덕, 「생명에 대한 사회의식 조사」(서강대학교 생명문화연구소, 1992), pp.10~13.

53) 상게논문, p.71.

시험관 아기, 사형제도의 존속 등의 문제에 대해서는 더욱 높은 둔감성을 나타내는 반면, 생태계의 보존과 관련하여 삶의 질을 높이는 사회생명윤리 측면인 마약 밀매, 음주운전, 폐수방류, 유해식품 등에 대해서는 다소 높은 민감성을 나타내고 있다. 이는 사람들이 일상생활에서 생명윤리의식에 대하여 깊이 생각함이 없이 개인실천윤리 차원과 사회실천윤리 차원을 분리하여 생각하는 경향 때문으로 해석하고 있다. 또한 사회여론이나 매스컴의 영향으로 개인적 차원의 문제는 덜 의식적이고, 사회적 차원의 문제에 대해서는 더 의식적인 경향을 나타내게 된다.[54]

따라서 앞으로 환경생명윤리교육의 방향은 당연히 개인실천윤리의 차원에서 환경가치관, 생명의 존엄성, 환경의 연대성 인식 등에 대하여 근본주의적 생태생명교육(deep ecological bio-education)이 강화되어야 한다. 동시에 사회생명실천윤리교육도 병행하면서 복합적인 내용-사회윤리적 차원, 상생적 차원, 환경보호 차원, 개별적 생명 차원, 생명의 기원, 역사·철학·종교·사회·종합 과학적 차원-으로 구성하여 접근되어야 한다.

5. 결 론

21세기 인류사회의 존망이 환경과 생명문제에 있다는 관점에서 볼 때 이는 생명원리, 생태학, 환경학 등의 관련학문 영역만의 관심의 대상이 아니라 생명 정치학, 생명 경제학, 생명 사회학, 생명 철학, 생명 종교학, 생명 윤리학 등 모든 학문 영역 및 운동적 차원에서 범세계적으로 연대 협력하여 Biotopia를 이룩하는 데 노력하지 않으면 인류에게 '희망의 삶'보다는 '절망의 죽음'이 놓여 있다는 사실을 발견하는 것이 이 장에서 연구된 기다란 성과 중의 하나이다.

생명을 구성하고 있는 생체분자는 Biotopia를 유지하려는 '생체3강5륜'은 가장 동양적인 사유에서의 생명의 조화를 설명하고 있다.

생명의 속성에 따른 생체의 삼강(三綱)은 ① 그리움의 원리, ② 어울림의 원리,

---

54) 상계논문, pp.72~73.

③ 헤어짐의 원리이다. 그리고 생명의 오륜은 ① 순서의 아름다움, ② 분자의 지조, ③ 안분의 도, ④ 협동의 묘, ⑤ 화생의 덕을 들고 있다.[55] 이러한 생체덕목은 마치 인간생명과 인간도덕률은 모두가 하나의 자연법칙에 의하여 운용되고 있음을 가르쳐 주고 있다.

그러므로 서양의 과학주의적 환경해결방안으로는 한계에 도달하였으며, 동양의 자연주의적 생명의 틀(Bio-frame)이 미래의 Biotopia를 바로 인식할 수 있는 키워드를 제공할 수 있는 바탕이 될 수 있다는 관점을 떨쳐 버릴 수 없었다. 그렇다고 과학주의적 방법에 의한 환경생명의 접근을 결코 소홀히 해서는 더욱 어려움을 가중시키리라는 것도 문명사적 전망을 가능케 하고 있다.

동양의 자연주의적 영성생명관을 최근 서양에서는 근본주의 생태학(Deep Ecology)이라는 표현으로 대두되면서 그 표현양식이 보다 환경친화감을 더해 주는 논리를 성립시키고 있는 것도 사실이다. 이를테면 <Ecopiety=인간사랑+땅사랑>을 강조하면서 <Ecosophy=몸의 정치학+여성환경주의+보살핌의 윤리+배려문화>를 동양적 사유로 포함되고 있음을 함축하고 있다. 그에 의하면 '우리가 계속 같은 언어로 생각하고 말을 한다면 우리는 같은 역사를 재생산하게 될 것'이라고 경고한 데 대해서 주목할 필요가 있다.[56]

Ecosophy는 지구의 절대적인 주인으로 군림하려고 하는 인간의 오만과 자만심을 배격한다. 지구생태를 보존하기 위해서 他者中心的 보살핌의 책임윤리를 수용하여야 한다. 이 보살핌의 사랑은 생태철학적 페미니즘에서 찾아볼 필요성이 제기되고 있다. 즉 자연을 인간의 지배로부터 해방시키는 일은 여성을 남성의 지배로부터 해방시키는 일과 불가분의 관계에 있다는 관점이다. 그러므로 생태여성주의(eco-feminism)는 미래 생태철학의 진수가 될 것이다.

이제까지 몰두했던 데카르트의 합리주의, 베이컨의 도구주의, 로크의 경험주의, 프로이트의 자아중심주의를 변별적으로 거부한 후, 살(skin)의 감각과 감수성을 지닌 생명의 모태(母胎)인 여성주의자에게 생명의 윤리적·심미적 패러다임을

---

55) 박상철, 『생명보다 아름다운 것은 없다』, (주)사회평론, 1996, pp.236~240.
56) 정화열, 「철학적 환경사랑」(1995년 한민족 철학자대회 발표 논문), p.29.

제시함으로써 새로운 여성생태철학을 통한 환경생명문제에 주체로 등장하여 볼 필요가 있다는 것을 제의한다.

끝으로 물을 물 쓰듯이 하는 시대, 공기를 마음대로 들이마시는 시대는 지나고 있다는 사실은 심각한 생명위기를 예고하고 있다. Nash의 엔트로피 이론으로 표현하면 '저 엔트로피 사회에서는 사람이 숲을 먹고 살지만 고엔트로피 사회로 변하면 광산이 사람을 먹어 치우게 될 것이다'라는 은유적 경고를 깊이 인식하면서 코페르니쿠스적인 의식의 변동으로 새로운 생명윤리관을 창출해야 할 과제를 안고 있다.

마지막으로 최근 북한이 대만의 핵폐기물을 저장함으로써 쌀 부족을 일시적으로 해결한들, 민족이 생존할 수 없는 황폐화된 땅을 통일하여 후손에게 넘겨준다면 무슨 소용이 있겠는가를 생각하면서 민족생명윤리의 연구과제를 또 하나 지고 있다.

제9장 가톨릭 자연법 윤리론의 특성
-회칙「진리의 광채」에 관한 성찰-

강두호

1. 윤리적 규범의 원천

자연법은 인간의 본성에 근거한 이성의 명령으로서 당위의 근원이라고 이해되어 온 개념이다. 인류 정신사에 있어 자연법은 그 개념의 모호성과 다의성으로부터 야기되는 시비에도 불구하고 이상적인 규범문제에 접근하는 하나의 통합적 사유방식으로 정착되어 왔다. 그것은 인간이 인간으로서 마땅히 지켜야 할 규범, 한 시대의 역사성이나 상황에 의존하는 것이 아니라 인간의 본질에 의하여 규정되며 결코 상실해서는 안 되는 규준으로 이해되고 있다.

현대의 자연법론자들 가운데 네오토미즘, 즉 가톨릭 학자들을 중심으로 한 신스콜라 학계가 그 선두그룹을 이루고 있음은 주지의 사실이다. 필자의 관심 대상으로서 현대 가톨릭 자연법사상의 정수를 이루는 회칙「진리의 광채」(*Veritatis Splendor*)는 1993년 10월 5일, 교황 요한 바오르 2세에 의하여 반포되었다.[1] 서론과 결론 그리고 120개 항으로 구성된 회칙은 올바른 가치관과 유리된 채 기술적인 세계관에 바탕을 둔 현대의 도덕적 위기에 대처하기 위하여 교회의 윤리적 가르

---

1) John Paul II, *Veritatis Splendor*, 1993; 정승현 역, 『진리의 광채』(서울: 한국천주교중앙협의회, 1994).

침의 몇 가지 기본 원리를 제시하고 있으며, 동시에 이러한 가르침에 대하여 제기되어 온 반대의견을 비판하고 있다. 이 문헌은 무엇보다도 현대인의 도덕적 쇄신의 욕구에 대한 전반적인 응답과 반대의견의 뿌리에는 궁극적으로 인간의 자유와 진리의 본질적인 관계로부터 자유를 유리시키는 현대사조의 영향이 있다고 하는 진단을 담고 있다.

본 연구의 목적은 가톨릭의 윤리적 지침을 요약하고 있는 회칙 「진리의 광채」의 함의를 파악함으로써 현대 가톨릭 자연법론의 특징이 무엇인지를 살펴보는 데 있다. 회칙은 독자들에게 자연법의 현대적 논의에서 매우 예민한 주제들을 새롭게 고려해 보도록 배려한다.[2] 우선 그것은 로마서 2장 14~15절(이방인들에게는 율법이 없습니다. 그러나 그들이 본성에 따라서 율법이 명하는 것을 실행한다면 비록 율법이 없을지라도 그들 자신이 율법의 구실을 합니다. 그들의 마음속에는 율법이 생겨져 있고 그것이 작용하고 있다는 것을 알 수 있습니다)의 유명한 성구에 주목한다. 또한 반복적으로 선과 악을 알게 하는 나무 열매만은 따 먹지 말라는 명령(창세기 2:17)을 중시한다. 이 인용구가 율법 이전의 그리고 인류의 타락 이전의 신의 통치를 어떻게 특징지을 것인가에 대하여 보다 근본적인 신학적 논점을 불러일으킬 수 있음은 물론이다.

회칙은 자연법에 관한 논점의 틀을 창세기의 관점에서 잡으면서 특히 그 금지명령(2, 17)에 관하여 다음과 같이 적고 있다.

> "인간에게 '선과 악을 알게 하는 나무 열매를 따 먹는 것'을 금지함으로써 하느님께서는 인간이 '자기 고유의 것'으로서의 '지식'을 소유하지 못함을 분명히 하셨습니다. 인간은 다만 자연이성과 신적 계시의 빛을 받아 그 지식에 참여할 뿐이며, 이성과 계시는 인간에게 영원한 지혜에 대한 전제조건과 암시들을 밝혀 줍니다. 그러므로 법은 신적 지혜의 표현으로 간주되어야 합니다."[3]

우리는 금지명령이 토마스(Thomas Aquinas)의 유명한 자연법 정의의 성서적 근거로서 사용되고 있음을 알 수 있다. 토마스에 따르면 "만물 가운데 이성적 피조

---

2) 자연법에 관한 논의는 특히 회칙의 35~64항에서 집중적으로 다루어지고 있다.

3) 회칙 41.

물인 인간은 가장 훌륭하게 하느님의 섭리에 속해 있다. 인간은 하느님의 섭리에 참여하는 자로서, 자신뿐 아니라 다른 사람 또는 다른 존재 모두에 대해서 섭리적이다. 따라서 인간은 '영원한 이성'에 참여하며 그리하여 인간은 자신의 고유한 행위와 목적에 자연스럽게 기울어진다. 이처럼 이성적 존재에 있어서 영원한 법에의 참여를 우리는 자연법이라고 부른다."[4]

토마스의 참여 개념은 인간의 정신이 하나의 평가된 측정표준이라는 점, 그리고 그 실천활동의 첫째 원리가 신법에의 참여라는 점[5]을 강조하기 위하여 금지명령의 문맥 속에서 재천명되고 있다고 하겠다. 회칙의 해석으로 보건대 금지명령이 의미하는 것은 피조물의 유한한 지성이 선악의 첫 번째 측정표준은 아니라는 점인 것 같다. 달리 말하여 도덕이나 법보다는 오히려 피조물과 창조주 사이에 통치의 원리를 포함하는 하나의 관계(關係)가 있다. 이 원리는 피조물들이 공유하지만 그러나 도덕적인 선악의 측정 수단을 갖지 못하는 그러한 것이다. 신의 통치권에 관한 찬탈을 금하는 것은 동시에 인류에 대하여 명령하는 자연적 원리의 침해를 금하는 것으로 풀이할 수 있을 것이다.

이처럼 금지명령은 영혼의 자연적 질서의 침해금지를 상징적으로 다루고 있는 셈이다. 아우구스틴(Augustine)의 설명을 보면 다음과 같다.

> "그들은 마치 신이 그들의 자율성을, 즉 그들 자신의 눈으로 선과 악을 구별해 내는 고유한 선견지명의 활용을 시기한다고 여겼는지 그의 법에 복종하기를 거부하였다. 그들이 신과 같게 되기를 바랐기에, 그들은 신의 법을 거부했던 것이다. 그들은 자신들이 얻지 못한 바를 잡으려고 원했던 데서 얻은 바를 잃게 되었다."[6]

아우구스틴이 강조하고 싶었던 것은 물론 인간 본성의 완전함이 자연법을 깨뜨림으로 말미암아 파괴되었다는 점일 것이다. 그러나 인류가 자신이 육체의 열등한 위계로 넘겨졌음을 발견한 것은 하나의 징벌과 관련되는 것으로서[7] 자연의

---

4) Thomas Aquinas, *Summa Theologica*, Ⅱ-Ⅰ, Q.91, A.2.

5) *Ibid.*, Ⅱ-Ⅰ, Q.91, A.1, ad 3; Q.91, A.3, ad 2.

6) Augustine, *De Genesi contra Manichaeos*, Ⅱ, 15, § 22; Russell Hittinger, "Natural Law as Law Reflections on the Occasion of Veritatis Splendor", *The American Journal of Jurisprudence*, Vol.39, 1994, p.7.

7) Aquinas, *Summa Theologica*, Ⅱ-Ⅰ, Q.91, A.6.

고유한 질서는 아닌 것이다.

위와 같은 배경 아래서 인간행위의 윤리성을 바라보는 회칙의 입장 역시 명백하다. 회칙은 먼저 인간이 인간으로서의 완성에 이르는 것은 그의 행위들을 통해서인데 인간적 행위(actus humanus), 즉 인간의 오성과 자유의지에서 나오며 인간이 그에 대하여 책임을 질 수 있는 행위는 이를 행하는 개인의 선악을 표현하고 결정하기에 모두 윤리적 행위가 된다고[8] 전제한다. 인간적 행위는 인간 외부의 것들 때문이 아니라 그것이 자유로운 선택이고 이를 행하는 사람을 윤리적으로 규정함으로써 변화를 가져온다는 것이다.

따라서 자유로움을 특징으로 하는 인간행위의 윤리성은 그 자유가 진정한 선과 맺는 관계로부터 규정되게 된다. 회칙은 이렇게 쓰고 있다.

> "이 선은 모든 존재를 그 목적으로 향하게 한 하느님의 지혜에 의해 설정됩니다. 이 영원한 법은 인간의 자연이성과 하느님의 초자연적 계시에 의해서 인식됩니다. 자유의 선택이 인간의 참된 선과 일치되고 따라서 사람이 그 최종 목표를 향하고 있음을 나타낼 경우에 그 행위는 윤리적으로 선한 것이 됩니다."[9]

이렇게 윤리행위는 자연의 질서, 곧 신적 질서에 부합하여 행하는 인간의 자유롭고 이성적인 행위로 이해된다.

그러기에 행위로 하여금 참된 선을 향하도록 이성적으로 이끌고 이성이 인식한 선을 추구하는 바가 윤리성을 이루는 한, 인간적 행위는 단순히 어떤 목적을 달성하기 위한 수단이거나 혹은 행위자의 의향이 선하기 때문에 윤리적으로 선하다고 판단될 수 있는 것이 아니다.[10] 사람의 의지로 하여금 그 최종 목표로 향하게 하고, 그 구체적인 행위가 인간 선, 즉 이성에 의해 참된 선으로 인식된 선과 일치할 때 비로소 인간적 행위는 윤리적으로 선한 것이 된다.

---

8) *Ibid.*, Q.1, A.3.; R. McInerny, *Aquinas on Human Action*(Washington: Catholic Univ. of America Press, 1992); M. Porter, *Moral Action and Christian Ethics*(Cambridge: Cambridge Univ. Press, 1995)도 참조.

9) 회칙 72.

10) *Cf.* Aquinas, *Summa Theologica*, II – II, Q.148, A.3; Janet Smith, "Natural Law: Does It Evaluate Choices and Acts?", *The American Journal of Jurisprudence*, Vol.36, 1991, p.177ff.

　　"만일 구체적 행위의 대상이 사람의 참된 선과 일치를 이루지 못할 경우, 그
　　행위의 선택은 우리의 뜻과 우리 자신을 윤리적으로 악한 것이 되게 하며, 우리
　　의 최종 목표, 최고선, 즉 하느님 자신과 대립하게 합니다."[11]

　한편, 인간행위의 윤리성을 결정하는 구체적인 요소들, 즉 윤리의 원천에 대하
여 회칙은 인간행위가 최고선으로 정향되어 있는지의 여부가 그 대상과 상황 그
리고 지향을 통해 확인될 수 있다고 설명한다. 특히, 윤리적 행위의 대상에 대한
부적절한 이해로 말미암아 잘못된 해결책을 이끌어 내지 않도록 주의할 것을 제
안한다. 회칙은 인간행위의 윤리성이 우선적으로 그리고 근본적으로 자유의사에
따라 이성적으로 선택된 대상에 달려 있다는 토마스의 설명[12]을 상기시키면서,
상황이나 지향은 결코 그 대상으로 인하여 내적으로 악한 행위를 주관적으로 선
한 행위 혹은 선택 가능한 행위로 바꿀 수 없다[13]고 단언한다.

　　"윤리적으로 그 행위를 규정짓는 행위의 대상을 파악할 수 있으려면, 행위자
　　의 관점에서 볼 필요가 있습니다. 의지행위의 대상은 자유로이 선택한 행위 자체
　　입니다. 그것이 이성의 질서와 일치하는 한 그것은 의지의 선의원인이 됩니다.
　　그 대상은 자유로운 결정의 가장 가까운 목적이며, 행위자의 의지는 자유로운 결
　　정의 원인이 됩니다."[14]

　가톨릭 윤리가 윤리적 대상에 특별한 관심을 기울이는 것은 인간행위가 그 유
(有)에 달려 있다는 신조에 기인한다고 볼 수 있겠다.
　회칙에 의하면 대상이 최고선을 지향하고 있는가의 판단정향은 인간 존재 안
에서 이성에 의해 파악되며 온전한 진리 안에서, 따라서 그 자연적인 성향과 동기
그리고 목적성 안에서 고찰된다. "인간행위의 윤리성에 대한 이성적 결정 없이는
'객관적 윤리질서'를 주장할 수 없으며, 예외 없는 구속력을 가진 규범을 제시할
수 없을 것입니다."[15] 토마스는 이것이 자연법의 내용이며 '사람의 선'에 봉사하

---

11) 회칙 72.

12) Aquinas, *Summa Theologica*, Ⅱ－Ⅰ, Q.18, A.6.

13) 회칙 81. 여기서 '내적으로 악한 것'(intrinsece malum)은 언제나 그리고 그 자체로 말미암아, 다시 말해서 그 대상 자체 때문
　　에 그리고 행위자의 의도나 상황과는 전혀 별개로 악한 것을 의미한다.

14) 회칙 78.

15) 회칙 82.

는 '사람들을 위한 선들'의 복합체라고 강조하고 있다.[16]

2. 도덕률의 생래성

앞에서 밝힌 바와 같이 자연법을 이성을 갖춘 피조물의 연원법에의 참여로 이해하는 것은 가톨릭의 전통적인 관점이다. 이러한 정의는 모든 유(有)가 영원법에 종속되어 있고 또 그렇기 때문에 그에 상응한 방식으로 행동할 타고난 성향이 있다는 관념에서 출발한다. 영원법은 사물의 본질 속에 자리 잡고 있어서 존재의 본성과 동일하며, 요컨대 존재의 전 질서에 연원법이 각인되어 있는 것이다. 다만 인간은 영원법에 의해서 피동적으로 이끌려 가게 되어 있는 것이 아니라 자기 앞을 내다보고 대책을 세워 가면서 능동적으로 이에 참여한다. '자기 자신 및 다른 이들을 돌봄으로써 자연법에 참여한다'[17]는 것도 이를 두고 하는 말이다.

자연법이 고유한 목표를 향하는 자연적 성향이라고 해서 그것이 곧 인간에게 본능적으로 부과된 무엇을 뜻하는 것은 아닐 것이다. 그것은 오히려 온전하고 자유로운 책임하에 수행해야 할 명령을 이르는 것으로서, 말하자면 인간에게는 인간 자신이 곧 법인 셈이다. 따라서 자연법은 인간의 의무가 '인간이라는 것' 자체 내에 근거함을 의미하는 것으로 이해될 수 있다. 그것은 무엇보다도 기록된 법이거나 형식화된 법이 아니라 생래적 법(lex insita), 즉 인간본성 자체에 부합하는 법이다.

사실 우리에게 인간의 본성은 초월적 연역에 의해서 파악될 수밖에 없다. 그러므로 경험적이고 사실적인 차원에서 보편타당하다고 하는 것들과는 차이가 있게 마련이다. 이 같은 의미에서 인간의 본질적 본성에 속하는 것은 인간 자신이 함축적으로라도 긍정하는 존재론적 구조들이며, 그 가운데서도 인간의 정신성, 결단의 자유, 타인과의 근본 관계, 신에 대한 종속 등을 꼽을 수 있다.[18] 자연법론은 인간본성의 기본 구조에서 윤리적 정언(定言)을 연역해 낼 수 있다는 가능성을 전

---

16) Aquinas, *Summa Theologica*, Ⅱ－Ⅰ, Q.100, A.1.

17) *Ibid.*, Q.91, A.2.

18) Franz Böckle, *Grundbegriffe der Moral*(Aschaffenburg: Pattloch, 1966), p.83.

제하고 있으며, 토마스는 제일 원리(prima principia)로[19] 이를 설명하고 있다.

회칙은 인간이 이런 문제에 대하여 이미 답변을 얻었다고 적고 있다.

> "하느님은 인간을 창조하시고 그 마음 안에 새겨진 율법, 이른바 자연법을 통하여 지혜와 사랑으로 그를 최종 목적으로 인도하심으로써 이미 답을 주신 것입니다. 자연법은 그분이 우리에게 주신 인식의 빛입니다. 그로써 우리는 무엇을 하고 무엇을 피할 것인지 알게 됩니다. 하느님은 창조 때 이 빛과 법을 인간에게 주셨습니다."[20]

회칙은 이렇게 인간의 본성과 자연법이 창조주의 의지에 근거하고 근원적으로는 그의 지성과 본질에 근거함을 분명히 하고 있다. 이는 자연법이, 인간의 본질에 기초하며 여기에 근거하는 인간이성의 빛으로 적어도 본연상으로(per se) 인식될 수 있는 윤리질서임을 설명하는 것이다.

한편, 모든 인간은 창조주의 모상으로서 지성과 자유를 부여받았고 문화인으로 성장할 무한한 가능성과 능력을 갖게 되었으며, 하나같이 사랑으로 결합할 줄 알고 지혜와 용기와 생활의 센스를 가지고 있다. 또한 인류의 공동 유산인 자유와 자아를 인식하고 스스로의 가능성을 의식할 수 있으며, 행복한 삶에 대한 갈망을 모두가 공통적으로 소유하고 있다.[21] 모든 인간이 동일한 인간본성을 가지고 있다는 점에서 자연법과 거기서 추출된 명제들은 모든 인간에게 타당한 것이며 여기에 자연법은 보편성을 갖는다.

회칙은 각자가 지니고 있는 자유와 모두가 공통으로 지니고 있는 본성 사이에 있을 것으로 여겨지는 분리가 자연법의 보편성이라는 개념을 흐리게 할 수 있지만, 자연법이 인간의 품위를 표현하고 그 기본적인 권리와 의무에 기초를 제공하는 이상 그것은 명령이나 권위에 있어서 모든 이들에게 해당되는 보편적인 것이라고 본다. 아우구스틴 이래로 규범의 보편성을 인정하는 것은 가톨릭 자연법 윤

---

19) *Cf.* 이에 대한 자세한 연구로 R. A. Armstrong, *Primary and Secondary Precepts in Thomistic Natural Law Teaching*(The Hague: Martinus Nijhoff, 1966).

20) 회칙 12.

21) 존재론적 관점에서 인간본성에 대한 여러 논의들을 검토하고 있는 글로 Michael B. Crowe, "The Pursuit of Natural Law", *The Irish Theological Quarterly*, Vol.44, 1977, p.4ff.; G. Bergmann, *New Foundations of Ontology*(Madison: Wisconsin Univ. Press, 1992).

리론의 전통이다.[22] 토마스도 사람의 이성적 본성에 새겨진 자연법이 이성을 지니고 역사 안에서 살아가고 있는 모든 인간에게 부여되어 있으며 인간은 자신의 특수한 자리에서 완성을 이루기 위해 선을 행하고 악을 피해야 한다고 쓰고 있다.[23] 이 보편성은 인간 존재의 개성을 무시하거나 각 개인의 절대적인 고유성에 반대되는 것이 아니며, 오히려 그것은 인간의 자유로운 행위 하나하나를 그 뿌리에서부터 포용한다는 것이다. "인간의 자유행위는 참된 선의 보편성을 증거합니다."[24]

또한 회칙은 "처음부터 그랬던 것은 아님"(마태오 19:8)을, 그리고 육화를 통하여 윤리규범이 새 법에서도 결정적인 내용을 지니기에 '처음이 결정적으로 비추어짐'[25]을 상기시키면서 과거나 현재나 미래의 모든 사람에게 유효한 객관적 규범들의 존재, 즉 자연법의 불변성을 인정한다.

> "인간이 항상 특정한 문화 속에 존재한다는 것은 결코 부인할 수 없는 사실입니다. 그렇지만 또한 인간이 그 문화에 의해 송두리째 규정될 수 없다는 사실도 인정해야 합니다. 더욱이 문화의 발전 자체가 인간 안에 그 문화를 뛰어넘는 어떤 것이 있음을 보여 줍니다. 이 '어떤 것'이 바로 인간본성입니다. 인간본성은 그 자체가 문화의 척도이며, 나아가 인간이 그 어떤 문화에도 갇힐 수 없는 존재임을 보여 주는 것입니다. 인간본성은 오히려 그 존재의 심오한 진리에 따라 삶으로써 이루어지는 인간의 품위를 확인시켜 줍니다."[26]

자연법이 객관적 규범으로서 인간의 본성 안에 새겨져 있다고 하지만 그 같은 도덕률의 요청에 호응하는 기능이 인간의 주관성과 무관할 수는 없을 것이다. 도덕률의 요청에 호응하는 기능이 자연법의 요청을 파악하여 구체적인 윤리행위를 하도록 인간을 이끌어가는 것, 그것이 바로 양심인데, 그것은 오직 행위자 주체에 소속되는 것이기에 주관적 규범이라고 볼 수 있겠다. 그러므로 인간의 자유와 자연법 간의 관계를 파악하는 방식은 윤리적 양심에 대한 이해와 밀접하게 연결되

---

22) Augustine, *De Trinitate*, XIV, 15, 21; 또한 S. Pinckaers & Pinto de Oliveira, *Universalité et permanence des Lois morales*(Paris: PUF, 1986).

23) Aquinas, *Summa Theologica*, II - I, Q.94, A.2.

24) 회칙 51.

25) Aquinas, *Summa Theologica*, II - I, Q.108, A.1.

26) 회칙 53. *Cf.* 관련된 논의를 담고 있는 것으로 D. Evans, *Spirituality and Human Nature*(Albany: SUNY Press, 1993).

어 있는 셈이다. 자연법이 윤리적 선의 객관적이고 보편적인 요구들을 밝혀 주는 것이라면, 양심은 그 법을 구체적인 상황에 적용시킨 것으로서 개인에게 내적인 명령이 되며 구체적인 상황에서 선을 행하라는 소리가 된다. 따라서 양심은 자연법에 비추어 윤리적 의무를 규정해 준다.[27] 이는 양심의 작용을 통하여 개인이 지금 여기서 행하도록 요청받고 있는 선이 무엇인지 알고 이를 행해야 할 의무이다.

그런데 여기서 눈여겨볼 사항은 양심이 선과 악을 결정하는 어떤 자주적이고 유일한 원천이 아니라는 회칙의 분명한 지침이다. 행위에 대한 판단으로서의 양심이 오류의 가능성으로부터 벗어나 있는 것이 아니며, 따라서 자연법이 내적으로 악이라고 규정하는 것이 양심에 입각하여 허용될 수도 있다는 것이다.

> "잘못된 양심의 경우에는 인간이 어이없게도 주관적으로 진리라고 생각한 것에 따라 행동하게 됩니다. 윤리적 선에 대한 '주관적 오류'와 인간의 목적을 위해 인간에게 이성적으로 제시된 '객관적 진리'를 혼동하거나 혹은 참되고 바른 양심에 따라 이루어진 행위의 윤리적 가치를 잘못된 양심의 판단에 따라 이루어진 행위의 윤리적 가치와 똑같은 것으로 여기는 것은 용납될 수 없습니다."[28]

양심은 단지 선을 창조하는 심판장이 아니라 그 자체가 진리의 빛 안에서 형성되어야 함을 재확인한다고 볼 수 있겠다.

필자의 소견으로 회칙은 자연법의 기초를 확립하는 데 있어서 존재와 당위의 근본 관계를 중시하는 것으로 보인다. 물론 여기서 말하는 존재는 인간 존재를 따로 분리시켜 논하기보다 '존재의 근원'과의 근본 관계를 포함하고 있다. 윤리적 선에 관한 물음의 응답이 인간의 정신과 마음을 오직 선 자체로 돌릴 경우에 발견될 수 있다고 강조하는 한, 선에 대하여 묻는 것은 결국 선의 충만함으로 돌아감을 뜻하게 된다. 윤리적으로 선한 행위에 관한 질문을 그 종교적 기초로 되돌려 놓는 것은 홀로 선이고 생명의 충만함이며 인간행위의 최종목표이고 완전한 행복인 절대자를 인정하는 셈이다. 따라서 존재와 당위가 궁극적으로 합치된다고 보며, 존재와 선 혹은 존재론적 질서와 도덕적 질서가 결국 하나가 되어야 함을 강

---

27) 회칙 59. 가톨릭의 양심론에 관하여 C. Henry Peschke, *Christian Ethics*(Dublin: C. Goodliffe Neale, 1977), Vol. I , Ch.3.
28) 회칙 63.

조하는 것이다. 실증주의를 포함한 모든 불가지론에서 본질적 존재가 인간 이성
으로 파악되지 않는 한 존재는 현실재에만 관련되며 당위는 이러한 실재와 날카
롭게 대립한다고 보는 것과는 대조적이다. 본질적 존재와 현실재를 구분하고 동
시에 선이고 목적인 본질 존재에서 당위의 근거를 찾는 것이다.[29]

그렇다면 자연법은 존재와 사물의 본질에 대한 인식 가능성을, 바꿔 말하면 실
재론적 인식론을 전제로 하는데,[30] 실제로 회칙은 인식론에 대하여 자세히 설명
하고 있지는 않다. 오히려 그것은 자연법이 유(有)의 질서에 어떻게 가담하고 있
는가를 주목하는 꽤 색다른 연구방향을 강조함으로써 이를 드러내고 있다. 실재
론적 인식론은 어떤 존재란 예를 들어 자연과학자가 대상으로 삼는 그런 물체가
아니라 형이상학적인 어떤 '있음'이라고 인정하는 입장이다. 존재 이외의 어떠한
충동 또는 자유와 같은 실천이성의 요청에서 당위의 근원을 구하는 경우 연역적
오성은 현실적인 제약에서 벗어나 공허한 합리주의에 빠지기 쉽다. 그러므로 자
연법이 사물의 본질에 대한 참된 인식을 기초로 하여 비로소 가능하다고 보는 것
은 이 속에 참으로 그 존재론적 토대가 있다[31]고 이해하기 때문이다.

3. 자유와 이성의 완전한 자율

토미즘을 중심으로 한 가톨릭 자연법론의 전통에서는 지성이 의지보다 우위에
있음을 분명히 한다. 그것은 지성이 인식을 통하여 객체를 소유하고 정신적인 동
화를 통해서 본질적으로 그것을 포함하는 데 반하여, 의지는 외계로서의 객체로
향하는 경향이 있다고 보기 때문이다.[32] 자신 안에 객체의 완성을 갖는 것이 자신
밖에 존재하는 것으로서의 그것으로 향하는 것보다 더 완전하다고 여기는 것이다.

---

29) 강도호, 「자연법 사상의 사회윤리적 성격 연구」, 서울대학교 박사학위논문, 1990, p.22.

30) 자연법의 형이상학과 인식론에 관하여 Tibor R. Machan, "Metaphysics, Epistemology, and Natural Law Theory", *The American Journal of Jurisprudence*, Vol.31, 1986, pp.65~77; Machan, "Epistemology and Moral Knowledge", *The Review of Metaphysics*, Vol.36, 1982.

31) Heinrich A. Rommen, *The Natural Law*(St. Louis: Herder, 1955), p.163.

32) Aquinas, *Summa Theologica*, Ⅰ, Q.19, A.7; Q.82, A.3. *Cf.* F. Copleston, *A History of Philosophy*(Westminster: The Newman Press, 1962), Vol.2, p.382.

따라서 본연의 인간행위가 자유를 그 특징으로 하는 점에 대하여, 가톨릭에서의 진정한 도덕적 자주권은 인간의 자유와 하느님의 법이 서로 만나고 교차하는 것을 의미한다. 이런 면에서 아우구스틴의 통찰은 의미심장하다. "자유의 시작은 살인, 간음, 절도, 사기, 신성 모독 등 범죄로부터의 자유로움에서 비롯된다. 사람이 이런 범죄로부터 벗어나면 자유를 향해 머리를 들기 시작한다. 그러나 이것은 자유의 시작에 불과한 것이며 완전한 자유는 아니다."[33]

회칙은 순전히 개인주의적으로 인식된 자유는 파괴적일 수밖에 없으며 서로를 적대적으로 만들게 될 뿐이라고 경고하면서, 자칫 자유가 또다시 외부에 의해 결정되고 집단 의사에 의해 대체될 위험이 있으며, 이러한 위험은 자유가 인간에 대한 진리에 바탕을 둘 때 피할 수 있을 것이라고 지적한다.[34] 인간의 자유는 자연법을 받아들임으로써 진정하고 완전한 완성을 이루게 된다는 입장이다. "인간은 드넓게 뻗어 나가는 자유를 지니고 있다고 볼 것입니다. 그렇지만 그 자유가 무한정하지는 않습니다. 그것은 '선과 악을 알게 하는 나무 열매' 앞에서 저지될 수밖에 없습니다. 왜냐하면 자유는 하느님께서 주신 윤리법을 받아들이게 마련입니다. 홀로 선하신 한 분만이 인간에게 무엇이 선인지를 완전히 아십니다."[35] 여기에는 인간의 자유란 오로지 진리 안에서만 진정으로 인간적이고 책임감 있게 된다는 확신이 담겨 있다고 하겠다.

자연법을 규정하려는 이 같은 노력에는 신적 통치에서 벗어난 윤리의 영역을 조정하는 작업이 내포되어 있다고 풀이된다. 그렇지만 선과 악을 결정하는 권한이 인간에게 속하지 않고 하느님에게만 속해 있다는 점은 자유의 윤리적 자율성 문제와 부딪칠 수밖에 없다. 그것은 자연법에 속하는 윤리규범의 이성적 특성[36]

---

33) 회칙 13.

34) 자유의 의미에 관한 일반적인 논의로서 Tim Gray, *Freedom*(London: Macmillan, 1991); Erich Loewy, *Freedom and Community*(Albany: SUNY Press, 1993); Ian Carter, "The Independent Value of Freedom", *Ethics*, Vol.105, No.4, July 1995.

35) 회칙 35. *Cf.* 인격적 자유의 초월성에 대하여 정의채, 『형이상학』(성바오로 출판사, 1984), p.226f.; 정의채, 『존재의 근거문제』(성바오로 출판사, 1987), p.438f; Jan Aartsen & Leo J. Elder, *'Lex' and 'Libertas': Freedom and Law according to St. Thomas Aquinas*(Rome: Editrice Vaticana, 1987).

36) Aquinas, *Summa Theologica*, Ⅱ-Ⅰ, Q.71, A.6. 자율적 윤리의 모형에 대하여 A. Auer, *Autonome Moral und Christlicher Glaube*(Düsseldorf: Patmos, 1984); Martin Rhonbheimer, *Natur 민 Grundlage der Moral*(Wien: Tyrolia, 1987), pp.149~158.

과 그리고 현대 문화와의 대화를 촉진시키려는 제2차 바티칸 공의회의 정신 사이에 얼핏 괴리가 있는 것처럼 보인다. 그러나 회칙은, 인간이성이 갖고 있는 신적 지혜에 대한 의존성을 간과함으로써 순전히 인간적 윤리 안에서 맴돌고 있는 규범, 오직 인간이성을 그 원천으로 하며 인간이 자유적으로 스스로 만들어 낸 법의 위험성을 상기시킨다.

회칙은 이렇게 설명하고 있다.

> "어떤 사람들은 인간이성이 갖는 신적 지혜에 대한 의존성을 간과하면서, 이 세상의 삶을 올바른 방향으로 이끄는 윤리규범에 대하여 이성의 완전한 자치권을 단정하고 있습니다. 이 같은 윤리규범은 순전히 '인간적인' 윤리의 범위 안에 있습니다. 그것은 인간이 자율적으로 자신을 위하여 만들어 낸 법의 표시이며, 그 법의 원천은 오직 인간이성일 뿐입니다. 그러므로 하느님께서는 결코 이 법의 주인으로 간주될 수 없으며, 단지 그가 인간에게 부여한 원초적이고 전반적인 위임의 덕분으로 인간이성이 법을 정하는 데 있어 그 자율권을 행사한다는 의미에서만 그는 이 법의 주인으로 여겨질 따름입니다. 이 같은 사조들은 성서에 그리고 교회의 부단한 가르침에 거슬러 자연적인 도덕법이 하느님을 그 주인으로 한다는 사실을, 그리고 인간이 이성을 통하여 영원법(이것을 정하는 것은 인간이 아닙니다)에 참여한다는 사실을 부인하기에 이르렀습니다."[37]

이는 인간의 자유와 윤리법과의 긴밀한 관계를 명확하게 할 필요가 있으며 그래야만 인간이성의 올바른 요구에 부응할 수 있다는 점을 표현하기 위한 것으로 보인다. "일부의 학자들은 인간에게서 나오고 오직 현세적 가치를 갖는 윤리적 질서와 하느님과 이웃에 대한 일정한 지향과 내적 태도를 의미 있게 하는 구원의 질서를 분명히 구분하기도 합니다. 이것은 계시 안에 보편적으로 유효하고 항구적인 어떤 특수하며 결정적인 윤리적 내용이 존재하고 있음을 실제적으로 부인하게 되었습니다. 하느님의 말씀은 하나의 훈계를 제안하는 데 불과하며, 오직 자율적인 이성만이 구체적인 역사적 상황에 적용되어 참으로 '개관적인' 규범적 지침들을 가지고 이를 완성 짓는 업무를 맡는다는 것입니다."[38]

따라서 회칙은 한편으로 도덕률을 발견하고 적용함에 있어서 이성의 역할을

---

37) 회칙 36.
38) 회칙 37.

강조하면서도, 다른 한편으로 이성이 그 진리와 권위를 영원한 법, 곧 신적 지혜로부터 이끌어냄[39]을 강조한다. 피조물의 질서는 창조주의 예지에서 비롯되며 우리의 인식이 비로소 세계에 질서를 가져오는 것이 아니라 질서의 법칙이 그의 예지에 일치하는 것이다.[40] 그의 의지가 현실 세계에 질서를 있게 하기 이전에 그의 예지가 먼저 질서의 법칙을 이상(理想)으로서 착상한 것이므로 이 같은 질서는 창조주의 본질에 따른 질서라고 볼 수 있겠다.

회칙에 따르면 이리하여 이성 그 자체가 규범들을 만들어 내는 것이 아님이 분명해지고 있다. "실천이성의 올바른 자율성이란 인간이 자신 안에 창조주로부터 받은 고유의 법을 지니고 있음을 의미합니다. 그럴지라도 이성의 자율성은 이성 그 자체가 가치나 윤리 규범들을 창조해 냄을 의미할 수 없습니다."[41] 회칙에 따르면 실천 이성은 처음부터 고유한 규범이 아닌 것이다. 그것은 창조주가 '밖에서'의 물적 이치를 통하여 인간을 보살피는 것이 아니라 '안에서'의 이성을 통하여 보살피는 것이라고 지적하면서,[42] 자율성이라는 말로써 피조물과 창조주와의 관계를 무시하고 인간이 피조물을 멋대로 이용할 수 있다고 주장하는 것은 잘못된 견해이며 이 같은 자율성 개념은 인간 자신에게 해로운 결과를 가져온다고 못 박는다.[43] 창조주를 삭제하고서는 피조물 자체의 정체(正體)도 흐려지고 만다는 것이다.

우리에게 선을 행하고 악을 피하라고 명하는 것은 인간이성이지만 이성의 명령은 만일 그것이 '더 높은 이성'의 소리이며 해석이 아니라면 더 이상 법의 효력을 지닐 수 없을 것이다. 실로 그 같은 효력은 의무를 부과하고 권리를 부여하며 행위를 규제하고 그에 상응하는 상과 벌을 내리는 권위에서 생겨나게 된다. 이 모든 것에 비추어 본다면 인간이 마치 최고의 입법자인 것처럼 자신의 행위에 대한 법을 스스로에게 부여하는 것은 있을 수 없는 일이다. 그러므로 자연법 그 자체가

---

39) Aquinas, *Summa Theologica*, Ⅱ－Ⅰ, Q.93, A.3ff.

40) 창조주의 예지와 도덕적 인식에 관하여 Peter Geach, "The Moral Law and the law of God", *God and the Soul*(N.Y.: Schocken Books, 1969), pp.117~129.

41) 회칙 40. Cf. 인간의 지성능력에 관하여 Aquinas, *Summa Theologica*, Ⅱ－Ⅰ, Q.79, A.1~12. 그리고 자연법과 실천이성에 대해서 Rhonheimer, *Natur als Grundlage der Moral, op. cit.*, p.24ff.

42) 회칙 43. *Cf.* Aquinas, *Summa Theologica*, Ⅱ－Ⅰ, Q.90, A.4.

43) 회칙 39.

영원한 법으로 된다. 물론 푹스(Josef Fuchs)처럼 자연법이 이성의 활동을 위하여 규범으로서 주어진 법이라기보다 인간의 실천적 추론능력을 가리킨다고 이해할 경우[44] 다른 논리를 전개할 수도 있다. 이를테면 인간의 신법에의 참여가 어떤 도덕법을 받아들이는 데서 시작되는 것은 아니며 하물며 절대적인 도덕규범들로부터 시작되는 것은 아니라는 점 또는 도덕적인 추론은 본성적인 천부의 재능을 창조적으로 사용하면서 실천적인 판단에 따라 그에 명령한다는 점[45] 등이 그것이다.

그러나 인간의 참된 윤리적 자율성이 자연법의 수용을 의미한다는 회칙의 시각은 분명하다. "우리가 선과 악을 구별하는 데 사용하는 자연이성의 빛은 다름 아닌 우리 안에 새겨진 하느님의 빛입니다. 그리고 선과 악을 구별하는 것은 바로 자연법에 속합니다."[46]

4. 사회적 공존의 기초

자연법이 생래적인 것이라 하더라도 인간이 그것을 지각하는 것은 오직 너와 나의 관계 속에서이다. 즉 규범은 나의 존재에서 너를 인식하는 무한한 가능성의 관계로 말미암아 존재하는 것이며 나와 너와의 사회적 관계를 평화 속에 정립하여 공존을 실현시키려는 방법으로서 탄생했다고 볼 것이다. 그러기에 그것은 그 자체가 사회생활 안에서 반드시 있어야 할 존재 양식이 요구하는 윤리적 최고선의 한계를 설정해 준다. 인간 세계에 나타나는 현상이 비록 다르게 발전하더라도 이 같은 인간의 공통된 원리는 동일하며, 인간이 인간으로서 있기 위한 본성이 같다면 그 존재원리 역시 같기 마련이다. 이 공통된 원리가 자연법으로서, 인간사의 다양성 때문에 그것이 동일하게 적용되지 못한다 할지라도 그 원리의 근본은 하나[47]라고 하겠다.

---

44) Josef Fuchs, *Moral Demands and Personal Obligations*(N.Y.: Macmillan, 1993), p.100.

45) *Ibid.*, p.33. "올바른 윤리적 행위에 관한 도덕적 판단은 본성 안에 주어진 것으로부터 추론될 수 없으며, 전체로서의 인간 실재 안에서 인간적이고 합리적이며 평가적인 성찰을 통하여 발견될 수 있다. 오직 이 같은 방법에서 우리는 자연주의적 오류를 피할 수 있으며 자연법의 진정한 의미를 찾을 수 있다."

46) 회칙 42; Aquinas, *Summa Theologica*, II - I, Q.91, A.2.

사회생활을 위한 윤리를 다루면서 회칙은 특히 보편적이고 변함없는 윤리규범
들이 사람과 사회를 위하여 봉사한다는 점을 강조한다. "모든 인간 존재의 침해
할 수 없는 존엄성을 보호함으로써 윤리규범은 인간 사회의 조직을 보존하고 그
바르고 풍요로운 발전을 계속하도록 도와줍니다. 이 규범들이 일반적인 형태로
표현되어 있지만 '모든 사회제도의 근원도 주체도 목적도 인간이며 또 인간이 아
니어서는 안 된다'는 사실 때문에 이것들은 인간행위의 세부적인 사례에서 구체
화되고 더욱 세세하게 규정될 수 있습니다. 따라서 사회생활의 기본적인 윤리규
정들은 시민 모두가 지켜야 할 특수한 요구사항들을 마련하게 합니다. 비록 지향
이 선하고 상황이 어려운 경우에도 특정 개인은 결코 인간의 기본적이고 양도할
수 없는 권리를 침해할 권위를 갖고 있지 않습니다. 언제나 그리고 누구에게나,
즉 예외 없이 유효한 규범들을 인정하는 윤리만이 국내적인 차원에서나 국제적인
차원에서 사회적 공존의 윤리적 기초를 보존할 수 있습니다."48) 윤리규범들, 무엇
보다도 악을 금지하는 윤리규범들이 사회적인 의미와 구속력을 드러낸다고 설명
하는 점은 주목할 만하다.

보편적인 불변의 윤리규범들에 대한 회칙의 관점은 명백해 보인다. 윤리적 요
구 앞에서 인간은 누구나 절대적으로 평등하여 제아무리 세계적인 인물이거나 가
난한 사람 중에서 가장 가난한 사람이거나 전혀 다름이 없다고 적고 있다. "보편
적인 윤리규범에 따름으로써만 인간은 자신의 인격적 고유성은 물론 진정한 도덕
적 성장 능력을 완전히 확인하게 됩니다. 그것은 개인을 위한 것만이 아니고 공동
체 또는 사회 전체를 위한 것입니다. 왜냐하면 이 규범들은 실제로 의롭고 평화로
운 인간적 공존과 진정한 민주주의의 흔들림 없는 기초와 확고한 보증이 되기 때
문입니다."49) 이런 맥락에서 윤리적 상대주의는 그 외양에도 불구하고 인간에 대
한 진리를 부정한다는 비판을 면하기 어렵게 된다.

실제로 오늘날 공동선 관념은 비록 그 논쟁의 깊이가 경제적 자유주의, 사회적
다윈이즘, 법적 실증주의 등의 유산이었던 기술적인 언어에 의해 상당히 제한받

---

47) Aquinas, *Summa Theologica*, Ⅱ - Ⅰ, Q.95, A.2.
48) 회칙 97. *Cf.* 같은 시각의 글로서 Johannes Messner, *Social Ethics*; 강두호(역), 『사회 윤리의 기초』(인간사랑, 1997).
49) 회칙 96.

기도 하지만, 대체로 자연법적 정의에 관한 측면에서 논의되고 있다.[50] 특히, 구체적으로 국가 및 공권력과 관련되어 많이 등장하는 것은 공동선이 개인의 차원을 넘어서 어느 단체나 사회 나아가서는 국가의 차원에서 이루어져야 한다는 것을 내포하고 있다. 공동선은 인간들이 자신의 완성을 보다 원만하고 용이하게 하는 사회생활의 모든 조건의 총체, 즉 사회생활의 조건들이 인간의 완성을 용이하게 달성할 수 있게 하는 모든 것을 뜻한다.[51] 여기서 '인간의 완성'과 함께 '사회생활의 모든 조건'이 중요한 개념으로 등장한다. 인간은 본성적으로 사회적 존재이므로 사회 안에서만 자기실현과 완성에 도달하게 되고 인간의 궁극적 관심을 위하여 필연적으로 여러 조건들이 요청되는데 이것이 바로 공동선인 것이다.

또한 사회, 정치적 생활의 쇄신 문제를 다루면서 회칙은 공동선이 최고선과 진리 안에서 서로 만난다고 강조한다.[52] 그에 의하면 만일 인간이 순종하면서 자신의 완전한 정체성을 얻는 초월적 진리가 없는 경우 사람들 사이에 의로운 관계를 보장해 주는 확실한 원리도 있을 수 없다. 계급, 특정의 대중 집단, 민족만의 이익은 필연적으로 사람들이 서로 대립하도록 만드는데, 만일 초월적 진리가 인정되지 않는다면 권력의 힘이 개가를 올리며 각자는 다른 이들의 권리를 무시하고 자신의 이익과 자신의 견해를 관철하기 위하여 갖고 있는 수단을 최대한으로 이용하려 할 것이라고 경고한다.

우선 정치 분야에 있어서, 인간의 초월적인 가치와 국가경영에 있어서의 객관적인 윤리규정들 안에 뿌리내리고 있고 실제로 거기에서 그 중대성을 부여받는 원리들―예를 들어, 다스리는 사람과 다스림을 받는 사람들 간의 관계에 있어서의 진실성, 공직사회에서의 개방성, 공공 봉사에의 공평한 참여, 정치적으로 반대 입장에 선 사람들의 권리 존중, 즉결재판과 확신범의 권리보호, 공금의 정당하고 정직한 사용, 이익을 도모하기 위하여 부단한 수단을 사용하는 일의 거부, 어떤 대가를 치르고라도 권력을 유지하거나 증진시키기 위해 불법수난을 사용하는 것의 거부―이 지켜지지 않을 때 정치적 공존의 기초 자체가 약해지고 사회생활 자

---

50) *Cf.* 강두호, 「자연법 사상의 사회윤리적 성격 연구」, *op. cit.*, Ⅳ.

51) Paul Ⅵ, *Gaudium et Spes*, 1965, 74.

52) 회칙 99. 또한 Karol Wojtyla, *Person and Community: Selected Essays*(N.Y.: Peter Lang, 1993) 참조.

체도 점점 위태롭게 되며 부패의 운명에 빠지게 된다고 지적한다. 특히, 민주주의와 윤리적 상대주의의 위험한 결탁이 정치·사회생활에서 분명한 윤리적 지침을 제거할 것이며 더 깊은 차원에서 진리의 인식을 불가능하게 할 것이라고 본다. "만일 정치적 활동을 이끌어가고 통제할 최후의 진리가 없다면 권력을 장악하기 위하여 이념과 확신을 도구처럼 쉽게 조작할 수 있습니다. 원칙 없는 민주주의는 역사가 증명하듯이 공개된 또는 위장된 전체주의로 쉽게 변합니다."[53]

경제 분야에 있어서도 마찬가지로 만약에 인간의 존엄성을 존중한다면 이 세상의 재화에 대한 욕심을 조절하기 위하여 절제의 덕을, 이웃의 권리를 지키고 그에게 속한 것을 돌려주기 위하여 정의의 덕을, 그리고 황금률을 따름으로써 인간적 유대의 덕을 실천해야 한다고 단언한다.[54] 그러므로 인간의 존엄성에 반대되는 행위들―도둑질, 빌린 재화나 주운 물건을 제멋대로 보유함, 사업상의 사기, 부당한 임금, 다른 사람이 모르거나 매우 필요하다 하여 값을 올려 폭리를 취함, 기업에 속한 재산을 착복하거나 개인 용도로 사용함, 작업 불량, 탈세, 수표와 송장(送狀)의 위조, 과도한 지출, 낭비 등―은 금지될 수밖에 없다.

현대사회에 만연되어 있다고 보이는 것으로서 경제적 진보가 보편적인 윤리규범에 우선한다는 사고방식은 결코 환영할 바가 못 된다. 인간은 경제활동의 주체이지만 동시에 윤리행위의 주체이기 때문이다. 인간을 수단이 아닌 목적으로 사랑하고 존중해야 할 원초적인 윤리적 요구는 그 본성상 기본적인 선들을 존중하게 한다. 따라서 인간과 그의 도덕적 양심으로부터 분리된 추상적인 경제는 존재하지 않으며, 모든 경제활동은 인간의 의사결정이며 그러기에 그것은 도덕법에 종속하는 것이다.[55] 최근 활발히 논의되고 있는 기업의 사회적 책임[56]도 이 같은 차원에서 이해될 수 있겠다. 필자는 현대 자본주의의 윤리적 패러다임 구성을 시도하는 글[57]에서 사회 경제의 목적과 질서에 관한 자연법적 논거들을 살펴본 적이 있는데, 사물계에 대해 인간이 어떤 위치에 있는가 하는 점이야말로 사회 경제

---

53) 회칙 101.

54) 회칙 100.

55) 강두호, 「현대 자본주의의 윤리적 범형」, 『國民倫理硏究』, 제34호, 1995, p.16.

56) *Cf.* Howard R. Bowen, *Social Responsibilities of the Businessman*(N.Y.: Harper & Row, 1993).

57) 강두호, 위의 논문, pp.16~17.

의 목적을 결정짓는 중요한 요인임을 강조하였었다.

결국 회칙의 입장에 따르면 윤리규범을 자신의 능력과 개인적 이익에 맞추려 하고 심지어 규범이라는 개념 자체를 배격하는 태도는 경계되며, 진리 위에 건설되고 진리 안에서 진정한 자유에 개방된 개인생활이나 가정생활, 사회생활이나 정치생활의 모든 영역에서 자연법적 윤리는 개인과 그 개인이 선 안에서 성장하는 일뿐만 아니라 사회와 그 진정한 발전에 대하여 큰 가치를 부여한다. 다만 회칙이 앞의 논의를 바탕으로 하여 어떤 특정의 구체적인 사회형태를 규정하고 있지는 않은데, 이는 자연법에 의해 특정한 사회형태를 인정함으로써 야기되는 논쟁을 회피하려는 것처럼 보이지만 그 참된 의도는 과거의 자연법론이 특정한 국가형태나 경제체제만을 인정함으로써 범한 오류를 시정하고 보다 일반적이고 다원적인 자연법 원리를 구축하려는 데 있다고 해석할 수 있겠다.

5. 시험적 평가

회칙은 현대의 윤리사조에서 공격받고 있는 윤리의 기본문제들에 대하여 더욱 완전하고 깊게 숙고하는 것이 그 반포의 목적이라고 밝히고 있다.[58] '건전한 가르침'(디모데후서 4:3)의 보전을 위해서, 위기라고 할 수 있는 현대의 상황에 직면하여 대단히 중요한 교리의 일부 측면에 대해 분명한 가르침을 제시하려 한다는 것이다. 윤리, 도덕은 그것이 특히 종교적인 차원에서 언급될 경우 단순히 인간의 자기완성 내지 사회생활을 위한 공적인 서약에 그치지 않으며 항상 모든 존재와 생성과 역사를 주관하는 절대자와 연관된다. 사실 철학이 실재에 대한 인간의 근본적 사색인 이상 인간적 실존의 전체에서가 아니면 철학한다는 것은 불가능할지도 모른다. 그렇다면 피이퍼(Josef Pieper)의 말[59]처럼 살아 있으면서 동시에 진리인 철학적 사색이 가능한 것은 참다운 신학의 대조점에서 출발하는 경우만일 수 있

---

58) 회칙 5.

59) Josef Pieper, *Was heiß t philosophieren?*(München: Kösel, 1973), p.67.

을 것이다. 진리이면서 동시에 생명적인 철학은 애당초 가능하지 않거나, 만일 그것이 실현된다면 그것은 그리스도교적 철학과 같다는 것이 피이퍼의 요점이다. 이런 점으로 보아 회칙은 인간의 본성에 관한 진리를 무시하고 순전히 개인주의적 자유관과 윤리적 상대주의에 빠져 있는 현대인에게 구체적인 삶의 길을 제시하고 있다는 점에서 그 가치를 높이 평가할 만하다. '이것을 하는 것이 옳으냐' 하는 행동의 당위성 기준보다 '이것을 할 수 있느냐' 하는 행동의 기술적 가능성 기준을 앞세우는 기술적인 세계관에 젖어 있는 현대인에게 훌륭한 윤리적 가르침이 되고 있는 것이다.

필자는 여기서 현대 자연법론의 기초에 관하여 가톨릭의 권위 있는 공식적 문헌으로 표시된 회칙 「진리의 광채」를 근본적으로 부정할 이유가 없음을 먼저 밝혀 둔다. 다만 필자의 소견으로 보아 주요 논쟁의 대상일 수 있다고 판단되는 몇 가지 사항들을 지적하면서 그에 대한 주관을 덧붙여 보고자 한다.

첫째로, 자연법이 '법'으로서 규정될 수 있다는 점을(특히, 입법자에 관한 문제를 포함하여) 보다 설득력 있게 제시해야 할 것이다.

일찍이 토마스는 자연법이 규정되는 것은 단순히 법의 의미나 개념을 고찰함으로써 되는 것이 아니라 유(有)의 질서 앞에서 절대적으로 제일인 것과 관련되어 이루어진다고 설명하였다.[60] 마찬가지로 회칙에 따르면 주를 하느님으로 알아 모시는 것이 법의 핵심이고 정수이며 여기에서 각 계명들이 나오고 그것들은 모두 핵심으로 향하고 있다.[61] 물론 회칙은 자연적인 윤리규범들이 '법'이기는 하지만 그것은 여러 가지 의미에서 실정법과 다름을 인정한다. 인간 입법자에 의해 만들어지지 않고 창조주에 의해 만들어진 점, 기록물을 통해서 전해지지 않으며 내면적으로 주어지는 점, 불확정한 상태의 것에 대한 결단이기보다는 정의의 질서에 관한 기본 원리들이라는 점, 특정의 정치 공동체를 위해서가 아니라 자연적인 국가를 위해서 입법화되는 점 등이다.

그러나 자연법이 실제적으로 법인가, 그렇지 않으면 실정법에 선행하는 실천이

---

60) Aquinas, *Summa Theologica*, II - I, Q.91, A.1~2; I, Q.22, A.1~2.
61) 회칙 11.

성의 어떤 법 이전적 윤리규범들을 표현할 뿐인가? 또한 우리는 우선적으로 법 아닌 도덕의 지배를 받는가, 아니면 처음부터 법 아래에 있는가 하는 점은 회칙의 공헌에도 불구하고 여전히 논의의 대상으로 남아 있다.[62] 철학자나 법률가들의 범주와 어법은 실정법이 어떻게 도덕이라는 유개념 속에 배열될 수 있는가 하는 문제로부터 그들의 방향을 잡는다. 오늘날의 자연법도 전적으로 그 같은 문제의 테두리 안에서 논의되고 있다. 그렇지만 근대 이전의 전통은 윤리적 규범들이 어떻게 법의 유개념 속에 배열될 수 있는가 하는 것과 관련되면서도 사뭇 다른 질문을 던진 바 있다. 우리의 관점을 복잡하게 하는 것은 '자연법'이라는 말이 이 두 번째 질문의 전통으로부터 물려받고 있는 점일 것이다.

둘째로, 인간본성으로부터의 자연법의 인식 가능성에 관한 문제를 지적하지 않을 수 없다.

회칙은 자연법이 그런 이름을 지니게 된 것은 그것이 비이성적 존재에 관한 것이 아니라 인간본성에 고유한 것이기 때문이라고 적고 있다.[63] 물론 그에 의하면 이렇게 이해한 자연법은 자유와 본성 사이에 어떠한 분리도 허용하지 않으며, 실로 이 두 실재는 조화롭게 서로 묶여 있고 긴밀히 연결되어 있다. 토마스는 자연법을 올바로 해석하는 것이 현명한 사람들의 과제라고 설명하고 있으며,[64] 회칙 역시 바오로 사도가 로마인들에게 보낸 서한이 우리로 하여금 양심의 성서적 이해는 물론 그 자연법적 이해를 갖도록 돕는다고 말한다. 또한 자연법에 속하는 윤리규범의 이성적인, 따라서 보편적으로 이해할 수 있고 공유할 수 있는 특성을 강조하면서 현대 문화와의 대화를 촉진시키려는 노력에도 관심을 기울인다.

그러나 계시에 대하여 명백히 재단언하고 있는 점,[65] 인간의 본성에 근거하는 도덕법이 결국 그 시원(始原)을 인간본성의 창조주에 두고 있다는 점, 그리고 인간이 지성을 통하여 자연법에 참여하는 것으로서 자연법이 이른바 연원법을 반영한다는 점 등은 특히 전통적인 종교적 진리의 규범에 묶이는 것을 알지 못하는 이

---

62) *Cf.* Russell Hittinger, "Natural Law as Law", *The American Journal of Jurisprudence*, op. cit., p.1ff.

63) 회칙 42.

64) Aquinas, *Summa Theologica*, II - I, Q.100, A.1.

65) *Cf.* Peter Chirico, "Revelation and Natural Law", *Theological Studies*, Vol.52, September 1991.

들 가운데 적지 않은 논쟁을 불러일으킬 수 있다. 아울러 모든 인간은 결함이 있으며 인간본성의 그 같은 결함으로 말미암아 우리 자신의 본성에 대하여 어떤 합의에 도달하기 어렵다고 보는 견해[66]에서도 자기 목소리를 높일 수 있겠다.

셋째로, 현대 사회의 사조로 보아 자연법과 그 보편성 및 정당성에 대하여 회의론이 제기될 수 있다.

자연법은 인간의 본성에서 기인하므로 모든 인간에게 그것을 지킬 의무를 지우며, 이러한 측면에서 자연법은 보편타당성을 갖는다. 또한 실정법이 그때마다의 상황에 의존하기에 변화하지 않을 수 없으며 경우에 따라서는 폐지될 수도 있지만, 자연법의 기초 규범은 인간본성의 항존성에 근거하므로 항구불변적이다. 이것이 인간의 역사성에 모순되지 않는다고 함은 자연법이 초시간적으로 타당한 형이상학적 인간본질의 구조에 근거한다고 보기 때문이다. 다시 말해, 역사적 변화의 지배를 받는 것은 인간본성이 아니라 시간적, 공간적으로 제한된 역사 속에 살고 있는 유한한 개개의 인간이라고 이해하는 것이다.

앞에서도 언급한 바와 같이 회칙은 보편적인 윤리규범에 복종함으로써만 인간이 자신의 인격적 고유성은 물론 자신의 진정한 도덕적 성장능력을 완전히 확인하게 된다고 단언한다. 또한 오늘날 개인과 사회의 윤리생활에 존재하는 지극히 복잡다단한 상황을 예의 주시하면서도, "진정한 이해와 동정은 인간에 대한 사랑을, 그 참된 선과 자유에 대한 사랑을 의미하는 것이어야 합니다. 그리고 이것은 윤리적 진리를 포기하거나 약화시킴으로써가 아니라 오히려 영원한 지혜로부터 나온 윤리적 진리를 그 가장 심오한 의미와 함께 제시함으로써 이루어지는 것입니다. 이 영원한 지혜는 사람에게 봉사하도록, 그 자유를 증진하고 행복을 누리게 하도록 우리가 그리스도 안에서 받은 것입니다"[67]라고 쓰고 있다. 그렇지만 개인의 주관적 양심에 의한 판단이나 사회적·문화적 상황의 다양성에 따라 여러 가지 의견이나 행위가 용인될 수 있다는 강력한 주장도 눈여겨보아야 할 것이다.[68]

---

66) 예컨대, Roger Trigg, *Tdeas of Human Nature: Historical Introduction*(Oxford: Blackwell, 1988).

67) 회칙 95.

68) 예를 들어, A. Markham, *Plurality and Christian Ethics*(Cambridge: Cambridge University Press, 1994); J. B. Schneewind, "Natural Law, Skepticism, and Methods in Ethics", *Journal of the History of Ideas*, Vol.52, April/June 1991, pp.289~301.

보편적이고 변함없는 윤리규범을 옹호하는 그 확고한 자세가 자칫 융통성 없는 비타협의 표시로 여겨질 수도 있다.

넷째로, 윤리생활이 인격체에게만 해당되는 창조성과 독자성을 요구하는 이상, 윤리법을 발견하고 적용하는 데 있어서 인간이성의 역할을, 따라서 이성의 자율성에 관한 권리를 한층 제고할 수 있다는 점에 관한 것이다.

회칙에 의하면 인간의 참된 자율성은 단연코 하느님의 계명, 즉 윤리법의 수용을 의미하며 자유는 법에 예속됨으로써 창조의 진리에 예속된다.[69] 그러나 무엇이 선이고 무엇이 악인지 결정하는 권한은 인간에게 속하지 않고 하느님에게만 속한 것이라는 가르침은 이성의 자치권 문제를 재고하게 한다.[70] 이른바 '자연적인 경향'과 마찬가지로 전형적인 인간행위에 관한 작업들은 올바른 행위를 위한 일반지침을 마련해 줄 뿐이라는 의견, 이성적 존재로서의 인간이 자기행위의 의미를 자유롭게 결정할 수 있을 뿐만 아니라 실제로 그렇게 해야만 한다는 의견을 결코 소홀히 할 수 없을 것 같다. 예를 들어, 푹스에게 자연법은 규범으로서 주어진 법이 아니라 인간의 실천적인 추론능력이다.[71] 그는 하느님이 우리에게 그 존재가 신성하게 의도되어 있는 것이 무엇인지 그리고 그것이 어떻게 작용하는지를 보여 줄 뿐, 인간으로 하여금 이렇게 존재하는 실재를 활용하도록 자신이 어떻게 의도하고 있는지를 보여 주지 않는다고 설명하는데 이는 퍽 설득력이 있다고 생각된다.

마지막으로, 교회의 교도권이 윤리성 문제에 개입하고 권위를 갖고서 신적 계명의 요청을 가르칠 권한을 갖고 있는가에 관한 문제이다.

교회는 윤리원칙들을 사회질서에 관한 것까지도 언제나 어디서나 선포하고, 인간의 기본권이나 영혼들의 구원에 필요하다면 어떠한 인간 사항에 대해서도 판단을 내릴 소임이 있다고 천명한다.[72] 물론 회칙은 교도권이 윤리적 가르침의 기본

---

69) 회칙 41.

70) 이와 관련하여 Douglas W. Kmiec, "Behind the 'Empty Cloud' of Autonomous Reason", *The American Journal of Jurisprudence*, Vol.39, 1994, pp.37~46.

71) Fuchs, *Moral Demands and Personal Obligations*, op. cit., pp.40, 100; 관점이 약간 다르지만 Lon L. Fuller, *Anatomy of the Law*(N. Y.: Frederick A. Praeger, 1968), p.116.

72) 교회법전(*Codex Iuris Canonici*), 제747조 2항.

요소들에 대해 자세히 확정하고, 복잡하면서 심지어 불확실하기까지 한 실제적이고 문화적인 상황에 필요한 원리들을 제시한 것은 전에 없던 일이라고[73] 고백하고 있다.

그렇지만 교도권 자체도 양심을 일깨우고 가치관을 제시하여 각 개인이 독자적으로 자신의 삶을 결정하고 선택할 수 있도록 하는 경우에만 윤리 문제에 개입할 수 있다는 주장을 무시할 수 없을 것이다.[74] 실제로 네오토미즘을 비롯하여 가톨릭 자연법론에 대한 주된 비판은, 학문적으로 현대 윤리사상의 가장 강력한 유파를 형성하고 있다는 명성에도 불구하고, 엄격한 교회 제도가 결론을 미리 정해 놓고 있고 자연법 사상가들은 그 도그마를 그대로 진리로 받아들이면서 앞서 정해진 결론을 이성의 개념으로 정당화하려 한다는 점에 있음을 부인하기 어렵다.

이제 글을 맺기로 한다. 자연법이 모든 규범의 기초인 이상 그것은 법과 윤리, 도덕에 관하여 총체적으로 묻는 사유 형식이다. 자연법은 규범 질서에서 이성의 역할을 지나치지 않을 만큼 인정하고 강조하면서 인류 정신사에 있어 지나간 어느 한 시대 혹은 어느 한 문화권에서만 의미를 가졌던 전제가 아니라 미래의 가능한 발전으로 연결되는 결론으로 자리 잡아 왔다.

회칙「진리의 광채」를 통해서 들여다본 가톨릭 자연법론은 분명히 그리스도교적 철학과 맥을 같이한다. 그리스도교 철학을 한다는 것은 앞의 피이퍼의 말처럼, 실재를 무시하고 선택하고 생략하는 것을 통해서 명백한 정식화에 이르는 것을 거부하기 때문에, 보다 더 복잡하게 된다.[75] 그것은 계시된 진리를 지향함으로써 결실이 풍부한 불안상태에 놓여 보다 폭넓은 시야에서 사색하고, 특히 합리주의적인 평범한 정합성에 의해서 어쨌든 만족하는 일이 없도록 하기 때문에, 보다 더 복잡할 수 있다. 그러나 이 점은 또한 불완전한 인간이 윤리적인 물음에 대한 대답을 얻는 데 있어 하나의 잘 익은 과일을 똑 따듯이 완벽한 진리로 받아들이기 쉽지 않은 데서 더욱 빛을 발하기도 한다.

필자도 마찬가지로 지금까지 존재론적 입장에서 회칙을 성찰하였다. 존재의 전

---

73) 회칙 115.

74) 교도권과 윤리에 관한 논의를 소개하고 있는 것으로 Hans Rotter, *Grundlagen der Moral*(Köln: Benziger, 1975), II, ch. 3.

75) Pieper, *Was heiß t philosophieren?, op. cit.*, p.71.

체, 존재하는 모든 것의 총체, 존재의 창조주와 세계를 고려하면서 인간이 보다 완전한 사고를 할 수 있다는 신념은 변함이 없다. 존재론적 입장에서의 철학적 사고는 보다 간단한 것으로 후퇴하기보다 더욱 진실하고 보다 더 존재와 합치되게 한다고 믿기 때문이다. 인간이 삶을 계속하는 한 자연법은 자신의 생존과 공동체의 유지를 위하여 그것이 기초해야 할 영원한 규범의 원천으로 계속 남아 있을 것이라는 점에 있어서 회칙이 주는 의미는 그만큼 큰 것 같다.

제10장 생태학적 위기와 가치구조의 전환
-체계론적 접근-

노병철

1. 서 론

　오늘날 인류는 사막화에 따른 경작지의 손실, 열대우림의 파괴, 많은 동식물의 멸종, 급속한 인구증가, 수자원의 고갈, 온난화현상, 산성비, 에너지 자원의 고갈 등과 같은 심각한 생태학적 위기상황에 처해 있다. 현재 인류가 직면하고 있는 이러한 생태학적 위기들은 바로 종(種)으로서의 우리 인간의 성공에서 비롯된 것이다. 즉 다른 모든 종을 정복하고 우리의 뜻대로 좌우할 수 있게 된 우리 인간의 승리에서 비롯된 것이다. 지구의 생물학적 다양성의 많은 부분을 우리 인간의 필요에 따라 착취할 수 있게 되었다는 점에서, 그리고 다른 종들을 감소시키거나 멸종시킴과 동시에 스스로를 재생산시켜 왔다는 점에서 우리 인간은 성공한 것이다. 오늘날 자연을 지배하고 손상시키는 인간의 힘은 가공할 만하다. 그러나 이러한 힘을 통제할 능력은 그리 완벽하지 않다. 인도의 보팔이나 구소련의 체르노빌에서의 산업 재해는 이와 유사한 재앙이 더 많이 잠재하고 있음을 알리는 서곡에 불과한 것이며, 인류를 포함한 지구상의 모든 생명체를 종식시킬 수도 있다.

　지구환경의 미래에 관해 지금처럼 커다란 관심이 집중된 적도 없었다. 산림과

토지의 황폐화, 해수와 담수의 오염, 오존층의 파괴, 그리고 특히 지구온난화현상 등의 문제는 과학자 집단뿐만 아니라 일반대중의 심각한 문제로 인식되고 있다. 그러나 지구환경의 미래에 대한 어떠한 예측에 대해서도 과학적으로 확실성을 갖지 못하고 있다. 이러한 불확실성의 이유는 무엇보다도 지구체계 자체가 계속적으로 변화하고 있다는 점이다. 자연의 가변성은 모든 환경체계의 고유한 성질이며, 따라서 단지 단기간의 관찰을 통해서 볼 때만 지구가 '일정한 상태'에 놓여 있는 것으로 보일 뿐이다. 또 다른 이유는 인간의 행동이 이미 많은 지구표면체계를 심각하게 괴롭혀 왔다는 점이다. 비록 생태계가 내외적 동요사태(disturbances)에 대한 스스로의 복원력을 지니고 있지만, 인간으로 인한 변화의 본질과 정도가 지구의 잠재적 회복능력을 압도할 정도의 영향을 미치고 있다. 다시 말해서, 지구는 지금 거의 탈진상태(groggy)에 놓여 있는 것이다.[1]

　본 연구는 현재의 생태학적 위기가 근본적으로 인식의 위기에서 비롯된 것이며, 따라서 인식의 전환 없이는 생태계위기에 대한 본질적인 이해와 근본적인 해결책 수립이 불가능하다는 것을 전제로 인식의 토대가 되고 있는 패러다임의 전환－기계론에서 체계론으로의 전환－의 문제를 살펴보고자 한다.

2. 생태학적 위기와 인식의 위기

(1) 생태학적 위기의 본질: 자기 구성적 임계성

　브루크 하벤 국립연구소의 물리학자 백(Per Bak)과 첸(Kan Chen)이 제기한 '自己構成的 臨界性'(self－organized criticality)이라는 이론을 통해서[2] 우리 인류가 지금까지 지속적으로 생태계에 가하고 있는 충격의 의미를 새롭게 가늠해 볼 수 있을 것이다. 백과 첸은 극히 단순한 '모래산'을 연구하는 것에서 시작했다. 그들은 모

---

1) Neil Robert, "The Global Environmental Future", in The Changing Global Environment, N. Robert(eds.)(Cambridge: Blackwell, 1994), p.4.

2) Al Gore, Earth in the Balance: Ecology and the Human Spirit(Boston: Houghton Mifflin Co., 1992), pp.361~362.

래가 책상 위에 한 알 한 알 부어지는 것을 주의 깊게 관찰했다. 슬로모션 비디오와 컴퓨터 시뮬레이션을 구사해서, 새로운 한 알의 모래가 모래산의 정상에 떨어지면 얼마만큼의 모래알이 그 산 위에서 떨어져 내리는가를 정확히 계산했다. 모래산이 커지게 되면 때때로, 단 한 알의 모래가 정상에 떨어지는 순간에 작은 산사태를 유발한다. 커다란 산사태가 일어나기까지는 시간이 좀 걸리지만, 그것도 역시 단 한 알의 모래가 일으킨다. 그러나 산사태는 그 최후의 모래 한 알의 힘만으로 생긴 것이 아니다. 최후의 모래알은 서서히 쌓아 올려진 모래산 전체에 중압을 주고 있는 모든 모래알의 잠재적인 힘을 한꺼번에 해방시키는 방아쇠 역할을 하는 것이며, 이 경우에 떨어지는 모래알의 크기는 거의 관계가 없다. 작은 산사태가 일어날 때마다 모래산 전체의 중압 밸런스는 재구축되고, 마침내 큰 산사태를 유발하기 쉬운 상황을 만들어 나간다.

위에서 떨어지는 모래알은, 그 자체로는 불과 몇 개 안 되는 다른 모래알을 떨어뜨릴 뿐이고, 모래산 전체의 외관에는 거의 영향을 주지 않는다. 그러나 쌓여 있는 모든 모래알은 마침내 일어나는 큰 산사태의 잠재적 요인이 된다. 놀랍게도, 새로운 모래가 떨어뜨린 모래알의 수와 갖가지 규모의 산사태가 일어나는 빈도 사이에는 정확한 수학적 상관관계가 나타난다. 여기서 중요한 것은 쌓여 가는 모래알이 이윽고 '分岐的' 상태에 이르고 모래산이 큰 산사태를 일으키는 그 순간까지, 떨어지는 모래알 하나하나가 모래산 전체에 미치고 있는 영향은 눈에 보이지 않는다는 점이다. 그리고 더 중요한 것은, 그 분기적 상태의 시점에서는 모래 한 알 한 알이 모래산의 다른 모래 전부와 직접 또는 간접으로 물리적 균형을 유지하고 있는 점에 주목하는 일이다.

오늘날 우리가 직면하고 있는 생태학적 위기 혹은 환경위기의 본질은 바로 인류가 지속적으로 생태계에 충격을 가하여 왔으며, 그 결과로 생태계가 더 이상 자체의 균형을 유지할 수 없는 상태에 놓여 있다는 점이다. 생태계는 나름대로의 자정능력을 지니고 있으며, 이에 따라 스스로 균형을 유지할 수 있는 능력을 지니고 있다. 모래산이 일정한 양의 모래가 가하는 충격에 대해 균형을 유지할 수 있는 것과 마찬가지로, 생태계도 자신에게 가해지는 충격에 대해 나름대로의 흡수능력을 지니고 있다. 그러나 모래산의 균형유지능력이 한계를 지니고 있듯이, 생태계의 자정능력 또한 무한한 것은 아니다. 자정능력을 벗어나게 되면 이전과는 전혀 다른 새로운 구조적 역학이 성립되게 되는데, 이때의 구조적 역학이 반드시 우리 인간에게 적합한 것이라고는 아무도 장담할 수 없다. 생태학적 위기의 심각성이 바로 여기에 있는 것이다.

(2) 인식의 위기: 사실과 가치의 분리

일반적으로 많은 사람들이 과학기술을 생태계위기의 주요 요인으로 간주하고 있다. 현 생태계의 위기는 과학기술의 눈부신 발전과 비례해서 심화되고 있다는 것이다. 물론 과학기술의 남용이 생태위기의 주요인이라는 점에는 이견이 없으나, 과학기술 그 자체에 생태적 재난의 책임을 묻는 것이 과연 옳은가에 대해서는 의문이 제기된다. 사실상 과학기술이 환경에 미치는 영향은 과학기술의 발전을 이끄는 보다 근원적인 사회의 가치들에 의해 결정되고 있다. 과학기술을 옹호하는 사람들은 대개 생태계에 영향을 주지 않는 방법의 채택을 모색하고 있다. 이들은 과학적 분석을 통해 환경친화적 기술을 개발할 수 있다고 주장한다. 문제는 환경친화적 기술과 환경파괴적 기술 모두가 사용 가능하다면, 과거에 환경파괴적 기술을 야기한 요인들을 이해하는 것이 중요하다.

보편적 선으로서의 과학기술에 대한 우리의 신뢰는 최근에 생겨난 것이다. 고대 그리스인들은 기술과 예술에 대한 구분을 하지 않았고, '공예'(polytechnics)라는 개념을 사용했다. 그들은 기술을 생명 중심적 문화의 일부로서 간주했다.[3] 산업화 이전 시대에서 기술은 사회관계와 정치구조의 맥락 안에서 개발되었으며, 이 모두는 선체적으로 이해되었다.[4] 공동체와 마찬가지로 산업화 이전의 기술은 그 지역의 자연생태와 밀접하게 관련이 있었다. 그러한 사회에서는 문화적 그리고 생태적 안정성에 적합한 기술을 사용해 왔으며, 기술혁신에는 별다른 관심을 나

---

3) Lewis Mumford, *The Myth of the Machine*(New York: Harcourt, 1966), p.9.

4) Murray Bookchin, *The Ecology of Freedom*(Palo Alto: Cheshire Books, 1982), p.223.

타내지 않고 대신 여가나 예술, 공예 그리고 적극적인 공동체생활을 선호하였다. 많은 산업화 이전의 사회들이 오랫동안 안정된 사회형태와 환경에 대한 최소한의 파괴적 영향을 미치는 생활양식을 유지해 왔다. 설상 환경에 대한 침해가 있다 할지라도 이는 지역적이었고 범위가 국한된 것이었다.

서구 문화의 기초가 되고 있는 세계관과 가치체계는 16세기와 17세기에 걸쳐 극적인 변화를 하게 되고, 이러한 우주와 자연에 대한 새로운 인식과 개념은 서구 문명의 근대적 특징을 형성하게 되었다. 16세기 이전 서구의 지배적 세계관은 대부분의 다른 문명과 같이 유기적인 것이었다. 정신적 현상과 물질적 현상이 상호 의존적이었으며 개인적 필요는 집단의 필요에 종속되는 것이 이 시기의 특징이었다. 이 유기적 세계관의 과학적 기본구조는 아리스토텔레스와 교회라는 두 개의 권위에 의존했다. 13세기 토마스 아퀴나스는 아리스토텔레스의 종합적 자연체계와 기독교 신학 및 윤리학을 결합하여 개념적인 기본 구조를 수립하게 되었고, 이것이 중세기를 통해 아무런 의문 없이 존속되었다.

중세의 견해는 16세기에 들어오면서 근본적인 변화를 일으키게 되었다. 베이컨, 데카르트, 갈릴레오, 그리고 뉴턴의 시대를 거치면서 과학혁명이 시작된 이후, 기술에 대한 유기적 감성은 상실되어 갔다. 근대 과학은 세계관, 인간성에 대한 개념, 인간과 자연의 관계, 그리고 과학기술에 대한 이해와 사용에 있어 근본적 변화를 가져왔다. 데카르트는 과학적 탐구의 목적을 "우리 스스로를 자연의 지배자이며 소유자로 만드는 것"이라고 기술하고 있다.[5] 베이컨은 "지혜는 충만하지만 실제 업적은 별로 없다"[6]고 고대 그리스인들을 비판하고 있다. 이러한 변화는 중력에 대한 갈릴레오의 실험을 통해 더욱 확산되었다. 중세에 있어 무거운 물체가 가벼운 물체보다 더 빨리 떨어진다는 믿음이 지배적이었다. 무게에 관계없이 똑같은 속도로 낙하한다는 갈릴레오의 주장은 새로운 생각을 가져오게 되었다. 즉 물질은 과학에 의해 구체적으로 측정될 수 있는 실체 이상의 것이 아니라는 생각을 하게 되었다. 현상이 왜 생겨나는가에 대한 물음 대신에 갈릴레오는 어떻

---

5) René Descartes, *Discourse on the Method*, trans. F. E. Sutcliffe(Baltimore: Penguine, 1968), p.78.

6) Fulton H. Anderson(ed.), *The New Organum*(Indianapolis: Bobbs－Merrill, 1960), p.70.

게 그것이 생겨나는가를 발견하는 것에 가치를 두었다. 이것이 근대로의 전환점이 된 것이다.

세계관에 있어 이러한 변화는 혁명이라고 불리게 되었고, 과거 수천 년간 대다수의 인간이 믿어 왔던 세계와는 전혀 다른 세계를 바라보는 방식으로 자리 잡게 되었다. 근대 초기에 나타난 이와 같은 과학적 관점에서의 혁명적 변화는 일반적으로 쿤이 정의한 '패러다임의 전환'으로 간주되고 있다. 쿤은 과학의 역사를 일관성 있는 과학전통 혹은 수용되는 모델이나 패턴으로 간주되는 패러다임의 연속으로 기술하고 있다.[7] 패러다임의 변화는 현재 수용되고 있는 패러다임에 있어 모순들이 생겨나면서 시작된다. 쿤의 이론에 있어, 과학혁명은 패러다임 전환의 형태를 취하는데, 이는 모순들이 너무 커져서 지배적 패러다임이 새로운 패러다임으로 대체됨을 의미한다. 그러므로 전통 물리학은 뉴턴 물리학으로 대체되었고, 이는 다시 상대성이론으로 대체되었다. 쿤의 모델은 과학혁명이 인간 지식의 점진적 진화가 아니라 급격한 변화라는 점에서 적용된다. 그러나 과학혁명은 이를 가능케 하고 지속시킨 사회문화적 맥락에 대한 고려 없이는 적절하게 이해할 수 없는 것이다.

실제로 과학과 기술은 역사적으로 축적을 피하고 경제와 기술을 자연환경을 포함한 공동체의 전체적 이해 속에 새겨 두었던 도덕에 의해 견제되어 왔다.[8] 근대 자본주의의 태동과 시장경제의 발전은 탐욕, 물질주의, 그리고 이기주의와 더불어 기술개발을 촉진시켰다. 자본주의의 등장은 성장을 향한 절대명령과 경제활동에 있어 공동체의 엄격한 구속의 제거를 가져왔으며, 과학과 기술을 팽창경제의 주요 수단으로 이용하게 되었다.[9] 이전에는 죄악으로 간주되었던 개인의 이윤추구가 가장 중요한 목적이 되었다. 더 이상 광범위한 윤리적 맥락에서 신중하게 개발되지 않기 때문에, 생산장치의 효율성 신장과 결부된 기술혁신은 그 자체로서 하나의 목적이 되었다. 자본주의는 비교적 안정된 봉건시대의 사회관계를 종

---

7) Thomas Kuhn, *The Structure of Scientific Revolution*(Chicago: Univ. of Chicago Press, 1970), pp.10~23.

8) Bookchin은 기술과 경제개발에 대한 이러한 제약들이 역사적으로 어떻게 연계되어 왔는가를 설명하고 있다. Bookchin, *The Ecology of Freedom, op. cit.*, p.254.

9) William Leiss, *The Dominance of Nature*(New York: Braziller, 1972), pp.179~180.

식시키고 부의 축적이 최대의 목적이 된 시대를 선도한 것이다.

기술이 생산과정에 적용됨에 따라 인간의 세계관은 점차로 기계적 용어로 구성되어 갔다. 사회조직은 작업장에 존재하는 기계적 질서에 적응해 갔고, 급기야 인간이 기계에 비유되기에 이르렀다.10) 이러한 과학적 패러다임의 광범위한 수용으로 각 기술발전은 인류의 운명을 향상시키는 것으로 인식되게 되었다. 과학은 자연과 조화를 이루는 기술을 개발해야 한다는 점을 단순히 옹호하는 것은 과학기술의 발전을 추진해 온 사회, 정치, 특히 경제 구조를 간과하는 것이다. 경제적인 요인들은 기술혁신의 속도, 사용될 기술의 선택, 그리고 세계경제를 통해 기술이 확산되는 방식을 결정해 왔다. 자본주의의 성장 제일주의는 시장의 확대와 규모의 경제를 가능케 한 기술의 발전을 필요로 했다. 과학기술은 공동체의 통제범위를 벗어나게 되었고, 그 이용에 있어서 더 이상 사회적·생태적 보존이라는 제약을 받지 않게 되었다. 현대 과학기술이 지구에 치명적 영향을 주는 것은 바로 도구적 세계관과 자본주의경제의 물질적 가치에 의해 만들어진 과학기술인 것이다.

유기체적 자연관으로부터 기계론적 자연관으로의 이 철저한 변화는 자연환경에 대한 인간의 태도에 강한 영향을 주었다. 중세기의 유기체적 세계관은 생태계적 행위를 돕는 가치체계를 지니고 있었다. 머천트(Merchant)는 다음과 같이 기술하고 있다. "대지를 살아 있는 생물이며 양육하는 모성의 영상으로 보는 것은 인간의 행위를 제약하는 문화적 억제 역할을 했다. 어머니를 쉽게 살해하지 않으며 황금을 위해 그녀의 내장을 파헤치며 육체를 절단하지 않는다. ……대지를 살아 있고 감성이 있는 것이라고 생각하는 한, 이것에 대해 파괴적인 행위를 한다는 것은 인간의 윤리적 행위에 위반되는 것으로 간주될 것이다."11) 이러한 문화적 억제는 과학의 기계화와 함께 사라졌다. 기계적 조직으로 보는 데카르트적 우주관은 서구 문화의 특성이 되는 자연의 조종과 착취를 위한 '과학적' 승인을 부여한 것이다. 사실 데카르트 자신도, 과학의 목적은 자연의 지배와 조종이며 과학적 지식은 우리로 하여금 자연의 주인이며 소유자가 되게 한다는 베이컨과 같은 의견

---

10) Mumford에 의하면, "물리적 세계 그리고 궁극적으로 이 세계에 존재하는 인간 자신을 단지 질량과 운동의 산물로 이해하기 위해서는 살아 있는 영혼을 제거해야만 한다. 인간 그 자신은 새로운 세계의 중심에 존재하지 않는다. 실제로 그는 아무런 존재 이유도 갖고 있지 않다." Lewis Mumford, *The Pentagon of Power*(New York: Harcourt, Brace, 1970), p.55.

11) Carolyn Merchant, *The Death of Nature*(New York: Harper & Row, 1980), p.3.

을 지니고 있었다.[12)

기계론적 세계관은 우리의 의식에 깊이 침투해 있다. 이러한 점에서 단순한 기술적 해결은 결코 현재의 생태위기에 적절한 것이 아니라는 것은 명백하다. 기술의 선택은 독립적으로 이루어지는 것이 아니라 지배적인 세계관을 형성하고 있는 사회문화체계로부터 나오는 것이다. 이것이 의미하는 바는 결국 생태적으로 지속 가능한 기술의 개발을 가능하게 하는 생명 중심의 일련의 가치체계를 재확립하는 것이 필요하다는 것이다.

3. 생태학적 패러다임으로서의 체계론적 사고

(1) 과학적 인식의 혁명적 변화

20세기의 시작과 더불어 새로운 이론과 개념이 쏟아져 나옴으로써, 기존 물리학의 기본개념과 물리에 대한 사고방식에 일대 대변환이 이루어졌다. 기존의 고전 물리학은 뉴턴과 데카르트가 상정한 당시의 세계관에 따라 정신과 물질을 확연하게 구분하는 철저한 이원론에 입각하여 성립되었다. 뉴턴의 고전물리학에서 우주는 물질이며 거대한 기계장치였기 때문에 자연법칙은 절대로 가역적이고 확정적(reversible and deterministic)일 수밖에 없었다. 그러나 물질이란 고정되고 안정된 것이 아니며, 우선 물질의 기본입자라는 것부터가 제멋대로 둔갑할 수 있다는 사실과 평형의 상태가 비평형의 상태로 되돌아가지 않는다는 이른바 '非可逆性'(irreversibility)이 있음으로 해서 자연계에는 매순간 새로운 질서가 생겨나고 있다는 숭대한 사실을 깨달음으로 해서 데카르트와 뉴턴식의 기계론적 세계관은 더 이상 이 세상을 지배할 수 없게 되었고, 대신 전체적이고 생태론적인(holistic and ecological) 아주 새로운 시각이 필요하게 되었다. 현실에 대한 새로운 견해란 모든 현상ー물질적, 생물적, 심리적, 사회적, 문화적ー은 기본적으로 상호 연결되어 있

---

12) John H. Randall, *The Making of the Modern Mind*(New York: Columbia Uiversity Press, 1976), p.224.

으며, 상호 의존한다는 것을 인식하는 데에 그 기반을 두고 있다.

데카르트 세계관과 뉴턴 역학의 모든 기본 개념들을 뿌리째 흔들어 놓은 것은 바로 아인슈타인(A. Einstein)의 相對性理論과 量子理論의 출현이다.[13] 양자이론은 아원자입자는 독립된 물질의 낱알이 아니라 확률의 모형이며 분리될 수 없는 우주적 그물 속의 상호 연결이고, 이 그물 속에는 인간 관찰자와 그의 의식도 포함되어 있다는 것을 말하고 있다. 상대성원리는 이 우주의 그물이 본래적으로 역동적이며, 이 활동성이 그 존재의 본질 자체라는 것을 보여 줌으로써, 이 우주의 그물에 말하자면 생명을 부여한 것이다. 현대물리학은 우주가 분해될 수 없고 역동적인 전체이며, 이 전체의 각 부분은 본질적으로 상호 관련되어 있고 우주적 과정의 모형으로서만 이해될 수 있다고 하는 견해에 의해서 기계적 우주관을 초월한 것이다. 아원자 수준에서는 전체의 부분 상호 간의 관련성과 상호작용은 각 부분 자체보다 더 근본적이다.

1964년 벨(J. S. Bell)은 이른바 '벨의 정리'(Bell's Theorem)를 발표했다. 벨의 정리는 물리학사상 가장 중요한 것 중의 하나로 여겨지는 것으로 우리의 우주관에 결정적인 영향을 주고 있다. 벨의 정리는 모든 현상은 국소적 원인에 의해 일어난다는 아인슈타인의 국소원인 원리(principle of local causes)가 오류라는 것을 보여 주고, 우주는 부분으로 분리될 수 없는 전체로서 존재하는 것이며, 여기서 일어나는 우리의 사건은 멀리 떨어져 있는 곳에서 일어나는 다른 사건들의 즉각적인 영향을 받는다는 것을 밝혀 주었다.[14] 그것은 국소원인 원리를 믿었던 아인슈타인의 오류와, 우주는 분할할 수 없는 하나의 시스템이라는 것을 믿었던 보아(N. Bohr)의 정당성을 극적으로 증명한 것이다. 즉 독립된 부분으로 구성되고 부분관계로 결합된 데카르트적 실재 개념은 양자론과는 양립될 수 없다는 것을 증명함으로써 아인슈타인의 입장을 일축해 버렸다. 우주가 분할할 수 없는 하나의 시스템이라는 것은 세계를 기계적으로 보아 온 고전 물리학적 사고방식에 젖어 있는 문화권에서는 이해하기 어려운 생각으로 우주를 하나의 거대한 유기체로 보는 것을 의미한다.

---

13) Fritjof Capra, *The Turning Point: Science, Society, and the Rising Culture*(New York: Simon & Schuster, 1982), p.88.

14) Henry P. Stapp, "Whiteheadian Approach to Quantum Theory and the Generalized Bell's Theorem", *Foundations of Physics*, Feb. 참조.

기계와 유기체는 모든 면에서 근본적으로 다르다. 기계는 활성이 없는 물질로 구성되어 있으며, 각 부분의 구조가 기계 전체의 기능을 결정하는 것이므로, 이를 연구하기 위해서는 그 부분들을 가능한 최소의 구성단위까지 분할하여 그 작동의 인과관계를 관찰해야 한다. 반면, 유기체는 생동하는 전체의 체계로서, 전체와 부분이 상호 작용하며 협력하면서 서로의 조직을 유지하고 발전하는 창조적인 것이다. 유기체에도 기계적인 면이 있기는 하지만, 유기체에서는 전체의 필요가 부분의 기능을 결정한다는 것이 중요한 일면이다. 기계는 직선적 인과율에 의해 작용하지만, 유기체는 순환적이며 동시적인 작용으로 그 기능을 발휘하는 것이다. 유기체적 견해는 모든 것을 전체적인 입장에서 체계적으로 보고 부단히 변화하는 역동적인 것으로 보는 것이다.

(2) 체계로서의 생태계 인식

체계론적 사고는 세계를 관계와 통합의 견지에서 보는 것이다.[15] 체계라는 것은 통합된 전체이며, 그 성질들은 작은 단위의 성질로 환원될 수가 없는 것이다. 체계론적 사고는 기본적인 구성체나 구성요소를 집중적으로 다루는 대신, 조직체의 기본적인 원리를 강조하는 것이다. 현대물리학에 의하면, 우리들이 보고 있는 물질세계는 여러 가지의 객체들이 따로 떨어져 기계적으로 구성되는 그런 체계가 아니라 여러 가지의 상호관계가 서로 얽히고 설키는 아주 거대하고 복잡한 그물처럼 이루어져 있다. 체계론적 사고에서 보여지는 세계상은 아주 많은 관계로 이루어지지만 결코 낱낱으로 떼어 놓을 수 없는 하나의 전체성(wholeness)이다. 따라서 체계이론에서는, 개개 구성요소 각각의 특성을 연구하는 대신 그들이 서로 얽혀서 전체적으로 하나의 체계를 이루어 가는 원리의 기본적인 특성들을 강조한다.

모든 자연체계는 그 부분들 사이의 상호 작용과 상호 의존으로부터 그 독특한 구조가 생기는 전체인 것이다. 체계의 활동은 그 많은 구성요소 간에 동시적이며 서로 의존하는 상호 작용인 거래(transaction)라고 알려진 과정을 내포한다.[16] 한

---

15) Ervin Laszlo, *Introduction to Systems Philosophy*(New York: Harper Torchbooks, 1972), *The Systems View of the World*(New York: Braziller, 1972), 그리고 Ludwig von Bertalanffy, *General Systems Theory*(New York: Briziller, 1968), 참조.

체계가 물질적으로 또는 이론적으로 해부되어서 고립된 요소로 되었을 때는 체계의 성질은 파괴된다. 어떠한 체계에서도 개별적인 부분을 식별할 수는 있으나, 전체의 본질은 부분들의 단순한 총계와는 다르다.

끊임없이 무기물을 흡수하고 또 배출하는 다양한 생물체로 이루어진 생태계 전체도 역시 하나의 체계를 구성하고 있다. 이러한 자연체계는 구성요소들이 얽히고설켜 서로가 서로에게 의존하며 서로의 상호 작용을 통해 특정한 기능이나 활동을 영위해 나간다. 하나의 체계는 이렇게 전체로 이어져야만 정상적인 운영이 가능하기 때문에 이론적인 체계이든 물리적으로 존재하는 실재의 체계이든, 그를 구성하는 요소로 분리시켜 서로 떼어 놓을 경우 원래 체계의 기능이나 활동은 파괴된다. 하나의 체계를 이루고 있는 다양한 성분들은 물론 그때그때 기능에 따라 서로 구분해 볼 수가 있지만, 하나의 전체로서의 기능 내지 활동의 본질은 항상 그렇게 구분된 조각을 그저 합해 놓은 것과는 전혀 다른 차원의 것이기 때문이다.

생태학이란 "살아 있는 유기체들과 그들을 둘러싼 유·무생물적 환경 간에 복잡하게 얽힌 상호관계들을 연구하는 학문"이다. ecology의 어원은 그리스어 *oikos*(home)에서 유래된 것으로 '가정' 혹은 '안식처'의 관리를 의미한다. 생태학은 자연의 균형을 다룬다. 인간이 자연의 한 부분이기 때문에, 생태학은 동식물과 그것의 무기적 환경과의 관계뿐만 아니라, 자연의 요소들 간, 인간과 자연 간, 그리고 인간과 인간 간의 관계도 다룬다.

어떠한 단일 학문도 생태학이라는 단어에 내재한 함의를 완전히 포괄할 수는 없다. 생태학은 연구 그 자체라기보다는 연구에 접근하는 방식이 되는 것이다. 그러므로 어느 누구도 생태학자로서의 자격을 갖는다. 왜냐하면 어떠한 구체적인 배경도 필요하지 않기 때문이다. 중요한 것은 그가 생태학의 관점을 지니고 있으며 자연의 모든 현상들은 상호 연관되어 있고 상당 부분이 상호 의존적이라는 사실을 인식할 능력을 지니고 있다는 점이다. 생태학자들은 그가 어떠한 부분을 연구하든 간에 항상 '전체'를 염두에 두고 있다.[17] 에너지의 지속적인 투입이 체계

---

16) John Dewey and Arthur F. Bentley, *Knowing and the Known*(Boston: Beacon Press, 1949), p.103.

를 유지하는 데 필요하지만, 끝없는 성장은 존재하지 않는다. 대신 끊임없는 재생과 재순환되는 물질의 지속적인 재생산이 존재한다.

환경으로서의 생태계는 일종의 체계이다. 즉 상호 관련되고 의존적인 구성요소들의 구조이다. 이것이 의미하는 중요한 함축은 생태계의 한 요소에 도움이 된다할지라도, 어떠한 변화도 전체 체계에 영향을 미치게 되며 이러한 영향을 완벽하게 예측하거나, 파악하거나 혹은 통제할 수 없다는 것이다. 이러한 점에서 생태학적 위기, 즉 생태계에 있어서의 누적된 불균형은 의도적인 사회적 행동의 예기치 못한 환경적 영향이라고 할 수 있다.

(3) 생태학적 위기의 체계론적 인식

모든 살아 있는 유기체는 다양한 종류의 중압에 대해 일정한 범위의 포용력을 지니고 있으며, 그 범위를 넘어서게 되면 유기체는 생존할 수 없게 된다.[18] 생태학적 위기는 환경에 있어서의 인간의 제도와 경제적 존재로 인한 자연의 파괴, 재배열, 피해, 오용, 중압 등에 의해 생긴 집합적 불균형에 기인한다. 중압생태학이란 생태체계의 구조와 기능에 가해지는 자연적 혹은 외부의 동요의 영향을 측정·평가하고자 하는 생태학의 한 연구 분야로, 거의 모든 형태의 환경문제에 응용되고 있다. 물론 중압이나 동요의 정의에 있어 추상적이고 검증하기 어렵다는 비판적인 시각[19]이 존재하기는 하지만 환경문제에 대한 전체적 이해를 용이하게 한다는 점에서 모델로서의 의미를 충분히 지니고 있다.

중압이란 유기체 외적인 것으로, 달갑지 않은 자극이나 투입이라는 일종의 독립변수로 정의된다. 이에 대한 유기체의 반응은 중압을 피하거나 혹은 참아내기

---

17) Grahame J. C. Smith et al., *Our Ecological Crisis: Its Biological, Economic & Political Dimension*(New York: Macmillan Pub. Co., 1974), pp.1~2.

18) 생물계가 항상성을 지닌 자기 규제적이라는 전체적인 개념은 환경체계에 대한 과학이 발전함에 따라 재진술되고 ㅂ다 명확한 이해를 추구해 온 오래된 개념이다. 이러한 개념은 '안정성 원리'(Fechner, 1872)와 '환경의 적합성'(Henderson, 1913)이라는 개념에서 '안정과 최대파워를 위한 지구순환의 선택'(Odum, 1951, 1955, 1970), '생물계는 생명을 위해 자기 조직화된다는 Gaia가설'(Lovelock, 1972)에 이르기까지 다양하게 나타나고 있다.

19) John Lemons, "Ecological Stress Phenomena and Holistic Environmental Ethics – A Viewpoint", J. Rose ed., *Environmental Concepts, Polcies and Strategies*(Philadelphia: Gordon and Breach Science Publishers, 1991), p.103.

위해 생리적·진화적 그리고 문화적 적응을 포함한 적응방식을 선택하는 것이다. 중압에 대한 이러한 정의는 환경에 있어서 불변의 최적상태가 존재하는 것이 아니라, 환경에 있어 변화의 최적범위와 빈도가 있음을 의미하는 것이다. 동시에 중압은 유기체 내적인 일종의 종속변수로 정의될 수 있다. 그러므로 중압요소에 의해 야기된 반응이나 산출이 될 수 있다.

버레트(Barrett)는 중압을 체계에 가해지는 외부의 동요 혹은 과도한 수준의 자연적 동요로 정의한다.[20] 오덤(Odum)은, 중압은 유기체나 생태계에 불리하게 작용하는데, 그 이유는 체계가 이에 대한 항상성 유지를 위해 과도한 에너지를 소모하기 때문이라고 주장한다.[21] 메이어(Meier)는 중요한 하위체계의 항상성 유지능력을 넘어 기능적 한계를 초과하는 힘으로 중압을 정의한다.[22] 아우어바흐(Auerbach)는 유기체나 생태계의 자연환경의 일부인 중압자와 인간의 활동에 의해 야기된 중압자 간의 구별이 필요하다는 점을 강조한다.[23] 프란츠(Franz)는 생태계에 대한 체계이론을 사용하여 중압을 환경으로부터 이용 가능한 필요에너지, 물질 혹은 정보의 차이에 의해 결정되는 그리고 이에 대한 필요에 의해 결정되는 적합성의 정수로 본다.[24] 이러한 개념에 의하면, 체계가 에너지와 물질 그리고 정보의 투입을 통하여 환경과 관계를 맺고 있는 한, 중압이라는 것은 어떠한 위계수준의 생물조직에도 적용 가능한 것이다.

중압생태론자들은 생태계의 질이 바로 그 자체의 복합성에 있음을 강조 한다. 특정 부분을 고립시킨다면 이러한 복합성을 인식할 수는 없다. 대신 모든 것을 나타내고 다양성을 가진 전체의 인식을 추구해야 한다. 전체는 부분의 합 이상이다. 우리가 관찰하는 것은 관찰자가 통합적 일부가 되고 있는 하나의 체계이다. 체계에 대한 지식은 바로 우리 자신에 대한 지식이다. 우리 자신에 대한 지식은 체계를 평가하는 데 도움을 준다. 체계는 관찰자가 일부가 되는 하나의 순환이다. 스스로를 떼어 놓는다는 것은 순환고리를 파괴하는 것이며, 따라서 순환이 무엇인

---

20) G. W. Barrett et al., *Stress Effects on Natural Ecosystem*(New York: John Wiley and Sons, 1981), pp.3~12.

21) E. Odum, *Fundamentals of Ecology*(Philadelpia: W. B. Saunders Co., 1973).

22) R. L. Meier, *Annual Review of Ecology and Systemics* 3, 1972, p.298.

23) S. I. Auerbach, in Stress Effects on Natural Ecosystems, ed. by Barrett, *op.cit.*, pp.29~42.

24) E. H. Franz, in *Stress Effects on Natural Ecosystems, op.cit.*, pp.49~56.

가를 알 수 있는 기회를 아예 배제하는 것이다.

생태계에는 보이지 않는 질서가 존재한다. 질서란 우주를 이해하는 조건이다. 질서가 없는 우주는 아무런 의미가 없으며, 인식할 수도 지각할 수도 없다. 질서란 법에 대한 순응의 표시이다.[25] 항상성에 있는 체계는 동요에 대해 어느 정도 인내한다. 그러나 체계가 건강하고 규제능력의 범위 내에서만 그러하다. 이 체계가 규제능력의 한계에 다다르게 될 정도로 중압을 받게 되면, 아주 조그마한 충격만으로도 새로운 안정상태로 나아가거나 완전히 실패할 수도 있는 것이다.[26]

인내라는 생태학적 원리는 자연체계는 기본적인 성질들이 최적상태로부터 너무 멀리 벗어나지 않는 환경 내에서만이 적응적으로 기능한다는 것을 의미한다. 환경이 常軌에서 벗어남에 따라, 적응적 행위는 보다 어렵게 되고 점차로 불가능하게 된다. 환경의 각 특정 성질들에 있어서, 그것을 넘어서면 유기체들이 성장, 재생산 혹은 극단적인 경우 생존할 수 없는 한계가 있다. 이는 자연체계이든 인간 공동체이든 모두 적용된다.[27] 오늘날 지구촌의 경제개발과 더불어 거의 모든 환경은 이러한 한계에 도달하고 있거나 또는 이미 이를 넘어서고 있다. 경제개발 혹은 발전은 불가피하게 생물권을 구성하고 있는 생명체의 환경을 체계적으로 변화시키게 되는데, 일시적인 현상일 수밖에 없다. 점차적으로 생명체의 허용한계에 도달하게 되는 것은 단지 시간문제일 뿐이고 결국 생존이 더 이상 불가능하게 될 것이다.

환경이 최적상태로부터 이탈하게 되면 생물학적 부적응은 증가한다. 우리가 진보라고 부르는 경제개발(발전)에 의해 과격하게 유발된 생물권에 대한 손상은 Gaian 위계를 형성하고 있는 생명체의 환경을 변화시키고 있다. 또한 환경이 최적상태로부터 이탈하게 되면 사회적 부적응은 증가한다. 경제개발은 물리적 환경은 물론 사회적 환경도 최적상태로부터 벗어나게 하고 있다. 인간은 연령등급과 같은 '매개 연합체'(intermediary association)의 주체로 확대가족, 혈통집단, 그리고 소

---

25) Rupert Riedl, *Order in Living Organism*(New York: John Wiley, 1978), p.139.

26) James. E. Lovelock, 'The Gaia Hypothesis', in Bunyard and Goldsmith(eds.), *Gaia, The Thesis, The Mechanism and The Implication*(Wadebridge: Wadebridge Ecological Centre, 1988), p.125.

27) Edward Goldsmith, *The Way: An Ecological World-View*(Boston: Shambhala, 1993, p.222.

규모 공동체로 진화해 왔다. 다시 말해, 사회적 장(social field)[28]이라고 하는 매우 구조화된 사회환경 내에서 진화해 온 것이다. 뒤르켐은 만족할 만한 사회적 환경을 박탈당한 사람들이 겪는 소외감을 '아노미'라고 부른다. 맥키버(McIver)는 자신의 삶이 공허하고 목적을 상실했을 때 그리고 의미 있는 인간관계가 박탈되었을 때 아노미로 고통받는다고 말한다.[29]

환경이 최적상태로부터 이탈하게 되면, 인지적 부적응이 증가한다. 인간은 자신의 본능을 믿을 수 있는 낙원으로부터 쫓겨나고 있다.[30] 우리의 인식기관은, 우리가 개체 발생적이고 계통 발생적으로 적응해 온 환경의 제한범위 내에 존재하는 한, 적응적 목적을 위해 필요한 우리와 환경과의 관계에 관한 주관적 지식을 제공하는 데 놀라울 정도로 적합하다. 그러나 환경이 이러한 한계점으로 이동함에 따라 우리의 인식은 환경을 이해하고 이에 적응하는 데 점차 유용하지 못하게 된다. 이것이 인지 부적응의 상태이다. 인지적 부적응의 가장 대표적인 예는 우리가 직면하고 있는 지구환경문제의 심각한 본질을 파악하지 못하는 우리의 능력이다-삼림황폐화, 토지침식, 염분화, 오존층의 파괴와 지구온난화 등이다.-산업가나 정치가들은 말할 필요도 없고 학계에 있어서도 단지 소수만이 이러한 심각한 문제에 관심을 나타내고 있을 뿐이며, 이를 해결하기 위한 어떠한 시도도 이루어지지 않고 있다. 과학은 질과 감각인식의 세계-우리가 살고 사랑하고 삶을 마감하는-를 다른 세계, 양과 교정된 기하학의 세계, 모든 것을 위한 장소는 되지만 인간을 위한 장소는 없는 세계로 대체시키고 있다.[31]

진보가 가져온 세계는 물리적으로 덜 관용적이다. 윤리적으로나 감성적으로도 그것은 아무런 의미도 없다. 심리학자 프랜클(Frankl)은 아들러(Adler)의 '권력의지'와 프로이트(Freud)의 '쾌락의지'에 대비하여 '의미의지'(the will to meaning)라는 개념을 사용하고 있다.[32] 신경증의 대부분은 삶과 세계에 대한 무의미를 의미하는

---

28) Emile Durkheim, *The Division of Labour in Society*(London: Macmillan, 1964), p.241.

29) Robert McIver, *The Ramparts We Guard*(New York: Macmillan, 1964), p.242.

30) Konard Lorenz, *On Aggression*(New York: Harcourt, 1963), p.207.

31) Alexander Koyre, *Newtonian Studies*(Chicago: Univ. of Chicago Press, 1965), p.17.

32) Viktor Frankl, *Man's Search for Meaning: An Introduction to Logotherapy*(New York: Washington Square Press, 1962), p.252.

'실존적 공허감'(existential vacuum)에 기인한 것이다. 이러한 실존적 공허감은 인간을 로봇처럼 환경적 자극에 반응하고 있는 일종의 기계로 보는 현대 과학의 인간관에 의해 더욱 심화되고 있다. 인간이 지닌 심오한 감정, 가치 그리고 신념은 환각에 지나지 않는다. 그의 가족, 공동체, 사회, 그리고 심지어 자연세계 그 자체까지도 원자와 분자, 임의성, 무목적, 그리고 방치가 뒤섞인 덩어리에 불과한 것이다. Frankl은 삶은 연소, 즉 산화과정에 지나지 않는다는 것에 대해 반발하고 있다.[33] 만일 삶이 연소에 불과하다면 삶은 어떤 의미를 갖는가? 이에 대해 현재의 주류 과학은 별다른 대답을 하지 못하고 있다.

---

33) Viktor Frankl, 'Reductionism and Nihilism', in Koestler and Amythies eds., *Beyond Reductionism*(London: Hutchinson, 1972), p.37.

4. 인간/기술 중심에서 생태 중심으로 가치구조의 전환

(1) 존속 가능한 발전의 모색

자원은 유한하며 자원체계는 폐쇄적이다. 인류 전체가 인간사회와 유한한 자원 간의 일정한 균형을 유지하는 것이 중요하다. 아직까지도 인간은 안정된 상태라는 측면에서가 아니라 자원의 무한한 양적 성장과 소비라는 측면에서 생각하고 있다. 현대사회에 있어 '성장'이라는 단어는 매우 중요한 가치를 지닌다. 성장은 발전, 건강, 그리고 진보와 연관되어 있다. 성장으로 정의되는 '진보'는 불가피하고 좋은 것으로 인식되고 있다. 그러나 인간의 진보는 자연의 황폐화에 의해 이루어져 왔다. 이러한 지구의 황폐화는 현재 인간에 의해 자행되는 '진보'의 핵심조건이 되고 있다.

국제적인 차원에서 환경문제의 해결을 논의하게 됨에 따라 분명해진 것은 환경문제의 원인과 그것의 결과에 대한 선진국과 개발도상국 간의 근본 적인 입장 차이이다. 개발도상국의 경우 환경문제는 대체로 발전의 결여, 즉 극심한 빈곤의 조건을 극복하려는 투쟁에서 연유한 것인 데 비해, 선진국에서는 경제성장이 환경악화의 주원인이라는 것이다. 환경의 영향에 관해도 선진국의 경우 환경악화는 생활의 질을 악화시키나, 개발도상국의 경우에는 자연자원의 기반이 파괴됨으로써 생존 그 자체가 문제가 된다는 것이다.[34]

그러므로 개발도상국의 입장에서 볼 때, 환경보호를 위해 공업화를 중단한다든가, 발전을 제한하는 등의 조치는 선진국과의 격차를 영속화시킬 뿐만 아니라 그들의 생존문제와 밀접히 관련되어 있는 것이다. 더구나 지구오염과 자원고갈의 책임이 지금까지 공업화와 경제성장을 통해서 엄청난 천연자원을 사용하고 오염원을 배출한 선진국에 있다고 할 때, 개발도상국으로서는 그들의 발전을 저해하는 환경보호정책을 채택한다는 것이 불공평한 것으로 간주될 수밖에 없었다. 그러므로 범세계적 환경문제 해결을 위한 국제적 노력에서 선진국과 개발도상국은

---

34) Peter Bartelmus, *Environment and Development*(Boston: Allen & Unwin, 1986), p.18.

첨예하게 대립할 수밖에 없었고 이러한 상반된 입장을 조화롭게 해결할 수 있는 모델로 등장한 것이 '존속 가능한 발전'(sustainable development)이라는 개념이다.

이 개념은 1980년 '자연과 자원의 보존을 위한 국제연맹'이 '세계보존전략'을 제시하면서 알려지기 시작한 것으로,[35] 그 후 1983년 UN에서 설립된 '세계환경발전위원회'에 의해 1987년 발간된 '공동의 지구'라는 보고서에서 "미래세대가 그들 자신의 욕구를 충족시킬 수 있는 능력을 양보하지 않고 서도 현세대의 욕구를 충족시키는 발전"으로 존속 가능한 발전의 개념을 정의하고 있다.[36] 1992년 UN환경개발회의에서는 공식주제가 되기도 하였다. 존속 가능한 사회는 지구의 수용능력을 초과함으로써 야기될 수 있는 비극을 회피하기 위해 가까운 미래에 달성해야 할 사회조직의 형태로서, 그 사회가 뿌리를 박고 있는 생태계 내에서 조화롭게 그리고 존속 가능하게 기능하는 사회를 말한다.

존속 가능한 사회를 위해서는 첫째, 환경보존 혹은 환경의 질을 유지하는 것은 그것이 곧 인류의 생존을 위한 그리고 생활의 질을 향상시키기 위한 것이며, 둘째, 환경문제가 국지적인 문제가 아니고, 범세계적인 문제라는 것이며, 셋째, 환경보존이 현세대뿐만 아니라 미래세대를 위한 것이라는 전제가 있다. 세 번째 전제에 대해서는 많은 논쟁이 있다. 반대입장은 대개 경제학자들이 제시하는 것으로 자산의 효율적 분배라는 경제학적 원칙으로 볼 때, 자원분배는 원칙적으로 살아 있는 사람들 간에만 이루어져야 한다는 것이다. 즉 분배정의가 미래세대에도 적용되는가의 문제이다. 이에 대한 명확한 답은 없으나, 미래세대의 질적·양적 존재 자체가 우리 세대에 달려 있다는 것을 전제할 때, 어느 정도의 도덕적 의무를 피할 수는 없다.[37] 또 다른 반대입장은 미래세대의 선호나 가치가 무엇인지 모르기 때문에 현재의 선택이 어떤 영향을 줄지 모른다. 현세대가 미래세대의 복지를 희생해 가면서 환경보존을 할 필요가 있는가이다. 예를 들어, 후진국에서 기아에 시달리는 수백만 명의 어린이를 외면한 채 미래세대를 위해, 그 가치를 잘 알 수

---

35) 이 전략의 목적은 살아 있는 자원의 보존을 통해서 지속 가능한 발전을 달성하고자 하는 것으로, 세 가지 기본적인 목적은 첫째, 필수적인 생태적 과정과 생명－보조체계의 유지, 둘째, 유전학적 다양성의 보전, 셋째, 종과 생태계의 지속 가능한 이용을 충족시키기 위해 인간의 활동을 공간적으로 적절히 분포할 것이다. *Ibid.*, p.54.

36) WECD, 1987, p.43.

37) Joanna Pasek, 'Obligations to Future Generations: A Philosophical Note', *World Development*, Vol.20, NO.4, 1992, p.516.

도 없는 수백 종의 곤충을 보호하기 위해 많은 재화를 소비하고 노력을 경주하는 것이 정당화될 수 있느냐고 묻는다.[38] 그러나 미래세대에 대한 불확실성이 미래 세대의 복지에 미칠 우리의 선택의 영향력을 과소평가할 근거는 되지 못한다. 어떤 식으로든 현세대와 미래의 세대는 밀접히 관련되어 있고 영향을 준다. 우리가 미래에 관심을 가지는 것은 인류가 지속될 것이라는 확신이 우리 생활에 어떤 의미를 부여하기 때문이다. 미래라는 개념은 우리의 일상행동 제도의 일부로 붙박여 있는 것이다.[39]

(2) 생태학적 가치구조로의 전환: 가치와 사실의 통합

전체 체계라는 관점에서 유기적 관계를 상정하고 있는 생태학적 사고는 소위 '지구적'(global) 현상에 대한 이해를 용이하게 한다. 즉 지구의 생명체에 대한 인식과 지구와 그 생명지탱체계의 동태적 특성의 인식을 가능하게 한다. '지구적' 혹은 체계적이라는 용어는 두 가지 의미를 지닌다. 첫째, 단일 지역이나 몇몇 지역에서 일어나는 행동들이 전체 체계, 즉 생태계 전반에 영향을 미친다. 예를 들어, 화석연료의 사용은 지구기후변화를 유발할 수도 있다. 둘째, 세계적으로 지역적 활동과 지역적 변화들이 반복적으로 계속되어서 전체적인 양에 있어서 지구적인 성격을 띠게 된다. 예를 들어, 나무를 베는 것은 지역적인 것이지만, 그러한 것들이 지역적으로 계속적으로 반복이 된다면 지구의 탄소주기에 변화를 주고 결국에는 기후변화로 나타나게 된다. 그러므로 지역적 행동의 반복은 종합해 보면 지구적 영향을 미치게 된다.

유기적 전체로서의 생태계의 생명지원체계는 근대 과학기술시대가 시작된 이래 사용된 자동차나 비행기 등과 같은 공학체계와는 다른 특성들을 나타내는데, 첫째로 생명은 그 양과는 다르게(비례하지 않게) 생태계에 영향을 미친다. 예를 들면, 질소를 형성하는 모든 박테리아의 총량은 다른 모든 생명의 총량과 비교해

---

38) Wilfred Berkerman, "Economic Growth and the Environment: Whose Growth? Whose Environment?" *World Development,* Vol.20, No.4, pp.491~492.

39) Pasek, *op.cit.,* p.519.

볼 때 적지만, 이 적은 양의 박테리아 물질이 대기권과 다른 모든 생명에 엄청난 영향을 미치고 있다. 다른 예로는, 오존의 양은 대기권의 양에 비하면 적은 양이지만, 오존의 총량은 생명과 대기화학에 엄청난 영향을 미친다. 둘째, 생태계의 또 다른 특징은 소위 상호인과성(mutual causality)을 지니고 있다는 것이다. 예를 들어, 기후는 토지식물 성장에 영향을 주지만, 토지식물의 분포 또한 기후에 영향을 미친다. 셋째, 어떤 사건의 중요성은 종종 그 발생빈도와 반비례적으로 관련되어 있다는 것이다. 예를 들어, 허리케인은 보통의 소나기보다 훨씬 중요하다. 대부분의 지역에 있어서 대부분의 토지침식은 단지 극소수의 엄청난 폭풍 때 일어나게 되는데, 이는 침전사건의 일부만을 보여 주는 것이다. 마지막으로, 모든 수준에서 시간과 공간에 있어서의 이질성이다. 생태계의 어떤 부분은 특수한 역학의 측면에서 보면 다른 부분보다 더 중요하다. 예를 들어, 湧昇과 해안의 습지는 그 생물군계의 상대적 규모와는 달리 생물지구화학에 있어서 중요하다.

약 반세기 전에 지리학자인 사우어(Carl Sauer)는 환경과 인간과의 관계를 다음과 같이 요약하고 있다.[40] 자연에 대한 인간의 지배가 증대되고 있으며, 이에 대한 응답으로 인간에 대하여 분노한 자연의 복수가 나타나고 인류역사의 역동성을 이러한 반제로 살펴보는 것이 가능하다.

생태학적 논제들은 여러 가지 점에서 지구적인 것이 되고 있다. 어떤 행위들은 몇몇 장소에서 발생하지만 전체로서의 생태계(생물권)에 영향을 미치고 있다. 예를 들어, 대규모 화석연료의 연소는 몇몇 산업지역에서 이루어지지만 전체 기상 상태에 영향을 미치고 있다. 소규모 지역적 활동도 전 세계적으로 반복된다면 지구적 영향을 미치게 된다. 해안지역 도시의 연안이 심각하게 오염되는 것은 국지적인 현상이지만, 이러한 것들이 세계적으로 나타난다면 그 전체적 충격은 가히 시구직이리고 할 수 있다. 예를 들어, 산림의 지역적인 제거는 생물의 멸종과 이산화탄소 균형에 축적적 영향을 미치게 된다. 멸종현상도 중요한 범주가 된다. 이전에는 종의 상실이 지역적인 것으로 간주되었지만, 생물학적 다양성의 유지가 이제는 주요한 지구적 중요성을 갖게 되었다. 모든 환경문제는 궁극적으로 인간

---

40) C. O. Sauer, "Theme of Plant and Animal Destruction in Economic History", *Journal of Farm Economics*, Vol.20, pp.756~775.

에게 사회-경제적 영향을 미친다. 기후변화와 같은 지구적 문제는 전 세계의 인간에게 명백한 영향을 미친다. 그러나 국가와 국민들 간의 상호 의존성이 증대하고 있기 때문에 분명히 지역적인 환경문제라 할지라도 세계의 다른 지역에 경제적-사회적 충격을 주게 된다. 지역적인 자원상실이 경제적 도미노효과를 가져오게 되고, 세계 다른 나라에서 경제적 혼란을 야기하게 되는 것이다.

당면한 생태학적 위기를 극복하고 환경친화적이고 존속 가능한 발전을 유지하기 위해서는 생태학적 가치구조를 정립해야 한다. 기존의 가치구조가 기계론적인 사고에 토대를 두고 있었다면, 새로운 가치구조는 생태학적 사고에 기초해야 한다. 즉 인간과 기술 중심의 가치구조에서 자연과 생명 중심의 가치구조로 전환되어야 한다.

인간과 기술 중심의 가치구조에서는 자연에 대하여 커다란 중요성을 부여하지 않고 있다. 자연에 대한 인간의 지배를 전제로 하고 있기 때문에 자연을 단순한 물질생산의 장소로 간주하고 있으며 따라서 환경보호보다는 경제성장을 우선시한다. 성장에 가치를 부여함으로써 자연스럽게 경쟁을 강조하게 되고 이는 곧 타인에 대한 배려의 감정을 배제시키는 결과를 낳고 있다. 타인에 대한 배려의 감정이 미약하기 때문에 당연히 다른 생명체에 대한 배려의 감정도 미약할 수밖에 없으며, 결과적으로 인간의 필요를 충족시키기 위해 자연의 여러 종들에 대한 무차별적 착취가 아무런 도덕적 제재 없이 이루어지게 된 것이다.

또한 모든 것을 분해와 환원의 방법을 통해 기계적으로 인식함으로써 과학기술에 대한 맹신을 낳았으며, 과학기술에 대한 맹신은 가치와 사실의 분리라는 믿음을 하나의 명제로서 받아들이게 되었다. 과학기술에 대한 맹신은 어떠한 문제도 과학으로 해결할 수 있다는 믿음을 낳았으며, 이에 따라 인간의 발전에는 한계가 없다는 잘못된 신념을 지니게 되었다.

이에 비해 생태학적 사고에 기초한 가치구조는 자연에 대하여 그 자체의 존재론적 가치를 부여하고 있다. 자연은 그 자체의 존재이유를 지니고 있으며, 따라서 자연의 한 부분으로서의 인간이라는 전체론적이고 체계적인 관점을 제시한다. 인간과 자연의 조화로운 관계를 상정하기 때문에 자연에 대한 지배가 아니라 자연과 더불어 존재하는 인간이라는 인식에서 출발하게 된다. 따라서 타인은 물론 자연의 모든 생명체와 미래세대에 대한 배려가 가능하게 되며, 더불어 살아가는 것에 대해 강조점이 두어진다.

전체와 부분의 조화로운 관계라는 측면에서 사고하기 때문에 모든 것은 서로 유기적으로 연결되어 있다는 인식이 가능하게 된다. 유기적 관계를 강조한다는 것은 환원론적인 입장을 거부하는 것이며, 따라서 사실과 가치가 통합된다. 이에 따라 과학기술에 대한 맹신이나 이에 따른 무한한 발전이라는 개념보다는 과학기술이 모든 것을 해결해 줄 수는 없으며, 또한 해결 가능하다 하더라도 그 적용에 있어 자연과의 조화라는 관점에서 판단된다.

5. 결 론

우리가 살고 있는 지구는 대략 46억 년 전에 형성되었다. 인간이 지구상에 모습을 나타낸 것은 약 250만 년 전이다. 인류문명은 10000년 전에 발전하였고 기록된 역사는 단지 5000년에 불과하다. 특히, 지구시간의 0.00000044퍼센트에 불과한 지난 200여 년간에 인류는 과거 수십억 년간 지구상에 일어났던 것보다 더 많은 변화를 초래하였다. 본질적으로 생태계파괴의 문제는 사회가 지니고 있는 가치에서 비롯된다. 우리의 관점을 형성시키는 태도, 신념, 그리고 정향의 복합체는 우리의 행위를 거의 결정하는 제도들이다. 이러한 가치구조는 우리의 일상생활을 수행하는 방식을 뒷받침해 주고 있으며, 우리의 일상생활 수행방식은 다시 이러한 가치구조를 강화시키게 된다. 우리의 성공의 문화가 지닌 주요 목적이며 핵심인 자연과의 투쟁은 인간과 인간의 관계에 직접적으로 연관된다. 제도들은 사회의 가치를 개개인에게 심어 주게 된다. 이러한 제도들의 본질은 장소에 따라 다르지만 발전 지향적인 문화에서는 어디에나 나타난다.

우리는 생태학적 재난의 가능성을 만들어 내고 있는 문화 속에서 살아가고 있는 역설에 처해 있다. 삶의 즐거움을 높이기 위해서, 즉 많은 사람의 생활수준을 높이기 위해서는 반드시 자연에 대한 공격적 태도를 취해야만 한다. 현재의 환경 파괴위기는 우리의 문화적 유산, 가치체계, 그리고 정치제도의 불가피한 결과이다. 수백만 년 동안 생태계는 안정성을 증진시키는 고유의 균형과 환류메커니즘을 전개해 왔다. 그러나 인간은 토지 계획, 산업유치, 농업기술 등의 정책을 통해 자신의 이익을 위한 자연의 지배노력을 통해 이러한 균형을 위협하고 있다. 그러므로 환경위기는 사회의 물리적 구조와 그것을 추구하는 가치와 직접 관련되고 있다. 과거의 패러다임에 기초한 가치관으로는 현재의 위기를 적절하게 이해할 수 없으며, 따라서 이에 대한 대책을 마련할 수가 없다. 과거의 기계론적인 반생태학적 패러다임은 생태론적인 체계론적 패러다임으로 전환되어야만 한다. 모든 것은 모든 것과 연결되어 있다는 사고를 통해서만이 현재의 생태위기가 지닌 '자기 구성적 임계성'의 심각성을 이해할 수 있을 것이다.

제11장 사회주의국가의 공산주의도덕에 관한 연구
-북한을 중심으로-

차성섭

1. 서 론

사적유물론에 기초하고 있는 마르크스는 자신의 이론이 과학적이라고 한다. 마르크스의 이론을 과학적으로 해석하고자 하는 마크르스주의자 중 그 과학의 개념을 사실과 가치, 존재와 당위의 이분법을 전제로 하여 과학영역에서 가치중립적인 입장을 견지하는 사람들을 마르크스의 이론이 분명히 반도덕적·반윤리학적 지향을 갖는다고 말한다.[1] 그러나 마르크스주의를 이상으로 내세운 현실 사회주의국가들에서는 도덕이 중요한 기능을 하고 있다. 계획적인 강압과 기만에 의해 탄생한 사회주의국가들은 관료를 통해 생산수단을 집단적으로 통제하고, 그 통제력을 사용해 노동자를 착취하는 '관료제적 국가자본주의'이다.[2]

역사상의 사회주의국가들을 이렇게 이해할 때, 사회주의국가는 국가에서 필요로 하는 인간을 창조하기 위해 도덕을 중요시하지 않을 수 없다. 특히, 사회주의

---

[1] 마르크스는 '공산당선언'에서 "도덕은 변화하는 물질적 환경에 의존적이고 상관적일 뿐만 아니라 폭로되어야 할 가면이며, 뒷전으로 계급이익을 은폐하고 있는 일단의 편견들"이라고 하였다(K. Marx, "Manifesto of the Communist Party", *MECW 6*, p.495).

[2] 토니 클리프, 『소련 국가 자본주의』, 정성진(역)(책갈피, 1993), 24쪽.

국가가 완성된 후, 국가권력의 소유자는 권력유지를 궁극적인 목적으로 하기 때문에 국가가 위기에 처할 때는 권력소유자의 이익에 맞는 도덕을 인민들에게 요구하는 경향이 높아질 것이다. 1980년대 후반 사회주의권이 동요되기 시작할 때부터, 북한이 공산주의도덕을 강조하고 있는 것은 이러한 맥락에서 이해할 수 있을 것이다. 북한은 1980년대 중반 이후 공산 주의도덕을 이론화·체계화하면서 수령과 당에 대한 충성을 신념화·도덕화할 것을 요구함과 동시에 1994년 김일성 사후에는 혁명적 도덕의리를 통해 수령에 대한 절대적 충성과 희생적인 노력동원을 요구하고 있다.

어느 사회에서나 권력을 장악하고 있는 세력은 그 사회의 질서를 유지하기 위한 도덕적 규범을 필요로 한다. 자유민주주의 국가도 도덕적 규범을 제정하지만 대신 도덕적 규범의 제정권이 국가의 전유물이 아니고 사회단체에도 개방되어 있다. 그러나 집단주의를 도덕적 기본원칙으로 하고 있는 사회주의 국가에서는 도덕규범의 제정권이 국가의 독점하에 있고, 그 방법도 의도적이고 계획적이다. 북한의 공산주의도덕도 국가에 의해 의도적·계획적으로 제시되면서 전파되고 있기 때문에, 북한 공산주의도덕이 주민들의 능동적 수용에 의해 신념화·도덕화되었다고 볼 수 없다. 하지만 북한이 지난 반세기 동안 국가가 필요로 하는 도덕을 계속적으로 설득하고 강요하여 왔다면, 주민들은 수동적인 차원에서 그 도덕을 잠재 의식화된 고정관념으로 수용하고 있을지 모른다. 비판과 개인의 자유의지를 금지당하고 있는 북한 주민들의 입장에서, 국가에 의해 최고의 가치로 선전된 공산주의도덕이 오랜 기간 동안 주민들의 행동양식에 영향을 미쳐 습관적으로 답습될 수 있기 때문이다. 특히, 구소련과 동구의 붕괴, 중국과 베트남의 개혁정책 추진과 같이 다른 사회주의국가들이 변혁을 시도하고 있는데도, 이러한 변혁을 외면한 채 전체주의체제를 오히려 더 강화하고 있는 북한의 현실을 이해하기 위해서도 주민들의 확산지지에 영향을 미치는 공산주의도덕을 연구하는 것은 가치가 있을 것이다.

따라서 본 장에서는 북한이 공산주의도덕을 강조하고 있는 것을 이해하기 위하여 마르크스이론에서 도덕이 차지하는 의미와 구소련과 중국에서 도덕이 차지하는 의미와 역할을 먼저 논구함으로써 북한의 도덕이론에 대한 기초적 관점을 밝히고, 아울러 북한이 공산화 이후 공산주의도덕을 어떻게 해석하고 적용하여 왔는가를 논구함으로써, 북한이 주장하는 도덕이 어떠한 의미와 문제점을 갖고 있는가를 규명하는 것을 연구목적으로 한다.

2. 사회주의국가의 도덕관

(1) 마르크스주의자들의 도덕관

마르크스는 사적유물론에 입각하여 자신의 이론이 과학적이라고 하였다. 마르크스는 사적유물론에 의하여, 사회의 물질적 조건과 궁극적으로는 경제적 조건이 법과 정치의 상부구조의 토대가 되며, 그것들에 상응해서 도덕을 포함한 다양한 형태의 사회의식이 그 위에 자리하게 된다고 한다.[3] 그는 사회운동은 인간의 의지, 의식 및 의도와는 관계없을 뿐만 아니라 반대로 인간의 의지, 의식 및 의도를 결정하는 법칙들에 의해 지배되는 자연사와 그 과정으로 취급하였다. 따라서 도덕을 포함한 이데올로기는 허위의식이거나 아니면 그 이론이 그의 계급이익을 도모하기 위해서 기능하는 양식이라고 규정하여 도덕을 부정한다.[4]

그러나 마르크스가 도덕이론을 명시적으로 체계화·형식화하려는 의도는 없었다 하더라도 도덕에 관한 나름의 이론을 내포하고 있다고 주장하는 마르크스주의자들도 있다. 스토야노비치(Svetozar Stojanovic)와 브렌케트(George G. Brenkert)는 도덕에 관한 내재적 해석이 가능하다고 주장하면서, 마르크스의 과학개념은 실증적 과학과는 다르고 사실과 가치가 통합되는 과학을 지향하고 있음을 제시하고 있다.[5]

스토야노비치는 마르크스사상의 가장 기본적인 성향을 능동주의로 파악해야 한다고 하면서, "인간은 역사를 만든다. 그러나 그들은 자기가 원하는 대로 만들

---

3) 도성달, 「마르크스주의적 윤리관과 한국사회」, 송석구(외), 『現代 韓國社會의 倫理的 爭點』(한국정신문화원, 1991), 159쪽.

4) K. Marx, F. Engels, "The German Ideology", *MECW* 5, pp.36~37.

5) 구체적 내용은 도성달의 「마르크스주의적 윤리관과 한국사회」, 논문 142쪽에서 157쪽 참조.

수 있는 것이 아니다. 그들은 자신들이 선택한 환경 속에서 역사를 만드는 것이 아니라 과거로부터 전수된, 기성의 환경에 직접 대면한 채로 그것을 만드는 것이 다"라는 온건한 결정론을 제시하고, 마르크스의 가장 근본적인 이상은 자유롭고, 사회화된, 창의적이고, 다방면적이고, 통합적인, 자율적인 그리고 품위 있는 개인이며, 그의 주요한 논지는 탈소외, 사회계급적 불평등의 철폐, 억압국가의 소멸 등으로 충만되어 있다고 한다. 이에 따라 그는 마르크스이론에서 사람들로 하여금 사회주의를 초래하는 데 도덕적으로 경주할 수 있는 마르크스주의적 규범윤리학을 구축할 수 있다고 주장한다.[6] 마르크스가 추구하는 참된 도덕이란 일상생활의 기본적 이해와 관심을 반영하여, 충족시킬 수 있는 윤리학으로서, 어떤 생활의 상태가 인간에게 바람직한 것이며, 이러한 생활이 가능하기 위해서는 어떠한 조건들이 요구되고 그 생활이 가능하기 위한 기본토대와 조건은 무엇인가가 주 관심사가 된다는 주장이다.[7]

일부 마르크스주의자들의 도덕에 관한 내재적 의미를 인정하더라도, 마르크스이론에 있어 도덕은 부정적인 의미를 갖는다고 하겠다. 마르크스이론의 사적유물론과 경제결정론은 윤리학의 기본전제인 개인의 자유의지를 박탈하고 있기 때문이다. 사적유물론과 경제결정론에 의한 도덕현상은 경제적 토대의 부산물일 뿐만 아니라 기존 지배계급의 이익을 은폐시키기 위한 이데올로기에 불과하다. 그리고 자유의지를 소유하지 못하는 인간은 사회문제에 아무런 책임도 갖지 않게 되며, 인간이 사회에 영향을 미친다고 하더라도 죄수와 같이 매우 제한된 행위밖에 할 수 없으며, 사적유물론으로서는 개별적인 행위들에 대해 설명을 할 수 없기 때문에 도덕적인 인간이 근본적으로 부정되고 있다고 하겠다.

(2) 구소련의 도덕관

구소련의 권력담당자들은 당에 의한 전체주의적 통제를 필요로 하였고, 또한

---

6) Svetozar Stojanovic, "Marx's Theory of Ethics", Nicholas Lobkowicz(ed.), *Marx and the Western World*(London: Univ. of Nortre Dame Press, 1967), pp.161~172.

7) George G. Brenkert, *Marx's Ethics of Freedom*(London: Routledge and Kegan Paul, 1983), pp.17~23.

인민들이 당의 지시와 통제에 자발적으로 복종하게 할 필요성이 있었다. 이에 따라 그들은 도덕의 필요성을 절감하였다고 하겠다. 레닌은 1920년 청년공산주의동맹 연설에서 "도덕성은 낡은 착취사회를 파괴하고 모든 노동자들로 하여금 새로운 공산주의사회를 건설하고 있는 프롤레타리아 주위에 결집시키는 데 기여해야 한다. ……공산주의도덕은 공산주의의 공고화와 완성을 위한 투쟁에 기초해야 한다"[8]라고 하면서 도덕의 필요성을 강조하였다.

구소련의 마르크스사상체계는 마르크스보다는 엥겔스의 견해들에 의해 많은 영향을 받았다. 초기의 입장은 과학적 해석과 유사한 일종의 도덕적 허무주의였으며, 그것은 관념의 사회적 유용성에 근거해 매우 서서히 반전되었다. 1, 2차 세계대전을 겪으면서 도덕·윤리라는 용어가 사용되지는 않았지만 그 현실적 기능은 역설되었고, 1960년대 초부터 그 용어가 사용되었다. 공산주의적 도덕이란 이름으로 사용된 도덕은 공산주의 이행기에 있어서의 사회주의 건설도덕이었다. 브레즈네프시대 이래 공산주의도덕은 사회적 통제와 관리의 수단으로 봉사하게 된다. 따라서 1960년대 이후 소련에서의 윤리학은 이론적으로 세련되어 오면서 동시에 그 사회적 기능도 매우 강하게 역설되었다.[9] 마르크스-레닌주의자들에 의하면, 도덕이란 계급들 간의 관계 속에서 사람들의 행위를 통제하는 인간행동들의 원리나 규범들의 총체를 의미하며, 윤리학은 '도덕에 대한 과학'으로 명명된다. 그리고 이러한 규범들은 사회의 요구에 의해 발생하며, 이러한 규칙이나 규범에 준하는 행동들이 도덕적인 것이 된다. 사람들의 도덕적 신념, 견해 및 감정들이 그 들의 도덕의식을 구성하며, 그 도덕의식은 사회의식의 한 형태로 취급된다.[10]

구소련 윤리학의 토대는 역사에 대한 마르크스의 물질적 개념에 기초하고 있다. 물질적 조건이 변하게 되면 그것들 또한 상응하는 변화를 갖게 된다. 그래서 기성의 인습들에 대립되며, 미래의 이익들을 표출시켜 주는 새로운 규범들이 나타난다. 이러한 규범들은 진보적이고 혁명적인 계급의 도덕이 된다. 이렇듯 새로운 도덕은 낡은 도덕을 차례로 대체해서 발전한다. 혁명적 계급은 더 이상 사회에

---

8) V. I. Lenin, "The Tasks of the Youth League", *Collected Works*, Vol.31, 1977, pp.294~295.

9) 도성달, 전기논문, 157쪽.

10) V. I. Bakshtanovsky, *Ethics*(Moscow: Progress Publishers, 1989), pp.31~41.

서 요구되지 않는 구도덕을 거부한다.[11] 경제관계가 도덕의 토대이지만, 그 결정은 항시 긍정적이거나 직접적인 관계는 아니다. 그 이유는 현실에 대한 의식, 습관과 전통의 관성 그리고 정치, 종교, 철학의 지체 때문이다. 각 시대마다, 계급마다 각기의 도덕이 상이한 것은 궁극적으로 상이한 경제적 조건과 상이한 생산양식의 관점에서 해명될 수 있다. 따라서 마르크스-레닌주의는 도덕의 상대성을 인정한다. 그러나 이 상대성은 자의적인 것이나 변덕스러운 의지에 의존하는 것이 아니기 때문에 도덕적 상대주의나 주관주의와는 구분된다. 오히려 각 계급 혹은 사회의 도덕성은 그것들의 경제조건에 의해 결정되며, 따라서 그것은 필연적이며 객관적이다.[12]

또한 마르크스-레닌주의자들은 과거의 진보적 발전방향을 결정하는 기초로서 역사발전의 법칙을 거론한다. 그들은 프롤레타리아 도덕은 사회의 미래적 발전을 표현한 것이고, 진보적인 도덕이 된다고 한다. 노동자들은 공산주의의 건설자이므로 그들의 도덕성은 공산주의도덕발달의 기초인 것이다. 그리고 공산주의는 무계급의 사회이기 때문에 모든 인류의 이익과 이상을 표현하는 '전 인류의 도덕'이고 최고의 가치를 갖는다고 한다. 공산주의 사회에서 기대되는 도덕적 이상은 착취와 억압이 없는 사회로 상정된다. 공산주의사회는 사유재산과 계급착취가 철폐됨으로써 인간들의 각종 소외현상들이 사라지게 된다. 그곳에서는 사적 이익과 공익이 조화를 이루고 모든 개인들은 자기 나름의 전인적 발달의 기회를 갖게 된다. 따라서 공산주의는 인류의 도덕적 이상이며 도덕성의 평가기준이었다. 프롤레타리아의 전위대로서의 공산당은 사회의 발전을 공산주의로 향도하고 그래서 공산주의도덕의 지침이자 수호자가 된다.[13]

(3) 중국의 도덕관

모택동은 整風運動을 통하여, 대중노선을 강조하였다. 슈만(Franz Schurmann)의

---

11) *Ibid*, pp.89~96.

12) Eugene Kamenka, *Marxisn and Ethics*(London: Macmillian and Co., Ltd., 1969), pp.8~9.

13) 도성달, 전기논문, 160~161쪽.

지적과 같이 중국에 있어 마르크스-레닌주의가 내용상의 합리성에 근거하는 순수이데올로기의 성격을 갖는다고 하면, 모택동사상은 기능상의 합리성에 근거하는 실천이데올로기의 성격을 갖는다.[14] 모택동은 농민들의 지지를 얻기 위하여 전통적인 민족주의적 감정을 이용했다. 그는 사상개조와 같이 이념을 조직적으로 교화시키는 것을 제외하고는 합리성보다는 감정, 다시 말해 생각하는 것보다는 느끼게 하는 것을 더 중요시하였다. 모택동은 대중의 감정에 호소함으로써 추종자들의 헌신과 행동에 이데올로기적 합리성을 부여하고자 하였기 때문에, 모택동사상은 본질적으로 도덕적 전환을 위한 도덕적 요인을 사용하였다.[15] 따라서 구소련의 혁명모델에서 독립적인 중국은 공산화 초기부터 인간개조 또는 사상개조운동을 통해 그리고 현재는 정신문명건설을 통해 도덕을 중시하고 있다.

중국의 공산주의도덕도 구소련과 마찬가지로 마르크스주의의 유물사관의 입장에서 출발하고 있다. 중국인민대학 교수 宋希仁은 사회주의도덕의 기본원칙은 집단주의라고 하면서, 집단주의는 역사적·현실적 근거에 기초하고 있다고 한다. 계급사회 이후 사회도덕의 원칙이 결정되는 것은 결국 사회와 개인이 本位가 되면서, 사회의 생산방식 특히 생산관계로부터 결정되는 것이지, 몇몇 개인이 '어떻게 하여야 한다'라고 제출한 것으로부터 결정되는 것이 아니라고 한다. 다시 말해, 사회주의도덕의 기본원칙은 空想으로부터 현실로 변화된 것으로, 집단주의도덕원칙의 확립은 자본주의 경제·정치·사회의 모순을 비판·분석하여 도출된 결론이며, 또한 무산계급혁명의 경험을 총결한 것이라고 한다.[16]

이러한 측면에서 중국은 공산주의도덕을 "인류역사상 모든 우수한 도덕의 성과를 계승한 것으로, 마르크스주의 세계관과 과학적 사회주의이론을 지도로 하며, 전심전의로 인민을 위해 복무하는 것을 핵심으로 하며, 집단주의로 원칙으로 하는 가장 선진적인 도덕"이라고 정의한다.[17] 이때 도덕은 무산계급의 행동규칙을 교육시키는 것으로서 무산계급에 이익이 되고 공산주의의 위대한 사업에 이바

---

14) Franz Schurmann, *Ideology and Organization in Communist China*(Berkley : University of California Press, 1968), p.23.

15) *Ibid.*, pp.46~50.

16) 宋希仁, 「論社會主義道德的基本原則」, 『求是』(1990년 제4기, 1990. 2. 16), 20~21쪽./陳瑛(외), 『中國倫理思想史(上)』(貴州 : 貴州人民出版社, 1985), 序文.

17) 李愼明, 「共産黨員要身體力行共産主義道德」, 「人民日報」(1997. 2. 18, 9면).

지하는 것이 된다.[18] 또한 중국 공산주의도덕의 새로운 창조는 마르크스의·모택동사상·등소평의 중국 특색의 사회주의 이론을 지도로 하여, 중화민족 전통의 미덕을 계승하는 기초하에서, 현대세계의 현대문명을 흡수하고 사회주의 시장경제에 적응하면서 사회주의물질 문명을 발전시키는 데 유리하며, 또한 사회주의 정신문명의 사상도덕의 신풍조를 발전시키는 데 유리하다는 것이라 한다.[19]

3. 북한 도덕관의 변천

북한정권은 제2차 세계대전 후 구소련의 세력확장정책의 일환으로 발생한 소련제 인민정권이다.[20] 따라서 도덕에 관한 북한의 관념은 구소련의 유물론적 관점을 그대로 따르고 있다. 그러나 북한의 정치사는 김일성 1인 독재체제와 김정일세습체제를 구축하기 위한 숙청사였기 때문에 북한의 도덕개념도 북한체제를 정당화하기 위한 수단으로 변천되어 왔다. 북한 도덕관의 변천을 연구하기 위한 북한정권의 시대구분은 1970년 이전까지의 숙청과정을 통한 권력구축시기, 1980년대 말 사회주의권의 붕괴가 시작되기 전까지의 김일성 유일사상체제시기, 그리고 1990년 이후부터 현재까지 '우리식 사회주의'시기 등 3개 시기로 구분할 수 있을 것이다. 북한도덕의 변천에 대한 체계적인 기존의 연구가 없고 또 자료의 한계 때문에 본 장에서는 북한당국에서 발간한 『조선중앙년감』을 기준으로 분석하였다.

(1) 권력구축시기의 도덕관

이 시기의 북한은 1945년 구소련 군대의 진주로부터 1946년 인민정권의 수립, 그리고 1948년 주선민주주의인민공화국의 수립과정을 거친 후, 1950년 6·25전쟁 발발과 함께 수차례에 걸친 숙청사를 통해 김일성 유일사상체제를 구축하여 나갔

---

18) 劉壽祺, 『中共敎育學』, 김동규(역), (주류, 1983), p.143.
19) 李五一, 「全國靑年思想道德建設硏討會綜述」, 『人民日報』(1997. 2. 15, 6면).
20) 김갑철, 「북한에서의 인민정권 수립과정」, 전인영(편), 『북한의 정치』(을유문화사, 1990), 36~62쪽 참조.

다. 이 시기 북한의 중요한 정책목표는 사회주의건설과 6·25전쟁의 승리를 위한 인적·물적 자원의 동원이었다. 따라서 이 시기의 북한 도덕관은 사회주의건설과 전쟁자원의 동원을 위한 것이라고 할 수 있다. 그러나 구소련이 1960년대부터 윤리와 도덕을 체계화하고 세련화하였던 바와 같이 북한도 정권 초기에 '도덕'이라는 용어를 사용하였을지라도 도덕에 관한 이론화나 체계화를 시도한 것은 아니다. 따라서 이 시기에 있어 북한의 도덕관 '건축사상총동원'이나 '공산주의교양' 또는 '혁명전통교양'과 같은 사상교양을 통해 그 속에 내포된 도덕관을 연구할 수밖에 없다.

첫째, 건국사상총동원운동을 통한 사상개조와 경제건설의 도덕이다. 1946년 11월 25일 북조선임시인민위원회 제3차 확대위원회에서 김일성이 발기하였다는 '건국사상총동원운동'은 과도기 첫 시기에 진행된 운동으로 사상개조운동인 동시에 경제건설과 밀접히 결합된 전 군중적 애국운동이라고 한다. 그러나 1950년까지의『조선중앙년감』에 이 운동에 관한 언급이 없고 1960년대 이후 발간된 김일성저작집에 이 운동에 관해 언급하고 있는 것으로 보아, 이 운동이 당시 북한 주민들에게 얼마나 인식되고 신념화되었느냐는 별개의 문제라 하겠다. 이 운동의 내용은 사상개조와 경제건설 두 가지로 요약할 수 있다. 사상개조에 대해, 북한은 지난 일본제국주의가 남겨 놓은 퇴폐적인 습관과 생활태도를 제거하고 새로운 민족적 기풍을 창조하기 위해 사상개조운동을 벌여야 한다면서, 이 운동을 통해 성실한 임무수행, 협력과 단결, 난관을 타개하는 혁명적 기풍을 요구하고 있다. 특히, 적대분자, 이색분자 등의 적발과 숙청을 제기함으로써 계급적 투쟁을 나타내고 있다.[21] 그리고 경제건설에 대해 북한은 "국가재산을 애호하고 절약하며 로동규률을 강화하고 로동생산능률을 높이며 원가를 저하하고 기술을 습득하기 위한 대중적인 투쟁과 밀접히 결부"[22]하여야 한다고 하였다.

둘째, 전쟁동원을 위한 애국주의 도덕이다. 김일성은 6·25전쟁에 대한 책임을 미국에 전가하여 자신의 전쟁도발에 대한 범죄성을 은폐하고, 이 전쟁이 미국에

---

21) 「김일성동지의 혁명활동략력」,『조선중앙년감 1970년』, 103쪽.

22) 상계서, 103쪽. /『정치사전』(평양: 사회과학출판사, 1973), 25~26쪽.

의한 부정의의 전쟁이라고 규정하면서, 전쟁승리를 위한 전주민의 애국심을 요구한다. 이에 따라 김일성은 전체 주민들에게 자기가 맡은 모든 사업을 전선의 승리를 위하여 전선의 리익에 맞도록 복종시킬 것을 요구하고 있다.[23] 김일성은 애국심이 자기 조국의 과거를 잘 알며 자기 민족이 갖고 있는 우수한 전통과 문화와 풍습을 잘 아는 데서만이 생기는 것이라고 하면서, 그 어떠한 추상적인 개념이 아니라, 자기 조국의 향토와 력사와 문화를 사랑함과 아울러 자기 고향에 대한 애착심, 고향사람들에 대한 생각과 감정, 부모와 자식들에 대한 애정에도 표현된다고 한다. 이어 그는 애국심뿐만 아니라 민족에 대한 자부심과 인민군대의 영웅성과 완강성도 강조하고 있다.[24]

셋째, 전쟁복구와 사회주의제도완성을 위한 공산주의교양이다. 북한은 전후 인민경제의 복구와 공업화를 위해 민족간부 양성문제를 제기하고,[25] 또한 주민들에게는 사회주의와 공산주의를 향하여 전진하며 고상한 품성을 소유한 새 형의 인간으로, 훌륭한 사회주의 건설자로 될 것을 요구하였다.[26] 이 시기의 북한 도덕은 공산주의교양을 품성으로 간직한 공산주의도덕품성이라고 할 수 있다. 당시 공산주의도덕교양에는 집단주의교양과 사상교양이 있다.

집단주의교양에 대해 북한은 집단주의가 개인주의와 이기주의를 배격하고 근로자들을 국가와 사회의 리익을 존중하게 여기며 서로 돕고 협력하는 정신이라고 한다.[27] 경제분야에 대한 집단주의 교양은 노동에 대한 사랑과 공동재산의 보호로 요약할 수 있다. 공동재산의 보호에 대하여 북한은 공동재산을 자기 재산과 같이 애호하는 정신으로 무장시키며, 그것을 해치는 온갖 현상을 반대하여 강력히 투쟁할 것이라 하였으며,[28] 노동사랑에 대해서는 노동을 인간사회의 부를 창조하는 인류의 모든 행복의 원천이라고 하면서, 자발적인 노동참여를 요구하였다.[29]

---

23) 김일성, 「현정세와 당면과업」, 『조선중앙년감 1951~52』, 29~36쪽. / 김일성, 「1951년 신년사」, 『조선중앙년감 1951~52』, 38~39쪽. / 김일성, 「김일성장군의 격려의 말씀: 전체 작가 예술가들에게(1951. 6)」, 『조선중앙년감 1951~52』, 45~46쪽.

24) 김일성, 「김일성장군의 격려의 말씀: 전체 작가 예술가들에게(1951. 6)」, 『조선중앙년감 1951~52』, 43~46쪽.

25) 『조선중앙년감 1954~55』, 417쪽.

26) 김일성, 「전국 청년 사회주의 건설자 대회에서 한 김일성 동지의 연설」, 『조선중앙년감 1959년』, 13쪽.

27) 김일성, 「당 제4차 대회에서 한 중앙위원회 사업총화 보고」, 『조선중앙년감 1962년』, 54쪽.

28) 「황해남도 농업 협동조합 열성자 회의에서 진술한 김일성 연설」(1957. 12. 13), 『조선중앙년감 1958』, 50쪽.

29) 김일성, 「전국청년사회주의건설자 대회에서 한 김일성 동지의 연설」, 『조선중앙년감 1959년』, 13쪽.

사상교양에 있어, 북한은 공산주의 교양을 "근로자들 속에 남아 있는 낡은 사상 잔재를 청산하고 그들을 공산주의적 사상과 도덕으로 무장시켜 새 형의 인간으로 개조하는 력사적 과업"이라고 하면서, 이러한 사상교양의 본질을 계급교양이라고 하고, 이 사상교양에는 혁명전통교양도 포함시킨다. 이때 계급교양이란 "노동계 급의 역사적 사명에 대한 자각으로, 이 사명을 끝까지 수행하려는 혁명정신으로 교양"[30]이라 한다. 그리고 이러한 계급교양을 도덕화한 것이 사회주의애국주의 와 프롤레타리아 애국주의라 할 수 있다. 그리고 혁명전통교양은 "장구한 기간 모든 간난 산고를 겪으면서 일제를 반대하여 싸워 이긴 항일 빨치산들의 투쟁"전 통이라고 하면서, 이를 통해 "우리 당과 우리 혁명의 력사적 뿌리"를 주민들에게 명백히 인식시킬 수 있다고 한다.[31]

(2) 김일성유일사상체계시기의 도덕관

이 시기는 김정일이 북한권력의 전면에 나타나 세습권력을 구축함과 동시에 김일성유일사상체계인 주체사상을 체계화하고, 그에 따라 사회정치생명체론에 의한 혁명적 수령론과 혁명계승론을 도출하여 일인장기독재체제와 부자권력세습 을 정당화시킨 시기이다.[32] 특히, 1987년 10월 10일 김정일이 당중앙위원회 책임 일군들과 한 담화 "주체의 혁명을 튼튼히 세울데 대하여"는 공산주의도덕을 비교 적 구체적으로 기술하고 있다.

① 공산주의도덕의 필요성

북한은 노동계급이 자본주의제도를 전복하고 사회주의제도를 세운 다음에 사 회주의경제건설을 잘하여 인민들의 물질생활을 높이는 것도 중요하지만, 사람들 의 사상의식과 문화기술 수준을 높이는 것도 그에 못지않게 중요하다고 한다.[33]

---

30) 「공산주의 교양과 계급 교양」, 『조선중앙년감 1964년』, 109~110쪽.

31) 「당 중앙위원회 사업총화에 대한 당 제4차 대회 결정서」, 『조선중앙년감 1962년』, 72쪽.

32) 통일원 정보분석실, 『'95 북한개요』(통일원 정보분석실, 1995), 120~123쪽.

33) 김일성, 「사회주의교육에 관한 테제를 발표함에 대하여」, 『조선중앙년감 1978년』, 34쪽. / 김일성, 「조선로동당 건설의 력사 적 경험」, 『조선중앙년감 1987년』, 41쪽.

김일성은 공산주의를 건설하려면 경제와 문화, 사상과 도덕의 모든 분야에 걸쳐 사회를 공산주의적으로 개조하여 공산주의의 사상적 요새와 물질적 요새를 점령해야 한다고 주장하면서 공산주의적 인간개조를 요구하고 있다. 이 인간개조의 본질은 사상개조인데, 그 이유는 사상의식이 사람의 가치를 결정하며 사람의 모든 활동을 규제하기 때문이라는 것이다.[34] 또한 김정일도 혁명적 수령관·조직관·군중관이 혁명적 양심에 기초하여 신념화되기 위해, 반드시 혁명적 도덕관과 결부시킬 것을 강조하고 있다.[35]

김일성은 "사회주의교육에 관한 테제"에서, 사람은 사상의식을 가진 사회적 존재라고 하면서도, 사람은 자주의식과 창조적 능력을 타고난 것이 아니며, 타고난 사상과 지식도 가지고 있지 않기 때문에, 교육을 통하여 자주적인 사상의식과 자연과 사회에 대한 지식, 그리고 창조적 능력을 키워야 한다고 주장한다.[36] 북한에서 사람들을 공산주의적으로 교양개조하는 것은 인민대중의 창조적 지혜와 혁명적 열의를 적극 불러일으키기 위해 필요한 것이다.[37]

또한 북한은 사상혁명을 계속 강화하는 것이 혁명발전의 합법칙적 요구라고 한다. 김일성은 낡은 사상잔재에 의한 낡은 사상의 부활과 자본주의사상의 외부적 침투 그리고 생활향상에 따른 혁명적 열의의 감소를 방지하기 위해, 주체사상으로 튼튼히 무장시켜야 한다고 주장하였다.[38] 1986년에 이르러 북한은 온 사회의 주체사상화의 요구에 맞게 공산주의도덕기풍을 확립하는 문제가 중요하게 나섰다고 하면서, "주체의 윤리학, 공산주의도덕원리에 대한 연구, 공산주의도덕기풍확립에서 나서는 이론실천적 문제들을 연구 해설하는 데 커다란 힘"을 넣었다고 주장하면서 공산주의도덕에 관한 체계화를 시도하였음을 공식적으로 인정하고 있다.[39]

이 시기에도 개인의 이익보다는 집단의 이익을 중시하고, 경제분야에 있어 노

---

34) 김일성, 「조선로동당창건 30돐에 즈음하여」, 『조선중앙년감 1976년』, 129쪽.

35) 김정일, 「주체의 혁명을 튼튼히 세울데 대하여」, 『조선중앙년감 1988년』, 89~93쪽.

36) 김일성, 「사회주의교육에 관한 테제」, 『조선중앙년감 1978년』, 39~40쪽.

37) 김일성, 「우리나라 사회주의제도를 더욱 강화하자」, 『조선중앙년감 1973년』, 16쪽.

38) 김일성, 「주체사상의 기치를 높이 들고 사회주의건설을 더욱 다그치자」, 『조선중앙년감 1979년』, 51쪽.

39) 『조선중앙년감 1987년』, 269쪽.

동에 대한 사랑과 공동재산의 보호를 강조하는 집단주의 도덕, 그리고 사회주의 애국주의와 프롤레타리아 애국주의로 표현되는 계급교양과 혁명 전통교양이 여전히 강조되고 있다.[40] 이 시대의 도덕의 특징은 김일성 유일 사상체계를 신념화·도덕화하는 것이었다. 이 시대 북한의 도덕개념은 개인과 집단 간의 도덕인 혁명적 도덕과 개별적 개인 간의 도덕으로 나누어 살펴 볼 수 있다.

② 개인과 집단 간의 혁명적 도덕

집단과 개인의 관계는 수령, 당, 대중과 개별적 사람들 사이의 관계에서 표현된다고 하면서, 집단주의적 원리를 적용하고 있다.[41] 혁명적 도덕의 중요한 내용은 혁명적 수령관과 사회정치적 생명체이다. 북한의 주장에 의하면, 인민대중이 혁명의 자주적인 주체로 되기 위하여서는 당과 수령의 령도 밑에 하나의 사상, 하나의 조직으로 결속되어야만, 자기 운명을 자주적으로, 창조적으로 개척해 나갈 수 있다는 것이다. 그리고 인민대중은 당의 령도 밑에 수령을 중심으로 하여 조직사상적으로 결속됨으로써 영생하는 자주적인 생명력을 지닌 하나의 사회정치적 생명체를 이루게 된다고 하고, 사회정치적 생명의 최고뇌수인 수령에 절대복종하여야 한다고 주장한다.[42] 따라서 여기서 혁명적 수령관, 조직관, 군중관은 그 핵심이 된다.

이러한 혁명적 수령관, 조직관, 군중관이 혁명적 양심에 기초하여 신념화되자면 반드시 혁명적 도덕관과 결부되어야 한다는 것이 북한의 주장이다. 여기서 혁명적 도덕관은 "혁명적 량심에 기초한 사람들의 행동규범에 대한 관점과 입장"이라고 하고, 혁명적 양심은 "개인의 생명보다 사회정치적 집단의 생명을 더 귀중히 여기며 개인의 리익보다 당과 인민의 리익, 혁명의 리익을 더 귀중히 여기는 사회적 의식"[43]이라고 하고, 나아가 혁명적 도덕의 원리를 동지적 의리와 사랑이

---

40) 김일성, 「당 제5차 대회 중앙위원회 사업총화 보고」, 『조선중앙년감 1971년』, 25쪽. / 김일성, 「3대혁명을 힘있게 벌려 사회주의건설을 더욱 다그치자」, 『조선중앙년감 1976년』, 32쪽. / 김일성, 「조선로동당 건설의 력사적 경험」, 『조선중앙년감 1987년』, 41쪽.

41) 김정일, 「주체의 혁명을 튼튼히 세울데 대하여」, 『조선중앙년감 1988년』, 95쪽.

42) 김정일, 「주체사상교양에 제기되는 몇 가지 문제에 대하여」, 『조선중앙년감 1987년』, 166~167쪽.

43) 김정일, 「주체의 혁명을 튼튼히 세울데 대하여」, 『조선중앙년감 1988년』, 93쪽.

라고 하면서 개인의 이익과 자유의지를 무시하고 수령 한 사람만의 이익과 자유
의지를 중시한다. 북한은 혁명투쟁의 조직과 단결의 기초가 되는 혁명적 의리와
동지애가 "사람들을 운명을 같이하는 하나의 사회정치적 생명체로 결합시키고
사회적 집단의 자주성을 옹호하는 데 힘있는 작용"을 한다고 주장한다.[44]

③ 개별적 개인 간의 도덕

혁명적 의리와 동지애에 기초한 혁명적 도덕은 비단 수령, 당, 대중에 대한 충
실성에서뿐만 아니라 사회생활의 모든 분야에도 구현되어야 한다면서 북한은 모
든 가치를 혁명적 수령관의 수단으로 전락시키고 있다. 개별적 사람들 간의 공산
주의도덕에는 동지들 사이의 관계와 가정생활, 사회공동생활에서의 도덕이 있다
고 한다. 동지적 관계에서 혁명적 의리를 잘 지키는 것이 중요하다고 하면서, 서
로 존중하고 헌신적으로 도와주어야 하며, 상하 간에는 지배관계가 아닌 동지적
관계라고 하면서도, 아랫사람은 윗사람을 보다 중요한 혁명 임무를 수행하는 귀
중한 동지로서 존경하고 도와주며 헌신하여야 한다고 함으로써 사실상의 차별,
즉 지배와 피지배를 인정하고 있다.[45]

가정은 기층생활의 단위로서 혈연적인 관계라는 특성을 가지고 있다고 하면서,
"가정생활과정에 맺어지는 부부 사이, 부모와 자식 사이, 형제자매 사이의 육친적
인 사랑"을 존중해야 한다고 한다. 그러나 "가족들 사이의 육친적 사랑을 절대화
하여서는 안 됩니다. 육체적 생명보다 사회정치적 생명이 더 귀중하며 혈연적 관
계보다 동지적 관계가 더 중요한 것만큼 가족들 사이의 육친적 사랑은 어디까지
나 동지적 사랑에 복종되어야 합니다"라고 하면서, 사회에 대한 가족관계의 희생
을 당연한 것으로 보고 있다. 그리고 사회공동생활에서 중요한 것은 노동생활이
라고 하면서, 노동에 성실히 참가하고, 노동의 창조물을 아끼고 사랑할 것을 요구
하고 있다.[46]

---

44) 김정일, 「주체사상교양에 제기되는 몇 가지 문제에 대하여」, 『조선중앙년감 1987년』, 16쪽.

45) 김정일, 「주체의 혁명을 튼튼히 세울데 대하여」, 『조선중앙년감 1998년』, 94쪽/96쪽.

46) 김정일, 상기논문, 97쪽.

(3) 우리식 사회주의시기의 도덕관

동구사회가 몰락하고 소연방이 해체되자 북한은 엄청난 충격과 함께 체제유지에 총력을 집중하지 않을 수 없게 되었다. 북한은 1980년대 말부터 '우리식대로 살자'라는 구호를 대대적으로 내세우면서 이른바 '우리식 사회주의'를 정식화해 나가고 있다. 이에 따라 북한은 북한식 사회주의를 빛내어 나가기 위해 "사회주의를 신념으로 체득할 뿐 아니라 사회주의를 지키는 것을 도덕의무로 간직"할 것을 요구하고 있다. 특히, 1994년 7월 김일성이 사망한 후에는 도덕의리를 강조하고 있다. 1990년대 이후 북한이 '우리식 사회주의'를 외치면서 강조하고 있는 도덕은 '조선민족제일주의'에 기초한 애국주의와 '혁명적 의리'에 기초하고 있는 수령에 대한 충실성, 그리고 '고난의 행군정신'과 '혁명적 군인정신'에 의거하여 요구하고 있는 노력동원으로 요약할 수 있을 것이다.

① '조선민족제일주의'에 기초한 애국주의 도덕

북한은 다른 사회주의 국가와의 차별화의 하나로 '조선민족제일주의'를 내세우면서 이에 기초한 애국주의 도덕을 강조하고 있다. 조선민족제일주의에 대해 북한은 "조선민족의 위대성에 대한 긍지와 자부심이며 그것을 더욱 빛내여 나가려는 높은 자각과 의지입니다. 민족의 위대성은 수령의 위대성, 당의 위대성에 있으며 지도사상과 사회제도의 우월성에 있습니다"[47]라고 하면서, 민족의 위대성이 수령의 위대성에 있는 것으로 해석함으로써, 혈연과 문화 그리고 역사 등의 공통성에 기초하고 있는 민족의식을 상대적으로 약화시켜 민족의 집단적 창조능력을 오히려 저하시키고 있다. 이러한 '조선민족제일주의'는 1986년 7월 당중앙위원회 책임일군들과의 김정일 담화 "주체사상 교양에서 제기되는 몇 가지 문제에 대하여"에서 처음 등장하였는데, 북한은 조선민족제일주의의 원천력이 ① 김일성과 김정일이라는 지도자, ② 주체사상, ③ 혁명전통, ④ 북한식 사회주의, ⑤ 민족의 고유한 역사에서 나온다고 주장하고 있다.[48]

---

47) 김정일, 「청년들은 당과 수령에게 끝없이 충실한 청년전위가 되자」, 『조선중앙년감 1992년』, 85~87쪽.

결국 북한의 조선민족제일주의는 체제수호논리에 불과한 것으로 민족적 우월성을 내세우면서, 붕괴된 여타 사회주의국가와의 차별성을 부각시킴으로써 주민들의 사상적 동요를 막고 체제결속을 도모하는 한편, 대남 측면에서는 민족대단결의 논리를 뒷받침하여 통일전술을 획책하려는 데 그 목적이 있다. 이 같은 맥락에서 북한은 최근 민족의식을 고취시키는 상징적 조형물을 건설하는 데 높은 관심을 보여 왔으며, 1994년 10월에 완공된 단군릉은 그 대표적 사례라 하겠다.

② 혁명적 의리에 기초한 '수령에 대한 충실성'

북한은 인류의 도덕발전에서 가장 높은 단계를 이루는 도덕은 공산주의도덕이라고 한다. 김정일은 공산주의도덕이 "동지적 사랑과 혁명적 의리에 기초한 집단주의도덕이며 사람의 본성적 요구에 맞는 가장 우월한 도덕"이라고 하였다.[49] 사회주의는 "사상의 힘에 의하여 사회주의사상으로 무장한 사람들의 의식적인 활동에 의하여 발전하는 사회"[50]라고 하면서, 북한은 도덕의리가 혁명가의 품격을 규정하는 기본징표이기 때문에, 혁명선배를 존대하는 것이 혁명가들이 지녀야 할 숭고한 도덕의리라고 한다. 이어 북한은 "혁명선배의 최고대표자는 수령이며 수령에 대한 충실성은 혁명적 의리의 최고표현"이라고 하면서, 수령에 대한 절대적 충성과 대를 이은 충성을 요구하고 있다.[51] 이러한 수령에 대한 충성을 정당화하기 위해 북한은 혁명전통, 인덕정치, 유훈통치, 붉은기사상 등을 내세우고 있다.

혁명전통에 대하여, 북한은 혁명전통이 "혁명의 명백을 이어주는 더없이 귀중한 사상정신적 재보"라고 하면서, 혁명전통을 거부하는 것은 "혁명사상과 혁명정신을 버리고 혁명투쟁을 포기하는 것이며 결국은 혁명을 좌절에로 이끄는 길"이라고 한다. 그리고 북한의 이 혁명전통은 "위대한 수령 김일성동지의 령도밑에 항일혁명선렬들이 이룩한 주체의 혁명전통"이라고 하면서 김일성에 의한 항일혁

---

48) 고영환, 『우리 민족제일주의론』(평양: 평양출판사, 1989), 127~188쪽.

49) 김정일, 「혁명선배를 존대하는 것은 혁명가들의 숭고한 도덕의리이다」, 『노동신문』, (1995. 12. 25).

50) 김정일, 「사상사업을 앞세우는 것은 사회주의 위업수행의 필수적 요구이다」, 『노동신문』, (1995. 6. 21).

51) 김정일, 「혁명선배를 존대하는 것은 혁명가들의 숭고한 도덕의리이다」, 『노동신문』, (1995. 12. 25). / "혁명선배들에 존대는 수령에 대한 충실성에서 집중적으로 표현됩니다. 위대한 수령에게 대를 이어 충성한다는 것은 혁명가들의 본분이며 최고의 혁명적 의리입니다."[전기논문]

명전통이 북한 혁명전통의 원류임을 분명히 하고 있다.[52]

　인덕정치에 대해 북한은 김정일의 정치가 '인덕정치', '광폭정치'라고 하면서, "사랑과 믿음의 정치, 인덕정치는 우리나라 사회주의의 우월성과 부패성을 규정하는 근본요인"이며, 이에 따라 "우리나라에서는 전체 인민이 수령을 친어버이로 모시고 받들며 당의 품을 어머니품으로 믿고 따르며 수령, 당, 대중이 생사운명을 같이하는 하나의 사회정치적 생명체를 이루고 있다"고 주장한다. 그리고 김정일의 '인덕정치'의 생활력은 "인민들의 고상한 정신도덕적 풍모에서 뿐 아니라 그들의 날로 향상되는 건전하고 평등한 물질문화생활에서도 나타나고 있다"고 하면서, 오늘날 북한 주민의 경제난을 은폐하고 있다. 결국 북한은 주민으로 하여금 수령의 '인덕정치'에 대한 의리로서 수령에 대한 절대적 충실성을 조작하여 강요하고 있다.[53]

　유훈통치에 대해 북한은 "어버이 수령님의 유훈을 높이 받들고 사회주의 완전승리를 이룩하기 위한 투쟁에서 결정적 전환을 이룩하며 인민대중 중심의 우리식 사회주의를 없이 빛내여 나가는 것은 오늘 우리 당과 인민앞에 나서고 있는 가장 영예로운 혁명임무"라면서 김일성의 유훈관철을 북한의 당면 임무로 규정함과 동시에, "대를 이어 가면서 수령복을 누리는 충성과 효성을 가슴깊이 간직하고 어버이 수령님께 다하지 못한 충성과 효성을 경애하는 최고사령관 김정일동지를 받들어 나가는 길에서 높이 발휘"하여야 한다면서 김정일에 대해 충성을 다 바칠 것도 요구하고 있다.[54]

　붉은기사상에 대해 북한은 "오늘의 강행군에서 승리자가 되느냐 락오자가 되느냐 하는 것은 붉은기사상으로 어떻게 무장하는가에 달려 있다"고 하면서, 그 본질이 "혁명의 령도자에 대한 절대적인 숭배심이며 령도자와 생사운명을 끝까지 같이하려는 수령결사옹위정신"이기 때문에 "풀죽을 먹는 한이 있더라도 사회주의를 위한 오늘에 살자는 투철한 인생관이 차넘치고 있어야 한다"는 수상과 함

---

52) 김정일, 「혁명선배를 존대하는 것은 혁명가들의 숭고한 도덕의리이다」, 『노동신문』, (1995. 12. 25).

53) 김정일, 「사회주의는 과학이다」, 『조선중앙년감 1995년』, 62~63쪽.

54) 노동신문, 신문조선인민군, 노동청년 공동사설, 「위대한 당의 영도를 높이 받들고 새해의 진군을 힘있게 다그쳐 나가자」, 『內外通信』, 주간판 934호(1995. 1. 5).

께 김정일에 의해 영도되는 북한식 사회주의를 요구하고 무조건 관철하고 고수할 것을 요구하고 있다.[55]

그러나 북한이 국제사회에 식량을 공식적으로 지원 요청하고 있고, 국제사면위원회는 북한주민들의 인권유린을 공식 제기하고 있는 것과 같이 북한 주민들의 생활이 궁핍함을 객관적으로 확인할 수 있는데도, 북한은 "우리나라에서는 어렵고 복잡한 환경 속에서도 당과 수령을 중심으로 전체 인민이 일심단결되고 온 사회가 하나의 화목한 대가정을 이루고 있으며 사람들이 친혈육과 같이 서로 돕고 이끌면서 신심과 락관에 넘쳐 일하며 생활하고 있다"[56]고 표현하고 있으니, 여기서 우리는 북한이 주장하는 수령에 대한 도덕적 의리의 모순성을 알 수 있다.

③ 집단주의에 기초한 노력동원

사회주의국가에 있어 도덕의 기초는 집단주의이다. 북한은 "집단주의에 기초한 사회주의사회에서는 사회공동의 이익과 요구가 모든 활동의 기준으로 되며 사회와 집단을 위하여 헌신하는 것이 가장 값높은 삶으로, 아름다운 도덕"으로 된다고 하면서, 모든 인민들이 "사회와 집단의 리익에 자기 개인의 이익을 복종시킬 줄 알아야 하며 사회와 집단을 위한 공동노동과 공동사업에서 높은 성실성과 헌신성을 발휘"할 것을 요구하고 있다. 그리고 "조직을 귀중히 여기고 동지들을 사랑하며 사회적 집단과 조직 안에 서로 돕고 이끌어주며 굳게 단결하는 참다운 동지적 관계를 확립"해 나갈 것을 요구하고 있다.[57]

물론 수령에 대한 절대적 충성도 집단주의의 원칙을 아전인수격으로 해석한 것이다. 1980년대 이후 특히 사회주의권의 붕괴 이후 북한의 경제가 침체의 상태를 벗어나지 못하면서 주민들의 의식주생활마저 위협을 받게 되자 북한은 경제구조에 의한 경제개혁보다는 집단주의에 의한 주민들의 도덕성에 호소하여 노력동원을 요구하고 있다. '고난의 행군정신'과 '혁명적 군인정신' 그리고 '혁명적 낙관

---

55) 노동신문, 신문조선인민군, 청년전위 공동사설, 「위대한 당의 령도따라 내 나라, 내 조국을 더욱 부강하게 건설해 나가자」, 『노동신문』(1997. 1. 1).

56) 김정일, 「사상사업을 앞세우는 것은 사회주의 위업수행의 필수적 요구이다」, 『노동신문』, (1995. 6. 21).

57) 김정일, 「김일성동지의 청년운동 사상과 령도업적을 빛내여나가자」, 『노동신문』(1996. 8. 28).

주의’ 등은 북한 주민들의 노동력을 도덕적 정서에 의해 동원하려는 북한 당국의 의도라 할 수 있다.

고난의 행군정신에 대해 북한은 “우리는 지금 가장 어려운 환경 속에서 사회주의를 건설하고 있다”고 하면서 경제적 난관을 인정하고 북한 주민으로 하여금 고난의 행군정신으로 이 어려운 난관을 해결할 것을 요구하고 있다. 북한의 주장에 의하면, ‘고난의 행군정신’은 “제힘으로 혁명을 끝까지 해나가는 자력갱생, 간고분투의 혁명정신이며 아무리 역경 속에서도 패배주의와 동요를 모르고 난관을 맞받아 뚫고나가는 낙관주의정신이며 그 어떤 안락도 바람이 없이 간고분투해나가는 불굴의 혁명정신”이라면서,[58] 김일성의 항일투쟁 당시 투쟁방식으로 오늘날 어려운 북한의 실정에서도 항일혁명 당시의 정신으로 어려운 난관을 해결하고자 북한 주민들을 설득하고 있다. 이어 “령도자의 어려운 두리에 뭉친 당과 인민의 통일체, 혁명의 주체가 백방으로 다져지게 된 것은 몇 백만 톤의 쌀에 비길 데 없는 고귀한 승리”로 된다고 하면서, 경제적 어려움에 동요되지 말고 ‘고난의 행군’ 정신으로 억세게 투쟁할 것을 요구하고 있다.[59]

그리고 김정일이 제기했다고 하는 ‘혁명적 군인정신’에 대해 북한은 “단순히 애로와 난관을 참고 견디어내기 위한 행군”이 아니라, “없는 것은 만들어내고 모자라는 것은 찾아내면서 주동적으로 조건을 유리하게 조성하고 모든 사업을 더욱 활성화해 나가는 것이 강행군에서 발휘해야 할 일본새”라고 한다. 북한은 이 혁명적 군인정신을 통해 현재의 경제난을 절약과 인내와 노력동원에 의해 해결하자는 것이다.[60]

‘혁명적 낙관주의’에 대해 북한은 “우리 인민과 인민군 장병들은 위대한 영도자 김정일동지께서 당과 혁명의 진두에 서계심으로 하여 필승의 신념과 낙관에 넘쳐 억세게 투쟁하여 화를 복으로 역경을 순경으로 전환시켰으며 혁명과 건설의 모든 분야에서 승리자의 영예를 떨치었다”라고 현실을 왜곡하면서, 김정일이 있음으로 하여 혁명적 낙관주의를 갖고 오늘의 어려움을 인내하여 내일을 위해 분투하여 줄 것을 요구하고 있다.[61]

---

58) 노동신문, 신문조선인민군, 노동청년 공동사설, 「붉은기를 높이 들고 새해의 진군을 힘차게 다그쳐나가자」(1996. 1. 1).

59) 1997. 1. 1일자 전기, 노동신문, 신문조선인민군, 청년전위 공동사설.

60) 1997. 1. 1일자 전기, 노동신문, 신문조선인민군, 청년전위 공동사설.

4. 결론: 공산주의도덕에 대한 비판

(1) 북한 공산주의도덕의 본질과 특징

북한에서 도덕은 "사람이 사회생활과정에 량심적으로 지켜야 할 행동규범"을 의미한다고 한다.[62] 양심은 "개별적 감정이 아니라 사회와 인민앞에 지닌 도덕적 책임감"이라고 한다. 이상 북한에서 주장하는 공산주의도덕은 도덕의 최고 가치, 공산주의도덕의 본질, 공산주의도덕의 특징, 공산주의도덕의 기본원칙 등으로 나누어 요약할 수 있을 것이다.[63]

북한에서 도덕의 최고가치는 공산주의도덕에서 한걸음 더 나아가 '수령에 대한 충실성'이 된다. 북한은 '수령에 대한 충실성'이 '선과 정의의 가장 숭고한 표현'이며, '가장 선하고 아름다운 행동'이라고 규정한다. 따라서 수령께 충성한다는 것은 '가장 정의로운 행동'이 된다.[64] 북한이 '수령에 대한 충실성'을 공산주의도덕의 최고 가치로 주장하는 근거는 '수령의 우월성'과 '인민대중중심의 사회실현' 두 가지에 두고 있다. '수령의 우월성'에 대해 북한은 수령은 위대한 사상리론가로서의 자질과 풍모를 지니고, 비범한 예지와 과학적인 통찰력을 지닌 것으로 하여 "사회정치적 집단의 요구와 리해관계를 가장 정확히 반영한 자주적인 혁명사상과 혁명리론을 창시하고 그것으로 대중을 무장"시키며, 또한 위대한 영도예술가로서의 자질과 풍모로 "혁명의 주체, 사회정치적 생명체를 올바로 이끌어나갈 수 있는 령도방법을 창조하고 그것을 혁명실천에 빛나게 구현"해 나간다고 한다. 다시 말해 수령이 "사람의 자주성과 창조성을 통일시키고 발양시키는 인민대중의 생명의 중심이며 최고뇌수"로서, 수령이 그 어떤 개인도 도저히 지닐 수 없는 위대한 자질과 풍모를 체현"하고 있다는 것이다.[65] '인민대중 중심의 사회실

---

61) 1995. 1. 5일자 전기, 노동신문, 신문조선인민군, 노동청년 공동사설.

62) 김경숙, 『공산주의생활륜리』(평양: 사회과학출판사, 1990), 6~7쪽. / 안만히, 『혁명적 도덕관이란 무엇인가』(평양: 금성청년출판사, 1991), 8~11쪽

63) 김경숙은 『공산주의생활륜리』에서 북한 공산주의도덕을 이러한 방법으로 설명하고 있다.

64) 김경숙, 전게서, 131~133쪽.

65) 전용석, 『수령의 공산주의적 덕성』(평양: 조선로동당출판사, 1991), 6~10쪽.

현'에 대해 북한은 "인민대중의 자주적 념원과 시대의 요구를 반영하여 나온 사회주의의 필승불패의 위력의 원천은 그에 대한 인민대중의 지지와 신뢰"에 있다고 하면서, 북한 사회주의의 공고성과 불패성의 비결은 "인민을 사회의 진정한 주인으로 내세우고 사회의 모든 것이 인민을 위하여 복무하는 인민대중중심의 사회주의"[66]라는 데 있다고 하면서, 수령이 창조한 공산 주의도덕은 "주체사상으로 출발하고 있음으로 하여 로동계급의 근본리익을 정확히 반영하고 그것을 가장 철저히 옹호실현하는 사상도덕적 무기"가 되고, "사회정치적 집단의 요구와 리익을 옹호실현"[67]하는 데 이바지한다고 한다.

그리고 북한은 공산주의도덕의 본질을 "사회주의, 공산주의를 위하여 투쟁하며 그 사회에서 사는 사람들이 사회생활의 모든 분야에 걸쳐 량심적으로 지켜야 할 도덕적 원리 또는 행동규범"이라고 하고, 나아가 "사회정치적 생명체 안에서 개별적인 성원들 사이의 도덕적 관계는 수령을 중심으로 하는 관계, 즉 수령을 따르고 당을 받드는 것을 전제로 하는 관계"일 뿐 아니라 "수령의 혁명사상을 신봉하고 수령이 무어준 혁명조직의 성원으로 되여 수령을 사회정치적 집단의 중심으로, 당을 그 중추로 받들어 모시는 것을 근본조건"으로 한다고 함으로써 사회생활의 모든 활동이 '수령에 대한 충실성'을 실천하기 위한 수단이며, 이러한 수단은 도덕적으로 정당화된다는 것을 암시하고 있다. 또한 북한은 공산주의도덕의 특징을 사회주의·공산주의 사회 내에서 사는 "사람의 본질적 특성인 자주성, 창조성을 옹호하는 모든 사람들이 다 지켜야 할 가장 보편적인 도덕"이라고 함과 동시에 개별적 사람들 사이에 지켜야 할 도덕도 "혁명적 동지애에 기초한 공산주의적 의리의 도덕원리가 작용"하며, 특히 "수령과 전사와의 관계에서 표현되는 도덕적 원리나 집단과 개인과의 도덕적 원리나 개인들 사이에 작용하는 도덕적 원리 가운데서 특출한 지위"를 차지한다고 함으로써,[68] 다른 모든 도덕을 혁명적 수령관을 위한 수단적 도덕으로 전락시키고 있다.

---

66) 김정일, 「인민대중중심의 우리식 사회주의는 필승불패이다」, 『북한자료집 김정일저작選』(서울: 경남대학교 극동문제연구소, 1991), 541쪽.

67) 『공산주의 례의 도덕교양』(동경: 학우서방, 1964), 6~7쪽.

68) 김경숙, 전게서, 6~7쪽./21쪽/117쪽./123~124쪽.

북한은 공산주의도덕의 기본원칙을 집단주의라고 하면서, 이 집단주의는 "사회주의, 공산주의 사회의 모든 도덕적 관계들의 기초에 놓여 있고 그에 관통되여 있으며 이 사회의 사상도덕적 풍모를 특징짓는 가장 일반적인 원칙"을 의미하며, 또 집단주의가 "무엇보다도 그것이 로동계급의 본질적 특성이 하나"이기 때문이라고 한다. 이에 따라 북한은 사회적 집단들이 다 "자기의 직능과 임무를 가지고 활동하지만 그에 관통되여 있는 총적인 목적은 집단주의원칙에 기초하여 사회적 집단의 사회정치적 생명과 사회공동의 리익을 옹호"하는 데 있다고 하면서, 정당, 근로단체조직들은 "집단내 성원들의 정치생활단위로서 그들의 정치적 생명을 수령과 련결시키고 당과 운명을 같이해나가도록 지도하고 통제하며 사회와 집단을 위하여 값높은 삶을 누리도록 정치사상적으로 도와주고 이끌어주며", 생산기업소들 "집단성원들의 로동생활단위로서 개인의 리익을 사회공동의 리익과 결합시켜주고 그들의 창조적 노력의 열매가 전사회적 리익을 증대시키는 데 이바지"하도록 해 주고 있다고 하면서, 집단과 개인의 관계에서 개인이 집단의 리익을 자기 개인의 리익보다 더 귀중히 여기고 집단을 위하여 헌신적으로 복무하는 것을 마땅한 도리로 여길 것을 강요하고 있다.[69]

(2) 북한 공산주의도덕에 대한 비판

따라서 북한 공산주의도덕에 대한 비판은 다음 3가지 측면에서 검토할 수 있다. 먼저, 북한 공산주의도덕의 기초로 제기하고 있는 주체사상, 나아가 수령에 대한 충실성이 최고의 도덕 가치로서 검증될 수 있느냐 하는 문제이고, 다음으로 수령에 대한 충실성을 실현하기 위해 필요한 수단들이 비도덕적인 경우에도 도덕적으로 정당화될 수 있고 또 여타의 모든 가치들이 수령에 대한 수단가치로 전락하는 것이 정당화되느냐 하는 문제이고, 마지막으로 북한 공산주의도덕의 원리로 제기된 폐쇄적 유기체론에 의한 집단주의가 개인의 자유의지를 무시하였을 경우에도 도덕적 정당성을 부여받을 수 있느냐 하는 문제이다. 본 결론에서는 이러한

---

69) 상게서, 42~43쪽./48~49쪽./117쪽./안만희, 『혁명적 도덕관이란 무엇인가』(평양: 금성청년출판사, 1991), 141~142쪽.

3가지 측면에 초점을 맞춰 북한 공산주의도덕을 비판하여 보도록 하겠다.

첫째, 공산주의도덕의 최고가치로 제기된 수령관에 대한 비판이다. 먼저 공산주의도덕이 도덕의 최고가치라는 주장에 대해 구소련 철학자들은 이의 근거로 역사의 객관적 발전법칙과 인간의 자아실현을 주장하고 있다. 스캔런에 의하면, 역사의 사건들은 있는 그대로이지, 그들이 그들 자신의 가치를 위해 자기 보증을 할 수 없기 때문에, 어떤 사실(예: 사람의 죽음)의 필연성이 그것에 대한 가치를 수반할 수 없다고 하며, 공산주의도덕이 인간의 자아실현이라는 주장도 계속된 굶주림, 투쟁, 학정 속에 인간화수준의 향상된 증거를 찾을 수 없다고 한다.[70]

그리고 북한은 '수령에 대한 충실성'의 근거로 '수령의 우월성'을 제시하고 있다. 사회주의와 공산주의사회, 특히 북한 내에서만 적용된다는 '수령의 우월성'이 모든 인류에게 보편적으로 적용될 수 없으며, 이에 따라 이것은 최고 도덕가치로서 인정받을 수 없다. 또한 수령을 신과 같은 존재로 격상시키는 '수령의 우월성'은 다른 인간과의 불평등을 당연한 것으로 전제하여, 인격의 기초가 되는 인간의 목적적 가치 자체를 부정하는 것이기 때문에 윤리의 본질적 가치 자체를 무시하고 있으며, "사회정치적 집단의 요구와 리해관계를 가장 정확히 반영"할 수 있다는 '수령의 우월성'도 착취와 빈곤 인권유린이 만연되어 있는 북한의 현실을 직시할 때 수용될 수 없는 허구이다. 따라서 북한이 주장하는 수령 우월성의 허구성은 국가의 모든 권력을 장악하고 있는 수령이 자신의 독재적 권력을 은폐하고 나아가 이를 정당화하기 위한 허구라고밖에 할 수 없다.

또한 북한은 '인민대중 중심의 사회실현'을 '수령에 대한 충실성'의 근거로 제시하고, 이에 따라 북한 사회가 인민대중의 자주성과 창조성이 실현되고 또, 풍족하고 평등한 물질문화생활이 보장되는 인민대중 중심의 사회라고 주장하고 있다. 그러나 이것은 북한의 현실에 의해 증명되지 않는다. 북한이 주장하는 자주성과 창조성이란 '수령에 대한 충실성'을 보장하기 위한 제한된 자주성과 창조성이기 때문에, 누구나 똑같은 가치를 인정받아야 하는 목적적 존재로서 인격가치를 부정하는 자주성과 창조성이다. 이는 북한 정권이 일인세습체제를 유지하기 위하여

---

70) James P. Scanlan, *Marxism in the USSR*(London: Cornel1 University, 1985), pp.288~292.

수많은 사람들을 숙청하고, 일반 주민들에게도 맹목적인 충성만을 요구하면서 이에 반할 때는 정치범수용소에 수용하는 것과 같은 인격유린에서도 확인된다. 그리고 북한 주민들이 풍족하고 평등한 물질문화생활을 보장받고 있다는 것도 주민들의 의식주를 해결하지 못하여 국제사회에 구호물자지원을 요청하고 있는 객관적 현실에서도 그 허구성이 증명된다.

둘째, '수령에 대한 충실성'을 실천하기 위한 모든 수단을 도덕적으로 정당화하고 또 다른 도덕적 가치들을 '수령에 대한 충실성'의 수단으로 전락시키는 것에 대한 비판이다. 북한의 이러한 주장은 '수령에 대한 충실성'이 최고 가치로서, 절대적 가치로서 논증될 수 없다는 그 자체로서 비판받을 수밖에 없다. '수령에 대한 충실성'이라는 도덕가치가 최고 가치로서 인정되더라도 이를 위한 모든 수단이 도덕적으로 정당화되는 것은 아니다. 수단은 목표를 달성하기 위한 것으로 그 판단기준은 가치 자체가 아니라 합리성과 효율성에 있다. 그런데 합리성과 효율성은 인간의 행동을 규제할 수 있는 바람직한 가치판단을 제공해 주지 못한다. 따라서 기만과 폭력까지도 정당화될 수 있는 모든 수단들에 대한 도덕적 정당화는 수용될 수 없다. 칸트에 의하면, 모든 인간은 도덕법칙을 지켜야 할 의무를 지닌다. 도덕법칙은 언제 어디에서나 그리고 누구에게서나 타당한 것으로서 모든 사람이 지켜야만 하는 것이다.[71] 그런데 북한이 주장하는 '수령에 대한 충실성'을 위해 모든 다른 가치들을 수단화하는 것은 값으로서는 따질 수 없는 매우 귀중한 존재로서 언제나 변함없는 존엄성을 지닌 인간의 본질적 가치를 부정하는 것이기 때문에 수용할 수 없다.

셋째, 개인의 자유의지를 무시하는 집단주의에 대한 비판이다. 북한의 집단주의는 폐쇄적 유기체론에 기초하고 있다. 북한을 비롯한 사회주의국가들은 집단주의원칙에 의해 개인에 대한 사회의 절대적 우월성을 강요하기 때문에 개인의 자유의지가 존재할 수 없다. 그러나 사회주의국가들도 개인의 자유를 허용한다고

---

71) 진교훈, 「윤리란 무엇인가」, 안호상(외), 『한국인의 윤리사상』(율곡사상연구소, 1992), 28쪽.

주장하지만, 여기서 자유란 사회에 대한 도덕적 의무를 수용하는 자유만을 의미하기 때문에, 사회의 영향력이 미치지 않는 개인 생활의 어떤 영역도 존재하지 않게 되는, 즉 사회와 사회적 규범으로 독립된 자유의 실체가 없고, 개인의 사적 자유가 허용되지 않고, 자기 자신에 대한 책임과 의무를 갖지 못하게 된다.[72] 그리고 북한 집단주의의 기초가 되는 '사회정치적 생명체론', 즉 폐쇄적 유기체론은 전체주의로 변할 수밖에 없다. 폐쇄적 유기체론은 사회 전체를 하나의 커다란 생명체로, 사회를 구성하고 있는 개인 하나하나를 생명체를 구성하는 세포로 보면서, 생명체의 유지는 세포 하나하나가 자신에게 부과된 역할을 충분히 수행할 때만 가능하다고 생각한다. 따라서 폐쇄적 유기체론은 온갖 종류의 변화를 억제하면서 계층 간의 이동이나 변화를 부정하기 때문에 전체주의체제로 지향하게 된다.[73] 현재 북한이 일인장기독재체제에서 나아가 봉건적 부자세습체제까지 도덕적으로 당연하고 정당한 것으로 주장하고 있는 것도 폐쇄적 유기체론에 기초하기 때문이라고 할 수 있다.

---

72) James P. Scanlan, *op. cit.*, pp.281~282.

73) 이한구(외), 『직업과 윤리』(한국정신문화연구원, 1985), 41쪽.

제12장 규범적 국제 관계론의 성격연구

심연수

1. 서 론

최근 국제질서는 오랫동안의 냉전질서가 쇠퇴한 이후로 신자유주의적 질서가 지배하고 있다. 이런 질서 속에서 국제관계와 국제관계에 대한 연구 경향이 과거의 국가 중심적인 경향에서 벗어나서 IGO, NGO, 다국적기업 등과 사회 중심적인 경향으로 이동하고 있다. 따라서 그 어느 때보다도 국제사회[1]의 위상이 강화되고 있으며 더불어 새로운 질서[2] 속에서 새로운 규범[3]에 대한 인식이 요청되고 있는 실정이다.

과거처럼 관념적이고 법률적인 의미에서의 다자주의(multilateralism)가 아닌 사회 경제적인 의미에서의 '신다자주의'(new multilateralism)로 변모하고 있다. 상호 의존적인 세계에서 국가들은 자기 이익을 추구하기 위한 국가 간의 제도나 레짐을 형성하기 위해 노력하고 있고 나아가서 국가들 간의 집단행동도 복합적으로 상호 의

---

1) 영국의 국제정치학계를 중심으로 와이트(M. Wight)와 불(H. Bull)은 규범론적 국제관계 이론을 체계화하였다. 특히, 이들은 국제사회라는 개념을 개발했다. 하동완, 「규범국제 정치이론」, 하영선 편, 『현대국제정치이론』(사회비평사, 1995), p.360.

2) 국제사회의 목적으로는 국제사회의 보존, 개별 국가들의 독립과 주권유지, 평화유지, 폭력의 제한과 협약의 이행 및 각국의 권리보호 등이 있다. 그리고 정의로운 질서를 생각해 볼 수 있다. 불(Headly Bull)은 정의 개념을 국제사회에 적용하고 있다. 국가나 민족의 권리, 의무에 관련된 국제적 민족 간 정의, 개인적 정의, 코스모폴리탄적 · 세계적 정의로 나누고 있다. *Ibid,* pp.368~369.

3) 본 장에서는 규범의 의미를 다음과 같이 한정시키기로 한다. 법률적인 의미를 제외하고 윤리 · 도덕적인 의미의 측면에서 사용하기로 한다.

존을 하고 있는 상황이다. 따라서 현대 국가는 한편에서는 자국 내의 명령을 실천해야 하고, 다른 차원에서는 국제적 명령을 수행해야 하는 야누스적 역할을 한다.

특히, 서니(Philip G. Cerny)와 같은 학자는 지난 400년간에 걸쳐서 국제 관계에서 '정상 과학'의 위치를 고수해온 웨스트팔리아적 혹은 현실주의적 이해 방식에 대한 도전과 이에 따른 새로운 패러다임을 세계화(globalization)로서 제시한다.[4] 과거처럼 국가가 국제관계에서 차지하는 비중은 상대적으로 약화되었으나 여전히 국가는 제도적 구조로서 작동하고 있고 새로운 복합적 기능과 개방적이며 상호의존적인 세계로 전환되어 나가고 있다. 그런 가운데 세계화는 다수준에서 복잡하게 전개되고 있다. 한편에서는 수많은 다양한 차원들이 통합되고 분열되면서 공존하고 있다.

이에 본 장에서는 변화된 환경에서의 국제관계에 요구되는 규범은 어떤 의미를 갖고 있으며 어떤 특성과 종류가 있는가를 살펴본다. 구체적으로 보아서는 우선 국제관계의 개념과 접근의 범위들을 다루어 가는 가운데 규범적인 국제관계론(normative international relations theory)이 주는 의미를 살펴본다. 그리고 규범적인 국제관계론의 논리적 출발점으로서 '철학적 인간학'을 살펴본다. 특히, 현대의 포스트모던 사회의 국제관계에 있어서 '철학적 인간학'이 주는 의미는 크다. 이런 맥락에서 본 장에서는 포스트모던 사회에서의 규범의 성격을 살펴보고 국제관계의 윤리도덕적인 과제, 나아가 최근의 경향과 주요 이슈 등을 제시하여 규범적 국제관계론의 성격을 분석한다.

2. 국제관계의 개념과 규범론적 접근의 범위

우선 국제관계의 개념[5]을 한정해 보면 다음과 같다. 일반적으로 국제 관계

---

4) Philip G. Cerny, "Globalization and other stories: the search for a new paradigm for international relations", *International Journal*, LI AUTUMN, 1996, p.617.

5) 이 용어를 처음으로 사용한 사람은 벤덤(J. Bentham)으로 알려져 있다. 당시에는 유럽 지역 국가 간의 관계를 묘사하는 말이었으나 현재는 전 국제사회와 국제사회의 제도와 과정에 대한 연구를 포함한다. Joseph Frankel, *International Relations in a Changing World*(Oxford: Oxford University Press, 1979), p.6.

(international relations)는 국가 간의 관계와 세계 공동체 사회의 조건 등을 이해하며, 예측하고, 평가하며, 통제하는 데 기여하는 학문분야인데 정치적 목적으로 정부 간의 관계에 영향을 주고받는 관계를 대상으로 하는 국제 정치(international, politics)[6] 그리고 외교정책(foreign policy)과 개념적으로 구별되기도 한다.

이스턴(David Easton)은 정치를 가치의 권위적인 배분이라고 했으나 국제사회에는 통일된 단일 공권력이 존재하지 않으므로 가치의 권위적 배분을 하기가 어렵다. 이런 맥락에서 국제관계는 국제정치 개념을 극복한다. 다시 말해서, 국제정치라는 개념은 국제사회에서 가치의 권위적 배분을 하기가 어렵기 때문에 문제가 된다. 하지만 국제사회의 개별 행위자들은 국제기관, 국제법, 국제윤리, 국제여론 등과 같은 규범들에 의해서 상호 행위를 제한시키고 있다. 국가를 포함한 국제사회의 행위자들은 국제관습, 국제법 그리고 상호조약 등으로 상호 간의 행위를 제약하고 있으므로 미약하나마 공권력이 작용하고 이런 의미에서는 국제정치와 국제관계가 구별되지 않는다.[7]

거의 모든 분야에 있어서 국가 간의 갈등과 갈등해소에 관련된 행위와 협조 및 협조증진 행위를 다루는 분야로서 국제관계는 정부의 관련 여부를 떠나서 여러 사회의 구성원들 간의 모든 형태의 상호 작용[8]을 말하므로 국제관계 연구에는 외교정책[9]과 국가 간의 정치과정의 분석을 포함하여 서로 다른 사회 간의 관계의 모든 측면을 포함한다.[10] 외교정책은 환경적 여건에 대한 직접적인 반응뿐만 아니라 장기적으로 윤리적으로 선한 것을 나타내는 문화적 가치나 규범도 반영한다.[11] 가령 동맹을 형성하는 이유로서 강대국은 위협에 직면하는 약소국을 보호

---

6) 花井 등은 국제정치와 국제관계를 도표로 제시한다(花井 等, 『新國際關係論』(東京: 東洋經濟新報社, 1996), p.16). 국제정치는 개별 사회를 기반으로 하는 정부 간의 관계를 대상으로 하고 국제관계는 정부 간 조직과 비정부 간 조직의 모두에 해당되는데 개별 사회와 정부들 간의 관계, 개별 정부와 정부들 간의 관계, 나아가 개별 사회들 간의 관계 모두의 관계를 포함한다.

7) 박준영, 『국제정치학』(박영사, 1994), p.9.

8) 모든 형태의 상호 작용에는 규범이 존재한다. 하물며 강제적이고 폭력적인 관계에서도 윤리적 규범은 정책결정자의 비전을 제약하고 그 상황에서 가장 편의적일 수 있는 정책대안을 제외시키는 경향이 있다. 가령 과거 미국의 일본 영토에 대한 원자탄의 투하 결정 과정에서조차도 많은 윤리적 규범의 검토가 작용했으며 냉전하의 경쟁하에서도 미국과 소련은 특정한 비윤리적 행동을 스스로 억제하였다. K. J. Holsti, *International Politics - A Framework for Analysis*(Englewood Cliffs, New Jersey: Prentice - Hall International, 1995), pp.318~319. 내용 참조.

9) 대부분의 외교정책의 결정은 현실적인 이익과 윤리적 가치와의 타협의 결과이다.

10) 가령, 국제무역협회, 국제적십자사, 관광여행, 국제무역, 교통, 커뮤니케이션 및 국제 가치와 윤리의 발달에 관해서도 분석의 대상으로 삼게 된다.

11) 특히 홀스티는 그렇게 생각한다.

할 책임이 있고 자유의사에 따라 체결된 약속은 준수되어야 하며 세계 평화를 위해서 침략행위는 징벌되어야 한다는 것 등은 외교정책에서 기본적으로 지켜야 할 규범적 의미를 갖는다. 그리고 동맹과 연합이라는 윤리적 질서에서 특정 국가들이 해야 할 역할규범과 도의적 판단도 외교정책에서 중요한 규범적 의미를 갖는다. 또한 외교정책의 목표는 특정한 윤리적 목적의 측면에서 정의되고 증진되며 정당화되고 일반 대중에 의해서 납득된다.

다음으로 국제관계에 관한 이론은 경험이론, 규범이론, 정책이론 등으로 분류된다. 이 중에서 규범이론은 존재의 세계가 아닌 당위의 세계 내에서 인간이 마땅히 해야만 하는 행위규범을 도출해 내는 이론이다.[12] 하지만 이런 세 가지 이론들이 상호 배타적인 것만은 아니고 상호 관계를 맺고 있다. 다만 대다수의 이론이 그러하듯이 국제관계의 이상과 목적을 달성하기 위해서 국제관계를 규제하기 위한 학문적 관심은 16세기에 유럽에서 근대사회가 형성될 무렵에서부터 비롯되어 시대인의 관심에 따라 변화되어 왔다. 최근에 이르러서는 탈냉전 이후 전 세계 공동체를 강조하는 경향하에서 국제관 계에 대한 규범론적 접근방법은 더욱 부각되고 있다.[13] 그러나 국제관계에 대한 규범적인 접근은 본질적으로 존재에 대한 물음과 해답, 그리고 이 존재 속에서 마땅히 해야 할 것들의 문제로 나아갈 것이다.

이런 규범적인 국제관계론에서 볼 때 다음의 네 가지의 영역이 있다. 즉 행위 주체인 국가 또는 국가에 준하는 국제 행위 주체가 되는 단체, 행위의 객체인 국가나 단체, 이런 행위 주체들 간의 행위인 상호 작용, 그리고 행위환경 네 가지로 분류해 국제관계에 윤리적인 측면을 적용시켜 볼 수 있다.[14] 국제관계에 있어서의 규범적 접근은 ① 행위 주체(국가, NGO, IGO 등)의 도덕성, ② 행위 객체(국가, NGO, IGO 등)의 도덕성, ③ 행위 주체들 간의 상호 작용(외교적·의례적 교류, 정치단위 간의 정치적 교류, 통상적 교류, 전쟁, 전복활동 및 간섭행위, 거래, 종속

---

12) 이상우, 『국제관계이론』(박영사, 1994), p.38.

13) 기아, 폭력, 빈곤, 핵파멸의 가능성 등 국제사회에 긴박한 문제들이 증가함에 따라 이에 대한 해결을 하는 데 있어서 과학적 방법은 비교적 무관심했기 때문에 이런 문제들을 재조정하고 재검토해야 한다는 의견이 1969년 이스턴(David Easton)의 "The New Revolution in Political science", 발표 이후 주된 관심으로 등장했다. 윤근식 편, 『현대국제 정치론 – 국제관계의 정치경제학』(대왕사, 1991), p.44.

14) 이상우, *op.cit.*, pp.25~29.

과 상호 의존, 대외적 경제원조, 민간투자기금, 군사훈련, 고등교육, 운동경기, 문화행사 등)의 도덕성, ④ 행위환경의 도덕성 등의 차원에서 논의된다. 결국 단언하면 국제관계에 대한 규범적 접근은 국제관계와 관련된 도덕적 · 가치적 문제들을 다루게 된다.[15]

3. 규범적 국제관계론의 단초로서 '철학적 인간학'

국제관계에 대한 이론이 전통적으로 현실주의[16]와 이상주의로 대별되어 왔는데 최근의 국제질서의 변화를 반영하여 두드러지고 있는 자유주의[17] 시각은 비국가적 행위자를 중요시 여기면서 국제사회의 평화와 질서의 유지가 현실주의 논리대로 세력균형에 의해서 이루어지는 것이 아니라 국내 사회에서와 마찬가지로 일반적으로 수용된 가치, 행위의 규범과 규칙, 국가 사회 간의 고도의 상호 의존 인식, 그리고 제도 등을 통해 유지된다고 한다. 국제사회의 질서와 평화를 유지하는 데에 있어서의 윤리와 도덕의 기능은 현실주의, 이상주의, 자유주의 시각에 따라 차이가 있다.

이상주의의 경우에 윤리와 도덕의 역할을 제일 강조할 것이고 현실주의의 경우에 가장 소홀히 할 것 같다. 그러나 다른 한편에서는 인간성에 대한 근본적인 가정의 차이를 염두에 두어야 할 것 같다. 현실주의 시각은 전쟁을 인간의 사악한 본성에서 찾고 있다. 그리하여 세계 질서와 평화는 외교와 세력에 의해서 국가 간의 상호 작용으로 가능하다고 한다. 그러나 이상주의의 시각에서 볼 때 인간은 합리적이다.[18] 인간에게 본유적인 본성은 없으며 인간의 성격은 기본적으로 사회환

---

15) 금세기 초기 국제관계분야가 학문적으로 출발했을 당시는 규범적이고 이상적인 성격을 갖고 있었다. 종전의 규범적 국제관계이론이 전쟁과 폭력의 정당성과 같은 전통적인 관심사에 매달렸던 데에 반해서 현대의 규범적 국제관계이론은 인권, 분배정의 같은 측면에 더욱 관심을 갖고 철학과 윤리학과의 연계를 강화하고 있다. 특히, 브라운(C. Brown)은 정치철학과의 연계를 통해 국제관계에 관한 이론의 기본 성격을 공동체주의(communitarianism)와 코스모폴리타니즘(cosmoplitanism)으로 나누어 설명한다. 하동완, *op.cit.*, pp.344~345, p.357.

16) 호프만(Stanley Hoffmann)은 국제도덕에 관한 현실주의 입장을 국제도덕 부재론, 도덕적 상대주의, 도덕이원론, 국가이익 우위성론 등으로 설명한다. *Ibid,* p.358. 참조.

17) 현실주의가 국제정치(international politics)에 주된 관심을 둔 데 반해서 자유주의는 국제관계(international relations)라는 국가 간의 정치를 포함하는 보다 포괄적인 국가들 간의 관계에 관심을 둔다고 한다.

18) 이 논리는 박재영의 주장인 "이상주의는 인간성에 관한 자유주의적 견해로부터 출발한다"〈박재영, 『국제정치패러다임』(법문사, 1996), pp.17~19〉는 내용과 차인석의 주장인 "자유주의에서 본유적 인간본성이란 없으며 인간본성은 가역적이며 성격

경의 반영이다. 적극적인 사회공학을 통해서 평화를 유지할 수 있다. 이상주의 시각에서 보아 합리적이고 도덕적인 국제관계 행동양식이 보다 만족스런 국제질서를 형성할 수 있을 것이다.

한편, 아르놀트 겔렌(Arnold Gehlen)은 인간이 생물학적으로 결핍 존재이므로 그 결핍을 극복하기 위하여 자기를 반성하고 의식하다 보니 그 보상으로 모방과 생각과 선택할 수 있는 능력을 부여받았다고 한다. 인간은 이런 정신작용을 통해서 "안으로는 생물학적인 미완성과 밖으로는 세계로의 개방성(Weltoffenheit)에서 생겨나는 문화사적 과정 중에서 자기 자신을 완성하고 자신의 실존 안으로 뻗쳐오는 빈 공간을 막으려고 끊임없이 노력한다"[19]고 한다. 그리고 "인간은 누구든지 보편적인 인간, 완전한 인간의 모습을 하고 있지 않다"고 하였다. 인간은 시간적으로나 공간적으로나 모두 유한한 존재이기 때문에 제한된 공간에서 살아야 하는 다양한 민족과 국가, 그리고 사회들 사이의 갈등을 평화적으로 해결하기 위해서는 다양성을 전제로 한 관계를 맺게 된다.[20]

인간의 유한성과 '되어 가는 존재'로서의 모습은 국제관계에도 확장될 수 있는 개념이다. 우리가 존재하는 세계로서의 지구촌에 대한 유한성을 인정함으로써 상호 갈등을 좁혀 나가야 한다. 인간 실존의 유한성과 거주 공간인 지구의 유한성을 인식하게 되면 국제관계에서 평화가 정착할 수 있는 개방적 공동체를 만들 수 있다.[21] 인간은 다양성을 인정하고 상호의 유한성을 인정해 나감으로써 생존경쟁을 경감시키고 약화시켜 나간다. 이런 논리에 입각해서 국가 간의 문화교류를 통해서 국가 간의 생존경쟁을 경감시키고 약화시켜서 보편적인 인류상을 실현해 나갈 수 있다.

그런데 현실적으로 존재하는 지구상의 모든 문화는 윤리적 제약을 스스로 갖는다. 인간이 창조했지만 스스로 만든 문화에 동시에 종속된다. 만약 문화에 내재하는 윤리성을 망각하고 인간이 자기 생존을 하기 위한 자기반성을 하지 않게 되면 문화는 몰락한다. 전 세계의 인류가 하나의 세계의 보편적인 문화상을 그려 내

은 기본적으로 사회환경의 반영이라는 것이다."(차인석, 『사회인식론』(민음사, 1987), p.69.)라는 내용을 논자가 합성한 것이다.

19) 진교훈, 『철학적 인간학 연구(Ⅰ)』(경문사, 1982), p.156.

20) 이진우, 『탈이데올로기시대의 정치철학』(문예출판사, 1993), p.255.

21) *Ibid*, p.208.

지 않고 그를 목표로 해서 끊임없는 자기반성을 하지 않는다면 세계적인 문화를 건설할 수 없다.

인류의 공존을 위한 국제관계를 모색해야 한다. 그러기 위해서는 베르그송이 말한 바 "유복하기 위해서는 생존경쟁이 종식되어야 한다."[22] "문화가 본질적으로 윤리적일 수밖에 없다면 우리는 원래 자기 자신을 극복해야 하며 금욕에서 비로소 문화재건의 출발점을 찾아야 한다."[23] 그러면서 한스 요나스(Hans Jonas)의 "너의 행위의 결과가 지상에 인간의 진정한 생명이 지속할 수 있도록 행위하라"[24]의 말처럼 지구상의 생명에 대한 책임을 져야 하는 주체가 누구인지를 인식해야 할 것이다.

그리고 플레스너(H. Plessner)가 말한 개방성[25]과 블로흐(E. Bloch)의 '되어 가는 존재로서의 인간'은[26] 국제윤리를 형성하고 발전시켜 나가기 위한 인간학적 조건이 된다. 인류는 국가와 사회를 막론하고 개방적인 존재이며 되어 가는 존재로서 인식되어야 한다. 이런 맥락에서 국제관계가 모색되어 나가야 한다. 나아가서 전 인류는 개별 인격의 필연적 공동체의 구성원이 되어야 하며 이 공동체의 구성원으로서 자기 책임과 함께 공동유대의 책임을 가질 필요가 있다. 그리고 인간성의 환원논리에서도 인간을 구체적인 현실에서 환언시켜 나가야지 미리 본유적인 특성을 전제로 하여 설정하는 국제 관계는 위험하다고 보인다.[27]

4. 포스트모던 시대와 국제관계의 규범

이상의 철학적 인간학의 논리는 탈냉전 이후에 명확해지고 있는 포스트모던[28]

---

22) 진교훈, *op.cit.*, p.161.

23) *Ibid*, p.163

24) 칸트의 정언명법을 생태학적 책임의 원리로 재구성한 생태학적 정언명법이다. 이진우, *op.cit.*, p.219. 참조.

25) "우리는 인간 존재를 경험하는 데에 있어서 그것을 문제로 자유로이 개방성으로 체험할 뿐이다". 진교훈, *op.cit.*, p.195.

26) *Ibid*, p.195.

27) 인간성에 대한 극단적인 환원론에 입각해서 발생한 정치이념과 이런 정치이념에 토대를 두어 발전시킨 국제주의가 위험하다는 것을 우리는 금세기에 와서도 나치즘 등을 통해 경험했다.

28) 포스트모더니즘의 기원은 데카르트의 이성중심주의에 반대한 니체로까지 추적된다고 한다. 그러나 포스트모더니즘의 본격적

사회적 신세계질서(New World Order)의 성격을 고찰해 보면 더욱 적절한 논리 체계가 될 것이다.

포스트모던 사회와 포스트모던 국가의 개념에서 볼 때 현대 국제 질서는 포스트모던 사회가 포스트모던 국가를 지배하고 있다. 냉전하 국가 간의 경쟁구도에서 비대화해진 국가의 기능과 역할이 축소되고 상대적으로 시민사회가 강대해지고 있다. 그런 반면에 아직도 포스트모던 국가에 도달하지 못한 국가들이 과거 냉전의 유산으로 남아 있다. 오늘날의 세계는 포스트모던 국가사회와 비포스트모던 국가사회로 나눌 수 있다. 포스트모던 국가와 사회는 다양한 가치와 규범을 존중한다. 그러나 비포스트모던 국가와 사회는 아직도 경직되고 획일적인 가치관과 규범에 천착해 있다.

따라서 이런 비포스트모던 국가들에게 포스트모던 국가들이 해야 할 것은 이들 국가들로 하여금 포스트모던 국가들과 사회가 만들어 내고 있는 국제규칙들(international rules)과 국제규범(international norms)을 지키도록 하는 것이다. 그리고 포스트모던 강대국(postmodern powers)들이 협력과 사회화에 많이 의존하고 있기 때문에 포스트모던 강대국들은 확실한 유엔의 활동들을 지원해 나가야 한다.

포스트모던 시대에 있어서도 국제사회의 중심적인 단위는 여전히 국가이다. 분석단위로서 국가를 강조하고 있는 이런 전통적인 입장을 놓고 볼 때, 국가는 국제사회의 계약론적인 측면에서 보아 다른 국가들과 함께 권위적인 규범(authoritative norms)의 제약을 받는 가운데 자기의 선을 추구한다. 그러나 국제사회에서 집단선(collective good)은 전체 모든 국가들의 집단선으로서 이해되는 것이 아니고 이런 집단선이 국내조직과 국제조직을 통해 중재되고 있는 국가들만의 집단선이라는 것을 인식할 필요가 있다.[29] 이러한 방식으로 국제사회의 권위적인 규범은 이런 성격의 개별 국가들과 이들 국가들로 구성된 다른 국가들의 자유권(liberal rights)을 지켜 줄 것이다.

인 등장시기는 제2차 세계대전 이후 1960년대와 70년대이고 그 밑바닥에는 문화적 다양성의 공존과 다원적 가치체계의 공존이 전제되어 있다. 포스트모더니즘에 속하는 사상적 흐름들이 후기 구조주의나 해체주의적 전통에 있다. 그리고 포스트모던 사회의 특징으로는 개인이 사고와 행위의 중심에 위치하지 못하고 대중이라는 허상이 지배하는 대중문화 사회, 가치 상대주의나 윤리적 상대론에 부합하는 가치판단을 하는 것이 인정되는 다원화된 사회, 과학기술의 급속한 발전으로 인한 유물론적 사고와 쾌락주의적인 가치관의 확산, 지구적인 문제의식을 공유한 사회 등이 있다. 박병기, 『포스트모던 시대의 사회윤리학』(인간사랑, 1993), pp.13~21.

29) John Charvet, "2 The place of the nationality principle in the contractarian perspective on international society", Moorhead Wright, ed., *Morality and International Relations－Concepts and Issues*(Aldershot: Avebury, 1996), pp.33~34.

따라서 '정의로운 국가'(just state)나 그런 국가들인 국제사회의 '정의로운 구성원'(just member)이 정의의 측면에서 다른 구성원들과 상호 작용을 해야만 국제사회에서 그들의 목표가 달성될 수 있다. 여기서 국제사회의 정의로운 국가와 비정의로운 국가를 구별할 수 있다. 그리고 자유국가와 비자유국가의 차이는 그들 국가들의 정의개념을 촉진시키는 이해관계를 국제 평화와 번영에 대한 그들의 이해관계로 종속시키려는 조건들을 그들이 스스로 유지시키느냐 혹은 그렇지 않느냐에 있다. 여기에 개별 국가들의 국제사회에 대한 도덕적 책무가 따르고 이들 국가들의 현실적인 관계가 국제 정치에서는 세력균형으로 나타난다. 만약 자국 국내조직의 정의만을 생각할 때, 즉 '국가원리'(nationality principle)만을 고려할 때 '특수주의적 합리성'(particularist rationality)이라고 부를 수밖에 없다.30)

이러한 논리들은 에밀 브루너(E. Brunner)의 논리와도 일치하는 바가 많다고 생각된다. 그는 "국제적 정의질서를 세우기 위한 세 번째 단계로서 각 민족에게 그의 차지를 돌리며 그의 자유에 대한 권리와 공동체에 대한 의무를 돌리는 국제관계와 질서를 만드는 정당한 법이 필요하다"고 했다. 브루너는 정의로운 국제질서를 만들기 위해서는 우선 각 국가가 국가적 정의를 고려하는데 결국에는 각국이 서로 고려하고 자발적으로 자기의 주권을 제한하게 된다고 하였다.31)

이상에서 살펴본 것처럼 현대의 국제질서가 국가 중심적인 경향에서 벗어나 국제사회의 상대적인 역할 강화가 이루어지고 있는 추세는 국제 관계의 규범론적인 성격을 규정하는 데에 척도가 될 것 같다.

5. 규범적 국제관계론의 과제와 방향

국제관계에서 윤리적 개념이 중요한 역할을 할 수 있다는 논의는 최근에 Jabine

---

30) *Ibid*, p.35.

31) 에밀 브루너, 전택부 역, 『정의사회질서』(평민사, 1985), p.327, p.335
바이츠(C. Beitz)는 원래 사회계약론적인 입장에서 국제정치에 관한 규범이론의 가능성을 모색하려 했으나 사베트 등의 사회계약론적 입장에는 못 미치는 것으로 이해된다. 왜냐하면 바이츠는 전 세계의 모든 국가들을 계약의 당사자로 보려 하지 않았나 생각되는 것이다. 그래서 바이츠는 계약론을 피하고 정의의 개념으로 국제관계를 설명하려 한다. 그러나 샤베트 등은 계약의 당사자들의 자격을 구별하고 있다는 점을 주목할 필요가 있다. C. Beitz, 정종욱 역, 『현대국제정치이론』(민음사, 1982).

과 Claude(1992), 나딘(Nardin)과 마펠(Mapel, 1992), 그리고 오펜하임(Oppenheim, 1991) 등에 의해서 주장되어 왔다.

과연 윤리와 도덕이 국제관계에서 현존하고 또 나타날 수 있는 국제문제를 해결해 줄 수 있고 어떤 도덕이 국제관계에서 중요한 역할을 할 수 있을 것인가는 논란의 여지가 많을 것이다. 가령 헌팅톤은 앞으로 21세기는 문명권의 충돌이 있을 것으로 예상하고 있다. 그는 기본적으로 다른 종교권하에서는 인간의 삶의 가치가 다르고 윤리가 다른 문명들 간에는 상호 충돌이 있을 것이라고 보고 있다. 어쩌면 헌팅톤과 같은 학자들의 예상이 빗나가도록 국제관계에 영향력을 미칠 수 있는 보편적인 도덕원리가 존재하겠는가? 이에 대하여 다음의 다섯 가지 측면에서 논의해 보기로 한다.

첫째, 국제관계에 적용될 수 있는 보편적인 도덕이 존재하겠는가? 윤리상대주의자들의 논법에 따른다면 보편적인 도덕적 기준은 존재하지 않는다. 그러나 서구의 자연법의 전통하에 자연권이라는 기준이 존재한다. 그리고 국제관계에 도덕을 적용시키려는 학자들에 의하면 세계 시민들의 인권과 국가행위를 관장하는 국제법의 일부로서 인식되거나 흡수되고 있는 보편적인 도덕(universal morality)이 존재한다고 한다. 가령 예를 들어서 '시민과 정치권에 관한 국제규약'(the International Covenant on Civil and Political Rights)에서는 "그 누구도 비인간적인 고문이나 혹은 학대를 받아서는 안 되며 비열한 대우나 처벌을 받아서도 안 된다"고 선언하고 있다.

1993년 빈에서 열린 유엔 후원의 세계인권회의가 열렸는데 여기에는 각 국가의 정부대표뿐만 아니라 인권감시단(Human Rights watch) 같은 수많은 비정부적 국제조직(NGO)도 참여했다. 각 국가들은 각 국가의 정치적 관심에 따라서는 인권에 대해 구속을 가하기도 하지만 덜 제한을 받는 비정부적 조직들은 지구촌의 구성원 모두에게 보편적인 '인권의 보편성'(universality of human rights)을 주장한 것만 보아도 보편적인 도덕은 존재한다.[32] 그리고 현상학적 가치론에 따라서 보

---

32) John T. Rourke, and Mark A. Boyer, *INTERNATIONAL POLITICS on the WORLD STAGE – BRIEF EDITION*(Guillford, CT: Brown & Benchmark Publishers, 1996), pp.164~165.
국가 간의 행위를 규율할 수 있는 일반적인 규칙들과 초국가적인 가치들로서는 가령 유엔헌장, 유엔인권선언, 파리헌장(1990), 유럽안보협력회의(CSCE) 등과 같은 문서들에 형식화되어 있다. 이들 문서들에는 ① 국가의 주권과 독립, ② 유엔의 이름하에 자기 방어나 집단적 방어를 예외로 한 무력사용의 금지, ③ 자주결정권, ④ 인권의 체계적 남용 금지, ⑤ 시민적 자유박탈과 집단학살의 금지 등 조항이 내재되어 있다. 정부 간의 상호 작용에서 대체로 이런 규범들이 준수된다. 그리고 우

편적인 가치로서 도덕이 존재하나 시간과 공간에 따라 달리 나타나고 보일 뿐이다. 또한 코스모폴리타니즘(cosmoplitanism)도 도덕이 국가와 같은 특수 공동체와 필연적인 관계를 맺는 것은 아니기 때문에 전 인류에 보편적인 도덕이 존재할 수 있다고 한다.[33]

둘째, 도덕은 국가들과 개인들 모두에게 동일한 것인가? 개인적 수준에서의 도덕판단처럼 국가를 포함한 모든 국제관계의 행위자들이 확실한 규범적 기준에 따라 행동을 하고 또 판단해 나갈 수 있다. 특히, 국제관계에서의 도덕문제를 국내적 유추(domestic analogy)를 통해서 할 수 있다는 주장은 왈쪄(Michael Walzer)[34] 등에 의해서 제기되었으나 불(Hedley Bull)은 국내와 달리 국제사회는 무질서한 상태이므로 국내적 유추는 국제관계에서 한정될 수밖에 없다고 한다.[35]

그리고 한 국가의 분배적 정의개념이 국제사회에서의 정의개념으로 확장될 수도 있다고 한다.[36] 이미 20세기 초에 선진국가들이 후진국가를 도와주는 데에 있어서 어느 정도의 책임이나 의무가 있다는 논리가 제기되었다. 대외원조정책은 단기간의 이익에만 급급해서 이루어진 것은 아니었다. 그리고 동맹국들 간에도 분배적 정의나 '공정성'의 문제, 즉 예를 들어서 NATO 회원국들이 안보를 유지하는 데에 있어서 공정한 기여와 적절한 비용부담 그리고 안보라는 공공재에 무임승차의 제재장치 등의 문제가 제기되어 왔다.[37]

세한 이데올로기, 사회체계, 역사적 문화 속에 윤리규범이 내재한다. 가령 민주국가들의 외교정책에는 민주적인 윤리규범이 내재하고 전체주의 국가의 외교정책의 목표와 행동에는 그런 정치문화를 반영하는 윤리규범이 내재한다. 그리고 마지막으로 정책결정자의 개인적인 양심에서도 윤리도덕 원리가 내재해 있다. K. J. Holsti, International Politics – A Framework for Analysis(Englewood Cliffs, New Jersey: Prentice – Hall International, 1995), pp.312~314.

33) 코스모폴리타니즘의 전통에는 칸트주의, 공리주의, 마르크스주의 등으로 대표되며 현대에서는 바이츠(C. Beitz)와 린클레이터(A. Linklater) 등이 있다. 바이츠는 현실주의와 국가도덕률을 비판하고 롤스의 사회계약론에 기초한 코스모폴리탄적 정의론을 제기한다. 즉 상호 의존에서 파생하는 이익과 부담을 국가 간에 그리고 국내에서 배분하는 국제적인 분배정의원리를 검토한다. 그는 국가를 사회계약의 산물과 정의실현의 수단으로 본다. 그리고 린클레이터는 국제관계에서 비판이론을 적용시키고 있다. 그는 시민의 국가에 대한 충성은 국가의 인류에 대한 헌신과 병립되어야 하며, 하버마스의 의사소통이론을 통해서 전 인류를 포함하는 공동체를 만들 수 있다고 생각했다. 하동완, op.cit., pp.373~384. 참조.

34) 왈쪄는 국가가 정치 공동체에 의존하고 있다고 보았다. 정치 공동체는 오랫동안에 형성된 도덕적 오성(moral understanding)에 토대를 두고 있다고 하였다. Michael Freeman, "3 Nation states and minority rights: A cosmoplitan perspective", Moorhead Wright, ed., Morality and International Relations – Concepts and Issues(Aldershot: Avebury, 1996), p.42.

35) John Charvet, op.cit., p.30.

36) 그러나 그레험(Gordon Graham)은 불가능하다고 한다. 부의 재분배방식으로서 과세정책은 한 국가에서는 가능하지만 국가들 간에 초월하는 과세정책의 문제이기 때문이라는 것이다. 그리고 국가의 자주결정의 도덕적 토대와 상충하는 것도 문제이다. Gordon Graham, "1 Morality, international relations and the domestic analogy", Moorhead Wright, ed., Morality and International Relations – Concepts and Issues(Aldershot: Avebury, 1996), p.15.

37) K. J. Holsti, op.cit., pp.309~310. 내용 참조.

도발과 침략의 비도덕성과 인권유린의 문제 등도 마찬가지로 개인적 수준에서의 도덕판단처럼 국가를 포함한 모든 국제관계의 행위자들이 확실한 규범적 기준에 따라 행동을 하고 또 판단해 나갈 수 있다. 그러나 실제로는 개인들에게는 비난받는 일인데도 국가가 하는 행위일 때는 정당화되는 것이 일반적이다. 가령 전시에 타국에 대해 일격을 가한 전쟁의 영웅은 분명 다른 편에서는 위대한 학살자이다. 현실주의자인 마키아벨리는 『군주론』(The Prince)(1517)에서 지도자의 권무술수에 대해서 언급한 바 있다.

자국의 이익과 주권 수호를 위해서 정당화되는 비도덕적인 행위들을 어떻게 보아야 할 것인가? 이에 대해서 제퍼슨(Thomas Jefferson) 같은 도덕론자들은 "개인과 개인들로 이루어진 사회에는 개인과 개인들 간에 존재하는 도덕적인 의무가 있듯이 그런 개인들로 이루어진 사회와 사회 간에도 역시 도덕적인 의무가 존재한다"고 하여 국가의 이익이나 주권을 앞세워 비도덕적인 행위를 정당화할 수 없다는 논리를 주장한다.38) 이 경우에 국제관계에 있어서 도덕은 확실히 정치와 구별되므로 국제관계에 있어서 규범적인 접근은 더욱 가능하게 된다.

하지만 현재의 국제질서는 과거보다도 덜 국가 중심적인 관계를 토대로 하고 있다. 과거보다도 전 세계의 시민들은 지구촌(global village), 세계 공동체(world community), 세계화(globalization)라는 용어에 익숙해져 있다. 현실주의 논리의 출발인 국가가 세계질서에서 차지하는 그 위치가 과거보다도 상대적으로 약화되고 있는 측면에서 보아 전 세계의 개인들에 보편적으로 적용되는 도덕률은 앞으로 더욱 국제관계에 영향력을 행사할 것 같다.

그리고 도덕적 책무에 관해서도 많은 논란이 있다. 코스모폴리타니즘과 공동체주의 모두가 자유주의 전통을 갖는다. 그런데 자유공동체 이론에 따르면 도덕적 책무는 공동체 구성원에게 있는 것이 아니라 오히려 공동체 전체에 있다고 한다. 역사적으로 자유주의는 민족국가를 정의와 권리의 제일 영역(primary arena)으로 보아 왔다. 타미르(Tamir)에 의하면 자유주의적 커미트먼트는 코스모폴리타니즘이 아닌 민족주의에 대한 것이라고 한다. 자유주의적 민족주의는 불충분한 코스

---

38) John T. Rourke, and Mark A. Boyer, op.cit., pp.165~166. 이런 점에서 윤리학설의 어느 한편에 치우칠 수 있다고 본다. 또한 개인윤리와 사회윤리의 논의를 이런 경우에 적용해 볼 수 있을 것이다.

모폴리타니즘이어서 도덕적 책무의 영역이 너무 좁고 그리고 도덕적 열망에서는 너무 민족주의적이어서 너무 넓다고 한다.[39]

셋째, 우리의 도덕판단을 남에게 강요할 수 있을 것인가의 문제가 있다. 만약 문화 상대주의[40]를 인정하지 않고 자기의 도덕적 판단을 강요하게 되면 문화 제국주의가 된다. 가령 예를 들어서 서구적 가치판단과 동양적 가치판단이 충돌할 경우가 있다. 서양은 개인의 권리를 옹호하는 가치판단을 역사적으로 발전시켜 왔고 동양의 경우에는 특히, 유교권에서는 집단의 사회적 권리와 경제적 권리를 숭상해 왔다. 개인주의는 서구적 전통에서는 최고의 가치이지만 동양에서는 집단주의(collectivism)의 전통이 우세하였다.[41] 만약에 서구의 어떤 국가가 동양의 무역 상대국에 자국의 시민권을 따르지 않는다고 하여 무역최혜국에서 제외한다면 도덕적으로 어떠하겠는가?

케난(George Kennan)의 "우리 자신의 행동을 판단하는 데에 있어서의 도덕은 다른 국가에 대한 우리들의 판단에 사용될 수 없다"는 의미가 제시해 주듯이 어떤 한 국가와 민족의 도덕이 다른 국가와 민족에 대한 판단에 결정적일 수 없고 또 그래서도 안 된다고 본다.[42] 따라서 이런 측면에서 볼 때 국제관계의 수다한 행위자(actor)들은 자신들의 도덕원리를 다른 행위자들에 게 강요해서는 안 된다. "정의로운 평화는 자신에게 특권을 부여하지 않고 도덕적 평형상태를 유지할 때 가능하다."[43] 여기에서 관용이라는 미덕이 선과 악, 적과 친구의 구별을 지양하여 국제관계에서 평화를 성취하게 하는 삶의 형식이 되는 것을 생각해 볼 수 있다.

---

39) John Charrvet, *op.cit.*, pp.40~41.

40) 이런 입장에 해당하는 것이 공동체주의(communitarianism)이다. 도덕적 가치는 특수한 공동체에서만 인정되며 개인은 공동체의 구성원이 될 때만 그 존재가치가 인정된다는 입장이다. 그리고 국제정치에서는 도덕과는 다른 절차적 규칙만이 존재한다는 입장이다. 이에 해당하는 대표적 학자로서는 루소, 헤겔 등이 있다. 그리고 최근에는 프로스트(M. Frost)가 이에 해당한다. 그는 국제관계에는 국가주권, 국내외의 평화, 외교관행, 국제법, 민주주의, 인권 등의 고정적인 규범이 있다고 하였다. 그리고 국가의 주권과 인권과의 갈등을 해소하기 위해서 헤겔의 국가론을 수용하고 있다. 또한 나딘(T. Nardin)은 오크 숏(M. Oakeshott)의 연합개념을 변환시켜서 사용하는데 국제사회는 그 구성원들이 평화와 안보 속에서의 공존이라는 욕구 이상의 공동목적을 가지지 않는 외교적 관행, 국제법, 국제도덕 등과 같은 권위적 관행만이 존재한다고 하였다. 국가들 간에 공통적으로 추구하는 목적이 없기 때문에 수단적 관행은 존재하지 않는다는 것이다. 하동완, *op.cit.*, pp.351~355, pp.384~394. 참조.

41) 서구적인 인권의 개념에 입각해서 동양 국가들의 인권을 해석하는 것도 경계되어야 한다. 특히, 빈센트의 논리대로 서구와 다른 비서구지역에서도 생계권을 핵심으로 하여 집단의 권리와 사회경제적 권리가 강조되는 기본권의 이념이 존재한다. *Ibid.*, p.400. 참조

42) John T. Rourke, and Mark A. Boyer, *op.cit.*, pp.166~167.

43) 이진우, *op.cit.*, p.218.

넷째, 상이한 도덕원리가 충돌이 될 때 선택의 문제가 있다. 특히, 국제관계에서 한 국가의 지도자들이 선과 악, 악과 차악 중에서 선택할 때가 있다. 가령 예를 들어서 1990년의 알제리에서는 20여 년 동안 일당지배 이후에 민주주의가 진행되었다. 자유선거 후에 야당은 많은 지역에서 당선되었고 국회를 장악했으나 승리한 집단들이 연합하여서 이슬람해방전선(the Front for Islamic Salvation)을 형성하였다. 그런 변화는 여성의 자유를 제한하였다. 군사 쿠데타가 페미니스트에 동조해서가 아닌 자기 이익에 근거해서 일어났고 민주주의의 짧은 실험은 끝나게 되었다. 이런 상황에서 "FIS가 권력을 내놓을 때까지 제재를 가하든지 혹은 그것이 실패한다면 군사적 개입을 해야 하는가?"라는 도덕적 선택을 해야 하였다.44) 국제사회를 사회계약론의 측면에서 보아 이 문제를 해결할 수 있다.

가령 샤베트(John Charvet)는 계약론적 정의론에 따라서 도덕적 권위는 협력자의 상호 커미트먼트(commitment)에 토대를 두어 만들 수 있다고 본다. 도덕원리가 충돌이 될 때 협력자들끼리만의 언약에 의해서 도덕적 권위체를 만들 수 있다. 그리고 집단의 일체감과 권위를 갖고 있는 분명한 도덕공동체의 구성원들의 도덕적 협력에 우선권을 주어 도덕원리의 충돌을 해결할 수 있다.45)

다섯째, 도덕원리에 따르는 것이 현명한가의 문제가 있다. 현실주의자들의 생각처럼, 국제관계에서 경쟁하는 다른 행위자들이 전부 자기 이익에 따라서 선택을 하는데 자기만 도덕적으로 행동하면 위험하게 될 것이라는 생각이다. 그리하여 자기의 명성과 부와 자원을 잃을지 모른다는 것이다. 그러나 실용적인 측면에서도 도덕적인 정책을 추구하더라도 효과적인 권력 정치를 행할 수 있다는 논의도 있다. 예를 들어서, 미국과 같은 국가가 강력한 인권외교를 하면 다극세계(multipolar world)에서의 연합을 형성하고 세계질서를 향상시켜 준다고 한다.

도덕과 이익 추구의 절충형으로서 톰슨(Kenneth Thompson)은 '정치적으로 가능한 것과 도덕적으로 가능한 것의 조화'라는 의미의 '실천적 도덕(Practical morality)'46)

---

44) John T. Rourke, and Mark A. Boyer, *op.cit.*, pp.167~168.

45) John Charvet, *op.cit.*, p.22.

46) 이 개념은 고디에(D. Gauthier)의 절제된 극대화의 존재(constrained maximizer)의 합리성 개념과 의미상 통한다. 그리고 모겐소(Hans Morgenthau)는 정치가의 사려분별력(prudence)을 언급하고 있는데 정치가는 사려분별력을 통해서 효율성의 차원과 도덕성의 차원에서 모두 적합한 수단을 선택할 수 있다고 하였다. 이런 개념들은 비슷한 의미로 보인다.

을 제시하였다.[47] 국가들과 국민들이 거의 모든 영역에서 급속히 상호 작용을 증진해 나가고 국제관계가 더욱 조밀해지고 늘어남에 따라 행동의 기준으로서 정형화되고 보편적인 기준들이 필요하게 되었다. 이런 추세라면 앞으로도 기능적인 국제 상호 작용에 있어서 규범과 규칙의 증가는 계속될 것이다.[48] 가령 예를 들어서 황장엽 비서의 북한 탈출 이후 남북한 관계는 새로운 국면을 맞고 있는 가운데 한국의 대북한에 대한 관계의 방식[49]을 근본적으로 전환해야 한다는 지적이 있다. 특히, 북한 정치체제의 급격한 추락이 이루어지고 있는 반면에 군사력은 여전히 강력하게 지속되고 있는 가운데 한국은 북한의 인권과 복지 면에 더욱 관심을 가져야 한다는 논리가 제기되고 있다. 북한에 대한 인도주의적인 측면에서의 식량 지원은 남북한 관계의 '실천적 도덕'에 따른 정책결정이라고 보인다.

다음으로는 국제관계에 있어서 규범론적 접근의 방향을 살펴보기로 한다. 국가 간의 관계에 관해서는 고전적으로 두 가지의 요소를 포함하고 있다. 하나는 도덕철학에 관한 것이고, 다른 하나는 국가행위의 특성에 대한 평가이다. 도덕철학과 국가들 간의 관계를 연결시키는 것이 간단하지는 않다. 이 두 가지를 놓고 보아 전통적으로 국제사회를 어떠한 질서[50]로 보아야 할 것인지 혹은 국제관계에 대한 규범론적인 접근은 홉스(T. Hobbes)적인 현실주의적 접근, 칸트(I. Kant)적인 보편주의적 접근, 그로티우스(Hugo Grotius)적인 국제주의적 접근으로 나눌 수 있다.[51] 이런 세 가지 관점에서 보아 현존 질서의 달성방법은 다르게 될 것이고 그 상이한 질서를 규제하는 규범 역시 다를 것이다. 하지만 우리는 이런 상이한 세 가지 질서라고 할지라도 국제질서의 목적은 같다고 할 수 있다. 이런 측면에서 국제관계에 대한 규범론적 접근 또한 세 가지의 방향이 설정될 수 있다.

---

47) John T. Rourke, and Mark A. Boyer, *op.cit.*, pp.168~169.

48) *Ibid.*, p.175.

49) 관계의 방식은 결국 구조의 의미이다. 남북관계의 변화가 과거와 달리 하나의 형태와 규칙으로서 지속될 때 구조를 갖는다고 볼 수 있다. 따라서 남북관계는 새로운 구조의 정립을 필요로 한다는 견해가 있다.

50) 불(Headley Bull)은 질서의 개념을 "생명보존, 약속준수, 소유권 보장과 같은 사회생활의 기초적이고 중요하며 보편적인 목적과 가치를 유지시키는 인간활동의 양식"으로 본다. 나아가서 국제질서를 "국가들의 사회 혹은 국제사회의 기초적이고 주요하며 보편적인 목적들을 유지하는 국제적 활동양식이나 경향"을 말한다. 하영선 편, 『현대국제정치이론』(사회비평사, 1995), p.367. 참조.

51) 불(Headley Bull)이 국제정치를 바라보는 시각이다. Headley Bull, *The Anarchical Society: A Study of Order in World Politics*(New york: Columbia University Press, 1977), pp.24~27.

우선, 그로티우스적인 접근방법의 특징을 보면, 국제사회(international society)의 특징으로서 국가들의 사회(society of states)에 공존과 협력이 필수적으로 수용된다는 것이다. 그로티우스적인 국제주의는 양자의 입장을 비판하여 수용하는데 국제사회는 인류공동체도 아니고 무정부상태도 아닌 일정한 규칙을 공유하는 국가들의 사회로 보는 관점이다. 보편적인 단일 국제 체제는 그로티우스가 생각했던 각 국가가 기본 단위가 되어 국가들의 사회가 하나의 정치조직을 갖게 된다. 그로티우스에 의하면 국가 간의 관계가 공동의 규칙과 관습 그리고 규범에 구속된다고 한다. 자연법 체계(natural jurisprudence)[52]는 그로티우스에 의해서만 발전되지는 않았지만 이성에 의해서 나타나는 일련의 법칙으로서 개념화되거나 다양한 재물을 지켜 주는 관례로서 개념화되어 왔다.[53] 이런 규칙들은 또한 권리들과 상관관계를 갖는다. 각 국가들이 국제사회에서 규칙과 권리를 위반하게 되면 이에 상응하는 대가를 받는다. 정의로운 전쟁의 토대는 우리에게 속한 것을 지키는 자기방어(self-protection)이다. 이런 목적을 위해 군대를 사용하는 것은 자연법과 부합하며 국가들의 법과도 부합한다고 했다.

다음으로 칸트적인 접근에서 볼 때 국제관계를 윤리적으로 연관 짓는 것은 더욱 간접적이다. 왜냐하면 칸트는 국가가 도덕을 의도적으로 실현할 가능성에 대해 덜 관심을 가졌기 때문이다. 점증하는 국제갈등에 대한 책임으로 인해서 국가들로 하여금 더욱 평화적인 형태의 국제조직을 만들도록 한다는 것이다. 칸트는 "자연의 역사는 선에서 시작한다. 이것은 인간의 소업(所業)이기 때문이다"라는 말을 남겼다. 이런 의미에서 칸트의 인위적인 자연상태는 불의의 상태이다. 칸트에게는 인간의 문화를 통제하는 도덕적 이념은 헌법적 국가에 의해서만 보증할 수 있었다. 인류의 가장 중요한 문제는 법이 지배하는 보편적(세계적)인 시민사회를 만드는 것이었다. 모든 국가의 연합인 세계 시민적인 정체(政體)가 만들어지면 항구 평화에 도달하게 되고 무지한 자연상태가 아닌 법제가 실현되는 '고자의 사연'이 생긴다는 것이다.[54] 칸트는 보편주의적 시각으로 국가를 넘어서서 초국가

---

52) 그로티우스는 과거의 형이상학적인 자연법(metaphysical natural law)을 합리적인 자연법(rationalist natural law)으로 변화시키는 데 공헌을 하였다. Heinrich A. Rommen, Thomas R. Hanley(translated by), THE NATURAL LAW－A STUDY IN LEGAL AND SOCIAL HISTORY AND PHILOSOPHY(New York: Arno Press, 1979), p.70.

53) Ian Harris, "Order and Justice in 'The anarchical society'", *International Affairs*, Vol.69, No.4(1993), pp.725~726.

적인 인류 공동체를 강조하고 있다. 결국 보편주의에 의하면 모든 인류를 연결시키는 보편적인 도덕이나 가치를 신뢰한다.[55] 칸트는 지구가 유한하기 때문에 지구상의 모든 인간은 상호 작용의 관계를 맺을 수밖에 없고 이런 인간들은 세계 공화국이 아닌 개별 민족의 공화제를 인정하는 토대 위에 '자유로운 연방제'의 시민적 법질서를 통해서 평화를 달성해야 한다고 주장했다.[56] 마지막으로 홉스적인 현실주의적 접근에서 볼 때 국제사회는 무정부상태이고 여기서의 규범은 자기 보존이다. 자기 보존을 하는 국가들은 마치 '자연상태'로 비유된다.[57] 이 접근에 의하면 모든 국가는 대외정책을 결정함에 있어서 도덕적 혹은 국제법적인 구속을 받을 필요가 없고 도덕과 법률은 한 국가의 사회에서만 유효할 뿐이다. 자연적으로 형성된 이성의 공동체를 전제로 하는 고대의 폴리스와는 달리 홉스의 리바이어던적 평화는 절대화된 자기 보존의 권력에 의해 기능적으로 계산된 힘의 균형에 의한 평화이다.[58] 이런 시각은 과거 냉전하에서 평화를 유지하는 기본 논리 내지는 규범으로 작용했다. 그러나 2000년을 몇 년 앞둔 현재의 추세로 보아서는 이런 홉스적 시각은 과거보다도 상대적으로 약화되고 신자유주의질서가 팽배한 가운데 표면적으로 드러나지는 않지만 잠재적으로 여전히 작동되고 있다고 보인다. 하지만 표면상으로는 그 어느 때보다도 그로티우스적이고 칸트적인 시각에 대한 열망이 나타나고 있다고 생각된다.

6. 최근 경향과 주요 쟁점

최근의 국제질서를 반영하여 국제관계에서 그 어느 때보다도 요구되는 새로운 규범에 대한 논의가 여러 부문에서 이루어지고 있다. 특히, 학문적으로는 *Ethics*

---

54) 최재희, 『역사철학』(청림사, 1975), pp.77~78.

55) 하영선 편, *op.cit.*, p.365. 참조.

56) 국가 내의 시민들 상호 간의 관계를 공화주의에 따라서 민주화하면 할수록 국가 상호 간의 관계도 일반적인 자유의 법칙에 따라서 평화관계를 유지할 것이라고 한다. 그리하여 국가 내의 여러 종족과 집단의 자율권과 참정권을 부여하지 않으면 내부적으로는 독재적 지배수단으로, 외부적으로는 시장점유의 제국주의로 전락할 수 있다고 한다. 이진우, *op.cit.*, pp.252~253.

57) 디킨슨(Goldsworthy Dickinson)은 국제적 무정부상태(international anarchy)라는 개념을 20세기 초에 이미 사용하였다.

58) *Ibid.*, pp.196~197.

*and International Affairs*가 1987년 창간되어 새로운 이슈와 영역을 개발하고 있다. 이 저널의 목표는 주요한 국제문제들에 대해서 윤리학을 구체적으로 적용하고 있는데 카네기위원회(Carnegie Council)의 한 프로그램으로서 간행되고 있다.[59] 아울러서 이 위원회에서 내놓는 *The Human Rights Dialogue*는 계간으로서 인권, 특히 동아시아와 동남아시아를 강조한 인권문제를 다루고 있다. 그 밖에 카네기 위원회에서 제공하는 국제관계의 윤리적 내용의 흐름을 주도하는 중요책을 보면 다음과 같다. 로젠탈(Joel H. Rosenthal)이 편집한 *Ethics and International Affairs: A Reader*(Georgetown University Press, 1995),[60] 놀안(Cathal J, Nolan)이 편집한 *Ethics and Statecraft: The Moral Dimensions of International Affairs*,[61] 나딘(Terry Nardin)과 마펠(David R. Mapel)이 편집한 *Traditions of International Ethics*(Cambridge University Press, 1992), 톰슨(Kenneth W. Thompson)이 편집한 *Moral Dimensions of American Foreign Policy*,[62] 덴톤(Geoffrey Denton)이 저술한 *Ethics and Foreign Policy in the Common European Home*(1990),[63] 호프만(Stanley Hoffmann)의 *The Political Ethics of International Relations*(1988), 소에드자트모꼬(Soedjatmoko)의 *Power and Morality in Global Transformation*(1981) 등이 있다.

끝으로 국제관계에서 주요한 윤리적 이슈들을 제시해 보면 다음과 같다. 국제관계에서 정의의 문제와 국제관계의 결과로 볼 수 있는 전쟁과 평화의 문제도 규범론적 접근의 주된 이슈이다. 그리고 국제 관계가 복잡해짐에 따라서 타 문화에 대한 관용과 개입의 도덕성 문제도 주된 이슈로 대두하였다. 또한 국제관계가 활발해짐에 따라서 정부, 정당, 다국적기업들과 같은 다양한 조직들은 다른 국가들의 공중(publics)에 의해서 영향을 받게 된다. 그렇기 때문에 이들 조직들 중 상당수는 홍보(public relations)프로그램을 개발한다. 특히, 커뮤니케이션 기술의 발달과 대외문제에 공중이 더욱 참여하게 됨에 따라서 국제관계에 있어서 홍보는 공공외

---

59) Volume 10(1996)에서는 가디스(John Lwis Gaddis), 브레진스키(Zhigniew Brzezinski), 그리고 슐레진저(Arthur Schlesinger, Jr.)의 글을 싣고 있으며 우리 시대의 문제들에 대한 철학과 역사적인 통찰을 하고 있다.

60) 도덕 전통과 의사결정 간의 관계를 다루고 있다.

61) 로젠탈이 서문을 쓰고 Robert Jackson, Anthony Lentin, Otto Pflanze, 그리고 Dorothy V. Jones 등의 글을 담고 있다.

62) 1994, 카네기 위원회의 윤리와 외교정책 시리즈의 하나로서 외교정책에서 반복되고 해결될 수 없는 문제들을 다루고 있다. 현실주의와 이상주의, 신중한 행위와 실제적 도덕, 권력과 군대의 중요한 차이를 다루고 정치도덕(political morality) 개념의 차이, 국익과 상호 의존, 국제협력과 발전에 관한 갈등 등을 다루고 있다.

63) 덴톤은 1990에 Carnegie Council/Wilton Park Center의 회의에서 주요한 국제문제에 대한 윤리적인 전통을 변화하는 유럽에 적용하여 도덕적이고 실천적일 수 있는 미래의 행위에 대한 지침을 제공하려 하였다.

교(public diplomacy)가 되었다. 전통적인 외교는 국가들 간의 형식적인 관계나 혹은 정부 대 정부의 커뮤니케이션에 토대를 두고 있었다. 이처럼 변화된 국제질서에 있어서 공공외교의 도덕성 문제도 중요한 이슈가 된다.

한편, 가이아(Gaia) 가설이 제기하듯이 전 지구를 하나의 생명체로 보아 환경문제를 다루려는 측면도 수반하고 있는 녹색운동(green movement), 생태주의(ecologism), 환경주의(environmentalism) 등의 기치는 최근에 와서는 국제 관계의 주된 이슈로 자리 잡았다. 환경윤리는 이제 각 국가뿐만 아니라 전 지구적인 차원에서 다루어야 할 주요 쟁점이 되고 있다. 그리고 소위 여성 해방주의로 불리는 페미니즘(feminism)은 그 기원을 미국에 두고 있는데 국제연합이 여성의 해(1975~85)를 제정함으로써 국제관계의 주된 이슈로 새롭게 재조명되고 있다. 나아가서 소수민족의 권리와 민족국가의 권리에 대한 규범론적인 접근도 주요한 논쟁점이다.

제13장 한국사회의 도덕성 회복방안

방영준

1. 서 론

한국사회가 도덕적 위기에 직면해 있다는 개탄의 소리는 귀에 면역이 될 정도로 회자된 지 오래이다. 그래도 이런 개탄의 소리는 유사 이래 당대의 위대한 사상가들의 저술 속에도 항시 있어 왔고, 중생이 사는 이 세상이 그렇게 도덕적일 수만은 없을 것 같다는 생각을 하면서 대다수 사람들은 스스로를 위안해 왔다.

그러나 최근에 일어나고 있는 일련의 사건들, 보기도 끔찍하고, 듣기도 끔찍하고, 말하기도 끔찍한 일들을 겪으면서 그동안의 위안이 얼마나 안이한 것이었나 하는 생각이 든다. 더욱 두려운 것은 이런 사건들이 일시적 현상이 아니라 하나의 시작 징후에 지나지 않는가 하는 데에 있다. 이곳에 사는 사람들의 심성의 황폐함과 이곳 사회의 여러 문제들이 이제 지각을 뚫고 분출하기 시작했다고 여겨진다. 야채장수 이웃 아주머니가 뺑소니차에 숨져 가고 있는 동안에 주변의 행인들은 지폐를 향해 날뛰고 있었으니, 우리 모두가 살인자가 되고 도둑놈이 된 것 같은 자괴감을 갖게 된다.

이제 또 너 나 할 것 없이 도덕성 회복이니 윤리성 회복이니 목청을 돋우고 있으나 찢어진 거미줄을 손가락으로 수리하려는 것과 같은 느낌이 든다. 도덕성의 위기 극복은 상징적인 사고의 틀이나 현실적 합성을 상실한 추상적인 이론 틀로는 파악될 수 없는 매우 복합적인 문제라 하겠다. 환자의 질병을 치료함에 있어 질병의 원인에 대한 근본적인 치료를 해야 하는 것처럼 한 사회의 도덕성 위기를 타개함에 정확한 원인 진단과 이에 부합되는 적합한 대책이 마련되어야 함은 주지의 사실이다.

한국사회의 도덕성 위기는 도덕행위의 주체자와 사회구조의 문제가 함께 얽혀 있는 복합적인 원인을 가지고 있다. 도덕성의 위기를 개개인의 도덕적 취약성으로 귀일시키는 것은 인간과 사회의 관계를 경시하는 오류를 범하는 것이며, 그렇다고 그 원인을 사회의 구조적 모순에만 묻는다면 인간 개인의 근원적 자유와 도덕적 책임의 문제를 도외시하는 것이다.

우리 사회의 도덕성 위기는 개항 이후 근대사 100년 동안에 축적된 것들이 이제 본격적으로 표출되기 시작하였다고 볼 수 있다. 식민통치와 남북분단을 비롯한 일련의 사회적 변동과정에서 구조적 차원의 모순이 개인의 도덕성 타락에 심각한 영향을 미쳤고, 개인의 도덕성 타락이 또다시 사회구조 자체에 환류됨으로써 악순환을 초래하였다고 볼 수 있다. 이 과정에서 실용주의에 바탕을 둔 서구문화의 이식은 우리 사회의 도덕적 정체성에 심각한 혼란을 초래하였다. 또한 사회의 변화속도를 따르지 못하는 정신문화의 빈곤은 윤리적 자체현상을 일으켜 도덕성 위기를 가중시키고 있다고 볼 수 있다. 따라서 우리의 도덕성 위기 극복은 개인의 가치관 정립과 사회구조의 개선이라는 두 바퀴가 서로 상보적인 관계를 가지고 끊임없이 추진되어야만 가능할 것이다. 총론적인 함성을 지르며 북을 쳐대는 대책방안이나 범죄와의 전쟁을 선포하는 식의 대응으로 이 문제는 결코 해결될 수 없다.

이제야말로 '조용한 혁명'이 일어나야 한다. 이 조용한 혁명을 완수하지 못한다면 우리 사회는 정글의 법칙이 지배하는 아수라가 될 것이다.

본 장에서는 먼저 도덕문제의 이론적 쟁점을 평가해 보고 다음에 한국사회의 윤리적 현실을 진단하고 도덕성 함양의 실천방안을 모색해 보고자 한다.

2. 도덕문제의 이론적 쟁점과 평가

(1) 도덕적 삶의 평가문제

한국사회의 도덕윤리적 제 상황을 두고 타락이니 혼란이니 하는 용어를 쓰고 있다. 이런 평가는 어디에다 그 기준을 두고 있는가? 우리 사회의 도덕적 문제를 논하기 전에 이에 대한 의미를 명확히 할 필요가 있다. 도덕적 평가의 기준은 크게 세 가지로 나누어 볼 수 있겠다.[1]

첫 번째는 그 사회구성원들의 실제적 행동을 구체적으로 지칭하는 경우이다. 이 경우에는 그 사회의 구성원들 대부분이 믿고 있는 가치를 전제로 하여 마련된 도덕규범의 보편성을 기준으로 삼고, 그 위반에 대한 통계를 근거로 하여 그 사회의 도덕적 상황을 평가하게 된다. 즉 범죄율의 증가, 향락적인 과소비의 증가에 대한 통계자료, 성도덕의 문란을 입증하는 미혼여성의 낙태율 증가 등과 같은 사회과학적 연구나 각종 통계자료 등을 통해 그 사회의 도덕적 상황을 판단한다. 이 경우 도덕적 상황에 대한 평가의 사실성은 자료의 정확성과 적실성에 달려 있다. 이러한 접근법에 대해 많은 비판이 제기되고 있다. 도덕규칙과 도덕적 실천 사이에 괴리가 생겼다면 그 도덕규범이 규범으로서의 기능을 이미 상실했는지 또는 행위자의 실천의지가 박약했는지를 규명할 필요가 생긴다. 따라서 사람들의 실제적 행동에 대한 통계적 자료만으로는 도덕적 평가를 하기가 힘들다는 것이다.

두 번째는 그 사회의 도덕규범이나 規準 자체를 평가하는 경우이다. 도덕규칙과 실천 사이의 연관성에 대해 다양한 견해가 제시되고 있다. 規定論的 관점 (Prescriptive view)에 의하면, 도덕규칙을 사람들이 지키지 않는다면 그것은 구속력 있는 도덕규칙으로서의 기능을 이미 상실한 것으로 본다. 많은 사람들의 실제행동이 도덕규칙을 따르지 않는다면 그 도덕규칙은 더이상 사회규범으로서의 권능을 상실한 것이며, 그러한 도덕규칙을 지키지 않는다고 쉽게 도덕적 타락이라고 단정할 수는 없다.

---

1) R. S. Dowinie, *Roless and Values*(London: Methuen & Co. Ltd., 1971), p.167.

이런 관점에서 도덕적 변화에 대한 평가는 실제적 행동이라는 경험적 차원뿐만 아니라, 도덕규칙 또는 도덕기준 자체의 정당성에 대한 선험적 논쟁을 제기한다. 그러나 '도덕적 기준의 타락'(declining moral standards)이라는 말은 모호한 개념이다. 이것은 기존의 도덕규칙을 준수하는 기준의 타락을 뜻할 수도 있고, 또한 도덕규칙 자체에 대한 평가, 즉 규범적 기능을 상실했다거나 열등해졌다는 의미로 해석될 수도 있다. 도덕적 변화에 대한 선험적 논쟁에 있어서 도덕적 기준의 타락이란 도덕규칙 자체에 대한 평가로 해석된다. 도덕규칙 자체의 정당성에 대한 이러한 선험적 논의는 도덕적 변화양상에 대한 설명을 부당하게 만들려는 것이 아니라, 도덕규칙의 측면에서 실제행동으로서 도덕적 타락 혹은 발전을 진단할 수 있는지는 도덕규칙 자체를 도덕적으로 평가할 수 있는지 하는 문제에 달려 있음을 밝히려는 것이다.

세 번째 접근은 도덕적 변화의 평가를 사회윤리적 차원에서 설명하는 것이다. 정치·사회·경제구조와 제도는 도덕적 평가의 중요한 논의의 대상이 된다. 오늘날 윤리나 도덕은 개인의 내면적 문제에 한정되는 것이 아니라 단체의 윤리나 도덕을 생각하지 않으면 안 된다. 이것은 윤리적 주체의 복수화를 의미한다. 복합 다원화되어 가는 현대사회에서 사회구조나 제도에 대한 윤리적 대응은 매우 필요한 것이다. 그러나 이러한 논의도 도덕규칙 또는 도덕기준 자체의 도덕적 평가의 가능성이 문제된다. 이것은 결국 정치철학 또는 이데올로기 문제와 연결되어 많은 논쟁을 불러일으키고 있다.

(2) 비도덕적 행위의 유형과 특성

도덕적 삶의 구현에 간과되어서는 안 될 것이 非道德的 行爲의 특성을 밝히는 일이다. 도덕의 문제를 현실적으로 접근하기 위해서는 善에 대한 관심보다는 惡에 대한 관심이 보다 요구된다.

비도덕성에 대한 연구는 도덕성에 대한 연구보다 더욱 중요한 영역이 될 수 있다. 우리의 현실은 도덕적이라기보다는 비도덕적이다. 그럼에도 불구하고 비도덕적인 악함보다는 도덕적인 선함에 훨씬 많은 관심을 가져온 것은 오히려 이상하다고 할 수 있겠다. 아리스토텔레스는 비도덕성의 유형을 사악함과 나약함 두 가지로 분류함으로써 이에 대한 관심을 나타냈다. 그러나 최근에 이르기까지 도덕적 나약함에 대한 논의는 많이 이루어져 왔음에도 불구하고 도덕적 사악함은 무시되어 왔다.[2] 이에 대해 마일로(D. Milo)는 몇 가지의 비판을 받음에도 불구하고 비도덕 행위들을 유형화하고 그 특징을 분석함으로써 도덕적 삶의 평가문제에 많은 시사점을 던져 주고 있다.

마일로는 행위자가 자신의 비도덕적 행위에 대해서 그것의 도덕성을 알고 있느냐 모르고 있느냐에 따라서 비도덕성의 유형을 여섯 가지로 분류하고 있다.[3] 즉 행위자가 자신의 행동이 나쁘다는 것을 모르는 유형으로 '외골수적 사악함'(perverse wickedness), '도덕적 태만'(moral negligence), '무도덕성'(amorality)으로 나눈다.

외골수적 사악함이란 잘못된 도덕원리를 가지고 있기 때문에 자신의 행위가 나쁘다고 생각하지 않고 도덕적으로 나쁜 일을 행하는 것이다. 도덕적 태만은 특정 사실에 대한 무지, 부주의, 태만의 결과로서 나오는 비도덕적 행위이다. 즉 어떤 종류의 행위가 나쁘다고 알면서도 자기의 행위가 이런 종류의 행위에 속하는지를 알지 못하고 있는 경우이다. 무도덕성은 전혀 도덕판단을 하지 않고 하는 경우이다. 자신의 행위가 나쁘다는 것을 알고 있는 경우는 '선호적 사악함'(preferential wickedness), '도덕적 나약함'(moral weak−ness), '도덕적 무관심'(moral indifference)으로 구분한다.

선호적 사악함은 잘못을 알고 있으면서도 다른 목적을 위해 양심의 가책 없이 도덕적 악행을 하는 경우이다. 도덕적 나약함은 도덕행위를 실천할 수 있는 의지의 결핍에서 나온 것으로, 스스로 죄책감을 가진다. 도덕적 무관심은 잘못을 알고 있음에도 불구하고 가책이나 죄책감을 느끼지 않는다.

상기의 비도덕적 유형의 특징을 도표로 분류해 보면 다음과 같이 그릴 수 있겠나.[4]

---

2) Ronald D. Milo, *Immorality*(N.Y.): Princeton Univ. Press 1984), p.ⅳ.

3) *Ibid.*, pp.11~22.

4) Ibid., p.234.

〈표 13-1〉

행의자의 신념상태 행위자의 도덕적 결함	잘못을 알지 못함	잘못을 알고 있음
나쁜 선호	외골수의 사악함	선호적 사악함
자기통제의 결여	도덕적 태만	도덕적 나약함
도덕적 관심의 결핍	무도덕성	도덕적 무관심

이렇게 비도덕적 행위의 유형을 분류하는 것은 비도덕적 행위의 원인을 진단 분석하고 이를 바탕으로 그 대책방안을 마련하는 데 많은 도움을 얻을 수 있을 것이다. 즉 비도덕적인 행위들은 도덕문제에 있어 구체적이고 현실적으로 접근할 수 있는 관점을 제공해 준다. 또한 현대인의 도덕적 회의주의를 극복하기 위해 비도덕적 행위와 그 행위자에 대한 정확한 파악의 중요성을 제시하고 있다. 이러한 것들을 어떻게 도덕교육에 접목하느냐가 중요한 과제이다.

(3) 도덕이론의 구조와 평가

윤리학적인 식견이 많다고 해서 윤리적인 사람이 되는 것은 아니다. 그것은 서로 별개의 차원이다. 경영학을 학문으로서 열심히 하는 것과 회사를 잘 운영해 나가는 것은 다른 문제이다. 그러나 잘 안다는 것과 올바로 실천한다는 것이 별개의 문제라 하더라도 명료하게 보고 정확하게 판단하는 사람이 올바르게 실천할 수 있는 가능성이 높은 것은 사실이다.

올바른 판단과 실천을 위해서는 도덕이론에 관한 폭넓은 지식을 키워야 한다. 이러한 지식이 있어야 행위에 대한 정확한 관점과 시각을 가질 수 있다. 나의 도덕판단이나 도덕적 행위가 일관성을 가지려면 그 근거가 반드시 있어야 한다. 마찬가지로 다른 사람들의 도덕판단이나 도덕적 행위에도 분명히 그 근거가 있다. 우리가 우리 자신의 도덕적 입장을 분명히 하고 다른 사람들의 일반적인 행위 안에 내재된 도덕규준을 명확히 한다면, 어떤 도덕적인 행위에 대해서건 분명하게 판단할 수 있다. 윤리학에 반성적 시각이 도입되는 것도 이런 연유에서다.

도덕원리를 평가하기 위해서는 우선 더 광범위한 이론의 맥락 속에 그 도덕원리를 끌어들여 평가해야 할 것이다. 도덕이론의 구성은 세 가지 단계를 가진다.

첫 단계는 도덕기준(moral standard)이다. 도덕적 확신을 거슬러 올라가다 보면 결국 가장 기본적인 원리에 도달하게 되는데 이것이 바로 도덕기준이다. 도덕기준은 옳고 그른 것을 결정하기 위한 가장 기본적인 기준이다. 다음 단계가 도덕규칙(moral rule)이다. 도덕규칙은 도덕기준으로부터 도출된 일반적인 원리들로 구성되어 있다. 따라서 도덕기준으로부터 도출된 일반적인 원리들로 구성되어 있다. 따라서 도덕규칙은 개인들 간의 관계와 개인과 집단, 또 집단과 집단 간의 관계에 지침을 제공하면서 많은 개별적 도덕판단들을 정당화시킨다. 마지막 단계가 도덕판단(moral judgement)이다. 도덕판단은 행위나 인격의 구체적인 등급 또는 구체적인 행위나 인격에 대해 도덕적 평가를 하는 것이다.[5]

상기한 도덕이론의 구성요소에 따라 다양한 윤리학설이 제기되고 있다. 이를 크게 두 가지 형태로 분류하면 결과주의 도덕이론(consequential moral theory)과 비결과주의 도덕이론으로 나눌 수 있을 것이다.

결과주의 도덕이론에서는 행위, 인격, 동기 등을 오로지 그 결과의 성질에 따라 판단한다. 결과주의 이론의 대표적인 것이 이기주의와 공리주의이다. 대체로 이기주의는 개인의 자기 이익에 관한 행위의 결과에 의해 행위를 판단해야 한다고 주장하며, 공리주의는 인간의 일반복지에 관한 행위의 결과에 의해 판단해야 한다고 주장한다.

이에 반해 비결과주의 도덕이론에 따르면 행위, 인격, 동기 등은 결과에 의해서가 아니라 도덕규칙과의 일치에 의해서 판단되어야 한다. 이러한 규칙들은 우리가 도덕기준이라고 부르는 것, 즉 옳음과 그름이 무엇인지를 결정하기 위한 근본적인 기준으로부터 나온다. 비결과주의 이론의 대표적인 것이 자연법 윤리설과 인간존중의 윤리설을 들 수 있다. 자연법 윤리설은 행위는 인간의 본성에 대한 일치에 의해 판단되어야 한다는 입장이고, 인간존중의 윤리설은 행위는 모든 인간의 동등한 가치와 일치하는지에 의해서 판단되어야 한다는 입장이다. 이러한 비결과주의적 도덕이론은 도덕성이 관련된 도덕규칙을 위반했는지에 의해서만 판단되기 때문에 엄격하고 완고한 것으로 보인다.

이러한 다양한 도덕이론을 평가하기 위한 기준은 무엇인가? 도덕철학자들은

---

5) C. E. Harris, Jr., *Applying Moral Theory*(California: Wadsworth Publishing Co., 1986), pp.33~38.

도덕이론을 평가하기 위한 기준들에 대해 일치하고 있지는 않지만 대체로 다음과 같은 네 가지 기준은 제시할 수 있겠다.[6]

그 첫 번째가 일관성(consistency)이다. 합리적으로 받아들일 수 있는 이론은 일관성을 지녀야 한다는 데 우리는 항상 동의해 왔다. 이론 내의 명제는 그 이론 내의 다른 명제들과 모순되지 않아야 한다. 이 일관성의 기준에 의해 많은 도덕이론이 비판받고 있다. 그러나 도덕이론 내에 비일관성이 있다고 해서 그것이 곧 그 도덕이론을 포기해야 하는 것은 아니다. 어떤 도덕이론도 완전하게 일관적일 수는 없으며 인간이 단일한 도덕이론을 일관되게 주장하는 것도 불가능할 것이다. 그러나 일관성이라는 개념은 합리성 그 자체의 개념에 있어서 필수적인 것인바, 도덕이론의 내적 비일관성은 도덕이론의 중요한 약점으로 간주된다.

두 번째로 신빙성(plausibility)의 기준이다. 이것은 구체적인 도덕문제에 관하여 도덕이론이 함축하는 바를 끌어내고 그 다음에 이러한 함축이 우리들 대부분이 강력하게 믿고 있는 도덕적 신념들과 비교하는 데서 나온다. 어떤 도덕이론의 현실적용에 나타난 의미와 그 사람이 이미 가지고 있는 도덕적 신념 간에 상충이 있다면 그 도덕이론의 신빙성에 문제가 제기된다. 도덕이론은 우리가 이미 지니고 있는 도덕적 신념과 일치하는 도덕적 신념과의 일치가 도덕이론의 타당성을 증명하는 절대적인 시험은 아니다. 만일 어떤 도덕이론이 이미 가지고 있는 도덕적 신념과 상충한다면 그 이론은 이론이라기보다는 그른 도덕적 신념일 수도 있다.

세 번째로 유용성(usefulness)이다. 도덕이론이 우리의 사고 내에서든 나와 타인들과의 관계에서든 도덕적 딜레마를 해결하는 데 도움이 될 수 없다면 실질적인 용도는 거의 없는 셈이다. 도덕이론이 유용성을 가지지 못하는 경우는 세 가지로 거론할 수 있겠다. 먼저 용어의 모호성 문제이다. 즉 도덕이론에서의 용어가 너무 모호해서 실제적인 도덕문제에 함축하고 있는 내용이 명백하지 못한 경우이다. 자연법적 윤리설에 특히 이런 문제가 많이 제기된다. 다음은 도덕이론 그 자체만으로는 서로 상충되는 도덕적 가르침들을 중재할 수 있는 어떤 지침도 제공하지 못하는 경우이다. 예를 들면, 이기주의 윤리설은 오직 각 개인에게 이익이 되는

---

6) *Ibid.*, pp.39~42.

것을 하도록 권한다. 그러나 이러한 충고가 이해의 상충을 해결하는 데 도움이 되는 것이 아니라 오히려 남과의 갈등을 격화시키기 때문에 유용성에 잘 들어맞지 않는다. 마지막으로 도덕적 판단을 위한 정보의 문제이다. 도덕철학은 어려운 도덕적 문제를 해결하기 위하여 정보를 요구하기도 한다. 그러나 이러한 정보를 획득하기란 매우 어렵다. 이 문제는 특히 결과주의 도덕이론, 즉 이기주의 윤리설과 공리주의에서 심각하게 나타난다. 이기주의자는 자신의 장기적인 이익을 가져오게 될 행위가 무엇인가를 판단할 충분한 정보를 갖기가 힘들고 공리주의자는 일반적 복지를 가져오게 될 행위가 무엇인지를 알기 위한 충분한 지식을 갖기가 어렵다. 결과를 예측할 수 있는 정확한 정보가 미흡하다면 결과주의 윤리설은 그만큼 약점을 드러내는 것이라 하겠다.

네 번째로 거론되는 것이 정당성(justification)의 문제이다. 도덕이론가들은 다른 사람의 도덕기준보다 자신의 도덕기준이 받아들여지도록 하기 위해 어떤 근거를 마련한다. 어떤 도덕이론가들은 종교나 도덕적 직관에 호소함으로써 도덕기준을 옹호하기도 한다. 도덕기준을 옹호하는 방법은 하나의 도덕이론 내에 있는 도덕규칙들이나 도덕판단들을 옹호하는 방법과 근본적으로 다르다 하겠다. 도덕규칙들과 도덕판단들을 도덕기준과 관련하여 변호될 수 있지만, 도덕기준의 엄격한 증명은 불가능한 것이다. 기껏해야 도덕철학자는 다른 도덕기준을 받아들이는 것보다는 왜 이 도덕기준을 받아들이는 것이 그럴듯한지 그 이유를 설명해 줄 뿐이다.

많은 윤리학자들은 상기의 기준 또는 유사한 기준들을 가지고 여러 도덕이론들을 평가해 왔다. 모든 이론은 강점과 약점을 가지고 있어 어떤 이론을 유일하게 옳은 이론이라고 결론짓지는 못하고 있다. 그럼에도 불구하고 공리주의 윤리설과 인간존중의 윤리설이 높이 평가되고 있다. 또한 공리주의 윤리설과 인간존중의 윤리설이 구체적 적용에 있어서 상충되었을 경우 이를 조화시키는 방법도 제시되고 있다.

여기서 우리가 고려해야 할 사항은 윤리학에서 아직 완벽한 이론이 만들어지지 않았다고 해서 윤리적 회의주의를 받아들이느냐의 문제이다. 비록 도덕원리의 제시가 미흡하더라도 극단적인 윤리회의주의를 극복할 수 있는 몇 가지 고려사항을 제시할 수 있을 것이다.

첫째, 많은 도덕이론들은 많은 영역에서 유사한 결론을 가져오는 경향이 있다는 점이다. 거의 모든 도덕이론들은 도덕의 핵심적인 영역에서는 일치하고 있다는 점이다. 둘째, 우리가 실제로 직면하는 도덕적 결정은 다양한 도덕원리들과 도덕이론들 가운데에서 선택하는 것이지, 우리가 어떤 도덕원리를 선택해야 하는지를 결정하는 문제가 결코 아니라는 점이다. 실제적인 문제는 우리가 합리적인 관점으로부터 최선의 원리를 선택하는가이지 우리가 선택한 원리가 궁극적으로 옳은 원리인지가 아니다. 셋째, 도덕원리나 이론은 논증이 가능한 것이지 결코 우리의 감정을 표현하는 영역은 아니다. 도덕적 정당성은 합리적인 분석과 논증을 통해 이루어진다. 결국 윤리적인 행위는 합리적인 행위이다.

윤리적 회의주의를 극복할 수 있는 몇 가지 증거를 가지고 있다고 해도, 우리는 여전히 도덕이 개인적 판단과 개인적 입장표명을 위한 여지를 갖고 있음을 인정해야 할 것이다. 도덕이론은 도덕적 문제와 그 문제의 해결에 대해 중요한 통찰력을 제공할 수는 있으나 한계를 지닌다. 우리가 명심해야 할 것은 도덕이론은 행위의 전체적인 지배자가 아니라 도덕적 삶에 도움이 되는 안내자라는 점이다.

3. 한국사회의 윤리적 현실과 진단

(1) 도덕성 위기에 대한 제 접근법

한 사회의 도덕성 위기에 대한 원인을 분석하고 진단하는 여러 가지 접근법이 있다. 서구에서는 일찍이 도덕성 위기의 문제를 사회문제의 차원으로 보고 많은 학자들이 다양한 접근법을 제시하였다.

이를 크게 나누어 보면 사회변동론적 접근방법, 가치갈등적 접근방법, 사회병리학적 접근방법, 일탈행위적 접근방법 등이 있다. 이러한 접근방법들은 접근하는 각도가 다르다 하더라도 그 내용들은 상호 겹치고 서로 보완하는 관계에 있다고 하겠다. 최근에는 상기 이론들을 통합시키려는 방법으로 체계론적인 접근을 시도하고 있다. 즉 사회를 하나의 체계(system)로 보고, 체계의 안정과 건강성을 도덕의 문제와 연결시켜 보는 시도이다. 이것은 도덕의 문제를 복합적 적응체계인 사회현상으로 파악하는 총체적 관점에서 나온 것이다. 현재 한국사회의 도덕성 위기문제를 진단하는 틀은 크게 네 가지 형태, 즉 사회변동론적 접근, 산업사회비판론적 접근, 개인윤리적 차원, 사회윤리적 차원으로 나타난다.

사회변동론적 시각에서 도덕성 위기의 원인을 규명하는 접근은 뒤르켐(Emile Durkheim)의 아노미 이론과 사회해체론이 주류를 이룬다. 이 이론들은 급격한 사회변동이 사회의 동질성을 붕괴시키고 나아가 사회해체현상을 야기하면서 기존의 규범이 그 효력을 상실하고 상이한 가치와 규범 간의 갈등이 일어나면서 무규범상태로 몰고 간다고 본다. 그러나 산업사회의 기본가치가 비판받아야 한다고 주장하지는 않는다. 이러한 사회변동론적 접근은 급격하고 파행적인 사회변동 과정을 겪은 우리나라의 경우에 많은 적실성을 가지고 있다고 보겠다.

산업사회비판론적 접근방법은 다음과 같이 몇 가지로 나눌 수 있다. 첫째, 산업사회가 지니고 있는 구조적 특징이 도덕성 타락을 초래한다는 입장이다. 이것은 산업사회가 지니고 있는 인간해방의 가능성을 너무 간과하고 있다는 비판을 받고 있다. 둘째, 자본주의 원인론이다. 자본주의화의 과정에서 사람들의 이타심보다는 이기심이 더 강화됨으로써 일탈행위가 일어난다고 보는 입장이다. 대표적인 주창자로 봉거(W. Bonger)와 퀴니(R. Quiney) 등이다. 이 이론은 1970년대까지도 유지되어 왔으나 공산주의 국가들의 사회 병리현상이 노정됨에 따라 그 타당성이 문제 되었다. 셋째, 상대적 박탈감 이론이다. 이 이론은 외국에서는 사회병리를 설명하는 과정에서 원용되는 경우가 많지 않은 반면에, 유리 나라에서는 1980년 이후 많이 원용되고 있다. 이는 급격한 경제발전에 따른 배분적 정의가 소홀했음을 나타내 주고 있다. 상대적 박탈감 이론은 자본주의 자체를 부정하는 섯이 아니라 배분적 정의라는 사회정의에 관심을 둔다.

개인윤리적 차원과 접근은 윤리문제가 궁극적으로 개인의 양심 및 도덕심과 관련된다는 입장이다. 따라서 사회에 도덕적 부패와 타락은 사회를 구성하고 있는 개개 구성원들의 윤리의식에 문제가 있다고 보고 사회의 윤리성 회복은, 개인의 도덕적 이성과 실천적 합리성의 완성을 통해서 가능하다고 본다. 이러한 접근은 계몽주의적 입장에 선 사람이나 철학, 교육, 심리 등 인문계열에 속한 학자들에 의해 많이 주장되어 왔다.

사회윤리적 차원의 접근은 사회의 윤리적 문제가 개인의 도덕적 양심이나 행위에만 관련되는 것이 아니라 사회적 구조나 제도 및 정책과 밀접한 관계를 맺고 있다고 본다. 따라서 윤리적 문제의 발생 및 해결이 개인도덕만으로 환원될 수 없고 사회의 제도, 구조, 정책 등의 합리화와 정당성을 통해 이루고자 한다. 니부어(R. Niebuhr)가 대표적인 주창자이다. 그는 도덕적 사회를 실현하기 위해 개인의 도덕성에 의지하려는 한계를 지적하고, 사회윤리의 방법론이 개인의 이성과 양심보다는 권력에 의한 강제를 수반하는 정치적 방법에 의존하는 특수성을 갖게 됨을 지적하고 있다. 결국 사회윤리는 정의(Justice)가 무엇인가라는 문제와 연결되고 또한 이 문제는 이데올로기와 연계된다. 그러나 개인윤리적 관점과 사회윤리적 관점은 상호 배타적인 관계에 있는 것이 아니라 서로 보완적인 관계에 있다 하겠다. 사회윤리적 관점에서 한국의 윤리상황에 관심은 사회사상(윤리), 사회과학계통에서 두드러지게 나타난다.

(2) 한국인의 부정적 가치관의 특성

한국사회의 윤리적 현실에 대한 논의는 이중적으로 나타나고 있다. 계몽적·규범적 성격이 강한 문헌에서는 매우 부정적으로 표현되고 있는 반면에 실증적인 연구에서는 상대적으로 도덕감이 높은 것으로 나타난다. 이러한 이중적인 분석의 원인은 다양한 측면에서 찾을 수 있을 것이다.

현존 한국인의 가치관을 논함에 있어 가장 큰 혼란을 일으키는 부분이 조선조의 유교적 가치관과의 관계성이다. 유교적 가치관은 현존 한국인의 가치관에 가장 많은 영향을 미치고 있는 반면에 동시에 유교적 가치관이 붕괴되는 것으로 나타난다. 따라서 논자에 따라 한국인의 부정적 가치관이 유교적 가치관에 초점을 맞추어 논의되는가 하면, 유교적 가치관에 도전하는 산업사회적 가치관에 초점을 두어 논의되기도 한다.

김경동 교수는 「태도척도에 의한 유교 가치관의 측정」이라는 논문을 통해 우리의 의식구조를 지배하는 유교적 가치관의 영향을 인식시켜 주고 있다.[7] 많은 학자들이 현존 한국인의 가치관의 문제점을 파악하는 출발점으로 유교적 가치관의 문제점을 거론하는 것으로 출발한다.

이와 대조적으로 현대 산업사회의 구조적 문제점과 이에 매몰되어 나타나는 현상에 초점을 맞추어 논의를 출발시키는 학자들도 매우 많다. 이럴 경우 유교적 가치관은 자연스럽게 긍정적 가치로 등장하기도 한다. 본 글의 목적은 이러한 논의의 타당성을 분석하는 것이 아니기 때문에 논의를 단순히 하고자 한다. 즉 현존 한국인의 부정적 가치관은 조선조의 유교적 가치관의 문제점과 현대 산업사회에 나타난 문제점의 결합형태로 마무리 짓고자 한다.

현존 한국인의 윤리적 현실을 진단하는 방법으로 고범서[8] 교수의 가치관 분류방법을 원용하고자 한다. 고범서 교수는 셸러(Max scheler)와 하르트만(Nicolai Hartmann)의 이론을 종합하여 가치의 위계질서를 정하고 이를 세 가지 측면, 즉 ① 인간존재의 측면, ② 인간관계적 포괄성의 측면, ③ 시공간적 포괄성의 측면으로 나누고 있다. 이는 개인윤리적 차원에서 한국인의 가치관을 분석하는 데 유용한 기준으로 적용할 수 있겠다.

① 인간존재의 측면에서 본 부정적 의식 형성

인간의 욕구는 다양하게 분류할 수 있겠으나 이를 크게 두 가지로 나누어 보면 에리히 프롬(Erich Fromm)의 분류가 적절하지 않나 생각된다. 프롬은 인간의 욕구를 그의 저서 『The Revolution of Hope』에서 생존적 욕구(survival needs)와 초생존적 욕구(trans‒survival needs)로 나누고 있다.[9]

---

7) 김경동, 「태도척도에 의한 유교 가치관의 측정」, 『한국사회학』 1집, 1984, pp.3~24.

8) 高範瑞, 『價値觀 研究』(나남, 1992), 제1부 제3장 참조.

9) Erich Fromm, The Revolution of Hope(N.Y.: Harper & Row, 1968), p.30.

- 정신적 가치의 물화현상
- 배금주의, 물질만능주의 팽배
- 현세적 쾌락주의 만연
- 자기정체성 및 주체성의 미흡
- 기복적인 종교신앙
- 허례와 허식

상기 내용들이 과연 현존 한국인의 특징적인 가치관이냐 하는 문제는 많은 논쟁점을 가지고 있다. 제시된 한국인의 부정적 의식형태는 계몽적 입장에서 과장된 것이 아니냐 하는 반론도 있을 수 있다. 또한 현대 산업사회에서 나온 일반적인 병리현상으로 볼 수도 있을 것이다. 그러면서도 한국인의 삶의 양식이 생존적 욕구에 지나치게 매달려 있음을 부인하기는 어렵다고 여겨진다.

② 인간관계적 포괄성의 측면에서 본 부정적 의식 형성

이것은 개인이 타인 및 공동체 집단과의 관계와 관련된 가치관이다. 많은 학자들은 현존 한국인들이 인간관계적 포괄성의 측면에서 볼 때 개인과 부분에 집착하는 경향이 많은 것으로 평가하고 있다. 이를 구체화하면 다음과 같다.

- 연고 정실주의
- 가족주의
- 지역감정
- (집단)이기주의
- 공동체의식의 결핍
- 공사구분의 불분명
- 사회적 공덕심의 부족

상기 내용들은 한국인의 특성을 분석하는 데 있어 거의 일치하는 부분이다. 흔히 칭하는 '한국병'이 차지하는 영역 중 제일 많은 비중을 차지하고 있다.

③ 시간공간적 포괄성의 측면에서 본 부정적 의식형태

이것은 개인이 지니고 있는 내용이 시간적·공간적인 측면에서 얼마간의 영역을 확장시키고 있는가를 평가하는 것이다. 이에 관한 한국인의 의식은 매우 부정적인 것으로 보이고 있다.

- 미래의 가치보다 현재의 가치관에 집착
- 전체의 가치보다 부분의 가치에 경도
- 찰나주의 및 미시주의 성향
- 적당주의 경향
- 종합적 사고력 미흡

상기 내용들도 한국인의 부정적인 의식형태에서 대체로 합의하고 있는 부분이다.

4. 도덕성 함양방안

도덕성 형성은 개인적인 요인, 사회환경적인 요인, 제도적인 요인 등 복합적인 요인들의 상호 작용적 산물이다. 따라서 도덕성 함양의 방향도 종합적이고 다변적인 접근방법이 요구된다. 여기서는 개인윤리적 차원, 사회윤리적 차원, 사회운동적 차원으로 분류하여 도표를 만들어 보고 그 실천방안을 제시한다.

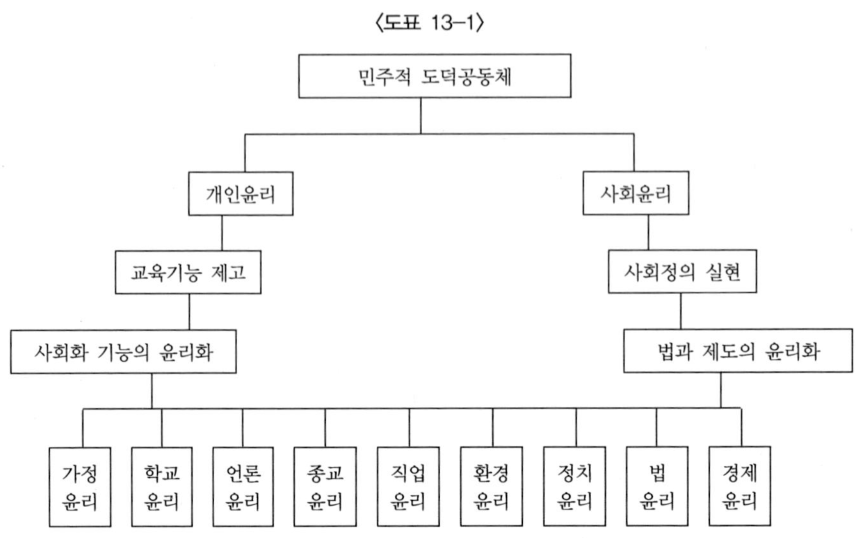

(1) 개인윤리적인 차원

개인윤리적 차원은 도덕적 문제의 해결을 개인의 도덕성, 즉 개인 의지의 자유와 결단에서 다룬다. 이 경우 의지의 자유란 의지의 자율을 말하며, 결단이란 자율적 의지의 선택적 결단을 말한다. 대표적인 것이 칸트(I. Kant)의 윤리관이다. 동서양의 윤리학의 주류를 이루고 있었던 것이 개인윤리와 개인윤리학이었다. 개인윤리는 도덕이 가지고 있는 현실적 결과와 사회적 측면을 고려하지 못한다는 점에서 문제성을 가지고 있음에도 불구하고 여전히 중요하다.

제도적 장치를 통해 사회정의를 제대로 실현하느냐의 문제는 바로 그 제도를 운영하고 그 제도 아래서 삶을 영위하는 사회구성원의 도덕수준에 좌우된다. 사회구성원의 도덕수준이 미흡하면 제도적 장치의 발전과 충실화가 가능하지 않다.

개인의 도덕성 함양은 주로 교육을 통해서 이루어진다. 따라서 개인윤리적 차원은 어떻게 도덕적인 교육기능을 제고시키느냐에 초점을 맞추게 된다. 구체적으로는 가정, 학교, 언론, 종교 등 사회화기능의 윤리화를 통해 도덕성이 함양된다.

① 가정

가정은 사회제도로서의 대표적인 일차집단이며, 사회통제의 가장 효과적인 매개체이다. 그러나 오늘날 산업화와 함께 개인의 사회적 역할이 중요시되면서 가정은 핵가족화되었다. 핵가족제도는 친족 간의 유대 약화, 소외, 정서적 안정 상실이라고 하는 문제점을 야기하고 있다. 가정의 교육적 기능의 붕괴 또는 약화는 그 자체가 심각한 사회문제이다.

산업화에 따른 가족기능의 변화가 반드시 가정해체를 의미하는 것은 아니지만 사회적인 가치, 규범, 행위행태 등이 학습되는 가정생활의 축소화는 가족성원 간의 갈등뿐만 아니라 전인적인 교육에 장애로 등장할 수 있다.

러셀(B. Russell)은 국가가 교육을 장악하는 데서 오는 폐단을 완화할 수 있는 곳이 가정이라고 보고, 가정의 교육적 기능을 '애정의 체험', '협동체의 체험', '인간관계의 원초적 체험', '성인의 다양한 직업생활에 대한 경험 등을 지적하고 있다. 이 중에서도 가장 중요한 것은 애정의 체험으로서, 만일 가정이 다른 기능은 모두 빼앗겨도 애정을 기반으로 하는 정신안정적 기능만은 확보해야 한다고 주장하고 있다.

오늘날 한국의 가정은 급격한 변천과정에 있으며 많은 교육적 문제를 안고 있다. 이러한 원인들은 여러 가지 측면에서 접근할 수 있겠지만 제일 큰 것은 대가족제도의 붕괴와 관련되는 것이다. 그렇다고 우리가 대가족제도로 돌아갈 수는 없다. 문제의 핵심은 가정의 교육적 기능을 제고시키면서 이 교육적 기능을 가족이라는 집단에서 사회공동체 집단으로 어떻게 확대, 연결시키느냐 하는 문제이다. 이와 함께 전통적 규범을 현대에의 적용과 현대가족제도에 걸맞은 새로운 규범 창출에 대한 깊은 연구가 있어야 할 것이다. 몇 개의 구체적 방안을 제시하면 다음과 같다.

- 자생적 마을 단위조직의 가정교육적 기능 활용
  - 노인회 주관 어린이 예절교육
  - 마을부녀회의 가정교육정보 제공 및 사례 발표
- 마을서당운동 전개
- 효행에 대한 제도적 자원과 보상책 마련
- 유아교육기관의 가정교육기능 확대와 내실화

- 비도덕적인 어린이 놀이문화 개선
  - 폭력성, 사행성 놀이기구 규제
  - 어린이용 TV 만화, 잡지의 내용 정화
- 가정교육에 대한 교육프로그램 개발 및 홍보
  - 가정교육교본 개발
  - 가정교육 규범사례 발굴 및 자료 제공
  - 가정교육 상담소 확대 운영

② 학교

도덕성의 문제는 학교의 도덕, 윤리교육만으로 해결될 수 있는 것은 아니다. 그러나 학교의 도덕, 윤리교육은 모든 학생들의 도덕적 성숙 및 발달을 돕는 일 자체를 기본목적으로 하기 때문에 우리 사회의 도덕성 회복을 가장 기본적이고 최소한의 노력이라고 볼 수 있다.

더구나 오늘날에는 학교생활을 통한 경험이 보다 큰 비중을 차지하기 때문에 학교의 도덕교육적 기능은 매우 크다 하겠다. 더구나 학교교육은 그 어느 교육보다도 훨씬 집단적이고 조직적이며 목적지향적인 성격을 갖는다. 따라서 그 사회를 구성하는 사람들의 인간상은 학교교육의 내용과 방법 및 성격이 어떠하느냐에 따라 달라질 수 있다. 그럼에도 불구하고 우리들의 암묵적 인 의식 속에는 학교교육의 무기력에 대한 실망과 패배주의적인 비관론이 널리 퍼져 있다. 이러한 비관론은 사회의 도덕적 풍토의 개선 없이는 학교 도덕교육의 효과도 기대할 수 없다는 것이다. 다수라고 할 수는 없지만 이 와 반대되는 시각도 있다. 즉 학교의 도덕교육적 영향력을 지나치게 과대평가하고 사회의 모든 도덕적인 문제들을 학교교육의 부실에 책임을 묻는다. 학교도덕교육에 대한 지나친 비관론이나 낙관론은 모두 비현실적이다. 학교도덕교육은 사회적인 풍토의 영향을 필연적으로 받지만 그렇다고 수동적인 반영은 아니다. 어느 면은 다분히 학교가 선도적인 역할도 하고 있으며, 사회적 풍토에 저항하는 요소도 많다.

오늘날 한국의 현실은 말로는 학교의 도덕교육을 가장 중시하는 언어의 인플

레현상을 가져오지만 실제는 도덕교육적인 면을 가장 마지막으로 고려하는 아이러니를 낳고 있다. 이것은 우리의 입시풍토에서 연유된 것이다. 이제 도덕교육과 관련된 극단적인 비관론이나 낙관론을 극복하고 사회적 환경이 학교도덕교육에 미치는 영향의 양상을 규명하고 학교도덕교육의 문제점을 진단하고 대안적인 방안을 모색해야 할 것이다.

학교의 도덕교육적 기능을 제고시키기 위해서는 크게 두 가지 측면, 즉 교육환경적 측면과 교과과정의 측면에서 논의해 볼 수 있을 것이다. 이를 구체적으로 살펴보면 다음과 같다.

- 교직사회의 도덕적 풍토 조성
    - 교원의 도덕적 자질 함양
    - 교원양성과정에서의 도덕교육 프로그램 강화
    - 교원의 사회적 지위 향상책 강구
    - 교원 선발제도의 개선
    - 교직사회의 자정운동
- 이기적 경쟁심을 조장하는 학교풍토의 쇄신
    - 학생평가제도의 개선
    - 학생표창제도의 개선
    - 학벌 위주의 진학풍토 개선
- 각급 학교 교과 교육에서의 도덕성 강화
    - 도덕적 규범의 합의와 내면화를 위한 다양한 학습방법 개발
    - 도덕, 윤리과목의 내실화와 생활화 훈련의 강화

③ 매스 미디어

현대사회에서 매스 미디어는 공식적·비공식적 사회화의 중요 집행자라는 데 의견을 합의하고 있다. 특히, 텔레비전, 영화, 잡지 등은 어린이와 청소년 사회화의 중요한 원천으로 생각되고 있다. 그러나 매스 미디어가 사회화의 중요한 기제라는 점에서는 합의하고 있지만 얼마나 많은 영향을 어떻게 미치고 있는지에 대

해서는 의견의 일치를 보지 못하고 있다.[10] 본 장은 매스 미디어가 사회화에 미치는 영향에 대한 연구성과들을 분석하자는 것이 아니다. 여기서는 매스 미디어가 청소년과 성인들의 '숨은 교사'(unwitting teacher)이며 수용자들의 현재적 행위(overt behavior)와 현실의 해석에 지침이 되는 장기적이고 누적적인 교육을 마련한다고 가정한다. 지금까지 매스 미디어가 사회화에 미치는 영향을 인과관계로서 규명하는 데는 아직 미흡한 상태지만 매스 미디어의 간접적이고 누적적인 영향이 매우 크다는 것은 그동안의 연구성과들을 통해 합의하고 있다.

매스 미디어 기능을 논할 때 먼저 유의해야 할 두 가지 명제가 있다. 그 하나는 매스 미디어가 전하는 외부환경은 실존하는 세계가 아니라 언론이 만들어 낸 '유사환경'(Pseudo environment)이라는 것과 다른 하나는 이 유사환경은 '실존환경'(real environment)을 그대로 축소한 것이 아니라 언론이 주관적으로 선택하여 구성한 것이라는 사실이다.

여기서 매스 미디어의 무서운 힘이 있는 것이고 따라서 그 사회적 책무도 어느 사회화 매체보다 큰 것이라 하겠다. 매스 미디어는 생성 시부터 야누스의 두 얼굴을 가지고 있다. 그 하나는 공기(公器)적인 기능이다. 사람들이 직접 접촉할 수 없는 사회적 환경을 가능한 한 정직하고 진실하게 보도하고 이에 대한 분석과 시비를 가려 주는 기능이다. 언론매체의 또 다른 얼굴은 이윤추구의 수단으로 생각하는 기업적인 성격이다. 기업적인 성공은 자유언론의 전제가 될 수밖에 없지만 또한 언론의 기업화는 자본주의 법칙에의 종속을 뜻한다. 여기에 언론이 공기적인 역할을 할 수 있는 여지는 좁아지며 오히려 사회마취제적인 역기능을 낳기도 하며 황색언론(Yellow Journalism)이 나타난다.

한국의 매스 미디어의 사회적 기능의 제 양상을 상론할 필요는 없다. 다만 한국의 매스 미디어는 도덕교육의 측면에서 볼 때 부정적인 역기능의 측면이 강하고 특히 학교의 도덕교육의 효과를 약화시키는 주범으로 인식되고 있다는 것이다. 물론 매스 미디어가 도덕적으로 미치는 영향을 일일이 예측하면서 편집하고, 보도할 수는 없을 것이고 또한 한국사회의 합의된 도덕규범이 불분명하다는 점도

---

10) W. Philips Davison 외, *Mass Media, Systems & Effects*(N.Y.: Molt, Rinehart and Winston, 1976), pp.162~163.

인정된다. 그럼에도 불구하고 매스컴이 사회적으로 엄청난 힘을 발휘하고 있는 현실을 감안할 때 매스컴의 도덕교육적 기능은 아무리 강조해도 지나치지 않을 것이다.

- 언론매체의 도덕의식 함양을 위한 교육프로그램 개발 및 강화
- 언론매체의 상업적 선정주의 극복
- 보도의 공정성 확보
- 언론 자체의 자정운동 강화
- 언론인의 교육체계 개선

④ 종교

현대화되면서 종교적 힘이 쇠퇴한다고 흔히 말해지지만 우리나라의 경우는 다른 것 같다. 종교를 포함한 최초의 전수조사, 이어서 가장 신빙성이 인정되고 있는 종교통계인 1985년에 시행되었던 인구 및 주택센서스의 결과에서는 전 국민의 42.6%가 종교인으로 스스로를 확인하고 있다. 그 후의 한국 종교의 조직적인 급성장을 생각해 보면 지금의 종교인의 숫자도 많이 증가했을 것으로 짐작되고 있다. 이러한 양적 측면뿐만 아니라 종교에 대한 영향력의 평가에서도 높은 비중을 차지하고 있다.

한국인은 생활 속에서 종교가 중요하다고 65%가 생각하고 있고, 종교의 영향력이 증가하고 있다고 보는 사람이 70%나 된다(한국 갤럽조사, '89). 그리나 한국에서 종교가 도덕적 형성에 긍정적인 역할을 할 수 있을 것이라는 가설은 입증되고 있지 않다. 종교적 신념체계가 강하면 도덕성도 높을 것이라는 막연한 통념이니 논리들이 실제의 경험적 증거에 의해 하나의 허구관념에 불과하다는 것이 여러모로 지적되고 있다.[11] 즉 종교인들은 분명한 도덕의식을 가지고 있으나 그러한 도덕적 행위의 실천에는 비종교인들과 실제적으로는 차이가 없다는 것이다. 오히려 부분적으로는 비종교인의 눈으로 보기에는 종교인들이 비종교인들보다

---

11) 박종서, 「한국도덕교육에 미치는 종교적 변수」, 학교도덕교육의 역할 세미나(한국교육개발원, 1992. 9), pp.21~28.

더욱 독선적이고 비도덕적인 경향성을 드러내고 있다는 견해도 성립할 수 있는 자료들이 제시되기도 한다.

물론 세속적 도덕과 종교적 도덕 사이는 출발점에서 차원이 다르다고 하겠다. 그러나 궁극적으로는 하나의 뿌리로 귀결할 수 있다. 이에 대한 논의는 지면관계상 생략한다. 그러나 종교가 도덕성 함양에 긍정적 역할을 할 것이라는 통념에 대한 경고는 종교가 제시해 온 도덕적 가치덕목에 대한 메시지를 도덕교육의 측면에서 재음미할 필요가 있으며, 한국사회에서 종교의 교육적 기능을 진단해 보고 그 처방책을 모색해 보아야 할 것이다.

- 기복적인 신앙의 극복
- 종교 간의 갈등 극복에 대해 종교인 스스로 대책 마련
- 성직자 양성과정의 내실화
- 전도 위주의 종교활동 개선
- 종교 도덕교육에 관한 프로그램 개발

(2) 사회윤리적 차원

사회구조의 도덕성에 초점을 두고 사회윤리에 대해 관심이 증대하게 된 이유는 사회변화의 속도가 급속하고 사회구조의 복잡성이 개인의 삶과 사회와의 유기적 관계를 증대시켰다는 사실에서 찾을 수 있을 것이다. 또한 윤리학이 도구로서 사용할 수 있는 사회과학이 발달했다는 사실이다. 즉 사회의 복잡성의 증대와 이에 대한 인간의 대처 능력 사이의 갭을 극복하는 방안을 마련하는 학문 등이 발달했다는 것이다.

사회윤리는 그 접근방법에서 다음과 같은 몇 가지 특성을 가지고 있다.[12] 먼저 사회적 결과를 현실적으로 문제 삼고 추구한다. 개인윤리는 현실적인 사회의 구체적 결과와는 관계없이 개인의 순수한 내적 동기에 많은 관심을 기울인다. 이러

---

12) 고범서, 『사회윤리학』(나남, 1993), pp.43~54.

한 심성적 윤리는 무력한 자의적(自義的) 내면성의 윤리가 될 위험성이 크다는 것
이다. 따라서 사회윤리는 개인행위의 원인이나 사회적 문제의 원인을 규명하고
해결함에 있어서 일차적 관심을 사회적 원인에 둔다. 다음으로 이러한 사회적 원
인의 해결이나 제거를 사회적 정책이나 제도 또는 체제의 차원에서 추구한다. 이
에 윤리적 문제를 정치적 방법으로 다루게 된다. 또한 사회윤리는 사회적 규범과
의 관련성에서 윤리적 문제를 다룬다. 개인윤리의 도덕적 규범과는 달리 사회윤
리가 다루는 사회적 규범은 사회적 과정의 산물이며, 사회를 통합하고 질서를 유
지하는 기능을 한다. 따라서 사회윤리학은 사회적 과정 속에서 사회적 규범이 형
성되는 과정과 그 메커니즘을 분석하고 밝히는 데 관심을 둔다. 또한 사회의 통합
과 질서 유지를 위해서 사회적 규범이 가지는 기능을 규명해야 할 과제를 가진다.

그러면 사회구조의 도덕성 논의에 있어 구체적 대상은 무엇인가?[13] 이것은 사
회이념, 사회제도, 정책이 도덕적 사회의 비전에 얼마만큼 적합한가 하는 정치, 사
회철학, 정책철학적 과제이다. 따라서 사회윤리학은 도덕철학, 정치, 사회철학, 정
책철학 등의 통합적인 접근을 필요로 한다. '사회구조의 도덕성'을 논의할 때, 사
회구조의 문제는 구체적으로 국가의 기본체제, 정책적 차원, 사회적 관행의 차원
으로 세분할 수 있고 또한 '사회의 도덕성' 문제는 규범윤리학에서 지칭하는 행위
규범이 아닌 '제도적 규범'이라는 의미에서 사회제도의 정의문제를 탐구하게 된다.

사회제도의 정의문제는 사회윤리의 제일 큰 과제이다. 롤즈가 "사상체계에서
진리가 덕목인 것처럼 사회는 사회제도의 핵심덕목이다. 어떤 이론이 아무리 세
련되고 경제적일지라도 진리가 아니면 거부되고 수정되어야 되듯이 아무리 능률
적이고 잘 조직된 제도일지라도 부정의한 사회제도는 개혁되거나 폐지되어야 한
다"[14]고 한 것도 정의문제의 중요성을 강조한 것이다.

그러면 어떤 사회가 정의로운 사회이며 어떻게 정의로운 사회를 실현할 것인
가 하는 사회윤리의 구체적 과제가 등장한다. 이 과제는 우선 정의의 이념과 그
실천원리에 대한 철학적 탐구가 선행되어야 한다. 다음으로 이러한 이상과 원리

---

13) 도성달, 「사회윤리이론의 체계화 연구」, 『정신문화연구』, 제17권 4호(한국정신문화연구원, 1994), p.113.

14) John Rawls, *A Theory of Justice*(Harvard Univ. Press, 1971), p.3.

에 비추어 정치·경제·사회체제라는 국가의 기본적 시스템을 어떻게 조직하고 나아가 이를 사회제도 및 정책 등에 제도적인 규범으로 어떻게 반영시키느냐 하는 탐구가 이루어져야 한다. 마지막으로 사회적 관행·관습·문화적 패턴 등과 같은 '관행적 규율체계'(conventional practice)가 그 사회구조와 사회구성원들 사이에서 어떻게 작동되는가를 분석해야 할 것이다.[15]

이 관행적 규율체계(慣行的規律體系)의 문제는 한국사회에 있어 사회윤리적 과제로서 제일 관심을 두어야 할 영역이다. 오늘날 사회윤리학적 관심은 대부분 이데올로기, 제도, 정책적 차원에 치중되고 있다. 그러나 우리 사회의 윤리성 문제를 거론할 때는 이데올로기나 법·제도 자체의 정의성을 따지는 데서 나오는 것보다는 법제도 자체가 모든 사람에게 공평무사하게 적용 집행되고 있는가의 문제이다. 즉 우리 사회의 사회정의 문제는 법과 제도의 잘못이라는 실질적 부정의보다 법제도의 집행이나 운용이 공평무사하지 못한 형식적 부정의의 문제가 태반이다.

그러나 이러한 형식적 부정의가 공직자 개개인의 도덕성 문제로 환원된다면 이것은 사회윤리학의 영역이 될 수 없다. 사회구조의 도덕성으로서 사회윤리를 정의할 때 사회구조의 범주는 위로는 국가의 기본질서로서의 정치·경제·사회체제, 그리고 하위체계로서 법제도나 공공정책뿐만 아니라 사회적 관행이나 습관, 생활양식, 문화적 패턴까지도 포함하는 포괄적 개념이다. 국가의 기본적 질서나 법제도와 같은 사회구조는 명문화된 '제도적 규범체계'이지만 사회적 관행이나 관습 등은 제도적 규범체계는 아니지만·관행적 규율체제'라는 점에서 사회구조적 측면에서 파악되어야 한다.[16] 즉 비도덕적 사회구조가 비도덕적 인간을 만든다고 할 때 이 사회구조의 개념 속에는 부도덕하고 불합리한 사회적 관행이나 문화적 풍토까지 포함되는 것이다.

구체적인 시회윤리적 차원을 개괄하면 다음의 결론과 같다.

---

15) 도성달, 앞의 책, pp.101~102.
16) 도성달, 앞의 책, p.112.

5. 결 론

본 장은 한국사회의 도덕성 회복을 위한 전체적인 구도를 모색하는 데 있다. 이를 위해 먼저 도덕문제의 이론적 쟁점과 도덕이론의 구조와 그 평가에 관한 논의를 하였다. 다음으로 한국사회의 도덕적 현실의 특성을 도출하고 이를 바탕으로 도덕성 함양방안을 개인윤리적 차원, 사회윤리적 차원, 사회운동적 차원으로 나누어 그 방향을 제시하였다. 도덕성 함양의 문제를 논의할 때 가장 유의할 점은 도덕과 예절을 동격화해서는 안 된다는 것이다. 현대사회에서의 도덕적 문제는 매우 복합적이고 역동적이다. 바람직한 윤리적 판단을 하기 위해서는 도덕적 위기의 문제를 사회유기체적 맥락에서 인식할 수 있는 통찰력과 인간 삶의 질의 문제를 합목적으로 조망하고 관리할 수 있는 능력을 가지고 접근해야 한다.

현대의 윤리문제는 '지금 우리들'에서 '미래 후손들'까지도 고려해야 하며 '인간 중심의 관계'에서 '인간과 자연과의 관계'까지도 고려해야 한다. 또한 '선의지'만으로는 해결할 수 없는 문제가 산적하여 '인지윤리'와 '협동윤리'의 중요성이 제기된다.

그럼에도 불구하고 한국의 도덕성 함양은 예절의 회복과 인륜에 관련시켜 논의하는 경향이 많다. 특히, 학교교육에서의 도덕교육을 보는 시각이 그러하다. 이러한 편중된 시각은 도덕·윤리교육을 생활예절 교육쯤으로 생각하는 참으로 엄청난 오류를 범하게 된다.

현대를 살아가는 데 있어 올바른 윤리적 행위를 하기 위해서는 선의지와 함께 종합인문사회적인 능력이 요구된다. 따라서 도덕성의 위기 극복은 규범적인 사고틀이나 현실적 적합성이 결여된 추상적인 이론틀로는 이루어질 수 없다.

본 글은 거시적 틀에서 도덕성 함양방안을 가늠하는 나침반 같은 역할을 한 것에 지나지 않는다. 이제 방향을 가리키는 나침반만 볼 것이 아니라 그 방향을 직접 찾아가 구체적이고 현실적인 실천방안과 실천전략이 마련되어 야 할 것이다.

제14장 정보화사회와 윤리학의 과제
-인간성 회복을 중심으로-

진교훈

1. 서 론

우리는 지금 정보화시대에 정보화사회 속에서 살고 있다. 현대사회를 정보화사회라고 부르는 것은 논자의 관점에 따라 여러 가지 의미로 사용되기도 하지만, 단순히 정보가 중시되는 사회 또는 정보가 지배하는 사회라는 의미 이상의 것을 함의한다고 볼 수 있다. 간단히 말해서 정보란 전달될 수 있고 이용될 수 있는 지식을 가리킨다. 반면에 정보화란 통신 및 정보기술이 인간의 모든 사회생활의 영역을 지배하는 것이다. 심지어 인간의 모든 지식을 정보화하는 것이 정보화시대라고 말하는 사람들도 있다. 여기서 정보기술이란 정보의 생산과 저장과 전달 및 배분에 관련된 기술을 의미한다. 그러므로 우리는 정보화는 정보가 전기(電氣)적 작동에 의해 가공처리된, 즉 컴퓨터와 통신기술 또는 정보기술에 의해 처리된 것을 의미한다고 말해도 무리가 없을 것이다.

어떤 시대에도 정보는 인간이 살아가는 데 중요한 역할을 하였다. 그러나 정보화사회에서 말하는 정보는 그 어떤 시대나 사회에서보다도 정보가 훨씬 중요한 역할을 하기 때문에 정보화사회라는 말을 사용하기에 이르렀다. 앞으로는 정보가 인간의 사회생활에서 거의 모든 것을 결정할 것이라고 많은 사람들이 내다보고 있다. 현대사회의 모든 조직과 운용도 거의 다 정보에 의거한다.

그러나 정보화사회에서는 예전의 인간 위상은 어떻게 되며 예전의 가치판단이나 윤리의식은 그대로 통용될 수 있을 것인가, 정보화과정에서 파생되는 문제들을 우리는 어떻게 극복할 수 있겠는가 등등 많은 의문들을 우리는 갖지 않을 수 없다.

정보를 처리하는 능력이나 방식은 한 사회의 문화적 요인에 따라 커다란 차이가 있을 수 있다. 따라서 정보사용에서 생기는 문제에 대처하려는 노력 없이 정보기술의 도입이나 발전에만 주력하는 것은 결국 정보가 그 사회를 위해 준비하고 심부름한다기보다는 사회가 정보기술에 치이고 밀려가는 것이 되고 만다고 하겠다. 그러므로 정보를 어떻게 사용하며 어떤 정보를 선택하느냐 하는 문제는 매우 중요한 것이다. 선택의 기준은 여러 가지가 있을 수 있겠으나 인간존중보다는 상업적인 고려와 정치적인 고려가 실제로 중요한 요인이 될 것이다. 커뮤니케이션 수단의 발전과 신속함은 나쁜 정보의 확산을 초래할 수도 있고 엄청난 편견과 해독을 그 사회에 미칠 수도 있을 것이다. 그러므로 정보에 대한 맹신은 금물이다. 정보화사회에 대한 논의는 정보의 올바른 사용이라는 윤리문제에 대한 관심을 가지고 착수해야 하며 동시에 인간의 존엄성 유지를 고려해야 할 것이다.

이하에서 정보화사회의 특성과 문제점이 인간의 위상에 미치는 영향을 살펴보고 위기에 처해 있는 인문학(人文學)의 과제를 인간학적으로 규명해 보고자 한다.

2. 정보화사회의 문제점

정보화사회를 디지털 혁명에서 비롯된 것이라고 말하는 사람늘이 있나. 나시 말해서, 정보화사회란 모든 정보가 디지털화된 사회를 가리킨다. 디지털은 0과 1의 두 가지 숫자만을 사용하는 일종의 이항대립적 언어(二項對立的 言語, binary language)로서 문서자료이든, 음성자료이든, 영상자료이든 간에 컴퓨터에 의해서 해독할 수 있도록 만들어 주는 일종의 컴퓨터 언어이다. 디지털화에 의해 가능해진 기술이 바로 정보고속도로와 멀티미디어이며, 이 두 가지 기술은 정보화사회를 상징하는 요소들이다.

여기서 말하는 정보고속도로란 정보전달의 하부 기반시설을 의미한다. 이것은 디지털 언어에 의한 연속적인 숫자로서, 커뮤니케이션 채널의 한 끝에서 다른 끝까지 모든 타입의 신호, 즉 음성신호, 정화상(靜畵像 또는 영상), 동화상(動畵像), 문자 텍스트의 운반을 가능하게 해 준다.

멀티미디어란 모든 형태의 정보처리와 전달을 위해서 디지털 매체만을 사용하는 대화형 서비스의 총체를 가리킨다. 따라서 멀티미디어라는 말속에는 이중의 개념이 포함되어 있다. 즉 미디어 합성, 예컨대 정화상, 동화상, 그래픽, 문자, 애니메이션, 컴퓨터의 데이터와 프로그램 등 서로 이질적인 자료들을 모두 처리할 수 있는 시스템을 포괄하는 개념과 상호 작용성이다. 여기서 상호 작용성이란 사용자가 주어진 텍스트에 조작을 가해서 임의대로 변화시킬 수 있는 기능을 가리킨다. 그러므로 자료의 성격에 따라 서로 다른 미디어를 사용해야만 했고 이미 완성되어 있는 텍스트만을 일방적으로 읽거나 들을 수밖에 없었던 종전의 방식과 비교해 볼 때 큰 발전이라고 말하지 않을 수 없다. 그래서 디지털 혁명이라는 말이 생겨났다.

그러면 우리는 디지털 언어, 즉 디지털화가 파생시키는 문제가 정보화시대의 인간의 주체성에 어떤 영향을 미치는가를 살펴보기로 하자.

디지털화란 결국에 가서는 모든 사물을 숫자화(數字化)하는 작업, 즉 코드화하는 작업이다. 컴퓨터의 디지털 언어의 원리는 그 언어가 표현하고자 하는 사물에서 구체적인 내용은 제거되고 체계적·관계적 의미만이 간직된 표식을 사용할 뿐이다. 따라서 디지털 언어는 실제로 존재하는 세계에는 아무런 관심도 없으며 느낌에 의한 통찰이나 경험적 요소들을 철저히 제거해 버린다. 컴퓨터는 직감적으로 포착된 내용을 사물의 구체적인 속성으로부터 멀어지게 만들 뿐만 아니라 논리적 조작을 용이하게 해 주기도 한다.

디지털화는 하이퍼텍스트를 가능하게 한다. 하이퍼텍스트는 많은 양의 정보들 사이에 유기적인 연결망을 구축해서 다양한 아이디어의 결합을 시도해 볼 수 있는 정보조직의 방식이다. 다시 말해서, 하이퍼텍스트는 컴퓨터를 통해서 다양한 정보와 텍스트를 단선적으로 페이지 순서, 행 순서(line by line), 책 순서로 배열해 나가는 것이 아니고 연상적인 방법으로 연결하는 비연속적인 글쓰기 방식이라고 말할 수 있다.

하이퍼텍스트는 인쇄문자가 요구하는 선(線)적이거나 연속성의 원리를 따르는 것이 아니라 비선형적(non−linear)이며 비연속성적(non sequential)인 텍스트라고 말할 수 있다. 문제는 이 하이퍼텍스트가 문자문화를 바탕으로 하고 있는 논리적 사고의 틀을 파괴하고 있다는 것이다. 다시 말해서, 하이퍼텍스트는 지금까지의 문자문화가 요구해 왔던 사고방식, 즉 순서적 배열의 논리(ordered logic)를 파괴하고 있다는 것이다.

정보고속도로와 멀티미디어가 보편화하게 되면 지금까지의 정보처리의 방식이 달라진다. 컴퓨터의 새로운 기술들이 활발히 사용되고 있는 전자게임의 경우 놀이하는 사람과 기계 간의 상호 작용성은 단순히 주어진 대로만 하는 수동적인 것이 아니다. 놀이하는 사람은 그 자신의 선택과 기량에 따라 서로 다른 텍스트를 경험하게 된다. 하이퍼텍스트는 사이버스페이스(cyber space) 또는 가상공간(假想空間, virual space)이라고 불리는, 완전히 실제적인 공간은 아니지만, 실제의 공간에서처럼 물리적 현실과 직접적으로 접촉하고 교섭하는 것처럼 느끼게 해 준다. 예컨대, 가상현실(假想現實, virtual reality) 프로그램, V−Mall, V−Workgroup 같은 것이 그러하다. 이러한 공간에서는 물리적으로 이동하지 않고 한 장소로부터 다른 장소로 움직여 갈 수 있다. 이 가상공간은 사람들이 실제로 경험할 수 있는 물리적 공간과는 전혀 다른 온갖 신기하고 새로운 경험을 가능하게 해 준다.

그러나 예전에는 청소년을 유해환경으로부터 보호하기 위해서 출입금지 지역을 선포한다든가 불건전한 책자나 시설물로부터 청소년의 접근을 막는 방법이 시행될 수 있었으나 이제는 어린이나 청소년들은 완전 무방비의 상태에 실제의 현실보다도 더 나쁜 가상공간에서 방황하게 될 수 있게 되었다.

현대인들은 광활하고 다양한 가상공간에서 정체를 알 수 없는 익명의 친구들을 사귀고 유대를 가꾸어 나가기도 한다. 오늘날 PC통신의 가입자, 예컨대, 천리 안, 하이텔, 나우누리, 포스서브 등의 통신 서비스를 받는 사람이 엄청나게 늘어나고 있다. 이들 간에 사이버 공동체, 즉 가상공동체가 성립되기도 한다. 그들은 이와 같은 가상적 공동체를 통해 가상현실을 실제인 것처럼 경험하고 전 세대가 경험하지 못한 세계 속에서 살고 있다는 것을 우리는 부인할 수 없다.

가상현실의 기술을 이용한 가상적 세계의 경험은 현실과 비현실(가상현실) 또는 픽션의 세계 사이의 구분을 어렵게 만든다고 한다.

주지하다시피 현대문명(modernism)은 분명한(cleare et distincte) 개념을 바탕으로 해서 발전해 왔다. 서구인들은 전통적으로 존재하는 것(being)과 존재하지 않는 것(non-being) 사이의 경계를 분명히 해 왔고 감각자료를 기반으로 사물을 정의(定義)하고 설명해 왔다. 그런데 문제는 가상현실의 경험도 예전의 픽션과는 구별되는 그 나름대로의 감각적 경험이 수반된다는 것이다.

이제 우리는 디지털화가 야기하는 문제점을 세대 간의 정보격차에서 다음과 같이 살펴볼 수 있을 것이다.

첫째로, 가장 심각한 문제는 세대 간의 정보수용의 격차이다. 다시 말해서, 기성세대와 디지털 언어에 익숙한 세대 사이에서 형성되는 '현실 개념'에 대한 이해와 느낌의 차이가 크다는 것이다. 디지털 문화는 현실에 구체적으로 접근하는 문화가 아니라 기호화(숫자)의 언어로 모든 것을 추상화해 내는 문화이기 때문에, 디지털 문화는 우리를 현실로부터 멀어지게 한다. 신세대, 즉 컴퓨터 언어에 익숙한 세대는 기성세대보다는 현실의 속박을 덜 받으며, 기성세대가 비현실로 보는 무한정한 가상공간을 경험하면서 가상현실에 쉽게 접근하고 이를 그대로 현실로 받아들인다. 따라서 기성세대와 신세대 사이에서 생기는 정보격차는 세대 간에 갈등을 야기하고 특히 상호 불신과 의사소통의 단절을 유발하고 현실에 대해 괴리감을 야기한다. 이와 같은 괴리가 가장 심각하게 나타날 수 있는 것이 청소년 범죄의 경우이다. 정보화시대의 청소년의 범죄가 그토록 잔혹하게 저질러지는 것은 바로 신세대가 범죄의 심각성에 대해 현실감을 가지지 못하는 데서 발생한다고 지적하고 있다. 영상매체가 야기하는 현실감각의 쇠퇴는 컴퓨터 매개 커뮤니케이션을 더욱더 반인간적으로 작용하게 만들고, 특히 폭력적인 내용을 많이 담게 되고 이것이 신세대에게 악영향을 미친다고 볼 수 있을 것이다. 그래서 기성세대는 신세대의 현실감각이 잘못되었다고 비난하고 한탄하기도 한다.

둘째로, 하이퍼텍스트가 요구하고 있는 새로운 사고방식에 대해서 세대 간에 심각한 격차가 노정되고 있다는 것이다. 기성세대는 단선적이고 순서적인 사고방식에 의거해 사물을 파악하는 데 익숙하지만 신세대는 조합적·순서적인 사고방식에 의거해 사물을 파악하는 데 익숙하다. 그래서 신세대는 기성세대의 사고방식에 대해 답답함을 느낄 뿐만 아니라 억압감을 느끼기도 한다. 기성세대는 일관성과 통일성, 전체의 조화 등에 대해 절대적 가치를 두는 것에 비해 신세대는, 이러한 사고방식은 창의성과 임의적인 순발력을 제약하고 구속한다고 보고, 기성세대는 자유분방한 신세대의 사고방식을 정신분열적인 것으로 보기도 한다. 기성세대도 신세대 못지않게 컴퓨터 조작방식을 익힐 수는 있다. 그러나 그들이 가지고 있는 가치판단은 오랜 시간에 걸쳐 이미 내면화되어 뿌리를 내리고 있는 것이기 때문에, 기성세대가 조합적 사고처리방식에 대해 적응하려고 노력한다고 해서 세대 간의 정보 격차는 쉽게 해소되기 어려울 것이다. 세대 간의 갈등을 해결하는 방법으로는 항상 상호 간의 관용과 이해와 대화 등이 권장되어 왔다. 그러나 정보화 사회에서, 특히 디지털 문화에서 정보의 격차를 해소하는 방안으로는 그러한 종래의 방법은 실제로 별로 도움이 되지 않는다는 데 문제의 심각성이 있다.

전 세계가 아무런 주저함도 없이 질주하고 있는 초고속 정보고속도로 시대에서 기성세대는 소외감을 느끼고 기존 사고방식으로부터의 변화에 대한 압박감에서 오는 스트레스를 받으면서 아무런 대안도 마련하지 못한 채 이 시대의 분위기를 원망하고, 소외감을 느끼면서 살고 있다. 우리는 다음 절에서 정보화사회에서의 인간의 위상과 인간소외현상을 좀 더 자세히 살펴보기로 하자.

3. 정보화사회에서 인간소외현상과 비인간화

정보화사회에서 인간의 위치는 어떤 것일까? 후기 산업사회에 들어오면서부터 대량생산체제로 말미암아 관료제도(bureaucracy)와 기술지배(technocracy)는 이미 인간소외를 야기해 왔다. 고도 산업화과정에서 발생하는 이른바 기계화·자동화·신속화·규격화·물량화·계량화 등은 인간을 사물화(事物化)하고 인간의 정체성(正體性)에 의구심을 갖게 만들었고 종래에는 인간성 상실을 초래했다.[1] 정보화사회에 진입하면서 인간의 사물화와 인간소외와 인간성 상실은 더욱더 가속화되어 간다고 우리는 말하지 않을 수 없다.

오늘날 사람들은 생산현장에서, 판매와 구매의 장소에서, 심지어 교육기관이나 가정에서조차도 시시각각으로 엄청나게 쏟아져 나오는 정보의 지령에 따라 일을 하도록 되어 있다. 그래서 현대사회는 정보기술의 네트워크의 게임 속에 갇히어 있고 그 속에서 살고 있는 사람들은 주체성을 잃고 자기가 만든 기계가 명하는 대로 움직이는 꼭두각시의 역할을 하는 것이 아닌가 하는 불안을 지울 수 없다. 우리로 하여금 이러한 불안을 갖게 하는 것이야말로 현대 정보사회에서의 인간의 위치를 단적으로 말해 주는 것이라고 말해도 지나치지 않을 것이다.

컴퓨터가 사람이 직접 할 수 없는 일을 정확히 해내고 특히 엄청난 속도로 계산을 한다든가 놀라운 기억력을 발휘한다든가 하여 역할을 잘 수행하고 있지만 그 자체가 새로운 창조능력을 가지고 있는 것은 결코 아니다. 컴퓨터는 어디까지나 기계일 뿐이다. 따라서 컴퓨터의 기계언어는 인간의 생각과 느낌을 표현하는 자연언어와 맞먹을 수는 없다. 자연언어는 기호화할 수 있는 것이 있고 기호화할 수 없는 것이 있다. 문제는 기계언어, 즉 디지털 언어가 인간의 자연언어를 전적으로 대체할 수 없을뿐더러 인간의 복잡하고 미묘한 삶의 의미를 기호화할 수 없다는 것이다. 아무리 정교하고 발달된 컴퓨터도 자율적으로 인격적 가치를 창조하거나 이를 실현시키지는 못한다. 그러므로 인간은 어떤 경우에도 기계를 지배할 수는 있어도 기계의 지배를 받거나 자기의 주체적인 책임의식을 포기해서는 안 된다. 그럼에도 불구하고 오늘날 현대인, 특히 디지털 언어의 사용자는 컴퓨터의 정보처리 능력과 그 기술에 지나치게 경도되어 있고 자율적인 가치판단을 하지 않고 있거나 소홀히 하고 있다.

---

1) 진교훈, 「과학기술과 윤리」, 『정신문화연구』, 1987.

컴퓨터의 기본 기능은 입력, 기억, 연산, 제어, 출력이다. 이것은 일반적으로 인간의 두뇌의 기능과 비교되어 설명되기도 한다. 정보가 입력장치로부터 기억장치로 보내지는 것은 감각기관으로부터 대뇌로 정보가 전송되는 것과 대비되곤 한다. 여기서 입력은 인지에 해당하고 연산은 정보의 변환과 가공을 행하는 조작이며, 제어는 전체의 정보처리 기능이 질서 정연하게 관리되는 기능이다. 출력은 대뇌중추신경계의 지령에 의해서 신체의 각 부분이 작동하는 것으로 비교될 수도 있을 것이다. 그러나 문제는 인간의 마음 또는 정신은 바로 뇌의 기능에만 의존하지 않는다는 것이다. 마음과 뇌의 기능과의 관계를 연구한 에클스(J. C. Eccles), 마지나우(H. Margenau), 소프(W. H. Thorpe) 등에 의하면 마음과 같은 정신적인 현상은 생리적·생화학적 현상을 초월한다는 것이다.[2] 그리고 정보의 최고의 지령자는 기계가 아니라 그 기계를 만든 인간의 정신일 수밖에 없는 것이다. 그러므로 인간은 한갓 도구에 불과한 컴퓨터나 뉴미디어의 지령에만 그대로 따라갈 수는 없는 것이다.

컴퓨터 작업에 익숙한 사람들의 사고방식의 편향성에 대해 크게 염려하는 사람들은 컴퓨터를 많이 오랫동안 사용하는 사람은 무감각해지고 비판적이고 창의적인 사고를 점차 하지 않게 될 것이라는 것이다. 왜냐하면 반복적인 컴퓨터 작동에만 익숙해지다 보면 컴퓨터의 지령에만 따르게 되고 스스로 생각하고 결단을 내리는 기회를 가지지 못하게 되기 때문이라는 것이다. 사람들은 컴퓨터를 통하여 되도록 빨리 정보를 입수하기를 원하고 진행과정보다는 결과에만 주목하게 된다. 그렇게 되면 인간적인 만남이 생략되고 자연히 비인간화가 초래되기 쉽다.

그리고 정보화사회에서의 인간의 위상과 관계되는 문제로는 많은 사람들이 이미 지적하고 우려하는 것처럼 컴퓨터 사용자의 극단적인 개인화에 대해 우리는 주목하지 않을 수 없다. 컴퓨터 작동에 익숙한 사람들은 화면에 나타나고(뜬다고 흔히 말한다) 있는 컴퓨터 언어에만 관심을 가지며 인간과 직접 만나서 인간의 풍부한 표정을 보면서 대화를 나누려고 하지 않으며 지극히 자기중심적이고 개인적이 되며 다른 사람과 더불어 희로애락의 감정을 드러내면서 함께 놀 줄을 모르게

---

2) 김용정, 「기술정보화 시대에 있어서의 인간의 의미」, 『정신문화연구』, 18권 4호, 통권 61호, 1995, pp.16~20. 참조.

된다. 컴퓨터의 화면만을 상대하다 보면 화면에 갇히게 되고 컴퓨터가 동반자가 되고 고립화되며 인격적인 만남을 잃게 된다.

컴퓨터와 뉴미디어는 도서관의 기능을 대폭적으로 확장해 주고 또한 편리하게 만들기는 하지만 인간의 지적 활동의 본질을 근본적으로 달리 만드는 것은 아니다. 문자정보, 화상정보, 음성정보가 디지털화되어 즉시 입수가 가능하게 된다는 것은 획기적인 일이지만 그렇다고 인간의 지적 활동의 본질과 가치의 기준이 근본적으로 달라지는 것은 아니다. 왜냐하면 인간의 본질은 외부의 환경의 영향을 받는다고 하더라도 근본적으로 달라질 수 있는 것이 아니기 때문이며 사고판단의 형식이 변화한다고 하더라도 그것은 극히 제한된 범위 내에서 발생하기 때문이다. 이것은 사람이 달구지를 타고 다니다가 자동차나 비행기를 타고 다니게 되었다고 해서 그 사람의 본질이 달라지는 것이 아닌 것과 마찬가지의 이치이다. 특정한 정보가 빨리 입수되고 잘 기록되고 보존되며 그러한 정보로의 접근이 용이하기 때문에 인간의 지적 활동이 그러한 정보에 의존하려는 경향이 강해지는 것은 부인할 수 없지만 그렇다고 해서 인간의 가치판단의 기준이 달라져야만 하는 것은 아니다.

인간의 사고판단은 대체로 어떤 문제에 봉착했을 때 그 문제의 해결에 필요한 정보를 입수하고 분석하고 이를 토대로 가능한 대안들을 생각하고 다시 이 대안들을 검토한 후에 최선의 선택과 결정을 내리곤 한다. 그런데 정보를 입수하고 가능한 모든 대안을 검토한 후에 최선의 결정을 내리는 것은 결국은 주관적인 판단에 의거하는 것이다. 불완전한 인간은 어떤 경우에나 정보의 한계, 계산능력의 한계, 시간의 한계, 자원의 한계 안에서 사고를 한다. 따라서 정보의 양(量)이 풍부하고 정보의 입수나 전달이 신속하다고 해서 그것이 인간으로 하여금 항상 최선의 사고판단을 하게 하는 것은 아니다.

역사상의 수많은 실패는 항상 풍부하고 정확한 정보가 부족했기 때문만이 아니라 그 정보를 올바르게 제때에 활용하지 못했기 때문이다. 한국에서 벌어진 각종 대형 사고와 참사는 그러한 일이 발생하리라는 정보가 부족했기 때문이 아님은 물론이다. 예컨대, 서울의 성수대교 붕괴사건 같은 것을 보더라도 정보가 부족해서 성수대교의 조만간 붕괴를 방치했던 것은 아니다. 이미 성수대교가 부실공사였다는 것은 전문가들에게 널리 알려져 있던 정보였고, 교통량의 증가로 교량에 과중한 하중이 실려 대교가 위험하다는 것과 대대적인 보수가 필요하다는 것을 알면서도 관계기관의 책임자가 이를 무시하고 있다는 것은 이미 사건발발 일년 전부터 대중매체가 보도했다. 심지어는 청와대에서조차 교량의 위험성을 전해 듣고 점검을 실시하라고 지시했음에도 불구하고 관계자들이 태만하였고 허위보고까지 했다는 사실도 사건 후에 밝혀졌다. 삼풍백화점 사건도 이미 예견되었던 사고였다. 아무튼 정보가 부재했기 때문에 사고가 발생한다고 함부로 단적으로 말할 수 없다는 것은 이제 분명해졌다. 그러므로 초고속정보도로가 생기고 PC통신이 발전한다고 하더라도 각종 참사와 사고가 바로 예방되는 것은 아니다.

사람들은 올바른 정보가 신속하게 입수되면 모든 사건들이 쉽게 해결될 수 있는 것처럼 생각하고 이를 선전하기도 한다. 그러나 문제 되는 사건은 매우 복잡한 측면을 가지고 있다. 그럼에도 불구하고 그 문제의 경제적·정치적·사회적·문화적·종교적 특히 도덕적 측면이 종합적으로 논의되지 않거나 무시되고 있다.

우리는 앞에서 살펴본 것처럼 정보화가 인간소외현상과 비인간화를 초래할 수 있음을 염두에 두고 다음 절에서 정보화사회의 윤리문제를 자세하게 다루어 보기로 하자.

4. 정보화사회에서의 윤리학적 과제

(1) 책임의 과제

정보화사회에서는 개인들이나 단체들도 그들의 중요한 결정을 정보기술에 의존하게 된다. 예컨대, 주식시장에서나 군기관에서는 각종 전자기기들이 제공하는 정보에 의거하여 즉각 대응한다. 문제는 현대의 정보기술 시스템은 매우 복잡하여 어떤 하드웨어가 고장 나거나 어떤 소프트웨어에 오류가 발생하고, 특히 자료

입력과정에서 실수나 오류가 생기게 되면(이것은 엄청난 정보시스템이 발달할수록 그 시스템은 점점 더 복잡해져서 그 시스템이 고장 났을 경우 아무나 쉽게 들여다보고 고치기가 어렵다), 이때 누가 이러한 사고에 대해 책임을 질 것인가 하는 문제가 발생한다. 렌크(H. Lenk)가 말한 것처럼, "정보기술자는 자신에 의해 개발된 시스템이나 프로그램의 작용 및 결과에 대해, 특히 결함의 배제, 시스템의 신뢰성 등에 대해 공동 책임을 져야" 할 것이다. 정보를 다루는 사람의 순간적인 방심이나 작동기술 미숙으로 말미암아 예기치 못할 재앙이나 엄청난 손실이 발생할 수 있으므로 기계를 다루는 사람들은 항상 엄밀함과 정확성을 기도하고 이를 위한 부단한 자기 훈련을 해야 할 것이다.

정보기기를 만들거나 정보시스템을 소프트웨어로 구축할 때 사람들은 새로이 개발된 기술이 장차 우리 사회에 어떤 결과를 초래하게 될 것인가에 대해, 특히 그 위험성에 대해 예견하고 이를 방지하는 데 책임을 져야 할 것이다. 따라서 정보를 다루는 사람들에게 올바른 책임의식을 심어 줄 수 있는 윤리교육이 요청된다.

(2) 윤리적 회의주의의 극복

정보화사회에서 가장 심각한 문제는 상대주의적 가치관, 즉 윤리적 상대주의이다. 이 윤리적 상대주의는 종래에는 윤리적 회의주의를 가져온다.

정보화시대에서는 사람들은 다른 사회의 다른 규범들과 빈번한 접촉을 하게 되고 따라서 많은 상이한 문화적·사회적 정보를 접하게 되면 당연하고 절대적인 것으로 받아들였던 가치관에 의문을 가지게 될 수 있고 경우에 따라 가치상대주의에 빠지게 될 수도 있다. 더욱이 정보가 급변하게 되면 가치판단에 혼란을 일으킬 수두 있게 된다. 특히, 기치상대주의가 쾌락주의와 접목하게 되면 사람들은 어려운 금욕생활을 회피하려는 유혹도 강하게 받게 된다. 그러나 우리는 변하는 가치(평가)와 불변하는 절대가치를 엄격히 구분할 수 있어야 한다. 예컨대, 인간의 존엄성과 인격가치는 절대 불변하는 가치이며 어떤 경우에도 상대적 가치로 전락할 수 없는 가치이다.

그러므로 정보화사회도 모든 가치가 상대적인 가치가 아니며 절대적인 가치가 있을 수밖에 없다. 모든 정보의 최종 결정은 인격적 주체가 절대적 가치에 근거하여 내려져야 한다. 정보화시대에서 가장 중요한 과제는 바로 가치상대주의가 야기하는 윤리적 회의주의를 극복하는 것이다.

(3) 정보의 조작과 날조의 방지

토플러(A. Toffler)가 1995년 12월 1일 『조선일보』와의 인터뷰에서 정보화시대에서 우리가 경계해야 할 점을 다음과 같이 지적한 바 있다.

> "정보화시대에는 거짓과 참의 구분이 불분명해진다. 아주 쉽게 소비자를 속일 수 있는 장치가 마련되고 소비자는 그것이 진짜인 양 착각할 수 있다. 제3의 물결에서 가장 경계해야 할 것이 바로 이 점이다."

그는 또 이렇게 말했다.

> 또 하나는 정보의 조작이다. 정보를 장악하고 있는 사람이 정보를 날조할 수 있다. 예를 들면, 터키의 유명한 작가 야세르 카말이 최근 독일 잡지(Spiegel)에 터키 정부의 쿠르드족 차별대우를 비난하는 글을 기고한 적이 있다. 나중에 인터넷을 통해 그 글을 입수해 보니 누군가에 의해 왜곡된 채 저장되어 있었다."

우리는 토플러의 이러한 경고성 발언에서 오늘날 정보가 얼마나 조작될 수 있는가를 짐작해 볼 수 있고 이것의 피해가 얼마나 클 수 있는가를 짐작해 볼 수 있다.

(4) 정보 상업화의 부작용 해소

지식이 상품화되는 것이 작금의 일은 아니다. 그러나 정보가 상업화되면, 당장 경제성이 없어 보이는 많은 문화유산은 사람들의 관심으로부터 벗어나게 되고 정보의 효용성이 없게 되면 사장(死藏)되거나 심지어 소멸되기 쉽다. 그 결과 정보는 편향성을 띠게 되고 문화는 균형적으로 발전하지 못하게 된다. 전문정보들조차 시장기능에 맞게 되면 악화가 양화를 구축하는 그레샴의 법칙이 성립하게 되고 올바른 정보의 흐름이 경색되고 종래에는 정보의 결핍현상이 초래될 수 있게 된다.

또 어떤 정보는 엄청난 고가로 매매될 수 있으며 심지어 정보의 독점 및 전매(專賣) 현상도 생길 수 있다. 여기서 우리는 지적 소유권의 보호와 정보의 공유(共有)문제의 적절한 조화를 강구해야 할 것이다.

(5) 사생활 보호

정보화사회에서는 개인의 모든 인적 사항은 물론이고 개인이 노출되기를 원하지 않는 지극히 사적인 비밀이 보호되기 어렵다. 개인의 모든 정보가 익명의 누군가에 의해 샅샅이 관찰당할 수 있다는 것이다. 따라서 어떤 제도나 특별한 조치로 개인의 사생활이 보호될 수 있어야 한다. 구체적으로 컴퓨터 자료의 비밀보장이 강구되어야 할 것이다. 이 문제는 해킹의 방지문제와 관련되는 것인데, 법적 제재는 기술적으로 한계가 있으므로 올바른 가치교육이 선행되어야 할 것이다.

(6) 불건전한 정보유통의 방지

정보로 만들어지거나 전달되지 말아야 할 것들이 자기 목전의 이익만을 추구하는 사람들에 의해 얼마든지 확산될 수 있을뿐더러 실제로 엄청나게 확산되고 있다. 예컨대, 분별력이 없는 청소년들의 말초신경을 자극하는 성의 문란과 타락과 폭력 등의 범죄에 대한 정보가 각종 미디어를 통해 여과 없이 쉽게 전달되고 있다. 인터넷은 소위 '컴퓨터 통신의 홍등가', '인터넷 홍등가'로 전락되고 있으며 온갖 종류의 음란물과 폭력물과 범죄를 유발하는 정보들이 횡행하고 무법의 초고속도로망으로 악용되고 있다. 정부와 각 사회단체는 인간성을 파괴하는 작태에 대한 대책을 강구해야 할 것이다.

(7) 정보분배의 불평등 해소

경쟁사회에서 좋은 정보의 신속한 확보는 기업운영에 있어서 필수적임은 물론이다. 그러나 정보가 큰 힘을 발휘할수록 정보의 획득과 활용에 있어서 불평등상태가 발생할 수 있다. 좋은 정보를 빨리 얻을 수 있고 주어진 정보를 효율적으로 이용할 수 있는 사람은 강자가 되고 그렇지 못한 사람은 약자가 될 것이다. 정보배분의 불평등문제는 한 나라 안에서 개인과 개인 간에, 집단과 집단 간에도 사회정의 구현과 상관될 뿐만 아니라 국가와 국가 간에도 중요한 사회정의의 문제가 된다.

1996년 6월 13일 개막된 '정보화사회 및 개발회의'는 선·후진국 간의 정보의 불균형 심화현상을 해결하려는 회의였다. 이 회의는 42개국 정보·통신 관련 각료들이 남아공화국에 모여 인터넷 등 정보통신망의 발달이 오히려 후진국의 빈곤을 더 가속화하게 될 가능성이 있으므로 이를 막아 보려고 했다. 다시 말해서, 선진국은 생산성 향상의 밑거름이 되는 정보통신망을 최대한 활용할 수 있는 반면, 후진국은 고속정보통신망은 고사하고 일반적인 최소한의 정보조차도 접근이 어려운 실정이므로 날이 갈수록 선·후진국 간에 부(富)의 편중현상이 심화되는 것이다. 예컨대, 실제로 인터넷의 전체 이용자의 3분의 2 이상이 북미와 서구에 집중되어 있다. 그러나 아프리카 및 남미의 최빈국에선 일반인들은 인터넷은 고사하고 전화통신시설의 기반이 낙후하여 컴퓨터 통신망을 지원하려고 해도 하기 어렵게 되어 있다. 결국 이와 같은 추세가 향후에도 계속된다면 남북 간의 경제격차는 더욱 벌어지게 되는 것이 확실해진다는 것이 후진국들의 우려이다. 국제윤리적 측면에서 볼 때 이러한 부의 불균형 확대를 막기 위해 서방 선진국들은 후진국의 정보통신 개발에 필요한 자금 및 기술원조책을 펴야 할 것이다.

미국정부는 '정보화사회 및 개발회의'에서 20개 아프리카국들에 대한 인터넷 보급을 위해 1,500만 달러를 지원할 것이라고 밝혔지만 이것은 소요자금에 비해 극히 미미한 액수에 불과하다.

정보분배의 문제와 밀접하게 관련된 문제로는 미국의 인터넷을 비롯하여 중요

한 정보를 거의 독점함으로써 PAX AMERICANA를 더욱 확대 심화시킨다는 우려
가 발생한다는 것이다. 이것은 곧 미국문화의 세계지배를 가져올 수도 있고 따라
서 다른 문화전통은 무너뜨릴 수도 있는 위험성을 내포하고 있다.

5. 결 론

우리는 앞에서 21세기 정보화사회에서 디지털화의 문제점과 인간소외현상과
비인간화를 살펴보고 이어서 이것의 극복을 위한 윤리학적 과제를 검토해 보았
다. 모든 학문, 특히 인문학의 연구목적과 기본방향은 어떤 시대에도, 21세기에서
도 인간의 존엄성을 유지하는 데 두지 않을 수 없을 것이다. 왜냐하면 시대가 바
뀌어도 인간의 본질이 바뀔 수 있는 것은 아니며 인간의 행위에 대한 평가와 해
석은 일시적으로 차이가 생길 수 있으나 정신적 존재로서의 인격가치가 근본적으
로 달라질 수 있는 것은 아니기 때문이다. 이제는 인간의 존엄성에 반하는 脫價値
的이거나 沒價値的인 학문을 논할 시간적 여유를 우리는 갖고 있지 못하다. 한마
디로 우리는 지금 정보화사회에서 현대문명의 파멸을 방관하거나 추종할 것이냐
아니면 재건할 것이냐의 기로에서 결단을 내려야 한다.

제3부

윤리교육론과 도덕교육의 방향

제15장 도덕과 교육의 가능성과 학적 근거

박병기

1. 덕교육과 도덕과 교육

덕을 어떻게 정의하고 그 내용을 어떤 방식으로 규정지을 수 있는지에 대한 논쟁은 소크라테스의 문제제기 이후로 지금까지 지속되고 있다. 이 논쟁과 같은 맥락에서 덕을 가르칠 수 있는가에 대한 물음도 끊임없이 제기되고 있다. 그동안 도덕교육을 둘러싼 다양한 형태의 논의들이 이 물음들에 각자의 논리적 근거를 바탕으로 해답을 찾는 방향으로 이루어졌지만, 아직까지 모두를 만족시킬 만한 보편적인 답변은 나오지 못하고 있는 형편이다.

이런 상황 속에서 어떤 다른 형태의 논의를 추가하고자 할 때 우리가 택할 수 있는 선택지는 그리 많지 않으며, 대체로 다음과 같은 두 가지 정도의 방법이 있을 수 있다. 첫째는 이전의 논쟁을 현대적 관점에서 재해석하면서 그중의 한 입장을 지지하는 방법이고, 둘째는 미리 자신의 관점을 세운 후에 이전의 논의를 염두에 두지 않고 독자적인 정당화를 시도하는 방법이다.

이 작은 논의에서는 그중의 어느 방법도 택하지 않고 오히려 그 논의에서 일단 빗겨 서서 현실의 우리 도덕과 교육에서 다루어지고 있는 '덕'(德, Virtue) 관련 논의들을 중심으로 그것이 가능한 일인지의 이론적 논의를 이끌어 내고자 한다.

우리의 도덕과 교육은 덕은 가르쳐질 수 있다는 사실을 전제로 하고 있다. 물론 이때 덕을 무엇이라고 규정하고 있는지는 명확하지 않다. 다만 덕은 가르쳐질 수 있을 뿐만 아니라, 그것도 교과교육을 통해서 가르쳐질 수 있다고 전제하고 있다. 이러한 전제는 유교가 우리나라에 전래되어 정착한 이래로 하나의 중요한 교육학적 전통을 형성해 왔던 것이다. 『小學』을 비롯한 유교경전들을 직접적으로 가르치면 그것을 통해서 덕 있는 인간이 길러질 수 있다는 전제는 이미 수천 년 동안 그다지 의심받지 않은 채 우리의 교육적 영역 속에 자리 잡고 있었던 것이다.

그런데 서양의 도덕교육론이 그 이론적 주도권을 장악하고, 사회적 분위기도 전통을 완전히 무시하는 것을 발전의 지름길로 여기던 극심한 혼돈기를 겪으면서 다시 도덕교육론의 핵심적인 질문과 논의로 떠오르게 되었다. 그렇게 본다면 과연 이러한 논의와 질문들은 어느 정도의 의미를 지닐 수 있는지가 문제가 된다. 결론적으로 말한다면 이 논의는 그 자체로 많은 의미를 지니고 있다. 왜냐하면 이전에 우리의 공통된 정서를 형성하고 있었던 성선설적 이성론이 더 이상 보편적으로 수용되고 있지 않기 때문이고, 또 도덕교육과 도덕과 교육의 가능성에 대한 의심과 회의가 확산되어 있기 때문이다.

이러한 현실 속에서 물론 덕과 덕교육에 관한 논의 자체가 얼마나 도덕교육에 대한 관심을 제고시키고 사회의 도덕적 수준을 높이는 데 기여할 수 있는지는 모르지만, 그럼에도 불구하고 이 논의 자체는 최소한 다음과 같은 두 가지 점에서 긍정적으로 기능을 할 것으로 기대된다. 첫째는 도덕에 대한 논의가 도덕의식을 제고하는 데 기여할 수 있을 것이라는 기대이고, 둘째는 도덕교육과 도덕과 교육의 이론적 바탕을 세우는 데 도움을 줄 수 있을 것이라는 기대이다.

논자는 이상과 같은 전제를 가지고 다음과 같은 주장들을 입증하고 정당화하고자 한다. 첫째는 도덕교육론은 최소한 우리의 상황 속에서는 도덕과 교육론의 형태로 전환되지 않을 수 없다는 사실이다. 도덕교육의 중요성을 주장하는 사람들 중에서 도덕과 교육에 대해서는 반감을 갖거나 반론을 제시하는 경우가 있는데, 그러한 경우를 구체적으로 제시하면서 그들의 주장은 갖고 있는 내적 일관성의 문제를 지적하고 우리의 현실이라는 구체적 상황 속에서 결국 도덕과 교육론이 될 수밖에 없다는 사실을 밝혀 보고자 한다. 즉 그들의 주장은 엄격한 의미에서 반도덕과 교육론이 아니라, 도덕과 교육론으로 통합될 수밖에 없다는 사실을 지적하고자 하는 것이다.

둘째는 도덕과 교육이 덕의 문제를 제대로 다루기 위해서는 필연적으로 윤리학적 모형을 정립해야 한다는 주장이다. 지금까지 도덕과 교육의 현실적 내용을 바탕으로 그 이론적 토대를 다져 보려는 시도들이 없었던 것은 아니지만, 덕과 덕 교육의 문제가 인간의 내면적 행위, 그중에서도 윤리적 차원의 행위들을 대상으로 하는 개념이라는 사실을 받아들인다면 결국 윤리학에 기댈 수밖에 없다. 도덕과 교육의 핵심적 목표를 덕 또는 덕성의 함양에 둔다면 도덕과 교육론 또는 도덕과 교육학의 학문적 배경 역시 윤리학에서 출발할 수밖에 없을 것이다.

이러한 두 주장을 입증하거나 정당화하기 위한 논지의 전개 순서는 다음과 같다. 우선 덕은 도덕과 교육을 통해서 길러질 수 있는가라는 본질적인 질문을 정리해 본 후에, 우리의 현실을 염두에 두고 도덕과 교육론과 반도덕과 교육론의 대립을 해소하는 방안을 모색해 보고자 한다.

2. 도덕교과의 현실에 대한 비판과 그 의미

> 오직 성인만이 타고난 성품을 그대로 발휘할 수 있다. 그 폭이 넓고 넓어서 하늘과 같으니 어떤 것도 더하지 않아도 모든 선함을 갖추고 있다. 그러나 우리들은 이 성품을 제대로 알지 못하고 어리석어 물욕의 지배를 받아 그 성품의 본질을 무너뜨리고 자포자기하고 사는 것을 오히려 편안히 여긴다. 이러한 사실을 성인이 슬퍼하여 학교를 세워 스승을 모셔서 그 근본을 발달시키게 하였다.[1]

유교윤리에 있어서 덕은 곧 덕성을 의미한다. 맹자와 고자 사이의 논쟁 속에서 타고난 것을 곧 성(性)이라고 볼 것인지 아니면 성이란 인간만의 고유한 것인지를 둘러싼 입장의 차이가 발견되기는 하지만, 주희에 의해서 집대성되고 퇴계에 의해 정착된 성리학적 사고의 틀 내에서는 최소한 인간의 본성의 선함에 대한 의심

---

1) 『小學』, '小學題辭'.

을 찾아보기 어렵다.

이러한 의미의 덕은 곧 인간본성을 실현하는 원동력이라고 해석될 수 있다. 물욕의 지배를 받아서 자신의 본성을 실현하지 못하고 오히려 욕심에 의해 끌려 다녀서 인간다운 삶을 포기하는 사람들로 하여금 자신의 본성의 싹을 지킬 수 있도록 도와주는 것이 바로 교육이라는 성리학적 교육관의 원형을 우리는 이 『소학』의 인용을 통해서 확인할 수 있다. 결국 德性이란 인간의 본성을 확인하고 그 방향으로 지향하는 에너지라고 보고 있는 것이다.

그렇다면 이 덕성을 어떻게 키울 수 있을까? 인간의 덕성을 키우는 방법은 동양과 서양의 전통 속에서 대체로 두 가지로 제시되어 왔다. 첫째는 종교를 통하는 방법이고, 둘째는 교육을 통하는 방법이다. 종교를 통해서 덕성을 함양할 수 있다는 주장은 이미 종교교육계의 상식으로 받아들여지고 있고, 이는 특히 도덕교육을 교과교육의 형태로 실시하고 있지 않은 서양에서는 아직도 유효하게 적용되고 있기도 하다. 다만 다종교를 허용하는 우리의 상황 속에서 종교교육과 도덕교육의 연계성이 얼마나 유효한 것인지에 대해서는 논의의 여지를 남기고 있고 가능하다면 이 부분에 대한 논쟁이 활발하게 펼쳐지는 것이 도덕교육론의 활성화에 도움이 될 것이지만, 일단 이 부분에서는 더 이상의 논의는 하지 않고자 한다.[2]

덕이 지식이고 그것이 지식이라면 가르쳐질 수 있는가라는 질문과 관련된 논의는 동양윤리의 전통 속에서는 당연한 전제로 받아들여진 반면에, 서양윤리사상사의 전통 속에서는 매우 오래되고 쉽게 해결을 보지 못하는 첨예한 문제로 대두되어 왔다. 도덕과 윤리를 상대적인 것으로 보고자 했던 그들의 오랜 전통 속에서 덕이 가르쳐질 수 있는가라는 질문은 당연히 핵심적인 자리를 차지할 수밖에 없었는지 모른다. 그러다 보니 우리의 학문을 지배하는 서구적 경향의 강력한 조류 앞에서 우리들도 어쩔 수 없이 한 번쯤 이 질문과 대면해야만 했고 지금 이 순간 본 글도 그 질문에 대응해야만 하는 현실과 맞닥뜨려야 하는 것이다.

---

2) 종교교육과 도덕교육 사이의 차별성과 유사성에 관한 서구적 견해로 참조할 만한 것은 A. Harris, 정현숙 역, 『종교교육과 도덕교육』, 집문당, 1993. 서론 및 2장 '정서의 교육'을 참조할 수 있다. 이 책에서 해리스는 도덕교육과 종교교육은 근본적으로 서로 다른 종류의 활동이라고 구별하면서도 둘 다 정서의 교육이라는 공통목표를 지니고 있다고 주장하고 있다. 또한 그는 교과로서의 도덕교육이 전문성을 강화하기 위해서 필요하다는 주장도 펼치고 있다. 위의 책, 제4장 '교과목으로서의 도덕', 33~35쪽 참조.

서구적 도덕교육론의 세례를 받아서 우리에게 덕이 가르쳐질 수 있는가에 대한 이차적 질문을 던진 학자들이 여럿 있지만, 그중에서도 최병태는 가장 적극적인 자세로 이 질문을 도덕교육학계에 제기하고 있는 교육학자이다. 그는 자신의 최근 저서를 통해서 덕과 규범의 의미에 대해서 다시 질문하면서 결국 덕은 도덕과 교육을 통해서는 효과적으로 길러질 수 없다는 반도덕과 교육론을 펼치고 있다.[3]

물론 최병태의 논의가 어느 정도 우리 반도덕 교육론자들의 주장을 대변할 수 있을지는 의문이지만, 반도덕과 교육론의 대표적인 입장 중의 하나임에는 틀림없다는 점에서 의미를 지닐 수 있을 것이다. 그는 교과교육으로서의 도덕교육을 다음과 같이 평가하고 있다.

> "이 장에서 내가 주장하려고 하는 것은 도덕과 교육, 즉 도덕교사가 도덕교과서를 가지고 도덕 수업시간에 도덕을 가르치는 그 도덕과 교육은 도덕교육에 대한 잘못된 접근이라는 것이다."[4]

그는 도덕교육이 일종의 도덕과 관련된 내적 기준의 형성이라고 보고 있다. 그 구체적인 내용은 규범의 내면화와 덕의 함양, 욕망에 대한 훈련 등인데 이러한 교육들은 모두 사회생활과 사람들 간의 상호 작용을 통해서 이루어지는 것이지, 결코 도덕과 교육을 통해서는 이루어질 수 없다는 것이다.[5] 이러한 주장을 입증하기 위해서 그가 제시하고 있는 근거들은 대체로 다음과 같은 두 가지로 요약된다. 첫째는 '사실상 세계 여러 나라들 중에는 도덕이라는 교과목을 설치해서 운영하지 않는 나라들이 많이 있다'는 경험적인 근거이고, 둘째는 위에서 제시된 것과 같이 도덕교육은 사회생활 속에서 '자연스럽게 이루어지는 것'이어서 도덕과와 같은 직접적이고 구체적인 개입은 무의미하고 그것 자체가 도덕교육의 본질을 빗겨 난 접근이라는 이론적 근거이다.

그러면서 최병태는 우리의 현실 속에서 도덕교과가 차지하고 있는 위상에 대해서도 언급하고 있다. 우선 도덕과는 '뻔한 이야기'로 가득 차 있는 시시한 과목

---

3) 최병태, 『德과 規範 – 도덕교육의 이해』, 교육과학사, 1996, 7쪽 참조.

4) 위의 책, 285쪽.

5) 최병태, 앞의 책, 286쪽 참조.

이라는 것이고, 둘째는 어떤 부분은 무슨 말인지 모를 지나치게 어려운 말만 나열되어 있는 것이어서 일종의 암기과목화되어 있다는 것이다. 그런 이유들로 인해서 대부분의 도덕교사들은 자신의 담당하는 교과에 대해 자부심을 느끼지 못한 채 공허감과 자책감, 그리고 무력감 등을 느끼고 있다는 것이다.[6]

도덕교과의 현실에 대한 이러한 지적들은 대부분 경청해야 하는 것들임에 틀림없다. 우선 '뻔한 이야기'로 가득 찬 교과라는 비판을 살펴보자. 이 비판은 도덕과 교육과정과 교과서에 제시되어 있는 내용들이 각 발달단계를 고려해 볼 때 그 단계의 특성에 맞지 않게 쉬운 내용들로 이루어져 있다는 비판으로 해석된다. 실제로 우리들의 도덕교과서를 읽어 가다 보면 그런 부분들이 많다는 것을 쉽게 알 수 있다. 그러나 정직해야 한다는 내용이 단지 누구나 알고 있는 쉬운 내용이라는 이유만으로 도덕교과서에서 배척되어야 하는가를 생각해 보면 이 주장도 조심스럽게 검토될 필요가 제기된다.

정직해야 한다는 도덕적 당위는 내용적으로 매우 쉬운 것이지만, 결코 유치원 단계에서만 다루고 말아 버릴 수 있는 주제는 아니다. 이 당위는 우리가 이 땅에 존재하고 있는 그 순간까지 지니고 있으면서 실천에 옮기고자 노력해야 하는 것이다. 따라서 초등학교 교과서에는 그것에 맞는 예화와 근거들이 제시되면서 정직이라는 덕목이 가르쳐져야 하고, 중등학교에서도 마찬가지로 그 의미를 보다 차원 높게 해석하면서 실천의 차원을 높여 나가게 하는 교육이 실시되어야 하는 것이다.

두 번째로 도덕교과서의 어떤 부분들이 너무 어려운 단어들의 나열로 이루어져 있어서 도무지 무슨 말인지 알 수 없다는 비판은 도덕교과서 제작에 참여하는 학자들이 책임져야 할 부분이다. 이러한 문제점은 그동안 주로 순수윤리학을 전공한 학자들이 교과서 집필을 주도함으로써 빚어진 측면도 있다. 윤리학적 개념들을 학생들의 수준에 맞게 재해석하거나, 아니면 개념을 직접 사용하지 않고 그 의미를 풀어서 자연스럽게 윤리문제에 접근하게 하지 못하고 학자들 간에 주고받는 전문용어들을 그대로 나열하는 한계를 노출시켜 온 것이 우리 도덕교과서 집

---

6) 위의 책, 292~293쪽.

필의 현실적 한계이다. 이 문제를 해결하기 위해서는 도덕교과서 집필을 도덕과 교육학을 전공한 학자들에게 위임하면서 그 과정에 현장교사들이 적극적으로 참여할 수 있는 제도적 장치를 마련함으로써 해결될 수 있을 것이다.

세 번째 문제, 즉 도덕교사들의 문제는 조금 다른 관점에서 고찰할 필요가 있다. 그동안 도덕교과는 도덕교사 양성 체제를 갖추지 못한 채 먼저 교과로 등장하는 기이한 형태를 보여 왔다. 그 결과 수없이 다양한 학문적 배경을 가진 교사들이 전문성을 갖추지 못한 채 도덕수업을 담당할 수밖에 없었고, 그나마 약간의 전문성을 갖추었다고 평가받던 교육학과 출신의 교사들도 직전 교육과정에서 도덕교육론 한 강좌 정도를 듣고 도덕교과를 담당하는 한계를 노출시킬 수밖에 없었다. 이러한 우리의 현실과 역사를 고려하는 비판이 제기되는 것이 옳을 것이다.

이상에서 우리는 도덕교과서와 도덕교사 문제를 제기하는 최병태의 도덕교과관에 대해서 비판적으로 검토해 보았다. 그러나 이 문제들은 그의 주장의 핵심에 위치하는 것은 아니다. 결국 그의 주장은 이러한 문제들이 덕과 규범을 교과를 통해서 가르칠 수 없는데도 억지로 교과화한 데서 비롯된다는 것이다. 그렇다면 이제 우리는 왜 덕과 규범들을 교과를 통해서 가르칠 수 없는가라는 문제를 분석해 보아야만 한다.

3. 우리는 덕성을 교과교육을 통해서 가르칠 수 없는가

이 질문은 우리가 앞에서 제기한 질문, 즉 덕은 도덕과 교육을 통해서 가르칠 수 있는가라는 질문을 보다 구체화한 것이다. 교과교육이 물론 교실 수업을 통해서만 이루어지는 것은 아니지만, 대부분의 도덕과 교육에 대한 비판이 주로 교실 수업을 통해서 교과서를 가지고 행해지는 교육에 대한 비판이라는 점을 감안해서 이렇게 구체화한 것이다.

이 질문에 대한 해답을 모색하기 위한 전제로 먼저 덕이 무엇이고, 그것은 과연 가르쳐질 수 있는가라는 질문에 대한 답을 찾아야 한다. 동양윤리적 전통, 특

히 유교윤리적 전통 속에서 덕은 곧 인간의 본성이 드러난 결과를 의미했고, 그것
이 가르쳐질 수 있는가가 문제 된 것이 아니라 오히려 당연히 가르쳐야만 한다는
당위의 형태로 강조되어 왔다. 우리가 앞에서 인용한『소 학』의 서문에서도 이미
이 당위는 물욕에 의해 가려진 본성을 드러내고 밝히기 위해서 도덕교육이 요청
됨을 강조하고 있음을 살펴본 바 있다.

성리학적 전통 속에서 덕은 곧 인간의 본성이 그대로 드러난 덕성을 의미했던
것으로 파악했다는 이 전제를 받아들이고 나면 덕교육 또는 덕성의 교육은 인간
의 마음속에 존재하지 않는 선한 본성 자체를 가르치는 것이 아니라 그것이 드러
나도록 도와주는 일이 된다. 물론 인간의 본성이 본래 악한 것이라는 순자(荀子)의
주장을 받아들인다면 덕교육에 대한 정의는 매우 적극적인 형태로 바뀔 수밖에
없다.

> "사람의 본성은 본래 악하다. 선함이란 인위적으로 이루어진 것에 불과하다.
> 인간은 나면서부터 이익을 추구하기 마련이어서 그대로 내버려 두면 서로 싸우
> 고 빼앗고 하여 양보란 있을 수 없고 또 태어나면서부터 남을 미워하고 시기하
> 므로 그대로 내버려 두면 남을 해치고 살상하게 할 뿐 신의나 성실성은 없을 것
> 이다."7)

이러한 순자적 전제는 오히려 덕교육의 가능성을 강하게 인정하는 결과로 나
타나게 된다. 가능성의 차원을 넘어서서 인간적 삶을 위한 일종의 당위로 우리들
에게 다가옴을 알 수 있다. 인간이 이익을 좋아하여 그것을 얻고자 하는 것이 자
연스러운 본성이라고 보는 순자는 만약 그렇게 되도록 방치해 두면 형제간이라도
서로 빼앗기 위해 싸우게 될 것이라고 말한다. 그러나 이것을 예의의 이치에 의해
감화되도록 한다면 형제가 아닌 남이라도 서로 양보하게 된다고 강조하고 있다.
즉 "본성에 맡겨 두면 형제간이라도 서로 싸우게 되지만, 예의의 세계로 접어들
게 하면 남이라도 서로 양보하는 덕성을 보이게 된다는 것이다."8)

순자의 덕성교육의 가능성에 대한 주장을 다른 말로 표현한다면, 곧 간의 내면

---

7) 『순자』, 性惡篇, "人之性惡 其善者僞也 今人之性 生而有好利焉 順是 故爭奪生 而辭讓亡焉 生而有疾惡焉 順是故殘賊生 而
忠信亡焉", 최대림의 번역본(홍신문화사, 1991, 322쪽) 참조.
8) 위의 책, 같은 편, "故順情性 則弟兄爭矣 化禮義 則讓乎國人矣".

에 선함을 심어 줄 수 있다는 가능성과 심어 주어야 한다는 교육적 당위성에 대한 강한 신념이라고 볼 수 있다. 이를 위해서 순자는 인간은 본래 자신에게 없는 것을 갖고자 노력하는 성향을 갖고 있기 때문에 자신에게 본래적으로 주어지지 않은 선을 갖고자 하는 강한 욕구를 갖게 되었다는 설명을 덧붙이고 있다. 그러면서 그는 선함을 얻을 수 있는 방법으로 어진 스승을 찾아 섬기고 어진 벗을 찾아 사귀는 것을 제안하고 있다. 어진 스승을 섬기고 어진 벗을 사귀다 보면, 결국 보고 듣는 것이 모두 자신의 것으로 되어서 자신도 모르는 사이에 어진 마음을 갖게 된다는 것이다.

결국 순자도 덕성교육의 가능성과 필요성에 대해 강조하면서도 그 방법에 대해서는 일상적 생활을 통한 자연스런 감화의 방법을 제시하고 있는 셈이다. 이런 순자의 덕성교육 방법론에 관한 의견은 최병태의 논의 속에서도 적극적으로 개진되고 있다. 최병태는 덕을 가르친다는 것의 의미를 '덕을 함양시킨다'는 뜻으로 해석하면서 이 일이 매우 어려운 일임을 강조한다. 그러면서 그는 덕은 대체로 우리가 태어날 때 가지고 태어나는 것이 아니라 '대체로 말해서 후천적으로 획득되는 것'이라고 본다. 그리고 이 덕의 획득은 우연히 이루어지는 것이 아니고, 사람들과의 상호 작용을 통해서 이루어지는 것이라고 주장한다. 그런 점에서 본다면 그도 '덕은 가르칠 수 있는 것'이라고 주장하고 있는 셈이고, 실제로 그 자신이 이 주장을 펼치고 있기도 하다.[9]

덕을 가르쳐야만 한다는 순자의 주장과 주로 토마스 그린(T. Green)의 덕과 규범의 형성에 관한 서구적 생각에 근거해서 덕이 가르쳐질 수는 있지만 교과하는 형태를 통해서는 불가능하다는 최병태의 생각을 일직선상에 놓을 수는 없다. 그러나 좋은 스승이나 친구와의 관계를 통해서 자연스러운 감화과정을 거쳐 선함이 길러질 수 있다는 순자의 생각과 덕이 인간들 간의 상호 작용을 통해서 자연스럽게 형성되는 것일 뿐이라는 그린과 최병태의 생각은 대체로 유사한 것으로 파악할 수는 있다. 그러나 순자의 생각은 오히려 좋은 스승이나 친구를 염두에 두고 있으면서 그들에 의해 감화되는 교육방법을 제시하고 있다는 점에서 적극적으로

---

9) 최병태, 앞의 책, 231~232쪽 참조.

해석될 수 있는 여지를 남기고 있다. 특히, 좋은 스승이라는 인간모형의 제시를 통한 덕성의 함양은 우리의 도덕과 교육방법론에서 매우 중시하고 있다는 점을 감안해 본다면, 단순하게 우연적인 인간관계에 의한 덕성의 함양이나 무계획적이고 그런 이유로 일관성을 갖추기 어려운 현대의 부모에 의한 가정 도덕교육에 의한 덕성함양에 떠맡기고 마는 것은 무책임한 자세라고 하지 않을 수 없다.

이러한 입장은 맹자에게서 더욱 강하게 나타난다. 맹자는 주지하는 바와 같이 인간이 선함의 단서를 이미 가지고 이 세상에 태어난다는 성선설의 입장에 선다. 이 선함의 단서는 물론 완전한 것은 아니고 그것이 늘 물욕에 의해 가려질 수 있는 가능성을 지니고 있는 위약한 모습으로 나타날 수도 있다. 덕성의 함양이란 바로 이러한 물욕 등을 없애고 그 본래의 싹을 살리는 것을 의미하며 이를 위한 보다 적극적인 도덕교육의 방법을 제시하고 있다. 그가 제시하고 있는 도덕교육의 방법은 다음과 같은 다섯 가지이다. 첫째는 제때에 내리는 비가 초목을 저절로 자라게 하는 것과 같은 방법이고, 둘째는 덕을 직접적으로 이루도록 하는 방법이고, 셋째는 타고난 재능을 북돋아 주면서 하는 방법이고, 넷째는 질문과 응답의 문답법으로 지혜를 길러 주는 방법이고, 다섯째는 혼자서 스스로 덕을 닦을 수 있도록 하는 방법이다.[10]

이러한 맹자의 덕교육방법론은 각각 그 제시하는 바가 다르지만 모두 덕성을 갖춘 교사에 의한 계획과 개입에 의존한다는 점에서 일치점을 보여 주고 있다. 특히, 맹자는 순자가 제시한 자연스럽게 감화를 통해서 덕성을 기르는 방법을 포괄하면서 동시에 문답법 등을 통한 덕성과 지혜의 함양방법을 함께 제시하고 있다는 점에 유의할 필요가 있다. 맹자도 자연스런 덕성함양의 과정을 인정하고 있기는 하지만, 그 방법만으로 그치는 것이 아니라 보다 적극적인 개입의 방법도 제시하고 있는 것이다.

이제 우리는 덕성은 교과를 통해서 가르쳐질 수 있는가라는 질문으로 다시 돌아갈 때가 되었다. 이를 위해 먼저 전제되어야 할 '덕 있는 사람'에 대한 정의는 최병태와 같이 아리스토텔레스에 의존해도 무방할 듯하다. 왜냐하면 덕 있는 사

---

10) 『孟子』, 盡心 上篇, "孟子曰 君子之所以敎者 五 有如時雨 化之者 有成德者 有達財者 有答問者 有私淑艾者 此五者 君子之所而敎也".

람에 대한 아리스토텔레스의 정의가 욕망과 관련된 감정, 판단, 행동 세 요소를 잘 갖추고 있는 사람이고 이 정의에는 누구나 상식적인 차원에서 동의할 수 있을 것이기 때문이다. 이러한 덕 있는 사람이 갖추고 있다고 믿어지는 덕성의 함양에 도덕과 교육은 '전혀' 기여할 수 없다는 주장이 과연 사실과 부합하는가?

결론적으로 말하면 그렇지 않다. 도덕과 교육을 통해서 덕성의 모든 것을 갖출 수 있다는 주장도 지나친 것이지만, 아무것도 할 수 없다는 주장도 역시 잘못된 것이다. 도덕과 교육은 자격을 갖춘 도덕교사라는 한 주체를 전제로 한다. 최병태는 이미 이 부분에서부터 잘못된 전제를 가지고 있다. 단순히 대학에서 교육학을 전공했다고 해서 자격을 갖춘 도덕교사라고 볼 수는 없다. 오히려 도덕과 교육의 본질을 제대로 이해하지 못한 채 강단에 서는 아마추어에 불과하다고 보는 것이 옳을 것이다. 물론 아마추어가 계속 아마추어로 남아 있으리라는 법은 없고 자신의 노력 여하에 따라 프로로서의 자격을 갖출 수도 있을 것이지만 최소한 도덕과 교육을 전공하지 않은 교사를 주체로 설정해 놓고 비판하는 것은 명백한 오류이다.

두 번째로 지적할 수 있는 사실은 덕성의 함양이 다양한 인간관계를 통해서 이루어진다는 전제를 받아들인다고 하더라도, 도덕교사가 그러한 기회를 더 많이 제공해 줄 수 있을 것이라는 기대가 가능하다는 점이다. 동일한 논리적 틀 내에서 보아 도덕교사가 덕성의 함양방법에 대한 전문적인 지식과 기술을 갖추고 있다고 전제하고 나면 이러한 기대는 충분히 현실성이 있다. 도덕교사가 교과서만을 일방적으로 읽어 가지는 않는다. 문제의식과 전문성을 갖추고 있는 교사들은 교과서를 자신의 관점에서 비판적으로 재해석하여 다양한 덕성함양의 기회를 제공해 주고 있다. 그러한 증거들을 우리 주변에서 찾아보는 일이 이제 결코 어렵지 않게 되었다.

세 번째로 우리는 아리스토텔레스의 도덕교육관을 다시 검토하면서 도덕과 교육의 가능성을 옹호하고자 한다. 그의 도덕교육관은 인간을 도덕적 농물로 성의하는 데서 출발한다. 그에 의하면 도덕적 행동이란 인간의 진정한 본성에 부응하는 행동일 따름이다. 그러나 인간의 이러한 도덕적 소질에도 불구하고 도덕교육이 필요한 이유는 자신의 내면세계 속에서 합리적인 원칙과 비합리적인 속성 사이에 끊임없는 충돌을 경험하고 있기 때문이다. 이성이 균형과 조화의 원리를 제공해 주는 반면에 비합리적인 열정은 끊임없이 과도함과 결핍 사이의 방황으로 이끈다. 따라서 인간은 누구나 도덕적 지식을 얻고자 노력해야 하고, 이것을 의지의 박약이라는 한계를 넘어서서 실천으로 연결시킬 수 있는 도덕적 훈련 차원의 도덕교육을 받아야만 한다.[11]

인간의 기능을 이성에 따라서 사는 것이라고 규정짓는 아리스토텔레스에게서 이 기능을 잘 수행하는 것이 덕이고 덕 있는 삶이 곧 행복한 삶이라는 결론이 자연스럽게 도출됨을 알 수 있다.[12] 이 덕을 표현하는 인간의 활동이 곧 선이고, 이 선은 바로 행복으로 연결된다. 그런데 인간의 내부에 존재하고 있는 열정과 같은 요소들이 이 이성을 방해하고 특히 의지의 박약(weakness of will)으로 말미암아 선과 행복을 모두 실현하지 못하는 것이 우리의 현실이고, 이 부분을 보완해 줄 수 있는 적극적인 도덕교육이 요청된다는 것이 그의 도덕교육관이라고 요약해 볼 수 있을 것이다.

도덕교육과 도덕적 훈련 사이의 관계에 대한 분석은 또 다른 논의를 필요로 하지만, 대체로 현대에 와서는 도덕적 훈련이라는 개념보다는 도덕교육이라는 개념을 보다 더 선호하고 있다. 이러한 선호의 배경에는 교육과 교화라는 개념들 중에서 교육이라는 개념이 더 선호되는 것과 같은 자율적이고 아동 중심적인 전제가 숨겨져 있다. 아리스토텔레스가 의지의 박약문제를 해결하기 위한 방안으로 제시한 바 있는 도덕적 훈련은 그런 점에서 강제성과 적극적인 개입의 위험성이 내포되어 있는지는 모르지만, 최소한 그의 논리적 전개를 쫓아간다면 그 필요성이 부각될 수밖에 없다. 도덕적 습관화 훈련을 통해서 이성이 본래의 기능을 다하도록 돕는 것이 도덕교육이라는 그의 주장은 주변 정리정돈에서 시작해서 응대예절의 습관화를 통해서 궁극적으로는 자신의 선함의 단서를 키워 주는 것을 교육과 도덕교육의 방안으로 제시했던 주희의 도덕교육관과 일맥상통한다.[13]

---

11) 이러한 아리스토텔레스의 도덕교육관에 대해서는 G. Verbeke, *Moral Education in Aristotle*(Washington D.C.: The Cathilolic University of America Press, 1990), 231~232쪽 참조.

12) 아리스토텔레스, 최명관 역, 『니코마코스 윤리학』, 서광사, 1984, 1098a 참조.

13) 주희와 아리스토텔레스의 인간관 사이의 유사성을 설명하고자 하는 논문으로 Stephen R. L. Clark, "Aristotle and the SUng Neo-Confucians", *Aristotle's Man*(Oxford: Clarendon Press, 1983), 212~216쪽 참조. 이 작은 글에서 클라크는 인간의

도덕과 교육은 도덕적 습관화를 위한 적극적인 프로그램을 제시할 수 있다. 최근에 예절교실과 같은 보다 전문화된 교실을 활용한 도덕수업을 통해서 그 가능성이 제시된 바 있기도 하다. 또한 덕성의 함양을 적극적으로 꾀할 수 있는 다양한 만남의 기회와 감화의 기회를 제공하는 수업도 교사의 계획에 의해 가능하다. 이러한 가능성을 무시한 채 도덕과 교육이 갖고 있는 한계만을 확대시켜서 도덕과 교육의 불필요성을 강조하는 일은 본래의 의도 와 달리 도덕교육의 방치로 연결될 수 있는 소지가 많다. 그런 점에서 대안 없는 반도덕과 교육론은 항상 비판적으로 검토되고 수용되어야 할 것이다.

4. 도덕과 교육을 통한 덕성교육에의 접근 모색

(1) 도덕과 교육학의 학문적 성격에 대한 재검토

도덕과 교육학은 교과교육학이다. 앞 절에서 우리는 도덕과 교육을 통한 덕교육의 가능성과 함께 그 필요성까지를 찾아보았다. 그럼에도 도덕과를 통한 덕교육의 가능성과 효과에 대해 끊임없이 반론이 제기되고 있는 것은 무슨 까닭일까? 논자는 그 이유 중에서 가장 크게 고려되어야 할 것이 바로 교과교육학으로서의 도덕과 교육학이 제대로 자리 잡지 못하고 있는 학계의 현실이라고 생각한다. 이미 도덕교과가 대한제국 시절부터 '수신'(修身)이라는 명칭으로 자리 잡고 있었고, 광복 이후에 정식 교과로 등장한 지도 25년 가까이 되어 가고 있음에도 그 학적 근거는 아직 제대로 정립되어 있지 못한 형편이다. 이러한 상황 속에서 도덕과 교육학의 학문적 정립을 위한 논의와 그 근거를 찾고자 하는 노력은 필수적이라고 생각된다.

교과교육학은 교과에 관한 응용학문으로 크게 보면 교과의 방법본에 주목하는 방법 중심의 교과교육학과 내용에서 출발하는 내용중심의 교과교육학으로 구분

본성에 대해서 주희가 기(氣)가 통제되는 정도와 이(理)에 의해서 순화되는 정도에 따라서 그 등급이 결정된다고 보고 본래 인간은 선함을 가지고 태어나지만 기에 의해서 잘못 이끌려진 나쁜 습관을 갖게 된다고 보았음을 지적하고 있다(같은 논문, 215쪽). 결국 이러한 나쁜 습관을 적극적으로 교정시켜 주는 것이 도덕교육의 역할이고 그렇게 본다면 아리스토텔레스의 도덕교육관과의 유사성이 더욱 부각될 수 있을 것이다.

해 볼 수 있다.[14) 그러나 이러한 구분은 편의상 하는 것일 뿐 교과 교육학은 내용과 방법 모두를 포괄하는 통합적이면서도 실천적인 학문이다.

도덕과 교육학은 그 자체로 하나의 학문영역을 이루고 있는 것이지만, 교과에 대한 정의에서 알 수 있는 바와 같이 교과를 구성하고 있는 학문영역과 밀접하게 연계될 수밖에 없다. 교과를 정의하는 방식이 단일하지 않지만, 학문 중심 교육과정론에 의거한다면 교과란 한 학문의 기본 구조와 지식을 학생들의 수준에 맞게 재구성해 놓은 것이라고 볼 수 있다.[15) 물론 이러한 정의는 지나치게 학문의 관점에서 교과를 정의한 것이라는 비판을 받을 수 있고, 그 외의 요소로 학생들의 경험적 요소를 추가한다거나 학문에 속하지 않는 것일지라도 사회적 요구와 필요에 따라서 교과의 내용에 추가될 수 있다는 점을 인정해야 할 것이다.

그렇게 볼 때 도덕과 교육학의 중심 내용은 무엇이라고 규정지을 수 있을 것인가? 우선 도덕과 교육학은 도덕적 문제에 대한 관심과 논의를 주된 내용으로 삼을 수밖에 없다. 도덕적 문제에 대한 관심은 학문적으로 볼 때 주로 윤리학의 영역에 속한다. 윤리학은 기본적으로 어떻게 살 것인가라는 문제에서 출발하는 실천학문이다. 20세기 초반부터 중반까지 분석윤리학이 주도권을 확보했던 영미윤리학계에서 이 당위적 질문은 윤리학의 관심사가 될 수 없다는 비상식적인 주장이 나오기도 했지만, 1970년대를 넘어서면서 규범윤리학은 다시 윤리학의 핵심영역으로 인정받게 되었다.

어떻게 살 것인가라는 문제에 접근하는 윤리학자들의 자세와 학문적 수준이 초·중등학교 학생들의 그것과는 다를 것이다. 그러나 그 근본은 동일할 수밖에 없다. 어떻게 사는 것이 바람직한가에 대한 근거를 찾고자 할 때 윤리학자들이 주로 의존하고자 하는 근거는 대체로 형이상학이거나 자연적 경험론이다. 그런데 우리 아이들도 이 문제에 대해서 윤리학자들만큼 체계화된 답변을 제시하지는 못할 것이고 그 수준도 낮을 수밖에 없겠지만, 본질적으로는 형이상학과 가까운 답변을 제공하거나 경험론적 답변을 찾아낼 것이다.[16)

---

14) 이러한 구분은 이돈희, 「교과교육학의 성격과 과제」 / 이돈희 외, 『교과교육학 탐구』(교육과학사, 1994)에 근거한 것이다. 그러나 이 구분은 기본적으로 방법과 내용 사이의 교과교육학적 연계성, 즉 방법이란 내용을 전제로 할 수밖에 없다는 사실을 염두에 두지 않은 고식적인 구분일 따름이다.

15) 김종서 외, 『교육과정과 교육평가』, 교육과학사, 1991, 63쪽 참조.

그렇다고 해서 도덕과 교육학이 곧 윤리학과 동일시되는 것은 아니다. 전자는 후자보다도 훨씬 더 다원적이고 통합적이다. 단순히 윤리학적 논의를 다루는 데 그치는 것이 아니고 이것을 어떻게 학생들의 수준에 맞게 재구성해서 가르칠 것인가라는 실천적인 문제를 다루어야 하기 때문에 도덕심리학의 도움을 받지 않을 수 없고 더 나아가 교수방법에 관한 일반적인 논의도 수용해야만 한다. 그런 이유로 도덕과 교육학은 필연적으로 학제적인 접근을 요구하는 것이다.

(2) 도덕과 교육의 목표로서의 '덕성함양'의 설정 문제

도덕과 교육의 궁극적 목표는 덕성을 갖춘 인간의 육성이다. 이 목표를 달성하기 위한 하위목표로 덕성의 함양이 제시될 수 있을 것이다. 논자는 이 장에서 인간은 덕성의 단서를 갖고 태어나고 도덕교육을 통해서 그 완성을 기대할 수 있다는 전제를 받아들였다. 이러한 전제는 온전한 덕성을 갖고 태어나기 때문에 교육을 통해서 개입할 수 없다는 주장과는 다른 것이다.

덕성이 무엇인가에 관한 상세한 논의는 하지 않았지만, 도덕에 관한 정의에서 보여 주는 바와 같이 '인간이 걸어야 할 길을 알고 이를 실천하고자 하는 성품'이라는 정도의 잠정적인 정의는 이미 앞선 논의 속에서 유추해 낼 수 있을 것이다. 인간으로서 지켜 나가야 할 규범이 무엇인가에 관한 논의도 결코 간단하지 않지만, 우리는 대체로 그러한 규범과 길이 있다고 믿고 있고 그러한 믿음은, 특히 전통 속에 살아 있다. 도덕적 상대주의의 강력한 도전 속에서도 다시 살아나고 있는 전통의 힘과 정당성은 그것이 우리 도덕과교육의 하나의 기반과 축이 된다는 점에서 중시되어야 한다.[17]

---

16) 어린이들의 윤리적 활동 또는 윤리학적 차원의 활동이 가능하고 또 필요하다는 사실은 주로 어린이늘의 철학함에 관심을 갖는 학자들에 의해서 입증된 바 있다. 그 대표적인 것으로 다음 책을 참고할 수 있다. Garth B. Matthews, *The Philosophy of Childhood*(Cambridge: Harvard University Press, 1994), 특히 도덕 발달단계에 따른 철학함의 가능성에 관한 논의가 5장 '도덕 발달'에서 이루어지고 있다.

17) 전통과 유리된 합리성 논의를 비판하면서 '전통의존적인 합리성' 개념을 주창하고 있는 서구의 대표적인 윤리학자는 매킨타이어이다. 물론 그의 논의 속에서 전통은 그리스적 전통 등의 서구 전통이지만, 그의 논의는 우리의 전통과 합리성 문제에도 많은 도움이 될 수 있을 것이다. A. MacIntyre, *After Virtue*(Indiana: University of Notre Dame Press, 1984), 제15장 특히 덕과 전통의 관련성에 대한 설명은 223쪽 참조. 또한 박병기와 추병완, 『윤리학과 도덕교육 1』(인간사랑, 1996), 제11장 '현대 윤리학의 전통과 합리성'을 참고하기 바란다.

도덕과 교육을 통해서 단순한 덕목 전달이 아닌 덕성을 함양해야 한다는 사실은 상식적인 차원의 도덕교육 논의에서도 쉽게 찾아볼 수 있다. 덕목은 덕을 담고 있는 추상화된 개념으로 존재하는 것이다. 예를 들어 정직이라는 덕목을 보기로 하자. 일단 귀납적인 관점에서 본다면, 정직은 정직한 사람들의 성품과 행동을 고찰하여 그 공통적 요소를 뽑아낸 것이라고 볼 수 있다. 연역적인 관점에서 본다면 윤리학적 차원에서 정직의 의미를 규정지어 놓은 것이라고 할 수 있다. 보다 구체화시켜 보면 귀납적 차원의 정직이란 거짓말을 하지 않는 것을 포함해서 자신의 본모습을 투명하게 내보일 수 있는 자세와 원칙에 충실하고자 하는 사람들의 성품적 특성을 추상화시켜 놓은 것이다. 물론 이러한 구체화의 전제 속에는 이미 어떤 형식으로든지 우리들의 전통 속에서 규정지어 온 정직에 대한 정의가 포함되어 있다고 할 수 있다.

이 정직이라는 덕목은 각 개인들에게서 구체화될 때 비로소 덕성의 성격을 갖게 된다. 정직이라는 덕목에 대해서 가치를 부여하고(또는 평가하고) 그것이 한 개인의 성품 속에 내면화하고 있을 때 우리는 그 사람에 대해서 정직한 사람이라는 평가를 내린다. 그리고 그 사람의 정직성이 바로 덕성이 되는 것이다. 따라서 우리가 도덕과 교육의 목표로서 덕목교육을 통한 덕성의 함양을 설정하는 것은 매우 자연스럽고 당연한 일이다.

도덕과 교육에서 덕목교육을 통한 덕성의 함양, 즉 덕성을 갖춘 인간의 육성을 목표로 내세우는 것은 자연스럽고 당연한 일임에도 불구하고 그동안 소위 '덕목주의'라는 이름으로 배척받아 왔다. 그 이유는 덕목주의가 단순히 덕목의 전달에 초점을 맞추고 주체의 독자성과 자율성을 인정하지 않았기 때문이다. 덕목이 덕성으로 전환되는 과정에서 주목해야 하는 두 주체는 교사와 학생이고 이 두 주체 사이의 관계는 근본적으로는 수평적이나, 다만 교사의 주도권이 교육의 목적상 인정될 수 있을 뿐이다. 추상화된 덕목을 학생들을 그다지 고려하지 않고 전달한다는 것은 불가능하거나 최소한 효과적이지 않다. 일정 부분에서 덕목의 전달을 염두에 두되, 간접적인 방식으로 자연스럽게 상호 작용하는 만남의 기회를 통해 주고받는 방법이 효과적일 것이다.[18]

5. 도덕과 교육의 학문적 근거 강화의 과제 – 결론을 대신하여

우리는 이 장을 통하여 도덕과 교육이라는 매개체를 활용하는 덕성교육의 가능성을 모색해 보고자 했다. 결론은 우선 도덕과 교육을 통한 덕성교육이 가능하다는 것이고 또 현재의 우리 상황 속에서는 필수적인 통로라는 것이다. 이러한 결론에 대한 반론이 충분히 제기될 수 있고, 그 반론이 정당화될 수 있는 여지도 있다. 그러나 논자는 그러한 반론들이 도덕교육을 강화하고자 하는 숨은 의도를 감추고 있는 경우이거나, 드러내 놓고 통합적 도덕교육을 강조하는 차원에서 제기되는 것이라면 논리적 귀결과는 별도로 도덕교육 자체의 약화를 가져올 수 있다는 사실을 지적하고자 한다.

도덕교육은 매우 포괄적이고 광범위한 영역 속에서 때로는 의도적으로, 더 많은 경우에는 의도가 섞이지 않은 상황 속에서 총체적으로 이루어진다. 그런 특성 때문에 그중 어느 부분에 주목하느냐에 따라서 의도적인 도덕교육에 대한 반론을 제기할 수도 있고 그것이 지닐 수 있는 설득력의 강도도 커질 수 있다. 그러나 스트로앤이 적절하게 지적하고 있는 것처럼, 그 어떤 도덕교육적 노력도 "아이들을 선하게 가르칠 수 있다는 것을 보장할 수는 없다."[19] 그렇다고 해서 그러한 모든 노력들을 포기할 수는 없다. 오히려 그러한 현실적 제약에 맞서서 보다 적극적인 노력을 기울여야 한다는 당위가 도출될 수 있다.

스트로앤이 제안하고 있는 도덕교육을 수행하는 주체는 셋이다. 첫째는 가정의 부모이고, 둘째는 일상 학교생활 속에서의 모든 교사이며, 셋째는 계획된 도덕교육 프로그램의 수업과 활동을 이끌어 가는 도덕교육 전문교사이다.[20] 이 세 주체 사이의 유기적인 관계가 형성되고 그것이 통합적으로 이루어질 때 비로소 도덕교육의 효과를 기대할 수 있다는 것이다. 논자는 이러한 스트로앤의 주장에다가 각

---

18) 그런 점에서 현재의 우리 초·중등학교의 학급당 인원수는 극히 비교육적인 수준이다. 교사와 학생들 사이의 인격적인 만남이 가능해지는 적정 규모의 학급 구성은 지극히 서둘러야 하는 우리의 절대적 과제이다. 다만 이것이 단기간 내에 이루어지기 어렵다는 점을 고려해서 도덕 특별 교실과 같은 새로운 공간을 만들어 보는 시도가 있을 수 있고 이미 제6차 교육과정에서 이러한 시도가 제안된 바 있다.

19) R. Straughan, 남궁달화 역, 『도덕철학과 도덕교육 – 우리는 아이들을 선하게 가르칠 수 있는가 – 』(교육과학사, 1996), 150쪽.

20) 앞의 책, 같은 곳.

주체들 간의 유기적 연계와 그 도덕교육 노력들 통합을 위한 전제 조건으로 도덕과 교사의 치밀한 계획과 노력을 덧붙이고자 한다. 도덕교육에 대한 전문성을 갖추고 있는 교사에 의해 주도되는 통합적인 도덕교육 프로그램의 현실적 효과는 여전히 의문의 여지를 남기지만, 우리에게 남겨져 있는 대안은 그리 많지 않다.

이제 기존의 도덕과 교육의 경험적 성과에 대한 평가를 바탕으로 하는 반도덕 교육론에 대해서는 그 의미를 제한적으로 해석할 상황이다. 물론 이러한 제한은 기존에 도덕과 교육을 담당해 온 주체들의 반성을 전제로 할 때 성립될 수 있다. 도덕과 교육의 도덕교육적 목표를 도외시하고 그 외의 다른 목표 달성, 아니 본질적 목표와 긴장관계를 지닐 수밖에 없는 현실적 목표들에 치중해 왔다는 사실은 변명의 여지가 별로 없다. 부도덕한 정권의 정당화에 앞장섰다거나 분단을 고착화시키는 반통일적 이념교육에 치중했다는 역사적 과오가 바로 그러한 반성의 대상이다.

이제 도덕과 교육은 도덕교육 외적인 요소들을 털어 버리고 그 본질적 목표 달성을 위한 노력으로 방향을 전환해야 한다는 요구에 직면하고 있다. 그러한 요구에 적절하게 대응하기 위해서는 우선 그 목표를 재설정하는 일부터 시작해야 하겠지만, 보다 근원적인 차원에서는 '도덕과 교육학'이라는 실천적 학문의 기반을 강화하는 일에 몰두해야 한다. 교과교육학의 학문적 위상에 대한 논의가 아직도 지속되고 있는 상황이지만, 일반학문의 영역과는 분명히 구분되는 독자적 연구주제와 영역을 갖고 있고 독자적인 방법론의 설정이 가능하다는 것이 입증된 만큼 이제 그러한 낮은 차원의 시비는 불식시켜야 할 때라고 판단된다. 오히려 보다 적극적인 차원에서 전 교과에 걸쳐서 적용될 수 있는 보편적 이론과 각 교과의 특수성이 살아날 수 있는 방향으로 통합된 연구를 진행해야 한다는 과제가 우리들에게 주어져 있다.

제16장 공동체주의적 도덕교육론

추병완

1. 서 론

오늘날 우리는 도덕교육에 있어서 그동안 무시되어 왔었던 두 가지의 중요한 개념들이 다시 새롭게 등장하고 있음을 볼 수 있다. 그러한 두 가지 개념은 바로 '인격'(character)과 '공동체'(community)라고 말할 수 있다. '덕윤리학'(ethics of virtues) 과 '인격교육'(character education) 그리고 '공동체주의'(communitarianism)의 대두는 도덕교육 분야에 있어서 바로 그러한 두 개념들의 부활을 촉진하는 결정적인 계기가 되었다. 우리는 이러한 인격 및 공동체개념의 부활을 일컬어 도덕교육에 있어서의 '패러다임 이동'(a paradigm shift)이라고 부를 수 있다(추병완, 1885: 1996). '인격' 및 '공동체'라는 두 개념이 도덕교육 이론에 다시금 포함됨으로써, 도덕교육 이론들이 이전에 비하여 더욱 세련되고 풍부해질 것만은 분명하다(Chu, 1996; Lickona, 1991: Noddings, 1996: Sichel, 1988).

그러나 그러한 섣부른 기대에 앞서서 우리는 먼저 '인격'과 '공농체'라는 개념이 과연 무엇을 의미하고 있는 것인지를 자세히 살펴볼 필요가 있다. 왜냐하면 우리는 깊은 생각이 없는 가운데 단순히 시대정신(zeit geist)을 쫓는 것이 가져오는 비극의 피해자가 되는 것을 원하고 있지 않기 때문이다. 우리는 그동안 비판적 성찰을 게을리하는 가운데 미국에서 개발된 '인지적 도덕 발달 접근'(cognitive moral development approach)이라는 하나의 거대 설화(a meta narrative)를 맹목적으로 추종해 온 결과가 우리의 도덕교육에 어떠한 부작용과 문제점들을 낳게 되었는지를 이미 잘 경험한 바 있기 때 문이다(Taylor, 1996).[1]

주지하는 바와 같이, 도덕교육의 목표는 훌륭한 도덕적 인격(moral character)을 지닌 도덕 행위자(a moral agent)를 만들어 내는 데 있으며, 그러한 도덕적 인격은 바로 도덕적 공동체 속에서의 삶을 통하여 가장 잘 이루어진다고 볼 수 있다(Chu, 1996). 하지만 핀콥스(Pincoffs, 1984)가 지적한 바와 같이, 지금까지의 도덕교육 이론들은 '어떤 유형의 인간'을 육성해 낼 것인가라는 본질적인 문제보다는 '어떤 행동이 올바른 것'인지를 알고, 판단하고, 결정하는 특수한 사고 과정에만 배타적으로 치중함으로써, 도덕성과 도덕교육의 복합적인 성격과 의미를 지나치게 간과하여 왔다. 또한 우리는 지금까지 도덕교육에 있어서 덕, 인격, 공동체 등과 같은 핵심적인 개념들에 대한 비판적인 분석이나 구제적인 합의를 모색하지 않는 가운데, 학자들마다 필요에 따라서 그러한 개념들을 자의적으로 사용함으로써, '개념적 늪'(a conceptual swamp)에 빠지는 중대한 실수를 저지르고 말았다. 따라서 도덕교육에서의 패러다임 이동은 우리나라의 도덕교육에 시사하는 바가 매우 크다고 할 수 있다.

이러한 맥락에서, 이 글의 목적은 지난 1980년대부터 미국에서 일기 시작한 '공동체주의적 도덕교육론'(communitarian perspectives on moral education)의 유용성을 이론적으로 검토해 보는 데 있다. 공동체주의자들은 기존의 자유주의자들의 정치이론, 도덕이론, 철학적 심리학이론 등을 비판하는 가운데, 덕과 인격의 함양, 전통과 역사의 중요성, 공동체의 복원 등과 같은 매우 유용한 도덕교육적 개념들을 포괄적으로 제공하여 주고 있기 때문이다. 이에 이 장에서 밝히고자 하는 구체적인 내용들은 다음과 같다.

첫째, 공동체주의의 실상을 명확히 파악하고, 자유주의 이론과의 차이점을 명료화하기 위하여, 지난 1980년대부터 본격적으로 제기되었던 자유주의와 공동체

주의 사이의 논쟁 내용을 검토한다.

둘째, 공동체주의의 기본 강령과 사회 정책적 대안들을 파악함으로써, 사회운동(social movement)으로서의 공동체주의의 성격을 규명한다.

셋째, 공동체주의적 도덕교육이 제시하고 있는 도덕교육의 기본 원리들을 살펴보고, 도덕교육 이론에의 시사점을 밝힌다.

2. 자유주의와 공동체주의 논쟁

지난 1980년대 초반부터 일기 시작한 자유주의와 공동체주의 사이의 논쟁은 사실상 자유주의가 하나의 정치적·철학적 운동으로 출현하기 시작했었던 근대로 거슬러 올라갈 수 있다. 17세기 영국의 로크(John Locke)와 18세기 프러시아의 칸트(Immanuel Kant)는 평등, 개인의 권리, 보편화 가능한 도덕적 원칙 등을 강조하는 사회 및 인간본성에 대한 하나의 이론적 관점들을 만들어 내었다. 자유주의는 일단 수용된 견해에 대한 無疑心的 容認보다는 自律的인 推論을 선호하고 있다는 점을 고려하여 볼 때, 그러한 자유주의적 관점들이 전통적인 정치적 권위의 정당성과 필연성, 위계적인 사회구조들을 상정하고 있었던 前啓蒙主義 시대의 정치·도덕 철학들과 불협화음을 일으켰다는 것은 쉽게 짐작할 수 있는 일이다. 따라서 로크와 칸트, 그리고 여타의 초기 자유주의자들은 "폴리스는 모든 인간 활동의 자연적이고 당위적인 기반이다"라고 주장한 고대 희랍의 아리스토텔레스(Aristoteles), "영국의 법과 사회에 있어서 모든 것들은 마땅히 있어야만 할 것들이다"라는 자기만족적 논의를 고집한 윌리엄 블랙스톤(William Blackstone), 그리고 '권리의 철학'을 통하여 인간이 지니고 있는 도덕적·정치적 능력을 완전하게 실현하는 데 있어서 가정, 조합, 국가와 같은 다양한 형태의 공농체들이 시니고 있는 중요성을 강조했었던 헤겔(Hegel) 등을 통하여 거의 정점에 달했었던 당대의 공동체주의 혹은 초보적인 공동체주의(prot-communitarianism)에 대하여 크게 반발했던 것으로 여겨질 수 있다. 그러나 그러한 초보적인 공동체주의론은 '그리스도國'(Christendom)과 같은 거대 사회에 대한 신학적 개념으로부터 비롯된 것임에 반하여, 오늘날의 공동체주의적 관점들은 '사회적 협력관계'(social affiliation)'가 아주 중요한 인간적인 욕구일 뿐만 아니라, 모든 사고와 가치, 자기 인식을 위한 기반이 되는 것이라는 아주 세속적이고, 심리학적인 통찰력으로부터 나온 것이다 (Wren, 1996).

오늘날의 공동체주의는 도덕·정치이론에서의 한 교조로서, 개인은 공동체라는 맥락 안에서만 도덕적 존재로서, 그리고 정치적 행위자로서 제 기능을 다할 수 있다고 주장한다. 공동체주의자들은 무엇보다도 현대사회에 있어서 공동체와 공동선의 중요성을 강조하는 데 그 초점을 두고 있다(Etzioni, 1989). 공동체주의는 도덕 및 정치이론 가운데 두 가지 영향력 있는 자유주의적 전통들, 즉 공리주의와 칸트주의에 대한 비판과 밀접하게 연관되어 있다. 공동체주의 사상가들은 그러한 두 가지 전통 속에서 나온 '합리성'의 개념이나 '인간 행위자'에 대한 이해를 신랄하게 비판하였다(박병기·추병완, 1996). 그들에 따르면, 공리주의는 합리성을 손실과 효용에 대한 도구적 계산에만 국한시키고 있으며, 그에 따라 인간 행위자를 효용의 극대화를 기하려는 계산적인 사람으로 단순화하고 있다는 것이다. 한편, 공동체주의 사상가들에 따르면, 칸트주의는 합리성을 순수하게 형식적이고 절차적인 맥락에서 파악하고 있으며, 인간 행위자를 어떤 구체적인 역사적·사회적·정치적 상황으로부터 추상화되어 있는 것으로 보고 있다고 한다(Noddings, 1996). 공리주의와는 달리, 공동체주의는 성찰, 숙고, 합리적 평가의 역할을 강조하고 있는 보다 실재적인 합리성 개념을 주창하고 있다. 한편, 칸트주의와는 달리, 공동체주의는 인간 행위자를 구체적인 도덕적·정치적 상황 속에 놓여 있는 존재로 보고 있으며, 그러한 '상황 속에 놓여 있는 자아'(the situated self)를 위하여 공동의 목적이나 애착이 가정하고 있는 구성적 역할을 강조하고 있다. 일군의 사상가들이 공동체주의라는 교조를 만들어 내는 데 있어서 결정적인 역할을 하였는데, 그중에서도 매킨타이어(Alasdair MacIntyre), 샌덜(Michael Sandel), 테일러(Charles Taylor), 웅거(Robert M. Unger), 왈쩌(Michael Walzer), 바버(Benjamin Barber), 셀즈닉(Philip Selznick), 에치오니(Amitai Etzioni) 등은 오늘날 가장 대표적인 공동체주의

사상가로 꼽히고 있다.

오늘날 자유주의와 공동체주의 사이의 논쟁을 불러일으키는 결정적인 효시가 된 것은 바로 1971년에 출판된 롤즈(John Rawls)의 '정의론'(Theory of Justice)이다 (Hekman, 1995).[2]

롤즈는 이 책에서 자유 민주주의 체계에 대한 당대의 공리주의적 원리들을 공정성, 보편화 가능성, 인간 존중 등과 같이 더욱 명백한 칸트적 원리들로 대체하고자 시도하였다. 완벽하게 합리적인 개인들이 부담과 급부를 분배하기 위한 가장 공정한 제도들에 대해 숙고하고 선택하는 것을 함의하고 있는 '원초적 입장'(original position)이라는 새로운 개념을 도입하는 가운데, 롤즈는 미국의 정치체계를 시공을 초월하는 지적인 무대 속에 투사해 보려는 그의 비전을 효율적으로 투사해 보고자 하였다. 원초적 입장이란 당사자들이 무지의 베일 뒤에 가려져 있는 상태를 의미한다. 그러므로 그들은 다양한 대안들이 그들 자신의 특정한 사례에 어떤 영향을 미치게 될 것인지에 대해 전혀 알고 있지 못하며, 따라서 보편적인 고려에 근거해서만 원칙들을 평가하게 된다는 것이다(pp.136~137).

롤즈의 논지에 대한 가장 중요한 최초의 이론적 반발은 샌델(Michael Sandel, 1981)의 '자유주의와 정의의 한계'(Liberalism and the Limits of Justice) 그리고 매킨타이어(Alasdair McIntyre)의 '덕 이후'(After virtue, 1984)라고 할 수 있다. 샌델과 매킨타이어는 고립되어 있고, 자율적이며, 열망과 신념에 대하여 철저하게 합리적 소유자로서 상정된 롤즈의 개별적인 도덕 행위자 모델을 비판하면서, 그러한 롤즈의 모델은 마땅히 특정한 문화 속에 뿌리를 두고 있고, 자아 인식의 최초 이르기까지 사회적으로 순간으로부터 자아상 혹은 개별적 정제성의 완성에 관련되어 있는 새로운 자아 모델로 대체되어야만 한다고 주장하였다. 샌델은 개인의 정체성 형성에 있어서 공동체의 구성적 역할을 강조하였고, 주로 롤즈의 정의론에 있어서 그 바탕이 되었던 추상적이고 구속이 없는 자아 개념의 부적절함을 보여 주

---

2) 헥먼(1995)은 자유주의자들에 대한 공동체주의자들의 비판을 다음과 같은 두 가지 특징으로 요약하고 있다. 첫째, 공동체주의자들의 비판은 롤즈에 의해 시도된 자유주의의 부활에 대한 하나의 사상적 반작용이다. 둘째, 자유주의의 부활 움직임에 의해 촉진된 비판의 지적 분위기가 이전과는 상당히 다르다. 오늘날 자유주의자들에 대한 공동체주의자들의 비판은 주로 해석학, 기호학, 해체이론 등과 같은 새로운 지적 조류에 그 기반을 두고 있다. 그러므로 자유주의자들에 대한 공동체주의들의 비판은 단순한 내적 비판이 아니며, 근대성에 대하여 전면적인 비판이라고 평가할 수 있다.

었으며, 인간 행위자에 대한 이론에 있어서 성찰과 숙고와 같은 인지적 차원을 강조하였다.

매킨타이어는 인간 본성에 대한 목적론적 개념과 인간 행위자에 대한 상황주의적 개념을 옹호하였다. 목적론적 개념에 따르면, 도덕적 행동은 규칙이나 원리들(의무론)에 대한 의식적인 고수에 의해서가 아니라, 선의 실현을 목표로 하는 덕의 실천에 의해 특징화되는 것이다. 그러한 선은 매킨타이어가 말하는 인간 생활의 '설화적 통일'(narrative unity)을 통해서 얻어질 수 있는 것이다. 인간 행위자에 대한 상황주의적 관점에 따르면, 도덕적 전통의 경계 혹은 도덕적 공동체의 경계 안에서를 제외하고는 어떤 행위자도 행동을 찾고, 해석하고, 평가할 수 없다는 것이다. 매킨타이어의 관점에서 볼 때, 도덕 및 정치에 대하여 합리적 근거를 제공하려던 계몽주의적 기획의 가장 큰 오류는 인간 본성에 대한 목적론적 개념과 인간 행위자에 대한 상황론적 이해 모두를 거부한 데 있다고 한다. 그 결과, 경쟁적인 가치들 사이에서 판결하기 위한 아무런 근거도 개인들에게 남겨 두지 않았으며, 그들의 행동이 의미 있고 일관되게 행사될 수 있는 경계로서의 도덕적 상황을 박탈해 버렸다고 한다.

그 후 몇 년 동안 공동체주의 문헌에 대한 몇몇의 중요한 기여자들이 나오게 되었는데, 그 가운데 주목할 만한 사람은 바로 테일러(Charles Taylor, 1989a; 1989b)와 월쳐(Michael Walzer, 1983; 1987)이다. 테일러에 따르면, 현대의 자유주의 이론은 인간에 대한 원자론적 개념에 근거해 있으며, 지나칠 정도로 의지와 선택의 자유에만 배타적으로 초점을 두고 있는 인간 행위자를 상정하고 있다고 한다. 노직의 저술 속에서 가장 분명하게 표현되고 있는 원자론적 개념에 반대하면서, 테일러는 개인의 정체성에 있어서 사회적·문화적·언어적 구성 요인을 강조하고 있는 관계적이고, 상호 주관적인 자아 개념을 제시하였다. 인간 행위자에 대한 유의적 혹은 자발적인 개념에 반대하면서, 테일러는 비판적 성찰, 자기 해석, 합리적 평가의 역할을 강조하고 있는 인지적 개념을 만들어 내었다.

주지하고 있는 바와 같이, 이러한 문헌들은 롤즈, 노직(Robert Nozick), 드워킨(Ronald Dworkin), 하버마스(Jurgen Habermas), 킴리카(Will Kymlicka) 등의 자유주의

자들에 대한 반대 견해로부터 나온 것이었다. 자유주의와 공동체주의 논쟁은 1990년대에 들어서도 계속되고 있는 가운데, 점차 두 관점들에 대한 모종의 수렴이 도래하고 있는 것처럼 보이며, 적어도 그 이론적 대립이 이전보다는 많이 누그러졌다고 볼 수 있다.[3] 이에 따라, 벨(Daniel Bell, 1993), 에치오니(Etzioni, 1991; 1996), 셀즈닉(Selznick, 1992; 1994) 등과 같은 학자들은 '自由主義의 共同體化(the communalization of liberalism)', '공동체주의적 자유주의(communitarian liberalism)', '자유주의적 공동체주의(liberal communitarianism)', '반응적인 공동체(responsive community)' 등과 같은 다소간 수렴적인 용어를 사용하기 시작하였다.

오늘날 자유주의와 공동체주의 사이의 논쟁은 몇 가지 수준 속에서 이루어지고 있다. 정치이론의 수준에서 볼 때, 그러한 논쟁은 法的 構造 혹은 政府構造와 종교나 인종 집단과 같은 문화구조 사이의 논쟁, 그리고 분배적 정의의 구조와 범위에 대한 논쟁형태를 띠고 있다. 도덕이론의 수준에서 볼 때, 그러한 논쟁은 가치와 의무 사이의 관계에 대한 논쟁, 더욱 구체적으로 말해서 '선 혹은 좋음'(good)이 개념이 '옳음'(right)에 대한 원리들에 논리적으로 근거할 수 있는 것인지 혹은 그 반대인 것인지에 대한 논쟁형태를 띠고 있다. 끝으로, 흔히 철학적 심리학(philosophical psychology)이라는 수준에서 볼 때, 그러한 논쟁은 바로 자아의 본질에 대한 논쟁이라고 표현할 수 있다. 이를 보다 자세하게 살펴보면 다음과 같다.

(1) 정치이론

자유주의자들은 법들과 다른 사회적 제도들은 선에 대한 개별적인 인간의 개념화 혹은 문화적 집단에 특수한 선(좋음)의 개념에 대하여 중립적인 것이라고 주장하고 있다. 전체로서의 정치체계뿐만이 아니라 그러한 제도들은 각 개인들이 다른 사람들의 선(좋음)을 침해하지 않는 한도 내에서 자신들의 선한 생활을 추구

---

3) 일례로, 롤즈(1985)는 공동체의 역할을 인정하는 가운데 그의 초기 입장을 다소 수정하였다. 롤즈에 따르면, 오늘날 시민이라고 불리고 있는 사람들의 기본적인 가치들은 사회적 실재로부터 초연해 있는 직관으로부터 연유된 것이 아니라, 현대 국가의 기반이라고 할 수 있는 중첩된 합의(overlapping consensus)로부터 연유된 것이라고 한다. 또한 롤즈는 역사적·사회적 특수성을 인정하는 가운데, 그의 이론은 오늘날 서구의 산업화된 민주 사회에서만 적실성을 지니고 있음을 시인하였다. 마찬가지로, 드워킨(1977; 1978)도 그의 이론의 핵심이라 할 수 있는 '동등한 관심과 존중'의 개념이 역사적·정치적으로 착근되어 있음을 밝히고 있다.

하는 것이 가능할 수 있도록 해 주기 위하여 존재한다는 것이 자유주의자들의 입장이다(Streba, 1995). 반면에, 공동체주의자들은 비록 선(좋음)에 대한 개념이 문화적으로 특수한 것이라고 할지라도, 정치구조들을 필연적으로 선(좋음)에 대한 개념에 의해서 조형된다는 입장을 지니고 있다. 달리 말해, 이를테면 동전 위에 '우리가 믿고 있는 신'이라는 문구를 새겨 놓은 것과 같이 국가가 특정한 전통이나 가치들에 대해 특별한 지원을 하는 것이 전혀 잘못된 처사가 아니며, 때로는 그렇게 하는 것이 국가 자체의 복리에 있어서 매우 중요한 것이라고 주장하고 있다(예를 들어, 위기의 시대에 있어서 국민들을 하나로 묶을 수 있도록 국가 정체성을 보존해 나가는 것). 이러한 두 입장들 사이에서 다소 중도적인 입장이 지난 몇 년간 테일러(1989a; 1989b)와 왈쩌(1983; 1987)의 저술 속에서 나오기 시작했는데, 그들에 따르면 민주적 자유주의는 선에 대한 개념뿐만이 아니라 정의의 원칙을 구성해 가고 있는 '하나의 분투적인 신조'(a fighting creed)라고 한다.

분배적 정의의 문제는 최근 공동체주의자들의 자유주의자들에 대한 비판에 있어서 핵심을 이루고 있다. 왈쩌, 샌델, 테일러는 정의에 대한 자유주의적 개념, 특히 롤즈의 공정성으로서의 정의의 개념은 여러 가지 측면에서 결함을 나타내고 있다고 주장한다. 이를테면, 왈쩌(1983)는 모든 사회적 재화에 적용 가능한 단 하나의 분배적 정의의 원리는 존재하지 않는다고 주장하고 있다. 즉 그는 롤즈와 같은 모든 영역에 통용될 수 있는 단일의 평등 개념을 거부하였다. 오히려 상이한 사회적 재화들은 사회적 재화 그 자체에 대하여 구성원들이 지니고 있는 상이한 이해관계로부터 파생하는 상이한 이유에 의해, 그리고 상이한 기준에 따라서 분배되어야만 한다는 것이다. 이에 따라, 왈쩌는 정의의 영역들을 소속감, 안전과 복지, 돈과 상품, 관직, 사회에서 힘든 일, 자유 시간, 친족 관계와 사랑, 신의 은총, 인정, 교육, 정치 권력 등 11가시로 구별하고, 그것들이 각각 어떠한 원리에 의해서 분배되어야 하는지를 밝힌 바 있다. 왈쩌에 의하면, 가장 중요한 재화는 정치 공동체에의 소속감이기 때문에, 분배적 원리들은 공동체의 본질과 목적 그리고 공동체를 통해서 얻어지게 되는 사회적 재화들의 본질과 목적들에 상응해야만 한다고 한다.

한편, 테일러는 현대 자유 민주주의 사회는 상이하면서도 때로는 상호 배타적인 분배적 정의의 원리들-권리, 가치, 소속감, 수요, 기여도-에 근거하여 작동하고 있다고 주장하였다. 그러므로 우리는 분배에 대한 단일의 원리를 추구하는 것을 버려야만 한다는 것이다. 그 대신에 분배적인 조정은 분배적 정의에 대한 독립적이고 상호 환원 불가능한 원리들에 근거해야만 하고, 그에 따라 평가되어야만 한다는 것이다.

테일러와 왈쩌에 따르면, 상이한 재화들 및 상이한 영역들을 가로질러 적용 가능한 단일의 거대한 분배적 정의의 원리를 추구하는 것이 현대 자유주의자들에게는 그럴듯하게 보인다. 왜냐하면 그들은 권리의 담지자로서의 자율적인 자아의 입장으로부터 출발하여, 분배적 정의의 문제를 주권을 지닌 개인들 사이의 경쟁적인 권리 요구라는 관점에서 구성해 보려고 하기 때문이다. 만약 그렇게 채택된 틀이 오히려 개인에 대한 사회적 개념과 공동체의 우선성에 대한 인식으로부터 출발하게 된다면, 정의의 원리들은 그 형태 속에서 다원적이어야만 한다는 주장이 가능하게 된다. 그러므로 분배적 정의에 대한 상이한 원리들은 재화에 대한 상이한 개념 그리고 인간 연합의 가치에 대한 상이한 이해를 정련하게 된다는 것이다.

또한 샌델(1982)은 공동체의 요구보다도 정의를 우선시하는 것에 대해 도전을 제기하였다. 그는 우정, 상호 지식, 공동선의 획득을 강조하는 정치에 대한 이해를 선호하였다. 그의 견해에 따르면, 공동선에 대한 정의의 우선성을 주장하는 롤즈의 견해는 자아의 목적보다는 자아를 우선시하는 동등한 주장이 타당할 때에만 견지될 수 있다는 것이다. 인간에 대한 그러한 견해는 우리의 공동 목적과 그 성취에 이어저의 구성적 역할을 설명하는 데 실패하고 있기 때문에 적절하지 못하다는 것이다. 이러한 구성적 목적들과 애착을 고려하고 있는 대안적인 인간 개념을 설정함으로써, 샌델은 우리가 옳음이나 정의보다는 공동선에 의해 지배될 수도 있다고 주장한다. 정치에 대한 그의 공동체주의적 개념에 따르면, 정의의 주장들은 여전히 아주 한정된 적용을 지니고 있으나, 그것들은 이제 더 이상 공동체의 가치 혹은 공동선의 필요조건들에 비해 우선성을 지닐 수 없다고 한다.

(2) 도덕이론

자유주의자들은 도덕을 기본적으로 '절차적 옳음'(procedural rightness)의 문제로
서 파악하고 있다. 즉 자유주의자들은 우리의 목적 그 자체가 아무리 소중한 것이
라고 할지라도, 우리가 실제적인 재화나 목표들을 구현하기 위하여 불공정한 절
차나 그렇지 않으면 수용 불가능한 절차들을 사용하는 것은 비도덕적인 것이라는
점을 강조하고 있다. 이러한 자유주의자들의 도덕에 대한 관점은 공동체주의의
목적론적 혹은 목표지향적인 개념화, 그리고 고전적 공리주의의 입장과는 전혀
상이한 관점, 즉 본질적으로 도덕에 대한 의무론적 혹은 의무지향적인 개념화를
나타내고 있다고 표현할 수 있다. 모든 의무론적 개념화가 반드시 그런 것은 아니
지만, 어쨌든 '옳음'의 중심적 원리는 공정성의 원리, 즉 칸트의 용어로 말하자면
'정언명령'(categorical imperative)이다. 어떤 행동의 옳음에 대한 도덕적 판단은 개
별 행위자의 입장을 초월해 있는 어떤 관점으로부터 나오게 된다. 즉 도덕적 판단
들의 타당성은 자신의 역사적 상황으로부터 자유로운, 그리고 문제시되고 있는
그 행동에 의해 자신이 어떤 영향을 받게 될 것인지에 대해 전혀 상관하지 않는
유능한 추론가에 의해 인지될 수 있다는 것이다. 따라서 도덕은 계몽주의 시대의
정치 교조 속에서 만발했었던 '인간의 권리'에 상응하는 가운데 보편화가 가능한
일군의 도덕적 규칙들인 셈이다.

예를 들어, 롤즈의 정의론에서 중심적인 주장 가운데 하나는 정의로운 사회는 선
에 대한 어떤 특수한 개념을 증진하는 것이 아니라, 그 대신에 개인들이 타인들을
위한 유사한 자유와 일치하는 가운데 자신들의 가치와 삶의 계획들을 추구할 수 있
는 한도 안에서의 기본적인 권리와 자유들에 대한 중립적인 틀을 제공해 준다는 것
이었다. 그러므로 정의로운 사회는 선에 대한 어떤 특정한 개념을 미리 전제하지
않는 원리들에 의해 지배되어야만 한다. 이러한 원리들을 정당화해 주는 것은 그러
한 원리들이 좋음(선)에 앞서며, 그것으로부터 독립되어 있는 옳음의 개념에 따르
고 있다는 것이다. 옳음은 좋음에 앞서는 것이다. 이것은 두 가지 의미에서 그렇다.
첫째, 개인의 권리들은 전체의 복리나 선을 위하여 희생될 수 없다. 둘째, 그러한

권리들을 구체화시켜 주는 정의의 원리들은 어떤 특정한 좋음의 개념에서 전제되는 것이 아니라, 옳음의 개념으로부터 독립적으로 파생된 것이어야만 한다.

이와는 달리, 공동체주의는 자유주의에서 견지되고 있는 '공평무사한 추론가'라는 초월적인 입장을 채택하기를 거부하고 있다. 대신에, 공동체주의는 도덕적 관점들을 포함한 모든 관점들은 본질적으로 역사적인 것이기에, 한 개인의 社會化 역사에 따라서 상대적인 것이라고 주장하고 있다. 샌델, 테일러, 매킨타이어 등은 롤즈가 제기한 좋음에 대한 옳음의 엄격한 우선성에 대해 의문을 제기하였다. 샌델은 좋음에 대한 옳음의 우선성은 자아의 목적, 가치, 애착들에 항상 앞서는 것으로서의 자아에 대한 개념에 근거하여 있으나, 그러한 개념은 옳지 못하다고 보고 있다. 왜냐하면 우리는 우리 자신이 공동의 목적들과 가치들로부터 전적으로 초연하다는 것을 생각할 수 없기 때문이다. 우리가 인간의 공동 목적의 구성적 차원을 이해한다는 것은 좋음에 대한 옳음의 엄격한 우선성에 대해 도전을 제기하는 것을 의미하며, 좋음(선)에 대한 상이한 개념들과 관련하여 정의의 원리의 중립성에 의문을 제기하는 것을 뜻한다.

테일러(1989a; 1989b)는 옳음이나 정의에 대한 모든 개념화는 인간 선에 대한 개념과 인간 연합의 선에 대한 개념을 미리 전제로 하고 있다고 주장하였다. 그의 견해에 따르면, 옳음의 우선성을 내세우는 롤즈의 주장은 더 이상 견지될 수 없다. 왜냐하면 그것 자체가 인간 선에 대한 선험적인 개념(자유로운 도덕 행위자의 활동), 그리고 인간 연합의 좋음(완전한 발달을 위한 조건의 확보 및 도덕적 힘의 행사)을 전제로 하고 있기 때문이다.

매킨타이어(1984)는 정의에 대한 모든 개념은 어떤 전통 속에 위치해 있고, 선에 대한 구체적 개념을 나타내고 있기 때문에, 정의의 원리에 대한 중립적 정당화는 있을 수 없다고 주장하였다. 그러므로 선은 항상 옳음에 앞서는 것이며, 그러기에 정작 문제가 되는 것은 자유 민주주의적 전통에 의해 정련된 선의 개념이 다른 것들에 비해 합리적으로 우월한 것으로 보일 수 있는지의 문제라고 한다.

그러므로 공동체주의자들에게 있어서, 도덕적 원리들은 어떤 한 공동체 자체의 역사 인식 및 선에 대한 개념화를 표현하고 있는 것이다. 아울러 그러한 공동체의 선에 대한 개념화는 공동선으로 여겨질 수도 있고, 개인적인 완성이나 풍요로움으로 여겨질 수도 있으며, 아니면 둘 사이의 조합으로 여겨질 수도 있는 것이다. 공동체주의와 지난 1960년대에 유행했었던 문화적 상대주의 사이에는 명백한 유사점이 있음에도 불구하고, 일반적으로 공동체주의자들은 자신들의 입장을 단순한 문화적 상대주의로부터 멀리하고자 시도하고 있다. 대부분의 상대주의자들과는 달리, 많은 공동체주의자들은 도덕적 지식에 대한 해석학적 이론을 채택하고 있다. 이러한 이론에 따르면, 어떤 한 도덕적 전통의 바깥에 있는 사람이 지평을 융해하는 것이 가능하며, 따라서 비록 부분적이기는 하지만, 다른 도덕적 관점이 어떠한 것이며, 자신의 도덕적 관점이 외부인들에게 어떻게 보이게 될 것인지에 대한 상당한 이해를 하게 된다고 한다. 그러나 자유주의자들 가운데 이러한 공동체주의의 이론이 보편주의와 상대주의 사이에서의 진정한 중도노선이라고 간주하는 사람은 거의 없다.

(3) 철학적 심리학

도덕적 자아와 관련되어 있는 자유주의와 공동체주의 사이의 논쟁은 인간의 인성이 자율성 혹은 자율성과 상호 관련된 자유, 비판적 사고, 자아실현 등과 같은 개별적인 차원 속에서 가장 잘 이해될 수 있는 것인지, 아니면 정반대로 역사 속에의 착근 혹은 그와 관련된 개념으로서의 관계, 문화적 정체성, 충성심, 공동선에 대한 인식 등과 같이 하나의 전체적인 차원 속에서 가장 잘 이해될 수 있는지에 관련된 것이라고 표현할 수 있다. 양측은 서로 상대방의 이론 속에서의 과도함 혹은 지나친 남용이 가져오는 부작용에 대해 비판의 화살을 집중시키고 있다. 이를테면, 자유주의자들은 극단적인 공동체주의에서 나타나게 되는 '권위주의적인 인성'에 특징적으로 나타나고 있는 동조성을 흠잡고 있다. 반면에, 공동체주의자들은 지나치게 개별화된 현대 사회의 병폐라 할 수 있는 탈상황적인 개인들의 아노미현상이나 뿌리가 없는 가운데 이리저리 *浮動*하는 현상을 흠잡고 있다.[4] 그

---

4) 샌덜의 '더 넓은 주체'(wider subject)와 매킨타이어의 '설화적 자아'(narrative self) 개념에서 나타나고 있는 바와 같이, 공동체
   주의자들은 역사와 문화, 공통의 담론 언어 및 실천적 관행에 뿌리를 두고 있는 가운데 궁극적 목표나 정체성을 지니고 있는

러나 도덕적 자아에 대한 논의에 참여하고 있는 많은 사람들은 사실상 두 입장의 요소들을 결합하고 있다. 그들은 사회화를 어떤 경험의 가능성을 위한 필요조건으로서, 그리고 민족중심성과 그 밖의 우연성과 수수께끼처럼 얽혀 있는 역사적 과정 모두로서 이해하고 있다. 이러한 중도적 입장 속에서 다른 사람들에 대한 애착은 선택(예: 한 가정 혹은 한 나라의 구성원으로서의 자신을 발견하는 것)에 선행하는 것으로서 여겨지고 있다. 그러나 그러한 집단이나 애착이 비평에 굳게 닫혀 있는 것은 아니다. 그러한 비평은 안으로부터만이 아니라, 바깥으로부터 나올 수 있는 것이다. 일례로, 어떤 사람이 그가 속해 있는 사회의 법률체계들을 그보다 나은 어떤 상위의 법 개념을 가지고 비판하는 것은 바로 밖으로부터의 비평인 셈이다. 그리고 어떤 사람이 그 사회의 법률체계들을 그 체계 자체의 일부분을 이루고 있는 제정법이나 사법부의 결정에 근거하여 비판하는 것은 바로 안으로부터의 비평이라고 볼 수 있다. 둘 가운데 어느 것이 행해지든 간에 그것은 비평이다. 이러한 이유 때문에 중도적 입장을 펼치고 있는 사람들은 공동체주의는 생각이 없는 동조주의나 개인의 무력화와 다를 바 없다는 식으로 전개되어 왔었던 자유주의자들의 통상적인 비판이 전혀 고려할 만한 대상이 못 된다고 보고 있는 것이다(Wren, 1996).

3. 공동체주의의 기본 강령

(1) 공동체와 공동선의 우선성

사실상 모든 사회·정치 철학자들이 공동체 혹은 공동선이라는 이상에 대하여 그럴듯한 말을 하고 있지만, 앞서 살펴본 바와 같이 오직 공동체주의자늘만이 그러한 이상을 사회·정치적 이상으로 설정하고 있다고 해도 결코 과언이 아니다 (Sterba, 1996).[5]

개념을 강조하고 있다.

매킨타이어는 공동체 개념의 가장 강력한 옹호자 가운데 하나이다. 도덕적 삶과 그에 따르는 덕들은 선에 대한 공유적인 개념화 둘레에 통합되어 있는 국소적 형태의 공동체 속에서만 제대로 완성될 수 있다고 보았다. 매킨타이어에 따르면, 현대 자유주의 이론의 주요한 결점 가운데 하나는 도덕적 인격의 구성 요인으로서 그리고 도덕적 행동의 장소로서 공동체에 대한 적절한 이론의 부재라고 한다. 칸트주의나 공리주의 도덕이론 모두 이 점에서 실패하고 있다는 것이다. 즉 칸트주의는 추상적이고 형식적인 공동체 개념 때문에 적절하지 못하며, 공리주의는 공동체를 순수하게 도구적인 용어로서 파악하고 있기 때문에 적절하지 못하다는 것이다.

샌덜(Sandel, 1982)은 공동체라는 개념은 구성적인 의미 속에서 이해되어야만 한다고 주장하였다. 그는 공동체의 개념을 도구적·감정적·구성적인 공동체 개념으로 구분하였다. 이 가운데 오직 구성적 공동체 개념만이 우정과 자기 지식, 도덕적 인격의 계발에 초점을 둔 정치를 위한 근거를 제공해 준다고 주장하였다. 즉 인간은 공동체 속에서의 삶을 통하여 그 공동체의 성원이 되는 것뿐만이 아니라, 하나의 정체성을 갖게 된다는 것이다. 그는 구성적 공동체를 다음과 같이 정의하고 있다.

> 구성적 공동체는 단순히 하나의 감정이 아니라, 행위자의 정체성에 부분적으로 구성적인 자기 이해의 양식(a mode of self−understanding)이다. 이렇듯 강한 입장에 서서 생각해 보면, 사회의 성원들이 공동체 의식에 의하여 결속되어 있다고 말하는 것은 단순히 그들 중에 대다수가 공동체주의적 정조들을 공표하고 있고, 공동체주의적 목표들을 추구하고 있다는 것을 말하는 것이 아니다. 오히려 그것은 그들의 정체성이−단순히 그들의 감정이나 영감의 대상으로서가 아닌 '주체'로서의 정체성−어느 정도는 그들이 속해 있는 공동체에 의하여 정의된다는 것을 말하고 있는 것이다. 그들에게 있어서 공동체는 동료 시민으로서 그들이 지니고 있는 것만이 아니라 그들이 무엇인지를−그들이 선택하는 관계가 아니라, 그들이 발견하는 애착, 그리고 단순한 하나의 속성이 아니라, 그들의 정체성의 構成因子를−정의해 준다(p.150).

왈쩌(Walzer, 1983)는 공동체는 도덕적 인격을 조형시켜 줄 뿐만이 아니라, 정의

---

5) 공동체주의자들이 공동선(common good)이라는 이상을 중요시하는 데에는 적어도 다음과 같은 두 가지의 이유들이 존재하고 있다. 첫째, 공동체주의자들은 '옳음'(the right)이라는 개념이 '선 혹은 좋음'(the good)이라는 개념에 기반을 둔 것이라고 여기고 있다. 둘째, 공동체주의자들은 공동선이 공동체의 실천적 관행에 의하여 구현될 수 있는 것이라고 보고 있다. 즉 공동선은 공동체의 실천적 관행에 내재적인 선이라고 할 수 있다. 그러므로 공동체주의자들이 공동선에 최상의 지위를 부여해야만 한다고 주장하고 있는 것은 어찌 보면 너무나도 당연하고 적절한 것이라고 말할 수 있다.

에 대한 여러 가지 개념화를 위한 구성 요인이 된다는 점을 강조하였다. 즉 그에 따르면 사회적 재화의 공정한 분배는 그러한 재화에 대하여 구성원들이 갖고 있는 공유적인 이해에 달려 있다고 한다. 반대로, 이러한 이해는 구성원들이 살고 있는 공동체의 본질에 달려 있다고 한다. 그러므로 왈쩌에게 있어서는 공동체에 대한 소속감 그 자체가 매우 중요한 것이다. 왜냐하면 공동체는 사회적 재화에 대한 우리들의 이해를 조형시켜 주고, 정의에 대한 다양한 우리의 개념들을 결정해 주는 것이기 때문이다.

웅거(Unger, 1975; 1987)는 공동체에 대한 두 가지 개념을 공식화하였다. '유기적 집단' 개념에 초점을 둔 첫 번째의 것은 이성과 감정, 사실과 가치, 그리고 개인과 공동체 사이의 대립과 같은 자유주의적 사고의 모순들을 극복하는 것을 목표로 하고 있다. 유기적 집단이론은 개방적이고, 평등한 공동체의 맥락 안에서 특수한 것과 보편적인 것을 중재시켜 주는 것에 의하여 그러한 모순들을 극복하게 된다. 웅거의 두 번째 공식은 '형성적 맥락'이라는 개념에 집중되고 있으며, 자율성과 의존, 점진적 변화와 혁명적 변화 사이의 엄격한 대립을 극복하는 것을 목표로 삼고 있다. 형성적 맥락을 고안해 내고, 그러한 것들을 제도적 변화에 개방적이도록 만드는 것은 그러한 대립을 극복하고, 새로운 형태의 민주적 공동체를 제도화할 수 있게 만들어 준다고 한다.

특히, 웅거는 혈연관계에 근거한 가정과 역할에 근거한 관료제를 매개해 줄 수 있는 공동체를 만들어 내는 것이 현대 국가에 있어서의 가장 중심적인 문제라고 생각하였다. 이에 따라 웅거는 일터 혹은 작업장(work place)에서의 유기적 집단을 형성하는 것, 즉 직업집단 속에서의 공동체 창조의 필요성을 역설하였다. 웅거는 그러한 방식 가운데 가장 대표적인 사례로서 직장에 아동 탁아소를 만드는 것을 언급하고 있다. 직장 속의 아동 탁아소를 통하여 성인들은 다른 집 아이들을 알 수 있는 기회를 갖게 되고, 아동들은 성인들의 작업환경에 접하게 됨으로써, 농일한 식업적 관심에 덧붙여 가정과 가정 사이의 유기적인 관계가 형성될 수 있다는 것이다.

바버(Barber, 1984)는 공동체주의적 입장에서 자유주의적 민주주의 혹은 약한 민주주의(liberal or thin democracy)가 지니고 있는 문제점들을 지적하였다. 약한 민주주의는 배타적으로 개인주의적이고 사적인 목적을 위해서만 기능하고 있다는 것이다. 개인의 자유를 드높이고 사적인 이익을 도모하려는 이러한 약한 민주주의의 위험스런 기반을 가지고는 우리가 시민성, 참여, 공적인 선 혹은 시민의 덕에 대한 그 어떠한 이론도 만들어 내는 것이 불가능하다는 것이다. 바버는 그러한 약한 민주주의 속에서의 개인들은 전혀 자유롭지 못한 존재라고 보고 있다. 왜냐하면 우리 인간은 본래 사회 의존적이기 때문에, 하나의 집합성 혹은 전체(collectivity) 속에서만 자유로울 수 있다는 것이다. 이러한 자유주의적 민주주의에 대한 바버의 치유책은 바로 보편적이고 직접적인 정치 참여에 기반을 둔 강한 민주주의(strong democracy)이다. 바버는 참여와 공적인 대화를 통하여 정치 공동체는 부분적이고 사적인 이해관계들을 공적인 선으로 변형시키게 된다고 보고 있다. 바버는 특히 참여에 깊은 관심을 표명하였으며, 오직 참여를 통해서만 공동체의 실현이 가능하다고 보았다. "참여한다는 것은 그 자체를 지배하고 있는 하나의 공동체를 창조하는 것이다. 그리고 하나의 한다는 것은 바로 참여한다는 것이다(p.135)."

셀즈닉(Selznick 1994)은 기존의 자유주의 이론이 지나치게 개인주의적이고, 무역사적이며, 자아와 의무의 사회적 근원에 대하여 충분할 정도로 민감하지 못했다고 비판하면서, 공동체주의적 관점에서 자유, 평등, 합리성과 같은 자유주의의 이상들을 재구성해야만 한다고 주장하였다. 셀즈닉(1992)은 공동체를 일종의 변수(variable) 개념으로 파악하면서, 공동체의 구성 요소로서 역사성, 정체성, 상호성, 다원성, 자율성, 참여, 통합과 같은 일곱 가지 상호 작용적 변수들을 제시하였다. 그러므로 하나의 공동체가 그 기능을 충분히 발휘하기 위해서는 일곱 가지 변수들을 모두 깊이 있고, 균형 있게 반영할 수 있어야 한다는 것이다.

한편, 에치오니(Etzioni, 1996)는 공동체는 하나의 구체적인 장소가 아닌 일군의 속성들이라고 정의하면서, 좋은 사회는 질서와 자율성 사이의 조화를 추구해야 한다고 주장하고 있다. 에치오니는 자유주의자들이 사회적 책임보다는 개인적 권리를, 그리고 공동체보다는 자율성과 개별성을 중시한 것을 비판하는 가운데, 양극단 속에서 하나의 건전한 균형을 이루어 내는 것이 중요함을 일깨워 주고 있다. 그는 이러한 균형적인 사고를 '새로운 황금률'이라고 규정하면서 그러한 황금률을 다음과 같이 표현한 바 있다. "당신이 사회적으로 존경받고 자율성을 옹호하고자 하는 바대로, 사회의 도덕적 질서를 존중하고 옹호하라."

이렇듯 공동체주의자들은 공동체와 공동선의 중요성을 강조하고 있다. 그들에게 있어서 공동체는 도덕의 원천인 동시에 사회질서의 보호자이며, 개인적 정체성의 제공자이기도 하다. 반면에, 공동선은 공동체의 이상인 동시에 도덕생활의 기본원리이다.

(2) 사회정책적 대안

하나의 사회·정치 철학으로서의 공동체주의가 오랜 역사적 뿌리를 지니고 있는 반면에, 하나의 구체적인 사회운동으로서의 공동체주의는 아직은 초보적인 단계에 놓여 있다고 평가할 수 있다. 그럼에도 불구하고, 기존의 자유주의에 대한 사회정책적 대안으로서의 공동체주의의 입장은 매우 분명하고도 단호한 것이라고 볼 수 있다(Paul, 1994).

경제분야와 관련하여 공동체주의자들은 개인들의 사적인 수입을 극대화하는 데에는 큰 관심을 갖지 않고 있다. 공동체주의자들은 어떻게 하면 경제적 생산이 인간 공동체와 인간관계들을 조장하고 지지해 줄 수 있을 것인가의 문제에 관심을 집중하고 있다. 예를 들어, 아동 및 가정의 복지문제와 관련하여 공동체주의자들은 아동이나 부모들의 추상적인 권리에는 큰 관심을 기울이지 않고 있다. 오히려 공동체주의자들은 이혼율을 줄이는 것과 같은 가정의 생태를 개선하는 문제들에 더욱 관심을 갖고 있다. 공동체주의자들은 미국에서 아동들의 복지에 관련된 모든 측정 가능한 수치들이 1950년대 이래로 계속 하락세에 있음을 강력하게 경고하고 있다(Etzioni, 1995).

마찬가지로, 여성 문제에 대해서도 공동체주의자들은 단순히 여성의 자유를 극대화한다는 것과 같은 추상적인 문제에 대해서는 큰 관심을 기울이지 않고 있다. 오히려 그들은 남성 및 아동들과의 관계를 포함하여 지역사회 및 인간관계의 맥락 안에서 여성들의 복지를 증진시키는 문제에 대해 더욱 관심을 표명하고 있다.

한편, 다양성(plurality) 및 다문화주의(multiculturalism)와 관련하여 공동체주의자들은 여러 가지 다양한 공동체들을 활성화할 수 있는 방법들을 지지하고 있기는 하지만, 그러한 방법들이 사회를 문화적인 불화로 몰고 가는 것에 대해서는 단호하게 반대하고 있다. 즉 에치오니가 지적한 바와 같이, 공동체주의자들은 '다원성 안에서의 단일성'(unity within plurality)을 선호하고 있다(Etzioni, 1996).

환경문제와 관련하여 공동체주의자들은 동물권 혹은 종의 권리 등의 문제에 대해서는 매우 회의적이지만, 자연 공동체의 개념을 수용하는 가운데 그러한 자연 공동체 속에서의 인간의 중요하면서도 위험스런 역할에 대해 관심을 집중하고 있다. 그리고 보건제도와 관련하여 공동체주의자들은 모든 개인을 위한 최상의 보건제도를 마련하는 것에 대한 관심보다는 삶으로부터 죽음이라는 인간의 자연적인 생장과정에 있어서 어떤 유형의 보건제도가 인간의 복지를 조장해 줄 수 있을 것인가와 같은 보다 현실적인 문제들에 대해 관심과 노력을 경주하고 있다.

끝으로, 교육문제와 관련하여 공동체주의자들은 인격 형성을 위한 도덕교육이 학교교육의 중심적인 목표가 되어야 한다고 주장하고 있다(Etzioni, 1995). 공동체주의자 네트워크(the communitarian network)는 1994년 이후로 매년 청소년의 인격 함양을 위한 미국 백악관 협의회를 후원 및 관장하고 있다. 특히, 도덕교육과 관련하여 공동체주의자들은 도덕적 딜레마 토론과 같은 추상적인 방식보다는 역사와 문학 등에 내재해 있는 생생한 도덕적 이야기, 봉사 활동과 같은 실천적 경험들을 중시하고 있다(Etzioni, 1991; MacIntyre, 1984). 이를 위해서는 학교가 하나의 구조화된 환경을 제공해 줄 수 있어야만 하며, 그러한 구조화된 환경은 학생들에게 명확한 가이드라인을 제시해 줄 수 있는 교사, 규칙, 과제의 조직화로 구성되어야 한다고 보고 있다(Etzioni, 1991).

4. 공동체주의적 도덕교육의 기본 원리

이제 논의를 바꾸어, 공동체주의자들이 도덕교육의 기본 원리를 어떻게 규정하고 있는지를 살펴보고자 한다. 공동체주의 이론을 도덕교육적 관점에서 종합하여 명료화한 가장 대표적인 사람은 바로 영국의 헤이스트(Haste, 1996)라고 볼 수 있다.

그녀는 먼저 공동체주의적 도덕교육 이론의 기본 가정과 목표를 다음과 같이 표현하고 있다.

① **이론적 가정**: 인간은 담론과 사회적 상호 작용을 통하여, 그리고 사회적 관례들과 내러티브에 의해 전수된 문화적 목록, 이야기, 대본을 통하여 의미를 창조하는 사회적 존재이다.

② **목표**: 공동체적 생활, 이기심 및 협소한 도구주의의 초월을 조장해 주는 가치들을 발달시키는 것이다. 이러한 가치들은 개인적 의미감 및 안정된 공동체 자체를 조장해 준다(p.52).

아울러 그녀는 그러한 목표들을 달성하기 위한 절차들은 반드시 사회적·심리학적인 과정들을 포함하고 있어야만 한다고 주장하고 있다. 그녀는 그러한 과정들을 공동체주의적 도덕교육의 다섯 가지 원리라고 부르고 있다.

첫째, '언어와 사회적 실천을 통한 학습': 이것은 가치들이 내면화되어 일상생활의 부분으로서 실행되는 것, 그리고 그 결과 가치들이 행동을 통해서 경험되는 것이 당연하게 여겨진다는 것을 의미하는 것이다.

둘째, '사회적 정체성의 촉진': 이것은 공동체와 그 문화에 관련된 이야기들을 얘기해 주는 것을 의미한다. 그러한 이야기들은 개인 자신에게 의미를 부여해 주고, 모든 것의 존재 이유에 대한 설명을 제공해 주며, 나아가 그러한 이야기와 설명들이 공유되어 있다는 인식을 제공해 주게 된다.

셋째, '타인들과 관련되어 있다는 감정': 이것은 제공자 및 수혜자로서의 책임과 따뜻한 배려를 경험하고, 그러한 것들을 명백하고도 당위적인 것으로서 여기게 되는 것을 의미하는 것이다.

넷째, '제도들과 공동체들은 다양한 목적들을 지니고 있다는 것에 대한 인식': 이것은 공동체 구성원들이 공동체적 과정에 대한 이해를 도모하고, 다원주의적 가치들을 조장해 준다.

다섯째, '의미를 창조하는 해석학적 과정에 대한 자기 의식적인 평가 및 인식': 이것은 공동체의 규범에 대한 인식, 그리고 그러한 규범들 자체 및 규범들의 진화와 기능에 대한 숙고를 통해서 얻어지게 된다. 그러한 자기 의식적인 인식이나 평가는 사회적 과정들을 분명하게 만들어 주고, 그러한 사회적 과정들을 개방적인 것으로 만들어 줌으로써, 새로운 규범들의 의식적인 창조를 촉진시켜 준다(p.53).

한편, 헤이스트는 앞서 언급한 공동체주의적 도덕교육의 기본 원리들을 적용함에 있어서의 유의사항들을 다음과 같이 밝히고 있다. 특히, 헤이스트는 타락한 자유주의적 합리주의가 이기심과 도구주의로 전락해 버린 것과 마찬가지로, 타락한 공동체주의는 동조와 인습주의, 심지어 파시즘으로 전락해 버릴 수도 있음을 경고하고 있다. 그러므로 헤이스트가 제기하고 있는 유의사항들에 대하여 우리는 귀를 기울일 필요가 있다.

첫째, 제도적 구조들은 동조와 수동성을 조장하는 억압적인 사회적 관례들을 가동시킬 수 있다. 사실상, 어떤 보수적인 학자들은 자라나는 개인들이 더 큰 사회 속의 권위들을 수용하도록 준비시키기 위하여 학교가 한계 혹은 제한 사항을 설정해야만 한다고 단언하고 있다. 그러나 만약 교사들이 공동체 조성에 연루된 사회적 과정들을 인식하도록 훈련되어 있다면, 민주주의와 따뜻한 배려와 같은 명백한 관례들과 규범들, 그리고 부적절한 권력 관계들에 맞설 수 있는 명백한 기제들을 갖추고 있는 제도들을 창조해 낼 수 있을 것이다.

둘째, 사회적 정체성은 공동체주의의 이슈 가운데 가장 문제점이 있는 것으로 여겨질 수도 있다. 개인에게 하나의 역사를 부여해 주는 이야기들은 내집단 대 외집단의 용어로서 쉽게 해석될 수 있다. 그러나 사회적 정체성을 창조하는 과정은 피할 수 없는 것이다. 대결과 배타성을 불러일으키지 않는 방식 속에서 문화와 공동체를 파악하도록 개인들을 가르치는 것은 필수적인 일이라고 할 수 있다. 예를 들어, 우리는 외국인들의 저급함이나 우리 역사의 오점 없는 완벽함 가운데 그 어느 것들도 함축하지 않는데, 우리에게 하나의 정체성을 부여해 주는 우리나라의 과거에 대한 이야기들을 말해 줄 수 있어야만 한다.

셋째, 연관과 소속감의 위험성은 바로 그것들이 정의적 유대에 의해 지배되는 당파성으로 이끌려질 수 있다는 데 있다. 그 결과, 자기 가족이나 친구들을 우선시하게 된다. 그러나 이것은 공정성과 같은 공동체적 규범에 의하여, 그리고 우리가 속해 있는 다양한 공동체들의 일부분이라고 인식되는 모든 사람들을 위한 책임감을 조장해 주는 것에 의하여 예방될 수 있다.

넷째, 숨겨진 議題를 분명히 하는 것은 바람직한 것뿐만이 아니라 바람직하지 못한 대안들을 정당화해 주는 것에 의하여, 상대주의로 여겨질 수도 있을 것이다. 그러나 이것은 공동체의 성원들로 하여금 왜 경쟁적인 이야기들이 존재하는지를 이해하고 인식하는 것을 도와주며, 그 결과 다원주의적 공동체들 안에서의 권력 갈등들을 다룰 수 있도록 도와주는 하나의 방안이라고 할 수 있다.

끝으로, 공동체주의적 가치에 대한 주된 비판은 아마도 다음과 같은 것이 될 수 있다. 만약 우리가 인간 발달의 한 목표로서 자율성을 던져 버리게 된다면, 그래서 공정함과 객관성도 함께 사라져 버리게 된다면, 과연 우리가 正義의 문제를 제대로 이해하고 다룰 수 있는지이다. 사회적 규범들에 대한 설득력 있는 해명들은 상호 의존과 정의 그리고 기대와 같은 명백한 규범들을 세우고 강화함으로써 이러한 도전에 답해야만 한다. 아울러 그러한 것의 역설에 대한 인식, 즉 우리는 힘 있는 집단 압력에 맞서서 그러한 규범들을 옹호할 수 있다는 것 또한 하나의 명백한 규범으로서 중시되어야 한다(pp.53~53).

이렇듯 공동체주의적 도덕교육에 관한 헤이스트의 입장은 담론과 사회적 상호 작용을 통하여 의미를 구성해 나가는 공동체적 자아관 혹은 사회적 자아관에 그 기반을 두고 있다. 따라서 도덕교육의 목표는 공동체 의식 혹은 공동체적 성체성을 함양하고, 공동체에 대한 적극적인 책임감을 계발하는 데 주어져야만 하며, 그러한 교육방식에 있어서 공동체의 역사와 문화, 실천 관행, 내러티브 등이 중요한 학습내용이 되어야 한다는 것이다. 그러나 헤이스트는 학습과정에 있어서 학습자의 자기 의식적인 평가 및 인식 등과 같은 해석학적 인식을 강조함으로써, 공동체의 덕이나 규범들이 폐쇄적이며 교화적인 방식에서 학습되는 것에 대해서는 분명한 반대 입장을 표명하고 있다.

한편, 헤스립(Heslep, 1995)은 공동체주의적 도덕교육 이론이 지니고 있는 특징을 목적과 내용, 방법의 차원에서 고찰하고 있다. 그에 따르면, 공동체주의자들에게 있어서 도덕교육의 목적은 학생들로 하여금 그들이 속해 있는 사회적 집단의 이상을 발달시키는 것을 도와주는 데 있다고 한다. 즉 도덕교육의 목적은 학생들로 하여금 사회적 의무들을 이해하게 하는 것, 그리고 변화하는 상황 속에서 자신들의 도덕적 가치들과 의무들에 대해 숙고해 보고, 도덕적 문제들을 해결할 수 있는 지식과 인지적 기능, 감정들을 발달시켜 주는 것이라고 한다. 그리고 이러한 목적을 달성하기 위한 구체적인 방법으로서 공동체주의자들은 도덕교육을 하나의 공동체 맥락 속에서 실행할 것을 제안하고 있다고 한다. 그러므로 교실과 학교는 학생들이 가정이나 지역사회에서 배운 가치나 규범들을 발달시킬 수 있는 하나의 도덕공동체가 되어야 한다는 것이다. 한편, 공동체주의자들은 도덕교육의 내용은 마땅히 공동체의 역사, 전통, 상징, 의식, 축하회 등이 중심이 되어야 한다고 주장한다고 한다. 그러나 헤스립은 미국과 같은 다원주의적 사회 속에서 모든 소공동체들에게 용인될 수 있는 핵심가치들을 발견하는 것이 사실상 쉽지 않으며, 설사 그러한 가치들을 찾아낸다고 할지라도 공립학교 교사들이 권위를 가지고 그러한 가치들을 모든 학생들에게 일률적으로 가르칠 수 있다는 것은 사실상 매우 어려운 문제임을 지적하고 있다.[6]

헤이스트의 관점이 공동체주의적 도덕교육 이론의 논리적 타당성을 제기한 것이라면, 헤스립은 미국과 같은 다원화된 사회 속에서 공동체주의적 접근이 직면하게 되는 실질적인 문제점들을 지적해 주는 것이라고 볼 수 있다. 그러나 그러한 한계에도 불구하고 공동체주의적 도덕교육 이론은 자유주의적 도덕교육 이론에 의해 지배되어 왔었던 기존의 도덕교육 이론들의 문제점들을 보완해 줄 수 있는

---

6) 일례로, 헤스립은 모든 공동체들이 비판적 숙고를 하나의 도덕적 · 사회적 이상으로서 여기지는 않고 있다는 점을 지적하고 있다. 즉 신성한 권위나 카리스마적 권위에 기반을 둔 이상을 지니고 있는 소공동체들에서는 비판적 숙고 자체가 하나의 도덕적 · 사회적 이상으로서 여겨지지 않는다는 점을 지적하고 있다.

하나의 처방을 제공해 주고 있다.

5. 도덕교육 이론에의 시사점

지금까지 자유주의와 공동체주의 논쟁, 공동체주의의 기본 강령, 공동체주의적 도덕교육의 기본 원리에 관한 논의를 통하여, 공동체주의적 도덕교육 이론의 윤곽을 개괄적으로 살펴보았다. 이제 이러한 공동체주의적 관점에서의 도덕교육 이론이 기존의 도덕교육 이론들에 어떤 시사점을 줄 수 있는지의 문제를 다루어 보고자 한다.[7] 논의의 편의상, 여기서는 그러한 시사점을 다음과 같은 두 가지 영역으로 대별하여 다루고자 한다.

(1) 도덕생활의 목적 및 이상으로서의 공동체

공동체주의적 도덕교육 이론은 도덕생활은 공동체 그 자체를 하나의 목표로서 추구해야만 한다는 것을 일깨워 주고 있다. 기존의 자유주의적 도덕 교육 이론은 다른 사람들과의 관련성으로부터 전적으로부터 유리되어 있는 추상화된 자율적 개인이라는 용어들에 집착함으로써, 관계적 존재(the relational being)로서의 인간의 본질을 왜곡함은 물론 도덕생활의 영역을 이성, 권리, 의지 등과 같은 추상적 개념으로 환원시키는 잘못을 범해 왔다(Etzioni, 1989; Noddings, 1995).

이러한 경향은 자유주의적 관점을 계승한 콜버그의 도덕교육 이론에서 극명하게 나타나고 있다. 주지하는 바와 같이, 콜버그는 칸트와 롤즈 등의 자유주의적 입장에 서서 합리적인 도덕판단의 발달을 도덕생활의 핵심으로 부각시켰었다. 흔히 '+1 전략'으로 알려진 바 있는 그의 초기 접근은 그의 이론이 자유주의적 전통에 기초하고 있다는 것을 잘 나타내 주었다. 후기에 이르러 콜버그는 '정의로운 공동체 접근'(just community approach)을 통하여 공동체주의적 관점들을 수용하고

---

7) 기존의 도덕교육 이론들에 대한 개괄적인 설명은 추병완(1996)의 글을 참조하기 바람.

자 시도하였다. 초기의 소크라테스적인 방법이 전적으로 개인의 인지적인 과정에 국한되고 있는 반면에, 후기의 '정의로운 공동체 접근'은 사회적 실천을 중시하고 있다.[8] 뒤르켐(Emile Durkheim)의 집단주의 교육이론에 고무되어 새롭게 제시된 '정의로운 공동체 접근'은 다음과 같은 세 가지의 목표들을 지니고 있었다. 민주적인 환경의 창조, 인지적 자극을 촉진하는 사회적 상호 작용 및 숙고의 조장, 집단 결정의 결과들이 하나의 실제적인 경험이 되는 것을 보장해 주는 것이다.

그러나 콜버그에게 있어서의 공동체는 어떤 목적달성을 위한 하나의 수단이지 그 자체가 목적인 것은 아니었다. 그에게 있어서의 공동체는 어디까지나 높은 단계의 도덕적 판단능력을 지닌 사람을 만들어 내기 위한 하나의 교육적인 수단에 불과한 것이었다. 하잔(Barry Chazan, 1983)이 설명하고 있는 바와 같이, 콜버그의 정의로운 공동체는 인습 이후 수준에 이르게 하기 위한 하나의 가치 있는 교육방법이라고 할 수 있으나, 바로 그러한 후기 인습수준에 있어서 공동체 그 자체는 하나의 가치로서 여겨지지 않는 것에 문제가 있는 것이다. 뒤르켐의 집단주의 교육이론에 나타난 하나의 목적으로서의 공동체를 콜버그는 좀 더 자율적이고 합리적인 도덕 행위자를 만들어 내기 위한 단순한 수단으로 비하시켜 버렸던 것이다. 하지만 오늘날의 공동체주의자들은 콜버그와는 달리 공동체를 공동체 그 자체로서 소중히 여기는 것, 즉 공동체를 하나의 도덕생활의 목적 및 이상으로 여겨야 한다는 점을 부각시키고 있다. 그리고 도덕생활의 목적 및 이상으로서의 공동체는 자기 갱생을 위한 내적 일관성과 조건들, 상이한 삶의 방식을 수용할 수 있는 신념과 가치들, 전체적인 역사적 흐름과 현재의 역사적 상황과의 관계라는 세 가지 기준들을 충족시킬 수 있는 '열린 공동체'라고 볼 수 있다(Sichel, 1988).

(2) 덕의 함양과 공동체의 관계

그렇다면 우리는 왜 공동체를 도덕생활의 목적 및 이상으로 여겨야만 하는가? 이에 대해서는 여러 가지 논의 및 답변들이 가능할 수 있겠으나, 여기서는 덕의

---

8) 콜버그 학파에서는 정의로운 공동체 접근을 일컬어 인지발달적 관점과 인격교육적 접근의 가교 역할을 하는 것이라고 규정하고 있다(Power, Higgins, & Kohlberg, 1989).

함양과 공동체와의 관계를 중심으로 하여 그 정당성을 제시해 보고자 한다. 즉 덕의 함양에 있어서 공동체가 지니고 있는 다양한 기능들에 초점을 두고자 한다.

첫째, 덕의 함양과 공동체의 관련성에 있어서, 우리는 먼저 학습(learning)의 문제를 생각해 볼 수 있다. 공동체주의자들은 특정한 형태의 사회생활이 특정한 덕들과 밀접하게 관련되어 있음을 주장함으로써, 덕의 사회적 본질을 강조한 바 있다(MacIntyre, 1984). 그러므로 덕은 가정생활을 포함한 특정한 형태의 사회생활 속에서만 계발 및 학습될 수 있다는 것이다. 덕은 본질적으로 사회적 산물이지 개인의 이성이나 숙고로부터 나오는 것이 아닌 것이다. 이렇게 볼 때, 공동체는 특정한 덕 혹은 도덕의 모체인 동시에 그러한 덕이 함양될 수 있는 실질적인 장소라고 볼 수 있다. 또한 공동체는 덕의 학습을 위한 구체적인 내용과 방법들을 제공해 준다. 공동체의 구성원들은 자신들이 속해 있는 공동체의 다양한 상징체계들, 의식과 사회적 관행, 공통의 역사와 문화적 경험, 공동체 안의 다른 구성원들과의 상호 작용 등을 통하여 덕을 함양하게 되는 것이다(Sichel, 1988).

둘째, 덕의 함양과 공동체와의 관계는 지속성(sustaining)이라는 측면에서 찾아볼 수 있다. 즉 덕은 오직 공동체 안에서만 지속될 수 있다는 것이다. "나는 나의 주변에 나의 도덕적 장점들을 강화시켜 주고, 나의 도덕적 약점들을 치유시켜 줄 그 무엇인가를 필요로 하고 있다. 개인이 도덕적으로 되고, 도덕 속에서 지속될 수 있는 것은 오직 공동체 안에서만 가능한 것이다"라는 매킨타이어의 주장은 덕의 함양과 공동체와의 관계에 있어서 지속성의 측면을 잘 설명해 주고 있다(Blum, 1996). 역으로, 개인적인 차원에서 혹은 집단적인 차원에서의 덕의 함양은 공동체의 지속 및 갱생을 가능하게 해 준다고 볼 수 있다(Chu, 1996; Cochran, 1982). 공동체자체의 지속 및 갱생은 구성원들의 인격의 탁월함에 달려 있는 것이기 때문이다.

셋째, 덕의 함양과 공동체와의 관계는 도덕적 정체성 형성이라는 측면에서도 찾아볼 수 있다. 우리의 도덕적 정체성, 그리고 도덕 행위자로서의 자격은 적어도 부분적으로는 우리가 속해 있는 공동체에 의하여 부여되는 것이라고 볼 수 있다. 샌덜(1982)이 제기한 구성적 공동체 개념은 이러한 측면을 잘 나타내 주고 있다.

넷째, 덕의 함양에 있어서 공동체는 내용 제공(content providing)이라는 기능을 수

행한다. 공동체는 추상적인 원리들을 살아 있는 도덕으로 바꾸어 줌으로써 그 구
성원들에게 상세한 처방을 제시해 준다고 볼 수 있다(Blum, 1996). 즉 공동체는 일
반적인 도덕원리들을 실세계에 적용하는 구체적인 방법들을 제공해 주는 것이다.
예를 들어, '자녀들은 마땅히 부모를 존중해야 한다'는 하나의 도덕원리는 여러 공
동체들에 통용될 수 있는 보편성을 띠고 있으나, 어떻게 존중해야 하는지의 문제
는 공동체에 따라 다소간 상이할 수 있다. 그러므로 우리가 속해 있는 공동체 생활
을 통하여 우리는 부모님에게 문안 인사드리는 법, 절하는 법, 말하는 법, 제사 지
내는 법 등과 같은 구체적인 실천적 관행과 도덕적 처방들을 배우게 되는 것이다.

　다섯째, 공동체는 특정한 덕에 대해 가치를 부여해 준다(Blum, 1996). 어떠한 특
질들은 특정한 공동체 안에서만 하나의 덕으로서 여겨지게 된다. 그러므로 어떤
공동체의 일원이 되기 전에는 그러한 특질을 유덕한 것이라고 평가할 수 없게 된
다. 공동체는 특정한 덕에 가치를 부여해 줌으로써, 그러한 덕이 구성원들 사이에
서 계발되고 함양될 수 있게 해 준다. 예를 들어, 효도라는 것은 하나의 보편타당
한 덕이 될 수도 있겠으나, 유교 문화권에서의 효도와 서양 기독교 문화권에서의
효도는 그 의미와 중요성에 있어서 많은 차이가 있다. 즉 유교 문화권에서는 효도
라는 덕에 대하여 더 많은 가치를 부여해 주고 있는 것이다. 그러므로 어떠한 덕
이 한 공동체 안에서는 아주 중시되는 반면에, 그 공동체의 밖 혹은 다른 공동체
에서는 그렇지 않을 수도 있는 것이다.

6. 결 론

　공동체주의적 도덕교육 이론은 자유주의적 관점에 치우쳐 왔었던 현대 도덕교
육 이론들에 대한 하나의 처방을 제공해 준다고 볼 수 있다. 크게 보아, 공동체주
의자들은 도덕생활의 목적 및 이상으로서의 공동체 개념을 중시함으로써, 공동체
적 자아 혹은 관계적 존재로서의 인간의 본성에 대한 올바른 이해의 필요성을 제
기해 주었다. 그리고 덕의 함양에 있어서 공동체의 기능들에 대한 풍부한 이론적

근거들을 제공하여 줌으로써, 근본적으로 도덕교육은 공동체에 기반을 두고 실행되어야 함을 일깨워 주었다. 또한 도덕교육의 내용과 관련하여 기존의 형식주의적 도덕교육 이론들과는 달리 공동체의 구체적인 역사, 전통, 상징체계, 의식, 음악과 미술, 설화와 이야기 등을 다채롭게 활용할 필요성을 제시해 주었다.

그러므로 도덕생활의 목적 및 이상으로서의 공동체를 지향하는 가운데 공동체에 기반을 두고 실행되는 도덕교육은 구체적으로는 개인의 인격 함양 및 덕의 계발에 초점을 둔 도덕교육, 역사와 문화적 전통을 소중히 여기는 도덕교육, 구체적 실천을 중요시하는 도덕교육, 공동체의 다른 구성원들에 대한 책임감 및 배려와 같은 도덕적 정서의 계발을 소중히 여기는 도덕교육, 공적인 문제들에 대한 비판적인 숙고 및 참여를 중시하는 도덕교육, 공동체 의식의 계발에 초점을 둔 도덕교육 등의 모습을 띠고 있다고 볼 수 있다. 그리고 이러한 관점들은 기존의 자유주의적 관점에서의 도덕교육 이론들이 지니고 있었던 단점들을 부분적으로 보완하여 줌으로써 우리로 하여금 좀 더 포괄적이고 통합적인 관점에서의 도덕교육을 실행할 수 있도록 만들어 줄 수 있다고 평가할 수 있다. 기존의 자유주의적 도덕교육 이론은 자율성·합리성 등과 같은 개인의 존엄성 측면에만 지나치게 집착한 나머지, 그 반대의 축이라 할 수 있는 인간 존재의 사회적 본질 및 공동체의 중요성을 간과하는 잘못을 범했던 것이 사실이다.

그러므로 우리는 최근 자유주의와 공동체주의의 논쟁이 하나로 수렴되고 있는 것에서 볼 수 있는 바와 같이, 도덕교육 이론에 있어서도 양극단만을 추구하려는 근시안적이고 일차원적인 기존의 사고방식에서 탈피하여 양극단의 장점들을 창조적으로 통합할 수 있는 실천적 지혜를 발휘하여야 할 것이다. 왜냐하면 우리는 타락한 자유주의나 타락한 공동체주의의 희생양이 되는 것을 원하고 있지 않기 때문이다. 그러므로 우리는 최근에 나딩스(Noddings, 1996)가 지적하고 있는 바와 같이, 공동체주의의 부정적 측면을 최소화하는 가운데 기존의 자유주의적 이론의 장점들을 최대한 포용함으로써, 열린 도덕공동체 속에서 공동체 의식과 합리적 자율성을 겸비한 인간을 만들어 내는 일에 보다 많은 관심을 기울여야 할 것이다.

참고문헌

박병기 · 추병완(1996), 『윤리학과 도덕교육』, 서울: 인간사랑.

추병완(1995), 인격교육은 도덕교육의 새로운 대안이 될 수 있는가?, 『社會와 思想』, 제14집, 1~30.

추병완(1996), 도덕교육 이론에 대한 비판적 평가, 『道德倫理科敎育』, 제7호, 301~328.

Barber, B.(1984), *Strong Democracy: Participatory Politics for a New Age*, Berkeley: University of California a Press.

Blum, L.(1996), Community and virtue, In R. Crisp(Ed.), *How Should One Live: Essays on the Virtues*, Oxford: Clarendon Press, 231~253.

Chazan, B.(1983), Holy community and values education, In D. M. Joy(Ed.), *Moral Development Foundations*, Nashville, TN: Abingdon Press.

Cochran, C. E.(1982), *Character, Community and Politics*, University, AL: The University of Alabama Press.

Chu, B.(1996), *The Proper aim of moral education in a democratic society: A synthesis of moral socialization and moral development*, Unpublished doctoral dissertation, University of Georgia, Athens.

Dworkin, R.(1977), *Taking Rights Seriously*, Cambridge, MA: Harvard University Press.

Dworkin, R.(1978), Liberalism, In S. Hampshire(Ed.), *Public and Private Morality*, Cambridge: Cambridge University Press.

Etzioni, A.(1989), Toward an I & we paradigm, *Contemporary Sociology*, 18(2), 171~176.

Etzioni, A.(1993), *The Spirit of Community*, New York: Touchstone.

Etzioni, A.(Ed.)(1995), *Rights and the Common Good*, New York: St. Martin's Press.

Etzioni, A.(1996), *The New Golden Rule*, New York: Basic Books.

Haste, H.(1996), Communitarianism and the social construction of morality, *Journal of Moral Education*, 25(1), 47~56.

Hekman, S. J.(1995), *Moral Voices Moral Selves*, University Park, PA: The Pennsylvania State University Press.

Heslep, R. D.(1995), *Moral Education for American*, Westport, CT: Praeger.

Lickona, T.(1991), *Educating for Character: How Our Schools Can Teach Respect and Responsibility*, New York: Bantam Books.

MacIntyre, A.(1984), *After Virtue: A Study in Moral Theory*, 2nd ed., Notre Dame: Notre Dame University Press.

Noddings, N.(1995), *Philosophy of Education*, New York: Westview Press.

Noddings, N.(1996), On community, *Educational Theory*, 46(3), 245~267.

Nozick, R.(1974), *Anarchy, State, and Utopia*, New York: Basic Books.

Paul, G. E.(1994), Communitarianism, In Editors of Salem Press, (Eds.), *Ethics*, Vol.1, Pasadena, CA: Salem Press, Inc., 172~173.

Pincoffs, E. L.(1986), *Quandaries and Virtues: Against Reductionism in Ethics*, Lawrence: University of Kansas Press.

Power, C., Higgins, A., & Kohlberg, L., The habit of the common life: Building character through democratic community schools, In L. P. Nucci(Ed.), *Moral Development and Character Education*, Berkeley: McCutchan Publishing Company, 125~143.

Rawls, J.(1971), *A Theory of Justice*, Cambridge, MA: Belknap Press of Harvard and University Press.

Rawls, J.(1985), Justice as fairness: Political not metaphysical, *Philosophy and Public Affairs*, 14, 223~251.

Sandel, M. J.(1982), *Liberalism and the Limits of Justice*, Cambridge: cambridge University Press.

Selznick, P.(1992), *The Moral Commonwealth*, Berkeley: University of California Press.

Selznick, P.(1994), Foundations of communitarian liberalism, *The Responsive Community*, 4(4), 16~28.

Sichel, B.(1988), *Moral Education: Character, Community, and Ideals*, Philadelphia: Temple University Press.

Sterba, J. P.(1996), *Contemporary Social and Political Philosophy*, Belmont: Wadsworth Publishing Company.

Taylor, C.(1989a), Cross purposes: The liberal−communitarian debate, In N. Rosenblum(Ed.), *Liberalism and The Moral Life*, Cambridge, MA: Harvard University Press.

Taylor, C.(1989b), *The Ethics of Authenticity*, Cambridge, MA: Harvard University Press.

Taylor, M. J.(1996), Editorial: Unanswered questions, unquestioned answers, *Journal of Moral Education*, 25(1), 5~20.

Unger, R. M.(1975), *Knowledge and Politics*, New York: Free Press.

Unger, R. M.(1987), *Politics: A Work in Constructivist Social Theory*, Cambridge: Cam−bridge University Press.

Walzer, M.(1983), Spheres of Justice, Oxford: Basil Blackwell.

Walzer, M.(1987), *Interpretation and Social Criticism*, Cambridge, MA: Harvard University Press.

Wren, T.(1996), The liberal−communitarian debate, In R. Freeman & P. Werhane(Eds), *Encyclopaedia for Business Ethics*, Oxford: Blackwells.

제17장 셸러의 가치윤리학과 도덕교육

이인재

1. 서 론

인간은 가치작용을 통해 일정한 자신의 행위를 선택하고 그 의미를 이해할 수 있는 가치선택적인 존재이다. 인간의 삶에서 일차적이고 본질적인 중요성을 갖는 것은 바로 삶의 방향을 제시해 주고 삶의 표준으로 작용하는 가치체계이다. 그러므로 한 인간의 참다운 '인간다움'은 그의 가치생활, 즉 그가 '어떤 곳'에서 '어떤 가치'를 발견하고, 선택하고, 행동했느냐에 따라 결정된다. 따라서 자신의 삶에 올바른 가치를 세우지 못했거나, 세웠어도 가치를 실현하지 못하거나, 저급한 가치에 따라 삶을 영위하는 것은 진정한 의미에서 인간다운 삶이라고 말하기 어려울 것이다.

산업화와 과학기술의 발전 등으로 현대인은 과거에 비해 더 많은 풍요로움과 편리함을 누릴 수 있게 되었지만, 적절한 정신적 가치의 성숙이 뒤따르지 못해 인간성 상실, 부정부패, 도덕성 붕괴, 삶의 방향 상실 등으로 허우적거리고 있다. 물질문명의 편리함과 풍요로움에 지나치게 경도되어 있는 현대인들은 인간다운 삶을 규정해 주는 참된 가치에 대해 관심을 기울이지 않고 있다. 현대인들은 저마다 가치 있는 삶을 추구한다고 하면서도 진정으로 고상하고 바람직한 가치가 무엇인지를 모르며 또한 알려고도 하지 않기 때문에, 낮은 가치를 높은 가치로 믿고 단순히 충동에 이끌려 감각적이고 저급한 가치에 탐닉하고 만다. 그리하여 가치에 대한 맹목은 현대사회의 특징이 되어 버렸다.[1]

인간다운 삶의 의의는 가치 맹목에서 벗어나 참된 가치를 인식하고 그것을 실현하는 데서 찾아볼 수 있다. 따라서 진정한 가치를 보지 못하고 저급하고 편협한 가치에 몰두하는 현대인들에게 올바른 가치를 알게 하고 그것을 실현함으로써 도덕적인 삶을 살도록 하는 것이 그 어느 때보다도 절실히 요구되고 있다. 이런 상황에서 보다 높은 가치에 헌신하여 인간성을 고양하고 道德共同體를 형성하기 위해[2] 실질적 가치윤리학을 체계화한 막스 셸러(M. Scheler, 1874~1928)의 윤리적 사고를 구명해 보고, 그것이 우리의 도덕교육에 어떤 함의를 주는가를 탐구하는 것은 매우 필요하고도 유익하다고 본다. 왜냐하면 셸러는 자신이 살았던 당시의 가치관의 혼란, 비인간화, 공동체의식의 상실, 문화·교육·사상의 혼란을 극복할 수 있기 위해서는 보편타당한 행위의 원리뿐만 아니라 구체적인 상황에서도 각 개인의 도덕적 삶을 이끌 수 있는 실질적 내용을 갖춘 윤리학에 의해서 가능하다고 믿었는데, 이는 20세기 말의 도덕적 타락과 인간성 고양을 위한 탁월한 혜안을 주고 있기 때문이다.

본 장에서는 셸러의 가치윤리학이 성립하게 된 배경과 그의 윤리적 사고의 중심을 이루는 가치론·감정론·인격론의 핵심내용과 그것들이 가치윤리학 내에서 어떻게 연관되고 있는지를 그의 논지에 따라 살펴보고, 이러한 그의 윤리학이 우리의 도덕교육의 목표정립과 방법에 어떤 시사를 주는지 탐구해 보고자 한다.

2. 셸러의 실질적 가치윤리학의 성립 배경

셸러는 도덕의 객관적 형식성과 실질적 내용을 올바르게 결합시켜 양자의 새

---

1) R. T. Sandin, *The Rehabilitation of Virtue*(New York: Praeger, 1992), p.3.

2) Francis Dunlop, *Scheler*(London: The Claridge Press, 1991), p.87.

로운 종합을 추구하고자 그의 실질적 가치윤리학(materiale wertethik)을 체계화했다.

셸러는 '보편타당한 도덕법칙'의 구명에 관심을 둔 칸트의 形式主義(Formalismus)가 실질적 가치의 세계를 외면한 '공허한 것'[3]이라고 비판하면서 구체적인 삶의 영역에서 윤리학을 정초하고자 하는 實質主義(Materialismus)를 취한다. 셸러는 칸트의 형식주의가 인간 삶의 도덕적 가치에 대한 통찰을 가로막았으며, 비록 그의 이론이 숭고하기는 하나 공허한 것이 되었기 때문에 도덕적 세계의 풍부한 내용과 성질들에 도달할 수 없게 만들었다고 비판한다. 셸러는 윤리학이 보편적인 법칙과 관련되어야 할 뿐만 아니라 인간으로 하여금 개인과 인류 모두를 위해 시공간에 존재하는 도덕적 성장의 풍부한 다양성을 볼 수 있도록 도와야 한다고 말한다. 그러므로 윤리학이 형식적인 의미에서만 선한 의지를 규정하는 것은 불충분하고, 내용적인 의미, 즉 실질적인 차원에서 기술되지 않으면 안 된다는 것이다. 셸러가 그의 실질적 가치윤리학을 발전시킨 것은 바로 이러한 맥락에서였다.[4]

셸러는 칸트의 공허한 형식주의와 일면적인 義務倫理學(Pflichtethik)을 비판하고, 心情의 질서에 토대를 둔 洞察倫理學(Einsichtethik)을 수립했다. 칸트는 의지가 모든 실질을 배제하고 자신의 원리에 의하여 형식적으로 규정될 때, 즉 선천적으로 규정될 때 도덕원리가 보편적이고 객관적 타당성을 가질 수 있다고 주장했다. 그리하여 칸트에 있어서는 선천성에 주관성과 형식성이 일치하고, 가치가 주관에서 유래하게 된다. 그러나 셸러는 칸트의 정언명법도 보편적 입법을 의욕하는 입법적 의지와 경험적 준칙과의 일치라는 실질적 내용이 있어야 성립한다고 주장한다. 도덕원리의 선천성이 반드시 형식적이고 주관적인 이성에 파악될 때에만 성립된다는 칸트의 이론에 반대하는 셸러는 칸트가 종래의 財貨倫理學(Güerethik)과 目的倫理學(Zweckethik)이 가치상대주의적 경향을 띠고 있다고 비판한 점은 옳았지만, '형식적＝선천적, 실질적＝후천적'이라는 도식을 세움으로써 가치의 본질을 잘못 인식했던 점은 오류였다고 비판했다.

또한 셸러는 칸트가 主知主義를 강조한 것과는 달리, 구체적 도덕생활에서의 모

---

3) M. Scheler, *Der Formalismus in der Ethik und die materiale Wertethik*, Gesammelte Werke Band 2, Bern, 1980, S.30. 이하 에서는 *Formalismus*로 약함.

4) Alfons Deeken, *Process and Permanence in Ethics*, Max Scheler's Moral Philosophy(New York: Paulist Press, 1974), p.19.

든 태도 결정은 오성의 판단작용을 통하여 이루어지는 것이 아니라, 情緒的 直觀
의 선호작용에 의하여 이루어지는 것이라고 주장한다. 왜냐하면 정신, 감정, 선호,
사랑, 미움, 의욕과 같은 정서적인 것은 근원적인 선험적 내용을 가지고 있으며,
이것은 사유로부터 빌린 것이 아니라, 파스칼이 말한 것처럼, 선험적인 '마음의
질서' 혹은 '마음의 논리'가 존재하기 때문이다. 이와 같이 셸러는 사유의 선청성
이외에도 감정의 선청성이 있다는 것을 확인하고, 이러한 가치감정에서 파악되는
것이 바로 선척적·실질적인 가치이며, 이것은 주관의 경험으로부터 독립한 객관
적 성질이라고 주장한다.

다른 한편, 셸러의 실질적 가치윤리학은 니체의 가치상대주의 비판을 통해 성
립한다. 셸러는 니체가 가치의 풍부함을 보도록 한 점에 대해서는 그 공적을 인정
하지만, 가치와 평가를 혼동하여 주관주의적 가치상대주의에 빠진 것은 잘못이었
다고 비판한다. 셸러에 따르면, 가치는 객관적으로 존재하는 것이며 가치에 대한
주관적 평가가 상이함에 따라 마치 가치가 상대적인 것처럼 보일 뿐이다. 가치란
역사와 시간을 초월하여 절대적이고 영원한 타당성을 지닌다. 그렇지만 영원한
가치는 현실계에서 실현되어야 그 의의가 있다. 따라서 가치는 살아 있는 경험된
에토스(Ethos)[5]의 형식을 통해 역사적으로 구체화되고 구현될 필요가 있다. 구체
적인 에토스는 무한한 가치영역에 제한적이고 선택적으로 참여한다. 가치관점주
의의 입장에 서는 셸러는 윤리적 영역에서 가치의 다양한 변화를 인식할 수 있지
만, 모든 시대적·문화적 변화를 초월하여 절대적 가치의 영역이 있다는 것을 에
토스의 변천, 가치판단들의 변이, 감정작용의 변화, 전통적인 관습들의 변천을 예
로 들면서 확신하고 있다.[6]

셸러가 이룩한 업적에 대해 하르트만은 다음과 같이 평가하고 있다. "가치의
왕국으로 우리를 안내했던 실질적 가치윤리학은 서로 다른 기반 위에서 역사적으
로 성장하여 매우 날카롭게 대립한 두 가지 근본적인 통찰(사상)을 봉합했나. 하
나는 도덕법칙에 대한 칸트의 선천성(Apriorität)이고, 다른 하나는 니체의 가치 다

---

5) 셸러에게 있어 에토스는 가치를 지향하여 추구하는 가운데 당해 시대인들의 가치인식 수준에 의해 성립된 것이다. 각 시대에
　존재하는 윤리는 당해 사회에 지배적인 에토스에 근거를 두고 발생한다.

6) M. Scheler, *Formalismus*, 위의 책, S.300~321.

양성이다. 니체는 윤리적 세계의 풍부하고도 다양한 면을 보게 한 최초의 사람이었지만 역사적 상대주의로 빠져 버렸다. 한편, 칸트는 도덕법칙의 선험성 속에 순수한 윤리적 표준의 절대성에 대한 세련되고 순화된 지식을 가지고 있었지만, 그 지식에 대해 충분한 가치를 부여할 가치의 구체적인 내용과 마음(심정)의 깊이를 인식하지 못했다. 실질적 가치윤리학은 처음부터 공존해 있었던 요소들을 역사적으로 통합했던 것이다. 실질적 가치윤리학은 윤리적 선천주의에 대해서는 그것에 고유한 풍부한 내용을, 가치의식에 대해서는 인간 가치평가의 상대성 가운데서 변화하지 않는 실재의 확실성을 다시 주었다."[7]

이러한 배경에서 성립된 셸러의 실질적 가치윤리학은 다음과 같은 특성을 지니고 있다.[8] 첫째, 실질적 가치윤리학은 칸트의 주관주의에 대한 비판에서 가치의 객관적 존재를 해명하였고, 칸트가 선과 악의 개념을 당위의 내용으로 환원시키고 있는 사실을 지적하면서 선과 악은 실질적 가치이며 또한 그것은 人格價値라는 점을 밝히고 있다. 둘째, 셸러는 칸트의 형식주의를 비판하면서, 善意志를 드러내 주는 방법이 오직 형식적이어야 하고 아무런 내용적 규정도 지녀서는 안 된다는 주장의 부당성과, '선천적'인 것과 '형식적'인 것, '실질적'인 것과 '감성적'인 것, '선천성'과 '당위'를 동일시하는 오류를 지적하고 있다. 셋째, 셸러는 니체의 가치상대주의 및 가치의 전도를 비판하면서 가치관조의 선천성이나 관조된 가치의 절대성 외에 자체적으로 존재하는 '가치의 세계'가 있다는 사실을 강조했다. 셸러에 의하면, '價値顚倒'란 가치평가의 변환을 의미할 수는 있어도 가치 자체의 전도를 의미할 수는 없다는 것이다. 이러한 실질적 가치윤리학의 바탕에는 가치 있는 것과 그것이 갖는 가치, 달리 말해서 가치담지자와 그것에 담지된 가치간의 구별이 공식화되어 있다. 셸러는 가치는 선천적인 것이고, 그것은 실질적인 내용을 지니고 있으며 가치들 상호 간에는 선천적인 본질연관이 있다고 주장한다.

---

7) N. Hartmann, *Ethik*, Berlin, 1962, 서문 참조.

8) M. Scheler, *Fomalismus*, S.65~127. 현상학적 가치윤리학자인 헤센(J. Hessen)은 실질적 가치윤리학의 근본사상을 다음과 같이 정리하고 있다. "윤리는 전혀 형식적인 것이 아니라 실질적인 것이다. 가치는 최종적인 것이며 근거를 부여하고 있다. 윤리적·객관적 가치들은 가치판단의 작용과는 독립해 있다고 보기 때문에 엄격한 가치객관주의가 확립된다. 윤리적 가치의 왕국은 마음의 질서로서 그것은 인간의 정서적 측면과 관계될 뿐이며 오성은 가치에 맹목적이다. 윤리적 선은 보다 높은 가치를 선취하는 데서 성립하고 윤리적 악은 보다 낮은 가치를 선취하는 데서 성립한다. 선은 선호할 만한 가치이고, 악은 경시할 만한 가치이다."(J. Hessen, *Lehrbuch der Philosophie*, Bn. 2. Basel, 1959, S.188.)

3. 셸러 가치윤리학의 근본내용

(1) 가치론

① 가치의 선천성과 실질성

셸러가 말하는 가치의 근본 특성은 다음과 같다. 첫째, 셸러는 가치란 인간의 의식과는 독립되어 자체적으로 존재하는 선천적인 것이라고 말한다.[9] 이는 가치가 인간의 사고 이전에 존재하며, 사고의 결과와는 아무런 관련이 없는 존재라는 의미이다. 만일 우리가 어떤 사물을 보고 쾌적함을 느낀다거나 방에 들어갔을 때 아무런 의욕작용이 없이도 안락함을 느끼게 될 때, 이때의 쾌적함·안락함의 가치는 우리의 의식과는 상관없이 이미 주어진 것이고 그것을 우리가 본질직관적 감정작용을 통해 파악하게 된다.

둘째, 셸러는 모든 가치란 실질적인 성질, 즉 실제로 그 자체가 고유한 성질을 나타내 보인다고 말한다. 셸러가 말한 실질적(material)[10]이란 의미는 물질적이 아니라 내용이 있으며, 내실적이라는 것으로, 단순히 물질적 차원뿐만 아니라 심적·정신적 차원에도 적용시킬 수 있는 것이다. 이념적 존재인 가치의 실질성을 우리가 알 수 있는 것은 현상계에서의 본질 경험을 통해서이다. 예를 들어, 우리는 어떤 사람 그 자체나 행동을 평가하기도 전에 그 사람이나 행동이 고귀하다 혹은 비천하다, 선하다 혹은 악하다는 것을 직관한다. 이것은 윤리적 가치가 인간이나 행위에 실질로서 주어져 있어 우리가 그것을 직관하기 때문이다.[11]

셋째, 가치는 항상 가치 자체의 순수한 성질을 의미하는 價値質로서 현상계에 나타난다. 가치가 이념계에 존재할 때는 항상 이념적 존재로 있다가 그것이 현상계에 나타날 때는 항상 그의 고유한 질을 나타내면서 존재한다. 그렇지만 가치질이 현상계에 나타난다고 해서 그것을 동일하게 감지하는 것은 아니고 가치감의

---

9) M. Scheler, *Formalismus*, S.67.

10) 실질은 실제로 그 자체가 고유한 성질을 나타내 보이는 것이다. 이는 우리의 의식과 관계하거나 그 자체로 실질인 경우가 있는데, 전자는 감각적 경험을 통해 후자는 본질 경험을 통해 우리에게 다가온다. 셸러가 말하는 실질의 의미는 후자이다.

11) 위의 책, S.36~37.

정도에 따라 상이하게 감지된다. 이를테면 동일한 예술작품이 그것의 가치질을 감지하는 정도에 따라 다르게 평가되는 경우를 보면 쉽게 이해할 수 있다.

넷째, 가치질은 가치가 담지되어 있는 가치담지자에서 현상된다. 가치가 현상계에 나타날 때는 가치담지자와 선천적 연관관계에 따른다. 가치질은 그 종류에 따라 각각 고유한 현상영역을 가지고 있다. 즉 어떤 가치는 그에 상응하는 담지자에게 담지되어 있으면서 그 담지자에게서만 가치질로서 나타나는 것이지 모든 담지자에게 담지되어 있으면서 모든 담지자에서 가치질로서 나타나는 것은 아니다. 따라서 선악의 윤리적 가치는 인격과 인격작용에 담지되어 있으면서 거기에서 선악 등의 고유한 가치성질을 나타내므로, 한 인격을 선하다 혹은 악하다고 할 수 있어도 어떤 사물 혹은 사건이 도덕적으로 선하다 악하다고 할 수 없다.

다섯째, 가치질이 현상계에 나타날 때 가치 담지자들의 세계인 재화세계와는 독립적이다. 즉 아무리 가치물(Wertdinge)이 변화된다고 해도 가치(질)는 변화하지 않는다. 친구에게서 현상하는 우정이라는 가치질은 친구가 나를 배반했다고 해서 바뀌는 것은 아니다. 그런데 이 가치질이 나타나는 영역은 서로 위계관계를 가지고 있고, 가치질 또한 그 종류에 따라 보다 더 높은 것으로 혹은 더 낮은 것으로 나타난다.

이상에서 살펴본 것처럼, 가치는 하나의 이념적 존재로서 그 자체로 우리에게 다가오는 것이 아니라 가치질로서만 현상계에 나타난다. 어떤 가치를 우리가 만나고 감지하기 위해서는 그 가치가 현상계에 스스로를 표현해야 하고, 그 가치가 가치질로서 현상하는 가치담지자를 우리가 지향해야 하고 또 그런 가치에 대한 감지능력의 정도가 갖추어져야 하는 등 여러 가지 상황이 조성되어야 한다.

② 가치들의 선천적 본질연관

셸러에 의하면, 가치와 그것의 본질연관(Wesenszusammenhänge)은 항상 객관적으로 존재하며, 비록 그것에 대한 우리의 역사적 지식이 상대적일지라도 우리는 그것들과 관련을 맺고 있다.[12] 어떤 가치의 담지자가 없으면 그 가치를 느낄 수

---

12) Herbert W. Schneider, *Contemporary German Philosophy and It's Background*(Bonn: Bouvier Verlag Herbert Grundmann, 1973), p.73.

없고, 어떤 가치는 오직 그 가치의 담지자에게서 감지되거나 향수될 수 있다는 연관이 가치와 그 가치담지자 간에 성립하는 선천적인 본질연관이다. 가치들의 선천적 본질연관은 형식적 본질연관과 실질적 본질연관으로 나누어 살펴볼 수 있으며,[13) 전자는 다음과 같이 公理化되고 있다.[14)

① 하나의 적극적 가치의 있음은 그 자체 하나의 적극적 가치이다.

② 하나의 소극적 가치의 있음은 그 자체 하나의 소극적 가치이다.

③ 하나의 적극적 가치의 없음은 그 자체 하나의 소극적 가치이다.

④ 하나의 소극적 가치의 없음은 그 자체 하나의 적극적 가치이다.

실질적 본질연관은 가치들의 종류와 그것의 고유한 담지자를 통해서 파악할 수 있다. 셸러는 가치들을 감각적 가치(sinnlichen Werte, 쾌락가치), 생명가치(vitalen Werte), 정신적 가치(geistigen Werte), 신성한 가치(die Werte des Heilige)로 나누고 있다. 정신적 가치에는 다시 진리가치, 미적 가치, 윤리적 가치가 있고, 생명적 가치에는 유쾌함, 고귀, 비속(비천)의 가치가 있다. 고귀, 비속, 유쾌함의 가치들은 생명가치 혹은 활력가치라고 부르는데, 본질적으로 생명의 존재를 그 담지자로 하고 있으므로 그 가치들은 생명체에 담지되거나 귀착되어 있어 그곳에서 감지할 수 있지 다른 곳에서는 감지할 수 없다. 그런데 유쾌함의 가치가 생명존재가 아닌 사물에도 주어진 것으로 간주하여 사물에서 그러한 가치를 감지하고자 하는 것은 잘못이다. 이와 같이 생명가치는 생명체에 담지되어 있고, 그곳에서 현상하고 우리에게 감지되는 연관을 생명가치와 그 담지자 간에 선천적으로 성립하는 실질적 본질연관이라고 한다.

---

13) 가치들의 선천적 위계질서의 방식은 두 가지가 있다. 하나는 가치의 높이를 그 본질적인 담지자에 따라 결정하는 것이고, 다른 하나는 '가치질의 배열'의 군극적 통일 사이에 나타나는 실질적 등급이다. 전자가 형식적 구별이라면 후자는 실질적인 것으로 보통 가치양상이라고 부른다. 전자에 따른 가치의 선천적 위계서열은 다음과 같다. ① 인격 가치는 사물가치보다 높다. ② 자아가치의 실현보다 타자가치의 실현이 높다. ③ 작용가치(인식, 사랑과 미움, 의욕)는 기능가치(시각, 청각, 감각)보다 높고, 기능가치는 반응가치(동정, 복수)보다 높다. ④ 심정가치는 행위가치보다 높고 행위가치는 결과가치보다 높다. ⑤ 지향적 체험에 수반하는 지향가치는 감관, 신체의 상태적 체험에 수반하는 상태가치보다 높다. ⑥ 인격의 결합관계에서 볼 때 인격의 요소는 요소가치, 인격결합의 형식은 형식가치, 이 결합의 내부에서 체험되는 관계는 관계를 각각 담지한다. 이 중에서 요소가치가 가장 높고, 형식가치가 다음으로 높고, 관계가치가 가장 낮다. ⑦ 개인을 담지자로 하는 개체가치는 가족, 공동체, 민족 등을 담지자로 하는 집단가치보다 높다. ⑧ 다른 가치에 독립해 그 자신에 보존되어 있는 자기 가치는 다른 가치의 수단, 도구, 상징으로서 존재하는 후속가치보다 높다.(M. Scheler, *Formalismus*, S.117~121.)

14) M. Scheler, *Formalismus*, S.100.

③ 가치들의 선천적 위계질서와 선호법칙

가치들 상호 간에는 선천적 위계질서가 있어 이에 따라 어떤 한 가치는 다른 가치보다 더 높거나 낮다. 한 가치가 다른 가치보다 높거나 낮다는 것은 선호작용(Vorziehen)과 경시작용(Nacheiehen)을 통해 의식된다.[15] 선호·경시작용은 감정작용으로서 가치의 높고 낮음, 즉 가치 간의 위계질서를 의식하고 인지하는 것으로서 의지작용의 하나인 선택작용과 노력작용과는 다른 것이다. 가치들이 선천적으로 위계질서가 있으므로 선호·경시작용에 의해 그 가치들 간의 높낮이를 인식하게 된다. 셸러는 가치의 위계질서의 기준으로 다음과 같이 다섯 가지의 요소를 들고 있다.[16]

① 가치는 지속적일수록 더 높다. 여기서 지속적이라는 것은 재화의 지속이 아니라 어떤 가치가 '시간을 관통하여 존재하는 것이 가능하다'는 현상을 의미한다.
② 가치는 덜 분화될수록 더 높다. 물질적 재화는 분할에 의해서 사람들이 공유할 수 있지만 정신적 재화는 불가분적이다.
③ 정초하는(fundierende) 가치는 정초되는(fundiert wird) 가치보다 더 높다. 한 가치가 다른 가치에 덜 의존적이고 부수적이지 않으면 더 높은 가치이다.
④ 가치는 만족도가 높을수록 더 높다. 단순히 쾌락적인 감각의 만족이 아니라 내적인 성취체험이 높은 것을 말한다.
⑤ 한 가치가 절대적인 가치와 많은 관련을 맺을 때 높은 가치이다. 인격가치와 사물가치, 타자가치의 실현작용과 자기 가치의 실현작용, 작용·기능·반작용의 가치를 각각 쌍으로 연결 지어 살펴볼 때, 앞의 가치가 뒤의 가치보다 더 높다.

또 가치양태들 사이에는 위계서열이 있다. 가치양태란 가치들이 나타나는 모습, 즉 가치들의 모든 성질의 모양을 말한다. 가치양태는 우리의 가치통찰과 선호

---

15) 위의 책, S.105.
16) 위의 책, S.89~96.

통찰에 있어 본질적인 실질적 선험성(das eigentliche materiale Apriori)을 구성하고, 감각적 가치(쾌락가치), 생명가치, 정신적 가치, 신성한 가치 순으로 위계서열을 이루고 있다.[17] 감각(감성)적 가치들은 물질적 財와 신체 적 담지자에서만 나타나고 감성적 감정을 통해 감지되고 선호·경시된다. 여기에는 어떤 사물의 유용함, 어떤 음식의 맛좋음, 어떤 환경의 쾌적함, 신체의 어떤 부위의 아픔 등이 속한다. 생명가치는 생명적 통일체의 영역에서 나타나는데, 나 자신의 생명적 통일의식으로서 유쾌함, 건강함, 쇠약함, 생기발랄함 등이 있다. 정신적 가치의 양태는 항상 정신적 영역에서 나타나는데, 어떤 회화에서 현상하는 가치의 아름다움, 어떤 멜로디가 현상하는 가치의 아름다움, 어떤 행위 그 자체가 아니라 그 행위에서 현상하는 가치의 선함과 악함 등이 있다. 신성한 가치의 양태는 항상 절대적 영역에서 나타나는데, 어떤 절대자에 대한 성스러움이 있다.

(2) 감정론

① 감정의 선험성

칸트를 중심으로 한 이성주의자들은 감정을 정신이라기보다는 감각들의 복합체 혹은 무질서하고 저급한 마음의 상태로만 취급했다. 그리하여 그들은 고유한 감정의 작용들과 그 작용의 근원적인 법칙들이 있음을 알지 못했다고 셸러는 비판한다.[18] 특히, 칸트는 감정이란 모두가 감성적 감정일 뿐이고 모든 감정을 질적으로뿐만 아니라 그 깊이에서도 동류라고 주장한다. 이러한 주장에 대해 셸러는 칸트가 감정들 간의 근원적이고 본질적인 위계질서를 간취하지 못했다고 비판하고 있다.[19]

셸러는 칸트가 선험성과 형식성을 동일시하고 실질성을 후천적이라고 본 것에 반대하고 선험성도 실질성을 가질 수 있다고 말함으로써 정서적 선험성(emotionaler Apriorismus)을 주장한다. 셸러는 "정신, 감정, 선호(Vorziehen), 사랑, 미움, 의욕과

---

17) 위의 책, S.122~126.
18) 위의 책, S.259~260.
19) 위의 책, S.247.

같은 정서적인 것(das Emotionale)은 근원적인 선험적 내용을 가지고 있는데 그것은 사유로부터 빌린 것이 아니다. 이것은 논리와는 관련이 없는 것으로 파스칼이 말한 바와 같이 선험적인 마음의 질서(ordre du coeur) 혹은 마음의 논리(logique du coeur)가 존재한다"[20]고 말한다. 셸러는 우리가 세계와 관련을 맺는 것은 지적인 인식에서가 아니라 가치감정을 통해서라고 말한다. 오성이 가치에 맹목이듯이, 가치에 대한 감정작용은 지적인 작용보다 선행한다.

셸러는 가치영역에는 가치를 인식하는 가치감의 우열이 존재하는데 이것은 귀납적 경험에 의존하지 않는 선천성을 가지고 있다고 말한다. 그는 "하나의 가치가 다른 가치보다 더욱 높다는 것은 가치선호(Vorziehen)라고 하는 가치인식의 독특한 작용에 의해서 파악된다"[21]고 보고 이러한 감정을 감각감정, 생명감정, 심적 감정, 정신적 감정으로 나누었다. 그리고 우리의 정서생활에서 보다 높은 기능을 발휘하는 체험을 가치선호감과 가치경시감으로 구별하고, 이것을 통해 가치의 높고 낮은 정도가 파악된다고 말한다. 따라서 감정은 결코 맹목적이거나 무질서한 것이 아니다. 이와 같이 셸러는 가치뿐만 아니라 우리의 감정에도 높고 낮은 위계질서가 있으며, 가치감은 가치인식에 부수적으로 나타나는 것이 아니라 가치인식에 선행한다고 말했다. 즉 가치와 감정은 직접적이고 일차적인 관계를 형성하며 가치감을 떠나서 어떤 가치인식도 있을 수 없다.

그렇다면 감정은 어떤 작용을 하는 것일까? 셸러는 감정이 감지작용(Fühlen), 선호 및 경시작용(Vorziehen, Nachsetzen), 사랑과 미움의 작용을 한다고 보았는데 이 점이 그의 독창적인 통찰이다.

첫째, 셸러는 감정이란 가치를 지향하여 감지작용하는 것이 본질적이라고 말한다.[22] 셸러에 따르면, 원래 가치는 선천적인 것이며 현상계에 가치질로서만 나타나기 때문에 가치는 지향적인 감지작용을 통해서 우리에게 주어질 따름이다. 따라서 우리는 감정의 감지작용이 없이는 가치를 만날 수도 없고 인식할 수도 없다. 감지작용은 다른 어떤 매개체도 없이 직접적으로 그리고 자립적으로 가치를

---

20) 위의 책, S.84.

21) 위의 책, S.105.

22) 위의 책, S.263.

감지한다.

둘째로 감정은 선호작용과 경시작용을 한다. 이 작용은 지향적 감지작용 후에 성립하는 것으로서, 일차적으로 감지작용을 통해 가치를 감지하고 난 후, 그 가치들 사이에 본질적으로 존재해 있는 연관관계 내지 위계관계를 선호·경시작용을 통해 파악하는 것이다. 이러한 선호·경시작용을 통해 우리는 여러 가치들 가운데서 더 높은 가치를 선호하고 더 낮은 가치를 경시할 수 있다. 선호·경시작용을 통해 선호한 가치와 혹은 경시한 가치를 추구할 행동이 생겨나게 되고 그 행위들에 상응해서 선택활동도 일어난다. 이러한 선호작용은 감정작용의 한 부류이기 때문에 선택활동과는 그 존재영역을 달리하고 있다. 선택활동은 우리의 행위들 간에 있을 수 있지만, 선호작용은 감정작용의 하나로서 가치들의 위계서열을 상대로 해서 일어나고 있다.

마지막으로 감정의 작용에는 사랑과 미움이 있다. 이는 감정의 최고 작용이고 최고의 단계에 놓여 있는 정신적 감정만이 행할 수 있는 작용이다. 사랑이란 감정작용은 가치에로 향하는 지향적 운동인데, 이 운동으로 말미암아 가치는 우리 인간에게 다가오게 된다. 선호·경시작용이 가치들 가운데서 더 높은 가치를 선호하든가, 더 낮은 가치를 경시하는 등의 가치에 대한 지향작용 내지 인식작용이라면, 사랑과 미움은 미지의 가치대상에 대한 태도 및 자세이다. 왜냐하면 겸손, 사랑은 세계의 모든 가치에 대해 정신의 눈을 뜨게 하기[23] 때문이다. 사랑으로 말미암아 인간에게 가능적 존재인 가치가 현실적 존재로 나타나게 된다.

감정의 이러한 작용은 오직 고유한 자체의 법칙에 따라서 행해진다. 예를 들어, 여러 가지 감정이 있는데 이것은 그에 대응하는 가치만을 지향할 수 있고 그럼으로써 그 가치에 대해서 감정작용을 할 수가 있다. 즉 감각적 감정은 감각적 가치와 물질적 가치를 지향하여 감지하고, 생명감정은 생명가치를, 심적 감정은 심적인 가치를, 정신적 감정은 정신적 가치와 성스런 가치를 지향하여 감지한나. 따라서 우리가 아무런 감정도 발하지 않는다면 어떠한 가치도 감지하거나 추구할 수가 없다.

---

23) J. Hessen, 허재윤 역, 『현대에 있어서 삶의 의미』(이문출판사, 1984), 84쪽.

감정이 발해도 그에 상응하는 가치가 그때에 없거나 우리에게 개방되어 있지 않으면 그 감정은 지향적 감지작용을 하지 못한다. 또한 어떤 가치가 가치질로서 현실적으로 나타나 있지 않거나, 가치계로부터 우리에게 개방되어 있을지라도 그 가치에 대응하는 감정이 발하지 않으면 우리는 그 가치를 감지하지 못한다. 이는 감정이 그 기능에 있어서 고유한 법칙성을 가지고 있기 때문이다. 오직 감정은 그의 고유한 법칙성을 통해서 혹은 그 자체의 논리에 따라 그에 대응하는 가치를 지향하여 감지한다. 감정들 가운데는 분명 낮은 감정도 있고 높은 감정도 있다. 셸러가 말한 네 가지 감정 가운데서 감각감정은 가장 낮은 단계의 감정이고, 정신적 가치 내지 성스런 가치를 추구하는 정신적 감정이 가장 높은 단계의 감정이다.

② 제1차적 정신작용으로서 사랑과 윤리적 가치

사랑은 그의 발견적 태도로 인하여 더 저급한 가치로부터 더 높은 가치로 나아가는 활동이고, 때때로 대상과 인격의 더 높은 가치를 문득 떠오르게 하는 활동이다. 그러나 미움은 그 반대의 활동이다. 그러므로 사랑은 더 높은 가치의 정립과 보존에 향해 있고 더 낮은 가치의 지양에 향해 있으며, 미움은 더 저급한 가치의 존립에 향해 있고 더 높은 가치의 가능한 존립을 배제하는 데로 향해 있다.

이러한 사실로부터 사랑의 감정이 발로하면 더 많은 가치가 주어지고 미움의 감정이 발로하면 더 작은 가치가 주어진다는 것을 우리는 알 수 있다. 또한 사랑의 감정에 의해 더 높은 가치가 발견되고 미움의 감정에 의해 더 높은 가치가 상실된다는 것도 알 수 있다. 따라서 가치는 감정의 감지, 선호·경시작용을 통해 우리에게 나타나지만 사랑과 미움에 의해 그 가치가 확대되거나 축소됨을 알 수 있다.[24]

사랑은 보다 낮은 가치로부터 보다 높은 가치에로 나아가는, 그리고 그 속에서 인격 혹은 대상이 그때그때마디의 더 높은 가치가 빛을 발하게 하는 지향적 운동이다. 사랑의 지향적 운동 속에서 대상에 주어진 가치로부터 더 높은 가치가 顯現한다. 사랑을 통해서 인간은 이미 알고 있는 가치에 단순히 반응하는 것이 아니라 새로운 가치를 발견한다. 그러므로 사랑은 가치감정보다 선행한다. 사랑은 인간

---

24) M. Scheler, *Formalismus*, S.266.

으로 하여금 더 새롭고 구하도록 하는 역동적인 힘이다. 사랑은 가치인식에서 발견자의 역할을 한다. 사랑은 새롭고 더 높은 가치들을 번쩍이게 하고 드러내 주는 운동이다. 그러므로 사랑은 가치감정과 가치선호 이후에 나오는 것이 아니라 가치감정과 가치선호의 개척자 혹은 안내자로서 선행한다.

그렇다면 제1차적 정신작용으로서 사랑의 발동은 인간의 도덕성에 어떤 근거를 형성하는가? 사랑은 본성상 그 무엇에 의해서 혹은 그 무엇을 향하여 생겨나는 것이 아니라 정의적 정신활동의 중심체인 심정에서 자발적으로 우러나오는 것이다. 그런데 이 심정이 바람직한 방향으로 발동되어야 인간은 진정으로 인간다울 수 있을 것이다. 셸러는 인간다울 수 있도록 심정이 작용하는 것을 사랑의 발동으로 풀이하고 있다. 사랑이 발동함으로써 비로소 인간은 새로운 가치를 알게 된다거나 보다 넓은 가치의 세계에 들어갈 수 있는 것이다. 만약 우리가 사랑이 아닌 증오나 미움을 발동하게 되면 우리가 알고 있는 가치도 망각할 뿐만 아니라 우리가 볼 수 있는 가치의 영역도 그만큼 줄어들게 된다. 윤리적 영역에서 근원적이고 일차적인 정신 활동인 사랑이 발동함으로써 우리는 객관적으로 존재하는 가치세계에 보다 가깝게 다가갈 수 있고, 그것의 가치서열을 명확히 인식하여 보다 높은 가치를 선호할 수 있게 된다. 그러므로 사랑은 가치의 감지작용, 선호작용, 가치판단에 정확한 소지를 제공하고 그 가치소지를 통해서 그 자신이 기초되는 모든 노력발동과 경향을 정당히 기초 짓게 된다. 즉 우리 인간은 그가 사랑함으로써 노력 발동하는 것이지, 그가 노력한 것을 사랑하는 것은 아니다.[25]

인간이 사랑한다는 것은 가장 근원적인 정신작용을 한다는 의미로 이것은 자발적으로 정신발로를 한다는 것이다. 이 정신발로로 우리는 감각적 감정, 생명감정, 심적 감정, 정신적 감정 모두를 열어 이 감정들이 지향하는 모든 존재영역에 들어갈 수 있는 것이다. 물론 인간에게는 모든 감정이 공존해 있어 어떤 감정이 다른 감정보다 더 강렬하게 발동하는 형태를 띨 것이므로 여기에서 사랑은 보다 높은 감정이 더 강하게 발동하도록 하여 그에 상응하는 가치세계를 보도록 역할을 한다. 결국 인간에게 주어진 높고 낮은 가치들 중에서 사랑을 통하여 우리는

더 높은 감정을 발로하고 그 감정이 지향하는 더 높은 가치를 파악할 수 있게 된
다. 여러 가치들 중에서 보다 높은 가치를 선호할 때 선의 가치가 성립하고, 그러
한 가치를 실현할 때 선의 가치를 실행한다고 할 수 있다. 그러므로 윤리적 가치
인 선악의 가치는 사랑이 얼마나 발동하여 세계를 사랑하느냐에 달려 있다고 할
수 있다. 사랑하느냐 혹은 미워하느냐가 바로 도덕성의 근원적 근거가 됨을 알 수
있다. 한 인간이 스스로 도덕적이기 위해서는 항상 마음을 객관적 가치계를 향해
열어 놓고, 보다 높은 가치를 그렇지 않은 가치에 비해 적극적으로 사랑해야 한
다. 그러면 우리는 보잘것없고 향락적인 재화가치나 감각적 가치에 몰두하지 않
고 보다 높은 가치인 진·선·미·성 등의 가치를 인식하고 그것을 실현하게 될
것이다. 이러한 가치는 바로 인간을 동물적 존재자 아닌 정신적 존재로서 높여 주
어 인간다움을 스스로 고양시켜 줄 것이다.

(3) 인격론

① 인격과 가치

윤리학에 있어서 인격은 가치와 가치들 간의 연관을 대상으로 하여 작용한다.
가치가 대상으로서 우리에게 문제 될 때 인격의 작용이 필요하고, 인간은 바로 인
격을 통해 가치를 올바른 대상화할 수 있다. 또한 인격은 가치를 이념적 영역에서
실재적 영역으로 도출한다. 관념적 사유와 정의적 작용(직관, 선호, 사랑, 후회, 경
외, 절망, 결단 등)을 포괄하는 것이 정신인데, 인격은 바로 정신적 활동의 중심체
라고 일컫는다. 인격은 오직 지향작용에서만 존재하고, 어떤 대상으로도 취급될
수 없다.[26] 왜냐하면 정신은 그 자신을 대상화할 수 없는 유일한 존재이고 순수한
활동성이며 오직 그 작용의 자유로운 수행에서만 존재하는 것이기 때문이다. 따
라서 셸러는 인격을 이성적 법칙에 따르는 작용활동의 논리적 주체라고 이해함으
로써 인격의 정의적인 측면을 간과한 칸트를 비판했다. 그는 인격이란 여러 지향
적 작용들을 통일 해 주는 것이고, 모든 작용들의 중심체라고 주장했다.

---

26) 위의 책, S.389.

인격은 그것의 감정작용을 통해 가치를 감지하고 감지된 가치들을 그것의 위계서열에 의해 선호·경시하고, 사랑과 증오를 통해 이념적 가치들을 현실계로 끌어내린다. 그러므로 인격은 가치를 향한 작용자로서의 역할과 가치를 실현하고자 하는 가운데 선악의 윤리적 가치를 실행하게 되고 윤리적 이행자로서의 역할을 하게 된다.[27] 이러한 인격은 개인적으로서뿐만 아니라 총체적 인격으로서 그 역할을 한다. 인격이 개체적 존재에 국한되지 않고 사회적 통일체, 즉 인격공동체에로 확장되기 때문이다.

가치실현의 주체인 인격이 선호한 가치를 실현하는 것이 선이고 경시한 가치를 실현하는 것이 악이므로, 인격이 선호·경시작용에 의해 파악한 보다 높은 가치를 실천적으로 실현하는 것이 윤리적으로 선한 것이고, 보다 낮은 가치를 실천적으로 실현하는 것이 윤리적으로 악한 것이다. 그러므로 선악의 가치는 인격의 의지작용을 통해 실현되는 가치이다. 감각적 가치, 생명적 가치, 정신적 가치, 신성한 가치 등은 각각 그것의 담지자를 통해 현상계에 나타나지만 선악의 가치는 필연적으로 인격의 작용을 통해서만 존재한다. 그러므로 셀러는 "선악의 가치는 바로 인격가치이다"라고 말한다.

가치의 선천적인 본질연관과 관련해서 볼 때, 절대적인 선은 인격이 가장 높은 가치를 실현할 때 본질법칙적으로 나타나는 가치이고, 절대적인 악은 인격이 가장 저급한 가치를 실현할 때 필연적으로 나타나는 가치이다. 그리고 상대적인 선악은 인격이 그때그때의 가치기점(wertausgangspunkt)에서 보다 높은 가치 혹은 보다 낮은 가치를 실행할 때 나타나는 가치이다. 또 선은 인격이 보다 높은 가치단계의 내부에서 적극적 가치를 수행하는 가운데 생기는 가치이고, 악은 소극적 가치를 수행하는 가운데 생기는 가치이다. 보다 저급한 가치단계의 내부에서는 선은 인격이 소극적 가치를 수행하는 가운데 생기는 가치이고, 악은 적극적 가치를 수행하는 가운데 생기는 가치이다.[28] 그러므로 선악의 가치 자체가 하나의 노력목표 혹은 행위목표가 될 수 있다고 보는 사람은 선 자체만을 위해 행위하고자

---

27) 위의 책, S.47.
28) 위의 책, 같은 곳.

하므로 진정으로 선을 이행할 마음이 없고 남들 앞에서 다만 선하게 나타나려는 위선자인 것이다.

윤리적 가치들은 정신적·인격적 존재에만 부착될 수 있다. 인격들만이 윤리적 가치질의 담지자일 수 있는 작용들을 수행할 수 있다. 윤리적 가치들은 인간적·인격적 가치(menschliche－personale Werte)이며 그러므로 이 가치들은 인격적 존재뿐만 아니라 인간적 존재와도 관련된다. 인간의 삶의 의의가 가치에 의해 결정된다는 것은 바로 인간의 자아실현이 오로지 가치를 통해 도달할 수 있다는 것을 함축하고 있다. 그러므로 인간이 가치에 개방될수록, 자기의 본성을 가치들로 침윤시킬수록 인간은 완전한 의미의 '인간'(Mensch), 즉 인격이 될 수 있다. 이 인격은 단순히 주어져 있는 것이 아니라 과제로 주어져 있는 어떤 것이고, 있지 않고 된다(Persönlichkeit ist nichts Gegebenes, sondern etwas Aufgegebenes. Sie ist nicht, sie wird)29). 이 됨(diese, Werden)은 영혼의 삶에 가치들을 받아들이는 것과 같은 의미를 지닌다. 이를 통해 자연스런 개체는 정신적인 인격이 된다. 따라서 인격을 형성하는 기능이야말로 가치의 고유한 기능인 것이다. 결국 가치들, 특히 윤리적 가치들은 인간의 인격을 가장 깊이 건립해 주는 것이다. 이러한 윤리적 가치들은 인간의 삶에서 당위요청으로서 타당성을 지니며 이를 통해 인간은 인격을 이룩하게 된다. 특히, 윤리적 선의 가치는 인간의 정신적 인격은 물론 윤리적 인격을 형성하도록 하는 중요한 힘이다.

② 가치와 당위

가치와 당위는 어떤 관계인가? 가치가 당위를 결정하는가 아니면 당위가 가치를 결정하는가? 칸트는 마땅히 해야 할 일을 하는 것이 선이고 마땅히 해서는 안 되는 일을 하는 것이 악이리고 규정하면서, 당위가 가치의 근거가 됨을 밝히고 있다. 이와는 달리 셸러는 선은 마땅히 해야 하는 것이고 악은 마땅히 해서는 안 되는 것이기 때문에 선악 등의 가치가 당위의 근거라고 말한다.30) 셸러는 당위를 이

---

29) J. Hessen, *Lehrbuch der Philosophie*, Bd. 2, Basel, 1959, S.188.

30) M. Scheler, *Formalismus*, S.214.

념적 당위와 규범적 당위로 구분하고, 전자를 존재당위, 후자를 행위당위라고 했다.

가치의 비존재를 아쉬워하고 그 가치를 적극적으로 지향하고 희망하는 것이 곧 당위를 초래하는 것이므로, 가치에 근거해서 비로소 당위가 생겨난다는 셸러의 주장은 타당한 것이다. 셸러는 가치와 이념적 당위의 연관관계를 다음과 같은 公理로 말하고 있다. "모든 긍정적으로 가치 있는 것은 마땅히 있어야 하고, 모든 부정적으로 가치 있는 것은 마땅히 없어야 한다."31) 이것은 긍정적인 가치는 마땅히 있어야 할 것으로 희망할 수 있는 것이고, 부정적 가치는 마땅히 있어서는 안 될 것으로 희망할 수 있는 것이라는 것을 의미한다. 이처럼 당위는 긍정적 가치의 비존재와 부정적 가치의 존재와 관련하여, 긍정적 가치의 없음과 부정적 가치의 있음에 대해 생겨나는 것이지, 긍정적 가치가 존립해 있고 부정적 가치가 존립해 있지 않은 경우에도 생겨나는 것은 아니다. 또한 규범적 당위와 관련하여 살펴보면, 규범적 당위는 이념적 당위와 노력의 가치방향에 의해 규정되는 것으로, 노력의 가치방향이 이념적 당위와 일치할 때는 규범적 당위가 생기지 않고, 노력의 가치방향이 이념적 당위와 다를 때에만 규범적 당위가 생긴다. 즉 어떤 노력의 방향이 이념적 당위에 배치되어 가치 있는 일을 하지 못하도록 할 때, 규범적 당위가 생겨나서 그 노력방향이 가치 있는 일을 하도록 한다는 것이다. 그러므로 규범적 당위가 성립하기 위해서는 가치에 근거해 있는 이념적 당위가 존재해야 하고 그 위에 그 당위와 충돌하는 노력방향이 있어야 한다.32)

③ 가치인격 유형과 전형의 도덕적 역할

셸러에게 있어서 인격의 이념은 도덕적 존재와 태도에 있어서 최고의 형식이 된다. 만일 선험적인 방식으로 구별될 수 있는 최고의 적극적인 가치를 지닌 인격의 이념 내에 인격의 질적인 유형이 있다면, 그것은 무엇인가? 셸러는 이에 대해 이상적인 당위를 말하고 있다. 그는 이상적인 당위가 직관된 인격가치의 요구로부터 나오지만 규범과는 다르다고 말하고, 그것을 '전형'(Vorbild) 혹은 '이상'(Ideal)

---

31) 위의 책, 같은 곳.

32) 위의 책, S.221~222.

이라고 부른다. 이것은 이간의 이상형, 즉 전형을 말하는 것으로, 최고의 가치 있는 적극적 가치가 인격이념의 내부에 있고 선천적 양상에 있어서 구별되는 특수한 질적인 양상이다.[33] 이 전형은 우리의 개인적 생활뿐만 아니라 공동체의 생활을 독특하게 형성하고, 또한 우리의 도덕적 생활이 항상 선한 방향으로 향하게 하는 신비적 힘을 지니고 있다고 볼 수 있다.

셸러의 가치인격 유형(Wertpersontypen)의 위계질서는 더 높은 가치와 더 낮은 가치의 위계와 대응한다. 따라서 가치들의 서열은 가치인격 유형의 서열에 일치하여 실현된다. 그러므로 이상적인 인격전형에는 임의적이거나 주관적인 것이 없다. 이상적인 인격전형은 객관적인 가치의 위계 속에 근거를 두고 있고 그것에 의해 결정된다. 만일 가치인격 유형이 객관적인 가치서열에 지배적인 선험적인 선호법칙에 대응한다면, 그것을 어떤 사람의 전형으로 선택하는 것은 도덕적이다. 셸러에 의하면, 인간은 실제로 이상적인 인격전형에 의해 구체화된 전형과 가치들을 필요로 한다. 순수한 가치인격 유형은 이상적인 존재이지만 살아 있는 인격에서 어느 정도 현실화된다. 만일 가치인격 유형이 단지 이상적인 존재하면, 가치가 진정으로 구체화될 수 있거나 구현될 수 있는지는 의문으로 남는다.

순수한 가치인격 유형과 그것의 위계적인 질서는 시간과 역사를 초월하여 가치의 위계질서와 마찬가지로 존재한다. 그러나 이것들은 역사적인 인격전형 속에 부분적으로 실현됨으로써 시간과 역사 속으로 들어오게 된다. 이러한 역사적인 전형들은 보통 혼합된 유형이고 다른 이상적인 전형을 표현하는 것이다.

인간이 도덕적 성장과 발전을 하는 것은 가치들이 실현되고 구체화되는 가치인격 유형의 위계질서에 의해 이끌려질 때이다. 가치인격 유형의 위계질서는 성인(der Heilige), 천재(der Genius), 영웅(der Held), 문명을 이끄는 정신(der führende Geist der Zivilisation), 쾌락의 전문가(der Künstler des Genusses) 순으로 내려온다. 이러한 기본적인 유형은 경험적 인격의 체험에서 나온 것이 아니라 인간의 본질적인 구조에 속하는 것이며, 선험적으로 직관된다. 역사가 변화해도 이러한 가치의 위계질서와 가치인격 유형은 변화하지 않으며 모든 인간의 도덕적 삶을 위한 불

---

33) 위의 책, S.558.

변의 객관적인 지침이 된다.

개인적으로 타당한 인격전형은 보편적인 전형의 구조 속에 존재하지만 구체적인 역사적 경험의 모델로서 나타난다. 가치인격 유형은 또한 그것들의 부정적인 모범(Gegenbilder)을 가지고 있는데, 긍정적인 인격모범이 도덕적 성장을 위해 가장 강력한 영향력을 행사하듯이, 부정적인 인격의 모범은 인간의 도덕적 발전을 가로막는 데 강력한 영향을 행사하고 악을 조장하는 데 적극적으로 영향력을 행사한다.

인격전형은 도덕적 세계에서 선을 실행하도록 하는 가장 효과적인 자극제이고 발전과 변화를 위한 가장 중요한 근원이라고 셸러는 말한다. 한 인간을 본래부터 선하게 되도록 자극하는 것은 아무것도 없다. 한 인간이 도덕적 행동을 하고 도덕적 존재가 되는 것은 규범을 따르는 것보다 하나의 전형을 따를 때이다. 셸러는 "전형을 따르는 사람은, 그가 가치인격 유형의 내용 속에서 보는 가치에 근거하여 당위존재의 요청을 경험한다는 의미에서, 누구든지 전형과 같이 되는 경향이 있다"고 말한다.[34] 도덕적 규범은 '해야 할 당위'를 제시하는 데 비해, 전형은 '되어야 할 당위'로서 체험하는 것이다.

셸러는 전형을 당위존재요청(Sollseinsforderung)이라고 말한다. 즉 "전형은 가치통합의 형태통합에 속하는 가치구조이다. 이것은 인격의 형태 속에 있는 결정적인 구조화된 가치내용(Wertvethalt)이다. 전형은 이러한 인격의 가치내용에서 발견되는 당위존재 요청의 통합이다."[35] 역사상 존재하는 도덕체계에 대한 해석에서 우리는 그 당시에 지배적인 이상적인 인격전형을 항상 추구해 왔다.

그렇다면 도덕세계에서 전형은 어떻게 기능하는가? 또는 인간이 어떻게 도덕적으로 형성되고 다른 사람을 변화시키는가? 타인에 대한 전형은 주로 어떤 의지나 명백한 행동에 의해서 작용하는 것이 아니고 그의 인격 자체에 의해 수행된다. 즉 "윤리적 세계에 대한 선한 인간의 가장 큰 작용(die höchste Wirkung)은 사신의 의욕(Wollen)이나 행동에 토대를 두는 것이 아니라, 직관과 사랑에 의해 접근 가능

---

34) 위의 책, S.559~561.

35) 위의 책, S.564.

한 존재와 '그렇게 있음'(Sosein)에 의해 그가 배타적으로 소유하고 있는 잠재적인 전형가치(Vorbildwert)에 근거를 두고 있다."36)

인격의 전형이 되는 사람은 그를 당연히 따라야만 한다고 알고 있는 추종자들(Folge, Nachfolge)에게 매력을 준다. 셸러는 추종하는 것(Gefolgschaft)을 진정한 도덕의 변화라고 설명하고 있다. 이러한 추종(따름)은 단순히 모방이나 복종과는 다른 것으로 전형에 대한 진실한 헌신을 의미한다. 추종자들의 모든 인격은 인격전형의 구조와 속성에 다가감으로써 더욱더 성장해 간다. 그러므로 추종하는 것은 전형적인 인격의 가치내용에 대한 헌신이다. 한 인간의 도덕적 변화는 그가 전형에 따라 성장해 가면서 진보하게 된다. 셸러는 이것에 대해 다음과 같이 말하고 있다. "우리는 한 인격으로서 전형이 되는 것이지 그 사람 자체가 되는 것이 아니다. 우리는 전형자가 의욕하고 행동했던 것처럼 의욕하고 행동하는 방법을 배우는 것이지, 그가 의욕하고 행동하는 것을 그대로 배우는 것이 아니다. 이런 의미에서 추종하는 것은 모방과 복종과는 다르다. 전형을 따르면서 우리의 기본적인 태도는 변화하고 우리가 보고 있는 원형에 맞추게 된다. 이러한 마음과 태도의 변화는 우리의 의지와 행동에 관련된 것이 아니라 윤리적 가치, 가치선호, 사랑, 미움과 같은 직관과 관련이 있다. 이러한 마음과 태도의 변화는 사랑의 변화에 의해 발생한다."37)

그러므로 도덕적 존재의 변화에서 추종자들을 자극하고 그에게 자신의 이상적인 가치구조의 실현을 하도록 이끄는 것은 바로 인격전형의 가치내용에 대한 사랑이다. 가장 효과적이고 강력한 외적인 자극은 우리의 사랑과 찬미를 획득한 인격의 가치전형(Wertvorbild)이다. 만일 인간이 참된 교육을 받은 사람이 되고자 한다면, 자신을 인격전형이 갖는 전체성, 진실성, 자유, 그리고 고귀성으로 이끌어야 한다. 그러나 보통 사람들은 이러한 전형을 선택하지 않는다. 전형은 개척자로서 기능을 한다. 그는 추종자에게 길을 제시하고 그들이 자신의 목적을 이해하고 명확히 하도록 도와준다. 모든 인간은 유일하기 때문에 맹목적으로 전형을 모방하

---

36) 위의 책, S.561.
37) 위의 책, S.566.

거나 따라서는 안 된다. 전형은 우리에게 우리 자신의 독특한 인격의 소리를 들을
수 있도록 하는 선구자이다. 그것은 우리 자신을 발전시키고 우리 자신의 목적을
추가하도록 한다.

4. 셸러 인격주의 가치윤리학의 도덕교육적 의의

인간의 참된 삶은 올바른 가치를 추구하는 데 있다. 그러므로 교육의 목적은
바로 인간으로 하여금 인간답게 사는 길과 참된 가치를 가르치는 데 있다. 현대사
회의 심각한 도덕성 붕괴에 직면하여 학교교육은 물론 가정, 사회에서의 교육기
능이 강화되어야 한다는 요구가 높다. 그동안 인간교육을 저해한 학교 내·외적
인 장애요소는 많다. 새로운 인식의 전환과 진지한 노력 없이는 현재 우리가 당면
하고 있는 도덕성 붕괴를 극복할 수 없기 때문에 학교에서의 도덕교육도 질적인
전환을 거쳐야 한다. 이러한 시대적 요청과 관련해서 셸러의 가치윤리학은 도덕
교육의 목표정립과 방법에 어떤 의의를 갖고 있는가?

(1) 객관적 가치에 대한 올바른 이해와 가치감의 고양교육

현대사회에서 인간은 풍요와 편리함을 누리면서도 그것에 의해 인간 자신이
소외되는 두 가지 상반된 결과 속에서 살고 있다. 특히, 우리는 피폐된 도덕의식,
인간임을 망각한 파렴치한 행동들, 가정파괴 및 사회파탄의 범법행위를 서슴지
않는 온갖 냉혈적인 광란의 현상 등으로 하루라도 편히 살아갈 수가 없게 되었다.
'도덕적으로 어른'이 없는 상황으로 대변되는 현대사회의 무규범 현상이 나타나
게 된 원인을 여러 가지로 규명할 수 있겠지만 가장 근본적인 것은 올바른 가치
에 대한 몰이해에서 비롯된 가치 상대주의와 회의주의 및 가치전도이다. 도덕교
육의 내실화를 위한 목표 정립과 관련하여 우선 이러한 가치 상대주의와 가치전
도의 극복이 요구되는데, 이를 위해서는 선천적이고 객관적인 절대적 가치가 존

재하고 가치들 간의 선천적 위계질서가 있다고 통찰한 셸러의 가치윤리학에서 그 타당한 근거를 모색해 볼 수 있다.

어떤 사회에서나 인간은 공통적인 본성을 가지고 있으므로 인간의 행위와 인격의 옳고 그름, 좋고 나쁨을 평가하는 궁극적 원리는 보편적이고 하나의 근원에 뿌리를 두고 있다고 할 수 있다. 각 사회와 문화마다 다른 형태의 도덕규칙이 존재하는 것은 보편적 도덕원리나 절대적 가치에 근거한 사람들의 가치평가가 다른 것이지, 결코 도덕원리나 절대가치가 다르거나 절대적 도덕규범이 없다는 것은 아니다. 그러나 우리들은 산업화에 따라 삶이 어느 정도 풍부해지고 편리해지면서, 정신적 가치를 등한시하고 물질적이고 관능적인 가치를 중시하게 되었다. 따라서 물질적 가치보다 더 소중한 인간적이고 정신적인 가치가 소홀히 다루어지게 되었다. 물론 물질적 가치가 무조건 나쁘다는 것은 아니다. 문제는 정신적 가치가 물질적 가치를 규제하면서, 즉 어느 정도 균형을 맞추면서 추구되어야 하는데 그렇지 못하고 오히려 물질적 가치가 정신적 가치를 지배하게 되어 정신의 쇠퇴와 황폐화를 가져왔다는 데 있다.

인간다운 삶, 즉 가치지향적인 삶은 가치의 질적인 차이를 구별하고, 높은 가치를 낮은 가치보다 더 사랑하고 추구하는 삶이다. 현대 한국사회의 도덕적 병리가 심각하게 나타난 것은 바로 가치의 질적 차이를 보지 못하고 저급하고 순간적인 가치만을 추구하기 때문이다. 즉 인간의 도덕적 삶은 낮은 가치보다는 높은 가치를 추구할 때 가능하다는 점을 망각하여 삶의 비속화를 가져왔기 때문이다. 그러므로 우리는 가치의 본질에 대한 올바른 이해를 도덕교육의 목표로 삼아야 한다. 가치의 절대성과 객관성은 직관적으로 자명한다. 가치와 평가는 다른 것이다. 평가는 가변적이고 상대적이고 변화하는 것이지만 가치 자체는 영원하고 불변하다.

가치의 서열관계를 잘못 이해하여 낮은 가치를 높은 가치보다 더 선호할 때 가치의 전도, 즉 가치혼란이 온다. 이러한 가치의 위계질서는 價値感에 의해 파악되는데, 가치에 접근할 수 있도록 가치감이 열려 있지 않으면 이러한 가치의 본질에 도달할 수 없다. 그러므로 가치에 맹목자가 있는 것이고 이들은 가치의 이러한 질서를 모르기 때문에 높은 가치를 보지 못하고 비도덕적인 행동을 하는 것이다. 그러므로 셸러는 가치의 질서를 잘 볼 수 있도록 가치감을 높여야 한다고 하였고 이것은 지속적인 교육을 통해 발달할 수 있다고 했다. 사람마다 가치를 인식할 수 있는 가치기관에 정도의 차이가 있지만, 교육을 통해 높은 가치를 볼 수 있는 가치감의 단계를 높여야 한다는 것이다. 높은 가치감을 가진 사람은 낮은 가치를 보고 높은 가치인 것으로 착각하지는 않을 것이다. 가치를 볼 수 있는 가치감도 발달한 사람이 있는가 하면 그렇지 못한 사람도 있다. 인류의 역사에서도 가치기관이 성숙하였던 때도 있었고 그렇지 못한 때도 있었다. 사람들의 가치상대적 관점은 풍부한 가치세계의 일부분만 보고 그것을 절대화하려거나 자신만의 가치파악이 옳다고 주장하기 때문에 생겨난다.

매우 풍부하고 무한한 가치의 왕국을 유한한 인간이 완전히 파악한다는 것은 불가능하다. 어쩌면 단 하나의 가치도 완전히 파악할 수 없을지도 모른다. 또 가치에 대해 맹목적인 사람이 있다. 그는 가치를 볼 수 없다. 가치맹목적인 사람과 유한한 인간이 가치의 영역을 다 보지 못하면서 가치의 상대성을 말하는 것은 잘못된 것이다. 그러므로 가치를 볼 수 있는 가치안목(가치감)을 넓혀야 한다. 가치감은 발전하고 성숙하기 때문에 가치로운 삶과 도덕적 행동에 무디지 않는 가치감을 더욱 고양시켜야 한다. 높은 가치를 볼 수 있는 가치감을 가진 사람은 낮은 가치를 선호하는 것이 얼마나 자신의 삶을 저하시킬 것인지를 잘 안다. 그러므로 우리는 교육을 통해 다양한 가치를 볼 수 있어야 하며, 그중에서 진정으로 올바른 가치를 파악하여 선택하고 그것에 따라 풍부한 삶을 살아가도록 배워야 한다.

인간에게 있어 가치서열에 대한 의식과 중요하고 중요하지 않은 것을 구분할 수 있는 능력을 키워 주는 가치감의 교육은 각 개인의 성공적인 삶을 위해 필수적이다. 또한 가치감 교육은 다른 사람들과 의사소통할 수 있기 위해서 필요한 요소이다. 가치감은 정신이 무디어질 경우와 열정에 맹목적일 때 흐려진다. 특히, 열정은 적절히 통제되지 않으면 도덕적 행동을 그르치게 한다. 그러므로 감정교육에서 중요한 것은 바로 이러한 열정을 잘 통제하는 것이다.[38]

---

38) R. Spaemann, *Moralische Grundbegriffe*, trans by T. J. Amstrong, *Basic Moral Concepts*(London: New Fetter Lane, 1989), pp.24~32.

(2) 도덕성 발달에 있어 감정교육의 중요성

　도덕·윤리교육의 목표가 학생들의 도덕성 발달에 있다면 도덕성 개념을 분명히 정의할 필요가 있다. 보통 지금까지의 도덕이론은 도덕성을 인지적 도덕성과 정의적 도덕성으로 구분하면서 전자에 치중해 왔다. 특히 콜버그를 중심으로 한 인지발달론자들은 학생들의 情意的 도덕성은 인지능력의 성장과 더불어 자연스럽게 형성된다고 보았다. 그리하여 이성적 가치판단이나 합리성을 도덕적 행위의 독립변수로 보고 정의적 도덕성을 종속변수로 간주함으로써 후자를 상대적으로 과소평가하고 있다. 도덕교육의 성과는 단순히 인지적 영역의 확대로만 달성할 수 있는 것이 아니라 올바른 감정이나 정서가 풍부하여 도덕적 앎을 행동으로 이끌 수 있는 강한 동기를 제공해야만 한다. 왜냐하면 합리적인 판단이란 행동으로 옮겨지지 않으면 무의미한 것이고 행동으로 옮겨지기 위해서는 행위 촉발의 근거인 마음이나 의지가 있어야 하기 때문이다.

　셸러를 제외하고 감정에 대한 중요성을 강조한 현대의 윤리학자는 거의 없었다. 늦은 감이 있지만 다행스럽게도 최근 윤리학계뿐만 아니라 도덕교육의 논의에서 이제까지 등한시되어 왔던 감정의 역할에 대한 재평가 작업이 활발하게 진행되고 있는데, 이는 사람들의 동기를 유발시키고 구체적인 행동 및 삶의 양식을 꾸려 나가는 주요 원천이 합리적인 이성에만 있지 않다는 사실이 밝혀지면서부터이다.[39] 이러한 입장에 있는 사람들은 감정이란 지속적인 헌신을 가능케 하는 하나의 성향이며, 합리성을 가질 수 있다는 점을 부각시킴으로써 감정이입(Empathy)과 배려는 도덕적 상황을 형식적이 아니라 실질적으로, 보다 친숙하게 이해할 수 있는 조건이 된다는 점을 강조한다. 이들의 논의는 감정이 지니는 선험성, 실질성, 상호 주관성, 가치에로의 지향을 말한 셸러의 수장과 맥을 같이하고 있다.

　셸러는 감정에도 가치처럼 위계질서가 있다고 보았다. 그에 의하면, 감각적이고 생명적인 감정은 낮은 위치에 있으며 지속적이지 못하고 깊은 만족을 주지 못

---

39) Hubert Henz, *Ethische Erziehung: Ethische Fundamentalepädagogik für Lehrer, Erzieher und Eltern*(München, 1992), S.69~72; Allan Gibbard, *Wise Choices, Apt Feelings*(Cambridge: Harvard University Press, 1990); J. Oakley, *Morality and the Emotion*(London: Routledge, 1992) 등을 참조.

하는 데 비해, 정신적 감정은 인간의 내적인 삶을 통해 경험되는 것으로 만족의 정도가 깊다. 이 정신적 감정은 인간의 모든 감정상태와 행동에 영향을 미치고 자기중심적인 사고를 벗어나게 한다. 이 정신적 감정은 사랑의 행위를 통해 파악되고 실천되는데, 특히 공감과 같은 감정은 타인을 이해하는 데 매우 중요한 요소가 된다. 셸러에 의하면 타인의 마음을 인식하는 것은 그 사람의 신적 표현뿐만 아니라 그 표현 뒤에 있는 전체적인 의미를 통해서, 즉 전체적인 방식에서 가능하다. 또한 동정과 분개의 감정이 도덕적 판단을 하는 인간에게 있어 필수적인 특성이라고 말한다. 해로움이 어떤 사람에게 발생할 때 그것에 반대하는 것은 희생자의 복지에 관심을 두기 때문이고 해로움을 주는 사람의 행동을 비판함을 의미한다. 해로움을 주는 존재에게 비판적이면서도 해로움을 받는 사람에게 무관심하는 것은 올바른 감정이 아니다. 그러므로 이러한 피해자에게 동정을 품고 위로하는 것은 도덕적 존재자에게 있어 필수적인 특질인 것이다.[40] 이러한 셸러의 감정에 관한 논의는 도덕적 행동에 있어서 감정이 중요한 위치를 차지한다는 인식에서 출발하고 있으며, 따라서 이러한 도덕적 감정이 지니는 인지적 요소를 잘 파악하여 그것이 적절하게 표현되도록 감정에 관한 교육이 강화되어야 한다는 점을 암시하고 있다.

현대의 가치윤리학은 형식적 윤리학과 실질적 윤리학의 더 높은 종합을 요구하고 있다. 윤리학을 크게 형식적 윤리학과 실질적 윤리학으로 나누어 볼 수 있는데, 도덕교육의 목표를 형식적 목표(Formaler Ziel)와 실질적 목표(marerialer Ziel)로 구분할 수 있기 때문이다.[41] 물론 이 두 가지 목표는 항상 엄격하게 구분될 수 있는 것은 아니다. 형식윤리학 혹은 윤리적 형식주의는 도덕적으로 선한 행동의 내용보다는 그것의 구조와 원리를 명시하고 있다. 형식윤리학은 결국 논리적인 것으로 귀착하고 만다. 형식윤리학에서는 윤리학적인 논의가 논리적인 것과 구조적으로 같다는 확신을 가지고 있으므로, 윤리를 논리적인 것의 유추에 따라 이해하고 해명하려고 한다. 이러한 형식윤리학은 윤리의 실질적 내용을 거부하기 때문

---

40) Anne Thomson, "Emotional origins of Morality", *Journal of Moral Education*, Vol.18, Number 3, October, 1989, p.204.

41) K. E. Maier, *Grundriss moralischer Erziehung*, Julis Klinkhardt, 1985, S.31~39.

에 구체적인 도덕의 논의에서는 불충분함을 드러낸다. 이에 비해 실질적 윤리학은 도덕적 가치감에 근거함으로써 논리적이고 명시적인 윤리의 고유성을 포기한다. 그러므로 윤리의 고유성과 내용이 보완될 수 있는 가능성을 모색해야 한다. 이렇듯이 교육에서도 형식적 목표와 실질적 목표가 서로 통합되어야 한다.

감정교육 혹은 정서교육(emotionale Bildung)은 감정미숙, 감정의 황폐화, 감정결핍(Gefühlsarmut), 제멋대로 하는 감정표현, 정서적 냉정함에서 벗어나 감수성, 감정이입, 공감, 정서적 온화함과 사회적·미학적·종교적 감정과 가치 충만하고 즐거운 감정을 유지하도록 하는 데 목표를 두어야 한다. 그리고 행복, 조화, 건강함에 지속적으로 관련되어 기여하도록 하는 데 목표를 둔다. 또한 감정교육은 단순한 감상주의나 비합리주의를 배제하고 한 개인의 삶과 공동체적 삶이 더 즐겁고 더 인간적이며 더 풍부하고 더 아름답도록 감정을 고양하는 것이다.[42] 인간이 지닌 다양한 감정을 인간 삶의 원동력으로서 적절히 나타날 수 있도록 한다면 개인적으로나 사회적으로 쾌적한 삶을 영위할 것이다. 결국 감정교육은 인간으로 하여금 타인과 환경에 적절한 감정을 표현할 수 있도록 이끄는 활동이다.

(3) 도덕적 모범의 제시를 통한 인격 형성

셸러는 객관적이고 절대적으로 타당성을 지닌 가치의 파악과 더 높은 가치를 획득하기 위한 인간의 노력은 모든 인간의 마음속에 있는 가치감과 이상에의 열망에 호소하는 원동력이 되고 있다고 말했는데, 이는 그의 윤리적 가치의 문제, 즉 인격과 밀접하게 관련되어 있다. 인격은 개인에 의해 형성된 것으로 개별적인 것이다. 인격은 한 개인 내에서 자신의 고유성을 가지고 그의 작용들을 남김없이 관철하는 것이다. 인격은 대상적인 것이 아니고 항상 작용 가운데 존재하고 형성되는 동태적인 것이다. 그러므로 인격은 한 개인의 정신생활의 색깔을 결정하고 그의 정신생활을 이끌어 간다.

삶에 있어서 가치를 실현하는 과정은 곧 인간성의 성취를 지향한다. 이 인간성

---

42) Hubert Henz, 앞의 책, S.69~71.

의 성취는 인간을 인간답게 해 주는 '정신'의 힘을 강화시키고 인격을 고양시켜 준다. 인간은 누구나가 완전함 혹은 理想像을 모델 삼아 그것과 가까워지려고 노력하는 가운데 자신의 삶을 달성한다. 셸러는 이러한 이상상이 이념적인 선천적 가치와 현실의 인간을 매개시켜 준다고 말하고 있다. 즉 이상상은 인간의 삶의 목표와 방향을 규정해 줌으로써 인간의 삶을 고귀하게 이끌고 있다. 이 이상상에 의해 인간은 끊임없이 자신의 삶을 반성하고, 부족한 것을 채워 가고 있다. 그런데 이러한 이상상을 바라볼 수 있는 매개체는 사랑이다. 사랑은 모든 정신적 활동의 기초가 되며 도덕적 삶과 인격가치의 근본활동이다. 인간은 바로 이러한 사랑의 작용을 통해서 개별 인격의 완성은 물론 타자에 대한 이해와 共存意識을 드높일 수 있는 것이다.

셸러가 제시한 가치인격 유형의 전형은 학교교육에서 교육자의 도덕적 모델링(medeling)이 학생들의 도덕적 행동을 촉발시키는 데 중요하다는 점을 제시하고 있다. 특히, 최근에 실천 위주의 인성교육 부활 및 강화의 근거가 한 인간이 사고하고 생활하는 장소의 민주적 도덕공동체의 형성과 교사, 부모, 친구 등의 모범적 언행임을 고려한다면, 이상적인 가치상에 따라 끊임없이 노력하는 진지한 삶을 살도록 교육해야 하는 것은 매우 중요한 일이다. 셸러는 사랑의 작용을 통한 인격가치의 구현과 인격모범에 따라 가치를 실현할 수 있다고 말하는바, 이는 도덕교육에서 인격전형에 의해 인간의 인격적 특질을 가르칠 수 있음을 암시하고 있다. 특히 학교에서 교사, 가정에서의 부모, 사회에서 연장자들의 모범적인 언행은 자라나는 청소년들에게 좋은 교육적 효과를 줄 수 있다. 그러므로 청소년들이 감동하면서 느끼고 배워야 할 이상적인 가치상을 내면에 간직하고 그것에 따라 살아갈 수 있도록 해야 하며 이에 상응하는 모든 교육적 환경이 개선되어야 한다.

그동안 우리나라의 도덕교육에서는 인지적 교육에 밀려 보편적 가치와 덕을 가르치는 것은 마치 인간의 자율성을 크게 해치는 것으로 인식하는 경향이 있있다. 그리하여 도덕적 원리에 입각하여 높은 수준의 도덕적 판단을 할 수 있는 능력을 함양하는 것이 곧 도덕교육의 전부인 것으로 믿었다. 이러한 인지적 발달이론에 치우친 교육은 한 개인으로 하여금 분석적인 사고와 상대주의적 가치에 몰두하도록 하는 역기능을 초래하였다. 인간은 누구나 완전함 혹은 모범을 모델 삼아 그것과 가까워지려고 노력하는 가운데 인간성을 성취한다. 셸러는 이러한 모범이 이념적인 선천적 가치와 현실의 부족한 인간을 매개시켜 줌으로써 인간 스스로 끊임없이 반성하고, 부족한 것을 보완해 가도록 해 준다고 말한다.

셸러의 인격전형이 윤리학과 교육에서 중요한 역할을 하고 있음은 다음과 같은 진술을 통해서 잘 알 수 있다. "추상적인 규범이 하지 못한 것을 구체적인 전형은 종종 할 수 있다. 전형은 인간을 변화시키고 그로 하여금 그의 부정적인 본성의 경향을 극복하고 더 높고 더 이상적인 자아실현을 하도록 도와준다. 전형의 힘이 그 자체로 드러내 주는 것은 바로 변환효과이다." "도덕적 가치는 청소년들에게 추상적인 방식으로 제시되어서는 안 되고 그들이 종종 마음속에 사랑하고 있는 모범적인 인격을 통해 제시되어야만 한다. 이런 방식을 통해 가치들은 그 자체로 효과적으로 드러나고, 젊은이들은 가치를 자신에게 요구되는 하나의 의무로서 경험하게 될 것이다. 젊은이들은 인격전형에 대한 도덕적 태도에 감정이입됨으로써 공감의 감정을 유발할 것이고, 동기부여를 받을 것이고, 도덕적 행동을 하도록 더욱 자극받을 것이다. 성인들도 도덕적 가치를 주로 모범적인 인격을 통해서 파악한다. 사실상 어떤 사람도 이와 같은 인격전형이 없이는 올바른 가치판단을 내릴 수 없다."[43]

인격은 항상 그것의 작용으로 형성되기 때문에 인격이 잘 형성되려면 인격작용이 훌륭히 이루어져야 한다. 인격작용이 훌륭히 잘 이루어진다는 것은 바로 인격작용이 보다 고귀한 데로 지향해서 이루어진다는 것을 의미할 것이다. 또한 이것은 보다 가치롭고 고귀한 삶의 방향을 지향하고 실천할 수 있게 하는 도덕적 감정의 발로를 통해 가능할 것이다. 그러므로 우리가 원하는 바람직한 인격을 함양하기 위해서는 보다 높은 가치를 볼 수 있는, 보다 높은 가치감정이 성숙하도록 하여 높은 가치를 실현하도록 하는 것이다. 이러한 가치의 실현은 우리 인간에게 고귀한 삶을 살도록 할 것이며, 보다 높은 가치를 실현하는 가운에 나타나는 윤리적 선을 실행하도록 할 것이다.[44]

---

43) A. Dekeen, *Process and Permanence in Ethics*, 앞의 책, pp.216~217.

5. 결 론

셸러가 윤리학을 실질적 가치론 내지 인격주의적 토대 위에 정립하여 종래의 규범윤리학의 체계가 지닌 형식성과 일면성을 극복하고자 한 것은 그의 불멸의 업적이다. 특히, 도덕적 행위는 실질적 가치의 실현이라는 점에 착안하여 그 고유한 담지자인 인격을 구명함으로써, 윤리학이 사회적 영역의 구체적인 현실문제와 인간과 인간의 '사랑의 공동체적 관계'를 정립할 수 있는 근거를 제시한 것은 매우 독특하고도 탁월한 통찰이라고 평가할 수 있다.

참다운 인간의 본질은 올바른 가치를 지향하고 추구하는 데 있다. 인간의 기호나 욕구, 만족의 정도 혹은 유용성이나 우리의 필요와는 관계없이 가치는 객관적으로 존재한다. 인간과 관계없이 존재하는 가치는 재화가치, 관능가치, 생명가치, 진리가치, 미적 가치, 윤리적 가치, 종교적 가치 등 다양하다. 가치가 있다고 해서 그것이 인간에게 곧바로 의식되는 것은 아니다. 가치를 파악할 수 있는 가치감정의 성숙 정도에 따라 높은 가치를 파악하여 선호할 수도 있고 낮은 가치를 파악하여 선호할 수도 있다. 가치를 감지할 수 있는 가치감은 바로 사랑에 의해 높여질 수 있다. 사랑의 작용에 의해 더 높은 가치에로 향할 수도 있다. 사랑이 없다면 인간은 풍부한 가치의 세계에 다가갈 수 없다. 사랑은 우리 인간의 정신적 중심체인 인격으로부터 여하의 다른 정신적 활동의 도움 없이 자발적으로 근원적으로 생겨난다. 인간에게는 모든 감정이 강렬 차이를 지닌 채 공존해 있다. 다른 감정보다 더 강렬히 발하여 있는 감정이 우리의 정신활동을 주도하게 된다. 감각적 감정이 정신적 감정보다 더 강렬하게 발하여 있는 사람은 감각적 감정이 우리의 정신적 활동을 지배하여 감각적 가치를 감지하고 그것을 선호하게 되는 것이다. 그러므로 우리는 정신을 훌륭하게 개방하여 많은 가치를 감지할 때 다양하지만 위계질서를 가진 가치들에 다가설 수 있고 각 감정에 의거하여 선호・성시작용을 할 수 있다. 만일 우리가 사랑이 충분히 작용하지 않아 우리의 마음이 가치에 개방되지 않는다면, 더 높은 가치가 있음에도 불구하고 그것을 알지 못하고 더 낮은

---

44) 금교영, 『막스 셸러의 가치철학: 가치의 현상학』(이문출판사, 1995), pp.90~94.

가치를 마치 온전한 가치인 것처럼 선호하여 그것의 실현에 참여하는 것이다. 인간은 불완전성으로 인해 가치를 있는 그대로 파악하기가 쉽지 않다. 다만 주어진 상황에서 최선을 다해 가치의 본질을 이해하고 보다 나은 가치의식을 가지고 있음으로써 보다 성숙한 가치 지향적 행동을 할 수 있는 것이다. 그러므로 우리는 가치를 제대로 볼 수 있는 가치감을 높일 수 있도록 교육해야 하는데 여기서 한 가지 방법으로 제시된 것이 바로 인격전형이다. 이상이 셸러가 자신의 가치윤리학에서 논의하고 있는 가치, 감정, 인격의 본질과 그것들의 관련성이다.

셸러의 가치윤리학에 이론적·실천적 한계가 없는 것은 아니지만, 인간이 올바른 가치에 대해 자각하지 못하고 살아가는 한, 인간다운 삶을 영위하기가 매우 어렵다는 점을 분명히 보여 주고, 인격적 전형을 통해 인간으로 하여금 충분히 깨닫고 감동하게 함으로써 도덕적 가치 및 인격 완성을 실현해야 한다고 주장한 점은 우리가 새겨들어야 할 탁견이라고 할 수 있다고 본다. 만약 사회 속에서 타인과 더불어 살아가는 인간이 도덕적 자각을 통해 바람직한 가치를 실현하지 않고 비인간적인 악행을 자행한다면, 본래부터 사악한 존재가 사회에 대해 저지르는 악행의 결과보다 더 큰 불행을 가져다줄 수 있다. 인간이 도덕적 선에 이르는 길은 매우 다양하고 그것들의 높낮이에서 차이가 있을 수 있지만, 도덕적 선에 대한 가치통찰에 맹목적인 인간은 불행한 삶을 살 수밖에 없다. 인간이 지닌 가치감의 높고 낮음이 천차만별이어서 모든 인간의 도덕적 완성을 위한 교육적 효과가 적다 할지라도, 인간이 지향해야 할 이상적 목표를 제시하고 인간이 그러한 목표를 향해 성실하게 노력하도록 하는 것이 인간교육의 목표가 되어야 한다는 셸러의 주장은 다소 이상적이라는 비판에도 불구하고 필자가 보기에는 도덕교육에서 반드시 추구해야 할 실질적 내용이라고 본다.

그러므로 셸러가 자신의 인격주의 가치윤리학에서 강소하듯이, 우리는 학교 도덕교육을 통해 사람들이 절대적이고 보편적인 가치의 본질에 대해 정확히 인식하고 열정을 가지고 헌신하도록 가르쳐야 한다. 객관적이고 절대적인 가치에 대한 참여와 헌신이 있을 때 현재 우리에게 가장 절실히 요구되는 겸손, 절제, 사랑, 인격존중, 공존의식 등이 회복될 수 있는 것이다. 교육은 인간을 인간답게 하는 것이고 인간으로 하여금 끊임없이 인격적 각성을 하도록 하는 것이므로, 우리는 무엇이 올바른 가치인지를 분명하게 가르쳐 주어야 한다. 특히, 학교의 도덕교육에서는 황금만능주의, 개인 및 집단이기주의, 결과 중심주의적 사고에서 벗어나 인간이 지켜야 할 도리가 무엇인지를 체계적으로 보여 주고 그것을 내면화할 수 있도록 인간교육을 강화해야 한다.

제18장 비도덕적 행위의 극복을 위판 도덕교육

송재범

1. 서 론

오늘밤 우리는 수많은 비도덕적 사태들을 目睹하면서 도덕적 위기감을 느끼고 있다. '도덕적인 총체적 위기'니 '도덕적 무정부주의'라는 말이 낯설지 않게 들리고 있으며, "나는 왜 도덕적이어야 하는가?"라는 니엘슨(K. Nielson)의 고전적 물음이 호소력을 잃어 가고 있다.[1] 때때로 '나쁘다'라는 표현만으로는 만족할 수 없는 경우들도 발생할 때에,[2] "어떻게 인간이 그럴 수 있느냐?"고 흥분하며, "인간이란 도대체 무엇이냐?"는 우리 자신에 대한 근본적인 질문까지도 던지게 된다. 이러한 질문까지 던질 수 있다는 것은 우리가 아주 절박한 상황에 처하여 있음을 말하는 것이다.[3]

이렇게 사람들에게서 나타나는 비도덕적 행위들이 단순히 일회적이거나 우연

---

1) Kai Nielson, *Why Be Moral?*(New York: Prometheus Books, 1989), p.284.

2) 리흐텐버그(J. Lichtenberg)는 오늘날 우리 주위에서 벌어지는 여러 가지 비도덕적인 행위들을 열거하면서, 그러한 행위들을 '나쁘다'고 표현할 수 있는가를 묻고 있다. 그런데 만약 '나쁘다'라는 표현을 우리가 거부한다면, 그것은 우리 주위에서 벌어지고 있는 비도덕적 행위가 너무나 심각해서, '나쁘다'는 표현이 우리의 느낌을 나타내기에는 너무 미약하기 때문이라고 그는 주장한다. Judith Lichtenberg, "Moral Certainty", *Philosophy*, V.69, N.268(New York: Cambridge University Press, 1994), pp.181~204.

3) 진교훈은 "인간이 무엇이냐?"는 물음은 이것을 묻는 자가 아주 절박한 상황에 처하여 있을 때에 발생한다고 주장한다. 나는 무엇이며, 인간이 무엇이기에 이러한 고통을 당해야만 하느냐고 묻게 된다는 것이다. 인간에 관한 물음의 의미는 다음을 참조. 진교훈, 『철학적 인간학 연구(Ⅰ)』(경문사, 1984), pp.9~12.

한 것이 아니라 지속적인 것이고 점차 다양화되고 있다면, 비도덕적 행위에 대한 연구는 道德性에 대한 연구만큼이나 중요한 영역이 되어야 한다. 그럼에도 불구하고 "道德的 惡의 본질에 대한 것보다 道德的 善의 본질에 대한 것이 훨씬 많이 쓰여 온 것이 또한 이상하다"[4]는 마일로(R. D. Milo)의 지적이 보여 주듯이, 비도덕적 행위에 대한 연구는 아주 부족한 실정이다. 물론 아리스토텔레스가 기본적인 비도덕적 행위의 유형을 사악함과 나약함 두 가지 종류로 구분하면서 비도덕적 행위의 문제에 접근하려는 대표적인 노력을 보여 주고 있지만, 아리스토텔레스적 관점을 취한 논의들이 도덕적 나약함에 대한 논의에 집중된 나머지, 도덕적 사악함에 대한 것은 광범위하게 무시되어 왔다.[5]

따라서 우리에게는 비도덕적 행위에 대한 적극적이고 구체적인 접근이 요구된다. 그리고 비도덕적인 행위에 대한 현실적이고 구체적인 접근을 통하여 현실적인 도덕교육의 목표 및 그 방법을 탐색해야 한다. 또한 이와 같은 새로운 도덕교육 방향의 탐색은 기존 도덕교육의 문제점을 비판적으로 평가하고, 학생들에게 나타나고 있는 비도덕적 행위들을 극복할 수 있는 방향으로 전개되어야 한다.

2. 비도덕적 행위에 대한 주요 관점

(1) 무지와 무절제적 관점

사람들이 왜 비도덕적으로 행동하는가에 대한 질문은 역사적으로나 그 범위에 있어서나 다양한 관점과 수준에서 제기되어 왔다. 그러나 이러한 다양성에도 불구하고, 사람들의 비도덕적 행위에 대한 탐구에 있어서는 하나의 공통적인 흐름

---

4) Ronald D. Milo, *Immorality*(Princeton: Princeton University Press, 1984), p. iv.

5) 마일로는 사악함과 나약함이라는 이분법적 구분에 입각한 논의가 많은 문제점을 가지고 있는데, 그중에서도 많은 논의들이 도덕적 나약함에 치우치고 있는 것이 가장 큰 문제점이라고 지적한다. 따라서 마일로는 다양한 유형의 비도덕적 행위를 분석하는 데 있어서 사악함에 대한 논의가 더 많이 이루어져야 하고, 그럴 때에만 다양한 비도덕적 행위의 유형과 그 다양한 발생 근원을 밝혀낼 수 있다고 주장한다. 마일로는 아리스토텔레스가 비도덕적 행위의 유형과 그 원인을 구분하는 데 있어서 저지른 가장 큰 실수는 도덕적 나약함을 無知와 필연적으로 연결시킴으로써, 결국 비도덕적 행위를 일으키는 근원으로서 無知論的 측면만을 강조하고 있다는 것이다. 아리스토텔레스가 의지의 나약함을 知識의 결여와 연결시키고 있는 것에 대한 마일로의 비판은 다음을 참조. Ronald D. Milo, *Aristotle On Practical Knowledge and Weakness of Will*(The Hague: Mouton & Co, Pub. 1966).

을 발견할 수 있다. 그것은 비도덕적 행위에 대한 연구들이, "사람들은 왜 도덕적으로 행동해야만 하는가?"를 정당화하기 위해 주장되고 있는 이론들과 밀접하게 연결되어 있다는 것이다. 따라서 비도덕적 행위에 대한 탐구는 언제나 도덕적 권위의 존재 기반이나 특정한 도덕판단 상황에서 결정해야만 하는 道德的 正當化와 같은 논의들 속에서 전개되어 왔다.6)

비도덕적 행위에 대한 이러한 접근태도에서 살펴볼 때 비도덕적 행위의 원인과 그 종류에 대해서 가장 오래되고 광범위하게 논의되어 온 것은 無知論的 관점이다. 이 입장에 따르면, 사람들은 도덕적으로 무엇이 옳고 그른지를 모르기 때문에 비도덕적 행위를 범한다. 그런데 어떤 사람이 무엇이 옳고 그른지를 모른다고 주장하는 방식에는 두 가지가 있다. 첫째는 행위자가 자신의 목적을 실현하기 위한 적절한 수단을 모르는 경우이고, 둘째는 그가 욕구하고 있는 것 자체가 어떤 것인지를 모르는 경우이다.7)

비도덕적 행위에 대하여 무지론적 관점을 취하고 있는 소크라테스는 비도덕적인 사람들은 일반적으로 두 번째 형태의 無知로 인하여 고통받고 있다고 생각하였다. 그는 『프로타고라스』(Protagoras)에서 "사람들이 쾌락과 고통의 선택, 즉 선과 악의 선택에 있어서 잘못을 저질렀을 때, 그 잘못은 지식의 결여에서 나온다"8)고 주장하고 있으며, 『메논』(Menon)에서는 "분명히 악을 모르는 사람들은 그것을 욕구하지 않으며, 실제로는 악인데도 사람들은 선이라고 생각하는 것을 욕구하게 된다. 따라서 그것을 모르거나 그것을 선이라 고 생각하는 사람들은 실제로는 선을 욕구하는 것이다"9)라고 주장하고 있다. 따라서 소크라테스는 선을 실현하기

---

6) 비도덕적 행위의 탐구를 위한 전제가 되는 이러한 도덕적 권위에 대해서, 푸트(P. Foot)는 도덕적인 명령이 假言的일 때에만 권위적인 것이 되는 경우와, 도덕적 명령이 定言的인 경우에만 권위적인 것으로 여겨지는 두 가지로 구분된다고 설명한다. 푸트는 오늘날의 현실에서 정언적 도덕명령의 권위를 주장하는 것은 '마술의 힘'과 같은 두덕적 명령을 제시하고 있는 것에 불과하며, 이러한 명령들이 진재하고 있는 小미避性이라는 것도 '단지 도덕이 가르쳐지는 방식의 반영'이거나, 안스콤[G. E. M. Anscombe, "Modern Moral Philosophy", *Collected Works*, V. Ⅲ : Ethics, *Religeon and Politics*(Minneapolis: Minnesota University Press, 1981), p.30]의 표현을 빌려 '(광범위하게) 포기된 神法的 도덕개념의 심리학적인 유물'이라고 주장하고 있다. Philippa Foot, "Morality as a System of Hypothetical Imperatives", *Virtues and Vices*(Berkeley: California University Press, 1978), pp.151~173.

7) Jean Hampton, "The Nature of Immorality", in E. F. Paul, et al.(eds.), *Foundations of Moral and Political Philosophy* (Cambridge: Basil Blackwell Inc., 1990), pp.25~26.

8) Plato, Protagoras, 357d－e.; C. C. W. Taylor(trans.), *Plato, Protagoras*(Oxford, 1976); W. K. C. Gathrie(trans.), *Plato, Protagoras and Meno*(Penguinbooks, 1956)(Paperback repr. 1972).

9) Plato, *Meno*, 77e.; R. S. Bluck(trans.), *Plato's Meno*, Introduction, translation, notes and appendices(London, 1955).

위한 수단을 모르는 사람보다 어떤 것 이 선인지를 모르는 사람, 즉 선 자체에 대한 무지에 초점을 두고 있다.

비도덕적 행위에 대한 무절제적 관점에서는 무관심적 관점과는 달리 행위자들이 도덕명령의 권위를 인정하면서도 비도덕적 행위를 저지르는 것으로 설명된다. 아리스토텔레스는 무절제한 사람은 자신의 판단과 선택에 반하여 행동을 하기 때문에 "양심의 가책을 느낄 것 같다"[10]라고 말한다. 그리고 자신의 행위가 잘못임을 알고 있으면서도 비도덕적인 행위를 저지르는 데 대하여, 아리스토텔레스는 행위자의 통제를 넘어서는 어떤 것이 있다고 주장 한다.

행위자의 통제를 넘어서는 이러한 본성을 대부분의 철학자들은 아리스토텔레스가 주장한 정념이나 욕망과 같은 것으로 보고 있다. 플라톤은 흔히 '靈魂三分說'[11]이라고 불리는 정신기능의 분석에서 최하위에 있는 '욕망'(ephithymia)[12]을 들고 있는데, 이 욕망이 정신의 건전한 다른 부분을 억압하고 제 기능을 다하지 못하게 함으로써 잘못된 행동이 나오게 된다고 주장하고 있다. 또한 칸트도 사람의 마음속에 있는 이성과 나쁜 욕망 간의 투쟁의 산물로서 비도덕적 행위를 설명하면서,[13] 이성에 따라 나쁜 욕망을 극복하고 의무를 준수할 때에 도덕적으로 행동할 수 있다고 주장한다.[14] 이러한 모든 설명들은 행위자 내부에 있는 선의 힘과 악의 힘의 대립과 갈등관계 속에서 무절제한 행위가 나오게 된다는 것을 주장하고 있다.[15]

---

10) Aristotle, *Nicomachean Ethics*, 1150b. 영역본으로는 H. Rackham W. D. Ross, J. O. Urmson, T. H. Irwin 등을 참조함. 국내 번역본으로는 최명관(역), 『니코마코스 윤리학』(서광사, 1985) 참조. 이하 *NE*로 표기함.

11) 플라톤은 인간의 정신기능을 세 기능으로 나눈다. 그중에서 理性(logos)은 인간에게 참된 지식을 주는 기능을 한다. 그리고 이를 실천하는 정신기능으로 이성의 밑에 氣槪(thumos)가 있다. 이 기개는 현대어로 정확하게 표현할 수 없으나, 보통 감정과 의지를 통칭하는 것으로 사용된다(기개의 개념에 대한 다양한 현대적 용법에 대해서는 R. Rogers, *A Short History of Ethics*(London, 1952), p.46. 참조). 최하위에는 慾望(ephithymia)이 있다. 이것은 육체적 욕망으로서 쾌락, 부유, 맛있는 음식과 그 밖의 육체적 만족을 주는 것에 대한 욕망이다. 쾌락 중에서도 정신적 쾌락은 여기에 속하지 않는다. Plato, *Politeia*, 439a~44lc; Cornford, Francis M.(trans), *The Republic of Plato*(New York: Oxford University Press, 1964); I. A. Richards(trans.), *Plato's Republic*(New York: Cambridge University Press, 1966) 참조.

12) 플라톤은 이 욕망을 포함한 정신의 세 기능을 마부와 두 마리의 말에 비유한다. 플라톤의 비유에 따르면, 마부는 理性이고 두 마리의 말은 氣槪와 慾望이다. 그리고 기개는 좋은 말에, 욕망은 나쁜 말에 비유된다. 좋은 말은 마부가 가려는 방향으로 잘 따르기 때문에 다루기가 용이하지만, 나쁜 말은 성질이 반항적이고 거칠어서 채찍으로 다루어야 한다. 기개는 이성의 편에 서고 욕망은 이성에 반항한다. Plato, *Phaidros*, 246a; R. Hackforth(trans.), *Plato's Phaedrus*, Introduction, translation and running commentary(Cambridge, 1952)(Paperback repr., 1972) 참조.

13) I. Kant, H. J. Paton(trans.), *Groundwork of the Metaphysics of Morals*(New York: Harper & Row, 1964), p.80.

14) I. Kant, Mary J. Gregor(trans.), *The Doctrine of Virtue*(Philadelphia: Pennsylvania University Press, 1964), p.80.

15) 햄프턴(J. Hampton)은 선한 행위와 악한 행위의 이러한 대립적 접근방식을, 3세기 페르시아의 종교인 마니교적 방식과 유사

(2) 햄프턴의 도전적 관점

비도덕적 행위에 대한 無知論的 관점이나 無節制的 관점에서는 비도덕적 행위자를 비합리적인 것으로 본다. 즉 비도덕적 행위가 어떤 근원으로부터 발생했건 또는 행위자가 어떤 목적을 가지고 비도덕적 행위를 저지른 것과는 관계없이, 비도덕적 행위를 저지른 행위자는 모두 비합리적이고 정상이 아닌 것으로 여겨진다. 이것은 정상적인 사람은 비도덕적 행위를 할 수 없다는 것이며, 만약 정상인이 비도덕적 행위를 저지른다면 그것은 이해할 수 없다는 태도이다.

그러나 햄프턴(J. Hampton)은 비도덕적 행위에 대한 이러한 태도를 거부하면서 비도덕적 행위자가 모두 불합리한 것은 아니라고 주장하였다. 그는 정상적이며 합리적인 사람도 얼마든지 비도덕적 행위를 저지를 수 있다고 주장하면서 이러한 모습을 유대－기독교 전통에 깊이 뿌리내리고 있는 인간악의 기원으로부터 설명하고 있다.

햄프턴은 성경 속에 나와 있는 아담과 이브의 죄를 神에 의해서 명백하게 금지된 어떤 것을 저지른 것과 관련짓는다. 햄프턴에 있어서, 선악을 알게 하는 나무의 과실을 먹지 말라는 신의 명령은 유일한 신의 명령이기 때문에 권위적인 것이다. 신이 그 명령을 내렸고 신이 최고의 명령자이기 때문에 그 자체로 권위적이고 정언적인 것이다.[16] 아담과 이브는 정언적 권위를 가지고 있는 신의 명령에 불복종한 것이다.

왜 아담과 이브가 신의 명령에 복종하지 않았는가? 기본적으로 聖經의 저자는 아담과 이브의 비도덕적 행위가 무지로 인한 것으로 설명하고 있지만,[17] 햄프턴은 創世記의 저자가 결국에 가서는 비도덕적 행위에 대한 이러한 무지론적 설명

한 입장이라는 데 착안하여, '마니교적 해석'(Manichean Explanation)이라고 부르고 있다(J. Hampton, *op.cit.*, p.34). 선과 악에 대한 마니교의 입장은 善惡二元論으로서 선과 악이 대립되는 것으로 본다. 즉 악을 '선의 결핍'이나 '선의 자기 부정'(이영호, 『변증법적 윤리학』, 자유사상사, 1994 참조)과 같은 소극적인 개념으로 보는 것이 아니라 적극적 실체로 본다. 우드(Allen Wood)의 비도덕성에 대한 접근에서도 이러한 용어가 사용되고 있다. Allen Wood, *Kant's Moral Religion*(Ithaca: Cornell University Press, 1970), p.214. 참조.

16) 햄프턴은 신의 명령이 정언적인 것이라고 주장한다. 그러나 그도 지적하고 있듯이, 신이 자신의 명령을 제재와 같은 것, 즉 과일을 먹는 사람은 누구든지 죽게 된다는 것과 연결시키고 있는 일은 흥미롭다(Jean Hampton, *op.cit.*, p.38).

17) 모리스(H. Morris)에 의하면, 아담과 이브는 사과를 먹기 전에는 옳고 그름에 대한 필요한 지식을 가지고 있지 못했기 때문에 그들에게 죄의 책임을 추궁할 수 없다. 사과를 먹고 난 후에 아담과 이브는 지식을 획득했고 죄에 빠진 것이다. 사전에 알고 있지 않은 이상, 아담과 이브에게 죄를 물을 수 없다는 것이 모리스의 주장이다. Herbert Morris, "Lost Innocence", *Guilt and Innocence*(Berkeley: California University Press, 1976), p.141.

을 버리고 비도덕적 행위의 근원에 대한 아주 다른 설명을 제시하고 있다고 주장한다.[18] 햄프턴에 따르면 창세기의 저자는 아담과 이브가 신이 먹지 말라고 금지한 것을 알면서도 그 과일을 먹기로 결정했다는 것을 명백하게 밝히고 있다. 따라서 그들은 적어도 이미 어떤 도덕적 지식, 즉 그 과일을 먹는 것은 나쁘다는 것을 알고 있었다. 그들은 무지로 인해서 악에 빠진 것이 아니라, 하지 말아야 한다는 것을 알면서 그것을 선택한 것이다.[19] 결국 창세기의 저자는 인간 비도덕성의 근원에 대한 설명으로 밀턴(Milton)이 그의 『失樂園』(*Paradise Lost*)에서 사용한 용어인 '그릇된 저항'(foul revolt)을 주장하고 있다는 것이다.[20]

햄프턴은 자신의 이러한 입장을 비도덕적 행위의 근원에 대한 '挑戰的 관점'(defiance explanation)이라고 부르면서,[21] 행위자의 자발적 선택에 따른 비도덕적 행위를 지적하고 있다. 행위자는 자신의 행위가 잘못임을 알면서, 즉 도덕명령이 금지하고 있다는 것을 알면서도 비도덕적 행위를 저지른 것이다. 더 나아가 행위자는 이러한 도덕명령이 그에게 지배적이고 권위적인 원리가 되어야 한다는 '요구'를 알면서도 비도덕적 행위를 저지른다. 여기서 바로 '요구한다'(claims)는 말이 중요하다.[22] 이브는 신의 명령이 그녀에게 '반드시 권위적이어야 함'을 모르고 있었다. 그녀는 단지 그것이 권위적이어야 할 것을 '요구하고 있다'는 것만을 알고 있었을 뿐이다. 이브가 도덕명령의 요구를 거부하고 비도덕적 행위를 저지르는 과정에 있어서, 그녀가 저항하고 거부한 것은 도덕명령 자체가 아니라 바로 이 요구에 대한 저항이다.[23]

(3) 마일로의 인지론적 관점

아리스토텔레스는 사악함과 나약함이라는 비도덕적 행위의 두 가지 형태를 구

---

18) Jean Hampton, *op.cit.*, p.38.

19) *Ibid.*, p.39.

20) *Ibid.*, p.39.

21) *Ibid.*, p.37.

22) *Ibid.*, p.39.

23) *Ibid.*, p.40.

분하면서 나약한 사람을 선한 법칙을 가지고 있지만 그것을 적용하지 못하는 상태로 설명하고 있고, 사악한 사람을 그 자신의 법칙을 적용하지만 나쁜 법칙을 적용하는 상태로 설명하고 있다.[24] 사악함과 나약함에 대한 아리스토텔레스의 이러한 구분은 행위자가 자신의 행위가 나쁘다는 것을 알지 못하고 잘못을 저지르는 무의식적인 비도덕적 행위와, 자신의 행위가 나쁘다는 것을 행위자 자신이 알면서도 잘못을 저지르는 의식적인 비도덕적 행위를 구분하게 만든다.

마일로(R. D. Milo)는 이러한 아리스토텔레스의 구분을 더 세분화하여, 비도덕적 행위에 대한 행위자의 인식 여부에 따라 여섯 가지의 비도덕적 행위유형을 구분하고 있다.

먼저, 자신의 행위가 도덕적으로 나쁘다는 것을 알면서도 자신의 행위가 도덕적으로 나쁘다는 사실에 대한 무관심 때문에 비도덕적 행위를 저지르는 경우를 마일로는 '道德的 無關心'(moral indifference)이라고 부른다.[25] 도덕적으로 무관심한 행위자는 그가 행한 것에 대하여 양심의 가책이나 죄의식을 느끼지 않는다. 이런 점에 있어서 그는 사악한 행위자와 비슷하고 도덕적으로 나약한 행위자와 다르다. 그러나 사악한 행위자와는 다르고 도덕적으로 나약한 행위자와는 유사하게, 도덕적으로 무관심한 행위자는 자신이 행하는 것이 나쁘다는 것을 알고 있다.[26]

자신의 비도덕적 행위에 대한 무관심 때문이 아니라 행위자가 비도덕적 행위를 피하기보다는 어떤 다른 목적을 달성하려 하기 때문에, 스스로 나쁘다고 여기는 것을 행하는 경우가 있을 수도 있다. 이런 경우의 행위자는 자신이 행한 것에 대하여 양심의 가책을 느끼지 않지만, 사악한 행위자와는 다르게 자신이 행한 것이 나쁘다는 것을 알고 있다.[27] 마일로는 이러한 사람을 사악한 사람이라고 부르면서, 사악함을 두 가지 종류로 구분하고 있다.[28] 행위자가 나쁜 도덕원리를 가지고 있기 때문에 행위자의 행위가 비노넉적인 행위가 될 수 있는 경우, 즉 행위자가 자신의 행위가 잘못이라는 것을 믿지 못하고 오히려 옳다고 여기는 경우를 마

---

24) *NE*, 1152a. 비슷한 견해로서 P. H. Nowell-Smith, *Ethics*(Baltimore: Penguin Books, 1954), p.265를 참조.

25) Ronald D. Milo, *Immorality*, p.5.

26) *Ibid.*, p.5.

27) *Ibid.*, p.5.

28) *Ibid.*, pp.8~9.

일로는 '倒錯的 사악함'(perverse wickedness)이라고 부른다. 그리고 행위자가 자신의 행위가 도덕적으로 잘못인 것을 알면서도 비도덕적 행위를 피하기보다는 다른 목적을 선호하기 때문에 비도덕적 행위를 저지르는 경우가 있는데, 마일로는 이것을 '選好的 사악함'(preferential wickedness)이라고 부른다.

그리고 행위자가 자신의 특정한 행위가 자신이 나쁘다고 여기는 행위의 종류에 속하는지를 모르는 경우가 있을 수 있다. 즉 행위자가 자신의 특정한 행위가 행위자 자신이 나쁘다고 생각하는 그런 행위의 종류들에 속하는지를 모르기 때문에 비도덕적인 행위를 저지르는 경우이다. 이러한 경우의 비도덕적 행위를 마일로는 '道德的 怠慢'(moral negligence)이라고 부른다.[29]

또한 행위자가 자신의 행위가 옳다고 믿어서가 아니라, 어떠한 도덕원리도 갖고 있지 않아서 비도덕적인 행위를 저지르는 경우가 있을 수도 있다. 倒錯的으로 사악한 행위자는 적어도 나쁜 도덕원리라도 가지고 있기 때문에, 자신의 행위가 나쁘지 않다고 믿는다. 이러한 도착적으로 사악한 행위자의 종류에 속하면서도, 자신의 행위에 대하여 나쁘다는 것도 모르고 또한 옳다고 여기는 것도 아닌 행위를 저지르는 사람을 생각해 볼 수 있다. 즉 행위와 관련하여 아무런 도덕원리를 전혀 갖고 있지 않은 행위자를 생각할 수 있는데 마일로는 이것을 '無道德性'(amorality)이라고 표현하고 있다.[30]

마일로는 이렇게 비도덕적 행위에 대한 행위자의 인식 여부에 따라 다음의 표와 같이 여섯 가지의 주요한 비도덕적 행위의 유형을 제시하고 있다.

〈표 18-1〉

		행위자의 신념 상태	
		잘못을 알지 못함	잘못을 알고 있음
행위자의 도덕적 결함	나쁜 선호	도착적 사악함	선호적 사악함
	자기 통제의 결여	도덕적 태만	도덕적 사악함
	도덕적 관심의 결여	무도덕성	도덕적 무관심

---

29) *Ibid.*, p.10.

30) *Ibid.*, p.11.

3. 현실적인 도덕교육 목표로서의 도덕적 행위자

(1) 부끄러움을 느끼는 사람

일반적으로 사람들은 자신의 비도덕적 행위에 대하여 수치심이나 죄책감 같은 것을 느낀다.[31] 물론 이 수치심이 어떤 것이고 그것이 어떻게 나타나는가에 대해서는 다양한 의견들이 있다. 스피노자(B. Spinoza)는 쾌감과 불쾌감의 느낌에서 수치심이 나온다고 주장한다. 스피노자에 따르면, 외적인 원인에서 비롯된 쾌감이 사랑이고 불쾌감이 미움이라면, 내적인 원인에서 비롯된 쾌감은 명예심(*Gloriam*)이고 불쾌감은 수치심(*Pudorem*)이다. 따라서 수치심은 타인이 자신을 비난한다고 믿는 데서 오는 불쾌감이다.[32] 테일러(G Taylor)에 따르면, 수치심이나 죄책감은 자부심과 함께 '자신에 대한 평가와 관련된 감정들'[33]이다. 즉 우리 자신의 행위가 우리가 가지고 있는 어떤 내적 기준에 미치지 못할 때, 우리는 수치심이나 죄책감을 느끼며, 우리의 행위가 그러한 기준에 도달할 때 우리는 자부심을 느끼는 것이다.[34] 이러한 주장들을 살펴볼 때, 죄책감이나 수치심은 어떤 기준에 미치지 못하는 품성이나 능력의 결여에 대하여 내·외적으로 갖게 되는 부끄러움이라고 할 수 있다. 그리고 어떤 사람이 이러한 부끄러움을 느낄 수 있다면, 어느 정도의 양심을 가지고 있는 사람이라는 것도 암시되어 있다고 할 수 있다.

---

31) 엄격하게 이야기해서 죄책감(guilt)과 수치심(shame)은 다르다. 이러한 차이는 죄책감이나 수치심을 갖게 되는 객관적 조건과 행위자가 그러한 것을 느끼게 되는 주관적 조건에 따라 다르게 설명될 수 있다. 객관적 조건에서 볼 때, 수치심은 조롱과 비난을 가져오는 불명예와 망신의 조건인 데 반하여, 죄책감은 처벌과 관련된 조건이다. 이러한 구분은 각각의 사회마다 가지고 있는 사회적 관행이나 법률들과 관련되어 있다.

주관적 조건에서 볼 때, 죄책감은 일반적으로 수용되고 있는 규칙이나 명령에 불복종했을 때 느끼는 감정이고, 수치심은 스스로 인정하고 있는 가치나 우수성의 기준에 자신이 도달하지 못하는 데 대하여 느끼는 감정이다. 한마디로 죄책감은 악행(wrongdoing)에 대한 느낌이고, 수치심은 결여(shortcomings)에 대한 느낌이다(L. C. Becker & C. B. Becker, *Encyclopedia of Ethics*, V. I .(New York: Garland Publishing, Inc., 1992), pp.426~427). 본고에서는 죄책감과 수치심을 주관적 소건과 관련된 의미로 사용하고, 죄책감과 수치심을 통틀어서 '부끄러움'이라고 표현한다. 죄책감이나 부끄러움의 의미에 대한 논의는 다음을 참조. Hellen M. Lynd, *On Shame and search for Identity*(New york: Harcourt, Brace and World, 1958); Herbert Morris, *On Guilt and Innocence: Essays in Legal Philosophical and Moral Psychology*(Berkeley: California University Press, 1976); Herbert Morris, "Nonmoral Guilt", in F. Schoeman(ed.), *Responsibility, Character and the Emotions: New Essays in Moral Psychology*(Cambridge: Cambridge University Press, 1987).

32) 스피노자는 치욕과 수치심을 구분해야 한다고 주장한다. 그에 따르면 치욕이란 우리가 부끄러워하는 행동에 뒤따르는 슬픔이다. 그러나 수치심이란 치욕에 대한 공포 또는 두려움이다. 수치심에는 보통 뻔뻔함이 대립되는데, 스피노자에게 있어서 뻔뻔함은 정서가 아니다[강영계(역)(Benedictus de Spinoza), 『에티카』(서광사, 1990), p.198].

33) Gabriele Taylor, *Pride, Shame, and Guilt*(New York: Oxford University Press, 1987), p.157.

34) *Ibid.*, p.157.

그러나 아리스토텔레스는 부끄러움을 다른 측면에서 보고 있다. 아리스토텔레스는 부끄러움을 느끼는 사람을 덕 있는 사람으로 간주하지 않는다. 아리스토텔레스가 초점을 맞추고 있는 것은 부끄러움을 느끼는 능력 자체가 아니라, 부끄러운 느낌을 갖게 하는 조건, 즉 부끄러워할 만한 나쁜 행위에 대한 것이다. 아리스토텔레스에 의하면, 아이들이 부끄러움을 느끼는 것은 칭찬할 만하지만 어른들이 부끄러움을 느끼는 것은 칭찬할 만한 것이 못 된다. 어른들은 아예 부끄러워할 만한 행위를 하지 않아야 한다는 것이다.[35]

孟子의 羞惡之心으로 대표되는 유교적 부끄러움은 실천적인 측면에서 그 특징을 잘 발견할 수 있다. 儒家的 공동체의 구성원들은 다른 구성원들 앞에서 예절 바른 낯빛과 몸짓으로 자신을 드러내야 한다. '禮'라는 공동체의 질서에 동화하기 위해서는 개인의 감정과 욕망에 대한 끝없는 절제와 극기가 요구된다.[36] 儒家思想은 몸과 마음의 一元論으로서 몸은 곧 마음의 표현이라고 본다. 심지어 눈빛과 낯빛뿐 아니라 의복까지도 한 사람의 정신이 밖으로 드러난 것이라고 본다.[37] 그러므로 유가에서는 감정표현의 절제를 강조하며, 이러한 감정의 외부적 표현의 절제는 감정의 내부적 절제를 가져온다. 이렇게 감정과 충동의 절제를 요구하는 유가사상은 일상적 삶에서 부끄러움을 일깨우는 요인이 된다.

이러한 여러 가지 부끄러움의 의미들을 살펴볼 때, 현실적인 도덕교육의 목표로서의 '부끄러움을 느끼는 사람'을 다음과 같이 그려 볼 수 있다. 우선적으로 부끄러움을 느끼는 사람이란 부끄러움을 느끼게 하는 어떤 내적 기준이 형성되어 있는 사람이다. 비도덕적 행위를 저지른 행위자에게 있어서 중요한 것은 자신의 행위에 대해서 단순하고 습관적인 수치심이나 부끄러움을 느끼는 것이 아니라, 그 부끄러움을 느끼게 하는 내적 기준이 어느 정도 확실하게 형성되어 있느냐는 것이다. 왜냐하면 내적 기준을 갖지 않은 사람들도 습관적이고 의례적으로 부끄러움을 표시하는 경우가 종종 있기 때문이다.

또한 부끄러움을 느끼는 사람이란 절제된 마음을 실제 행동으로 드러내는 사

---

35) *NE*, 1128b.
36) 이승환, 「눈빛·낯빛·몸짓: 유가 전통에서의 덕의 감성적 표현에 관하여」, 철학연구회 논문 발표(1994, 가을), p.89.
37) *Ibid.*, p.83.

람이다. 유가사상에서는 감정이나 욕망에 대한 節制와 克己가 요구된다. 그리고 그러한 절제가 몸에 배어 있어, 실제 생활에서도 절제와 예절 바른 모습을 나타내야 한다. 이런 의미에서 절제와 극기의 정신을 잘 이해하고 있는 사람도 그것이 자신의 행동으로 표출되지 않는다면, 부끄러움을 느끼게 된다. 부끄러움의 느낌은 절제되지 못한 자신의 몸짓이나 생활습관으로부터 나오는 것이다.

부끄러움을 느끼는 사람에 대한 이러한 모습들은, 부끄러운 행위를 저지르고도 부끄러움을 느끼지 못하는 사람들에 대한 최소한의 도덕적 요구이다. 우리는 부끄러움을 느끼지 못하는 사람들에게 내적 기준의 형성과 절제와 극기의 자세를 요구해야 한다. 그리고 이것은 잘못을 저지르고도 부끄러워할 줄 모르는 학생들을 깨우치기 위한 현실적인 도덕교육의 목표가 되어야 한다.

(2) 쉬운 도덕을 실천하는 사람

우리는 마일로가 제시하고 있는 다양한 유형의 비도덕적 행위들이 발생하는 현실을 볼 때, '어려운 도덕'을 강조하는 도덕교육이 현실적인 호소력을 결여하고 있음을 발견할 수 있다. 우리는 도덕·윤리의식이 희박해질 때마다 도덕교육의 중요성을 강조하고 도덕교육의 강화를 주장한다. 그럴 때마다 도덕교육을 통해서 가르쳐져야 하는 품성과 덕목들이 제시되고, 그러한 품성과 자질을 갖춘 도덕적인 사람의 모습이 제시된다. 그런데 제시되고 있는 도덕적인 사람의 모습을 보면, 대부분 지나치게 이상적으로 표현되어 있다는 것을 알 수 있다. 즉 그러한 표현 속에는 도덕적인 영웅 내지는 '어려운 도덕'을 실천하는 사람의 형성만이 희박해진 도덕·윤리의식을 회복할 수 있는 방법이라는 것이 암시되어 있다.

그러나 우리 사회에 도덕·윤리의식의 부족과 갖가시 비도덕적 행위가 나타나는 것은 도덕적 영웅이나 '어려운 도덕'을 실천하는 사람이 없기 때문이 아니라, 많은 사람들이 쉽게 실천할 수 있는 기본적인 규범을 지키지 않기 때문이다. 도덕적인 사람의 초점을 다른 사람의 이익 존중과 사회에의 공헌이라는 측면에 두거나, 도덕교육을 가장 성공적으로 받은 사람의 모습을 도덕적 영웅으로 묘사하는 것은 적절하지 못하다. 이런 사람은 도덕적으로 탁월한 사람일지는 몰라도 매력적인 사람은 아니다.[38] 그리고 도덕교육을 통해서 달성하고자 하는 현실적인 도덕적 행위자의 모습도 아니다.

도덕교육은 이상적 인간상을 기르는 것이 아니라, 최소한의 양심을 가진 사람이라면 따를 수 있는 일상적인 도덕규범을 실천하는 사람을 기르는 교육이 되어야 한다. 다시 말해서, 도덕교육은 '쉬운 도덕'을 실천할 수 있는 사람을 기르는 교육이어야 한다. '쉬운 도덕'이란 최소한의 판단력과 양심을 가지고 있으면 실천할 수 있는 기초적인 도덕이다.[39] 우리가 추구하는 도덕교육의 현실적인 목표는 돈을 강탈하기 위하여 다른 사람을 해치는 사람을, 도덕교육을 통하여 타인을 위해 자기의 모든 것을 희생하는 사람으로 바꾸려고 하는 것이 아니다. 그보다는 아무런 이유 없이 다른 사람의 돈을 강탈하는 것은 나쁘다는 것을 알고 그러한 행위를 저지르지 않는 사람을 형성하려는 것이 현실적인 도덕교육의 목표가 되어야 한다. '남의 돈을 함부로 강탈하지 않는 행위'는 최소한의 양심과 판단능력만 가지고 있으면 누구든지 쉽게 실천할 수 있는 '쉬운 도덕'이다.

---

38) 울프(S. Wolf)는 왜 도덕적으로 탁월한 사람이 매력이 없는 사람인가의 문제를 다루고 있다. 울프에 의하면, '가능한 모든 경우에 도덕적으로 선한 행동을 하는' 도덕적 성인이 매력적인 인물이 되지 못하는 것은 근대 도덕이론이 묘사하고 있는 완전한 사람의 모습에 결함이 있기 때문이다. 울프는 근대의 도덕이론이 공리주의든지 의무론이든지 관계없이, '개인적 완전성'(individual perfection)의 측면을 무시한 채 '도덕적 완전성'(moral perfection)에만 초점을 두고 있다고 주장한다. 그래서 가능한 한 언제나 '도덕적인' 행동을 하는 사람이 좋은 사람으로 간주되었다. 즉 가능한 한 언제나 자기 자신을 위하기보다는 다른 사람의 이익을 위해서 행동하는 사람이 훌륭한 사람으로 간주되었던 것이다. 그러나 이것은 개인적 완전성을 추구하는 현실적인 인간의 모습을 생각할 때, 매력 없는 道德的 聖人일 수밖에 없다고 울프는 주장한다. 여기에 대한 자세한 논의는 다음을 참조. Susan Wolf, "Moral Saints", *Journal of Philosophy*, V.79, N.8(1982), pp.419~439.

39) 우리는 흔히 도덕적 영역을 크게 '최소 도덕'(minimum morality)의 영역과 '최대 도덕'(maximum morality)의 영역으로 구분한다. 최소 도덕이란 사람들이 사회생활에서 준수해야 할 최소한의 핵심적인 규범이라고 할 수 있다. 따라서 최소 도덕은 사람들에게 어떤 행위를 요구하거나 금지하는 제약 체계의 형태로 나타난다. 엄슨(J. O. Urmson)에 따르면, 최소 도덕을 주장하는 사람들은 도덕과 관련된 행위를 ① 의무 또는 책무로서 요구되는 행위나 우리가 반드시 수행해야 할 행위, ② 의무나 금지된 행위와 무관한 허용되는 행위, ③ 금지된 행위나 해서는 안 되는 행위 세 영역으로 구분해 왔다[J. O. Urmson, "Saints and Heroes", in A. I. Meldon(ed.), *Essays in Moral Philosophy*(Seatle: Washington University Press, 1958), pp.198~216]. 최대 도덕을 주장하는 사람들은 최소 도덕관이 '의무 이상의 행위'(supererogatory act)[Joel Feinberg, "Superogation and Rules", *International of Ethics*, V.71(1961), pp.276~288; Roderick Chisholm, "Supererogation and Offence: A Scheme for Ethics", *Ratio*, V.5(1963), pp.1~14; David Heyd, *Supererogation: Its Status in Ethical Theory*(Cambridge: Cambridge University Press, 1982) 참조]나 '도덕적 권고 사항'(those counseled by morality)[Stephen D. Hudson, "Taking Virtues Seriously", *Australasian Journal of Philosophy*, V.59, N.2(1981), pp.190~191. 참조]과 같은 도덕적 영역을 인정하지 않음으로써, 도덕의 범위를 축소시키는 결과를 가져왔다고 비판하고 있다. 최대 도덕을 주장하는 사람들은 도덕적 의무는 아니지만 훌륭한 행위나 훌륭한 덕목들을 도덕의 범주에 포함시켜야 한다고 주장한다.
논자는 '최소 도덕'과 '최대 도덕'이라는 구분보다는 '쉬운 도덕'과 '어려운 도덕'이라는 말로 구분하고자 한다. 왜냐하면 최소 도덕은 '의무의 윤리'로, 최대 도덕은 '덕의 윤리'와 같은 의미로 이해되거나(황경식, 『개방 사회의 사회윤리』, 철학과 현실사, 1995), 최대 도덕을 전통 유교의 '거시 도덕'(macro morality)으로 최소 도덕을 근대 사회의 '미시 도덕'(micro morality)[철학연구회(편), 『윤리 질서의 융합』, 철학과 현실사, 1996]이라는 제한적 의미로 이해하는 경우가 있기 때문이다. 쉬운 도덕이 강조하는 것은 도덕의 범위 내지는 영역이 아니라 현실적으로 실천 가능한 도덕적 요구의 수준이다.

4. 도덕적 행위의 생활화를 위한 도덕교육

(1) 욕망의 통제와 한계 설정

아리스토텔레스는 욕망의 문제를 사람의 품성과 관련시켜서 설명하고 있다. 아리스토텔레스에 따르면, 쾌락에 대한 德의 상태가 節制(sōphrosunē)이다. 이것은 쾌락의 문제에 있어서 중용이다. 즉 적절하게 쾌락을 추구하는 품성의 상태가 절제이다. 그리고 自制(enkrateia)란 마음속의 나쁜 욕망을 이성이 잘 절제하고 다스리는 상태이다. 그래서 이런 사람은 나쁜 짓을 하지 않는 사람이다. 스스로를 이성의 절제하에 두고 스스로를 잘 다스린다는 점에서 自制力이 있는 사람은 칭송할 만한 사람이다.

그러나 아리스토텔레스는 절제는 하나의 덕이지만, 자제는 덕이 아니라고 생각한다. 자제의 상태에 있는 사람은 나쁜 욕망을 가지고 있기 때문이다. 아리스토텔레스가 생각하기에 덕 있는 사람은 단지 나쁜 욕망을 잘 통제하고 다스려서 나쁜 짓을 안 하는 사람이 아니다. 덕 있는 사람은 아예 나쁜 욕망을 가지고 있지 않아야 한다. 그래서 덕 있는 사람에게는 통제하고 다스릴 나쁜 욕망이 없기 때문에 자제력이 필요하지 않다. 즉 덕 있는 사람은 좋은 욕망만을 가지고 있어서 理性과 慾望 사이에 아무런 갈등도 없는 사람이다. 이런 경지에 있는 사람이 바로 절제라는 덕을 가진 사람이다.

욕망의 통제는 이와 같은 절제와 자제와 연결시켜 생각할 수도 있지만, 욕망의 한계 설정도 중요하다. 즉 도덕적 행위자는 단순히 욕망을 통제하는 사람이 아니라, 우리가 추구할 수 있는 욕망의 한계가 있다는 것을 인정하고 개인적·사회적으로 설정된 욕망의 한계를 넘어서지 않으려는 사람이기도 하다.

오늘날 많은 사람들은 어떤 욕망을 가질 것인가의 문제를 거의 개인적인 문제로 생각하고 있다. 현대인들은 갖가지 개인적인 욕망을 추구하고 있는데, 자신이 추구하는 욕망이 다른 사람에게 피해를 주는 것이 아니라면, 그것은 도덕적인 문제와 아무런 관련이 없으며 다른 사람이 자신의 욕망에 대해서 간섭해서도 안 된다고 생각한다. 현대인들에게는 자신의 욕망 충족 과정이 다른 사람에게 피해를 주지 않는다면 문제 될 것이 없고, 다른 사람에게 어떤 욕망을 가지라고 요구할 수도 없다. 한마디로 慾望의 自由 放任主義 時代인 것이다.

그러나 아리스토텔레스에게는 욕망의 종류 자체가 중요한 관심이었다. 어떤 사람이 가진 욕망은 그 자체로서 그의 사람됨의 한 부분이며 그가 어떤 사람이냐를 결정하는 한 요소이다. 아리스토텔레스는 다른 사람들에게 피해를 주지 않는다고 해서 무한정한 욕망을 추구해서는 안 된다고 주장하였다. 욕망 추구로 인한 결과와는 관계없이, 추구하는 욕망의 종류와 수준에 한계가 있다는 것이다. 그런 의미에서 뒤르켐(E. Durkheim)은 행위의 한계를 설정하는 것이 도덕이라고 주장한다. 즉 우리가 무엇을 해야 하는지 무엇을 해서는 안 되는지 그 선을 긋는 것이 도덕이다. 도덕은 욕망 추구의 한계를 설정하는 規範體系이어야 하고, 어떤 의미로는 '總體的인 禁止의 體系'[40]이어야 한다.

이와 같은 도덕적 행위의 생활화를 위한 욕망의 통제와 욕망의 한계 설정은 실제 도덕교육의 현장에서 다음과 같은 몇 가지 측면으로 적용될 수 있다.

우선적으로, 도덕교육은 좋은 욕망을 갖도록 하는 교육이 되어야 한다. 도덕교육은 학생들에게 좋은 욕망을 갖도록 다양한 수련의 기회를 제공해야 한다. 좋은 욕망을 갖기 위해 수련한다는 것은 나쁜 욕망이 자꾸 자라나서 한 사람의 품성을 지배하지 못하도록 노력한다는 것이다. 즉 나쁜 욕망이 한 사람의 품성을 지배하기 전에 좋은 생활습관과 올바른 수련을 통하여 어렸을 때부터 나쁜 욕망의 싹을 잘라 버려야 한다. 우리 조상들이 어렸을 때부터 단정한 몸가짐과 생활습관을 강조한 것은 바로 이런 의미에서이다.

다음으로 이미 생긴 나쁜 욕망에 대해서는 그것을 통제하고 다스리는 방법을 도덕교육이 제공해야 한다. 도덕교육은 이미 생성된 나쁜 욕망이 제멋대로 표출되지 않도록 그 욕망을 통제하는 훈련을 시켜야 하고 더 나아가 그 욕망을 완화시키거나 없애도록 노력해야 한다. 이러한 욕망의 통제와 완화는 개인적인 방법과, 도덕교육과 같은 제도적이고 사회적인 노력에 의할 수도 있다. 욕망을 적절히 통제하는 사람들이 그러한 통제력을 가지게 된 교육적 배경을 검토해 봄으로써, 도덕교

---

40) Emile Durkheim, E. K. Wilson & H. Schnurer(trans.), *Moral Education*(New York: Free Press, 1973), p.42.

육에서 실천할 수 있는 욕망 통제의 방법에 대한 시사점을 얻을 수 있을 것이다.

마지막으로 도덕교육은 학생들에게 욕망의 한계가 있다는 것을 인식시키고, 그 한계 내에서 욕망을 추구하게끔 하는 교육이 되어야 한다. 즉 욕망 충족의 한계를 긋는 교육이 되어야 한다. 따라서 도덕교육의 중요한 임무 중의 하나는 아이들에게 욕망의 테두리를 만들어 주는 것이다. 욕망의 한계를 정하는 데 있어서 자기 통제와 스스로의 한계 설정이 중요하지만, 외적인 통제와 한계 설정이 함께 이루어져야 한다. 우리는 한계가 설정된 외적인 현실을 느낄 때만 우리 자신의 내부에 스스로 한계를 설정할 수 있기 때문이다.[41]

(2) 도덕적 행위의 습관화

아리스토텔레스는 덕의 습득과 좋은 품성의 형성을 위해서 적절한 감정을 형성시키는 교육을 강조하였다.[42] 아리스토텔레스에 의하면 훌륭한 사람이 되기 위해서 맨 먼저 갖추어야 할 것은 올바른 감정을 갖는 것이다. 아리스토텔레스가 보기에는 비천한 것, 추악하고 야비한 것, 나쁘고 부끄러워할 만한 것을 하면서 기쁨과 즐거움을 느끼는 사람은 아예 희망이 없는 사람이다. 이런 사람은 아무리 말로써 훈계하고 가르쳐서 바로잡으려고 해도 잘 되지 않는다. 그것은 마치 척박한 땅에 떨어진 씨앗이 잘 자라지 못하는 것과 같다.[43] 이런 점에서 본다면, 적절한 감정의 상태를 갖는 것은 덕 있는 사람이 되기 위한 기본적인 조건이다.

아리스토텔레스는 덕의 습득을 위해 덕의 습관적 실천을 강조하였다. 덕 있는 행동이 얼마나 습관화되느냐에 따라서 사람의 품성이 달라진다고 그는 주장한다. 습관화에 있어서, 행위를 반복한다는 것이 같은 행위를 아무런 목적 없이 단순하게 반복하는 것을 말하는 것은 아니다. 하워드(V. A. Howard)에 의하면, "어떤 행

---

41) Emile Durkheim, op.cit., pp.44~46.

42) 아리스토텔레스에 의하면, 젊은이들을 이런 적절한 감정의 상태에 있도록 훈련시키는 데 중요한 것은 그 사회의 법률이다. 아리스토텔레스는 "올바른 법률 밑에서 양육받지 않는다면, 어릴 때부터 덕 있는 사람이 되도록 올바른 훈련을 받기는 어려운 일이다. 왜냐하면 절제 있게 살고 노력하며 산다는 것은 대부분 사람들에게는 즐거운 일이 아니고 특히 젊은이들에게는 더욱 그렇기 때문이다. 따라서 젊은이들의 양육과 여러 가지 종사하는 일이 법률에 의해 규정되어야 한다. 습관이 되면 고통스럽지 않기 때문이다"라고 주장하고 있다. NE, 1179b.

43) NE, 1179b.

위를 연습한다는 것은 어떤 목적을 가지고 그 행위를 반복한다는 것일 뿐만 아니라, 그 행위 수행의 어떤 발달적 기준에 맞추어서 행위를 반복하는 것이다.”[44] 행위의 반복을 이런 의미로 본다면, 아리스토텔레스가 강조하는 습관은 有目的的인 행위이고 따라서 그것은 ‘의도적인 주의 집중’을 포함한다.[45]

행위를 반복함으로써 덕 있는 행위를 즐길 수도 있다. 물론 “꽃을 바라보고 노래를 부르는 것이 즐겁듯이 도덕적 행위 그 자체가 즐겁기는 일반적으로 어렵다”[46]는 표현에서 보듯이, 즐기면서 도덕적 행위를 습관적으로 하는 것이 쉬운 것은 아니다. 그러나 번예트(M. F. Burnyeat)가 “즐기는 정도가 깊어지는 것과 지식의 內面化는 손에 손을 잡고 발전해 나간다”[47]고 표현하고 있는 것은 어떤 것을 배운다는 것의 핵심이 그것을 즐길 줄 안다는 데에 있다는 것을 나타내는 것이다.

비도덕적 행위의 극복을 위해서는 도덕적 행위와 습관화와 생활화가 중요하다. 따라서 도덕교육은 도덕적 행위의 습관화를 위한 다양하고도 직접적인 기회를 제공해야 한다. 이런 의미에서 요즘 학교 현장에서 도입하고 있는 학생 봉사활동은 도덕적 행위의 습관화를 위한 기회를 제도적으로 제공하고 있는 것으로 볼 수 있다.[48] 그런 기회를 이용하여 학생들이 목적의식을 가지고 타율적이고 인습적인 도덕적 행위의 습관화를 거쳐 자율적이고 합리적인 도덕적 행위의 습관화를 달성할 때, 비도덕적 행위의 극복될 수 있는 가능성을 찾을 수 있게 된다.

5. 결 론

“선한 사람이라는 칭호와 명성을 포기하고 얻어야 할 만큼 이롭고 추구할 만한 가치가 있을까? 네가 이야기하고 있는 유익함이 선한 사람이라는 칭호와 신의와

---

44) V. A. Howard, *Artistry: The Work of Artists*(Indianapolis: Hackett Publishing Company, 1982), p.161.

45) *Ibid.*, p.162.

46) 김태길, 『한국 윤리의 재정립』(철학과 현실사, 1996), p.308.

47) M. F. Burnyeat, “Aristotle on Learning to be Good”, in Amerie Oxsenberg Rorty(ed.), *Essays on Aristotle's Ethics* (Berkeley: California University Press, 1980), p.76.

48) 봉사활동의 실행원리 및 절차와 도덕·윤리과 교육과의 연계체제에 대해서는 추병완, “봉사활동 학습의 도덕교육적 함의”, 서울대학교 대학원 국민윤리교육과, 『사회와 사상』, 제15집(1996), pp.65~102. 참조.

정의로움을 **빼앗아** 간다면, 그에 상응하는 정도로 그 유익함이 너에게 가져다줄
수 있는 것은 무엇일까? 사람이 야수로 바뀌는 것과 사람의 외형만을 지닌 채 야
수와 같은 잔인함과 야비함을 가지고 행동하는 것과는 어떤 차이가 있겠는가?"[49]

아들에게 던지는 키케로(M. T. Cicero)의 위와 같은 질문을, 서슴지 않고 비도덕
적 행위를 저지르는 사람들은 어떻게 받아들일까? 또한 도덕이나 윤리 시간에 학
생들에게 위와 같은 질문을 던진다면 어떠한 답변이 나올까? 불행하게도 세상에
는 너무나 많은 악이 있다는 탄식처럼,[50] 위와 같은 질문에 대하여 혹시나 냉소적
인 반응이 나타나지나 않을까?

이러한 질문에 대하여 어떠한 답변이 나오든, 그것은 지금 우리 사회의 도덕적
분위기를 가늠케 하는 단초가 될 것이다. 조그만 거짓말부터 양심의 가책 없이 저
지르는 살인에 이르기까지 우리 사회에는 수많은 비도덕적 행위의 잔상들이 드러
나고 있다. 그리고 이러한 현상은 학교 안으로 그대로 전파되어, 학생들의 도덕성
을 허물어뜨리고 도덕적 무감각을 부채질하고 있다. 비도덕적 행위를 저지르는
청소년들을 보면, 대부분 자신의 행위에 대해서 부끄러워할 줄 모르거나 최소한
의 양심과 자제력만 있으면 지킬 수 있는 것들을 준수하지 못하고 있다. 오히려
자신의 행위를 합리화하려고 하고,[51] 자신의 잘못을 다른 사람이나 사회 전체의
책임으로 떠넘기려는 경향들이 강하다. 즉 그들은 '어려운 도덕'은커녕 아주 '쉬
운 도덕'조차도 지키지 못하고 있는 것이다.

이러한 현실을 볼 때, 우리가 도덕교육을 통해서 형성하려는 도덕적인 사람은

---

49) 허승일(역)(M. T. Cicero), 『키케로의 의무론: 그의 아들에게 보낸 편지』(서광사, 1989), pp.227~228.

50) Bernard Gert, Morality: A New Justification of The Moral Rules(New York: Oxford University Press, 1988), p.47.

51) 자신의 비도덕적 행위를 합리화하려는 경향은 마일로가 구분하고 있는 유형 중에서 도덕적 태만의 경우에 가장 많이 볼 수
있다. 도덕적 태만에도 여러 종류가 있는데, 특히 비도덕적 행위의 합리화와 관계 깊은 것은 지기기만이다. 이것은 마음속으
로는 자신의 행위가 잘못임을 알면서도 여러 가지 변명이나 이유를 만들어서 자신의 행위를 합리화하려는 것이다. 그리고 그
러한 합리화를 통해서 자신의 행위가 잘못이 아니라는 믿음을 갖게 된다. 마일로의 예를 들자면, 남을 해치는 것이 나쁘다는
것을 알면서도 자신의 출세에 방해가 된다고 여기는 사람을 해치는 행위자가 있을 수 있다. 그런데 그 행위자는 자신의 행위
를 정당화하고 합리화하기 위해 여러 가지 이유를 만들게 되고, 그러한 정당화와 합리화를 통하여 자기 스스로를 설득한다.
더욱 정확하게 말하면, 자기 자신에게 설득당하게 된다. 이런 경우에, 자기기만적 행위자는 자신의 행위가 잘못이라고 여기지
않기 때문에 양심의 가책을 느끼지 않는다(Ronald D. Milo, *Immorality*, pp.59~68).
학교에서 비행을 저지르는 많은 학생들이 자신의 잘못을 인정하지 않으며, 교사에게 지적당했을 때에도 잘못을 뉘우치기보다
는 변명이 앞서는 경우들을 보면, 정도의 차이가 있을 뿐, 그들 대부분에게는 자기기만적 요소가 있다고 보아야 한다. 도성달
은 한국 사회의 주요한 비도덕적 양상을 네 가지로 들면서, 거기에 자기기만적 악행과 같은 도덕적 태만을 포함시키고 있다.
도성달, "우리는 도덕적인가?", 한국정신문화연구원, '94년 제2회 학술세미나, 『도덕적 삶과 공동체 윤리』(한국정신문화연구
원, 1994), pp.3~23.

남을 위해서 자신의 모든 것을 희생하는 도덕적 영웅이 아니라 기본적인 규범과 질서를 존중하고 지킬 줄 아는 사람이다. 그리고 비도덕적 행위를 극복하기 위한 도덕교육의 방법도 그 현실적 목표를 달성할 수 있는 실제적이고 효율적인 것이어야 한다. 즉 도덕교육은 부끄러움을 느끼는 사람, 쉬운 도덕을 실천하는 사람에 가장 효과적으로 달성할 수 있는 방법을 강구해야 한다. 이러한 현실적인 도덕교육 목표로서의 도덕적 행위자와 그것을 달성하기 위한 도덕교육의 방법은 원리 탐구 중심의 합리론적 도덕 교육론이 결여하고 있는 실천적 도덕성의 형성을 위한 노력의 일환이라고 할 수 있다.

비도덕적 행위 극복을 위한 이러한 도덕교육적 노력은 도덕적 당위성에 대한 확신이 뒷받침되어야 한다. 우리가 용서하고 감당할 수 있는 비도덕적 행위에도 한계가 있다는 것을 의미한다. 우리가 무한정하게 자행되는 어떠한 비도덕적 행위도 감수해야만 한다고 주장하는 것은 우리가 도덕적이어야 할 이유, 즉 道德的 當爲性의 존재 기반을 인정하지 않는 것과 같은 것이다. 따라서 우리가 감당할 수 없는 비도덕적 행위의 한계를 인정한다면, 도덕교육의 현장에서 도덕적 당위성의 존재나 비도덕적 행위의 한계를 학생들에게 분명하게 인식시키는 노력을 기울여야 할 것이다.

제19장 환경윤리교육의 체용론적 수업방안
-개발과 보전을 중심으로-

김태경

1. 서 론

환경문제의 가장 큰 논점은 '환경보전이냐, 경제성장이냐'에 있다고 보는 데에는 크게 이견이 없을 것이다. 이것은 환경문제를 논하는 데 있어서 가장 근본적인 문제이기 때문이다. 따라서 이 문제는 환경윤리에서도 근본적인 문제로서 이 갈등구조는 그대로 환경윤리에서도 핵심주제가 된다. 즉 환경보전에만 관심을 갖는다면 환경문제는 없어지겠지만 경제적으로 안정이 될 수 없고 경제적으로 힘쓰다 보면 환경은 또다시 문제가 된다는 의미이다.

이런 갈등구도를 환경윤리 교육에서는 방법론적으로 어떻게 구체화하여 수용해야 할 것인가? 현실적으로 교육적 측면에서 이 문제는 대부분 원론적 수준에서 논의가 끝나고 있다.[1] 그럴 수밖에 없는 것이 이 문제만큼은 현시점에서 누구도 명확한 해결을 기대할 수 없기 때문이다. 그래서 필자가 가지는 근본적인 문제의 지향점은 원론적인 수준의 논의만 계속함을 지양하고 구체적인 방법을 찾자는 것이다. 환경윤리교육이 환경보전 의식을 고양시키기 위한 윤리교육이라면 그 교육

---

[1] 예를 들면, 인간의 자연관이 근본적으로 개발에서 보전 위주로 바뀌어야겠다든지, 과학·기술 중심적 사고에서 생태 중심적 사고로의 전환이 필요하다든지, 환경보전을 위한 의식홍보를 해야 한다는 등의 원론적인 논의들이다.

방법이 구체적일 필요가 있고, 현시점에서 누구도 결론을 내리기 힘든 문제라고
해서 교육적인 방법론의 구체화까지도 원론적인 수준에만 머물게 한다면 정말 환
경문제의 끝은 보이지 않게 된다. 따라서 본 연구의 지향점은 환경보전과 경제성
장의 갈등구조를 통합시키고 조화로운 관계로 이끌어 낼 수 있는 윤리적 틀을 정
립하고 이를 실제 교육현장에서 어떤 방법론으로 접근할 것인가에 대한 수업방안
을 제시해 보는 것까지이다.

2. 체용론적 수용

인간의 모든 경제활동은 생태적 자원을 바탕으로 하여 성립될 수 있음에도 불
구하고 합리적 인간의 경제적 행태가 잘못되어 일어난 것이 환경문제라면 이 환
경문제의 원인이 되었던 합리적 인간의 경제적 독주는 생태와 경제를 이원적 사
고구조로 보았기 때문에 발생된 것이라 할 수 있다. 그렇다면 우리는 생태와 경제
가 본래 일원적으로 연결된 '한몸구조'라는 인식을 함으로써 이 본질적인 갈등구
조의 해결점을 찾을 수 있고 이것은 곧 경제 활동은 생태라는 자신의 몸을 바탕
으로 이루어지고 있음에 대한 결론이다. 그리하여 우리가 경제는 생태 위에서만
성립할 수 있다는 생태－경제적 사회를 구성하자는 것은 곧 생태적 사고를 體로
보고 경제적 사고를 用으로 보는 '한몸구조'를 만들자는 것과 동치가 된다.

인간이 세계를 바라볼 때 主와 客, 본질과 현상을 구별하는 것은 소크라테스 이
후 서구사상의 중심을 형성한 이항대립적 사고방식의 소산이다. 이것은 데리다가
지적한 대로 하나가 다른 것보다 우위를 차지하고 지배하는 폭력적 계층질서가
존재하는 것이다.[2] 마찬가지로 경제와 생태의 관계에서도 이와 같은 이항적 대립
구조에서는 경제가 절대적인 우위를 차지하여 지배구조를 형성한 것이 오늘날의
환경문제이다. 그러나 우리에게는 主와 客이 본시부터 서로 대립적이지 않았다.
대개 동양사상이 이항대립을 부정하고 양자의 공존을 추구한 것이 사실이며, 천

---

2) Jacques Derrida, *Positions*(Minute, 1972), pp.56~57.

상과 지상, 세계와 인간 주체와의 조화를 모색하고자 했던 것이 바로 우리의 풍류도이었다. 그렇지만 동양사상의 이면을 깊게 통찰한다면 그것은 調和와 中庸 또는 쏲이라는 이름 아래 직관과 연역에 치중되고 있음도 또한 사실이다. 그러나 화엄에 바탕을 둔 體·用·相의 논리는 조화라는 이름의 직관이나 연역을 떠나 철저한 귀납으로 主, 客의 이항적 대립구도를 넘어선 것이라는 측면에서 오늘날의 환경문제가 가지는 경제와 생태의 갈등논리를 통합적으로 보게 하는 사고의 틀이 될 수 있다고 보인다.

전통적으로 체용론은 불교 華嚴철학의 理法界와 事法界를 체계화한 것이며3) 불교의 체용론이 성리학에서도 기본적인 세계관으로 작용한 것은 한 대에서부터이다.4) 성리학은 다음의 그림에서 보듯이 이 세계 내의 모든 유형·무형의 존재들을 本末, 體用의 관점에 의거하여 도식적인 틀 속에서 나름대로 범주화·서열화하여 인식해 온 초경험적 인식방법이었다.5)

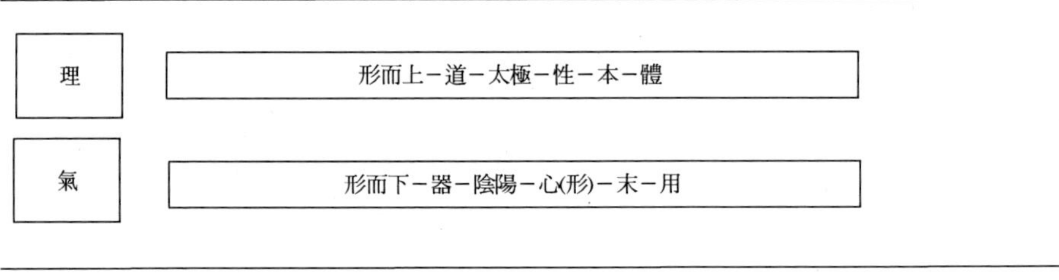

[그림 19-1] 개념적으로 본 체용론의 연결구조

---

3) 즉 理法界는 體를 말함이고 事法界는 用을 말함이다. 이것이 馬鳴의 大乘起信論에서 구체적으로 體와 用 그리고 이 두 가지가 어떻게 어우러지느냐에 따라서 나타나는 相의 세 가지로 구별하여 本體와 現象의 이원화 구조를 통일적으로 보았다. 이것을 더 구체적으로 논리화하여 설명하고 있는 것이 大乘起信論疏를 찬술한 원효이다. 원효는 그의 和諍사상에서 체와 용을 바탕으로 한 一心의 회통상태를 갈구하고 있다(원효, 〈涅槃經宗要〉-佛教全書 1책 543쪽; 第六會通 於中有二 初通文異 後會義同…… /大乘起信論疏〈解釋分〉; -何爲一心, 謂染淨諸法 其性無二, 眞妄二門不得有異, 故名爲一, 此無異處, 諸法中實.

4) 유정기, 『동양사상사전』, 우문당출판사, 1965. pp.23~24.
體用이란 말을 처음으로 사용한 것은 공영달의 「周易正義」에서 "乾은 元亨利貞이란 경문을 해석함에서 乾은 天을 象한 것인데 어째서 천이라 하지 않고 건이라 하였는가 하면 天은 定體의 名이요, 乾은 作用을 칭한 것이기 때문이다. 그러므로 說卦傳에는 乾은 健이라고 하였으니 天의 體는 健으로서 用으로 한 것이다. 聖人이 易을 作함은 本是가 인간을 教化하기 위함이니 인간은 天의 用을 法하기는 하지만 天의 體는 法할 수 없기 때문에 乾이라고 명한 것이고 天이라고 칭하지는 않았다."

5) 정일균, "다산 정약용의 세계관에 대한 사회학적 연구", pp.146~147, 서울대 사회학과박사논문, 1996을 주로 참고하였으며 '東道西器', '本立而道生' 등에서 쓰이는 道, 本, 器…… 등도 같은 맥락에서 하는 말이라 할 수 있다. 배종호, 「東洋 本體論 序說」(pp.1~13); 윤사순, 「東洋 本體論의 意義」(pp.150~169); 배종호, 「東洋 人生論의 意義: 東洋哲學의 本體論과 人生論」(pp.343~350), 연세대 출판부, 1982.

體는 보이는 것이거나 경험적인 것이 아니라 사물이 드러내고 있는 것을 넘어서서 사물의 실체로 깨달은 것이다. 사람들은 반달이 떴을 때 그 빛나는 부분만 보고 반달이라고 이른다. 그러나 달의 밝은 부분이 나타났다고 해서 어두운 부분이 부정되고 있는 것은 아니다. 이처럼 세계는 감춰진 것이나 드러난 것이나 다 같이 공존하는 것이다. 따라서 현실적으로는 경제의 부분이 드러나지만 그 뒤에 숨겨진 채로 경제를 뒷받침하고 있는 생태의 모습도 같이 현현되어야 한다. 이것이 환경문제의 체이다.

用은 한 사물과 다른 사물과의 관계, 다른 사물에 대하여 작용하고 기능한 것이며, 사물이 시간과 공간에 따라 운동한 것이다. 예를 들면 달이 월별로 나타나며, 조석과 간만의 차를 나타내는 것이 용이다.

相은 사물의 체가 비로소 밖으로 표현되어 드러난 것이다. 體가 비경험적 세계라면 相은 인간의 경험에 의하여 사물을 드러나는 그대로 보는 경지이다.[6] 體와 用과 相은 서로 독립적이지 않고 결합한다. 그러므로 환경문제가 제대로 해결되기 위해서는 체의 비경험적 본체인 생태적 작용이 용이라는 경제적 삶의 행위를 통하여 구현되는 사회적 相을 보일 때라고 할 수 있을 것이다.

그러나 이와 같은 인식방법은 현실적으로 불가능하다 할지라도 교육적 시도는 가능하다. 왜냐하면 이미 우리 사회는 체가 용을 통하여 생태와 경제가 한몸구조가 된 상이 나타나는 것이 아니라 용이 용을 통하여 계속적인 수단과 목표의 전도를 낳고 있는 상태이기 때문이다. 서양 근·현대의 합리화과정 속에서 배태된 비합리성은 수단과 목표의 전도라는 관점에서 해명될 수 있다. 형식적 합리성을 극대화시키다 보면 애당초 수단에 지나지 않았던 것이 그 자체 목표로 변하게 되며 이 수단은 차츰 독립적인 가치로 전화하며 인간이 추구하던 본질의 목표를 상실하게 된다. 말하자면 체는 없어지고 용의 세계만이 남는 것이다.

그러므로 환경윤리교육의 핵심은 바로 효율적인 경제를 추구하는, 용이 용을 끊임없이 배태시키는 고리를 끊는 것부터라고 볼 수 있다. 이제 이러한 연결고리를 차단하는 방법을 바탕으로 수업모형을 구성하기 위해서 용이 용을 배태시키는 본질적인 구조가 무엇인지 파악해 보기로 하자.

---

6) 이도흠, "화쟁기호학 이론", 한양대 박사논문, 1995.

3. 문화-환경 공진화의 파괴

원론적인 의미에서 환경논의의 흐름은 크게 다음 세 가지로 나누어 정리해 볼 수 있다. 첫 번째 흐름은 문제의 인식에 대한 기조에 따른 것으로 그 첫째가 사람들의 환경에 대한 의식을 바꾸려는 움직임으로 나타나는 근본생태주의(Deep Ecologist), 그 둘째가 사회 생산구조를 변혁시킴으로써 문제 해결이 가능하다고 보는 견해(Eco-Socialism, Maxism), 그 셋째는 기술적 발달로 그 해결책을 찾으려는 움직임(환경개량주의)이다.

두 번째 흐름은 진보와 보수의 대립구도인데 이것은 기존의 생태 중심과 기술 중심의 스펙트럼, 그리고 정치적으로는 기능주의에 입각한 다원주의와 마르크스주의적 스펙트럼을 같이 묶어서 정리할 수 있다. 예컨대, 생태적 진보는 근본생태주의이거나 여기서 한걸음 더 나아간 심령생태주의적 관점이고, 생태적 보수주의란 현대의 대규모 집약형 기술의 부정과 허구를 깨부수고 생태학적 경제를 주장하는 사회생태론적 관점이며, 진보적 기술지향주의는 무한정한 기술의 개발은 자원의 부족까지도 수 있으며, 환경오염 자체도 기술발달에 따라 통제가 가능하다고 보는 기술 중심주의인 동시에 경제성장 옹호론자들이다.[7]

세 번째 흐름은 환경결정론적 관점과 자유의지적 견해인데, 여기서 우리의 문화와 환경의 공진화 구도의 실마리를 찾을 수 있다. 환경결정론은 우리의 삶이 환경에 의해 지배를 받을 수밖에 없음과 동시에, 삶이라는 우리의 폐쇄회로 구조가 다시 환경에 영향을 줄 수밖에 없음을 천명한다. 바로 이런 측면에서 환경결정론은 모든 환경논의에서 항상 근본적인 입장을 견지하고 있고, 모든 견해가 사실 이를 떠나서는 생각할 수가 없는 것이지만 현재 우리의 삶을 얽어매는 문화의 패러다임은 과학에 대한 과신과 생태적으로는 기능주의가 강하게 작용하기 때문에 논외의 대상으로 생각하기 쉽다. 바로 이러한 경향이 환경문제 해결에 있어서 근본적인 시각인 체를 망각하게 하고 용의 세계만 계속적으로 배태시키는 원인이다. 결국 문화는 인간이 형성시킨 현상적인 것으로 화엄철학에서 말하는 事法界이고,

---

7) D. Pepper, The root of Modern environmentalism, pp.28~36; C. Merchant, Radical, ecology, pp.132~153.

환경이란 문화라는 인간의 행태가 가능하도록 만드는 본체로서 현상과 현실의 기초를 이루는 理法界를 의미한다. 환경결정론이란 본시 無自性한 환경이 인간의 문화에 의해서 드러나는 것이기 때문에 문화를 주도하는 인간은 환경이라는 것이 그 문화에 내재해야만 되는 당위의 개념으로 상정해야 한다는 것이다.[8]

환경결정론을 배반한 문화의 패러다임은 '도구적 자연관'에서 배태된다. 따라서 이 관점의 환경논의는 자연스럽게 '자유의지론'에 절대 편향을 주워 온 것뿐이지 환경결정론 그 자체가 극단의 보수로(기술 중심적 관점에서 보았을 때의 보수) 내몰려야 하거나 현대화 같은 급진한 사회 변혁과정에서 생각할 수조차 없는 낡은 것이 아니다. 예컨대, 지금 우리 사회는 우리의 문화, 풍토, 자연에 맞는 환경결정론을 가져 본 경험이 있는 상태에서 도구적 자연관이 낳은 환경논의에 익숙해 있는 것이 아니다.

다시, 앞에서의 세 가지 흐름을 전체적으로 보면 자유의지적 견해가 기술 중심적 사고를 낳았고 이 기술 중심주의는 극단적인 경제성장 일변의 사고를 구조화시켜 인간의 자유의지에 성공을 거둔 셈이라 볼 수 있겠으나 그 대가로 환경은 극심하게 오염된 것이다. 또 좌지향의 환경논의에서는 사회 생산구조의 급진적인 변혁을, 우지향의 환경논의에서는 법과 제도를 통한 다원적 의견의 수렴을 제동의 수단으로 내걸고 있다. 그러나 좌우의 綠色流派의 어느 쪽에서도 뚜렷한 해결을 내세우지 못하는 것은 우리가 이미 목격하고 있는 바이다.

따라서 문화와 환경의 공진화 과정에서 근본적인 문제는 인간의 독주이며, 결국 인간이 만들어 낸 문화는 환경과 공진화를 하지 못하고 있다는 데에 있다. 공진화의 파괴가 더욱 문제화되는 것은 우리에게 자연이라는 것 자체를 '물상화된 자연'으로[9] 인식시키게 된다는 것이다. 루카스(Georg Lukacs)에 의해서 처음 쓰인 물상화(Reification 또는 구상화)의 개념이 바로 이것이고 동시에 환경의 인식에서도 페퍼(D. Pepper)가 주장하는 문화적 여과의 개념도 같은 의미로 해석될 수 있다. 말하자면, 인간은 오랜 세월 동안 편리와 효율을 좇아 형성해 온 그들 스스로의 문화에

---

8) 까르마츠앙, 『華嚴哲學』, 이찬수 역, 경서원, 1990, pp.325~329.

9) '물상화', 즉 이념적 현상에 대해서 잘못 이해를 하거나 또는 그 이념적 현상의 실재가 그릇되게 해석하고서는 마치 제대로 이해된 것처럼 행동하는 것을 의미하는데 실제 이런 현상들이 우리들 삶의 토대에 깊게 깔려 있다는 것이다.

대해서 '이게 아닌데……'라고 회의하고 한편으로는 싫어하면서도 그에 빠져 익숙해져 가기 때문에 원래 자연의 모습을 볼 수 있는 시각 자체를 차츰차츰 여과당하고 스스로 형성해 온 문화에 익숙해져 살게 마련이라는 것이다. 그러니까 여기서 여과장치란 바로 인간의 삶 속에서 그들이 스스로 만들어 온 것들이기 때문에 사실은 산업사회를 형성해 온 삶의 과정 자체가 곧 여과장치가 되어 왔던 것이고 그것이 스스로 우리를 포장시켜 온 것이다. 그래서 이런 여과과정을 거치기 때문에 원래의 모습이 아닌 인식된 환경으로서 자연을 볼 수밖에 없다는 말이다.

서구 역사에 있어서 이러한 문화적 여과는 계몽시대를 거치면서 급속히 확산되어 자연은 '인식된 환경'으로서의 위치로 탈바꿈되기 시작하는데 여기서부터 인간은 편리를 위해서는 자연을 희생시켜도 무관한,—말하자면 자연과 인간 사이가 이해 당사자끼리의—관계가 설정된다. 바로 인간이 만들어 낸 규칙화되고 정형화된 잣대로 불규칙하고 자유분방한 자연의 형태를 측정해 내려는 시작점이 되는 것이다. 이때부터 모든 자연은 인간의 힘으로 통제가 가능하며, 이성으로 그 움직임에 대한 해석이 가능했기 때문에 자연은 더 이상 외경의 대상이 아니었고 인간의 발전을 위한 도구에 지나지 않게 되었다. 이것은 환경인식의 물상화가 아닐 수 없다. 이런 물상화의 결과는 곧 인간 우위의 결과를 만들어 내고 이것은 곧 공진화의 장애요소가 되며 환경결정적 요소를 깡그리 무시한 채 가능주의(possiblism)적 견해로 바꾸어지는 것이며 여기서부터가 자연과 인간의 이분법적 사고를 가져오게 되는 동기를 제공하는 것이다.

한편, 이와 같이 서구적 의미에서는 자연과 인간이 이분되는 상황에 이르렀어도 동양적 관점에서는 자연과 인간의 분리란 시종일관 원치 않았던 개념이다. 단적인 예를 들자면 인간이 만들어 낸 규칙화되고 정형화된 잣대로 불규칙하고 자유분방한 자연의 형태를 측정해 내려 했던 순간을 가리켜 노자는 道可道는 非常道요, 가명 名可名은 非常名이라 했던 것이다. 즉 인간의 눈으로 발견된 道를 道라 하면 그 순간부터 이는 이미 정형화된 문화로 굳어져서 인간의 품 속에서 놀아나는 것이 되기 때문에 이미 이것은 항상 원래의 모습을 볼 수 있는 常道가 아니고, 마찬가지로 이것은 이런 것이라고 정의해서 이름을 지어 버리면, 정형화된 형태로 굳어져 생명력을 잃기 때문에 그 순간부터 그것은 인간의 원래 눈을 가리는 여과 장치의 역할을 하게 된다 하여 자연을 인간 나름대로 잣대질하는 그 자체를 애당 초 사람의 도리가 아니라고 생각했다.

말하자면, 자연을 인간 나름대로 잣대질하는 것이 문제인 것이다. 그것이 환경 문제를 야기해 온 인간문화의 핵심이었다. 그 잣대질의 근원은 바로 과학의 합리 성에 모든 것을 의지해 온 바에 있다. 이를 어떻게 생각해야 하는가? 편리함, 효율 등이 합리성의 전부가 아니다. 기술을 이용하고자 하는 것은 인지상정이지만 이 때의 기술은 반드시 환경과의 공진화 속에서 형성된 문화라는 토대 위에서 활용 되어야 하는 것은 사람의 더욱 큰 근본이다.

그렇다면 이제 어찌할 것인가? 잃어버린 환경결정론적 문화를 찾아야 한다. 그 문화는 결국 교육을 통해서 찾을 수밖에 없다. 교육에서 찾아야 한다는 논거는 간 단하다. 인류역사 500만 년 중에 환경결정론의 전통을 잊은 것은 길게 잡아도 400 년 남짓한 것이기 때문에 우리가 교육을 통하여 그 문화적 유전인자를 찾을 가능 성은 너무도 많다. 과학과 기술, 편리와 효율 등을 우리가 '좋아해 온 것'뿐이지 그 자체가 '좋은 것'은 아니라는 생각이 바로 환경교육으로 연결되어야 한다. 우리가 '좋아하는 것'만 찾으려고 하는 것이 이 시대에 환경위기를 배태한 문화의 패러다 임이라면 정말로 '좋은 것'을 찾으려고 하는 것은 500만 년 중에 불과 400년을 제 외한 나머지의 결정론적 전통을 찾으려는 환경교육이 맡아야 하는 문화의 새로운 패러다임일 것이다. 이를 두고 근본생태주의자 나쉬(Nash)는 "교육은 삶의 전통과 단절시키는 것이 아니라 전통을 재생시키는 것이라야 한다"[10]라고 하고 있다.

4. 과학과 기술의 이중성

무엇이든 과학화되어 있으면 그것이 편리하고 '좋은 것'으로 인식하고 있는 것 을 현실적으로 부인할 수는 없다. 그래서 과학화된다는 그것은 현실적으로 기술

---

10) 전경수, 「엔트로피, 부등가교환, 환경주의……」, 『과학사상』, 제3호, 106쪽.

이 과학에 달라붙어 그 편리의 실체를 눈앞에 나타내고 있음을 의미하는 것으로 우리는 알고 있다. 그리고 이를 이용하고자 하는 것은 당연한 것이다.

그러나 문제는 이 과학은 곧 기술로 실체화되어야 함을 또 실체화되지 않으면 과학은 근본적으로 무가치하다는 것으로 알아야 할 것인가에 있다.[11] 여기서 과학과 기술의 관계를 생태와 경제의 관계로 생각해 볼 수 있다면 문제는 달라진다. 앞서 말했듯이 생태와 경제는 '한몸구조'를 가져서 생태의 몸 위에 경제가 있음을 분명히 했듯이 과학과 기술의 문제도 體와 用으로 한몸구조를 만들어야 할 필요가 있다. 기술은 용의 문제일 뿐 과학은 인간이 가져야 할 모든 지식체계와 가치체계의 종합이지 꼭 그것이 기술로 이어져야 한다는 보장은 없는 것이기에 本體이며, 동시에 비경험적·비존재적 세계로 남을 필요가 있다. 즉 기술은 비존재의 색(色)으로 머무를 수 있는 것이며 과학은 어떤 모습을 갖지 않는 쪽으로 理法化될 필요가 있다는 것이다. 따라서 체로서의 공은 색을 통하여 드러나야지 비로소 이법계와 사법계가 총융화한 事理無碍法界의 장엄조화를 이루는 것이라 판단된다.

과학과 기술이 체와 용의 구조를 가지지 못하는 이때부터 과학과 연결된 기술자는 더 이상 스스로의 모습이 아니다. 이를테면 옛날 장인들은 그들의 기술을 습득하고 이용하는 과정을 통하여 심오한 인생의 이치를 터득하고 더 나아가 예술적 차원으로까지도 승화되는 것을 느낄 수 있었지만 과학과 기술이 접맥된 상황에서는 이미 기술자는 과학이라는 틀 속에 갇혀 자기의 인생을 승화시키는 계기는 거의 만들 수 없고 그의 기술은 예술이 아니라 철저히 삶을 위한 일이 되어 버린다. 그 일 속에서 피어난 것이 현대의 문명이고 자본주의 도시문화의 현실이다. 공자는 이 부분을 '述而不作'으로 표현한다.[12] 이는 옛것을 이어받아 사물의 이치가 이렇다는 것을 깨달았으면 그저 깨달은 자체로 만족해야지, 거기에 스스로의 창작을 가미하기 시작하면 갖은 사특함이 다 발현될 수 있음을 경계한 것이다. 오늘날 과학은 바로 사물의 이치를 스스로 터득하는 데 그치지 못하고 인간의 편리한 방향을 좇아 많은 창작을 해 내게 되기 때문에 이는 이미 자연의 원리를

---

11) J. Agassi, 『현대문명의 위기와 기술철학』, 민음사, pp.64~89.

12) 『論語』, 述而篇.

스스로 교감하고 이를 만족하는 선을 그만 지나친 것이다. 즉 作의 세계는 인간이 편리를 추구한다는 미명하에 계속 또 다른 作을 지어내지만 이는 바로 孔丘의 말대로 악순환을 만들어 내고 있는 것이다. 그러므로 이 作의 세계가 기술의 세계로 볼 수 있는 것이다.[13]

이 과학이 기술과 연결이 되면 그 악순환을 만들었던 作의 세계가 우리 앞에 실체화되기 시작한다. 그 결과가 가공할 정도의 오늘날 기술문명이다. 여기서 중요한 것은 作의 세계가 펼쳐진 상황에서는 바로 인간은 기술이 가지는 끝없는 편리성에 유혹될 뿐이라는 점이 환경적으로 중요한 것이다.[14]

따라서 지금까지의 생태와 경제의 대립에 대한 합일구조를 도표로 표시하면 다음과 같이 표시된다고 볼 수 있다.

〈표 19-1〉 경제적 사고와 생태적 사고구조의 개념적 조화

	개념구분		결 과
	경제적 사고구조	생태적 사고구조	생태학적 경제학
사회구성적 측면	합리성	도덕성	합의 도덕론
	자유주의	공동체주의	생태-경제사회체계
	개인	전체(공동체)	공동체 의식
환경윤리 교육방법을 위한 사고구조의 일원화 구도	行	知	지행합일적 행동양태
	用	體	체용론적 사고구조
	有爲	無爲	中庸

5. 체용적 환경윤리 수업방안

앞에서 살펴본 바를 토대로 '환경윤리교육 방법론'을 체용적으로 수용한 다면

---

13) 理는 體요 氣는 用이라 기는 아무리 작용을 해도 이의 본체에서 벗어나지 않는 것이며, 또한 體는 有(=당위성, 사회적 원리, 형이상학적 사회 기강……)이고 用은 無이기 때문에 用은 아무리 변화를 해도 體는 일정하게 있는 것이다. 그러므로 理를 우주로 말하면 그의 體는 理요 그의 用은 氣이다. 따라서 모든 우주만물은 체와 용으로 이루어져 있으며 그 만물의 體는 有이고 用은 無이다.

14) 이에 대해 현상학자들은, '다시 사물들 자체에로'라는 표어를 내걸면서 '존재' 안에 주체와 객체를 종합시키고 의식에 의해 정립된 혹은 지향된 사물들로 세계를 볼 것을 주장한다. 나의 의식이 능동적으로 세계를 구성하고 지향하는 것이기에, 세계란 주어진 것도 만드는 것도 아닌, 세계가 세계 그 자체를 세계화하는(the worlding-world) 존재와 진실 사이의 필연적 연관이며, 존재가 새로이 세계를 해석하고 이를 역사적으로 표명함에 따라 열린 대상이다.

그것의 핵심은 우리가 누리고 있는 모든 경제적 풍요란 곧 用의 세계이지 그것이 본체가 아님을 느끼게 하는 방법이어야 할 것이다. 또한 대부분의 환경관련 논의에서도 그 근본적인 해결은 '의식과 생활의 전환'에 있다는 결론에 이르고 있는데 전환의 방향은 본체를 알게 하는 방향일 것이다. 앞에서 살펴보았듯이 환경문제는 결국 오염 그 자체가 아니라 이를 조장하고도 방관할 수밖에 없는 환경인식에 있다면 이를 환경교육적으로 수용해야 한다는 뜻이다. 또한 환경문제를 환경교육으로 해결해야 한다는 더 정확한 정황은 우리의 일상생활에서도 보다시피 친환경적인 생활이라는 것은 행위 그 자체가 어려워서가 아니라 이에 따르는 정신적인 긴장과 스트레스가 더 힘들게 하고 있는 것이 사실이기 때문이다. 예컨대, 분리수거라는 것도 분리수거하는 행동 자체가 크게 힘든 것은 아니다. 그러나 아무렇게나 버리면 정신적으로 긴장감을 가질 필요가 없던 것이 이젠 그 아무 데나 못 버리는 긴장감 속에 있는 것 그 자체를 어려워하는 것이다. 이는 곧 본체를 감지하지 못한 즉자적 행동의 소산이다. 그러므로 환경교육이 다른 교육과 인식을 달리해야 하는 이유는 환경에 대한 모든 교육은 환경의식의 내면화를 위한 동기부여를 필요로 한다는 점에 있다.

그러나 현실의 우리나라 환경교육과정은 이런 인식에 전혀 부합하지 못하는 구조이다. 이러한 이유를 감안하여 본 장에서는 '환경의식'과 '환경가치'를 본체로 느낄 수 있는 수업을 위한 방안을 시안적으로 제시해 보고, 그에 필요한 필자의 사례를 구체화하고자 한다. 이것은 현재 환경교육과정 중에 전무하다고 볼 수 있는 환경윤리교육을 위한 교과구성의 대안적인 역할을 할 수 있을 것으로 기대된다.[15]

환경에 대한 가치인식을 체용적으로 수용하기 위한 대전제가 되는 것은 인간의 문명관에서부터 출발해야 한다고 보았다. 즉 흔히 생각하는 것처럼 인간이 형성해 온 문명은 좋은 것이고 비문명적인 요소는 싫은 것이라는 이분법적 인식의 수정부터 출발해야 환경문제를 그 본질적인 부분부터 보게 되는 것이라고 생각된다.

---

15) 이러한 환경가치교육의 방법에 대한 본 제안에서 느껴지는 한계점은 첫째, 선행연구가 없으므로 시론적 성격의 논의를 벗어날 수 없었다는 점과 둘째, 환경교육에 임하는 학생들에게 환경의식을 동시에 가질 수 있는 교과구성을 하려는 것이 연구의 목적인바, 이에 대한 객관적 계량화 지표가 필요하다는 것은 인정하지만 여기까지는 '시안적 대안의 성격'을 크게 벗어난다고 보아 다음 기회에 미루기로 한다. 셋째, 환경가치교육을 위한 타 과목과의 공조체계가 없이 이 교육과정만으로 연구의 성과를 나타내는 것은 한계가 있다고 본다.

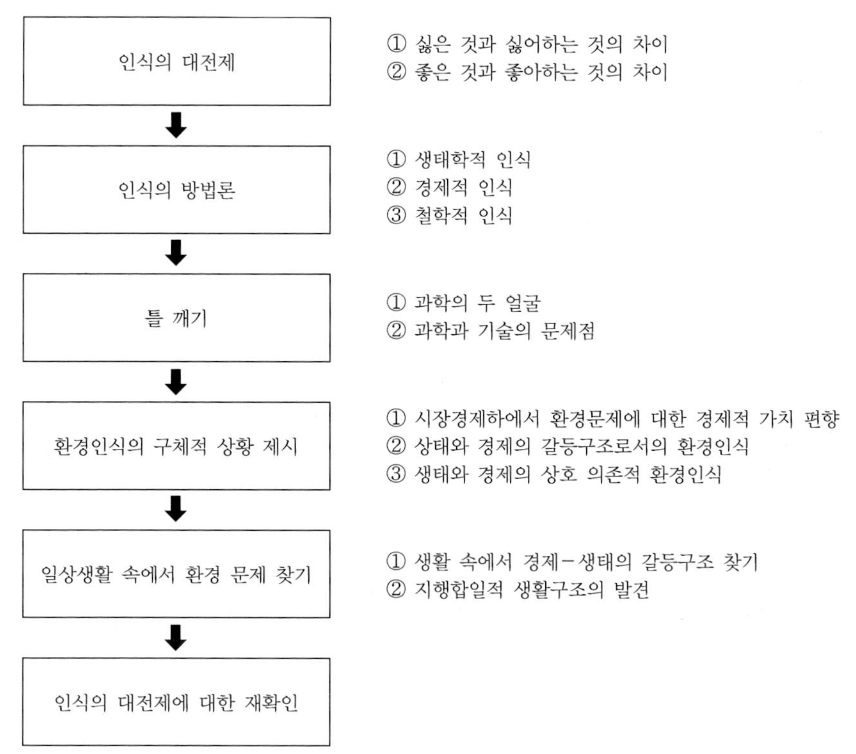

[그림 19-2] 수업구성의 기본틀

이 말의 의미는 현재의 환경문제의 가장 큰 딜레마는—우리가 환경문제를 인식하는데 가장 빠지기 쉬운 오류는—인간 중심적 사고라는 것이다. 사람들은 기술과 문명을 발전시키는 것을 현실적 의미에서 '좋은 것'으로 생각한다. 그러나 인간이 발전이라고 생각하는 문명이란 누가 좋아하는 것이냐 하면 인간이 좋아하는 것일 뿐이다. 즉 중요한 것은 과학이나, 문명이 '좋은 것'이 아니라 다만 인간이 '좋아하는 것'뿐이라는 것이다.

환경문제에 있어서 '좋은 것'과 '좋아 하는 것'의 차이는 바로 체와 용을 구별하게 하는 좋은 기준점을 제시한다. 인간이 스스로의 편리를 위해서 발전시켜 온 과학문명이란 인간이 그것을 좋아한 결과이므로 '좋아하는 것'일 뿐이지 그 자체가 '좋은 것'이라고는 누구도 말할 수 없다. 더 나아가 그것은 본질적으로 그 자체가 '좋은 것'이 아니라 인간이 좋아해 온 것이라는 것이다. 여기서 대단한 인식의 차이를 알 수 있다. 만일 과학과 기술이 좋은 것이라면 오늘날 이와 같이 엄청난 환경문제가 발생할 수 없다. 따라서 필자의 주장은 환경문제에 대한 가장 본질적인 인식의 맥이 여기에 있다는 것이다.[16]

그리하여 [그림 19-2]에서 보듯이 첫째, 인식의 대전제 위에 이를 인식할 수 있는 실제적인 방법은 생태학적 · 경제학적 · 철학적 인식방법이 필요하고, 이 인식방법을 위해서는 기존의 과학 중심적 사고에서 일단 탈피를 해 보아야 할 필요가 있다. 필자는 이 부분을 '틀 깨기'라고 명명하였다.[17] 즉 17세기 이후로 형성된 과학주의의 이름으로 행해진 모든 것은 우리에게 그 자체에 동화되어 그 외의 본질적인 모습을 직관할 수 있는 기회를 박탈하게 작용하였고 그 결과 우리는 환경이라는 본질을 보지 못하고 과학이라는, 편리에 익숙해진 것이며, 과학기술 만능의 사고구조에 각인된 채로 환경을 보고 있는 것이다.

둘째 과정은 이러한 인식의 전제를 바탕으로 '환경인식의 구체적 상황'을 제시해야 된다. 이 과정에서는 기술 중심적 사고로써 환경문제를 바라보려는 시각과 시장경제의 작동에 따른 환경오염의 내부화과정이 가지는 현실적 한계, 그리고 그로부터 파생되는 생태적 사고와의 갈등구조에서 나타나는 모든 것들이 교재가 될 수 있고 이것들은 또한 인식을 위한 세부지침 사항이 될 수 있다.

셋째 과정은 지행합일이라는 인식구도하에서 환경교육이 이루어져야 한다는 점이다. 일상생활에서 환경문제의 기본 틀을 찾지 못하면 교육이 모두 허사일 가능성이 높은 것은 환경문제의 기본 특성상 주지할 수 있는 사실이다. 사실상의 결론 부분이 될 수 있는 이 과정에 대한 논의는 대단히 중요한 위치를 차지한다. 앞에서의 인식 결과가 성공적인가의 판가름은 여기에서 알 수 있는 것이기 때문이다. 그래서 결국 전체 교육과정의 성공 여부는 이 과정에서 확인을 하고 교육적 성과는 다시 환류되어 처음부터 점검되어야 한다.[18] 이제 이 교육과정에 내한 정

---

16) 우리가 편리와 효율이라는 이유 때문에 맹목적으로 추구하는 산업사회의 모든 것은 반환경적인 요소이고 이것들은 일단 '좋은 것'이 아니라 '좋아하는 것'뿐이라는 인식의 교육적 반추(rumination)가 필요하고 이것은 교과 구성에 그대로 반영되어야 한다고 보았다.

17) 실제 연구자의 수업에서 학생들은 연구자의 이러한 인식방법에 대해서 대부분 의아해했다.

18) 단, 초등학교와 중 · 고등학교에 있어서 교육의 진행방법은 차이가 있을 수 있다. 그러나 그것은 수준별 차이일 것이므로 수준별 차이는 있을지언정 교과나 수업진행은 이런 순서로 전개함이 대안적 시도임을 밝힌다.

립근거를 더욱 정당화하기 위하여 이 교육과정에 관련된 환경론적 정당화의 틀을 더욱 구체화해 보자.

6. 환경가치 교육을 위한 교과와 수업의 구성

(1) 수업진행 사례(Ⅰ)-인식의 대전제

① 싫은 것과 싫어하는 것의 차이[19]

학생들 모두에게 싫어하는 음식을 한 가지씩 말하도록 했다. 필자는 이 음식들을 학생들의 이름 옆에 적어 두고 40명의 학생 중 10명을 앞으로 나오게 하여 그들의 책상 앞에 자기가 싫어한다고 했던 음식을 종이에 적어 올려놓도록 하였다. 그리고 나서 필자는 나머지 학생들에게는 필자와 10명의 학생들이 나누는 대화내용을 유심히 지켜 볼 것을 당부하고 필자는 이들 10명의 학생들과 다음과 같은 대화에 들어갔다.

> 질문/(미나리를 싫어한다는 학생에게 다가서며) 미나리를 싫어하십니까?/ 답/ 예 싫어합니다./ 질문/ 왜 싫어하십니까?/ 답/ 그 향기가 싫습니다. ……// 그 미나리는 누가 싫어하는 것입니까?/ 답/ 내가 싫어합니다.// 등등…….

다시 다른 학생에게 다가가서 같은 질문을 하고 열 명의 학생들에 대해 차례로 일단 같은 질문을 하여 나머지 학생들의 주의를 끈 다음에 다시 그중의 무작위로 선택한 다른 학생에게 다가서서 계속 같은 질문을 반복한다. 대부분의 학생들은 '말없이 의아해하는 경우'가 많지만, 그러다가 어느 정도에서 그 차이를 인정하는 경우도 있고 아직도 계속 의아해하는 경우도 있는데 후자가 대부분이었다. 그래도 계속적인 질문을 집중적으로 하면서 결국 그 차이를 스스로 인식하도록 한다.

---

19) 이 방식은 필자가 일본의 야마기시 마을에서 특강에 참가하여 습득한 것임을 밝힌다.

② 좋은 것과 좋아하는 것의 차이

이와 같이 싫은 것과 싫어하는 것의 차이를 스스로 발견할 수 있다는 것은 환경문제를 일으킨 배경으로 흔히 생각할 수 있는 과학과 문명이라는 것도 사실은 좋은 것이 아니라는 생각부터 가질 수가 있게 된다. 과학, 기술, 편리, 효율…… 등 모든 현대문명을 대신할 수 있는 어구들은 다만 우리가 좋아해 온 것뿐이지 좋은 것은 아니라는 것이다. 즉 체용론적으로 수용하면 '좋은 것'이 아니라 우리들이 '좋아하고 있는 것'일 뿐이라는 생각이 본체이다.

이것은 환경문제 인식의 대전제가 될 수 있다. 맹목적인 발전을 우리는 진보로 생각하고 과학이 형성시킨 이분법적 사고와 산업문명의 틀이라는 것은 질서의 세계[20]에서만 그 가치가 있을 뿐 일단 배출시킨 무질서 부분에 대해서는 책임을 질 수가 없는 구조이다. 그러나 분명한 것은 열역학 제2법칙과 카오스이론이 말해 주듯이 영원한 질서는 있을 수 없는 것이다. 그런데도 불구하고 맹목적인 발전을 계속적인 진보로 생각을 하게 되는 것은 '우리가 좋아하는 것'이면 곧 그것이 '좋은 것'으로 생각을 해 버리게 되는 인식구조에 있는 것이다. 인간의 판단으로 인간이 좋아하는 것이면 그대로 '좋은 것'이 되어 진보의 목표가 되어 버리는 것이다. 그러나 그것은 인간에게 좋은 것이었지 객관적으로 보았을 때 애당초부터 그 자체가 '좋은 것'은 아닌 것이다. 즉 '좋아하는 것'을 '좋은 것'으로 착각하는 것은 바로 계속된 엔트로피의 증가를 유발할 수밖에 없다.

(2) 수업진행 사례(Ⅱ)[21] – 인식의 방법론

① 시장경제적 사고와 생태적 사고의 갈등

생태학은 자연계의 삶으로서, 경제학은 인간적 삶의 양태로서 작용하기 때문에 환경문제란 본질적으로 경제학과 생태학의 사고구조적 갈등이라 보는 것은 앞에서 말한 바와 같다. 바로 이런 점에 주목하여 살펴보면 자본주의 시장경제하에서

---

20) 여기서 질서의 세계라는 것은 열역학 제1법칙까지를 의미한다. 즉 투입된 자원의 양만큼 산출된 쓰레기도 다시 자연계의 어디로든 갈 수 있고 또 가야 된다는 것을 의미한다. 그러나 열역학 제2법칙에 의하면 어디로든지 갈 수 있는 것은 불가능하다. 그만큼의 무질서가 수반되기 때문이다.

21) 이 부분부터는 지면관계상 연구자의 종합된 의견과 요약과 사례만을 기술한 것을 밝힌다.

의 경제학적 논리는 기술 중심주의를 기본으로 하고 생태학의 생태중심주의를 기본으로 하기 때문에 앞으로 환경문제라는 것이 해결되기까지는 끊임없이 이 양자의 갈등논리가 제기되지 않을 수 없다. 그렇다면 교육적 측면에서도 이 양자의 논리가 어떤 점이 어떻게 닮고, 또 갈등을 일으키는지 살펴보아야 한다.

이 같은 환경문제에 대한 파악은 첫째, 현실적으로 우리가 추구하고 있는 시장경제적 삶의 양태가 완전할 수 없다는 점과 둘째, 현실적인 삶과 환경문제와의 연결고리를 학생들에게 철저히 공유하도록 할 수 있다는 측면에서이다. 특히, 이것이 교육적 인식이 되기 위해서는 우리의 생각과 자연의 생각이 잘 대비되어 드러나도록 양자의 개념 비교가 철저히 이루어져야 하리라고 본다.

② 에너지와 영양염류의 흐름상태 – 먹이의 연쇄와 평형

하나의 생태계가 유지되기 위해서는 모든 에너지의 근본이 되는 태양에너지의 흐름과 영양염류의 순환, 이 두 흐름이 반드시 필요하다. 영양염류의 순환이란, 모든 사람이 다 인식하고 있는 먹이사슬적인 순환을 의미하며, 태양에너지의 흐름이란, 일반적으로는 크게 인식을 못 하고 있는 태양에너지의 일방통행적 흐름을 의미한다. 여기서 우리는, 1차 생산자를 생산시킴으로써, 영양염류 순환의 근원이 되고 있는 태양에너지가 다시 태양으로 복귀하지 않고, 계속적으로 다른 형태로 사라져 버리는 일방통행을 하고 있다는 점을 주목해야 되는데, 이는 지구 에너지자원의 한계를 이해하는 데 첩경이 될 수 있기 때문이다.

현대 산업문명의 바탕이 되는 지구 에너지자원은 유한하다. 유한하면서 다시 되돌아오지도 않는 에너지자원을 과도하게 소비하면서 인간 위주의 편의에만 열을 올린다면, 이는 분명 중대한 잘못이 되는 것이다. 사람들은 피 돌기가 잘 되어 영양공급만 잘 되면 그것으로 건강이 만점인 줄 알지만 그 중요한 피의 순환을 가능케 하는 것이 바로 氣의 흐름이며 이 氣의 안정적인 흐름이야말로, 건강유지에 필수적인 요소임을 모르고 있을 뿐이다.

③ 엔트로피

엔트로피법칙이란 '에너지는 항상 고에너지상태에서 저에너지상태로 흐른다'
는 열역학 제2법칙이며, 엔트로피라는 말은 더 이상 일로 바꿀 수 없는 에너지양
에 대한 척도를 의미한다. 따라서 엔트로피의 증가란 사용 가능한 에너지의 감소
를 말하는 것인데, 하나의 시스템 내에서는 어떤 일이 생길 때마다 일정 에너지는
반드시 사용 불가능한 상태로 변하게 된다. 이때 사용 불가능한 에너지가 예컨대,
생산물에 대한 부산물의 형태로 발생할 때, 이 부산물이 바로 공해의 주범이 되는
것이다. 그런데 엔트로피의 개념을 처음 주장한 클라우시우스가 "세상에서 엔트
로피는 항상 최대가 되려 한다"라고 했듯이 인간이 추구하는 일은 항상 극대화를
목표로 하기 때문에, 엔트로피가 최대로 증가해 가지만, 생태계가 추구하는 것은
그 반대로 최소의 엔트로피를 목표로 하고 있다. 따라서 최대의 엔트로피가 되려
는 속성 자체가 인간의 편리추구 때문에 자연계의 속성으로서의 최소치를 초과하
게 된다면 이는 분명히 자연계에 과도한 부담을 주게 되는 결과가 되며 이것이
또한 환경문제의 원인이 되는 것이다. 필자는 엔트로피를 사회적인 의미로 이해
시키기 위하여 다음과 같은 질문을 했다.

> 필자: 똑같은 무게의 공기와 쇠에 대해서 똑같이 1도씩 올리는데 공기의 온도를
> 1도 올리는 것과 쇠의 온도를 1도씩 올리는 것은 어떤 것이 더 많은 가열
> 을 필요로 하는가?
> <예 1> 비만아: 적은 활동에 비하여 필요 이상의 에너지를 소비함으로써 얼마
> 든지 유용 가능했던 에너지가 불필요하게 되어 체내에 엔트로피가 극
> 도로 증가하고, 또 체내에 쓰레기와 다름없는 물질이 가득한 상태라고
> 해석을 내릴 수 있다.
> <예 2> 수도승: 활동에 필요한 최소한의 에너지만을 소비함으로써 엔트로피의
> 증가가 거의 없다.

위의 예에 있어서 대답은 당연히 공기 온도를 1도 상승시키는 것이 더 많은 열
량을 필요로 한다는 것이다. 바로 그만큼 철의 분자구조는 질서 있는 상태이고 공
기는 무질서한 상태이기 때문이다. 우리의 경제적 삶에서 엔트로피가 높아진 상
태(에너지의 투입량이 가속화된 상태)에서는 엔트로피의 상승이 더 가속화되는

이유가 여기에 있다. 무질서해질수록 엔트로피의 증가는 더욱 가속화되는 것이며, 환경오염이 되면 될수록 엔트로피의 상승은 더욱 가속화된다. 그렇지만 자연생태계의 경우는 무한정한 공급원에다가 꼭 필요한 만큼의 에너지만 사용하고 성장하기 때문에 엔트로피의 증가는 거의 없다고 볼 수 있다. 여기서 생태와 경제는 다시 충돌한다.

④ 칸막이 모형(compartment theory)

이 개념은 자연계의 천이에 따른 생체량과 생산량의 비율에서 구체화된다[22]고 생각해 보자. 자연계에서는 천이가 발달함에 따라 스스로 B/P 비율—'Biomass(생체량)과 Production(생산량)'의 비율을 극대화시켜 가능한 한 최대의 생체량을 유지하기 위한 여건을 만들어 가는 반면, 인간의 목적은 반대로 P/B 비율을 극대화시킴으로써 자연계로부터 더 많은 산출량을 얻어 내려 하기 때문에 이 두 목적 간에는 서로 충돌이 생기게 된다. 이런 것들을 설명하기 위해서 필자는 다음의 예를 들었다. 중국의 사상가 맹자(孟子)는 그의 정치론에서 다음과 같이 이야기하고 있다.[23]

> 數罟를 不入汚池하면, 魚鼈 不可勝食이요, 斧鉞을 以時林入하면 林木을 不可承用이라.
> <빽빽하게 가는 그물을 물에 넣지 않으면(사용하지 않으면) 고기를 다 먹지 못하고, 산에 도끼질을 때에 맞추어 하면 나무를 쓰고도 남음이 있다.>

인간이 해야 할 일은 고기를 잡아먹되 큰 고기만 잡아먹고 산에서 나무를 베어 쓰되 큰 나무만 베어 쓰면 된다는 것이다. 즉 이를 체용론적으로 보면 다음 <표 19-2>와 같은 연결 도식이 가능하다.

다시 말하면, 큰 고기·큰 나무가 없으면 그물을 치지도, 산에 들어가지도 말아야 된다는 인간의 지극한 전제가 本體가 되는 것이며 이는 곧바로 생태학적 적소(Niche)와 엔트로피를 최소화하는 생활이 왜 필요하다는 것을 느낄 수 있는 지름

---

22) 생태학자 오덤(Eugene P. Odum)은 B/P와 P/B의 비율을 전제로 한 칸막이 모형을 많은 저서에서 제시하고 있으며 최근에는 생태와 경제의 등가교환의 원리로서 Energy이론에 이르고 있다.

23) 『孟子』, 梁惠王篇.

길이 된다. 아울러 이런 예로부터 학생들은 인간의 목적과 자연의 목적은 서로 배치되며, 이것이 더 나아가서는 인간의 기술 중심주의(그물코를 줄여서라도 고기를 많이 잡으려는 노력이나 산의 나무를 아무 때나 베어 내려는 노력)와 생태중심주의가 이렇게 연결되고 있음을 이해할 수 있을 것이다.

따라서 이 상충되는 목적 간에는 서로 타협을 해야 한다는 것이 칸막이 모형의 기본개념이라고 할 수 있다. 원래 자연계는 젊음과 성숙의 균형 유지를 위한 그 특유의 타율적 안정성(他律的 安定性)을 가지기 때문에 일정한 변화와, 어느 정도의 자극을 필요로 하지만, 인간에 의해 야기되는 대부분의 물리적 압박은 너무나 돌발적이고 불규칙적이기 때문에 그 결과 안정보다는 심한 진동을 일으키게 되는 것이 현실이다.

<표 19-2> 體·用·相의 비교

體	<좋은 것> 큰 물고기, 큰 나무	생태적 사람
	(코가) 큰 그물, (때에 맞는) 벌목(도끼질)	경제적 양태
用	<좋아하는 것> 코가 작은 그물=효율 증대 때에 무관한 벌목=효율 증대	
相	치어가 보전되는 바다, 나무로 빽빽한 산	생태-경제적 조화

이와 같이 경제학의 논리와 생태학의 논리는 기본적으로 구조방식은 비슷하나 그 시각에서 대단한 차이가 있으며 또한 사고하는 그릇 크기의 차이이기도 하다. 즉 경제학이 자연을 대하는 논리란 다분히 계산적이고 자기중심적이며 기껏해야 거래관계 이상을 넘지 못한다. 그러나 자연은 그 속성상 이를 용납하지 않는다. 경제학은 근본적으로 속성을 고치지 못하면, 그래서 생태학과의 갈등을 피하지 못하면, 현실적으로 아무리 시장경제적 접근이 이론적으로 완벽해도 '좋아하는 것'을 '좋은 것'으로 착각하고 있는 현재의 상태에서는 그 실현이 어려울 것으로 보인다. 그래서 이제는 단순한 경제적 차원에서만 논의를 진행시킬 것이 아니라 생태적 측면을 충분히 고려한 생태-경제적 관점으로의 전환이 미래의 환경문제를 풀어 줄 유일한 창구가 될 수 있을 것이다.

경제사상사적 측면에서도 고전학파 경제학자들은 환경자원(환경재, 공공재)에 관한 경제현상에 대하여 거의 관심을 가지지 않았지만 성장하고 있는 경제는 단지 정상적인 장기균형으로 나아가고 있는 일시적인 현상에 불과하고 결국 경제는 자연환경의 한계로 인하여 최저 생계비 수준의 장기적·정상적 균형에 도달하게 된다는 소위, 정상상태론(stationary state)을 제시했는데 이를 역으로 해석해 보면 경제성장이 정상상태에 이르지 않고, 계속될 경우에는 환경문제가 발생할 수 있음을 암시하였다고 볼 수 있다.

토마스 맬더스나 리카르도 등도 동일한 질의 자연은 그 양이 일정하기 때문에 증가하는 인구에 비례하여 증가하지 못하고 역으로 증가된 인구는 계속해서 열악한 상태의 자연을 이용하기 때문에 수확체감이 작용하여 결국 최저생계비수준으로 될 수밖에 없음을 이야기함으로써 인구의 증가와 수확체감의 법칙의 작용으로, 불경제가 더 이상 성장할 수 없는 제로 경제 성장상태로 자동적으로 돌입한다고 생각하고, 리카르도(D. Ricard)나 밀(J. S. Mill) 등은 정상상태를 경제성장 과정의 불가피한 종점으로 받아들이고 있다. 그러나 자본주의 본연의 성격이 축적에 있으므로 자본주의가 비경제성장으로 전환할 수 있다고 기대할 수는 절대로 없다고 보면 이 정상상태는 자본주의 운행법칙과 절대로 일치할 수 없게 된다는 허구성을 발견하게 된다.[24]

생태계에서는 주변환경의 영향을 받는 것이 당연하고, 그 결과 스스로의 무질서상태를 극복하고 정상상태로 진입하지만, 경제계에서는 열역학 제2법칙인 엔트로피의 발생을 스스로 극소화하려고 하는 의지가 주어지지 않으므로, 열역학 제1법칙의 물량적 수지만 맞추어지게 된다. 다시 말하면, 엔트로피의 발생을 억제하는 구조가 없이는 정상상태의 제로성장이란 그야말로 그림의 떡일 뿐이다. 엔트로피의 발생을 억제하는 최신의 기술 개발, 보다 정교한 시장경제 정책수단의 입안을 통한 열역학 제2법칙을 준수하는 경제학이 새로운 관점으로 부각되어야 할 것이다.

---

24) N. Singh, Economics and Crisis of Ecology, pp.102~103.

(3) 수업진행사례(III) - 틀 깨기

① 촛불수업 - '느낌'으로써의 환경인식

필자는 교실의 불을 모두 끈 깜깜한 상태에서 교단에 촛불 1개를 켜고 학생들에게 약 5분 정도 계속적으로 촛불을 보면서 명상을 하게 했다. 그러고는 약 5분 후에 명상을 중지시키고 촛불을 보고 느낀 바를 발표토록 하였다. 그리고 나서 필자는 촛불에 대한 생각은 여러 가지가 있을 수 있다고 전제하면서 필자의 생각을 이야기해 주었다.

> 저에게 느껴지는 촛불은…… 감각입니다. 저기 형광등의 빛과 이 촛불이 달리 느껴지는 이유는 무엇입니까? 촛불은 조금만 바람이 불어도 그 미세한 떨림을 일으키지만 형광등은 아무리 바람이 불어도 그대로 있을 뿐이다. 그러니 얼마나 무감각합니까? 따라서 형광등과 촛불은 같은 역할을 하지만 전자는 죽은 빛이요, 후자는 살아 있는 빛입니다. 환경문제라는 것도 우리들의 마음이 미세한 차이에서 오는 살아 있음을 감지하지 못하고 모든 것이 죽어 있는 상태에서 오는 느낌으로 사물을 대하므로 시작된 것입니다. 과학은 비록 편리하지만, 다시 말해서, 형광등이 촛불보다 더 밝은 것이 사실이지만, 그 일상화된 모습은 우리를 얼마나 죽음의 감각상태로 만들어 갑니까? 그러나 더 큰 문제는 우리가 느낌이 죽은 상태로 세상을 살고 있음을 스스로 느끼지 못하고 있다는 것입니다. 다만 우리는 과학이라는 틀에 얽매어 있는 것입니다…….

과학기술이 가져오는 환경문제의 구조를 근본적으로 살피기 위한 첫 번째 구도는, 문화적 여과라는 개념이다. 사실은 산업사회를 형성해 온 삶의 과정 자제가 곧 여과장치가 되어 왔던 것이고 그것이 스스로 우리를 포장시켜 온 것이다. 그래서 이런 여과과정을 거치기 때문에 원래의 모습이 아닌 인식된 환경으로서 자연을 볼 수밖에 없게 된다.

학생늘은 이런 부분에 이르면 흔히 원시시대로 놀아가야만 해결될 수 있다는 양분적인 생각을 하기 쉽다. 그러나 이때는 그러한 의견도 가질 수 있음을 자연스럽게 생각하면서 그렇게 극단적인 양분론이 아니라 절충해서 생각할 수 있는 방법도 얼마든지 있을 수 있음을 주지시킬 필요가 있다. 다시 말하면, 학생들은 지금까지 살아온 삶들이 그저 부모들이 정형화시켜 온 그런 환경 속에서만 살아왔기 때문에 원래의 모습을 생각해 볼 수 있는 여력이 남아 있지 않은 상황이다. 따라서 학생들에게 인식시켜야 할 것은 현대의 삶이 환경오염을 유발하는 원인이기 때문에 이런 삶을 누려서는 안 되고 원시시대처럼 살아야 한다는 것이 아니라, 문제는 현재의 삶이 다분히(우리의 삶이 형성시켜 온) 정형의 틀에 얽매어 있음을 인식시켜야 한다는 것이다. 바로 이 부분이 학생들이 자연을 인식할 때 어떻게 인식하느냐 하는 중요한 갈림길이 된다. 그러나 교육을 통하여 스스로 얽매어 있는 정형의 틀을 깰 수만 있다면 자연을 보는 안목은 판이하게 달라진다.

<질문 1>
친구가 아파서 병원에 입원해 있다. 어떻게 하는 것이 너희가 취할 수 있는 가장 좋은 행동일까?

<질문 2>
유치원에 다니는 꼬마 조카가 있다. 그 엄마는 그 조카가 유치원에 갈 때마다 온갖 치장을 다 해 주신다. 머리에 리본부터 시작해서 눈부시게 하얀 양말에 이르기까지…… 그 조카는 비록 어리지만 꾸며진 스스로의 모습에 얼마나 흡족해 할 것인가?

<질문 1>에서는 많은 경우 대부분의 학생들은 위문품을 사 가지고 병문안을 가는 것을 전부로 알고 있다. 말하자면, 그렇게 생각하는 것이 이미 일상화된 것이며 따라서 이런 생각에 정형적으로 굳어져 있는 것이 현실이다. 그러나 그 행위가 친구의 고통을 이해하는 마음의 표현인가? 친구의 고통을 진정으로 이해하고자 하는 자는 그 정형적 틀에서만 사고하지 않는다. 그것은 우리가 경험하는 바 사실이다. 그러나 정형화된 틀 속에 살고 있는 상황에서는 병문안을 받는 사람도 위문품을 사들고 찾아 주는 친구의 모습만큼으로 위안감을 느끼는 데 익숙해져 있을 뿐이고 찾아가는 친구도 그만큼의 우정 표시로 그 한계가 노정되어 있을 뿐이다. 그러나 진정으로 그 친구에게 필요한 것은 입원해 있는 농안 손이 되어 줄 수도 있고 발이 되어 줄 수도 있는 또 다른 분야가 얼마든지 있을 수 있다. 그러나 많은 경우에 이러한 사고까지는 마비시키며 살고 있는 바로 그 부분이 문제라는 것이다.

<질문 2>의 경우도 마찬가지이다. 그 엄마는 딸에 대하여 일상적으로 굳어진 엄마의 마음을 표시하고 있을 뿐이지 유치원 뜰에서 아무렇게나 앉아 흙장난을 하고 싶을지도 모르는 딸의 마음은 헤아리지 못하고 있는 것이다. 이 역시 정형화된 자기만족의 표시이다. 우리에게 있어서 정형화된 모습은 그만큼 많은 가치를 사장시키고 살게 한다. 바로 이런 구조가 계속적인 用이 用을 낳는 삶의 구조를 잠재적으로 만들어 가는 것이고 이것은 어느덧 수단이 목표화되고 用이 體가 되는 구조로의 전락을 의미하는 것이다. 필자는 이 전환을 위해 필자는 학생들에게 다음과 같은 예화를 들었다.

② 도시락과 자장면 그릇 – 생활 속의 환경교육(話頭)

필자는 학생들에게 다음과 같이 경험담을 소개했다.

> "어느 날이었어요. 다른 선생님들과 식사를 하는데 그분들은 중국음식(자장면, 짬뽕)을 시켜서 드시고, 저는 도시락을 먹었는데, 식사를 할 때와 끝나고 나서의 태도는 도시락을 먹은 저와 다른 선생님 간에는 상당한 차이가 있었어요. 즉 중국음식을 드신 분들께서는 먹을 때는 그렇게 맛있게 먹었는데 먹고 나서 그 그릇에 그만 담뱃재를 털기도 하고 가래침을 뱉기도 하더라고요.
> 그래서 저는 이런 생각이 들었습니다. 사람이 배부르기 전과 후의 생각이 달라도 한참 다르구나, 환경문제도 바로 이런 것이겠지! 여기서 제가 말한 환경문제는 이 식사 후의 장면과 어떻게 연결될 수 있는가요?"

학생들의 대답은 다양했지만 이에 대한 필자의 요지는 이런 것이었다. '배가 고플 때는 그렇게 밥그릇이 소중하게 보이다가도 배가 부르고 나면 그 밥그릇에 대한 마음이 쓰레기로 변해 버리는 것이다.' 자연을 이용하여 경제를 개발했으면 개발한 다음에도 자연에 대한 고마움이 남아 있어야 되고 또 앞으로도 계속 자연의 자원을 이용할 것이면 자연에 대한 태도는 어떻게 되어야 할 것인가? 도시락을 먹는 사람은 배부른 뒤에도 그 그릇을 소중히 간직할 줄 아는 것은 그 그릇이 배부름을 위해서 계속적으로 사용되어야 할 것이기 때문이다. 즉 도시락은 體와 用이 분명하여 用이라는 행태에 체가 녹아 있는 것이지만 자장면 그릇은 體가 없이 用만 있는 것이다. 환경자원이 풍부하던 시절에 자연을 걱정하던 것은 부질없는 생각이었을지 모르나 자연자원이 공공재적 대접이 아닌 경제적인 대접밖에 받지 못하는 현실의 상황에서는 교육이 적극적으로 나서야 한다.

7. 결론-잘 산다는 것의 의미 회복이 곧 환경윤리교육

근본적인 시각을 바꾸지 않으면 환경문제는 해결될 수 없음을 깨달아야 하기 때문에 體와 用의 구조로 근본적인 시각을 제시해 보았다. 이러한 관점에서 환경윤리교육 방법론을 체용적으로 수용하자는 것은 오늘날 환경문제는 과학이 뿌린 씨앗이 발아한 것이기에 앞서, 인간이 뿌린 씨앗이 발아한 것이라는 데서 인식의 출발을 해야 한다는 생각을 정리해 보았다.

인간은 스스로의 적소(Niche)를 느낌으로써 비로소 정신적 풍요가 물질적 빈곤을 이겨 낼 수 있다는 신념을 가질 수 있을 것이다. 슈마허(E. F. Schumacher)도 '작은 것이 아름답다'(small is beautiful)를 통해서 소비를 적정규모로 억제하는 생활양식을 갖는 일이 소비욕구를 최대로 충족시키는 노력보다 훨씬 근본적이라는 불교경제학적 입장을 설파했듯이, 이제는 최대다수의 행복보다는 최소의 불행을 추구하는 사고의 전환이 절대 필요하며, 작은 것이 정말로 잘 살 수 있는 것임을 분명히 느껴야 할 때라고 생각된다.

따라서 정리하면 우리의 환경교육은 경제적 사고의 틀을 벗어날 필요가 있다. 그렇다고 경제적 사고 그 자체를 무시하는 것은 현실적으로 교육이 될 수 없다. 경제적 사고가 필요하되 이는 어디까지나 사법계적 측면에서 用을 실현함으로써 결국 생태라는 體에 통하는 事理無碍法界를 이루어야 한다. 이는 바닷물이 곧 파도(用, 事法界, 現象), 파도가 물(本體)인 것과 같이 현상과 원리가 완전 자재하고, 구체적 사물의 구체적 현상과 법이 융섭하는 세계이다. 환경윤리교육을 체용적으로 수용하자는 것은 바로 이와 같은 의미이다. 하나의 理를 통하여(體) 여러 事가 나타나며 事는 여럿이지만(用) 그 본질(體)은 하나이다.[25] 그러므로 첫째, 경제학의

---

25) 一卽多 多卽一, 總卽別 別卽總, 同卽異 異卽同, 成卽壞 壞卽成의 六相圓融.

새로운 모습은 자연적·생태적 한계를 극복하면서까지 경제적 논리를 확장시키려 하지 말고, 자연의 한계를 일정 정도 경제계 내에 담보해서 생태계의 모습을 닮아 가는 경제학이 되어야 할 것과 둘째, 지속적인 경제의 가능성을 위해서, 엔트로피 법칙의 지배를 받는 구조적 모습의 전환이 필요하다는 것이다.

제6차 교육과정에서 환경교과가 독립 시행된 이래 현재 중학교의 경우 전국적으로 불과 44개 학교로 2%에도 미치지 못하며, 고등학교의 경우도 135개 학교로 8%에 불과하다. 이것은 무엇을 말하는가? 경제적으로 보면 환경교육 자체도 경제적으로 판단한 까닭이다. 입시에 도움이 안 되고 가르칠 사람이 부족한 이유가 이를 대변한다. 결국 이 둘을 위한 환경교육적 방법은 '우리의 삶의 공간, 모든 곳이 도량이요, 누구나가 선생이어야 한다'는 점이고, 환경교육이 지행합일의 학문적 성격을 가진다는 것은 모든 환경교육은 생활 속에서 실천적으로 이루어져야 한다는 의미이다.

진교훈

서울대학교 철학과를 졸업하고 동 대학원 석사학위를 받았으며, 오스트리아 빈 대학교 철학부에서 철학박사학위를 취득했다. 경희대학교, 중앙대학교 철학과 교수를 거쳐 현재 서울대학교 국민윤리교육과 교수, 한국윤리학회 회장으로 재직하고 있다.

강두호

서울대학교 대학원 국민윤리교육과에서 석사 및 교육학 박사학위를 취득하였고, 현재 전북대학교 국민윤리교육과 교수로 재직 중이다.

김태경

서울대학교 환경대학원에서 환경학을 전공하여 석사 및 박사학위를 취득하였고, 서울대학교 대학원 국민윤리교육과 석사과정을 다시 수료하였다. 현재 경인여자대학 환경공업과 교수로 재직 중이다.

노병철

연세대학교 사회학과를 졸업하고 서울대학교 대학원 국민윤리교육과에서 석사학위를 취득하였으며, 미국 캘리포니아 주립대학교에서 정치학 박사과정을 이수하였다. 그 후 서울대학교 대학원 국민윤리교육과에서 박사학위를 취득하고 현재 서울대학교 강사로 있다.

노영란

서울대학교 국민윤리교육과를 졸업하고 동 대학원에서 석사학위를 취득하였으며, 미국 미주리 주립대학에서 철학박사학위를 취득하였다. 현재 서울대학교 강사로 있다.

도성달

서울대학교 대학원 국민윤리교육과에서 석사 및 교육학 박사학위를 취득하였으며, 현재 한국정신문화연구원 교수로 재직하고 있다.

박병기

서울대학교 국민윤리교육과를 졸업하고 동 대학원에서 석사 및 교육학 박사학위를 취득한 후, 현재 전주교육대학교 윤리교육과 교수로 재직하고 있다.

박찬구

서울대학교 철학과를 졸업하고 동 대학원 국민윤리교육과에서 석사 및 박사과정을 수료한 후 독일 튀빙겐대학교에서 철학박사학위를 취득하였다. 현재 한국외국어대학교 철학과 교수로 재직하고 있다.

박효종

서울대학교 대학원 국민윤리교육과에서 석사학위를 취득하였고, 미국 인디애나 대학교에서 정치학 전공으로 철학박사학위를 취득하였다. 현재 경상대학교 국제관계학과 교수로 재직 중이다.

방영준

서울대학교 대학원 국민윤리교육과에서 석사 및 교육학 박사학위를 취득하였고, 현재 성신여자대학교 국민윤리교육과 교수로 재직하고 있다.

배영기

서울대학교 대학원 국민윤리교육과에서 석사학위를 취득하고, 단국대학교 대학원에서 교육학 박사학위를 취득하였다. 현재 숭의여자대학 교양과 교수로 재직 중이다.

변순용

서울대학교 국민윤리교육과를 졸업하고 동 대학원 석사 및 박사과정을 수료한 후 독일 칼스루헤 대학교에서 박사과정을 이수하고 있다.

송재범

서울대학교 국민윤리교육과를 졸업하고 동 대학원에서 석사 및 교육학 박사학위를 취득한 후 현재 인천대학교 강사로 있다.

심연수

서울대학교 대학원 국민윤리교육과에서 석사 및 박사학위를 취득하였고, 현재 호남대학교 정치외교학과 교수로 재직하고 있다.

이석호

서울대학교 독어교육과를 졸업하고 동 대학원 국민윤리교육과에서 석사 및 교육학 박사학위를 취득하였다. 현재 경상대학교 국민윤리교육과 교수로 재직하고 있다.

이인재

서울대학교 국민윤리교육과를 졸업하고 동 대학원에서 석사 및 교육학 박사학위를 취득한 후 현재 광주교육대학교 윤리교육과 교수로 재직하고 있다.

차성섭

성균관대학교 행정학과를 졸업하고 서울대학교 대학원 국민윤리교육과에서 석사 및 교육학 박사학위를 취득하였다. 성신여자대학교 강사를 역임하였고 현재 대유공전 강사로 있다.

추병완

서울대학교 국민윤리교육과를 졸업하고 동 대학원에서 석사 및 박사과정을 수료한 후, 미국 조지아 대학교에서 도덕교육 전공으로 철학박사학위를 취득하였다. 현재 서울대학교와 춘천교육대학교 강사로 있다.

교육경력

건국대학교(법학사)
서울대학교 대학원(교육학석사)
단국대학교 대학원(교육학박사)
상명대학교·서울교육대학교·한국방송통신대학교·서울보건대학
경기대학교·단국대학교 교육대학원 등에서 강사 역임
숭의여자대학교 교수 및 도서관장
현) 국제문화예술대학원 부총장

학회활동

우리문화연구소장
한국국민윤리학회 부회장
단국학회 부회장
통일부 정책연구관 및 통일교육 전문위원
한국효(孝)학회 서울시 지회장
(사)한국문화콘텐츠학회 종교분과위원장
배달학회 부회장
한국미래교육학회 편집위원 등 역임
교육공로 대통령(이명박)표창 수상

사회활동(NGO)

민주평화통일정책자문회의 자문위원
한국교원총연합회 규칙분과위원
정신개혁시민협의회 공동대표
개천절 남북공동행사 학술위원장
효세계화 운동본부 운영위원
동학민족통일회 운영위원
단재 신채호 기념사업회 감사
국법신문(일간) 논설위원
한국고령사회복지연구원 부원장
한국자유총연맹 종교특별위원회 범종교연구소장
범종교신문론설위원

연구저서

『현대사회와 종교』
『인간에 관한 종합적 이해』
『산업사회와 직업윤리』
『자성인의 명저교양강좌』
『죽음학의 이해』
『윤리학과 윤리교육』
『한국문화와 직업사회』 등 30여 권

연구논문

「생명윤리에 관한 생태학적 접근」
「한국적 공동체의식의 현황과 과제」
「동학이념과 통일, 상생윤리의 체계적 연구」
「홍익인간사상의 특수성과 보편성」
「한국인의 수사상」 등 100여 편

진교훈 ————————————————————

교육경력
서울대학교 철학과 졸업
서울대학교 대학원 (문학석사)
오스트리아 빈 대학교(철학박사)

경희대학교, 중앙대학교 철학과 교수 역임
현) 서울대학교 국민윤리교육과 교수
　　한국생명윤리학회 회장

생명윤리와
윤리교육

초 판 인 쇄 | 2011년 6월 15일
초 판 발 행 | 2011년 6월 15일

지 은 이 | 배영기 · 진교훈 외 공저
펴 낸 이 | 채종준
펴 낸 곳 | 한국학술정보㈜
주　　　소 | 경기도 파주시 교하읍 문발리 파주출판문화정보산업단지 513-5
전　　　화 | 031) 908-3181(대표)
팩　　　스 | 031) 908-3189
홈 페 이 지 | http://ebook.kstudy.com
E-mail | 출판사업부　publish@kstudy.com
등　　　록 | 제일산-115호(2000. 6. 19)

ISBN　　978-89-268-2306-4 93130 (Paper Book)
　　　　　978-89-268-2307-1 98130 (e-Book)